AMOUR PRÉCIEUX
AMOUR GALANT

Essai sur la représentation de l'amour
dans la littérature et la société mondaines

BIBLIOTHEQUE FRANÇAISE ET ROMANE

publiée par le

Centre de Philologie et de Littératures romanes
de l'Université des Sciences Humaines de Strasbourg

Directeur : Georges STRAKA

Série C : ETUDES LITTERAIRES

──────────────── 77 ────────────────

Déjà parus :

1. — *Saint-John Perse et quelques devanciers (Etudes sur le poème en prose)*, par Monique PARENT, 1960, 260 p., 4 pl. (épuisé).

2. — *L' « Ode à Charles Fourier »*, d'André BRETON, éditée avec introduction et notes par Jean GAULMIER, 1961, 100 p., 6 pl.

3. — *Lamennais, ses amis et le mouvement des idées à l'époque romantique* (1824-1834), par Jean DERRE, 1962, 768 p. (épuisé). (Disponible en microfiches.)

4. — *Langue et techniques poétiques à l'époque romane* (XIᵉ-XIIIᵉ siècles), par Paul ZUMTHOR, 1963, 226 p. (épuisé). (Disponible en microfiches.)

5. — *L'humanisme de Malraux*, par Joseph HOFFMANN, 1963, 408 p.

6. — *Recherches claudéliennes*, par M.-F. GUYARD, 1963, 116 p.

7. — *Lumières et Romantisme, énergie et nostalgie de Rousseau à Mickiewicz*, par Jean FABRE. Nouvelle édition revue et augmentée, 1980, 428 p.

8. — *Amour courtois et « Fin'Amors » dans la littérature du* XIIᵉ *siècle*, par Moshé LAZAR, 1964, 300 p. (épuisé).

9. — *Nouvelles recherches sur la littérature arthurienne*, par Jean MARX, 1965, 324 p. (épuisé).

10. — *La religion de Péguy*, par Pie DUPLOYE, 1965, 742 p. (épuisé).

11. — *Victor Hugo à l'œuvre : le poète en exil et en voyage*, par Jean-Bertrand BARRERE, 1965 (nouveau tirage 1970), 328 p., 13 pl.

12. — *Agricol Perdiguier et George Sand (correspondance inédite)*, publiée par Jean BRIQUET, 1966, 152 p., 6 pl. (épuisé).

13. — *Autour de Rimbaud*, par C.-A. HACKETT, 1967, 104 p., 3 pl.

14. — *Le thème de l'arbre chez P. Valéry*, par P. LAURETTE, 1967, 200 p.

15. — *L'idée de la gloire dans la tradition occidentale (Antiquité, Moyen Age occidental, Castille)*, par M.-R. LIDA DE MALKIEL, traduit de l'espagnol (Mexico 1952), par S. ROUBAUD, 1968, 320 p.

16. — *Paul Morand et le cosmopolitisme littéraire*, par Stéphane SARKANY, 1968, 291 p., 3 pl.

17. — *Vercors écrivain et dessinateur*, par R. KONSTANTINOVITCH, 1969, 216 p. 16 pl.

18. — *Homère en France au* XVIIᵉ *siècle*, par N. HEPP, 1968, 864 p., 8 pl.

19. — *Philosophie de l'art littéraire et socialisme selon Péguy*, par J. VIARD, 1969, 415 p.

(Voir la suite à la fin du volume)

JEAN-MICHEL PELOUS

Professeur à l'Université Paul Valéry de Montpellier

AMOUR PRÉCIEUX AMOUR GALANT

(1654 - 1675)

*Essai sur la représentation de l'amour
dans la littérature et la société mondaines*

1980

LIBRAIRIE KLINCKSIECK

PARIS

10023@8653

T

ISBN 2-252-02197-7

ITINERAIRE D'UNE RECHERCHE

Un bref retour sur les débuts de ce travail devrait permettre d'en préciser le sens. Notre intention était d'abord d'entreprendre une étude générale du sentiment de l'amour durant la première moitié du règne personnel de Louis XIV, projet immense et imprécis, la moindre difficulté n'étant pas de définir avec quelque netteté l'objet même d'une telle recherche. Après bien des tâtonnements, il a fallu imposer au sujet des limites draconiennes, faute de quoi l'enquête n'avait à peu près aucune chance d'aboutir. A l'inaccessible subjectivité du sentiment on a substitué la notion plus positive de représentation ; les investigations ont été restreintes au seul milieu mondain et à une période d'une vingtaine d'années. Ainsi une entreprise longtemps trop ambitieuse s'est muée en cet essai sur la représentation de l'amour dans la société et la littérature mondaines entre 1654 et 1675. Certains de ces choix requièrent cependant un minimum de justifications. Soumettre la sensibilité amoureuse à la rigueur objective d'une analyse historique semble une gageure. Le sentiment le plus intime et le plus irréductiblement personnel qui soit se prête mal à entrer dans les limites d'une loi ou d'un « modèle ». Jamais la vieille aporie aristotélicienne qui veut qu'il n'y ait de science que du général alors que seul le particulier existe, n'a paru d'une aussi consternante évidence. Quand bien même, et ce n'est pas le cas, il serait possible de réunir une masse suffisante de documents confidentiels et authentiques pour analyser un nombre représentatif d'aventures vécues, on n'arriverait sans doute qu'à constituer une belle collection d'états d'âme. Les destinées individuelles ne peuvent ni se superposer ni s'additionner, sauf en ce qu'elles se modèlent sur des schémas imposés de l'extérieur. En définitive, les manifestations de la sensibilité ne peuvent être appréhendées qu'à travers ces formes générales et abstraites. De la conscience amoureuse d'une époque il faut se contenter de connaître les lieux communs ; il n'est pas de science du sentiment, mais seulement des représentations collectives qui trouvent dans la littérature leur mode d'expression le plus élaboré.

Encore faut-il préciser qu'une histoire des représentations n'a presque rien de commun avec l'histoire tout court, sauf à considérer que la connaissance des mentalités peut devenir un aspect non négligeable du savoir historique. Sur l'amour, la condition féminine ou le mariage, la littérature propage des conceptions qui ne sont jamais la transcription directe des réalités sociologiques. Qui jugerait d'après le témoignage des romanciers de la première moitié du xviie siècle du rôle des femmes dans la société, s'imaginerait qu'elles en étaient les reines ; il suffit de confronter ces romanciers avec les juristes, les médecins ou les Gens d'église pour confondre ces témoins peu fidèles et comprendre qu'une distance, variable à l'infini, sépare les faits de leur représentation littéraire. Certains littérateurs sembleraient même prendre quelque malin plaisir à proposer à leurs lecteurs ou lectrices l'image presque inversée d'une vérité qui ne leur est que trop connue. Il faut donc se résigner à une double rupture avec la réalité ; une analyse des témoignages littéraires ne peut atteindre ni le secret des consciences amoureuses ni un arrière-plan sociologique toujours interprété et que seul le recours à d'autres sources permettrait de connaître.

Cette double limite ne compromet pas pour autant la validité de l'entreprise. Une représentation n'aura jamais la consistance d'un fait, mais l'existence d'une civilisation ne se conçoit guère sans ces constructions imaginaires. Tout en approuvant les scrupules méthodologiques des historiens les plus récents qui jugent qu'une famine ou une insurrection paysanne sont des événements d'une toute autre importance que les vicissitudes des amours de Louis XIV et de Mlle de La Vallière ou l'accueil réservé aux *Lettres portugaises* par quelques milliers de lecteurs, il faut cependant reconnaître qu'une maîtresse royale ou une religieuse portugaise qui n'a peut-être jamais existé comptent dans la civilisation louisquatorzienne beaucoup plus que les obscurs croquants de Bretagne ou d'ailleurs. Ce sont deux ordres de phénomènes si différents qu'ils méritent d'être étudiés à part. Les représentations littéraires, au xviie siècle surtout, n'ont jamais qu'une diffusion assez restreinte ; cependant même si elle est le lot d'une élite de privilégiés, cette culture a une influence plus considérable qu'il ne paraît et reste un élément indispensable à la compréhension d'une époque révolue. L'histoire des représentations littéraires ne fait pas concurrence à l'histoire ; elle la complète dans un domaine où l'importance des faits ne se mesure pas à leur ampleur quantitative.

Restait à déterminer, en fonction du thème choisi, un milieu propice à l'enquête, c'est-à-dire un groupe assez restreint et homogène pour que cette alchimie de la représentation puisse être analysée dans les conditions les plus favorables. C'est ici qu'intervient le choix de la société et de la littérature mondaines comme champ d'investigation. Mais, nouvelle difficulté, il fallait définir cette entité sociale. En première approximation, on peut assimiler la société mondaine aux alentours de 1660 à l'aristocratie parisienne (ou résidant ordinairement à Paris) qui en constitue l'effectif principal. Mais cette première évidence statistique ne rend pas compte de la nature particulière de ce milieu ; elle ne suffit même pas à en déterminer la véritable composition. En effet, si chaque aristocrate est un mondain en puissance, l'économie de cette société suppose, au milieu du XVIIe siècle, la participation d'un certain nombre de roturiers : le défaut de naissance n'exclut personne. En 1660 appartiennent au « monde », indistinctement mêlés, des gentilshommes de tous rangs, depuis le duc et pair jusqu'au simple cadet, des financiers dont la magnificence fait oublier la roture, toutes les femmes élégantes, nobles ou non, par un privilège propre à leur sexe, des gens de lettres, parfois d'obscure extraction, qui par leur talent se sont acquis droit de cité. Il suffit de parcourir la clef du *Dictionnaire* de Somaize pour se faire une idée du caractère hétéroclite, voire cosmopolite, d'un milieu qui considère que l' « esprit » est une recommandation nécessaire et suffisante.

Sociologiquement, il n'existe pas de la société mondaine d'autre définition que négative : tout honnête homme, spirituel et cultivé peut y être admis s'il ne s'en écarte en enfreignant l'un des interdits tacites en vigueur dans un milieu à la fois très ouvert et rigoureusement exclusif. Un roturier doit faire oublier qu'il n'est après tout qu'un « bourgeois » ; un provincial conserve ses chances à condition de se faire naturaliser parisien ; un homme de lettres sera le bienvenu pourvu qu'il sache renoncer à la qualité d'auteur ou de savant. Les exclusions visent non les personnes mais certains travers qui dénotent une bassesse incompatible avec la prétention d'appartenir à l'élite ; parmi les « tares » insurmontables figurent l'esprit « bourgeois », le provincialisme et la pédanterie, pour ne rien dire de la « préciosité », péché typiquement féminin et qui participe des trois à la fois. En pratique, rares sont ceux, surtout parmi les hommes, qui peuvent se targuer d'appartenir totalement au monde. Un gentilhomme n'y a pas sa place ès qualités : il est trop naturellement enclin à faire passer les intérêts de son ambition avant ceux de l'Amour. A plus forte raison, un auteur réalisera difficilement l'équilibre contradictoire qui peut faire de lui un mondain : s'il fait métier d'écrire, il enfreint un interdit, mais seul son mérite littéraire lui vaut d'être admis. Il en résulte, entre la littérature et le monde, de continuels incidents de frontière. Même la « profession » de bel esprit peut devenir sujette à caution.

Ainsi se constitue un microcosme social qui a la paradoxale particularité d'être à la fois aristocratique et égalitaire. Voiture, fils de négociant, peut, en tant qu'homme du monde, traiter d'égal à égal avec la future duchesse de Montausier ; il suffit d'être « distingué » pour être élu, et cette distinction acquise, on ne s'enquiert plus du reste. La vie mondaine abolit les préséances et l'étiquette ; le roi lui-même, lorsqu'il joue à être mondain, renonce à toute supériorité sur ses sujets. En ce sens, rien ne sera plus étranger à l'esprit du « monde » que la morgue de Saint-Simon, toujours attentive aux plus minces différences hiérarchiques ; le mémorialiste, il est vrai, a l'excuse d'appartenir à un temps où la vie mondaine avait à peu près déserté la cour. Le monde forme une aristocratie parallèle qui ne reconnaît pas toujours les mêmes valeurs que l'aristocratie réelle. La mondanité est une manière d'être intermittente qui suppose une disponibilité pleine et entière, presque inconciliable avec les nécessités de la vie vécue. Le loisir est le seul « état » qu'un mondain puisse revendiquer. Sitôt qu'il s'en écarte, il cesse, au moins pour un temps, d'appartenir au monde ; la pratique de la guerre, l'exercice d'une charge, la surveillance de ses terres suffisent à l'en éloigner. Le jeu mondain exige de ses participants l'oubli momentané de toute contrainte extérieure. On peut même se demander si la mondanité existe autrement que comme rêve ou comme limite asymptotique. Les quelques jours du mois de mai 1664 qui virent la cour réunie à Versailles pour participer aux fêtes de l'Ile enchantée sont peut-être parmi les manifestations les plus représentatives de cet esprit d'utopie ; à la faveur d'un déguisement romanesque, toute réalité se trouve momentanément abolie au profit de divertissements qui actualisent des aspirations impossibles à satisfaire dans des conditions normales d'existence. C'est le sens profond de la vie mondaine ; encore faut-il ajouter que, toujours selon l'esprit du monde, vouloir s'enfermer dans le rêve serait une folie aussi condamnable que de ne pas savoir en goûter les charmes. Seuls certains aspects de notre moderne conception des « vacances », avec ce qu'elles supposent de revanche, de rêves matérialisés et de paradis à portée de main, peuvent donner une idée approximative de ce que représentait la vie mondaine pour l'aristocratie du XVIIᵉ siècle. En marge de la société civile, elle propose à ses adeptes un refuge et quelques compensations imaginaires, simple épiphénomène culturel, mais aussi aspect non négligeable de la mentalité aristocratique et de la civilisation louisquatorzienne.

La précision des deux dates retenues comme limites de l'enquête ne doit pas faire illusion ; en matière de sensibilité amoureuse, la chronologie ne saurait prétendre à être une science tout à fait exacte. Notre dessein est d'étudier un ultime avatar de l'utopie amoureuse que rêve de promouvoir l'aristocratie mondaine ; or, vers 1650, il se produit dans les règles du jeu de l'amour des changements qui annoncent une nouvelle phase de cette histoire. L'année 1654, date où paraissent simultanément la carte de Tendre et quelques autres itinéraires galants, a été choisie comme point de départ de l'étude de cette mythologie amoureuse partiellement rénovée. Alors commence l'âge d'or de la galanterie qui durera à peine une vingtaine d'années. La date de 1675 correspond peut-être à des transformations plus décisives qui tendent à modifier en profondeur la physionomie générale de la vie mondaine. Jusqu'alors l'amour était le commun dénominateur de toutes les utopies mondaines ; après 1675, il est victime d'un procès d'intention qui finit par accréditer, même auprès de ses défenseurs naturels, la croyance en sa malignité. *Les Désordres de l'Amour* (1675) de Mme de Villedieu ou *La Princesse de Clèves* (1678) témoignent de cette déchéance. Entre la mondanité et l'amour, qui a cessé d'être le plus merveilleux jeu de société jamais inventé, la rupture est consommée ; ainsi s'achève la parenthèse galante. Parallèlement, le centre de gravité de la mondanité se déplace. Le grand projet monarchique qui prend corps à Versailles transforme peu à peu les divertissements en devoirs d'allégeance ; l'installation définitive de la cour en cet ancien lieu d'évasion symbolise cette volonté de donner au rituel mondain une valeur politique. Dès lors la vie mondaine authentique se développe selon des orientations nouvelles et l'Amour, concurrencé par d'autres préoccupations moins frivoles, perd le monopole de fait dont il jouissait.

Même limitée à une assez brève période, cette étude de la représentation mondaine de l'amour ne peut se donner pour exhaustive. Il était à peu près impossible de citer tous les textes, d'analyser tous les témoignages et, supposé que la difficulté ait pu être surmontée, cette énumération risquait d'être fastidieuse. Il a donc fallu faire un choix, ne retenir que les textes les plus représentatifs, accorder d'autant plus d'attention à une œuvre qu'elle semblait avoir connu plus de succès auprès du public mondain ; le plus souvent, le nombre des rééditions a été retenu comme critère. Cependant, à l'exemple des cartes amoureuses qui ont permis de poser les premiers jalons de cette enquête, il a rarement été possible de faire mieux que de signaler les itinéraires les plus fréquentés et de donner un aperçu de la configuration générale de l' « Empire amoureux ». Aucune carte, si bien renseignée soit-elle, ne peut restituer la diversité des paysages. Mais cette contribution, très partielle, à l'histoire d'une civilisation aristocratique, « amoureuse » et mondaine aurait été très incomplète si l'on avait négligé l'occasion qui s'offrait d'un nouvel examen de la notion de préciosité ; ce terme, peut-être impropre mais consacré par une longue tradition, a souvent servi à désigner l'état d'esprit dominant dans la société mondaine aux alentours de 1660. Le mot et l'interprétation des faits qu'il suppose font difficulté ; la troisième partie de cette étude est consacrée à ce problème.

Quant à dire enfin tout ce que ce travail doit aux directives et aux conseils de M. le Professeur R. Pintard qui accepta de le diriger, c'est, hélas, à peu près impossible. Beaucoup d'autres ont, avant moi, fait l'expérience de son érudition, de sa compétence et de sa rigueur intellectuelle ; comme moi, ils ont pu apprécier en lui une curiosité et une ouverture d'esprit peu communes. Peut-être puis-je revendiquer le privilège d'avoir particulièrement mis à l'épreuve son indulgence et sa patience ; sans se lasser, il a corrigé le cap et redressé de dangereuses dérives. Qu'il veuille bien trouver ici le témoignage de ma gratitude, pour ses encouragements comme pour ses admonestations.

INTRODUCTION

ESSAI DE GEOGRAPHIE AMOUREUSE
POUR LES ANNEES 1654 ET SUIVANTES

I — *La géographie galante.*

Entre 1650 et 1670, les écrivains mondains rivalisent d'ingéniosité pour donner un tour spirituel et piquant à leurs spéculations sur l'amour. A cette fin, ils exploitent volontiers les
ressources de l'expression allégorique : ainsi furent publiés des
« almanachs d'amour », des « loteries d'amour », des « édits
d'amour » et jusqu'à une « lettre de change » amoureuse. Fr. de
Callières le fils eut même l'idée singulière de rédiger, selon les
formes canoniques de la scholastique universitaire, un traité de
logique à l'usage des amants (1). Il peut paraître étrange de
choisir ces fantaisies parfois bizarres comme point de départ d'une
enquête sur la représentation de l'amour ; mais, en dépit de leur
frivolité apparente, certains de ces textes donnent sur ces questions plus d'informations, et de meilleur aloi, que d'autres documents a priori plus dignes de confiance.

---

(1) On peut citer : le *Grand Almanach d'Amour...* (Ch. de Sercy, 1657) ; la *Loterie ou
blanque nouvelle...* et la *Loterie d'amour* de Charles Sorel (Rec. Sercy (prose), 1re partie,
1660, p. 1 et p. 25) ; l'*Edit d'amour* de Régnier-Desmarais (*Délices de la poésie galante*,
3e partie, J. Ribou, 1667) ; la *Lettre de change* (*Nouveau cabinet des Muses*, 1658, p. 81
et sq.) ; la *Logique des Amans* de F. de Callières (Th. Jolly, 1668) ; etc...

Aujourd'hui encore tout le monde connaît la carte de Tendre ; mais l'exemple de Mlle de Scudéry ne tarde pas à susciter de nombreux imitateurs. Pour la seule année 1654, on ne compte pas moins de cinq itinéraires différents (2). Presque simultanément, commencent à circuler dans le public mondain la *Relation du Royaume de Coquetterie...* de l'abbé d'Aubignac, la *Carte du Royaume des Prétieuses* attribuée au marquis de Maulévrier, la *Carte du Royaume d'Amour* attribuée à Tristan l'Hermite et la *Carte géographique de la Cour* de Bussy-Rabutin, plus connue sous le titre de *Carte du Pays de la Braquerie*. Sans doute peut-on être enclin à émettre des doutes sur la valeur de ces témoignages, quelques-uns de ces aimables cartographes s'acquittant de leur tâche avec une évidente désinvolture. Rien n'est plus injuste que ce soupçon, et il n'y a aucune raison de refuser à d'autres le crédit que l'on accorde au sérieux de *Clélie*. La carte de Tendre passe, sans doute à tort, pour le manifeste amoureux de toute une génération alors qu'elle n'offre sur la diversité des conceptions amoureuses du temps qu'un point de vue très partiel. Une semblable discrimination ne se justifie pas : pour tous ces auteurs la description des pays d'Amour est une besogne d'importance qu'ils accomplissent avec une grande conscience. A force de minutie et de détails, il leur arrive même d'être fastidieux alors qu'ils se voulaient spirituels ; s'ils s'exposent à ce reproche infamant, c'est par excès de zèle. Beaucoup de voyageurs ont parlé de pays qu'ils n'avaient jamais vus : les voyageurs galants se bornent, quant à eux, à traiter d'une difficulté qu'ils connaissent bien : comment mener une intrigue amoureuse, ou, pour parler le langage du temps, comment « faire l'amour ». Mais il est de l'esprit même de la galanterie de mêler toujours le sérieux et le plaisant et de n'aborder aucun sujet, si grave soit-il, autrement que sous le couvert d'une « fiction agréable ».

Il suffit de faire abstraction de ces « agréments » pour apercevoir le sens caché de cette géographie amoureuse. On a vite fait de se familiariser avec son jargon ; lorsqu'ils s'amusent à traduire

---

(2) Cinq cartes ou itinéraires furent composés, à quelques mois près, dans le cours de l'année 1654 :

— La « Carte de Tendre » dans le premier tome de la *Clélie* (Première partie, t. I et II, A. Courbé, achevé d'imprimer le 31 août 1654).

— *Le Royaume de Coquetterie* — l'abbé d'Aubignac le publie que dans les derniers mois de 1654 (Ch. de Sercy, privilège en date du 11 novembre 1654).

— *Le Royaume d'Amour* — on l'attribue généralement à Tristan l'Hermite, mort le 7 septembre 1655.

— *Le Royaume des Précieuses* — Il est à peu près acquis que c'est à cette carte que fait allusion le chevalier de Sévigné dans une lettre du 3 avril 1654.

— *Le Pays de la Braquerie* — bien que ce texte n'ait été publié qu'en 1668, Bussy l'a écrit à l'époque de sa grande intimité avec le Prince de Conti, probablement fin 1654.

en métaphores les circonstances de la conquête amoureuse, ces cartographes de salon font preuve d'une assez naïve ingéniosité. Pour signifier la différence entre la facilité des amours d'inclination et la lenteur des progrès qu'autorisent l'estime ou la reconnaissance, Mlle de Scudéry suggérait qu'il y avait, pour gagner les villes du pays de Tendre, le choix entre la voie fluviale, à l'époque rapide et confortable, et la route terrestre plus rude et plus incertaine. Chaque notation a une signification symbolique qu'il est aisé de découvrir (3). Toutes ces figures ont dans le registre des sentiments un sens précis ; la fantaisie et l'imagination sont à peu près absentes de ce mode d'illustration dont la rigueur est aussi lassante pour le lecteur que précieuse pour l'historien. Si l'on veut bien accepter cette curieuse convention qui consiste à parler de l'amour dans la langue de la géographie, les cartes amoureuses, bien qu'elles empruntent les voies un peu obliques de l'énigme, constituent des documents de tout premier ordre.

La connaissance de l'amour semble donc pour un temps ramenée à un simple problème de topographie. Cette émulation géographique est à l'origine d'une mise à jour générale de la planisphère amoureuse, chacun s'efforçant de « situer » ses propres convictions par rapport à celles d'autrui. Il était tentant de profiter de cette rencontre pour déterminer les diverses options possibles et chercher à reconstituer l'économie de l'ensemble. Il est rare en effet de disposer, sur un tel sujet, d'une série aussi complète de textes conçus selon un procédé identique. L'espace galant s'organise presque spontanément : le pays de Tendre, inventé par la vertueuse Clélie, côtoie les terres de Coquetterie où l'on se dévergonde élégamment ; dans l'entre-deux, les Précieuses ont leur royaume et sur les confins se trouve cette région sans foi ni loi qu'habitent les Braquedisarques passablement libertins. Ainsi s'esquisse une sorte d'atlas général de l'Empire amoureux. C'est ce qui fait le prix de cette géographie : l'étude de ce microcosme allégorique permet de dessiner une première vue perspective de la représentation de l'amour dans les années 1654.

II — *Le mystère des terres inconnues.*

L'examen comparatif de ces cartes conduit d'abord à constater une curieuse lacune. Nos auteurs, souvent si prolixes, restent à peu

---

(3) *Clélie*, t. I, p. 399-400.

près muets sur un point essentiel : aucun de leurs itinéraires ne comporte, sur le terme du voyage, les renseignements espérés. A qui voudrait de bonne foi partir à la découverte du véritable amour, ils ne seraient que d'une médiocre utilité. Nulle part le lecteur ne trouverait autre chose que des allusions vagues à ce pays dont il rêve, et l'on cherche même à décourager les curiosités les plus légitimes en le présentant comme une contrée lointaine et dangereuse. L'exploration ne mène nulle part, et bien souvent, après avoir parcouru toutes les étapes de sa longue pérégrination, le voyageur se retrouve à son point de départ, plus déçu qu'exalté par les découvertes qu'il vient de faire. Même s'il a franchi tous les obstacles, il ne doit pas s'attendre à trouver le repos et le bonheur auprès d'une fontaine de Jouvence semblable à celle de la suite de *l'Astrée*. L'aventure amoureuse telle qu'elle lui est proposée, offre plus d'occasions de se divertir que de véritables risques ; en revanche il ne bénéficie, au terme de ses fatigues, d'aucune récompense tangible et il faudrait qu'il soit bien peu exigeant pour se satisfaire d'une expédition qui à chaque fois tourne court.

La carte de Tendre ne dissimule pas cette lacune. Pour désigner cette contrée mystérieuse, Mlle de Scudéry n'hésite pas à employer le terme dont usent les géographes pour nommer les régions qu'ils ne connaissent que par ouï-dire : Terres inconnues. Il est troublant que la navigation fluviale qui permet de descendre de Nouvelle Amitié à Tendre sur Inclination s'achève lorsque l'on est parvenu à cette dernière ville qui n'est après tout qu'un port. Pourtant aller au-delà est fortement déconseillé, car il faudrait s'aventurer sur la Mer dangereuse. Ce langage métaphorique est fort clair : l'accès à ces Terres inconnues est donné comme impossible ou, à tout le moins, fort risqué, ce qui signifie que Mlle de Scudéry a rayé de sa carte le pays du véritable amour. A l'intention de ceux qui douteraient de cette interprétation, elle prend soin d'expliquer le dessein de Clélie :

> « Aussi cette sage fille voulant faire connoistre sur cette Carte, qu'elle n'avoit jamais eu d'Amour, et qu'elle n'auroit jamais dans le cœur que de la Tendresse, fait que la Rivière d'Inclination se jette dans une Mer qu'elle appelle la Mer dangereuse : parce qu'il est assez dangereux à une Femme d'aller un peu au delà des dernières Bornes de l'Amitié ; et elle fait ensuite qu'au-delà de cette Mer, c'est ce que nous apelons « Terres inconnues », parce qu'en effet nous ne sçavons point ce qu'il y a, et que nous ne croyons pas que personne ait esté plus loin qu'Hercule... » (4).

---

(4) *Clélie*, t. I, p. 405.

La mise en garde est très nette : Clélie, en bonne méditerranéenne, n'imagine rien au-delà des colonnes d'Hercule et le parfait amour, pour elle, disparaît dans les brumes atlantiques. La carte de Tendre rejette l'absolu de l'amour parmi les chimères inaccessibles et Sapho invite ses admirateurs à se contenter de la modeste randonnée qui les mènera de Nouvelle Amitié à Tendre.

Sous différentes formes, cette omission se retrouve dans les autres itinéraires. L'abbé d'Aubignac se contente d'indiquer rapidement que le prince qui règne sur son *Royaume de Coquetterie* n'est qu'un bâtard, voire une manière d'usurpateur. Amour-coquet, le prince en question, est en effet le fils illégitime de Nature et de Désordre ; l'existence de son demi-frère Amour est seulement mentionnée (5). Ce détail donne cependant à croire que le royaume de Coquetterie n'est pour le voyageur de d'Aubignac que le substitut d'une découverte qu'il ne fera jamais, une Amérique qu'il rencontre sur la route des Indes. La *Carte du Royaume d'Amour* de Tristan est plus explicite ; cet opuscule évoque bien l'existence d'une contrée du parfait amour, mais il en parle comme d'un pays mythique et lointain, au demeurant fort peu hospitalier :

> « ... Il y a bien du chemin à faire pour y arriver, car elle est sur une montagne dont le sommet s'élève beaucoup au-dessus des nues (...) Plusieurs graves auteurs ont écrit les singularités de cette ville qu'on appelle Amour Céleste ; les modernes l'ont nommée Sainteté Monastique... » (6).

Malgré sa situation élevée, cette ville n'a rien d'un Eldorado : ses habitants prétendent jouir d'un bonheur sans mélange, mais le voyageur de Tristan note qu'ils doivent se priver de sommeil et de nourriture. Les béatitudes de l'âme s'y achètent au prix de perpétuelles souffrances. Les rigueurs de cet ascétisme amoureux font que les élus de ce prétendu paradis ressembleraient plutôt à des damnés. ,

Mais le plus souvent les explorateurs n'entendent même pas parler de ces hauts lieux de l'amour ; ils se bornent à visiter paisiblement des régions moins éthérées mais plus accueillantes, une sorte de zone tempérée du sentiment. Tout au plus ressentent-ils parfois, mais fugitivement, l'impression de tourner en rond ; celui qui parcourt le Royaume d'Amour éprouve le sentiment de n'avoir fait, selon ses propres mots, qu'un « circuit dans toute

---

(5) *Voyages imaginaires, romanesques, merveilleux...* (Amsterdam et Paris, 1787-1789), t. XXVI, p. 311.
(6) G. MONGRÉDIEN, *Les Précieux et les Précieuses*, Mercure de France, 1939 ; p. 303-307.

la région d'Amour ». Une semblable déception attend le porte-parole de l'abbé Paul Tallemant à l'issue du dernier de ses deux *Voyages de l'Isle d'Amour* (7). Mais aucun n'en conçoit une amertume excessive et tous renoncent sans trop de peine à découvrir le lieu du parfait amour ; satisfaits, à bon compte, par quelques émotions superficielles ils ne s'aventurent qu'en pays de connaissance, quitte à éprouver par moments une certaine impression de déjà vu. Il y a tout lieu de penser qu'aux alentours de 1654 l'ère des grandes illusions idéalistes et platoniques est définitivement close. En tout cas tous les cartographes sont d'accord sur un point : il n'y a rien à gagner à vouloir pousser trop loin l'exploration et mieux vaut renoncer à éclaicir le mystère des Terres inconnues. La route qui mène à la perfection amoureuse est unanimement tenue pour impraticable : il faut soit s'arrêter en chemin, soit tourner en rond. Symbole déjà riche de sens, tous les itinéraires convergent vers un lieu interdit, point d'aboutissement fictif d'une recherche toujours inachevée. La référence à cet idéal absent détermine toute la conception galante de l'amour.

III — *Le pays de Tendre.*

Il peut sembler paradoxal de compter Clélie parmi ces désabusés et de faire à Mlle de Scudéry le grief de ne pas croire à l'amour. Pourtant le petit trajet qui de Nouvelle Amitié conduit à l'une ou l'autre des trois villes de Tendre se mesure en « lieues d'amitié » et n'est qu'une bien pâle réplique de la grande aventure mystique. Il ne faut pas se laisser abuser par l'ambiguïté des deux termes, amour et amitié, que la langue distingue encore mal ; la romancière sait habilement en jouer. Il est question d'amitié et non d'amour, bien que cette amitié conserve souvent les apparences de l'amour et lui emprunte, pour une large part, son cérémonial et son vocabulaire. Pour désigner cette nuance particulière de sentiment, Mlle de Scudéry invente le concept hybride de « tendresse » ; mais « Sapho » partage pleinement les préjugés et les réticences de Clélie. Il ne saurait être question de se risquer au-delà de Tendre, c'est-à-dire d'outrepasser les limites de l' « honnête amitié ». Aller plus avant est toujours dangereux pour une femme et il faut toute l'inconséquence masculine pour

---

(7) Abbé Paul TALLEMANT, *Second voyage de l'Isle d'Amour, à Lycidas*, Sercy et Billaine, 1664.

souhaiter autre chose. Herminius-Pellisson proteste contre cet interdit, mais se soumet de plus ou moins bonne grâce ; il se contente de faire à Sapho le reproche significatif d' « avoir banni l'amour de tout son royaume de Tendre » (8). Lorsque certains refusent d'écouter ses sages conseils, elle ne se résigne que d'assez mauvais gré à cette désobéissance ; une *Ordonnance de la Reine de Tendre* », datée de la « seconde année de son règne » (i.e. 1656) autorise bien le trop galant Trasile (comprenez Isarn) à monter une expédition navale à destination des Terres inconnues ; mais cet imprudent voyagera à ses risques et périls (9). Bien qu'elle se veuille une reine tolérante, Sapho ne manque jamais de réaffirmer ses préférences exclusives en faveur de l'amitié et manifeste toujours quelque mauvaise humeur lorsqu'il est question d'aller un peu au-delà.

Tout ceci peut paraître une remise au goût du jour de conceptions déjà anciennes. Depuis l'*Astrée* on parlait constamment d' « honneste Amitié » ; mais l'expression servait seulement à distinguer l'amour vertueux des bassesses du désir ; Mlle de Scudéry oppose l'amitié à l'amour ce qui est fort différent. L'ingéniosité de Clélie est mise au service d'une doctrine qui est, ou du moins passe pour nouvelle. L'opinion des contemporains est sur ce point unanime. Les éloges dithyrambiques de Godeau peuvent sembler suspects en raison de sa manière souvent emphatique et de ses sympathies pour Mlle de Scudéry ; il a cependant un mot heureux dans une lettre du 28 Février 1654 en suggérant qu'il faudrait ajouter le « saphonisme » aux grandes doctrines amoureuses déjà connues (10). Quelques années plus tard, Sorel exprime dans sa *Bibliothèque française* la même opinion d'une manière plus modérée et d'autant plus probante : selon lui, la carte de Tendre vaut par « sa *nouvelle* Doctrine de l'Honneste Amitié » (11). On ne saurait dire plus nettement qu'en fait d'amitié amoureuse Mlle de Scudéry fut, de son temps, considérée comme une initiatrice ; Godeau outrait à peine l'éloge lorsqu'il lui prédisait qu'elle prendrait place parmi les grands créateurs de systèmes. Sans doute n'est-elle pas la première à invoquer l'honnête amitié et il serait facile d'en retrouver, dans l'*Astrée* par exemple, une définition en apparence analogue. Mais il n'y a guère de commune mesure entre les théories platonisantes de d'Urfé qui imagine

---

(8) RATHERY et BOUTRON, *Mademoiselle de Scudéry, sa vie et sa correspondance*, Techner 1873 ; p. 265-267.

(9) Pour bien comprendre le sens de l'allusion, il faut se souvenir de la réputation d'Isarn : il passe pour beau parleur et inconstant, amoureux plus souvent que de raison.

(10) Voir Ed. DE BARTHELEMY, *Sapho, le Mage de Sidon, Zénocrate* (Didier, 1880, p. 151).

(11) Ch. SOREL, *Bibliothèque françoise*, éd. 1671, p. 170. Cf. *Menagiana*, t. II, p. 11 (éd 1729).

l'honnête amitié comme un dépassement mystique de l'amour, et la très prudente éthique de Sapho où l'amitié est toujours située en deçà d'un impossible amour. Ces deux expériences peuvent parfois être décrites en des termes assez semblables, mais cette ressemblance est trompeuse. Les contemporains ne s'y sont pas mépris : ils jugent la tentative de Sapho nouvelle parce qu'elle est d'un autre ordre. Chez Mlle de Scudéry le culte de l'amitié tend à se développer au détriment de l'amour.

Est-ce à dire qu'en 1654, au moment où elle compose la carte de Tendre, Mlle de Scudéry est en passe de rompre avec l'idéalisme amoureux dont sont imprégnés ses grands romans ? L'originalité de sa doctrine s'affirme, sans rupture brutale, à la faveur d'un subtil retournement. La notion d'amitié amoureuse permet de vider le concept d'amour de l'essentiel de sa substance sans rien changer au décorum des mots. Les mérites de ces parfaits amants ne correspondent plus qu'à une vérité exemplaire dont on sait bien qu'elle n'a pas d'équivalent dans la réalité. Un texte de la *Clélie*, qui a été repris plus tard dans les *Conversations* (12) donne très simplement la clef de l'énigme. Herminius y explique que l'amour héroïque n'est que l'antidote de l'amour ordinaire et que la peinture d'un idéal inaccessible doit avoir au moins la vertu de mettre en garde contre les séductions trompeuses de la réalité :

> « Si elles [les dames] vouloient bien faire la comparaison de l'amour qu'on a pour elles à celle qu'elles verroient dépeinte dans un Livre de cette nature, elles y trouveroient tant de différence qu'elles ne s'en laisseroient pas toucher. »

C'est une leçon sans équivoque sur le bon usage des romans. Grâce à une adroite casuistique la peinture de l'amour héroïque se trouve justifiée et conciliée avec les exigences de la tendresse. L'amour des romans permet de lutter contre l'amour vulgaire pour le plus grand profit de ce sentiment à la fois épuré et accessible qu'est l'amitié. Encore convient-il d'être initié à cette signification quelque peu ésotérique et de bien comprendre que le parfait amour n'est représenté sous un jour séduisant que pour mieux avertir des imperfections de l'amour humain ; après quoi les âmes seront prêtes à se contenter des calmes plaisirs de la tendresse. A sa manière Mlle de Scudéry pratique la purgation des passions.

L'imagerie de la carte de Tendre est donc d'une rigoureuse exactitude : on veut bien faire ensemble un bout du chemin, mais

---

(12) Mlle DE SCUDÉRY, *Conversations sur divers sujets*, Barbin, 1680, t. II, p. 40.

on refuse de s'embarquer. A regarder les choses de près, l'allégorie traduit assez bien l'incertitude de la doctrine. Clélie conserve la forme ancienne de l'itinéraire amoureux tout en innovant dans l'esprit ; c'est pourquoi le pays de Tendre ressemble tant à une peau de chagrin : l'aventure mystique y prend des allures de partie de campagne. Mlle de Scudéry semble d'ailleurs avoir eu conscience de ce décalage ; dans une de ses lettres à Pellisson conservée dans les manuscrits de Conrart, elle adresse à son correspondant une mise en garde ainsi conçue :

> « Cependant j'ai à vous avertir qu'en matière d'amitié, je prends les choses au pied de la lettre, et que ce n'est qu'en galanterie que je souffre l'exagération... » (13).

Il existe donc, dans le domaine du sentiment, un double registre : celui de l'amitié où l'on ne doit prendre aucune liberté avec le sens des mots, celui de la « galanterie » qui tolère, au moins à titre de jeu, les amplifications de la rhétorique courtoise. La carte de Tendre peut également se lire de deux manières, soit comme une illustration banale de l'itinéraire traditionnel de la galanterie romanesque, soit comme bréviaire de la tendre amitié ; les initiés savent que seule compte cette seconde lecture.

Prise dans son sens le plus restreint, la carte de Tendre délimite dans la géographie amoureuse de l'époque une zone nettement caractérisée. Chercher refuge dans l'amitié amoureuse est une tentation constante pour tous ceux et toutes celles qui ne peuvent se satisfaire des vaines complications de la galanterie mondaine. Sans essayer d'atteindre les sommets interdits de la perfection héroïque, cette modalité particulière de l'expérience amoureuse doit permettre, dans l'esprit de ses partisans, de parvenir à un équilibre plus modeste et plus humain. A la même époque, cette éthique amoureuse semble séduire divers milieux mondains, et l'on découvrirait des préoccupations analogues dans des cercles qui par ailleurs s'ignorent ou se détestent. Le salon de Mme de Sablé a connu de nombreuses discussions sur l'amitié (14), mais très vite la sévérité janséniste enveloppe dans une même condamnation toutes les formes de l'amour humain ou de l'amitié amoureuse. Dans l'entourage de Mademoiselle qui pourtant n'aime guère le clan Scudéry, on s'attache à définir une forme d'amitié

---

(13) L. BELMONT, *R.H.L.F.*, 1902, p. 666.
(14) Sur cette question voir N. IVANOFF, *La marquise de Sablé et son salon*, Paris, 1927, p. 134 et sq.

sans amour très proche des spéculations de la reine de Tendre (15).
Le « saphonisme » et les doctrines analogues recueillent les sympathies des nostalgiques du parfait amour ; ils en conservent le
langage tout en ne se proposant pour idéal qu'une pâle et prudente
réplique du grand rêve platonique. On se repaît de belles phrases
et de calmes utopies, mais on se tient timidement dans le registre
des sentiments modérés, à la recherche d'une difficile sagesse de
l'amour. C'est un parti qui rassemble à peu près tout ce que la
génération compte d'individualités supérieures ; mais cette élite,
peut-être parce que la noblesse de ses vues est inaccessible au
commun, n'est à tout prendre qu'une minorité. A l'usage d'un
public plus vaste la production galante propose de l'amour une
image moins éthérée.

IV — *Le Royaume de Coquetterie ou la subversion galante.*

Au prix de concessions dont certaines risquaient d'altérer
l'esprit de la doctrine primitive, Mlle de Scudéry et ses amis
maintenaient au moins la noble façade du pur amour. Dans un
espace maintenant très étroit, l'amant continue à parcourir le vieil
itinéraire de la courtoisie. Les principales étapes en sont toujours
Complaisance, Soumission, Assiduité, Grands Services ou Respect,
mais au bout du chemin il n'y a plus que ce lieu ambigu qu'est
Tendre, où l'amour devient le prête-nom de l'amitié. Cependant,
comme le suggère malignement l'abbé d'Aubignac, on ne saurait
« renfermer tout un royaume dans un si petit pays » (16) ; la
qualité des citoyens de Tendre ne doit pas dissimuler l'exiguïté
de leurs terres au regard de la « vaste étendue » du royaume de
Coquetterie. De fait plusieurs voyageurs affichent des intentions
très différentes et beaucoup moins vertueuses. Les lieux qu'ils
traversent portent toujours à peu près les mêmes noms, mais
l'esprit du voyage a tout à fait changé. Les amants soumis et
respectueux ont cédé la place à de joyeux lurons qui ne dissimulent pas que leur intention est surtout de se donner du bon
temps ; ils jettent sur le pays un regard ironique et, sachant qu'il
n'y a pas grand chose à attendre de l'aventure, ils sont bien décidés
à profiter de toutes les occasions de se divertir. Le sage pays de

(15) *Lettres de Mlle de Montpensier et de Mesd. de Motteville et de Montmorenci...*,
Paris, L. Collin, 1806.
(16) Abbé D'AUBIGNAC, *Lettre d'Ariste à Cléonte...* 1659, p. 8-10.

Tendre n'a pas de quoi séduire ces impatients ; ils préfèrent les plaisirs faciles du royaume de Coquetterie.

Tel est l'état d'esprit du héros de la *Carte du Royaume d'Amour* de Tristan l'Hermite. Il admet que la recherche amoureuse oblige à quelques concessions de pure forme à des usages que l'on ne peut tout d'un coup abolir. Traversant le bois de Belle Assemblée, il retient surtout « une Hôtellerie dérobée du grand chemin, qui s'appelle Doux-Regards où on boit d'un petit vin qui a beaucoup de douceur, mais qui échauffe plus qu'il ne désaltère ». Puisque c'est la tradition, il accepte de passer à Inquiétude une nuit inconfortable sur des fagots d'épine et de séjourner brièvement à Soupirs. Mais il se hâte ensuite et il arrive bientôt à Entreprendre dont les habitants « ont réputation pour l'escrime, et pourtant ils ne connaissent qu'un coup d'épée, qui est de faire la feinte aux yeux et de porter la botte en dessous ». Arrivé enfin à Jouissance, la capitale du royaume, il n'y reste pas aussi longtemps qu'il le souhaiterait ; il lui faut poursuivre sa route vers Satiété, puis Faible Amitié, avant de repartir pour une nouvelle aventure qui promet d'être en tous points semblable à la précédente.

Cette relation ne réclame pas une longue exégèse. La hâte de ce voyageur, sa manière irrévérencieuse de visiter les lieux révèlent une mentalité très différente de celle qui régnait à Tendre. L'idée subsiste qu'il y a, avant d'arriver au but, quelques étapes rituelles à observer, mais on ne parcourt plus ce chemin initiatique avec la même ferveur. Le vieux royaume d'Amour s'ouvre maintenant à des visiteurs animés de sentiments subversifs ; extérieurement, il n'a encore que peu changé d'aspect, mais l'ordre ancien ne paraît pas destiné à durer. Il est en effet facile de prévoir que ces rites ne survivront pas longtemps à la disparition de l'esprit qui les justifiait. Pour s'en tenir à ce que dit l'allégorie géographique, tous ces retardements commencent à peser et les amants cherchent à abréger le plus qu'il se peut la route qu'ils ont à parcourir, sans peut-être avoir conscience que cette hâte excessive risque, à la limite, de ruiner leur plaisir. Mais ces perspectives inquiétantes demeurent lointaines et, en 1654, on en est encore tout à la joie, un peu puérile, de moquer les complications et les lenteurs de la courtoisie vertueuse.

Il est un peu surprenant de trouver le grave abbé d'Aubignac en aussi légère compagnie. Pourtant le royaume de Coquetterie donne de l'aventure amoureuse une image très analogue à celle que proposait le royaume d'Amour de Tristan. Mieux même, l'allégorie frôle ici l'utopie et le pays de Coquetterie apparaît comme un monde à l'envers où les valeurs traditionnelles de l'éthique amoureuse sont tout simplement remplacées par leurs contraires. Sur le ton de cette fine raillerie que l'on enseigne dans les Universités du lieu, l'abbé d'Aubignac entreprend une description complète du royaume ; il en analyse la démographie, les coutumes et retranscrit quelques-unes de ses lois fondamentales. La cinquième déclare que :

> « Quiconque fera profession de fidélité, sera tenu de justifier qu'il est de la race des Amadis, ou des descendants de Céladon ; sinon, à faute de ce, passera pour idiot. »

La sixième étale au grand jour la duplicité galante, ne reconnaissant aux vertus féminines traditionnelles qu'un simple pouvoir de séduction :

> « La Modestie, la Discrétion, la Retenue n'auront aucune entrée dans l'état, sinon qu'elles puissent être utiles à celles qui sont obligées de cacher leur jeu. »

On ne sera pas surpris que toutes les femmes, y compris les Précieuses, s'y « donnent à bon marché » ; pour ce qui est des amants, il en existe de plusieurs variétés, tous hardis et entreprenants, et seuls font piètre figure les « soupirants qui ne sont jamais vêtus que de chagrin couleur de pensée à fond de souci ». Enfin, « pour la commodité du commerce et la subsistance de l'état », sont tolérés des cocus de toutes sortes, les uns ignorant leur infortune, d'autres fâcheux et incommodes, d'autres encore (et l'on ne peut se défendre d'un faible pour eux) tout à la fois instruits de leur malheur et discrets. Ce bref aperçu donne quelque idée du climat qui règne en ces lieux : immoralisme de bon ton et indulgence pour des amours faciles et superficielles. De même, dans son *Epigone*, sous-titré « histoire du siècle futur », l'abbé de Pure décrit un allégorique « Pays des Mignonnes » où l'on passe son temps en « discours d'amusement » ; les lois du lieu interdisent toute forme de tyrannie amoureuse, la constance qui ne serait qu'une « altération de l'esprit » ainsi que la pruderie, crime capital puni de « décervellation » (17). En inversant la plupart des conventions de l'idéalisme romanesque il était possible de reconstruire un royaume qui présente avec la réalité vécue plus d'analogies que d'autres utopies trop vertueuses.

Cependant l'esprit de subversion peut encore être poussé beaucoup plus loin. Aux confins du royaume de Coquetterie, là où la

---

(17) Abbé DE PURE, *Epigone, histoire du siècle futur*, P. Lamy, 1659.

galanterie se confond avec le dévergondage, se situe le très curieux Pays de la Braquerie dont Bussy-Rabutin a dressé la carte pour divertir le prince de Conti en un temps où il n'était pas encore devenu dévot. Il n'est plus question de savante progression ; Bussy laisse de côté tout le formalisme galant pour ne conserver de la métaphore géographique que la comparaison entre femmes et villes. C'est pour lui l'occasion de faire sur certaines de ses contemporaines d'assez brutales révélations. Le langage figuré permet de suggérer des choses qui autrement braveraient l'honnêteté : certaines « villes » sont mal tenues et nauséabondes, d'autres ont des démêlés avec leurs gouverneurs, etc... A propos d' « Olonne », le guide signale :

> « C'est un chemin fort passant. On y donne le couvert à tous ceux qui le demandent, à la charge d'autant. Il faut bien payer de sa personne, ou payer de sa bourse. » (18)

Cependant, même aux moments les plus scabreux, Bussy ne se départ jamais de la plus parfaite élégance de langage ; par cette concession au bon ton la Braquerie mérite de figurer dans cette nomenclature des pays galants. Elle marque le point extrême de la critique de l'idéalisme amoureux.

Des simples sceptiques aux libertins dévergondés, le vaste royaume de Coquetterie accueille des populations assez mêlées ; leur unique signe de ralliement est une hostilité plus ou moins marquée envers des conceptions amoureuses qu'elles jugent périmées. Il faut aux tenants de la nouvelle galanterie un ennemi commun ; alors, sans se soucier des nuances, ils s'en prennent aux vertueux principes en honneur du côté de Tendre. Certains ne se privent pas d'ironiser et disent sans ambages que le chemin de Tendre fait perdre un temps précieux pour ne mener nulle part. L'auteur anonyme de la *Lettre de M. D. sur la Carte du Royaume de Tendre* ne cache pas qu'il tient les cœurs de la ville de Tendre en médiocre estime et qu'il préfèrerait des partenaires moins timorées (19). Sur le même thème, Segrais compose des stances dont le refrain dit tout crûment :

> « Le grand chemin et le plus droit de tous
> C'est par Bijoux. » (20)

---

(18) BUSSY-RABUTIN, *Histoire amoureuse des Gaules*, Paris, 1857, t. I, p. 268-280.
(19) *Lettre de M. D. sur la Carte du Royaume de Tendre écrite à l'Illustre M. S.* (Recueil de Sercy (prose), IIe partie, 1662).
(20) SEGRAIS, *Stances sur la carte du Tendre*, in *Poésies*, Caen, Chalopin fils, 1823, p. 174-175.

L'abbé François Tallemant équivoque de manière beaucoup moins enveloppée sur le « tendre » (21). Bref depuis la Coquetterie souffle un vent de révolte ; il semble même que l'autorité que la reine de Tendre exerce sur ses propres sujets ne soit pas sans limites et que quelques-uns soient assez enclins à se laisser gagner par l'hérésie galante. Cependant, en dépit de ces escarmouches, la frontière qui sépare les deux royaumes reste souvent incertaine et il est difficile de lui assigner, dans la réalité, un tracé rigoureux. Il serait plus exact de dire que l'Empire amoureux est travaillé de l'intérieur par diverses menées subversives.

V — *Le Royaume des Précieuses.*

On peut soupçonner quelque rapport entre ces menus incidents et la création toute récente d'un nouvel « Etat ». En effet, outre les pays de Tendre et de Coquetterie, il ne faudrait pas omettre de mentionner le Royaume des Précieuses promis, dans un proche avenir, à une fortune exceptionnellement brillante. Or tous les historiens sont d'accord sur ce point : c'est précisément en cette année 1654 que le mot « précieuse » apparaît avec l'acception qui lui restera dans l'histoire littéraire. Mais, peut-être parce que la préciosité n'en est qu'à ses débuts, la place qu'elle occupe dans la « géographie » de l'amour reste discrète et les quelques lignes que lui consacre le marquis de Maulévrier semblent d'abord assez énigmatiques. Cette carte contient cependant une indication qui n'est pas sans intérêt sur l'emplacement de Façonnerie, la capitale du pays. Cette ville se trouve à mi-distance entre les plaines de Coquetterie et le château « bien fortifié de Galanterie » (22). Ce château qui a sous sa dépendance les fiefs de « Feux cachés, Sentiments tendres et passionnés et Amitiés amoureuses » appartient de toute évidence au pays de Tendre : on ne s'y livre pas facilement, on y prend l'amour au sérieux et on se réfugie volon-

---

(21) Voici le quatrain de l'abbé Fr. Tallemant sur le Samedi :
    « Ces dames ont l'esprit très pur,
    Ont de la douceur à revendre.
    Pour elles on a le cœur tendre
    Et jamais on n'eut rien de dur. »
(22) Le mot « galanterie » est souvent employé dans un sens très large et désigne la recherche amoureuse sous toutes ses formes. Il y a donc à la fois une galanterie vertueuse (souvent appelée « belle » ou « fine » galanterie) dont il est ici question, et une galanterie sceptique et libertine.

tiers dans une amitié moins compromettante que l'amour. De ces maigres renseignements il est possible d'inférer que le royaume des Précieuses s'étend dans l'espace vide qui se trouve entre Tendre et Coquetterie. En langage clair, ceci veut dire que, selon Maulévrier, les précieuses sont des façonnières qui feignent la vertu pour mieux aguicher les galants ; en quoi elles prétendent cumuler indûment les avantages de l'un et de l'autre systèmes. Mais cette supercherie, des deux côtés condamnable, leur vaudra une très fâcheuse réputation. Façonnerie, au nom évocateur, occupe dès l'origine une situation fausse dans l'Empire amoureux : l'idéal emprunté à la galanterie vertueuse y dégénère en manège déloyal. Ce jugement sommaire que suggère le texte de Maulévrier appelle, cela va de soi, de plus amples commentaires ; il suffit, pour le moment, de marquer l'existence de cette nouvelle principauté. Mieux vaut, faute de documents plus explicites, réserver le cas litigieux des Précieuses ; on doit seulement retenir de ce premier contact que leur situation médiane les prédispose à devenir un objet de querelle.

VI — *Economie générale et unité de l'empire amoureux.*

La description contrastée du pays de Tendre et du royaume de Coquetterie donne de l' « espace amoureux » une première vue en plan. D'un côté les citoyens de Tendre vouent un culte sérieux à une divinité dont il est difficile de savoir s'il faut la nommer Amour ou Amitié ; en renonçant à tout projet d'aventure vers les Terres inconnues, ils ont raccourci la distance à parcourir, mais en contrepartie les progrès ne se font plus qu'avec une extrême lenteur. En face, c'est la rébellion larvée ; les contraintes établies ne sont plus observées que de très mauvais gré : on se moque de tous les interdits, à moins que l'on ne se décide tout simplement à jouer la comédie. Ces deux régions de l'Empire amoureux sont régies par des valeurs le plus souvent contradictoires ; la hâte et l'esprit d'aventure, criminels au pays de Tendre, sont les vertus premières de l'amant coquet ; réciproquement, les soupirants patients et résignés comme les souhaite Sapho font assez triste mine dans le royaume de Coquetterie où l'on a peu de considération pour la descendance des Céladon et des Amadis.

Les contemporains semblent avoir eu eux-mêmes conscience de cette division qui partageait le domaine amoureux en deux régions semblables et opposées. En 1663 et 1664, le galant abbé

Paul Tallemant publie un premier, puis un second *Voyage de l'Isle d'Amour* (23). Selon le procédé bien connu, il imagine qu'une joyeuse troupe, composée de « plusieurs personnes de tous âges et de toutes conditions, la plupart fort étourdis », s'embarque à la recherche de l'Amour qui aurait élu domicile dans une île mystérieuse et lointaine. Arrivé à pied d'œuvre, l'amoureux explorateur accomplit son premier voyage selon les normes romanesques traditionnelles. Il prend pour compagnons deux personnages austères et prudents : Respect et Précaution. Flanqué de ces deux conseillers, il entreprend la conquête de la belle Amynte ; d'Inquiétude il passe en Petits Soins, puis Espérance et sur les conseils de Respect évite Déclaration pour se jeter dans une obscure place forte du nom de Discrétion. Pendant ce temps Amynte s'est retirée dans l'antre de Cruauté. Dès lors le malheureux amant est condamné à languir et à souffrir sans espoir. On aura sans peine reconnu la route déjà maintes fois parcourue par les innombrables martyrs que l'Amour compte parmi ses sujets. Pour anciennement fréquentée qu'elle soit, cette route n'en est pas moins celle qui s'offre encore le plus spontanément à l'esprit de tous ceux qui cherchent aventure en ces lieux.

Malgré cette première expérience malheureuse, le héros de l'abbé Tallemant prolonge son séjour dans l'Ile d'Amour, et sa bonne étoile lui fait faire la connaissance de Galanterie. Dans la ville du même nom, il va passer d'agréables moments en compagnie de Libéralité, Esprit doux, belle Conversation, Complaisance, etc... Là, occupant « le jour en festins, la nuit à donner des sérénades », il tombe amoureux de deux jeunes personnes, Iris et Silvie, qu'il aimera simultanément selon les conseils de Coquetterie. De pénible et douloureuse qu'elle était, la condition d'amoureux est devenue quasi paradisiaque ; voici d'ailleurs une partie de l'inscription qui est gravée en lettres d'or sur les portes de la ville de Coquetterie :

> « Ici règne un amour commode,
>   Avec l'agréable méthode
> Qui fait aimer sans trouble et sans emportement,
>   Qui bannit le fâcheux tourment,
>   Qui fait braver les inhumaines,
> Qui ne donne en amour que de tendres désirs,
> Et qui, sans en causer que les plus douces peines,
>   En fait goûter tous les plaisirs. »

---

(23) *Voyage de l'Isle d'Amour, à Lycidas*, Ch. DE SERCY et L. BILLAINE, 1663 ; *Second voyage de l'Isle d'Amour, à Lycidas*, chez les mêmes libraires, 1664.

Fort de ces principes, l'amoureux n'hésite pas à se déclarer en même temps à Iris et à Silvie ; il évite cette fois-ci, grâce aux conseils judicieux d'un « amour coquet », de se laisser sottement enfermer dans Discrétion. Commencée sous de si bons maîtres, cette éducation sentimentale sera rondement menée ; on insiste surtout sur l'art du mensonge sans lequel il n'est pas de galanterie possible. En effet, pour conquérir une belle, il n'existe pas, semble-t-il, d'autres recettes que les déclarations larmoyantes ; mais il convient de ne pas prendre la chose trop au sérieux et d'apprendre à feindre :

> « Je pris (...) une habitude de contrefaire mon humeur quand bon me sembloit, les larmes ne me coûtoient plus rien et je sçavois faire le misérable quand la fantaisie m'en prenoit :
>
> A mon gré je sçavois et gémir et me plaindre,
> Selon qu'il le falloit pour seconder mes vœux :
> En amour c'est tout que de feindre,
> Et sçavoir à propos faire le malheureux. »

La suite du second voyage n'offre que peu d'intérêt, bien que la conclusion soit elle aussi chargée de diverses significations allégoriques. A l'encontre des conseils reçus, l'amant mène ses deux conquêtes vers le château du Vrai Plaisir ; mais l'enchantement se dissipe aussitôt et apparaît alors la vanité de cette expérience galante. La consommation suffit à détruire l'amour et quelle que soit la méthode adoptée, on n'arrive jamais à ses fins de manière durable. L'amour galant comme l'amour romanesque ignore la stabilité du bonheur ; l'essentiel se situe avant que les partenaires ne s'avouent leurs sentiments réciproques. C'est un amour de conquête et non d'établissement.

Ainsi s'achève ce récit allégorique qui résume bien les aspects caractéristiques de la représentation galante de l'amour. Une fois admise l'impossibilité d'aller sans risque au-delà d'un aveu mutuel, l'art d'aimer se scinde en deux méthodes contraires et pourtant semblables. C'est là l'unique problème, la seule alternative qui s'offre à la discussion ; les limites du débat, on le voit, sont posées d'avance et il n'est question que d'accepter ou de refuser certains usages consacrés. C'est pourquoi on ne s'interroge guère sur la nature de l'amour généralement considérée comme mystérieuse ; il importe seulement de savoir *comment* aimer (car c'est un postulat unanimement reçu qu'il faut aimer et que sans amour aucune vie ne vaut la peine d'être vécue). Fort de cette évidence, chacun n'a plus qu'à se mettre en quête des moyens les plus efficaces pour parvenir à ses fins ; et c'est ici qu'intervient le choix entre le sérieux et la frivolité.

Cette constante dichotomie sentimentale est le premier enseignement de la géographie amoureuse. Tels que les dépeignent ces
diverses cartes et relations de voyage, les sujets de l'Amour semblent d'abord divisés en deux factions opposées. Une démarcation
assez nette apparaît entre le royaume de Sapho où tout est mis
en œuvre pour sauvegarder la valeur morale de l'expérience
amoureuse et le galant pays de Coquetterie qui a pour seules lois
le scepticisme et la dérision. Mais l'exagération de cette distance
est sans doute une aberration propre à la description géographique.
Entre la sagesse du royaume de Tendre et l'immoralisme galant
qui sont les deux pôles de cette représentation de l'amour, l'incompatibilité est surtout apparente ; la diversité des professions de
foi ne doit pas dissimuler l'unité de l'ensemble. La preuve en est
dans l'organisation de la vie mondaine elle-même : il ne faudrait
pas imaginer que partisans de l'amitié tendre et sceptiques forment
deux clans distincts et rivaux ; ils vivent au contraire en relative
harmonie. Ce sont leurs divergences mêmes qui alimentent la
plupart des discussions sur l'amour et contribuent ainsi à animer
l'une des formes les plus importantes de l'activité mondaine. Cette
opposition est à la base de presque tous les débats et, à l'intérieur
des deux cercles les mieux connus de l'époque, ceux de Mlle de
Scudéry et de Mlle de Montpensier, les deux partis sont à peu près
également représentés. Comme il est normal, la galanterie vertueuse a les faveurs de l'élément féminin qui y trouve l'occasion
d'affirmer une suprématie qu'on lui reconnaît de plus ou moins
bonne grâce ; la galanterie sceptique est surtout l'apanage des
hommes qui cherchent ainsi à annihiler un système de défense
leur interdisant de pousser très loin leur avantage. Parmi ces in-
soumis, on trouve, dans l'entourage de Mlle de Scudéry, le « bel »
Isarn déjà nommé, ainsi que Sarasin ; auprès de Mademoiselle
le rôle d'avocat du diable revient surtout à Segrais et à Lignières.
La limite qui sépare Tendre de Coquetterie n'est en fait qu'une
ligne idéale aussi perméable que le sont la plupart des frontières.
Dans la réalité les deux royaumes sont en même temps opposés
et confondus, ou, pour mieux dire, l'Amour de la tradition romanesque continue à régner sur un très vaste empire, mais son
autorité est aussi absolue en théorie que mal reconnue sur une
large part de son domaine.

Ces deux « philosophies » de l'amour qui s'expriment en
termes si parfaitement contradictoires sont donc en définitive
complémentaires. De fait, toutes deux se définissent par référence
à un idéal commun de perfection amoureuse, ici accepté non sans
d'importantes réserves, là ridiculisé mais non renié puisqu'il continue à déterminer le profil d'ensemble de l'itinéraire amoureux.
Toute la différence est que d'un côté on respecte encore ce que
de l'autre on tourne en dérision, sans bien comprendre qu'il y a

encore dans ce genre de blasphème une manière d'hommage. Mais
la casuistique de Sapho et les propos aimablement irrévérencieux
des coquets révèlent une même crise de conscience : des doutes
apparaissent sur la validité d'un certain idéal amoureux et pourtant on répugne à imaginer l'amour autrement que selon les critères de cet idéalisme romanesque. Quelques âmes généreuses mais
imprudentes, dont Mlle de Scudéry, ont eu la faiblesse de croire
que cet idéal pouvait être non seulement rêvé, mais vécu. Cette
confrontation avec la réalité oblige à des concessions qui vont
parfois jusqu'à compromettre l'essentiel. Mlle de Scudéry doit,
pour sauvegarder certaines valeurs, adopter une attitude restrictive
qui risque de faire passer cette zélatrice de l'amitié tendre pour
une ennemie de l'amour ; cependant, quitte à substituer au mot
« amour » le terme plus neutre d' « amitié », elle n'en reste pas
moins fidèle à l'idée que la quête amoureuse doit être conçue
comme une suite d'étapes codifiées qui mène à la possession d'un
bonheur suprême. A l'inverse coquets et galants raillent les inutiles complications du cheminement proposé, néanmoins le cérémonial ancien se maintient parmi eux comme survivent parfois
de vieux rites dont le sens est déjà presque oublié. Il y a crise
de la sensibilité amoureuse en ce que les « conservateurs » sacrifient le contenu de l'idéal primitif à la nécessité de le maintenir,
tandis que les « novateurs » sont incapables de s'affranchir d'une
forme qui ne correspond plus à leurs aspirations. Mais, à des titres
divers, les uns comme les autres restent tributaires de la même
conception de l'amour.

Cette situation trouve sa traduction dans le langage propre
à la fiction géographique. Que des conceptions en apparence si
diverses puissent s'exprimer par ce même procédé descriptif est
le signe le plus évident de cette unité malgré tout conservée. Le
principe même de l'itinéraire amoureux, avec ses lenteurs et ses
arrêts obligés, donne à l'aventure sentimentale une forme générale
que tous nos cartographes acceptent ; il est inséparable d'une
image de l'amour largement diffusée par les grands romans de la
première moitié du siècle et dont l'origine est certainement beaucoup plus ancienne. L'amour y est décrit comme une lente progression sur un chemin parsemé d'obstacles et de résistances
diverses ; la métaphore géographique convient si admirablement
à cette manière de concevoir les relations amoureuses que le simple
fait d'y recourir suppose que l'on maintienne au moins dans ses
apparences formelles cette vision de l'amour. Dès 1654 cependant
des réticences se manifestent à la faveur des menues tricheries
dont les auteurs mondains se rendent coupables : Mlle de Scudéry
tronque et raccourcit à l'extrême le chemin à parcourir, tandis
que, pour les tenants de la galanterie coquette, la recherche de
l'amour tend à se refermer en un circuit toujours recommencé.

De part et d'autre règne un état d'esprit semblable : on éprouve des doutes de plus en plus forts sur la possibilité d'atteindre à un amour durable et vrai, mais l'on continue à en imaginer les préliminaires d'après des critères empruntés à une tradition toujours très vivace dans les esprits et qui se perpétue depuis des siècles dans la société aristocratique. Car pour bien comprendre les modalités de la représentation de l'amour telle qu'elle apparaît, aux environs de 1654, grâce à cette coupe horizontale que permet l'étude de la géographie amoureuse, il est sans doute nécessaire de faire intervenir l'influence d'un modèle très ancien. Depuis fort longtemps, et en dépit de vicissitudes infiniment complexes dans le détail, l'archétype courtois (24) imposait à la littérature mondaine une certaine vision des relations amoureuses. Les principaux axiomes en sont : la primauté absolue de l'amour qui dans la hiérarchie des valeurs doit l'emporter sur toute autre préoccupation humaine, le respect dû à la dame en qui l'on reconnaît l'incarnation d'un idéal de beauté et de perfection, la soumission de l'amant condamné à une longue et difficile ascèse avant d'atteindre au terme de sa quête. Depuis les grandes œuvres de la littérature courtoise dont le souvenir n'a pas encore tout à fait disparu au XVIIe siècle (25), cet idéal amoureux se transmet d'âge en âge sans que ses grandes lignes ne s'altèrent de façon appréciable ; le pétrarquisme et le néo-platonisme des XVe et XVIe siècles perpétuent des modèles culturels analogues. Chaque époque fonde cet idéal sur des considérations idéologiques qui lui sont propres : la courtoisie médiévale semble une réplique dans l'ordre de l'amour des vertus chevaleresques, tandis que l'aristocratie de la Renaissance trouve dans la lecture de Platon ou de son commentateur Marsile Ficin des justifications philosophiques en harmonie avec de nouveaux modes de pensée. Mais, malgré ces divers avatars, le modèle courtois se maintient avec une étonnante stabilité sans doute parce qu'il est lié à un certain état social et à une civilisation aristocratique qui n'évoluent guère ; toujours est-il qu'il conserve, en plein XVIIe siècle, une forte emprise sur la mentalité mondaine. La littérature romanesque de *l'Astrée* à Mlle de Scudéry continue à en exploiter les grands thèmes ; les poètes et les auteurs de théâtre y trouvent également, en matière amoureuse, leur principale source d'inspiration.

Cependant d'inquiétants signes de vieillissement apparaissent ;

---

(24) Sur les origines lointaines de la courtoisie médiévale, on trouvera toutes les informations utiles dans la monumentale étude de Reto B. Bezzola, *Les origines et la formation de la littérature courtoise en occident (500-1200)*, Champion, Bibliothèque des Hautes Etudes, 5 vol., 1944-1963.

(25) Cette survivance est attestée par le curieux opuscule de Chapelain, *De la lecture des vieux romans* (1646) (in *Opuscules critiques*, p. p. C. Hunter, Droz, 1936, p. 205-241).

bien qu'elle ne semble pas en mesure d'inventer de nouveaux modes de représentation, la génération de 1650 n'accepte l'héritage courtois que sous bénéfice d'inventaire. Dès lors que l'on ne croit plus guère à la possibilité d'atteindre les Terres inconnues du parfait amour, cette conception de la quête amoureuse est déjà virtuellement condamnée. Mais, par le simple effet de la pesanteur des traditions, cet idéal tronqué persiste. Les formes anciennes demeurent alors même que les valeurs qui les justifiaient sont entrées en décadence ; ainsi s'explique le conservatisme restrictif de certains et l'ardeur iconoclaste des autres. Ces derniers (et il y a tout lieu de croire qu'ils sont désormais le plus grand nombre) ont tout à fait perdu la foi et ne s'en cachent pas ; mais ils se servent encore pour parler de l'amour de vieux mots et de vieilles catégories, sans trop se soucier d'un constant décalage entre leur vocabulaire et leurs sentiments, entre la manière dont ils persistent à décrire l'aventure amoureuse et des aspirations encore confuses. Ils ne s'inquiètent pas outre mesure de ce que cette attitude peut avoir d'illogique ; si la contradiction devient trop flagrante et s'ils risquent d'être convaincus de duplicité, ils argueront pour leur défense que toutes ces belles paroles n'étaient que littérature et mensonges de circonstance. Ce climat ambigu où règne une insincérité plus ou moins avouée et où les mots anciens n'ont plus tout à fait leur plein sens est celui de la sensibilité galante qui, avec la plus parfaite inconséquence, continue à utiliser des formes et un langage qu'elle est par ailleurs en train de déconsidérer et de ruiner.

Un dernier détail symbolique que Tristan et l'abbé d'Aubignac consignent l'un et l'autre dans leurs cartes, tendrait à montrer qu'ils avaient vaguement conscience du caractère à la fois destructeur et un peu dérisoire de l'entreprise galante. Leurs voyageurs respectifs rencontrent sur leur route des ruines auxquelles ils ne prêtent d'ailleurs que peu d'attention bien qu'elles soient peut-être susceptibles d'éclairer certains aspects autrement incompréhensibles de l'itinéraire qu'ils suivent. Le découvreur du Royaume de Coquetterie apprend que Cajolerie, l'une des villes principales, a été « rendue spacieuse par la ruine d'un vieux Temple de la Pudeur » dont on aperçoit encore les vestiges à proximité. De son côté le porte-parole de Tristan note au passage :

> « Il y avait autrefois en ce même lieu un château médiocrement fortifié qu'on appelait Résistance ; mais il a été ruiné par les guerres et de son débris on a fait une petite bicoque qu'on nomme Tôt-Rendue. »

Le sens de l'allusion paraît évident : dans ce galant Pays

d'Amour, comme on le fit souvent durant le Moyen-âge roman, on pille les monuments anciens pour en reconstruire de plus médiocres et dont la destination est sensiblement différente. Ces ruines en tout cas sont précieuses en ce qu'elles montrent que le pays a connu autrefois d'autres usages et que la configuration des lieux doit souvent pouvoir s'expliquer par rapport à eux ; les vestiges de l'ordre ancien permettent d'interpréter l'anarchie présente. La subversion galante est, en général, sentie comme un phénomène récent et propre à la nouvelle génération ; l'abbé de Pure, à l'occasion d'une description de l'Empire d'Amour qu'il insère au début de la *Prétieuse* (26), remarque qu'il est maintenant beaucoup plus facile de franchir les montagnes de Rigueur et de Mespris depuis qu'un nouveau remède importé des Indes (on ne sait trop s'il s'agit du café, du chocolat ou du quinquina) a permis de décupler les forces des soupirants transis. D'ailleurs si l'on éprouve le besoin de remettre les cartes à jour, c'est que quelque bouleversement important est en train de se produire dans la géographie du pays considéré. L'Empire amoureux, à la date de 1654, outre une unité fragile et incertaine, a encore ceci de commun avec le Saint Empire romain germanique qu'il survit grâce à un vieux rêve grandiose et périmé ; personne n'est assez naïf pour y croire vraiment, mais son charme continue malgré tout à opérer. La sensibilité mondaine est largement déterminée, en matière amoureuse, par un passé qu'on ne songe pas à ressusciter mais auquel on emprunte toujours des mots, des attitudes, tout un protocole assez vain et dont on ne se prive pas de sourire à l'occasion. L'histoire de la galanterie se résume pour l'essentiel en la destruction d'un modèle idéal peu à peu vidé de sa substance et réduit à n'être qu'un simple jeu d'esprit et de société. A force de badinages ironiques ou cocasses, il ne restera bientôt plus du système primitif que quelques lieux communs démodés et discrédités ; car nul ne songe à remplacer les certitudes que l'on ruine. Dans les éléments de cette situation initiale se manifeste déjà la double nature de la galanterie amoureuse telle qu'elle se découvrira dans la suite de cette étude : l'apparente frivolité qui naît de la dilapidation d'un capital de formes et d'images masque une profonde incertitude sur la vraie nature de l'amour.

---

(26) Abbé DE PURE, *La Prétieuse ou le Mystère des Ruelles*, 1656-1658, p. p. E. Magne, Droz (S.T.F.M.), 1938, t. I, p. 32-34.

PREMIÈRE PARTIE

DU COTE DE TENDRE

« Bientôt l'amour fertile en tendres sentiments
S'empara du théâtre ainsi que des romans. »

Boileau, *Art poétique*, chant III,
vers 93-94.

CHAPITRE I

L'ORTHODOXIE ROMANESQUE

I — *Les lois de l'amour.*

Malgré leurs divergences sur le fond, tous les géographes de l'amour sont à peu près d'accord pour donner à l'aventure amoureuse une forme identique. Cette description de l'amour n'aurait rien que de très banal si l'on ne pouvait déjà deviner que chacune des phases de cette conquête est régie par des règles que connaissent bien les parties en présence. Tous les parfaits amants savent qu'ils sont les serviteurs d'une orthodoxie et que leur conduite particulière n'a de sens que comme illustration de maximes générales. Pour justifier son exil volontaire, Céladon a soin de faire graver sur le monument de verdure qu'il élève en l'honneur d'Astrée. « Les Douze tables des Loix d'Amour que sur peine d'encourir sa disgrâce il demande à tout amant d'observer » (1) ; bien d'autres après lui s'essayeront à légiférer sur une aussi délicate matière, persuadés

_____

(1) *Astrée* (édition H. Vaganay, Lyon, P. Masson, 1925-1926), t. II, p. 181-184. Outre Céladon, il se rencontre beaucoup d'autres législateurs de l'amour : Ch. Sorel, *Les Lois de la galanterie* (Recueil de Sercy, 1644 et Recueil de Sercy (prose), 1658), Régnier-Desmarais *L'Edit d'amour* (*Délices de la poésie galante*, 3ᵉ partie, 1667), Mme de Villedieu, *Lois d'amour* (*Nouvelles œuvres meslées*, Lyon, 1691), etc... D'autre part dans les romans, et en particulier chez Mlle de Scudéry, on lit sans cesse des expressions du genre « il faut que », « on doit », « j'entens que », qui trahissent le tour normatif que prend constamment toute réflexion sur l'amour.

qu'ils sont que toute perfection peut se réduire à ses lois. Comme
il existe des lois de la guerre ou de la géométrie, il y a aussi des
lois de l'amour que l'on peut à la rigueur chercher à tourner, mais
que nul n'est censé ignorer dans le monde de la galanterie. A
l'origine de tout le système se trouve une définition idéale des
relations amoureuses, modèle universel que chaque individu, de
bonne foi ou par simple tactique, tend toujours à imiter. La connaissance de ces principes élémentaires est aussi nécessaire à la
compréhension des subtilités de la métaphysique galante que les
règles de grammaire sont utiles pour déchiffrer une langue inconnue ; ils n'expliquent pas tout, mais sans eux on ne peut espérer
mettre un peu d'ordre dans le chaos des cas d'espèce. La conception
« tendre » (2) de l'amour est en effet le fondement commun des
diverses modalités de la sensibilité mondaine, une sorte de vulgate
de l'amour à laquelle tout le monde se réfère sans en avoir peut-
être clairement conscience, avec cette facilité que l'on a pour
s'approprier le bien commun. Une enquête sur le sentiment de
l'amour dans la société mondaine commence nécessairement par
l'étude de ce code qui est aujourd'hui devenu lettre morte.

En matière amoureuse, il ne fait pas de doute que les déposi-
taires de l'orthodoxie sont les romanciers. Dans sa *Nouvelle allégorique* (1658), Furetière parle plaisamment de la ville de Cyrus,
« fameuse par une grande université d'amours qui y étoit établie » (3). Il y a là mieux qu'une image : les grands romans sont
effectivement des écoles d'amour où l'on enseigne avec un luxe
de détails comment il faut aimer. Non seulement ils racontent des
histoires d'amour, ce qui est le propre de tout roman, mais ils proposent de surcroît un idéal de perfection par le biais du récit
d'aventures exemplaires. C'est dans ces manuels du parfait amour
que sont en tout premier lieu l'*Astrée*, mais aussi les œuvres de
Gomberville, de La Calprenède et de Mlle de Scudéry que la génération de 1660 a appris, à la faveur d'innombrables leçons tant
théoriques que pratiques, le comportement qu'il convient d'adopter
lorsque l'on est amoureux ou amoureuse. Ces doctrinaires sont
nombreux et souvent prolixes : pour la période qui va de 1634 à
1660 M. Magendie, énumérant les œuvres qui peuvent entrer dans
la grande catégorie des romans héroïques, ne cite pas moins d'une

---

(2) Le choix de l'adjectif « tendre » pour désigner l'orthodoxie amoureuse se fonde sur
un usage à peu près constant aux alentours de 1660. Par opposition aux tendances sceptiques et hérétiques de l'esprit galant, on appelle « tendre » une vision de l'amour qui
continue à prendre au sérieux et à la lettre les enseignements traditionnels sur la perfection amoureuse. En ce sens, l'univers « tendre » est infiniment plus vaste que le petit
pays de Tendre où règne Mlle de Scudéry.
(3) FURETIÈRE, *Nouvelle allégorique ou Histoire des derniers troubles arrivez au Royaume
d'Eloquence* (édition E. Van Genneken, T.L.F., Minard et Droz, 1967, p. 74).

quarantaine de titres (4). De plus, aux alentours de 1650, l'idéologie romanesque a tendance à envahir d'autres formes littéraires. Le théâtre en est un exemple flagrant : il suffit que les lecteurs de romans se transforment en spectateurs pour retrouver la vision de l'amour qui leur est familière. Ils reverront sur la scène les mêmes péripéties que dans les romans et ils y entendront parler de l'amour à peu près dans les mêmes termes. La tragi-comédie ou la tragédie ne sont le plus souvent que le prolongement des fictions romanesques (5) ; Th. Corneille et Quinault, pour ne citer que deux grands auteurs à succès, excellent à adapter pour le théâtre des fragments de romans ou à récrire l'histoire en inventant des circonstances que ne désavoueraient pas La Calprenède ou Mlle de Scudéry. Le grand Corneille lui-même, malgré le dédain qu'il affiche envers les « doucereux » et le respect qu'il professe pour la vérité historique, cède parfois à la contagion de la tendresse ; son *Œdipe* (1659), la *Toison d'or* (1661), ou encore *Attila* (1667) sacrifient amplement aux lieux communs à la mode. Bref, entre 1650 et 1665, toute la littérature de fiction contribue peu ou prou à la défense et illustration de l'image « tendre » de l'amour (6).

Encore faudrait-il que cette impression d'unité que donne à première vue cette abondante littérature ne soit point illusoire. Il est, pour nous, surprenant que toujours et partout l'amour soit décrit de manière presque identique, et aujourd'hui l'on serait fondé à douter que tant d'œuvres d'auteurs si divers ne fassent que répéter, avec quelques variantes négligeables, une seule et même leçon. Mais il ne faut pas méconnaître l'esprit même de la doctrine tendre qui professe que l'amour, toujours semblable à lui-même, ignore toutes les différences qui pourraient naître des particularités individuelles. Tallemant des Réaux notait sans indulgence que les héros de la Cassandre de La Calprenède « se ressemblent comme deux gouttes d'eau, parlent tous phébus, et sont tous des gens cent lieues au-dessus des autres hommes » et que les personnages de la *Cléopâtre* « ressemblent si fort à ceux de *Cassandre* qu'on voit bien qu'ils sont sortis du mesme père » (7). Cet air de famille se retrouve chez tous les héros de roman :

---

(4) Voir M. MAGENDIE, *Le roman français au XVIIe siècle de l'Astrée au Grand Cyrus*, Droz, 1932, p. 404-424.

(5) Ch. SOREL, *De la connoissance des bons livres, ou examen de plusieurs auteurs*, Amsterdam, 1673, p. 133 : « Les tragédies et tragi-comédies qui sont des Romans faits pour la représentation (...) »

(6) Le champ de l'enquête était immense ; il a fallu s'en tenir à une analyse des œuvres les plus représentatives. L'uniformité vraiment surprenante de toute la littérature de fiction en ce qui concerne la description de l'amour autorise à négliger les œuvres mineures. Nous avons fait d'assez nombreux sondages chez des écrivains de moindre importance ; il arrive souvent que ces auteurs, moins habiles ou moins inspirés, donnent de l'amour tendre une image si outrée qu'elle souligne avec une netteté remarquable les postulats du système.

(7) TALLEMANT DES RÉAUX, *Historiettes* (éd. A. Adam, Gallimard, 1960-61, t. II, p. 585).

Oroondate, Pharamond, Cyrus ou Aronce ne peuvent que paraître frères puisqu'ils sont tous taillés dans cette même étoffe dont on fait les parfaits amants ; leurs partenaires féminines, pour les mêmes raisons, se différencient mal les unes des autres. Une volonté d'idéalisation poussée à l'extrême incite tous les romanciers à donner à leurs personnages une même apparence, celle de la perfection en acte ; or il n'est rien de plus uniforme que la perfection. Ch. Sorel, qui ne montre que peu de goût pour ce genre de littérature, considère ces perpétuelles redites comme l'un des défauts majeurs des romans :

> « Ces merveilleux Autheurs n'ont toujours qu'une chose à nous dire, on voit que les personnages de leurs livres sont tous jeunes et tous amoureux, et tous beaux, et tous blonds, fussent-ils de Mauritanie (...) C'est une chose malaisée à se figurer qu'il se trouve ensemble tant d'hommes d'une pareille constitution, puisque le Monde est si plein de variété. » (8)

Mais en affirmant que le monde est plein de variété, Sorel pose justement une prémisse qui est tout à fait contraire à l'esprit romanesque. Des héros et des héroïnes venus de tous les âges de l'histoire et des cinq parties du monde communient en une même foi amoureuse. C'est un principe acquis que l'universalité de l'amour supprime les différences historiques ou géographiques : les Perses et les Scythes, les Romains de la République et ceux du Bas-Empire pratiquent le même art d'aimer. Dans le cercle de Clélie un étranger venu de Sicile peut se mêler aussitôt à la conversation et intervenir dans la discussion d'un point de galanterie sans être aucunement dépaysé. Comme l'un de ses interlocuteurs s'étonne malgré tout qu'un Léontin soit si immédiatement au fait des usages de Rome, Artémidore, l'étranger en question, s'en explique très simplement :

> « Comme l'amour est de tout Païs et qu'il se trouve dans le cœur de toutes sortes de personnes sans distinction de conditions, je ne dis pas que je ne connois point l'amour. » (9)

Tous les amoureux se reconnaissent donc comme fils d'une même patrie et pour l'humanité amoureuse les différences ethniques ou sociales cessent d'exister. L'amour est un phénomène

---

(8) Ch. SOREL, *De la connoissance des bons livres...* (éd. cit., p. 115). Cf. *La Prétieuse* (éd. E. Magne, t. II, p. 213 et sq.).
(9) Mlle DE SCUDÉRY, *Clélie*, t. IV, p. 728.

universel et, en tant que tel, il obéit à des lois uniformément valables en tous temps et en tous lieux (10). C'est ce que disait déjà le P. Lemoyne dans la deuxième partie de ses *Peintures morales* (1643) :

> « Il est vray que l'Amour honneste n'est point national, non plus que le Soleil et les Astres ; il est de la campagne et de la Ville ; il se trouve aussi bien dans les Déserts que dans le grand monde, et son pays est partout où il y a de la vertu et du mérite. » (11)

Dans le monde romanesque il existe donc une idée de l'amour antérieure à l'amour même ; devenir amoureux, ce n'est pas s'engager dans une aventure sans précédents, c'est tout au contraire adopter un comportement dont les règles sont de toute éternité connues. Les devoirs réciproques de l'homme et de la femme sont par avance définis et la qualité de leur amour dépend surtout du soin qu'ils mettront à les observer. Tout est dans la manière et, en poussant le principe jusqu'à ses conséquences absurdes, on peut dire que la sincérité ne fait rien à l'affaire ; l'important n'est pas d'aimer, mais de savoir aimer. C'est ce que disent fort clairement ces grandes lectrices du *Cyrus* et de la *Clélie* que sont les Précieuses de Molière. Magdelon explique au bonhomme Gorgibus qui n'en croit pas ses oreilles, que l'amour n'est pas une chose aussi simple et spontanée qu'il ne l'imaginait avec naïveté ; un amant digne de ce nom se doit d'observer certaines règles (12). Les deux Précieuses souhaiteraient que leurs amants se conforment aux prescriptions du code romanesque ; mais La Grange et Du Croisy semblent en ignorer jusqu'aux rudiments, et en particulier ils n'ont nullement conscience que leur qualité de soupirants ne leur confère aucun droit, sinon celui d'attendre, de se taire et d'espérer que leurs mérites enfin reconnus leur vaudront un jour quelque faveur.

Cyrus-Artamène, qui est, lui, le parangon des parfaits amants, a évidemment une idée beaucoup plus juste de ses droits qui sont quasi nuls et de ses devoirs dont le premier est de reconnaître

---

(10) Il faut rappeler que l'univers romanesque n'est pas uniquement peuplé de parfaits amants des deux sexes. Certains personnages, par faiblesse ou perversité, trichent avec l'idéal de perfection amoureuse. Comme ils enfreignent la « loi », on les appelle très logiquement des « criminels d'amour ».

(11) P. LEMOYNE, *Les Peintures morales où les passions sont représentées par tableaux, par caractères et par questions nouvelles et curieuses* (Paris Fr. Mauger, 1669, t. II, p. 255).

(12) MOLIÈRE, *Les Précieuses ridicules*, scène IV. D'après le *Récit en vers et en prose de la Farce des Prétieuses* par Mlle Desjardins, la première version de la pièce développait ce thème sous la forme de « Reigles de l'Amour ».

l' « énormité » du « crime » qu'il commet en tombant amoureux
d'une beauté dont il est par définition indigne. Pour un amant
tendre, avouer son indignité est un point de départ obligé ; après
quoi il devra attendre beaucoup du hasard ou d'une possible
faiblesse de celle qu'il aime, très peu de ses mérites personnels.
Paralysé par la crainte de déplaire, l'amant est contraint à une
longue et silencieuse expectative, comme en témoignent ces confidences d'Artamène à la veille d'un tête-à-tête avec l'incomparable
Mandane :

> « Ce n'est pas, nous disoit-il, que je ne sçache bien, que je
> n'oserois luy parler de ma passion : car outre que sa vertu
> m'impose silence ; que le respect m'en empesche ; que sa
> modestie et sa sévérité me le deffendent ; je n'ay pas encore
> fait d'assez grandes choses, pour m'exposer à un si grand péril.
> Mais enfin, je ne laisse pas de souhaiter ardemment, de l'entre-
> tenir sans témoins (...). Mais que dis-je ! reprenoit-il ; non, non,
> il n'est pas temps Artamène, de découvrir notre passion ;
> cachons-la si bien au contraire que personne ne la puisse
> connoistre. Artamène n'est pas en l'estat où je le veux, pour
> avoir un party assez fort dans le cœur de Mandane, pour le
> défendre de sa colère. Il faut auparavant obliger Mandane par
> de grands services, gagner son estime par des actions héroïques,
> forcer son inclination par une complaisance continuelle, et
> mériter son amitié par la plus respectueuse passion qui sera
> jamais ; et après cela, nous pourrons peut-être lui parler
> d'amour. » (13)

Il y aurait de bonnes raisons de juger absurde la conduite de
ce séducteur condamné par avance à ne jamais parvenir à ses fins,
et ce, circonstance aggravante, du fait d'un mauvais vouloir que
celle qu'il aime se contente le plus souvent de feindre pour respecter la règle. Mais cette aberration apparente est la conséquence
d'une conception de l'amour elle-même absurde en ses principes.
Le but que se propose Artamène, comme tous ses semblables, est,
le plus banalement du monde, de conquérir Mandane et il finira
d'ailleurs très bourgeoisement par l'épouser ; cependant il règle
sa conduite comme si ce dénoûment heureux ne devait jamais
intervenir (14). Le grand paradoxe de la règle tendre est qu'on
exalte l'amour comme une nécessité alors qu'on le soumet à des
lois qui en contrarient le libre épanouissement : les amoureuses
doivent se défendre d'aimer, comme d'une faiblesse, tandis que

---

(13) *Le Grand Cyrus*, t. I, p. 569-571.
(14) Tout l'art des romanciers consiste d'ailleurs à retarder cette fin inéluctable, et l'on
sait qu'en ce domaine, les ressources ne leur font pas défaut.

l'amant soumis et respectueux joue le rôle ingrat du conquérant à qui sont refusés les moyens de sa conquête et de l'orateur privé du droit à la parole.

Si la règle était toujours respectée, jamais un amour ne dépasserait le stade de l'adoration muette. R. Barthes écrit que pour les personnages raciniens aimer est un « état intransitif », c'est-à-dire une expérience vouée à la répétition et à l'imperfection par le fait d'une « durée circulaire » ; la formule est heureuse, mais elle conviendrait encore beaucoup mieux pour définir, en général, l'amour tendre (15). Tout se passe comme si le plus important était d'arrêter la passion dans son évolution inéluctable vers une conclusion qui ne peut que la détruire. On dira volontiers « j'aime » ; mais on se garde bien d'envisager dans la suite où peut mener cet état douloureux et cependant délicieux. Les préceptes du code tendre ne sont paradoxaux qu'en apparence : s'ils semblent contrarier les progrès du sentiment, c'est pour mieux en sauvegarder la pureté initiale. Le plus grand service qu'on puisse rendre à l'amour est de l'empêcher de vieillir.

Il est cependant permis de soupçonner que cette métaphysique du sentiment n'épuise pas la signification du code tendre. Cette image de l'amour est par ailleurs chargée d'intentions nettement féministes. L'amour tendre est l'occasion de reconnaître et de célébrer en toutes circonstances et par tous les moyens la supériorité absolue de la femme. La reconnaissance de cette domination inconditionnelle qui ravale l'humanité masculine au rang d'humble servante du beau sexe devient la loi organique du monde romanesque. Comme le fait malicieusement remarquer Ch. Sorel, les femmes auraient mauvaise grâce à ne pas goûter une littérature tout entière conçue pour leur plus grande gloire :

> « En ce qui est des Femmes et des Filles, elles n'ont garde qu'elles ne chérissent cette sorte de Livres, puisqu'outre la récréation qu'elles prennent à voir leurs diversitez, elles trouvent qu'ils sont faits principalement pour leur gloire, et qu'à proprement parler, c'est le Triomphe de leur sexe. C'est là qu'on prétend monstrer que les Femmes sont les Reynes des Hommes et de tout l'Univers, et qu'on doit mesmes les reconnoistre pour Déesses ; il n'y a point de livres où leur mérite soit eslevé plus haut » (16).

Pour un homme aimer et se soumettre doivent être une seule

---

(15) R. BARTHES, *Sur Racine*, Seuil, 1963, p. 58.
(16) Ch. SOREL, *De la connoissance des bons livres*, éd. cit., p. 151.

et même chose : son unique devoir est de servir la gloire de sa
maîtresse par une adoration muette et respectueuse. C'est ce que
les héroïnes de Mlle de Scudéry répètent sur tous les tons à leurs
malheureux soupirants ; l'orgueilleuse Bérélise affirme sans hésiter
que la plus timide velléité d'indépendance serait un horrible man-
quement à la loi, une manière de sacrilège ou de lèse-majesté :

> « (...) je suis assurée (...) qu'une Maîtresse ne peut jamais
> trouver bon qu'on ne lui obéisse pas aveuglément et que quand
> on lui a désobéi, on prétende encore être son Amant (...) car
> de vouloir conserver la liberté de raisonner sur tout ce qu'elle
> vous commande, c'est une chose si opposée aux lois de cette
> passion que c'est proprement vouloir détruire l'empire de
> l'Amour. Tous ces mots de Prisonnier, de Captif et d'Esclave
> dont on se sert pour dire un Amant marquent assez qu'il est
> obligé d'obéir. » (17)

En dialecticienne habile Bérélise trouve une confirmation de
ses dires dans certains usages de la langue amoureuse, sans s'aviser
que les expressions qu'elle allègue en faveur de sa thèse découlent
précisément de la loi qu'elle prétend fonder sur ces exemples. Mais
la coutume a force de loi et devient une seconde nature.

Le royaume de l'Amour est à la lettre un monde à l'envers
où l'homme abandonne ses prérogatives « naturelles » et fait
don à la femme de tous les pouvoirs qu'il détient. L'un des auteurs
anonymes des *Délices de la poésie galante* constate avec humour
cette démission masculine :

> « (...) c'est un sexe qui par notre complaisance exerce une
> si grande tirannie, qu'il semble avoir droit de vie et de mort
> sur les hommes, comme autrefois les Maistres l'avoient sur
> leurs Esclaves. » (18)

C'est au contraire avec le plus grand sérieux que Mlle de Scudéry fait disserter ses personnages sur cette question qui est en
effet le point capital du système. Si par hasard l'un d'eux objecte
qu'il y a malgré tout dans l'amour un principe d'égalité et de
réciprocité qui s'accommode mal d'une soumission aussi outrée,
tous sont pour une fois d'accord et lui répondent que, quand bien
même une femme aimerait autant qu'elle est aimée, ses obligations

---

(17) Voir *Clélie*, t. IV, p. 701-703.
(18) *Les Délices de la poésie galante, des plus célèbres autheurs de ce temps*, J. Ribou,
1664, IIᵉ partie, p. 232.

restent de nature très différente. Très courtoisement le prince d'Agrigente invoque à l'appui de cette démonstration divers exemples d'affections réciproques et pourtant inégales :

> « (...) Les Rois doivent aimer leurs Sujets et les Sujets doivent aimer leurs Rois : cependant leurs obligations sont bien différentes ; car les uns ont pouvoir de commander, les autres doivent toujours obéir. Les Pères et les Enfants doivent aussi avoir une affection mutuelle ; il y en doit avoir de mesme entre les Maistres et les Esclaves, quoy que leurs devoirs ne se ressemblent point : ainsi quoy qu'il doive y avoir de l'amour dans le cœur d'une Amante, aussi bien que dans le cœur d'un Amant, les tesmoignages n'en doivent pas tousjours estre semblables : et il ne s'est jamais entendu dire qu'un Amant ait dit à sa Maistresse, je vous commande de m'obéir. » (19)

La situation de l'amant est celle du sujet qui doit respect et obéissance à son souverain, évidence qu'il est à peine besoin de démontrer :

> « Quoy que l'Amour égale toutes choses, la différence demeure tousjours entre l'Amant, et ce qui est aimé, et comme ce qui est aimé fait la félicité de celuy qui aime, c'est un crime de lèze-Majesté amoureuse que de raisonner sur les commandemens qu'il en reçoit. » (20)

Clélie avait déjà dit la même chose, plus crûment, sous la forme d'un ultimatum sans nuances :

> « Il faut qu'un Amant obéisse, ou qu'il cesse d'estre Amant. » (21)

Ce n'est ni plus ni moins que la version « tendre » de l'alternative fameuse : se soumettre ou se démettre.

II — *Les tribulations du parfait amant.*

A l'image de la société de l'époque, le monde imaginaire de l'amour est fondé sur l'inégalité ; dans la société civile chaque

---

(19) *Clélie*, t. IV, p. 705. Herminius dit ailleurs (t. IV, p. 128) : « Une dame peut ne pas rendre amour pour amour sans être injuste. »
(20) Abbé COTIN, *Œuvres galantes*, J.-B. Loyson, 1663, p. 278-280.
(21) *Clélie*, t. II, p. 706.

état a ses devoirs particuliers, dans la société amoureuse chaque sexe a les siens. Amoureux et Amoureuses doivent régler leur conduite selon des maximes différentes et dans l'un et l'autre cas, très strictement définies. Cependant c'est au parfait amant qu'échoit la plus mauvaise part : il lui revient de pratiquer trois vertus difficiles et austères, la constance. la discrétion et la soumission. Ce sont des vertus négatives et ternes qui ne prennent quelque relief que dans l'adversité ; ces héros à qui la chance auparavant avait toujours souri, font, en découvrant l'amour, l'expérience de l'humiliation et du malheur. Dans l'univers tendre il n'y a pas d'amants heureux : sitôt qu'ils se sont engagés dans l'aventure amoureuse les persécutions commencent et ils pourraient prendre pour devise le vers célèbre de *Suréna :*

> « Toujours aimer, toujours souffrir, toujours mourir. » (22)

Mais toutes ces épreuves sont nécessaires pour mettre en valeur leurs mérites et ils n'ont guère d'autres moyens d'attirer l'attention sur eux que de se plaindre des caprices du sort et de l'injustice de celles qu'ils aiment. Encore convient-il que ces plaintes paraissent involontaires et provoquées par une douleur trop longtemps contenue, sinon elles prendraient l'apparence d'une revendication ou d'un reproche. Le malheur est une nécessité attachée à la condition d'amant et dès qu'ils se croient seuls, ils passent le plus clair de leur temps à gémir :

> « Le tendre et le plaintif est le vray caractère de ceux qui ayment. L'air languissant leur est propre, ils doivent avoir le ton bas et négligé de la douleur (...) Toutes les paroles d'un véritable Amant, quand mesme il ne seroit pas mal-heureux, ont tousjours quelque image de plaintes. » (23)

On ne parlera que pour mémoire de la constance des amoureux tendres ; c'est chez eux une vertu si naturelle qu'elle passe presque inaperçue. Pourtant l'attachement indéfectible qu'ils vouent à l'objet de leur passion est le plus souvent rendu plus méritoire par d'extraordinaires épreuves. Il était déjà de règle dans le roman d'aventure que les amants soient longuement séparés de leurs maîtresses par une suite de malencontreux hasards. Polexandre parcourt les cinq continents à la recherche d'Alcidiane qui a la

---

(22) *Suréna,* acte I, scène 3.
(23) Abbé Cotin, *Œuvres galantes,* p. 280-281.

déplorable habitude de se faire enlever au moment précis où son amant est sur le point de la rejoindre (24). A partir de 1650, cette trame romanesque passablement usée qui donne à toute histoire d'amour la forme d'une interminable poursuite semble un peu moins en faveur. Mais il est d'autres moyens, plus subtils et tout aussi efficaces, de séparer des jeunes gens qui s'aiment ; dans les romans héroïques, ils appartiennent presque à tout coup soit à des familles rivales, soit à deux nations ennemies (25). Chez La Calprenède, Oroondate, qui est scythe, aime la princesse perse Statira dont le frère Artaxerxe aime à son tour une princesse scythe, Bérénice, qui n'est autre que la propre sœur d'Oroondate (26) ; les deux peuples sont, bien entendu, séparés par une haine héréditaire. Timocrate, héritier du royaume de Crète, tombe amoureux d'une princesse argienne alors que les deux Etats sont depuis longtemps en guerre. Aronce, enfant trouvé recueilli par le généreux Clélius, s'éprend de la romaine Clélie mais découvre après coup qu'il est de naissance étrusque. Les intrigues de cour et les rivalités dynastiques fournissent une variante de cette même situation : Cyrus, banni de la cour de Perse, aime Mandane qui appartient à une faction opposée. Enfin le cas le plus pathétique est celui d'Astrate : il aime la reine Elise mais ignore, comme Aronce, le secret de sa naissance ; il découvrira dans le cours de l'action qu'il est l'héritier légitime du trône jadis usurpé par le père d'Elise et le seul survivant d'une dynastie massacrée par les usurpateurs. Tomber amoureux, sans le savoir, de celle qui a fait assassiner sa propre famille est déjà pour Astrate une singulière malchance, mais, comble de raffinement, Elise lui confesse qu'elle n'a souhaité être reine, même au prix d'un crime, que pour lui plaire (27). Comme le veut la mythologie tendre, l'Amour est bien un dieu aveugle et, pour les parfaits amants, le monde un vaste purgatoire.

Ils doivent cependant bien se garder de s'abandonner au désespoir ; ce serait une grave faute contre l'amour et une lâcheté impardonnable car il ne suffit pas de souffrir, il faut aussi aimer ses souffrances pour qu'elles soient vraiment méritoires. Cyrus sait trouver des charmes aux persécutions de Mandane :

---

(24) Au début du *Grand Cyrus*, l'incendie de Sinope sépare Artamène de Mandane ; la *Clélie* s'ouvre sur une catastrophe analogue : à quelques jours de leurs noces, un tremblement de terre inopiné creuse entre les deux amants un abîme de flammes.

(25) Déjà les malheurs d'Astrée et de Céladon avaient pour origine un différend qui séparait leurs familles.

(26) Telle est, très schématiquement résumée, l'intrigue principale de la *Cassandre* de La Calprenède (1642-1645).

(27) Ce lieu commun romanesque est encore présent dans la tragédie racinienne : Alexandre et Cléofile, Pyrrhus et Andromaque, Néron et Junie, Titus et Bérénice, Hippolyte et Aricie. Quinault en fait grand usage, dans *Astrate* (1665), et dans d'autres tragédies.

> « Sçachez que quelque maltraité que l'on puisse estre ; que
> quelque rigueur qui paroisse dans les yeux de la personne
> que l'on aime ; que quelque cruauté qu'elle puisse avoir dans
> le cœur ; que quelques fâcheuses paroles qu'elle puisse dire ;
> sa vue a toûjours quelque douceur, et cause toûjours quelque
> plaisir. » (28)

Le rôle des amants n'en est pas moins difficile et ingrat : la
constance leur fait une obligation de toujours espérer bien qu'un
destin jaloux ou la cruauté de leur maîtresse ne leur offre que
des raisons de désespoir. On ne s'étonnera pas que ces malheureux
parlent si souvent de leur passion comme d'un martyre : ils
savent, mieux que quiconque, souffrir sans blasphémer.

De ces êtres d'exception, on attend beaucoup plus encore. Il
ne suffit pas d'être constant ; il faut aussi être discret et surtout
soumis, c'est-à-dire taire ses souffrances et obéir en tout aux désirs
de l'objet aimé. C'est ici qu'apparaît le véritable esprit de l'entreprise : on exige de l'amoureux tendre une pratique constante
des vertus les plus extraordinaires et les plus mortifiantes pour
l'orgueil masculin. L'obéissance absolue qui est le dogme fondamental de l'éthique tendre ne souffre aucune exception :

> « L'Amant n'est plus amant quand il n'est plus soumis. »

déclare Amalfrède à Théodat qui demande timidement à être
reçu par sa maîtresse Amalasonte alors que celle-ci lui a interdit
toute visite (29). Un bon amant doit obéir « perinde ac cadaver » ;
c'est le plus important et peut-être l'unique commandement du
décalogue tendre et la moindre rébellion rendrait à jamais indigne
d'être aimé. La Calprenède est sur ce point formel :

> « Comme il [Alcimédon, amant de Ménalippe] aymoit aussi
> fortement que jamais homme eust aymé, et qu'il estoit invio-
> lablement ponctuel dans son respect, et dans son amour, il crut
> ne pouvoir sans offenser son amour et se rendre digne de sa
> cruelle destinée désobéir au commandement de Ména-
> lippe... » (30)

Dans la pratique, cette soumission absolue ne manque pas de

_____

(28) *Grand Cyrus*, t. IV, p. 261.
(29) *Amalasonte* (1658), acte IV, scène 1 (*Le théâtre de M. Quinault...*, J. Ribou, 1715,
t. II, p. 351).
(30) *Cléopâtre*, t. VIII (1653), p. 369.

soulever quelques curieux cas de conscience. Lorsqu'un amant est accusé à tort d'un crime imaginaire, ce qui arrive assez fréquemment à ces grands malchanceux, il se trouve dans l'impossibilité de se faire rendre justice. Le même Alcimédon préfère être taxé d'infamie plutôt que de manquer au respect qu'il doit à Ménalippe en la détrompant de son erreur :

> « Divine princesse, [lui écrit-il] je n'entreprens point de me justifier puisque vous me l'avez deffendu. » (31)

Théodat soupçonné injustement de comploter contre la reine Amalasonte (qu'il aime) a la même réaction et accepte d'être puni comme traître plutôt que de se disculper indiscrètement (32).

Quinault fonde par ailleurs toute l'intrigue de l'une de ses pièces, *Les coups de l'Amour et de la Fortune* (1655), sur cette particularité de la psychologie tendre ; Roger, le héros, aime la princesse Aurore et la sauve à plusieurs reprises des plus graves dangers, mais à chaque fois un hasard malencontreux veut que le traître Lothaire usurpe le mérite qui lui en devrait revenir. Il serait facile à Roger de faire la preuve de la mauvaise foi de son rival, mais il s'y refuse à seule fin de ne pas convaincre d'erreur celle qui, du moment qu'elle est sa maîtresse, doit à ses yeux passer pour infaillible. Mieux même, il souhaite qu'Aurore se montre si possible encore plus hostile et plus cruelle puisqu'aussi bien il y trouverait matière à une plus éclatante démonstration d'humilité et de constance (33).

A ces amants sans reproche il n'est rien d'impossible et leur bel enthousiasme suscite d'étonnantes prouesses. Cependant ils n'oublient jamais qu'ils sont des héros d'amour et que leurs devoirs amoureux doivent passer avant le souci de leur propre gloire. Il est courant qu'un chef d'armée jusque-là invincible consente pour les beaux yeux de celle qu'il aime à renoncer pour la première fois à la victoire. Cette mésaventure arrive un jour à Cyrus (34) : touché par la vue de Thomyris, reine des Scythes, qu'il aperçoit au milieu d'une bataille, il se met aussitôt en devoir d'être vaincu et de surcroît fait prisonnier pour complaire à cette « adorable ennemie ». On pourrait citer bien d'autres hauts faits du même ordre ; ce même Cyrus, toujours dans la tragi-comédie de Quinault, refuse d'abord de s'évader comme le lui propose son rival Odatirse

---

(31) *Ibidem*, t. VIII, p. 387.
(32) *Amalasonte* (1658), acte II, scène 4 (éd. cit., t. II, p. 331).
(33) *Les coups de l'Amour et de la Fortune* (1655), acte III, scène 9, éd. cit., t. II, p. 199.
(34) *La Mort de Cyrus* (1658), acte II, scène 2.

et préfère, au risque de sa vie, rester prisonnier de la reine des Scythes. Un peu plus tard il assassine Odatirse sans témoins et le crime resterait impuni si Thomyris ne manifestait le désir de punir le coupable ; ausitôt Cyrus se dénonce le plus galamment du monde (35). Il ne suffit pas en effet de déposer des royaumes aux pieds de celle que l'on veut conquérir ; sans doute un passé glorieux ne nuit pas et il est même pratiquement exigé par les conventions romanesques. Mais il est surtout important de démontrer des vertus spécifiques qui souvent contredisent les précédentes ; les prouesses guerrières ne valent que si elles sont confirmées par des mérites proprement amoureux. Les amoureuses tendres ne goûtent l'héroïsme qu'à la condition qu'il s'humilie devant elles. Mandane est en un sens jalouse de la gloire d'Artamène :

> « Toutes les grandes actions d'Artamène et toutes ses hautes vertus ont été des choses qui ont véritablement mérité et gagné mon estime ; mais je vous avoue que le respect qu'il a eu pour moi touche plus sensiblement mon cœur. Les combats qu'il a faits, les batailles qu'il a gagnées, et tant d'autres actions éclatantes qu'il a faites, si vous voulez, pour mériter mon approbation, ne m'appartiennent pas de telle sorte que la gloire ne les ait pu partager avec moi ; mais qu'Artamène m'ait aimée, et se soit empêché de me le dire jusques à la mort, par un sentiment de respect, c'est ce qui est absolument pour Mandane. » (36)

C'est sur ce point que l'éthique tendre se distingue nettement de l'éthique héroïque : le respect dû à celle que l'on aime prime tous les autres devoirs.

Or l'on est presque assuré de déplaire en faisant l'aveu de sa passion. Ici se situent les limites d'un héroïsme qui pouvait paraître infini : tous les amoureux tendres finissent toujours par avouer qu'ils aiment, soit qu'ils aient eux-mêmes la hardiesse de se déclarer, soit, le plus souvent, qu'un confident officieux ou une circonstance innocente ne trahissent leur secret. Selon le code tendre c'est la faute majeure et pourtant inévitable (37) ; alors commence le cycle des refus et des « cruautés ». Tout ce qu'il est possible de faire est de plaider coupable ; car l'amour est un « crime charmant », mais un crime malgré tout. La psychologie

---

(35) *Ibidem*, acte V, scène 4.
(36) *Grand Cyrus*, t. II, p. 69-70.
(37) Voir au tome IV de la *Clélie* (p. 1360-1366) une longue discussion sur la question de savoir si un amant doit ou non se déclarer.

tendre oblige les amants à considérer leur amour comme une
faute et développe en eux un singulier complexe de culpabilité.
Théodat, dont les sentiments ont été découverts à Amalasonte,
lui déclare :

> « Si je suis criminel, mon amour est mon crime,
> Mais ce crime est si beau, qu'il faut vous avertir,
> Que je mourrai plutôt que de m'en repentir. » (38)

La fierté d'aimer, on le voit, est parfois l'occasion d'un dernier
sursaut d'orgueil ou le prétexte à quelque beau désespoir. Mais,
le plus souvent, l'amoureux cède à l'abattement ou à une sorte
de délectation morose : il sait que le pardon de l'offense dépend
du bon vouloir de l'offensée et il n'ose rien espérer d'une maîtresse
par définition inflexible. Alors il ne reste plus qu'à mourir ainsi
que Cyrus le démontre à la reine Thomyris par ce beau syllogisme :

> « Mais si je vous déplais par mon feu téméraire,
> Je suis jusqu'à la mort certain de vous déplaire,
> Et s'il faut pour vous plaire éteindre un feu si grand,
> Je sens que je ne puis vous plaire qu'en mourant. » (39)

C'est pourquoi ces héros font si bon marché de leur vie ; mourir
d'amour est l'un des thèmes les plus rebattus de la rhétorique
tendre. C'est un réflexe immédiat chez tous les amants : Astrate
vient de découvrir sa passion à la reine Elise ; celle-ci lui demande
une preuve de cet amour et Astrate s'écrie aussitôt : « Si ma
mort... » (40). A l'acte I de *Manlius* (1662), le consul Torquatus
devenu grâce à Mme de Villedieu un romain plein de galanterie
offre sa vie à sa captive Omphale en des termes d'une exquise
civilité :

> « Après tous ces effets de vostre cruauté,
> Voulez-vous mon trépas, inhumaine beauté.
> Parlez, voicy ma main, si la vostre est timide. » (41)

Mourir est le grand remède des passions sans espoir, un ultime

---

(38) QUINAULT, *Amalasonte* (1658), acte II, scène 4 (éd. cit., t. II, p. 329).
(39) QUINAULT, *La Mort de Cyrus* (1658), acte II, scène 2 (éd. cit., t. II, p. 383).
(40) QUINAULT, *Astrate* (1665), acte II, scène 4 (éd. cit., t. III, p. 100).
(41) Mme DE VILLEDIEU, *Manlius* (1662), acte II, scène 3, (*Théâtre de Mme de Villedieu*, Paris, 1720, t. II, p. 7).

moyen de plaire dont on use en toute circonstance. Un tel sacrifice n'est, bien sûr, recevable que s'il est accepté d'un cœur léger, ce que ne manque pas de faire Théodat :

« Et si ma mort vous plaît, je dois mourir content. »

ou Cyrus :

« Je mourrai trop content de perdre ainsi le jour. » (42)

Pour des gens aussi valeureux il est, somme toute, facile de mourir ; on peut attendre d'eux des sacrifices encore plus grands et exiger qu'ils renoncent à toutes sortes de valeurs qui ont pour eux beaucoup plus de prix que la vie, et par exemple à l'honneur. Bérélise, l'une des théoriciennes les plus intransigeantes de la *Clélie,* affirme à ce sujet :

« En cas d'amour, je ne voudrois point qu'on me vinst alléguer l'honneur, pour ne pas faire ce que je voudrois qu'on fist ; et si j'avois un Amant, et que je fusse assez injuste pour vouloir un tesmoignage d'affection de luy, qui ne fust pas tout à fait compatible avec la droite justice, je voudrois qu'il fust injuste pour l'amour de moy, ou qu'il cessast de m'aimer. » (43)

Bérélise envisage ici une hypothèse absurde car elle est sûre de ne jamais avoir d'exigences injustes ; mais d'autres auteurs, moins scrupuleux que Mlle de Scudéry, n'hésitent pas à imposer à leur héros des épreuves d'amour qui les contraignent à sacrifier leur patrie, leurs parents, leurs amis... Astrate va même jusqu'à affirmer que l'Amour est le seul dieu qu'il révère et qu'il se soucie peu de respecter les arrêts du Destin du moment qu'ils sont contraires aux intérêts de son amour (44). Bref comme le dit un autre personnage de Quinault en s'adressant à sa maîtresse :

« Il n'est rien sur mon cœur de si puissant que vous,
Et les droits de l'Amour sont les premiers de tous. » (45)

Dans un tel climat d'héroïsme amoureux, l'enthousiasme est

---

(42) QUINAULT, *Amalasonte* (1658), acte II, scène 8 et *La Mort de Cyrus* (1658) acte III, scène 5.
(43) *Clélie,* t. IV, p. 701.
(44) QUINAULT, *Astrate* (1665), acte III, scène 5 (éd. cit., t. III, p. 114).
(45) QUINAULT, *Agrippa* (1660), acte III, scène 4 (éd. cit., t. III, p. 37).

communicatif et tout devient facile. Les héros de roman ou de
tragi-comédie ne sont jamais à court de ressources pour faire
valoir leur mérite amoureux. Par un raffinement suprême, il en
est même qui vont jusqu'à renoncer à leur amour afin de marquer
avec plus d'éclat l'étendue d'un dévoûment sans limites ; ainsi
Timocrate se vante d'avoir réussi cet effort sans précédent :

> « Renoncer par amour au soin de sa fortune,
> N'est que le foible effet d'une vertu commune (...)
> Mais il est inoüy peut-estre avant ce jour
> Qu'aucun ait immolé l'amour mesme à l'amour. » (46)

Il y a, à vrai dire, quelque exagération dans ce beau morceau
d'éloquence : Timocrate n'est pas l'inventeur de ces renoncements
admirables. Un précepte constant du code tendre veut que l'on
préfère le bonheur de ce que l'on aime à la satisfaction de son
propre amour. Alors le cercle se referme et le refus de l'amour
devient le comble de l'amour.

Cette démarche ascétique a une signification plus profonde :
elle tend à anéantir en l'homme amoureux tout ce qui auparavant
fondait sa dignité et sa personnalité. L'humiliation est le point
de départ d'une régénération de l'âme par la passion. L'expérience
de l'amour s'accompagne d'une étonnante métamorphose qui laisse
l'amant tout différent de ce qu'il était. Ce brutal changement est
parfois même considéré comme le signe révélateur de la naissance
de l'amour. Horace, qui plaide auprès de Clélie sa propre cause,
déclare connaître un homme que la vue de l' « une des plus admirables personnes de la terre » « rendit enfin si différent de lui-
mesme, que si ce ne fut de l'amour qu'il eut dans le cœur, ce fut
quelque chose qui luy ressembla fort » (47). De même lorsque
Cyrus, dissimulé parmi la foule, aperçoit Mandane dans le cortège
qui se rend au temple de Mars, il est aussitôt en proie à une
émotion qui le rend méconnaissable. Il devient distrait, rêveur,
absent. Cyrus lui-même analyse très lucidement le profond bouleversement qui accompagne la révélation de l'amour :

> « Mais hélas ! adjoustoit-il tout d'un coup, que dis-je ? Et
> que fais-je ? Je parle de résistance, et je suis vaincu : je parle
> de liberté, et je suis chargé de fer : je parle de régner, et je
> suis Esclave : je parle d'ambition, et je n'en ai plus d'autre
> que celle de pouvoir estre aimé de Mandane : je parle de gloire,

(46) Th. CORNEILLE, *Timocrate* (1656), acte II, scène 4, v. 781-788.
(47) *Clélie*, t. I, p. 201.

et je ne la veux plus chercher qu'aux pieds de ma Princesse :
Enfin je sens bien que je ne suis plus à moy-mesme ; et que
c'est en vain que ma Raison veut s'opposer à mon amour. » (48)

Aimer, pour un amoureux tendre, c'est d'abord renoncer à
soi-même ; qu'elle soit immédiate ou progressive, cette transformation est nécessaire. Dans toute la tradition romanesque et courtoise la découverte de l'amour suppose un changement radical dans
l'existence de l'amant ; c'est une authentique « conversion », un
renouvellement de l'être qui exige d'abandonner un ordre ancien
pour adopter un style de vie nouveau.

Symboliquement la rupture que l'amour introduit dans la vie
d'un homme se traduit assez souvent par un changement d'identité. Cyrus ne se fera connaître de Mandane que sous le pseudonyme d'Artamène. Les deux héros de la *Cassandre* ont recours
au même subterfuge. Quant au Timocrate de Th. Corneille, il a,
pour l'amour d'Eriphile, renié sa qualité de prince héritier du
royaume de Crète ; sous le faux nom de Cléomène, il entreprend
une seconde carrière dans la cité ennemie d'Argos et soutient jusqu'au dénoûment ce double rôle, allant jusqu'à livrer bataille
contre lui-même. Sans doute cet artifice est-il parfois un moyen
commode pour aplanir des obstacles autrement insurmontables ;
mais il traduit surtout le bouleversement qu'apporte l'amour dans
une existence masculine. L'état amoureux s'accompagne d'un complet renversement des valeurs : le vainqueur se transforme en
vaincu, le conquérant est conquis et le geôlier doit reconnaître
qu'il est le véritable prisonnier. Ce thème est l'un des leitmotive
de l'amour tendre ; les vaincus de l'amour sont si nombreux, et si
éloquents, qu'on ne sait auquel donner la parole (49). Peut-être
est-ce l'obscur Ostorius de l'abbé de Pure qui s'exprime avec le
plus de clarté car il ne semble pas craindre les redites ; il vient
de remporter une victoire mais succombe aussitôt aux charmes
d'une captive :

« Je gagne une bataille et le nom de vainqueur,
Et je perds en échange et ma joie et mon cœur.
Je suis victorieux et perds ma franchise,
Amant d'une ennemie et captif de ma prise,
Et mon bizarre sort me fait en même jour
Le vainqueur d'un combat et l'esclave d'amour. » (50)

---

(48) *Grand Cyrus*, t. I, p. 344-345.
(49) Traitant le même sujet, Racine dans son *Alexandre* (1665) exploite cet effet avec
une particulière insistance ; Alexandre, conquérant par excellence, ne cesse de s'y proclamer
le prisonnier de sa captive Cléofile.
(50) Abbé de Pure, *Ostorius*, acte I, scène 5 (Gu. de Luynes, 1659). Ici encore il est

Pour le héros amoureux s'ouvre alors une nouvelle carrière où il peut trouver des satisfactions analogues à celles que lui offrait la gloire profane, mais par des moyens tout différents et même opposés. C'est ce que dit Agis, un personnage de La Calprenède, dans une lettre à celle qu'il aime :

> « Ce que d'autres peuvent trouver dans les conquestes et dans les triomphes, se rencontre pour l'heureux Agis dans la gloire d'estre vaincu par Déidamie. » (51)

Dans l'ordre de l'amour la gloire paradoxale de la défaite équivaut à une victoire ; les mêmes qualités sont requises du parfait amant que pour les exploits guerriers, mais elles s'exercent de manière inverse. Au terme de sa dialectique, l'amour métamorphose les vainqueurs en vaincus, les plus fiers conquérants en soupirants soumis et respectueux.

Cette initiation, qui ne va pas sans quelques révoltes, fait du parfait amant un fauve dompté et apprivoisé à qui l'expérience de l'amour a inculqué des vertus entièrement étrangères à sa nature première ; cette complète abdication impose à la fierté masculine une salutaire défaite. Dans le monde civilisé de l'amour tendre, il n'est pas de férocité qui ne cède finalement aux vertus lénifiantes de la soumission. C'est un spectacle assez commun que de voir des barbares soudain polis par l'amour ; dès qu'ils sont amoureux (et presque tous le sont) les Francs du *Pharamond* renoncent à leur naturel pour devenir de très honnêtes gens. L'Attila de Corneille n'a plus rien d'un farouche chef de horde sitôt qu'il se met à soupirer pour la charmante Ildione. On s'est souvent moqué de ces transformations peu vraisemblables ; pourtant elles sont dans la logique de la conception romanesque de l'amour : car il n'est pas de plus bel éloge des mérites de ce dieu bienfaisant que de montrer de si étonnants prodiges. Le couronnement de cette éducation sentimentale est la résignation douce dont parle Horace dans la *Clélie* ; alors la tendresse enveloppe d'une parfaite délicatesse tout ce que les efforts inhumains imposés aux parfaits amants pouvaient encore avoir de rudesse :

> « En effet, toutes les paroles, tous les regards, et toutes les actions d'un Amant qui n'a point le cœur tendre, sont entièrement différentes de celles d'un Amant qui a de la tendresse ;

---

difficile de ne pas songer à l'*Andromaque* de Racine (1667) et à la situation du grec Pyrrhus amoureux d'une troyenne.

(51) *Cassandre*, t. VI, p. 69, « Lettre d'Agis à Déidamie ».

car il a quelquefois du respect sans avoir une espèce de soumission douce, qui plaist beaucoup davantage ; de la civilité,
sans agrément ; de l'obéissance, sans douceur ; et de l'amour
mesme, sans une certaine sensibilité délicate, qui seule fait
tous les supplices et toutes les félicitez de ceux qui aiment :
et qui est enfin la marque d'une amour parfaite. » (52)

Cet idéal de perfection tend à insuffler aux amants des vertus
et une douceur toutes féminines qui donnent à ces jeunes premiers
un charme quelque peu ambigu. L'amour tendre, à force de prêcher
aux hommes l'obéissance et la résignation, finit par leur imposer
un comportement traditionnellement attribué à l'autre sexe. On
ne s'étonnera pas de rencontrer chez ces amoureux une timidité
surprenante et des faiblesses peu viriles ; ils pleurent souvent
et s'évanouissent, la chose est bien connue, sous des prétextes
assez futiles, lorsque leur maîtresse les rabroue un peu rudement
ou si quelque péril menace leur amour (53). Lorsqu'elles ne sont
pas combattues par les habitudes contractées lors d'une existence
guerrière, les exigences d'un art d'aimer où la soumission et la
douceur sont souveraines produisent des amoureux curieusement
efféminés ; certains jeunes premiers de Quinault ou de Racine
en témoignent. Mais cette sensibilité un peu mièvre leur sied bien
et quelques-uns savent admirablement en jouer. Car, dernier
paradoxe, les amants tendres tirent l'essentiel de leur force de
leur faiblesse même.

« Tendre, amoureux, soumis, souffrant sans s'oser plaindre. »

ainsi Mégare décrit Bellérophon dans la dernière des tragédies
de Quinault au moment où, par amour, il prend volontairement
le chemin de l'exil. Mais Sténobée répond en écho :

« Mégare, en cet état qu'un amant est à craindre. » (54)

Ce bref dialogue résume très bien la situation de ce personnage
déconcertant qu'est le parfait amant ; d'autant plus redoutable
qu'il paraît inoffensif, les humiliations incessantes qu'il accepte
préparent sa revanche. Il est presque certain de sortir vainqueur

---

(52) *Clélie*, t. I, p. 221.
(53) Voir sur ce point la thèse de M. Magendie (p. 611) qui cite de nombreux exemples
de ces faiblesses.
(54) QUINAULT, *Bellérophon* (1670), acte III, scène 2 (*éd. cit.*, t. III, p. 278).

des épreuves qu'il affronte avec une si admirable constance ; mais il n'en sait rien, ou feint de n'en rien savoir, et il se contente de jouir auprès des âmes sensibles des privilèges qui s'attachent à la vertu malheureuse. Comme le dit un vers du Tasse souvent cité au XVIIᵉ siècle :

« Brama assai, poco spera, e nulla chiede »,

il désire beaucoup, espère peu et ne demande rien (55).

III — *L'impérialisme féminin et la casuistique tendre.*

Avant qu'il ne parvienne à surmonter son indignité première, toutes sortes d'épreuves sont imposées à l'homme amoureux. La femme au contraire trouve dans l'amour tendre son lieu d'élection : tout concourt à sa gloire et l'ensemble du système ne semble pas avoir d'autre raison d'être que de lui permettre d'affirmer une supériorité que personne d'ailleurs ne songe à lui contester, du moins dans la fiction romanesque. Au cours de l'année 1654, Sapho, autrement dit Mlle de Scudéry, se proclame de sa propre autorité reine de Tendre ; dans une lettre conservée par la *Chronique du Samedi,* le fidèle Acante, entendez Pellisson, lui fait allégeance en ces termes :

« ... si tous les hommes étaient aussi persuadés de votre mérite que je le suis, il n'y auroit point sur la terre de puissance aussi grande que la vôtre. » (56)

Il n'y a pas lieu d'être surpris que le royaume de Tendre tombe ainsi en quenouille ; par sa nature profonde il tendait vers le matriarcat et cette prise de pouvoir est la consécration logique d'une prépondérance féminine dont toute la littérature romanesque annonce l'avènement.

Favorisée par la démission masculine, cette souveraineté repose

---

(55) *La Jérusalem délivrée*, chant II, 16ᵉ stance. Ce vers est cité par le *Menagiana* (Delaulne, 1729, t. II, p. 311) et par Mme de Lambert (*Œuvres...*, Lausanne, 1747, p. 318).
(56) L. BELMONT, *art. cit.*, p. 664.

d'abord sur l'habitude de dire non. A l'égard de l'amour, le code tendre impose à la femme une attitude en apparence simple : il lui faut résister, se dérober, feindre d'ignorer aussi longtemps que possible les sentiments de ses partenaires et répondre aux déclarations si respectueuses soient-elles par une fin de non recevoir. Le grand art est de déchaîner les passions tout en se tenant hors d'atteinte ; comme l'écrit l'auteur anonyme du « Portrait de Madame la Duchesse d'Uzès » :

> « Pour vos yeux (...) s'ils donnent de l'amour c'est sans en prendre. En un mot, leur beauté fait des blessures que vous ne guérissez pas. » (57)

Chaque fois qu'un amant se hasarde à parler de sa passion, il est accueilli par des rebuffades qui décourageraient de moins opiniâtres. Ces jeunes beautés farouches acceptent très mal les avances de leurs soupirants. Sur le mode humoristique, Ch. Perrault, dans son *Dialogue de l'Amour et de l'Amitié* (1660), fait dire à l'Amour que son nom a si mauvaise presse parmi les femmes qu'il vaut mieux le taire si l'on veut entrer dans leurs bonnes grâces (58). Ainsi la première loi qu'une femme impose à son amant est le silence et, par ce refus initial, elle commence à asseoir son autorité. A Herminius qui lui demande comment doit se conduire sur ce point un amant respectueux, Valérie répond sans détour :

> « Je veux qu'un amant ne donne jamais lieu de penser qu'il soit aimé, je veux que, si on soupçonne qu'il soit amoureux, il ne dise jamais qu'il aime, et je veux pourtant qu'il ait une peine si horrible à cacher la passion qu'il a dans l'âme, que ce soit un de ses plus grands supplices. » (59)

Comme il fallait s'y attendre, de si terribles menaces ne suffisent pas à dissuader des amoureux habitués aux pires épreuves. Ils se déclarent donc malgré tout, à leurs risques et périls, mais ne recueillent pour prix de leur hardiesse que des réponses peu amènes. Lucrèce réplique à Brutus :

---

(57) *La galerie des portraits de Mademoiselle de Montpensier*, p. p. Ed. de Barthélémy, Didier, 1860.
(58) Ch. PERRAULT, *Dialogue de l'Amour et de l'Amitié* (1660) (in *Contes* p. p. G. Rouger, Garnier, 1967, p. 212-213).
(59) *Clélie*, t. III, p. 308-309.

> « ... Pour me donner une preuve de votre prétendu amour.
> il faut ne m'en plus parler jamais. » (60)

Objecte-t-on que cette dame doit sa réputation à une vertu sourcilleuse ; il est facile de répondre que ses compagnes montrent également, pour décourager leurs amants, un zèle qui ignore les ménagements et la douceur. Le prince de Numidie, touché comme tant d'autres par l'incomparable beauté de Clélie, est dûment averti par celle-ci :

> « J'apporterai un soin si particulier à éviter de me trouver
> auprès de vous, (...) que, s'il est vrai que vous m'aimez, vous
> vous repentirez plus d'une fois de me l'avoir dit. » (61)

Chez toutes ces héroïnes on constate, outre un refus d'aimer assez naturel si la personne du soupirant déplaît, une volonté d'humilier qui se traduit en propos d'une dureté vexatoire et n'épargne même pas les amants les plus favorisés. La question n'est pas de savoir si l'on plaît ou si l'on déplaît. parler d'amour constitue à soi seul une offense, du moins le code veut que l'on reçoive comme telle toute déclaration même si elle est enveloppée de circonlocutions prudentes. Les choses en sont au point que les héroïnes tendres semblent se complaire à persécuter leurs victimes et à donner à leur mauvais vouloir les apparences d'une hostilité systématique et vengeresse. C'est dans l'œuvre de Gomberville que l'on trouve exprimée de la manière la plus naïve cette tendance de la psychologie féminine telle que le roman la conçoit ; on y décrit par exemple le manège d'une certaine Solime qui conduit d'une très curieuse manière le dressage auquel elle soumet son amant Almançor :

> « Mille et mille fois elle luy ordonne de la venir voir à
> une certaine heure du jour, et elle choisit pour sortir cette
> mesme heure qu'elle luy aura assignée, afin de former Alman-
> çor à son humeur. » (62)

Rien ne semble mieux capable d'asseoir la suprématie féminine que quelques abus de pouvoir ; Mlle du Scudéry rapporte dans

---

(60) *Ibidem*, t. III, p. 381.
(61) *Ibidem*, t. I, p. 190.
(62) GOMBERVILLE, *Polexandre*, A. Courbé, 1645, t. II, p. 378.

la *Clélie* ce dialogue édifiant entre un soupirant et celle qu'il s'essaie à aimer :

> « De sorte, dit Alcimède à qui elle plaisoit desjà beaucoup, que qui seroit le meilleur esclave, seroit le plus heureux amant. Il n'en faut pas douter, répliqua Artélise, et de l'humeur dont je suis, si j'aimois quelqu'un, j'aurois assurément des caprices de propos délibéré, pour avoir le plaisir de me faire obéir. »

Sur quoi une autre interlocutrice renchérit en ajoutant « qu'il y a quelque douceur à estre un peu bizarre volontairement » (63).

Il est donc admis que sitôt qu'il a déclaré sa passion, un homme tombe sous la complète dépendance de celle qu'il aime et qu'il n'est pas de sacrifice, grand ou petit, qu'elle ne soit en droit d'exiger de lui. Une femme peut demander à son amant de renoncer à l'aimer et de montrer sa soumission en se donnant, sur ordre, à une autre. C'est ainsi qu'Astrée obtient, en dépit de ses réticences, que Céladon feigne d'aimer Aminthe ; bien qu'il ait le pressentiment des malentendus qui s'ensuivront, celui-ci finit par acquiescer et devient, par fidélité, infidèle (64). En ce cas, et en d'autres semblables, il est de règle que l'amant souscrive aux volontés de l'aimée et, par exemple, accepte d'épouser celle qu'on lui désigne. La sujétion subsiste lors même que l'amour est définitivement voué à l'échec par des obstacles extérieurs. L'une des doctrinaires de la *Clélie,* Césonie expose très bien cette tactique d'appropriation propre à ces amoureuses abusives :

> « ... ce qui m'assureroit le plus de l'affection d'un homme seroit de voir que celle qu'il auroit pour moi forceroit quelque inclination naturelle qu'il auroit et qu'il auroit fortement. Car si par exemple, j'obligeois un ambitieux à renoncer à son ambition pour l'amour de moi... » (65)

La transformation complète que subit l'homme amoureux le livre sans défense à l'emprise féminine. Dans le langage technique de l'amour tendre cette attitude se nomme la « cruauté » ; elle se caractérise par l'exercice d'une autorité de nature tyrannique qui, à la manière du droit de conquête, ne connaît aucune limite. Césonie s'explique sur ce point avec sa franchise habituelle :

---

(63) *Clélie*, t. III, p. 1409.
(64) Voir *Astrée*, t. I, p. 19 et sq.
(65) *Clélie*, t. IV, p. 1166.

« Et à n'en mentir pas, je ne crois pas que celles qui font des conquestes en doivent user comme les conquérants ordinaires qui, pour n'irriter pas leurs nouveaux sujets, ne changent rien au loix des Pays qu'ils ont conquis. Au contraire je tiens que c'est à celles qui ont conquis un cœur à y établir des loix à leur fantaisie et que la plus noble marque de l'autorité d'une Maistresse est de changer l'ordre de tout ce qui reconnoist sa puissance. » (66)

En amour donc la force prime le droit et les victimes de ces abus d'autorité peuvent avec quelques raisons se plaindre d'être l'objet d'une « injustice ».

Mais la « cruauté » n'est qu'un moyen au service d'une fin qui est l'asservissement de l'amant ; c'est pourquoi il convient d'être « cruelle » avec discernement, de rebuter, mais sans décourager. A Cyrus qui lui déclare qu'il n'attend rien d'elle, sinon la permission de l'aimer et de le lui dire, Mandane répond « en rougissant » : « Vous m'en demandez trop de la moitié » (67). Il faut comprendre que Cyrus est tacitement encouragé à aimer Mandane, mais qu'on lui refuse la permission de le dire, ce qui serait de sa part une manière d'affirmer un droit surtout s'il y était expressément autorisé. Ainsi apparaît clairement la fonction qui, dans l'univers tendre, est dévolue au sentiment amoureux : il doit fournir aux héroïnes une cour d'amants dociles et obéissants dont le nombre et la qualité portent témoignage de leur mérite. Comme le remarque sur un ton désabusé Albin le confident de Domitian dans *Tite et Bérénice* (1670) :

« Seigneur, telle est l'humeur de la plupart des femmes.
L'amour sous leur empire eût-il rangé mille âmes,
Elles regardent tout comme leur propre bien,
Et ne peuvent souffrir qu'il leur échappe rien. » (68)

C'est ainsi que les choses se passent à la cour de Chypre où est née la princesse Parthénie (en qui il faut reconnaître Mme de Sablé) ; experte en toutes questions d'amour, elle définit l'éthique féminine dans ce monde idéal où tous les hommes sont amoureux et toutes les femmes aimées :

« Pour les Dames la coustume ne les oblige pas nécessai-

---

(66) *Ibidem*, t. IV, p. 1167.
(67) *Grand Cyrus*, t. II, p. 223.
(68) P. CORNEILLE, *Tite et Bérénice* (1670), acte IV, scène 4.

rement à aimer, mais à souffrir seulement d'estre aimées : et
toute leur gloire consiste à faire d'illustres conquestes, et à ne
pas perdre les Amans qu'elles ont assujettis quoy qu'elles leur
soient rigoureuses : car le principal honneur de nos Belles,
est de retenir dans l'obéissance les Esclaves qu'elles ont faits,
par la seule puissance de leurs charmes, et non par des faveurs :
de sorte que par cette coustume il y a presqu'une esgalle nécessité d'estre Amant et malheureux. Il n'est pourtant pas
défendu aux Dames de reconnoistre la persévérance de leurs
Amans par une affection toute pure... » (69)

La seule concession qu'une femme puisse consentir à celui
qu'elle aime, est de le payer d'un sentiment platonique qui n'engage à peu près à rien. Hormis cette amitié évanescente, la fonction
des amants est surtout décorative : ils n'existent que pour la plus
grande gloire des dames. Celles-ci trouvent dans l'amour une sorte
de revanche et peuvent satisfaire, dans ce domaine qui leur appartient en propre, un légitime appétit de domination. C'est un lieu
commun d'époque que d'opposer la guerre à l'amour ; il serait
plus juste de dire que l'amour est aux femmes ce que la guerre est
pour les hommes, un moyen d'extérioriser leur volonté de puissance et d'acquérir ce que les uns comme les autres nomment de
la « gloire ». Or, appliqué à la femme, ce terme désigne précisément la résistance aux entraînements amoureux qui lui permet,
sans risque pour elle, de donner libre cours à un besoin de
revanche et de domination. C'est pourquoi, dans l'expérience
amoureuse, il devient primordial d'avoir été choisie, élue par
un héros puissant, un roi si possible, à qui l'on dicte ses volontés
et dont la gloire rejaillit sur celle que l'amour l'oblige à « servir ».
Ce bonheur comble de joie et de fierté toutes les amoureuses et
particulièrement les jeunes premières cornéliennes comme Plau-
tine qui s'écrie dans *Othon* (1664) :

> « Quelle gloire à Plautine, ò ciel ! de pouvoir dire
> Que le choix de son cœur fut digne de l'empire ;
> Qu'un héros destiné pour maître à l'univers
> Voulut borner ses vœux à vivre dans ses fers (...) » (70)

Ici intervient une autre notion majeure du système tendre, celle
de « mérite » ; ce mot désigne tout ce qui chez une femme peut
devenir un moyen de séduction, aussi bien la beauté physique que

---

(69) *Grand Cyrus*, t. VI, p. 114.
(70) P. CORNEILLE, *Othon* (1664), acte I, scène 4, v. 325 et sq.

les vertus morales (71). La loi du monde tendre est à peu près « à chacune selon son mérite » ; il faut comprendre que la faculté de séduire fonde le pouvoir de celle que l'on recherche et ajouter que, grâce au ciel, il n'y a point dans les romans de femmes laides ou disgrâciées. Cependant la dame n'est tout compte fait qu'un objet de convoitise et elle ne peut donc sauvegarder sa toute puissance qu'en se refusant. C'est pourquoi l'autorité qui lui est reconnue est à la fois si absolue et si fragile.

La tentation est alors très forte de ne pas limiter cette souveraineté à l'exercice du pouvoir par personne interposée. De fait la fiction romanesque remet volontiers la puissance royale entre les mains d'une femme amoureuse. Souveraine des cœurs et en même temps investie du pouvoir discrétionnaire que le monarque exerce sur ses sujets, l'amoureuse royale jouit d'une autorité totale et indiscutée sur ses soupirants ; ils sont liés à elle par une double sujétion ainsi que le constate Roger, amoureux de la princesse régnante Aurore (*Les coups de l'Amour et de la Fortune*, 1655) :

> « Elle est ma Souveraine et de plus ma Maîtresse,
> Je suis engagé à la servir doublement
> Et comme son sujet et comme son amant. » (72)

La femme-reine incarne dans sa perfection l'idéal tendre, du moins on serait fondé à le croire si ce type n'apparaissait assez tardivement et si finalement il ne risquait, par excès, de compromettre l'économie du système (73). En effet ces androgynes sont parfois curieusement embarrassés par l'étendue même de leur pouvoir. La reine Elise amoureuse de son sujet Astrate se voit obligée de prendre l'initiative d'une déclaration d'amour et d'usurper les traditionnelles prérogatives masculines :

> « Je sai qu'à notre sexe, il sied bien d'ordinaire,
> De laisser aux Amans les premiers pas à faire (...)
> Mais je règne, et le Trône a d'autres bienséances,
> Et quand jusqu'à ce rang notre sexe a monté,
> Il doit être au dessus de sa timidité. » (74)

Astrate n'a plus qu'à attendre le « bon plaisir » d'Elise ; alors

---

(71) Voir O. NADAL, *Le sentiment de l'amour dans l'œuvre de P. Corneille*, Gallimard, 1948, p. 287-290.
(72) QUINAULT, *Les coups de l'Amour et de la Fortune* (1655), acte I, scène I (*éd. cit.*, t. II, p. 157).
(73) Une situation analogue apparaît dans le *Don Sanche d'Aragon* de P. Corneille (1650) ou dans l'*Amalasonte* de Quinault (1658).
(74) QUINAULT, *Astrate* (1665), acte II, scène 3 (*éd. cit.*, t. III, p. 97).

se trouve achevé cet utopique renversement des rôles vers lequel
tend l'amour tendre.

Mais cette situation privilégiée n'est qu'une limite idéale ; pour
l'ordinaire, les dames ne doivent compter que sur leur « mérite »
pour conquérir dans la société la place qu'elles revendiquent. Leur
pouvoir est alors infiniment plus précaire ; il repose tout entier
sur l'amour qui seul les soustrait à l'infériorité naturelle de leur
condition. Comme le dit Amilcar :

> « ... pour les Dames, s'il n'y avoit point de passions au
> Monde, je ne sçay ce qu'elles feroient : car comme elles sont
> les plus foibles, si leur beauté ne faisoit point naistre l'amour
> dans le cœur des hommes, et si elle ne leur tenoit lieu de force,
> j'aimerois mieux estre une belle Mouche, que d'estre une belle
> Femme ; car outre qu'elles seroient assurément Esclaves, il
> est encore vray qu'elles seroient dans une oisiveté fort en-
> nuyeuse... » (75)

L'hypothèse d'une société sans amour est donc absurde ou à
tout le moins, du point de vue féminin, fort détestable. Mais là n'est
pas la principale difficulté ; la métaphysique courtoise offre à la
femme une prééminence certaine, mais c'est à la condition de
perpétuellement maintenir l'amant dans sa situation de dépendance. Tout le problème est de durer. Il y a peu de chances que ces
sujets trop soumis se révoltent et deviennent exigeants, mais les
amoureuses doivent aussi compter avec leur propre faiblesse. Le
moindre relâchement dans la politique de refus qui fonde la
domination féminine peut tout compromettre. L'amour n'est un
instrument de puissance qu'aussi longtemps qu'il n'est pas réciproque ; car malgré les belles protestations dont ils sont prodigues,
les amants ne restent soumis que dans la mesure où ils sont frus-
trés. C'est pourquoi, comme le dit une héroïne du *Cyrus*, les
« quatre ou cinq paroles favorables » qu'une femme est tentée de
dire à un amant qu'elle ne hait pas ne doivent être prononcées
qu'à la toute dernière extrémité :

> « En effet, tant qu'un amant ne demande qu'à estre sim-
> plement aimé, j'avoue que l'amour n'a rien qui m'épouvante,
> ni qui blesse mon imagination ; au contraire, je trouve quelque
> chose de beau dans toutes les plaintes d'un amant, à qui l'on
> n'a point dit ces quatre ou cinq paroles favorables. Je trouve
> mesme que ces plaintes sont glorieuses à la personne qui est
> aimée, et qui n'a point avoué qu'elle aime : elle tient alors

---

(75) *Clélie*, t. II, p. 1049.

véritablement en sa puissance le bonheur et le malheur de son amant, et c'est proprement en ce temps-là qu'elle est Maîtresse et qu'il est Esclave (...). Or au contraire, dès que ces favorables paroles ont passé de l'oreille dans le cœur d'un Amant ; le son n'en est pas plutôt dissipé, que ce mesme Amant ne pouvant plus désirer ce qu'il possède, désire ce qu'il n'a point ; c'est à dire des preuves de cette affection qu'on luy a dit avoir pour luy. De sorte qu'après cela, n'agissant plus en Esclave, il demande ce qu'il pense luy estre deu ; et ne le demande plus avec la mesme soûmission. » (76)

Dans la *Clélie* un personnage masculin, Clisias, est le premier à reconnaître, très loyalement, que la certitude d'être aimé a toute chance de refroidir le zèle d'un amant :

« Dès qu'il est assuré d'estre aimé, il cesse presques d'estre aimable ; du moins cesse-t-il bien souvent d'estre aussi sensible, aussi soigneux, aussi exact, aussi propre, aussi complaisant, aussi respectueux qu'auparavant. » (77)

L'aveu est pour la femme un moment difficile et dangereux, une défaite qui marque presque fatalement la fin de son règne. On comprend qu'elle le diffère autant qu'il se peut et ne cède bien souvent que par surprise ou au terme d'un long combat contre elle-même. Lorsque ces « quatre ou cinq paroles » sont enfin prononcées, le dénoûment est proche, en général sous la forme d'un mariage qui établit entre les anciens amants des rapports d'une nature toute nouvelle et sur lesquels la littérature tendre est de la plus extrême discrétion. Mais il y a mille manières de suggérer les choses sans les dire, d'avouer à moitié en conciliant le plaisir de l'aveu et la sécurité qu'offre une parole ambiguë. C'est pourquoi, au moment de découvrir ses sentiments l'héroïne tendre use si volontiers de tous les procédés d'atténuation qu'offre la rhétorique, et plus spécialement de la très fameuse litote. Depuis Chimène tout le monde sait ce que signifie « je ne te hais point » ; les jeunes premières de Quinault n'en font pas mystère mais jugent tout de même opportun d'assortir leurs explications d'un point d'interrogation dubitatif :

« Dire que je ne hais pas, n'est-ce pas dire que j'aime ? »

---

(76) *Grand Cyrus*, t. VI, p. 1220-1221.
(77) *Clélie*, t. IV, p. 734.

ou bien :

« Et ne vous haïr pas, n'est-ce pas vous aimer ? » (78)

Les maximes, grâce à leur généralité, offrent également un alibi commode, comme en témoigne ce dialogue entre Cyrus et Tomyris :

« *Cyrus*

Enfin vous êtes Scythe et votre âme inhumaine
Hait naturellement et n'aime qu'avec peine (...)

Tomyris

Le nom de Scythe en moi doit moins vous alarmer ;
Les Scythes ont un cœur et tout cœur peut aimer. » (79)

Enfin il est encore beaucoup d'autres formules de compromis entre l'aveu direct et le silence ; ainsi cette promesse à peine voilée qu'Axiane fait à Porus lorsqu'il part au combat pour affronter l'invincible Alexandre :

« La victoire est à vous, si ce fameux vainqueur
Ne se défend pas mieux contre vous que mon cœur. » (80)

Mais une telle victoire est si improbable. Bref l'amour tendre ignore les aveux « dénués d'artifice » ; une femme a trop à perdre si elle abandonne sans recours la position de refus qui fonde son pouvoir. Beaucoup de réticences sont autant le fait de la prudence que de la pudeur.

C'est justement lorsqu'elles n'ont plus rien à perdre que les amoureuses pourront se laisser aller en toute sincérité aux mouvements de leur passion. Un tel abandon n'est possible que dans certaines circonstances déterminées, par exemple lorsque l'amant est mort ou présumé tel ; les auteurs tendres ne manquent pas d'exploiter ce moyen précieux d'arracher leurs héroïnes à une froideur souvent inhumaine. Déjà dans l'*Astrée* la nymphe Galathée, pensant que Lindamor a péri alors qu'en réalité il a seulement pris le parti de fuir ses mépris, avoue enfin qu'elle l'aimait et se

---

(78) QUINAULT, *Le feint Alcibiade* (1658), acte II, scène 3 et *Le mariage de Cambyse* (1659), acte IV, scène I.
(79) QUINAULT, *La Mort de Cyrus* (1658), acte II, scène 2.
(80) RACINE, *Alexandre* (1665), acte II, scène 5, v. 675-676.

répand en plaintes passionnées (81). Cette même Axiane qui se montrait tout à l'heure assez réticente pour révéler ses sentiments, donnera libre cours à sa douleur et à son amour lorsque courra le bruit que Porus a été tué pendant la bataille ; ce sont les très belles lamentations de la scène première de l'acte IV de l'*Alexandre* (82). L'amoureuse tendre ne peut être tout à fait elle-même et proclamer ses sentiments profonds que lorsqu'elle est libérée du souci de sa gloire ; aussi ne parle-t-elle jamais de son amour qu'au futur, et encore avec d'infinies précautions oratoires, ou au passé lorsque l'irrémédiable est accompli. Sa gloire ne court plus alors aucun risque puisqu'un mort ne saurait se prévaloir d'un tel aveu de faiblesse (à moins qu'il ne ressuscite, ce qui est la règle). Apparue d'abord sous les brillants dehors d'une souveraineté absolue, la situation de la femme telle que la conçoit le modèle romanesque, n'est pas exempte de faiblesses cachées. Il faut qu'une femme finalement choisisse entre la puissance et l'amour : ou bien elle cède au penchant à aimer qui est selon sa nature et elle court le risque de retomber dans la servitude (celle du mariage par exemple), ou bien elle se raidit avec désespoir dans son refus d'aimer et elle s'interdit alors de participer aux passions qu'elle éveille. Dans l'érotique tendre il n'y a pas d'issue à ce dilemme.

Sous la forme dépouillée et rigoureuse d'un code, les lois de Tendre imposent aux amants des obligations incompatibles avec leur amour et du même coup parfaitement absurdes. La dame a pour constant devoir de se dérober aux assiduités et d'imposer silence à qui serait assez hardi pour lui déclarer les sentiments qu'il éprouve à son égard. A l'inverse, l'amant, lié par un vœu d'obéissance absolue se trouve théoriquement dans l'impossibilité de se faire entendre et serait donc condamné à demeurer sempiternellement dans la situation inconfortable de l'adorateur muet. Aussi longtemps que durera leur amour, la même difficulté se représentera à tous moments, et il n'existe pas d'autre solution pratique que d'ignorer, ou du moins de tourner certains préceptes de la loi. Il ne saurait donc y avoir d'orthoxie tendre sans une casuistique complexe qui permet en toute circonstance de trouver les accommodements nécessaires. Par sa rigueur même le système est condamné à susciter diverses échappatoires. Faute de quoi tous les amants se retrouveraient tôt ou tard dans la même situation sans issue que Céladon ; sa maîtresse Astrée, dans un accès de rigueur, l'a un jour banni de sa vue et lui a interdit de reparaître

---

(81) *Astrée*, t. I, p. 355 et sq. Dans des criconstances analogues Mandane réagit de la même manière.

(82) RACINE, *Alexandre* (1665), acte IV, scène I, v. 975 et sq.

devant elle avant qu'elle ne le rappelle. Fort logiquement Céladon commence par tenter de mettre fin à ses jours ; il n'y parvient pas mais dans le Forez tout le monde ignore ce qu'il est advenu de lui. Dès lors Astrée, qui croit au suicide de Céladon, a toute raison de penser qu'il a péri et qu'elle ne le reverra jamais ; il y a évidemment peu de chance qu'elle prenne l'initiative de le rappeler. Heureusement, et c'est ici que commence la casuistique, le druide Adamas dont l'esprit est rompu aux subtilités de l'exégèse, suggère à Céladon de reparaître devant Astrée sous les traits de la jeune Alexis ; ainsi la lettre de l'interdit sera respectée puisqu'Astrée verra Céladon sans le reconnaître et ne pourra lui reprocher d'avoir désobéi en lui imposant sa présence (83). Ce jeu subtil sur le déguisement et la double identité n'est guère convaincant pour un esprit moderne ; à une époque où les mots conservaient encore de leur pouvoir magique et où l'on respectait tout autant la lettre que l'esprit, il n'en était peut-être pas de même.

Cette casuistique tendre, sans laquelle aucune aventure ne parviendrait à sa conclusion, constitue pour l'essentiel la substance de l'invention romanesque. La conduite des amants est seulement confrontée à un modèle idéal dont au fond personne n'ignore qu'il est irréalisable même dans un monde de pure fiction. La qualité de la performance est appréciée en fonction de cet idéal abstrait ; mais dans la pratique les romanciers savent qu'ils peuvent spéculer sur les faiblesses humaines ou sur les connivences d'un hasard qui est à leur dévotion. Ainsi un amant ne doit jamais avouer directement sa passion à celle qu'il aime, mais il peut toujours en faire part à un tiers qui s'empresse d'ébruiter le secret, confier ses tourments à la solitude trompeuse des bois, se trahir dans un rêve, provoquer par des soupirs déchirants des questions qui l'obligent à répondre, déclarer qu'il aime tout en laissant à deviner quel est l'objet de son amour, etc... Il existe toujours un moyen de tourner la loi pour se faire entendre ; il n'est besoin que d'un peu d'ingéniosité. L'amour est interdit de parole ; qu'à cela ne tienne, on invente aussitôt à son intention un mode d'expression paradoxal : l'éloquence du silence. Comme le dit judicieusement Elise à propos d'Astrate :

« En vain pour se contraindre, on prend un soin extrême ;
Tout parle dans l'amour jusqu'au silence même. » (84)

De même on s'acquitte surtout verbalement de certaines obli-

---

(83) *Astrée*, t. II, p. 397 et sq.
(84) QUINAULT, *Astrate* (1665), acte II, scène 3 (*éd. cit.*, t. III, p. 97).

gations délicates comme par exemple celle de « mourir d'amour ».
L'orthodoxie tendre veut en effet que les souffrances de l'amant
soient si violentes qu'il devrait dépérir rapidement faute de sou-
lagement. Rares sont ceux qui en ce domaine se montrent aussi
scrupuleusement zélés que Céladon qui repoussé par Astrée va
se jeter « les bras croisez » dans le Lignon. Au tome I de la *Clélie*,
Aronce, tout inconsolable qu'il soit de la prison de Clélie, n'en
a pas moins omis de mourir de douleur malgré les engagements
qu'il avait pris à ce sujet ; c'est pour lui l'occasion, lorsqu'il
apprend que Clélie va être libérée, de lui envoyer une fort belle
lettre où il déclare que la perspective de la revoir risque de nouveau de mettre ses jours en danger, cette fois-ci par l'excès de
joie :

> « *Lettre d'Aronce à l'incomparable Clélie*
>
> La seule espérance de vous voir en liberté met un si grand
> et si agréable trouble dans mon cœur, que craignant de mourir
> de joie en vous revoyant, je veux du moins vous assurer que
> je suis toujours le plus amoureux de tous les hommes et le plus
> fidèle Amant de la terre. Je sçay bien que je devrois avoir
> quelque honte de n'estre pas mort de douleur et de craindre de
> mourir de joie : mais, après tout, ... » (85)

Hésiter entre mourir de douleur et mourir de joie revient à
ne pas mourir du tout. Toutes les lois de l'amour tendre sont ainsi
l'objet de commentaires et de discussions infinies ; les héros de
Mlle de Scudéry y consacrent le plus clair de leur temps ; on
disserte sur ce qu'il conviendrait de faire, mais l'on n'agit guère
et au pays de Tendre le pouvoir législatif l'emporte très largement
sur l'exécutif.

Souvent même l'obéissance au code amoureux dégénère en pur
formalisme ; ses prescriptions, prises à la lettre, sont le prétexte
à d'étranges logomachies où le sentiment proprement dit disparaît
au profit de subtilités byzantines. Ainsi le cas de conscience qui,
selon Quinault, trouble Armide au moment où elle s'apprête à tuer
son ennemi Renaud ; elle vient d'apprendre que Renaud est
amoureux d'elle et redoute que cet amour ne vienne contrarier
l'exécution de sa vengeance ; en effet un amant ne peut que souhaiter mourir de la main de celle qu'il aime. Cette difficulté im-
prévue met l'amazone dans l'embarras :

> « Sa passion me nuit, le trépas doit lui plaire,
>   S'il lui vient d'une main que l'amour lui rend chère. » (86)

---

(85) *Clélie*, t. I, p. 1121.
(86) QUINAULT, *La Comédie sans Comédie* (1655), acte V (tragicomédie), scène 2 (*éd. cit.*,
t. I, p. 346).

Le système tendre devient alors un simple répertoire d'attitudes stéréotypées que les auteurs adaptent avec plus ou moins de bonheur et plus ou moins d'esprit aux circonstances de leur récit. Il ne faudrait plus alors parler que d'une « rhétorique tendre », c'est-à-dire d'une exploitation seulement formelle d'un système de représentation vidé de son contenu. Cette philosophie de l'amour telle qu'on la pratique aux alentours de 1660 a tout à fait perdu son sens premier et se survit dans une casuistique de plus en plus vaine.

Chapitre II

DIFFUSION DU « MODELE » TENDRE
DANS LA SOCIETE MONDAINE

I — *L'universalité du langage tendre.*

D'après la lecture de quelques-uns des romans de l'époque et de quelques tragi-comédies romanesques, il a été facile de construire le modèle idéal des relations amoureuses telles que les représente en général la littérature de fiction ou, pour parler le langage du temps, de définir les grandes lois organiques de l'Empire amoureux. Le succès de ces œuvres atteste déjà l'adhésion du public à cette image de l'amour. Le *Timocrate* de Th. Corneille (1656) et l'*Astrate* de Quinault (1664) furent parmi les pièces qui réussirent le mieux auprès des spectateurs du xviiᵉ siècle (1). Furetière raconte que le *Grand Cyrus* aurait enrichi le libraire Augustin Courbet et Ch. Sorel précise que chaque volume se serait vendu une pistole alors que le prix ordinaire d'un livre ne dépassait pas un écu ; toujours d'après Sorel, la spéculation se serait emparée de l'affaire au point qu'un « donneur d'avis » humoriste aurait proposé d'instituer une taxe sur les romans pour remédier

_____

(1) G. Reynier, *op. cit.*, p. 14-18. Et. Gros, *op. cit.*, p. 65 et 73.

à la crise financière (2). Les témoignages abondent pour montrer que la littérature romanesque a longtemps conservé son prestige auprès des meilleurs esprits. La Rochefoucauld et Mme de Lafayette faisaient encore leurs délices de la lecture de l'*Astrée*, tandis que Mme de Sévigné ne dédaignait ni Gomberville ni La Calprenède (3). Une femme de lettres à la mode, Mlle Desjardins, n'hésite pas à confesser que sa formation littéraire doit presque tout aux grands romanciers de la première moitié du siècle et qu'elle n'a « point lu d'auteurs plus anciens que M. d'Urfé et M. de Gomberville » (4). Selon toute vraisemblance, ce n'est pas un cas isolé et Mlle Desjardins n'est pas la seule à avoir puisé dans la lecture des romans l'essentiel de son bagage intellectuel ; on pourrait même parler d'une culture mondaine, résolument « moderne » et sensiblement différente de la culture savante, où les romans, la galanterie amoureuse et plus tard l'opéra remplacent, avantageusement au gré de certains, des disciplines plus austères. Mais l'influence et la diffusion du modèle tendre outrepassent largement les limites du genre romanesque ; celui-ci est, pour des raisons évidentes, le véhicule privilégié de ce mode de représentation, cependant le langage de l'amour qu'il contribue à répandre imprègne de manière quasi universelle la mentalité et la littérature mondaines.

Un sujet de Louis XIV, pour peu qu'il appartienne à la minorité privilégiée que constitue la société mondaine, reçoit comme en naissant les mots qui lui serviront à parler d'amour. Il existe tout un répertoire de phrases, d'attitudes, de sentiments où tout un chacun peut puiser pour traduire en termes convenables ses émois sentimentaux. Point n'est besoin de faire un grand effort d'imagination : il y a des lieux communs appropriés à chaque circonstance et les circonstances elles-mêmes ne varient guère. Ce code amoureux est si généralement répandu que le moindre madrigal, l'impromptu le plus insignifiant y font presque toujours allusion. Pousser respectueusement des soupirs languissants, se plaindre des rigueurs d'une cruelle qui ne donne quelques espérances que pour les réduire aussitôt à néant, déplorer les maux que l'on endure du fait de l'amour ou au contraire (et au besoin simultanément) évoquer les délicieux tourments d'un cœur tendrement épris, toute cette menue monnaie de l'amour de salon

---

(2) FURETIÈRE, *Nouvelle allégorique...* (1658), éd. cit., p. 74-75 - Ch. SOREL, *De la connoissance des bons livres...* (1671), éd. cit., p. 134.
(3) Ce goût pour l'*Astrée* est très général. Segrais déclarait :
          « Je le trouve si beau que je le lirois encore avec plaisir. »
(*Segraisiana*, Paris, Prault, 1722, p. 29.)
(4) Mlle DESJARDINS, *Recueil de quelques lettres et relations galantes*, Cl. Barbin, 1668, Lettre de La Haye, le 15 mai 1667.

porte la marque du système tendre. Ces formules rabachées finissent par former une langue amoureuse que l'habitude a rendue familière à toute une société ; les auteurs mondains y trouvent un moyen d'expression commode puisqu'ils sont sûrs d'être immédiatement compris de leur public. La stylisation inhérente au code tendre est propice à l'épanouissement d'une littérature facile à la portée de tous les esprits, même les plus médiocres.

Lorsque M. Jourdain, amoureux comme un homme de qualité se doit de l'être, entreprend d'écrire un billet doux à une « marquise nommée Dorimène », il songe aussitôt au fameux : « Belle marquise, vos beaux yeux me font mourir d'amour ». La trouvaille est évidemment un peu courte et Jourdain lui-même s'en rend si bien compte qu'il demande à son maître de Philosophie d'étoffer cet énoncé un peu naïf (5). Cependant malgré sa maladresse, et c'est ce qui importe, il s'essaie loyalement à parler le langage de l'amour mondain et il n'ignore pas qu'on ne peut prétendre passer pour un homme du monde à moins de s'exprimer ainsi. Sans avoir étudié, il sait que les « beaux yeux » sont ce qu'une dame a de plus redoutable car ils donnent de l'amour et que le moins que puisse faire un soupirant pour témoigner de sa bonne volonté est d'offrir de mourir d'amour. Dans sa connaissance du beau langage amoureux M. Jourdain n'est sans doute pas beaucoup plus avancé que dans la théorie des sons ou dans la pratique de l'escrime, mais, bien qu'il n'atteigne pas à la virtuosité de ses contemporains élégants, il parle le jargon tendre aussi spontanément qu'il fait de la prose. C'est la preuve par l'absurde qu'une certaine manière de parler d'amour fait partie de la culture mondaine. De Céladon qui se jette tout vif dans le Lignon pour complaire aux volontés d'Astrée à ce bon M. Jourdain qui déclare innocemment vouloir mourir d'amour pour les beaux yeux de sa belle marquise se perpétuent une même image et un même langage de l'amour.

L'expression littéraire du sentiment amoureux tire donc l'essentiel de sa substance des lieux communs du système tendre. Les auteurs qui abordent des sujets amoureux, autant voudrait dire tous les auteurs mondains, lui font de constants emprunts. Le code tendre impose aux amoureux une attitude d'adoration souffrante et humiliée : tous soupirent et gémissent à l'unisson dans d'innombrables élégies, stances ou églogues. Quelques exemples pris au hasard suffiront à donner une première idée de cet étonnant concert de lamentations qui monte de tant de cœurs affligés vers des beautés toujours inexorables. Tous chantent la même antienne,

_____

(5) *Le Bourgeois gentilhomme* (1670), acte I, scène 4.

Maucroix :

> « Je souffre un mal extrème
> Et n'en témoigne rien ;
> Quel malheur est le mien ! »

ou Marigny :

> « Qu'aimer est un fascheux martyre !
> Et que c'est un bien cruel tyran que l'Amour ! »

Ch. Perrault pousse le raffinement jusqu'à supposer qu'il a secoué un moment le joug de sa maîtresse pour s'offrir le luxe d'un Canossa sentimental :

> « Je viens, cruelle Iris, les yeux baignez de larmes,
> Me jeter à vos pieds, et vous rendre les armes ;
> Je viens malgré les maux que j'ay déjà soufferts,
> Rentrer dans vos prisons et reprendre mes fers,
> Endurer les rigueurs de mon premier martyre,
> Suivre vos dures lois, mourir sous votre empire,
> Et vous faire paroître un cuisant repentir,
> D'avoir insolemment essayé d'en sortir. » (6)

Toute cette littérature paraît aujourd'hui bien fastidieuse. Les recueils collectifs sont encombrés d'élégies et de madrigaux dont il est d'emblée évident qu'ils doivent plus à une longue tradition littéraire qu'à l'émotion du moment : les sentiments comme le vocabulaire, tout y est prévisible et imposé par les contraintes de l'habitude. On s'est beaucoup moqué de ces protestations passionnées adressées à des « Philis » la plupart du temps imaginaires. A lui seul, le « galant M. Ménage » a aimé, successivement ou simultanément, Amarante, Florida, Oronce, Cloris, Lycoris, Sylvie, Chloé, Uranie, Iole, Philis, Bélinde, Daphné, Angélique, Doris et peut-être quelques autres qui ont échappé à la sagacité de ses biographes. C'est en son genre une manière de record et certains contemporains l'en ont raillé, entre autres l'abbé Cotin qui avait pourtant en ce domaine beaucoup à se faire pardonner. Ce dernier

---

(6) MARIGNY, *Stances*, in *Recueil des plus belles pièces des poètes françois*, Cie des Libraires, 1752, t. IV, p. 311-312 - Ch. PERRAULT, *Elégie*, in *Nouveau recueil de plusieurs et diverses pièces galantes de ce temps*, A la Sphère, 1665, 1re partie, p. 39-45 - MAUCROIX, *Air*, in *Poésies*, p. p. P. Paris dans les *Œuvres diverses*, Paris et Reims, 1854, t. I, p. 14.

ne fait d'ailleurs aucune difficulté pour avouer à l'un de ses correspondants qu'il serait téméraire de vouloir reconnaître en ses Iris ou ses Amarantes telle dame plutôt qu'une autre (7). Pour la sensibilité moderne qui associe l'état amoureux à une certaine spontanéité d'émotion, la chose est choquante et suffit à discréditer une production jugée insincère. Il est piquant d'ailleurs de constater que la plupart des commentateurs des XIXᵉ et XXᵉ siècles se sont efforcés, avec des fortunes diverses, de découvrir quelles personnes réelles se dissimulaient sous ces noms de roman afin de justifier, en plaidant la sincérité, ces amants au cœur innombrable.

Cette démarche, en dépit des bonnes intentions qu'elle suppose, constitue un flagrant anachronisme : pour une littérature qui pratique avant tout l'art du beau mensonge, le critère de la sincérité est manifestement inefficace. L'impression de monotonie que l'on retire de cette lecture est tout aussi anachronique. L'uniformité de ce langage amoureux est plus apparente que réelle ; elle résulte d'une erreur de perspective qui nous incombe. Dans sa simplicité et sa rigueur le système offre d'infinies possibilités de variations dont usent, et peut-être abusent, les écrivains mondains. Ainsi il n'est pas d'amour naissant qui ne se manifeste par des soupirs, c'est le lieu commun, mais l'on peut fort bien raffiner sur les diverses variétés de soupirs et s'amuser à préciser ce qui distingue le soupir que l'on vient de pousser de l'ensemble des soupirs amoureux passés, présents et à venir. C'est à un exercice de ce style que se livrent le chevalier du Buisson et Mlle Desjardins : dans une *Lettre* le chevalier demande à sa correspondante l' « explication » d'un soupir et le lui décrit dix pages durant afin qu'elle puisse décider s'il s'agit ou non d'un soupir amoureux ; Mlle Desjardins répond sur le même ton dans sa *Lettre à un Homme qui avoit écrit à l'Autheur, pour le prier de lui expliquer un soûpir que sa Maîtresse avoit fait* (8). Le jeu se prête à des combinaisons infinies qui rendent chaque sujet inépuisable et créent une « diversité » à laquelle nous avons cessé d'être sensibles.

Le langage tendre n'est pas seulement le fait de rimeurs de profession et d'auteurs de ruelles ; il est d'une manière générale le moyen le plus universellement répandu et (le paradoxe n'est qu'apparent) le plus spontané de traduire un sentiment amou-

---

(7) Abbé COTIN, *Œuvres mêlées*, A. de Sommaville, 1659, p. 28 :
    « Ne faites point d'application aux dames que vous connoissez quand vous lirez ce que j'ai fait pour Iris et pour Amarante : ce sont, Monsieur, des noms de Roman, et s'il y a quelque vérité elle est cachée sous la fable. »
(8) *Lettre à un homme...*, in *Recueil de Poésies de Mlle Desjardins*, Barbin, 1662. Cette lettre est une réponse à une *Lettre de M. le Chevalier du Buisson* sur ce même thème (*Nouveau recueil de plusieurs et diverses pièces galantes de ce temps*, A la Sphère, 1665, IIᵉ partie).

reux (9). Lorsque des amateurs s'amusent à composer des vers d'amour ou à écrire des lettres amoureuses, ils adoptent le même ton, les mêmes procédés. Un honnête homme comme La Rochefoucauld se tire très honorablement d'affaire et soupire avec une élégance que des professionnels du madrigal pourraient lui envier :

> « Vous avez une cruauté
> A rebuter le plus fidèle.
> Je montre une fidélité
> Qui fléchirait la plus cruelle.
> Si vous ne fléchissez, me voilà rebuté.
> Philis, il n'est beauté qui tienne,
> Devant votre constance il faut perdre la mienne. » (10)

D'autres ont la plume moins légère, le malheureux Costar par exemple qui dans ses *Lettres* (1658) semble voué à des galanteries plus alambiquées.

> « J'aurois fait un beau chef d'œuvre de Magie si je vous avois charméc, vous qui meslez de charmer tout le monde, et qui vous en desmeslez si bien... » (11)

écrit-il à Mlle de la Vergne dont li se prétend amoureux. Mondains ou pédants, tous utilisent les ressources d'un code unique et puisent, chacun à leur manière, leur inspiration à la même source.

Il est presque impossible de marquer les limites de la diffusion de ce mode d'expression. La galanterie tendre se fait d'autant plus envahissante qu'elle est bien souvent tout à fait superficielle. Il n'est presque pas de lettres adressées à des dames qui ne prennent peu ou prou la forme d'une protestation d'amour et pas de protestation de ce genre qui ne sacrifie aux lieux communs de l'humilité tendre. C'est le style qu'adopte le chevalier de Méré, vers 1650, pour entrer en relation épistolaire avec la toute jeune

---

(9) Ceci ne veut évidemment pas dire qu'il n'existe pas d'amour, au XVIIe siècle, en dehors de ces normes imposées par la littérature ; mais de telles amours se cachent et on n'envisageait guère qu'elles puissent donner matière à des développements littéraires. Ce n'est qu'à la fin de la période étudiée, et au prix de concessions aux habitudes anciennes dont il faudra mesurer l'ampleur, que la spontanéité amoureuse acquiert droit de cité dans la littérature.

(10) LA ROCHEFOUCAULD, *Stances* (strophe 2), in *Œuvres complètes*, p. p. J. Marchand, Bibliothèque de la Pléiade, Gallimard, 1957, p. 6.

(11) P. COSTAR, *Lettres de Monsieur Costar*, A. Courbé, 1658 : lettre 196, p. 545.

Mlle d'Aubigné, de 28 ans sa cadette, ce qui exclut a priori qu'il puisse y avoir entre eux le moindre soupçon de liaison amoureuse :

> « J'étois bien plus hardi avant d'avoir l'honneur de vous connoître, et je trouve que plus je vous ai vue, plus vous m'avez inspiré de respect, (...). » (12)

Les dames ne sont pas en reste, ainsi Mme de Lafayette qui se vante dans une lettre à Huet (15 octobre 1662) d'avoir encore assez d'empire sur Ménage pour le contraindre à écrire à ce même Huet (13) ; on comprendra l'allusion si l'on se souvient qu'une belle dispose des pleins pouvoirs sur ses soupirants et peut leur enjoindre de se plier à ses moindres caprices. A la limite il ne s'agit plus que d'une simple phraséologie polie qui n'engage pas plus que de se déclarer, à la fin d'une lettre, l' « humble et obéissant serviteur » du destinataire.

Si l'on s'en tient à l'expression de l'amour proprement dit, l'influence est encore plus nette. La plupart du temps tout le répertoire métaphorique est passé en revue sans que jamais cette débauche d'effets rhétoriques ne permette de douter de la bonne foi de celui qui s'exprime ainsi. Tout sentiment amoureux se traduit normalement en termes empruntés au registre tendre. En 1672 encore, Molière peut prêter ces propos pour le moins surprenants au Clitandre des *Femmes Savantes* qui doit expliquer comment, après avoir courtisé Armande, il aime maintenant sincèrement Henriette :

> « Des vainqueurs plus humains, et de moins rudes chaînes.
> Je les ay rencontrez, Madame, dans ces yeux,
> Et leurs traits à jamais me seront précieux.
> D'un regard pitoyable ils ont séché mes larmes,
> Et n'ont pas dédaigné le rebut de vos charmes.
> De si rares bontez m'ont si bien sçeu toucher,
> Qu'il n'est rien qui me puisse à mes fers arracher. » (14)

Il n'y a pas dans tout ce discours le moindre soupçon d'ironie ; Clitandre parle de son amour pour Henriette avec les mêmes mots

---

(12) Mme DE MAINTENON, *Correspondance générale*, Th. Lavallée, Charpentier, 1865, t. I, p. 45-46 : lettre X, « De M. de Méré à Mlle d'Aubigné », datée par l'éditeur des alentours de 1650.
(13) Mme DE LA FAYETTE, *Correspondance* (*éd. cit.*, t. I, p. 174), lettre 130 du 15 octobre (1662).
(14) MOLIÈRE, *Les Femmes savantes* (1672), acte I, scène 2, v. 137 et sq.

dont il s'est servi pour décrire son attachement passé pour Armande. De la part d'un jeune homme de bonne éducation c'est
le seul langage convenable pour exprimer des sentiments de cet
ordre. Un tel texte est significatif : il est certain que Molière
entend faire de Clitandre un personnage sympathique et se doit
par conséquent de le faire parler comme son public s'attend à
entendre parler un amoureux. Le résultat est pour nous assez
déconcertant et ne s'explique qu'à la condition d'admettre qu'en
1672 la rhétorique tendre est toujours le mode d'expression « normal » de l'amour.

Autant qu'on puisse le savoir par quelques témoignages frag-
mentaires, ce langage et la vision de l'amour qui en découle,
auraient même tendance à se répandre hors des limites de la
société mondaine. Lorsque les savants s'interrogent sur l'amour,
ils le font parfois en fonction des lois de Tendre. Le médecin
philosophe Cureau de la Chambre s'efforce doctement dans son
traité sur les *Charactères des Passions* (1640-1662) de justifier par
le raisonnement une image de l'amour qu'il emprunte à l'idéologie
romanesque. Après des considérations très savantes sur la complé-
mentarité du tempérament masculin, « chaud et sec », et du tempérament féminin, « froid et humide », il achève sa démonstration
sur cette conclusion qui paraît le satisfaire pleinement :

> « ... et de là viennent en suite toutes ces soumissions et
> ces respects, tous ces termes de servitude et de captivité qui
> sont si ordinaires aux Amans. » (15)

La science hippocratique met son autorité au service de l'amour
tendre qui n'est peut-être pas non plus inconnu ni dans le bas-
peuple, ni en province. François Colletet, dans le *Tracas de Paris*
(1666), après avoir évoqué certains amoureux d'humble condition
qui ont recours aux services d'un écrivain public pour rédiger
leurs billets doux, rapporte ainsi la déclaration qu'un « plumet »
fait copier à l'intention de sa belle :

> « Celuy-là dit à cette brune,
> Que sa beauté n'est pas commune ;
> Qu'il brusle pour elle d'amour ;
> Qu'elle est, la nuit, qu'elle est, le jour,
> L'unique objet dont sa pensée

---

(15) Cureau de la Chambre, *Les Charactères des Passions*, Amsterdam, 1658-1663, t. I,
chap. II, « Les charactères de l'amour », p. 53.

Est agréablement blessée ;
Qu'il s'en va courir au cercüeil,
S'il n'est vu d'elle de bon œil... » (10)

Il serait imprudent de conclure de ce témoignage isolé que les milieux populaires étaient eux aussi gagnés par la contagion tendre ; il est cependant manifeste que la culture mondaine et romanesque influence, dans son contenu comme dans sa forme, cette esquisse de billet amoureux. De même, de l'anecdote contée par Mme de Sévigné :

> Un bas Breton parloit à une demoiselle de sa passion ; la belle répondoit ; enfin tant fut procédé qu'il entendit que la nymphe impatientée lui dit : « Monsieur, vous pouvez m'aimer tant qu'il vous plaira ; mais je ne puis du tout vous réciproquer ». » (17)

il paraît difficile d'inférer que les règles du parfait amour, et l'attitude de refus qu'elles imposent à la femme, avaient plus rapidement pénétré en basse Bretagne que l'usage correct du français. Mais il est en revanche certain que, dans la société mondaine tout entière, la manière d'imaginer l'amour est constamment déterminée par le modèle tendre : toute aventure amoureuse tend à épouser les contours de cette forme canonique. Bien souvent cette influence ne va sans doute pas au-delà de simples considérations d'étiquette qui n'engagent nullement les sentiments des intéressés. Don Juan en personne, comme le rappelle opportunément Guzman, fonde sa pratique de la séduction sur les recettes tendres et sait user quand il convient d' « hommages pressants, de vœux, de soûpirs et de larmes » ainsi que de « lettres passionnées. de protestations ardentes et de serments réitérez » (18). En acceptant de jouer le personnage de l'amant soumis et éploré, le séducteur reconnaît implicitement l'efficacité de la méthode et témoigne qu'en dehors d'elle il n'est point de salut.

Mais le signe le plus évident de l'universelle diffusion du modèle tendre est dans l'emprise qu'il exerce sur la langue de l'amour. Il existe tout un vocabulaire « technique » de l'amour

---

(16) François COLLETET, *Le Tracas de Paris* (1666), in P. L. Jacob, *Paris ridicule et burlesque au XVIIe siècle*. A. Delahays, 1859, p. 250.
(17) Mme DE SÉVIGNÉ, *Lettres*, p. p. Gérard-Gailly, Bibliothèque de la Pléiade, Gallimard, 1955, t. II, p. 19, lettre du 8 janvier 1676.
(18) MOLIÈRE, *Dom Juan* (1665), acte I, scène première.

mondain fait d'un ensemble de termes qui prennent dans un contexte approprié une signification spécifique. A la fois effet et cause, ce phénomène linguistique curieux atteste l'imprégnation des esprits par l'idéologie tendre et contribue certainement aussi à en perpétuer les principes dans la mentalité mondaine. Il n'y a pratiquement pas d'autre langage pour exprimer l'amour et, qu'on le veuille ou non, il faut bien utiliser cet idiome pour traduire ses sentiments. Concurremment au *Dictionnaire des Prétieuses* de Somaize, il faudrait pouvoir écrire un dictionnaire de l'amour tendre dont les principaux articles se trouveraient sous les rubriques « brûler », « chaînes », « cruauté », « fers », « flammes », « glace », « martyre », « soupirs », « supplices », etc... Le tout constitue un jargon assez hétéroclite auquel un auteur se croit tenu de recourir dès qu'il aborde un sujet amoureux. Les ressources en sont assez limitées et surtout les mots qu'il comporte semblent ne pouvoir être utilisés que pour construire certains types de phrases toujours à peu près identiques. Cette uniformité coïncide parfaitement avec le caractère normatif du code tendre : l'Amour, souverain absolu, impose son langage en même temps que ses lois et réduit au minimum la liberté de ses sujets dans l'un et l'autre domaines. Tant en vers qu'en prose, il est de rigueur d'employer un certain nombre de locutions plus ou moins imagées qui permettent de traduire les états d'âme qu'il est convenable d'éprouver. « C'est en vain que je suis amoureux de vous » se dit :

« Je vois que rien ne peut soulager mon martyre » ;

« parlez, je saurai vous entendre » se rend par :

« Prenez le soin de m'enflammer,
Je ne serai pas inhumaine. » (19)

Le répertoire comprend un assez grand nombre de métaphores, la plupart consacrées par un usage très ancien, car ainsi que le remarque ironiquement l'auteur du *Portrait de la Coquette* (1659) :

« Il faut que le discours [du galant] soit figuré, car ce n'est pas assez d'exprimer les choses naturellement. » (20)

---

(19) GUILLERAGUES, *Valentins* (1669), pièces IV et XL (in *Lettres portugaises*, p. p. F. Deloffre et J. Rougeot, Garnier, 1962, p. 84 et 104).
(20) F. DE JUVENEL DE CARLINGAS, *Le Portrait de la coquette ou la Lettre d'Aristandre à Timagène*, Ch. de Sercy, 1659, p. 214.

Comme les lois fondamentales de l'amour tendre, l'origine de ces images se perd dans les lointains d'une très longue tradition.

Ce langage est assez connu pour qu'il suffise d'en évoquer quelques aspects sans entreprendre une description exhaustive. La flamme d'abord et ses synonymes, feu, ardeur, fièvre... symbolisent la toute puissante emprise de l'amour sur l'âme. Mais cette violence de l'amour peut aussi se traduire par le recours à d'autres registres : les « traits », « flèches » et autres instruments guerriers percent ou blessent le cœur aimant qui peut être également victime d'un « charme », d'un « poison » ou d'un « mal pernicieux » qui affecte souvent l'apparence de la « langueur ». Comme il est de règle en pareille circonstance, ce désarroi intérieur ne se manifeste d'abord que par des « soupirs » et des « gémissements » ; c'est pourquoi « soupirer » signifie « aimer » et « soupirant », « amant ». Mais quand il s'agit de décrire les souffrances de l'amant rebuté, le vocabulaire devient beaucoup plus énergique : « tourments » et « supplices » sont faibles, « martyre » parfaitement banal, et il faut évoquer un « proche trépas » pour donner une juste idée des maux endurés. Quant au statut de soumission absolue de l'homme amoureux, il est assimilé tantôt à l'humble attitude du fidèle qui adore une « divinité » (« inexorable », il va sans dire), tantôt à la « captivité » simple, tantôt à l' « esclavage » avec l'indispensable accompagnement de « liens », de « fers », et de « chaînes ». Pour évoquer le refus de la dame, une inflation verbale parallèle, mais de signe contraire, autorise à parler de « rigueur », de « cruauté », d' « inhumanité » et à emprunter, si besoin est, aux équivalences métaphoriques offertes par la froideur de la « glace », la dureté des « rochers », la férocité des bêtes fauves et spécialement des « tigresses », à moins que l'on ne préfère faire appel à la barbarie légendaire des Scythes ou d'autres peuplades mythologiques. Les yeux de la personne aimée sont de redoutables tyrans qui exercent sur leur victime une autorité absolue, etc... Ces mots consacrés par un long usage permettent aux amants d'exprimer des sentiments conformes aux prescriptions du code tendre.

A l'époque qui nous intéresse, ce langage singulier tend à se figer et à n'être plus senti que comme un moyen d'expression banal et incolore. Une croissante cristallisation des métaphores le transforme peu à peu en l'équivalent poétique et noble de formulations plus simples ; c'est ce qui par exemple conduit Racine à écrire, sans intention particulière,

« Portez loin de mes yeux vos *soupirs* et vos *fers* »

lorsque Bérénice donne congé à Antiochus, ou

> « Eh ! qui sait si l'ingrate, en sa longue retraite,
> N'a point de l'empereur médité la *défaite* ? »

lorsque Narcisse tente de faire douter Britannicus de la fidélité de Junie (21). Il y a là la preuve manifeste que, tout en demeurant très vivant, ce mode d'expression est parvenu à un très grand degré d'usure. Néanmoins, à la date de 1660, ce jargon tendre, qui n'est plus aujourd'hui qu'une langue morte jugée parfois assez ridicule, reste pour de longues années encore la langue officielle de l'amour.

II — *Les interférences entre la sensibilité tendre et la réalité.*

Outre cette imprégnation de la littérature et du langage, l'emprise de la sensibilité tendre sur la mentalité mondaine se manifeste de manière plus subtile à la faveur de l'influence qu'exercent les thèmes romanesques sur la perception de la réalité amoureuse. Il est d'évidence très difficile d'apprécier cette influence et surtout de déterminer la nature exacte des rapports existant entre la réalité vécue et la fiction littéraire. Le problème est extrêmement ardu, surtout à propos d'une société dont les mœurs ne sont la plupart du temps connues que grâce à des témoignages de nature plus ou moins littéraire. Aussi peut-il être tentant de confondre représentation littéraire et réalité historique. A la suite de Victor Cousin qui avait, comme on le sait, un faible très marqué pour les belles héroïnes de la Fronde (22), beaucoup d'historiens ont cru de bonne foi que l'on aimait en 1650 ou en 1660 comme l'on aime dans les romans de l'époque. Mais, en premier lieu, il faut se garder de confondre la vision romanesque de l'amour avec un « romantisme » souvent plus apparent que véritable. Lorsque le 7 Août 1648, en plein bois de Boulogne, Bussy-Rabutin enlève une jeune et riche veuve avec la bénédiction de Condé, son protecteur du moment, le récit de l'anecdote donne au lecteur d'aujourd'hui l'impression de retrouver dans la vie

---

(21) Racine, *Bérénice* (1670), v. 1501, et *Britannicus* (1669), v. 947-948.
(22) Victor Cousin, *La Société française au XVIIᵉ siècle d'après Mademoiselle de Scudéry* (Didier, 1858).

quotidienne du XVIIᵉ siècle un épisode emprunté à La Calprenède avec de surcroît le sel de l'authenticité (23). Or les mêmes faits sont susceptibles d'une interprétation beaucoup plus prosaïque. Bussy, veuf depuis 1646 de sa première femme, Gabrielle de Toulongeon, cherchait l'occasion d'un remariage fructueux ; à la suite de tractations assez obscures où se trouve mêlé un père de la Merci, il croit avoir sa chance auprès de Mme de Miramion ; il l'enlève, d'ailleurs sans succès. Rien de très romanesque dans toute cette aventure : il s'agit simplement d'un rapt qui aurait pu être l'occasion d'une bonne affaire et que peut se permettre sans risque un « domestique » de Condé. De telles opérations font partie des menus profits qu'un gentilhomme est en droit d'attendre lorsqu'il dispose d'un protecteur puissant ; elles ne doivent rien à la lecture des romans.

Il n'est pas impossible cependant que certaines conduites offertes en exemple par la littérature aient été plus ou moins consciemment imitées et répétées par des personnes réelles. On constate à tous moments des ressemblances troublantes entre des récits d'aventures véritables et des thèmes romanesques. Lorsque ce même Bussy-Rabutin raconte dans l'*Histoire amoureuse des Gaules* (1665) que le duc de Candale avait, avant de mourir, envoyé à Mme d'Olonne qu'il croyait lui avoir été infidèle une cassette contenant un mouchoir taché de sang, des bracelets de cheveux et des portraits de sa maîtresse, on ne peut s'empêcher de penser que ce grand séducteur avait dû lire l'*Astrée* et se souvenait du geste du chevalier Damon qui, dans des circonstances analogues, fait remettre à Madonte de semblables gages d'amour (24). D'autre part on lit dans un pamphlet beaucoup plus tardif intitulé *Les Amours du Dauphin* (25) que le prince de Turenne, mortellement blessé au combat de Steinkerque en 1692, fit porter à sa maîtresse la comtesse du Roure une boîte sertie de diamants où il avait enfermé un portrait et une cravate tachée de sang ; cependant l'auteur anonyme commente l'anecdote par cette réflexion significative : « comme on lit dans les romans ». Il n'est donc pas exclu que les exemples romanesques inspirent certains comportements hors du commun ; mais les

---

(23) Sur cette curieuse affaire, les principaux témoignages dont nous disposons sont ceux de Tallemant des Réaux (*Historiettes*, éd. cit., t. II, p. 749-750) et de BUSSY-RABUTIN lui-même (*Mémoires*, p. p. L. Lalanne, Marpon, 1857 et 1882, t. II, p. 160 et sq.).

(24) BUSSY-RABUTIN, *Histoire amoureuse des Gaules* (éd. cit., p. 45 et sq.) ; H. D'URFÉ, *Astrée*, t. III, p. 428-501.

(25) *Histoire amoureuse des Gaules, suivie des Romans historico-satiriques du XVIIᵉ siècle*, recueillis et annotés par C.L. Livet, Paris, P. Jannet, 1856, t. II. Saint-Simon rapporte la même anecdote mais sans donner de détails (*Mémoires*, p. p. G. Truc, Bibliothèque de la Pléiade, Gallimard, 1939, t. I, p. 171).

rencontres de ce genre sont assez rares et ceux qui les rapportent ont conscience de leur caractère exceptionnel et merveilleux.

C'est une étrange illusion que de croire que les gentilshommes du XVIIe siècle pratiquaient couramment les vertus des parfaits amants et que les dames montraient toujours la sévérité et la réserve que leur enjoint le code romanesque. Accumuler les preuves du contraire serait aisé, mais il ne sert de rien de contredire l'imagerie romantique par des révélations empruntées à la chronique de l' « envers du grand Siècle ». Il est très facile de prendre des soupirants éplorés ou des maîtresses inexorables en flagrant délit d'affabulation et de mensonge. Mme de la Suze décrit fort joliment les pudeurs et les hésitations de la femme amoureuse :

> « Au défaut de ma voix, recevez mes soupirs,
> Ils vous diront, Tircis, en leur langage,
> Que si le Ciel secondoit mes désirs,
> Je vous donnerois davantage. » (26)

Mais, si l'on en croit Tallemant des Réaux qui s'est informé à bonne source puisqu'il tient ses renseignements d'un sien parent, la conduite de la comtesse n'avait que d'assez lointains rapports avec ces belles protestations ; dans le privé, cette dame aurait eu un comportement amoureux tout à fait déplorable du strict point de vue des bonnes mœurs et n'aurait pas fait preuve de cette retenue que commandent les lois de l'Amour (27).

Mais de semblables exemples on ne peut tirer aucune conclusion générale, d'autant plus qu'il faut bien reconnaître que la signification exacte des faits échappe souvent. Entre l'attitude hypercritique qui découle de l'ouvrage bien connu de F. Gaiffe (mise au point au demeurant très utile à l'époque où elle fut publiée) (28) et la naïveté de certains historiens des mœurs qui prennent pour argent comptant tout ce qu'ils découvrent dans des récits souvent romancés, il n'y a pas de place pour un moyen terme objectif. La question n'est pas de porter sur nos ancêtres

---

(26) *Délices de la poésie galante...* (*éd. cit.*, t. I, p. 199), « Madrigal » signé « M. la C. de la Suze ».

(27) TALLEMANT DES RÉAUX, *Historiettes* (*éd. cit.*, t. II, p. 110-111) :
    « Mais ce que je sçay de mieux, c'est ce qu'elle a fait à Rambouillet, celuy qu'on appela depuis Rambouillet-Candale. Elle luy dit une fois qu'elle estoit entièrement persuadée de son mérite ; depuis, à la première occasion elle luy mit la main dans les chausses, le baisa la langue à la bouche (...). »

(28) F. GAIFFE, *L'envers du grand siècle, étude historique et anecdotique*, Albin Michel, 1924.

un jugement moral dicté par les critères de notre propre éthique ;
s'il existe entre la réalité des mœurs amoureuses et l'image qu'en
donne la littérature quelques rapports, il ne faut pas les concevoir
aussi simples. Tout au plus peut-on souhaiter comprendre comment les mondains de l'époque aimaient être représentés et
quelle image d'eux-mêmes ils projetaient dans le miroir d'une
littérature réputée véridique. En d'autres termes, les contemporains de Louis XIV n'étaient pas tous des Cyrus ou des Aronce,
non plus d'ailleurs que des satyres ou des trousseurs de jupons
impénitents ; leurs compagnes ne peuvent pas toutes prétendre
à des prix de vertu ; mais, de même qu'ils ne se seraient pas fait
peindre autrement qu'en perruque et dans une noble posture,
ils semblent avoir aimé soigner leur apparence lorsque des
artistes complaisants brossaient leurs portraits amoureux. Il est
bien difficile de savoir la vérité sur les originaux, et en tout cas
impossible de l'interpréter, supposé qu'on la sache ; mais il est
toujours loisible d'étudier comment ils prenaient la pose. C'est
la seule méthode qui permette non pas de définir les rapports
de la réalité amoureuse avec la littérature, mais, plus modestement, de faire apparaître certaines analogies entre la littérature
de fiction et des témoignages que leurs auteurs donnent pour
authentiques. Il s'opère à ce niveau un gauchissement de la réalité
assez aisément perceptible et qui montre l'influence qu'une conception de l'amour purement littéraire peut avoir exercée sur les
esprits.

Un seul fait semble constant et indiscutable : un certain
nombre de récits relatant les amours de personnages de marque
présentent avec la fiction littéraire d'étonnantes ressemblances.
L'influence du modèle tendre paraît devoir alors être invoquée,
soit que le narrateur, sciemment ou non, déforme les faits qu'il
rapporte pour en donner une version en harmonie avec les critères
de l'idéal romanesque, soit que les héros de l'aventure aient eux-
mêmes tendance à calquer leur comportement sur ces mêmes
normes. Il ne nous appartient pas de décider si la vérité historique
a été, ou non, travestie ; il suffit de constater que la société mondaine se plait à retrouver dans des œuvres qui passent pour « historiques » une vision de l'amour que la littérature lui a rendue
familière. Le meilleur exemple est sans doute la manière dont
les divers romans historico-satiriques, ordinairement publiés en
même temps que l'*Histoire amoureuse des Gaules* et attribués,
vraisemblablement à tort, à Bussy-Rabutin, racontent certains
épisodes des amours royales. Si l'on se fie à ces récits, Louis XIV
aurait adopté, au moins à l'égard de ses premières maîtresses
Marie Mancini et Mlle de La Vallière, une attitude digne en tous
points d'un héros de roman. *Les Agrémens de la Jeunesse de*

Louis XIV (29) rapportent ainsi la déclaration du jeune roi à Mlle Mancini :

> « Il s'en approcha pour lui dire que jusqu'alors il ignorait d'être si riche en sujets si accomplis et si parachevés (...) et que dès ce moment il la reconnaissait pour sa souveraine. »

Le roi n'ignore pas qu'il n'est pas de souveraineté qui ne doive s'incliner devant celle de l'amour et il en use sur ce point tout aussi galamment que l'Alexandre de Racine qui dominait le monde pour en faire hommage à Cléophile. *L'Histoire de l'amour feinte du Roi pour Madame* inclinerait à faire croire que le royal amant de La Vallière s'entretenait avec sa maîtresse des questions familières à la casuistique galante ; entre autres « documents », on y trouve reproduite une lettre du roi qui ne manque pas d'élégance :

> « Le triste état où mon cœur me réduit depuis que je ne vous vois pas, mon enfant, est assez pitoyable pour vous obliger à partager mes chagrins et à être touchée de pitié pour les maux que votre absence me fait souffrir. » (30)

Enfin un troisième récit, le plus ancien, intitulé *Le Palais Royal ou les amours de Mlle de La Vallière* (31), donne du comportement royal une vision tout aussi édifiante. Louis XIV y déclare à Mlle de La Vallière :

> « Hélas ! Que vous êtes bonne, Mademoiselle, (...) de vous intéresser à la santé d'un misérable prince qui n'a pas mérité une seule de vos plaintes, s'il n'était à vous autant qu'il est. Oui, Mademoiselle, (...) vous êtes maîtresse absolue de ma vie, de ma mort et de mon repos, et vous pouvez tout pour ma fortune. »

Plus étonnant encore, on attribue au roi ce billet qui l'autorise à prendre place dans un florilège de l'amour tendre entre Céladon et M. Jourdain :

---

(29) *Les Agrémens de la jeunesse de Louis XIV ou son amour pour Mlle de Mancini*, in *Histoire amoureuse des Gaules*, édition Boiteau-Livet, t. II, p. 4-5.
(30) *Histoire de l'amour feinte du Roi pour Madame*, in édition Boiteau-Livet, t. II, p. 110-111.
(31) *Histoire des Amours du Palais Royal*, s. l., 1667.

« Voulez-vous ma mort ? Dites-le moi sincèrement, Mademoiselle ; Il faudra vous satisfaire... »

L'influence littéraire est manifeste ; mais la seule chose que l'on puisse affirmer est que lorsqu'un auteur souhaite mettre en forme une aventure amoureuse, en donner une version susceptible de servir le prestige mondain de ceux qui y participent, il en présente le récit en fonction des catégories tendres. Il se crée ainsi, à mi-chemin entre la réalité brute et la fiction, une zone intermédiaire où les faits prennent une couleur d'époque. Il est difficile, sinon définitivement impossible, de préciser par quels mécanismes complexes sont régies ces interférences entre la représentation littéraire et la vérité objective ; ce domaine mystérieux est le lieu de ce que l'on pourrait nommer la fonction mythologique de la littérature. Le cas privilégié des amours royales permet cependant de mieux comprendre certains aspects de ce phénomène singulier qui veut qu'une aventure amoureuse où sont mêlés de grands personnages soit presque toujours accompagnée d'une sorte de commentaire littéraire destiné à donner des faits une version en harmonie avec la dignité sociale des participants. Il était à l'époque de notoriété publique que le roi bénéficiait pour ses amours de la collaboration bénévole de poètes de cour et de courtisans zélés comme Saint-Aignan ou Dangeau qui lui fournissaient les textes dont il avait besoin. On sait par exemple que Benserade écrivit des pièces de circonstance pour le roi à l'intention de Mlle de La Vallière (32). L'abbé de Choisy rapporte par ailleurs dans ses *Mémoires* comment le roi, dégoûté de faire lui-même des vers par une réponse maladroite du Maréchal de Grammont (33), entreprit d'abord d'expliquer ses sentiments en prose, puis, surchargé de travail ou peu doué pour ce genre d'exercice, finit par confier à Dangeau le soin de cette correspondance. Le piquant est que Dangeau occupait déjà les mêmes fonctions auprès de Mlle de La Vallière et avait donc à lui tout seul la charge de rédiger un bien curieux roman par lettres, malheureusement perdu.

Cette pratique était courante de la part des personnages de quelque importance. Fouquet bénéficiait des services de Pellisson

---

(32) G. MONGRÉDIEN, *Précieux et Précieuses*, Mercure de France, 1939, p. 95.
(33) Mémoires manuscrits de l'abbé de Choisy, t. I, f° 243. Mme de Sévigné, dans une lettre à Pomponne du 19 décembre 1664 (*éd. cit.*, t. I, p. 131-132), rapporte la même anecdote, ce qui permet de dater les faits. Les quelques billets amoureux vraiment authentiques retrouvés dans la cassette de Fouquet (Bibliothèque Nationale, fonds Baluze, f. fr. mss. 149-150) inclinent à penser que la société aristocratique de l'époque a encore grand besoin des services de littérateurs de profession.

qui corrigeait les brouillons de son protecteur (34) ; et l'on pourrait alléguer bien d'autres exemples de cette collusion entre l'amour et la littérature. Ces belles mises en scène dissimulent parfois des comportements moins orthodoxes : Choisy raconte également dans ses *Mémoires* que Fouquet était « insatiable sur le chapitre des dames » et qu'il « attaquait hardiment tout ce qui lui paraissait aimable, persuadé que le mérite soutenu de l'argent vient à bout de tout » (35). Mais, à l'usage des non-initiés, les grands confiaient à des littérateurs de profession le soin de rédiger une chronique de leurs amours plus conforme aux beaux usages. Toute l'habileté de ces historiographes consistait alors à ménager la vraisemblance, au besoin en feignant quelque maladresse (36). L'imbrication entre la réalité et la fiction est telle qu'un même texte peut être simultanément inséré dans une œuvre littéraire et donné par ailleurs pour authentique. En lisant *Le Palais Royal ou les Amours de Mlle de La Vallière* (1667), on découvre avec surprise, attribués au roi ainsi qu'au duc et à la duchesse de Montausier, quelques vers que l'on retrouve avec de très légères variantes dans la *Princesse d'Elide* de Molière (1664) (37). Faut-il penser que Molière a réutilisé des textes qu'il aurait lui-même composés comme poète de cour ? L'hypothèse n'est pas invraisemblable, d'autant que la *Princesse d'Elide* était intégrée à l'une de ces grandes fêtes de cour, en l'espèce les *Plaisirs de l'Isle enchantée*, où tout concourt à mêler l'illusion romanesque et la réalité. Mais plus probablement l'auteur des *Amours de Mlle de La Vallière* n'a pas cru être infidèle à sa tâche en faisant honneur au roi et à ses courtisans de vers empruntés à une pièce de théâtre. Ainsi écrivait-on à l'époque l'histoire des amours des grands.

Plus diffuse, mais de même nature, est l'influence qu'exerce la mythologie tendre quelques années plus tôt, entre 1650 et 1660, sur l'image que la société mondaine se fait de la femme. On demande volontiers à la réalité de servir de garant au dogme de supériorité inconditionnelle que pose l'idéal romanesque ; et, de même que l'on admettait sans surprise que les grands de ce

---

(34) Abbé DE CHOISY, *Mémoires pour servir à l'histoire du règne de Louis XIV*, p. p. l'abbé d'Olivet, Utrecht, Van de Water, 1727, t. III, p. 203.

(35) *Ibidem*, t. III, p. 177.

(36) Dans une lettre du 20 mai 1651, Pellisson explique à son ami Doneville comment il convient d'apprécier ce genre de travail :

> « Les vers du chevalier de Grammont à la comtesse de Fiesque ont été faits, comme on m'a dit, par Benserade ; et si vous y trouvez quelque chose de négligé et qui semble partir d'une main peu exercée, c'est qu'il a sans doute affecté ce caractère en cet ouvrage. » (F.L. MARCOU, *Etude sur la vie et les œuvres de Pellisson*, Didier, 1859, appendice, lettre XI, p. 471.)

(37) *Le Palais-Royal ou les Amours de Mme de La Vallière*, in *Histoire amoureuse des Gaules*, édition Boiteau-Livet, t. II, p. 83, 84 et 85 et MOLIÈRE, *La Princesse d'Elide* (1664), acte I, scène première, v. 15-16, 23-32, 55-58.

monde aiment comme ces héros de roman, on trouve dans une réalité toujours merveilleusement platisque la confirmation de ce que l'on cherchait. C'est dans cet esprit que le Père Lemoyne interroge l'histoire et il n'a que l'embarras du choix pour peupler sa *Gallerie des Femmes fortes* (1647) ; il réunit un impressionnant catalogue d'exemples où figurent pêle-mêle Judith, Clélie, Thomiris, la Pucelle et Marie Stuart. Il en ressort que le beau sexe est capable de prodiges et ses héroïnes n'ont rien à envier à leurs homologues masculins (38). Saint-Gabriel dans *Le Mérite des Dames* (1655), va jusqu'à supposer que les femmes ont été jusqu'ici victimes d'un vaste complot : l'injuste jalousie des hommes les aurait maintenues dans l'ignorance et la servitude alors que leurs dons naturels leur permettent d'exceller en tous domaines. Et, à l'appui de sa démonstration, il cite l'exemple de la reine de Suède qui illustre ce dont la nature féminine est capable lorsqu'elle ne se heurte pas aux entraves de la tradition.

Il ne paraît pas douteux que le développement de ce mythe de la femme forte doive être mis en parallèle avec la diffusion de l'idéologie tendre. La même fonction dominatrice que dans l'univers romanesque est dévolue à des femmes d'exception, unanimement admirées parce qu'elles actualisent l'idéal féminin que la littérature a répandu parmi le public. Au premier rang de ces figures exemplaires il faut citer la reine Christine de Suède. La thèse de R. Pintard décrit de manière très vivante et très documentée l'enthousiasme des savants et des érudits pour la reine de Suède (39) ; l'engoûment de la société mondaine fut au moins aussi grand. Pendant les deux séjours que fit Christine en France au cours des années 1656 et 1657-58 (40), la venue de la nouvelle Sémiramis défraya la chronique et provoqua nombre de commentaires admiratifs et flatteurs. Les femmes de la haute société marquèrent directement leur approbation en adoptant, pour un temps, les habitudes vestimentaires de la reine. Dans les textes qui nous sont restés, les aspects extravagants ou scandaleux du personnage sont en général soigneusement gommés (41) et il ne subsiste dans les esprits que la vision d'une revanche et d'une apothéose de la femme. L'avant-dernière strophe de l'*Ode* que

---

(38) P. Pierre LE MOYNE, *La Gallerie des Femmes fortes*, Paris, 1647. L'ouvrage de Georges DE SCUDÉRY, *Les Femmes Illustres* (Sommaville et Courbé, 1642) procède du même état d'esprit. Cf. SAINT-GABRIEL, *Le Mérite des dames*, Le Gras, 1655, p. 30-47.

(39) R. PINTARD, *Le libertinage érudit dans la première moitié du XVIIᵉ siècle*, Boivin, 1943, p. 389.

(40) Sur les deux séjours de Christine de Suède en France (1656 et 1657-58), on consultera J. ARCKENHOLTZ, *Mémoires concernant Christine, reine de Suède...*, Amsterdam et Leipzig, 1751-1760, t. I, p. 532-560 et t. II, p. 1-28.

(41) Frères VILLERS, *Journal*, p. 173 (13 mai 1657) et p. 312 (20 octobre 1657).

Mme de la Suze écrivit pour la circonstance révèle la pensée de l'auteur sur la signification du personnage ; la poétesse affirme :

« Que de son bonheur on doit croire
Son sexe vain et satisfait,
Depuis qu'un sujet si parfait
En relève par tout la gloire !
L'autre ne doit plus l'emporter,
Puisqu'il ne sauroit se vanter
Que le Ciel l'ait béni d'une grâce pareille. » (42)

Christine de Suède est en effet le symbole d'une supériorité enfin reconnue, et le mot de la fin revient à Brébeuf dont la formule maladroite (ou ironique) résume tous les panégyriques :

« Cette fille est le plus grand Homme
Qui jamais fut dans l'Univers. » (43)

Bref le règne de Christine de Suède est le premier signe de la venue sur la terre de ce royaume idéal que décrit inlassablement la littérature romanesque. Il est à ce propos piquant de noter que l'on joua en présence de la reine deux pièces de Quinault, *Amalasonte* et *Le Feint Alcibiade* et que l'assistance eut tout loisir de faire avec certains des personnages qui paraissaient sur la scène les comparaisons qui s'imposaient (44).

III — *L'envers du décor.*

L'avènement du royaume de Tendre n'est cependant pas aussi proche que certains feignent de le croire. Ces manifestations d'enthousiasme ne doivent pas faire illusion ; de l'utopie féministe que développe complaisamment la fiction romanesque à la réalité sociale la distance reste considérable. L'idée que la société mon-

---

(42) *Poésies de Madame la Comtesse de la Suze*, Ch. de Sercy, 1666.
(43) G. BRÉBEUF, *Œuvres de M. de B., nouvellement mises au jour*, J.B. Loyson et J. Ribou, 1664, t. II, p. 247.
(44) Voir J. LORET, *la Muze historique...*, 1er décembre 1657 et 2 mars 1658 (p. p. V. de la Pelouze et C. H. Livet, Jannet Daffis, 1857-1878).

daine du milieu du XVII⁰ siècle se fait de l'amour et de la femme ne correspond, en dehors de la littérature, à aucune vérité objective. Le modèle tendre repose sur deux postulats qui sont en contradiction flagrante avec les faits : la situation prépondérante accordée à la femme et la toute puissance de l'amour qui est réputé devoir triompher de tous les obstacles. Pour un observateur non prévenu, l'organisation sociale présenterait des caractères à peu près inverses : la condition féminine y est encore marquée par une soumission étroite et souvent humiliante ; quant à l'amour, il est presque à tout coup contrarié par des habitudes matrimoniales qui ne font aucune place au libre choix des personnes. Bien que ces réalités n'apparaissent que de manière très fugitive dans la littérature, il importe de ne point les perdre de vue afin de bien comprendre à quel point est fragile et superficielle la belle façade de la fiction tendre. La cité idéale que décrit la littérature ne ressemble que de très loin à la cité réelle ; pour passer de l'une à l'autre il faut presque opérer un renversement complet du pour au contre.

On a souvent cru que l'émancipation de la femme était une des conquêtes qui faisait honneur à la civilisation du XVII⁰ siècle français. Il y a sans doute dans cette opinion une part de vérité : en 1660, la bataille idéologique est définitivement gagnée et tout le monde, ou presque, semble d'accord pour reconnaître entre les sexes une égalité au moins théorique. Le temps n'est plus où la bonne demoiselle de Gournay devait faire appel à toutes les ressources de son érudition pour démontrer, en invoquant l'autorité de Platon, d'Aristote, de Saint Paul et de Saint Jérôme, que, le sexe n'étant qu'une qualité seconde, « secundum quid comme parle l'Eschole », on ne pouvait en tirer argument pour déclarer une moitié de l'humanité inférieure à l'autre (45). Dans les années 1645 et suivantes, il y eut sur cette question une floraison de traités qui tous démontrent à grand renfort de preuves la thèse de l'égalité (46). Nicolas Faret, dès 1630, recherchant les raisons qui peuvent inciter un honnête homme à respecter les femmes, invoque en premier lieu le plaisir que l'on reçoit d'elles, ce qui n'est point

(45) Mlle DE GOURNAY, Le Grief des dames (1626), in Mario Schiff, La Fille d'alliance de Montaigne, Marie de Gournay, Champion, 1910, p. 94-96 et L'égalité des Hommes et des Femmes (1622), (ibidem, p. 65 et sq).
(46) Parmi les plus connus de ces traités figurent ceux de :
   F. DE GERZAN, Le Triomphe des Dames, Paris, 1646,
   G. GILBERT, Le Panégyrique des dames, Aug. Courbé, 1650,
   L. COUVAY, L'honnête maîtresse, G. de Luynes, 1654,
   SAINT-GABRIEL, Le Mérite des dames, Le Gras, 1655.
A la fin de la période étudiée l'œuvre la plus marquante est celle du cartésien POULLAIN DE LA BARRE :
   De l'égalité des deux sexes, Discours physique et moral où l'on voit l'importance de se défaire des préjugez, J. Du Puis, 1673.

trop galant, ainsi que leur fonction de conservatrices de l'espèce (47). En 1641, le Père J.F. Sénault se montre déjà plus affirmatif et envisage même que les hommes puissent être surpassés :

> « Les Hommes n'ont point de qualitez, que les Femmes ne possèdent avec autant ou plus d'excellence. » (48)

Bientôt d'autres théoriciens, plus zélés pour leur cause ou plus perméables aux influences littéraires, n'hésitent pas à franchir le pas et à donner l'avantage aux opprimées de la veille ; le sieur de Gerzan se déclare assuré que les lecteurs du *Triomphe des Dames* (1646)

> « prendront plaisir à voir dans cet ouvrage les dons merveilleux que les femmes ont reçu de Dieu au-dessus des hommes. » (49)

Après lui les femmes trouveront d'autres panégyristes éloquents en la personne de Gabriel Gilbert, Louis Couvay, Saint-Gabriel, et un peu plus tard, avec le cartésien Poullain de la Barre. Mais, curieusement, c'est chez l'un des tenants de la supériorité masculine qu'apparaît le plus nettement la force du courant d'opinion qui s'est établi en faveur de l'autre sexe. Cureau de la Chambre (*L'Art de connoistre les Hommes*, Première partie, 1659) qui, à la lumière de considérations sur la différence des tempéraments, croit pouvoir affirmer que la conformation de l'homme est beaucoup plus parfaite que celle de la femme, se croit tenu à d'éloquentes circonlocutions avant d'énoncer ce point de vue hétérodoxe :

> « Il faut maintenant examiner celle [la conformation] de la femme. Mais que cette entreprise est difficile ! qu'elle est périlleuse ! puisqu'elle ne peut s'exécuter qu'on ne choque la plus grande et la plus considérable puissance qui soit dans le monde. Car enfin il faut dethrosner cette Beauté qui commande aux Roys et aux Monarques, qui se fait obéir par les Philosophes et qui a causé les plus grands changements qui se soient jamais faits sur la terre. » (50)

---

(47) N. FARET, *L'Honneste Homme ou l'Art de plaire à la Court* (1630), p. p. M. Magendie, Alcan, 1925, p. 96-97.
(48) P. J.F. SÉNAULT, *De l'usage des Passions* (1641), (Paris, P. Le Petit, 1664, p. 124).
(49) F. DE GERZAN, *op. cit.*, p. 200.
(50) CUREAU DE LA CHAMBRE, *L'art de connoistre les hommes*, Première partie, 2ᵉ édition. 1660, p. 39 et 44.

De ces débats d'idées quelque chose semble avoir passé dans les mœurs. Le libéralisme des usages français, par ailleurs si relatif, fait l'admiration des voyageurs étrangers : certains s'en scandalisent, d'autres y voient le signe d'une civilisation supérieurement raffinée, mais tant de liberté et de mansuétude les étonnent tous. Sébastien Locatelli, un prêtre bolognais qui a laissé de son voyage en France (1664-1665) une relation empreinte d'une pieuse naïveté, se demande si un sujet aussi profane est compatible avec la sainteté de son état. Puis il précise, comme s'il parlait d'expérience :

> « Elles [les femmes françaises] sortent sur le tard aux bras de leurs Amis, pour aller où il leur plait, soit aux promenades publiques, soit ailleurs. Mais que l'étranger se méfie de ces privautés, car elles coûtent bien cher. Les confitures, les rafraîchissements et les autres bagatelles qu'il faut payer aux dames sont les moindres frais. » (51)

Les frères de Villers éprouvent la même impression après avoir fréquenté quelque temps certains salons parisiens : les femmes y jouissent d'une liberté et d'un prestige inconnus chez eux en Hollande (52). C'est d'autre part devenu un lieu commun parmi les Français d'opposer la servitude où sont tenues les Espagnoles ou les Italiennes à l'indépendance de leurs compatriotes ; on y voit une preuve évidente de la supériorité du mode de vie français (53). Mais il ne faut pas se hâter de conclure ; les réactions des voyageurs s'expliquent par comparaison avec les mœurs qu'ils connaissaient et l'émancipation tant vantée consiste surtout en la liberté de converser avec un homme autre que son mari et, plus généralement de prendre part en toute autonomie aux manifestations ordinaires de la vie mondaine.

La suprématie que certains moralistes concèdent d'enthousiasme à la femme ne s'étend guère au-delà de la sphère des mondanités. On admet volontiers que vivre en société n'est pas concevable sans le commerce des dames, qu'elles y apportent je ne sais quoi de douceur et d'urbanité qui tempère la brutalité masculine. Mais si on leur accorde sans contestation une domination pleine et entière sur le royaume de l'amour et des frivolités mondaines, ici s'arrêtent les concessions qu'une société, encore

---

(51) Sébastien Locatelli, *Voyage de France* (Juin 1664 - Avril 1665), p. p. Adolphe Vautier, A. Picard, 1905, p. 325-326.

(52) Frères Villers, *op. cit.*, p. 93 (11 mars 1657).

(53) Voir M. Magendie, *La politesse mondaine...*, p. 88-89, qui donne de nombreuses références.

très traditionaliste en dépit de certaines apparences, entend faire aux revendications féministes. Très rares sont ceux qui, comme le cartésien Poullain de la Barre, admettent les conséquences extrêmes de leur parti-pris théorique et envisagent seulement la possibilité d'une complète égalité (54). Il faut être un odieux barbon comme Arnolphe ou un bigot puritain comme Tartuffe pour interdire les visites, les bals et tous les divertissements honnêtes ; mais de telles libertés n'autorisent en rien les prétentions extravagantes de Philaminte. De l'*Ecole des Femmes* (1662) aux *Femmes savantes* (1672), il n'y a ni contradiction ni retour en arrière, seulement l'affirmation très nette qu'il existe encore des domaines réservés. L'apparente ambiguïté de la position de Molière reflète très bien les opinions moyennes d'une société qui, pour n'être pas misogyne, n'est pas pour autant féministe et donne aux libertés féminines un sens précis et de strictes limites.

Il y a donc égalité, du moins en théorie, mais à chacun sa compétence. Or les femmes ont fait une sorte de marché de dupes. Leur empire est du domaine des apparences ; il s'étend sur les fêtes, la vie de société, la littérature, mais il convient d'en exclure toutes les activités comportant quelque responsabilité tangible et quelque pouvoir effectif. Bref la société est fondée sur un partage léonin qui ne concède aux femmes que de brillants dehors, des honneurs ausi vides et aussi vains que la plupart des hommages qu'elles reçoivent de soupirants trop soumis et trop respectueux. Autant qu'il soit possible de parvenir sur des problèmes aussi complexes à des vues schématiques et simples, la situation, aux alentours de 1660, est à peu près la suivante. Sans qu'il y ait eu dans les mœurs de changements vraiment profonds, la société mondaine accueille en général avec faveur une image de l'amour qui implique presque nécessairement, si elle est prise à la lettre, une interprétation féministe. Cet accueil favorable est probablement le signe d'une lente évolution des mentalités que la littérature tendre exploite et amplifie à l'extrême. L'idée que l'on se fait des choses est en train de changer, mais les choses elles-mêmes

---

(54) Les prises de position de Poullain de la Barre sont extrêmes et bien qu'elles semblent avoir trouvé quelque écho dans le public (ses ouvrages ont été réédités), elles représentent une avant-garde du féminisme qui paraît liée à la diffusion des idées cartésiennes.
Poullain de la Barre n'hésite pas à aller jusqu'aux dernières conséquences de ses principes et considère que c'est un préjugé arbitraire qui refuse aux femmes l'accès aux fonctions de professeur, de magistrat, de général ou d'ambassadeur. Après avoir fait l'éloge des dispositions féminines pour les sciences les plus variées, il les déclare même « capables des dignitez ecclésiastiques » (*De l'égalité des deux sexes*, p. 163). On remarquera que les « femmes savantes » de Molière, jugées excessives dans leurs revendications d'égalité absolue, sont données pour des cartésiennes convaincues (acte III, scène 2, v. 880 et sq.). Il y a là un aspect curieux de la diffusion du cartésianisme dans les milieux mondains.

n'évoluent guère, tant et si bien que les faits ne coïncident pas exactement avec les spéculations morales ou la représentation littéraire. C'est pourquoi les jugements les plus contradictoires peuvent toujours être fondés sur des exemples ; la contradiction est inhérente aux faits et la vérité a forcément plusieurs faces.

Pour peu que l'on renonce aux belles images qu'offre la littérature, la réalité paraît toute différente et beaucoup moins idyllique. Les descriptions que donnent les juristes du statut de la femme au XVIIᵉ siècle sont parfois d'un humour involontaire (55). On y apprend par exemple que, depuis le XVIᵉ siècle, la jurisprudence refuse au mari le droit de battre sa femme ; ceci n'empêche d'ailleurs pas certains, comme le comte de Saint-Germain Beaupré dont parle Tallemant des Réaux, de se faire encore respecter « à coups de pied et à coups de poing », mais parmi les honnêtes gens, ils font figure de brutaux (56). En revanche il est un autre droit qui n'est pas tombé en désuétude, celui d'enfermer dans un couvent une épouse réputée infidèle ; elle doit y demeurer deux ans au moins, après quoi le mari peut à sa guise la reprendre ou l'y laisser à perpétuité. De ce châtiment la chronique mondaine rapporte d'assez nombreux exemples : celui du prince d'Harcourt en 1650 (57), du grand Condé que sa femme trompait simultanément avec un valet de pied nommé Duval et avec un petit cousin de Mme de Sévigné (1671) (58), du ministre Barbézieux qui, à la fin du siècle, se débarrasse encore ainsi de sa seconde épouse (59). Sans doute ces pratiques sont-elles exceptionnelles. Elles paraissent scandaleuses, et pourtant les contemporains ne semblent pas en avoir été outre mesure choqués ; Mme de Sévigné commente ainsi la décision que prit en 1679 le duc de Ventadour de sévir contre sa jeune femme, sans attacher à la chose une importance excessive :

> « L'embarras, c'est qu'il veut absolument que sa femme soit dans un couvent, et cela est triste. » (60)

Quant à Locatelli, optimiste comme toujours, il voit dans cet

---

(55) Sur cette question on consultera : Ch. LEFEBVRE : *Cours de doctorat sur l'histoire du droit matrimonial français. Le lien de mariage*, Librairie de la société du recueil Sirey, 1913-1923.
(56) TALLEMANT DES RÉAUX, *Historiettes*, éd. cit., t. II. p. 396.
(57) TALLEMANT DES RÉAUX, *Historiettes*, t. II, p. 149-150, et J. LORET, *La Muze historique...*, en date du 16 juillet 1650 (*éd. cit.*, t. I, p. 27).
(58) Mme DE SÉVIGNÉ, *Lettres*, t. I, p. 188 (23 janvier 1671).
(59) Voir E. BERTIN, *Les Mariages dans l'ancienne société française, particulièrement d'après les Mémoires de Saint-Simon*, Hachette, 1879, p. 328.
(60) Mme DE SÉVIGNÉ, *Lettres*, t. II, p. 476 (18 octobre 1679).

usage une preuve supplémentaire de la douceur des mœurs françaises :

> « Si malheureusement leurs femmes, cédant à la faiblesse
> du sexe, commettent quelque faute, ils n'usent point de cruautés
> envers elles et les mettent dans des couvents particuliers ; puis
> au bout de quelque temps, ils les rappellent auprès d'eux et leur
> rendent les mêmes soins que s'ils venaient de les épouser. » (61)

En de telles matières toutes choses sont relatives ; cependant la sévérité, au moins théorique, de la tutelle conjugale semble justifier cette réflexion désabusée de Mme de la Roche, l'une des correspondantes de Bussy-Rabutin :

> « Il se faut bien consoler de tout ; et une dame qui peut
> être reléguée au Canada sous le bon plaisir de M. de la Roche,
> regarde toutes choses avec indifférence. »
>
> (Lettre du 3 Août 1668.) (62)

Tout bien pesé, le courant d'idées qui se développe en faveur de la femme n'est encore qu'un phénomène récent et superficiel ; en dehors de la littérature et de la société mondaines, les préjugés misogynes restent toujours très profondément enracinés dans la mentalité de l'époque. Au-delà de cette frange culturelle et sociale, rien n'a beaucoup changé. Les milieux savants s'en tiennent à un obscurantisme « médiéval » ; dans la première partie de son étude sur les sciences de la vie au XVIIIᵉ siècle (63), J. Roger montre bien, par exemple, l'influence que les préventions antiféministes ont longtemps exercée sur la pensée médicale et biologique. Il est piquant de constater qu'en plein XVIIᵉ siècle, on continue de corriger un texte d'Hippocrate à seule fin de ne pas imputer à un aussi grand maître l'affirmation scandaleuse selon laquelle les femmes prendraient dans l'amour autant, et peut-être même plus de plaisir que les hommes. Bref, dès que l'on se tourne vers les juristes ou les médecins, gens qui par profession ont le sens des réalités et qui sans doute sont plus proches de l'opinion commune, on s'aperçoit que la pénétration du féminisme mondain reste encore superficielle. On objectera que le mouvement général des idées va dans le sens d'une réhabilitation de la femme, et c'est

---

(61) S. Locatelli, *Voyage de France* (1664-1665) (éd. A. Vautier, p. 330).
(62) Bussy-Rabutin, *Correspondance*, Charpentier, 1858-1859, t. I, p. 120.
(63) J. Roger, *Les sciences de la vie dans la pensée française du XVIIIᵉ siècle*, A. Colin, 1963, Première partie, p. 25 et sq.

indéniable ; mais, hormis dans le cercle restreint de la mondanité aristocratique, les résistances restent fortes, et ce jusque dans les milieux savants qui, par tradition, ne sont guère enclins en ce domaine à beaucoup d'ouverture d'esprit. Il subsiste dans la société du temps une misogynie latente qui peut ressurgir à la moindre occasion favorable et qui sera prompte à regagner le terrain perdu sitôt que l'influence mondaine s'affaiblira quelque peu ainsi qu'il sera facile de le constater dans les dernières décennies du siècle. De plus, ce qui vaut pour l'évolution des idées, ne vaut pas nécessairement pour les mœurs ; il peut même y avoir, pour un temps plus ou moins long, complète divergence entre l'idéologie et la pratique. C'est semble-t-il, le cas en matière de libertés féminines puisque, sur ce point, on assisterait plutôt à un renforcement des contraintes. Pour le XVIIᵉ siècle français, l'historien R. Mousnier parle d' « une puissance croissante du père de famille sur sa femme et ses enfants » (64) ; de fait, les principes de droit romain que les robins font progresser dans la jurisprudence sont beaucoup plus défavorables au sexe féminin que les anciennes coutumes.

Quant à la place qui était faite dans les réalités sociales au sentiment de l'amour, il suffit de constater l'aggravation constante de la répression juridique contre les mariages clandestins pour se convaincre qu'elle était très restreinte. Or l'utopie tendre annonçait la venue imminente d'un monde gouverné par les seules lois de l'amour. Pourtant il semble bien que ce sentiment, dans la société civile, soit plutôt considéré comme un fauteur de troubles. La suite de l'*Astrée* rédigée par B. Baro raconte que la Fontaine de Vérité d'Amour, qui est comme le centre de gravité de l'univers pastoral, avait dû être interdite et gardée par des lions et des licornes ; révélant à chacun le visage de l'être qu'il aimait, elle perturbait gravement certaines combinaisons matrimoniales (65). Céladon et Astrée parviennent à rompre l'enchantement, mais il est bien probable que ce coup de force restera sans lendemain ; les rêveries amoureuses n'ont guère de prolongements dans les réalités et elles ne sont tolérées qu'aussi longtemps qu'elles ne deviennent pas dangereuses. Entre l'amour, sentiment individuel et anarchique, et l'institution du mariage qui doit assurer la stabilité et la pérennité des familles, il existe une incompatibilité absolue et unanimement reconnue. Charron est également convaincu que « l'on ne se marie pour soi ; la postérité,

---

(64) R. MOUSNIER, *Les institutions de la France sous la monarchie absolue*, t. I, P.U.F., 1974, p. 74.
(65) B. BARO, *La conclusion et dernière partie de l'Astrée...*, Paris, 1627.

la famille, les moyens y pèsent beaucoup » ; de cette première constatation il tire la conséquence qui s'impose :

> « (...) peu de mariages succèdent bien, qui sont commencés et acheminés par les beautés et les désirs amoureux ; il y faut des fondements plus solides et constants. » (66)

L'union de deux êtres qui ont fait librement choix l'un de l'autre est considérée comme une anomalie souvent dangereuse, au mieux comme une agréable folie qui mérite indulgence, mais qu'il n'est pas question d'approuver. En 1682, le sévère et bien pensant marquis de Sourches, après avoir évoqué l'enlèvement de Mlle Mazarin et avant de parler des mariages d'amour du comte de Soissons avec Mlle de Beauvais et de Mme d'Albret avec le comte de Marsan, glisse en guise de transition cette réflexion lourde de sens :

> « A ce désordre que l'amour avoit causé, succédèrent deux autres affaires auxquelles il n'avoit pas moins de part. » (67)

Plus indulgent, Bussy-Rabutin apprenant que le chevalier de Rohan a l'intention d'épouser la Duparc malgré l'opposition de sa famille, commente l'événement avec ironie :

> « Si le chevalier de Rohan l'épouse, ce sera un grand triomphe pour l'amour ; il est beau pour son honneur qu'il arrive de temps en temps des choses extraordinaires dans son empire ; cela le fait respecter. »

Mais, une dizaine de jours plus tard, le 29 juillet 1668, Bussy confie à Mlle d'Armentières :

> « La folie du chevalier de Rohan sera complète s'il l'épouse. » (68)

Il n'est donc pas nécessaire d'évoquer les sévérités de la loi,

---

(66) CHARRON, De la Sagesse, p. p. Amaury Duval, Paris, 1824, 1re partie, chapitre 48, p. 353-354.
(67) Marquis DE SOURCHES, Mémoires, p. p. MM. de Cosnac, Bertrand et Pontal, Paris, 1882-1893, 15 décembre 1682, t. I, p. 160-162.
(68) BUSSY-RABUTIN, Correspondance..., t. I, p. 104 et sq. ; lettres du 17 juillet 1668 à Mme de Montmorency et du 29 juillet 1668 à Mlle d'Armentières.

l'édit de 1556, l'ordonnance de 1579, la déclaration de 1639 qui tendent à renforcer l'autorité parentale (69), ni de se référer à la doctrine de l'Eglise (70) qui se borne le plus souvent à enseigner que le mariage est utile pour s'assurer une descendance et combattre la sensualité (« proles et remedium » selon la formule scolastique) ; c'est un fait acquis pour la société mondaine que des considérations sentimentales ne doivent pas intervenir dans le choix d'un parti. Le mariage est une affaire qui se règle d'après des critères de convenance sociale ; comme l'écrit Saint-Evremond :

> « En France où l'on se marie quasi toûjours par intérest, les personnes sont peu examinées et souvent la seureté des conventions précède la simple curiosité de se voir. La raison est qu'on cherche moins à posséder un cœur qu'à se donner du bien ; qu'on songe plus à la commodité d'une maison et aux moyens de faire de la dépense qu'au rapport des humeurs et aux qualitez de la femme qu'on doit épouser. » (71)

On ne s'étonnera donc pas que, selon la jolie formule de Mme de Sévigné « l'amour ne soit pas toujours de la fête ». Une maxime de La Rochefoucauld dit la même chose avec un impitoyable laconisme :

> « Il y a de bons mariages, mais il n'y en a point de délicieux. » (72)

Partant du principe qu'il est impossible de joindre l'agréable

---

(69) Voir Ch. LEFEBVRE, op. cit., 25e, 26e et 27e cours.
(70) Le Sermon sur l'état de mariage de Bourdaloue donne un résumé très clair des positions moyennes de l'Eglise en France vers 1670 (in Œuvres, p. p. le P. Bretonneau, F. Didot, 1865, t. I, p. 367 et sq. et t. II, p. 504 et sq.). Dans le « Catéchisme de Meaux » Bossuet expose cette même doctrine en des termes d'une piquante simplicité :
« Question :
Dans quel dessein doit-on user du mariage ?
Réponse :
Dans le dessein de multiplier les enfants de Dieu.
Q.
Quel autre dessein peut-on avoir ?
R.
Celui de remédier aux désordres de la concupiscence. »

(Œuvres complètes, Guthenin Chalandre, Besançon Lille, 1836, t. V, p. 443-444.)
(71) SAINT-EVREMOND, « Lettre écrite de La Haye », in Œuvres meslées, 1668 (Œuvres en prose, p. p. R. Ternois, S.T.F.M., Didier, 1962-1966, t. II, p. 28).
(72) LA ROCHEFOUCAULD, Maximes, éd. 1678, n° 113.

à l'utile, la société mondaine distingue toujours le plaisir d'aimer de la nécessité de se marier.

Mais, et c'est là le point essentiel, les lois de l'Amour et celles de la société civile sont, dans leurs principes, foncièrement opposées. Il est donc nécessaire de réagir contre une tendance assez générale chez certains historiens de la littérature qui se sont en même temps intéressés à l'histoire des mœurs : faute de maintenir une assez stricte distinction entre la réalité sociologique et le reflet déformé qu'en donnent les œuvres littéraires, bon nombre d'entre eux en viennent parfois à confondre deux ordres de faits de nature très différente. En vertu d'une conception « réaliste » de la littérature, ils ont cru que les romans et les pièces de théâtre ainsi que les traités moraux qui s'inspirent de la même vision des choses traduisaient naïvement l'état des mœurs et leur évolution. Or si ces œuvres sont bien, comme le dit M. Magendie à propos des personnages du *Cyrus* et de la *Clélie*, « un cours de morale mondaine en action » (73), il n'est pas prouvé que les faits s'accordent avec la morale. M. Magendie affirme dans un autre ouvrage sur le roman au XVIIe siècle :

> « A toute époque le roman est en étroit rapport avec les mœurs et les goûts de la clientèle à qui il est destiné. » (74)

Mais il faut justement distinguer les mœurs et les goûts, l'existence quotidienne et les aspirations que la littérature permet de cristalliser.

Aux deux extrêmes l'utopie tendre et le « pays légal » proposent deux visions diamétralement contraires, au point que l'on pourrait songer à les opposer comme deux mondes parallèles et inverses. Dans l'un règne, sous la domination féminine, l'amour, la politesse, la paix et peut-être même le bonheur ; ailleurs l'élément mâle impose tyranniquement son ordre qui est celui de la famille, du mariage, de la contrainte et de la violence. Mais cette distinction entre la réalité et la fiction est trop absolue et ne tient pas compte de l'existence même de la société mondaine ; il ne peut y avoir de démarcation nette entre l'imaginaire et le réel parce qu'il existe une zone médiane qui est le lieu même de la mondanité. Celle-ci en effet n'est ni le rêve à l'état pur ni la soumission absolue aux données sociologiques ; c'est un ordre intermédiaire qui s'efforce de tempérer la rudesse des institutions établies sans rompre tout

---

(73) M. MAGENDIE, *La politesse mondaine...*, p. 657.
(74) M. MAGENDIE, *Le Roman français au XVIIe siècle*, p. 11 et sq.

à fait avec les réalités. La raison d'être de toute vie mondaine est dans la réalisation, souvent laborieuse, de compromis de cette nature ; elle a pour principale fonction d'actualiser les rêves, autant que faire se peut, et d'aider à mieux supporter certaines contraintes inéluctables.

CHAPITRE III

LES VARIATIONS DE LA DOCTRINE ROMANESQUE
ET LA CRISE DE L'ETHIQUE TENDRE

De l'*Astrée* à la *Clélie,* et souvent même très au-delà, le cérémonial qui, dans la littérature, règle les relations amoureuses reste sensiblement identique à lui-même. Les attitudes extérieures ne changent guère : les parfaits amants selon Mlle de Scudéry sont taillés dans la même étoffe que Silvandre et Céladon, aussi constants, aussi respectueux, aussi enclins à tout sacrifier aux exigences d'une passion tyrannique ; de même, sur le chapitre de la rigueur et des scrupules Clélie n'a rien à envier à Astrée, et peut-être même est-elle encore plus indifférente, plus tatillonne et en tout cas plus résolue à n'accorder aucune faveur sans l'avoir fait longuement espérer et à ne jamais céder sur l'essentiel. L'image tendre de l'amour avec ses rites et ses lois se transmet d'une génération à l'autre sans modification appréciable. Ainsi s'explique qu'en 1660 on puisse encore lire l'*Astrée* comme un roman qui n'a rien perdu de son actualité : les problèmes sentimentaux évoqués par d'Urfé ne sont pas essentiellement différents de ceux qui passionnent la société mondaine dans les premières années du règne de Louis XIV.

Cependant cette stabilité des formes pourrait être trompeuse ; la persistance des mêmes comportements n'implique pas que l'idéologie qui les sous-tend demeure inchangée. Tout porte à croire que le système tendre est assez souple pour s'accommoder de justifications théoriques diverses et probablement changeantes ; c'est pourquoi il importe de distinguer une pratique de l'amour, à peu près immuable, d'une « métaphysique » amoureuse en continuelle évolution : la première était un élément de stabilité dans l'étude descriptive de la représentation du sentiment amoureux, la seconde semble au contraire connaître une longue suite de vicissitudes qui, dans le cours de la première moitié du XVIIᵉ siècle, entraînent une dégradation progressive de la doctrine primitive. Car rien n'est plus fallacieux que l'impression qu'ont eue certains historiens de la sensibilité comme M. Magendie et qui les incline à penser que les théories de l'amour romanesque évoluent vers une perfection sans cesse plus achevée dont la période « précieuse » marquerait le point culminant ; ce jugement est pour une part fondé sur des considérations étrangères au problème particulier de la sensibilité amoureuse, et spécialement sur le désir inavoué de démontrer en toutes choses la prééminence de la période classique et louis-quartorzienne, même par le biais paradoxal d'un éloge de la préciosité ; il s'y ajoute encore l'idée que la perfection en amour consiste seulement à bannir toute trace de sensualité (1).

En fait, les changements qui s'opèrent dans les fondements doctrinaux de la pratique amoureuse sembleraient plutôt démontrer un abâtardissement de l'idéal premier. Sans doute les amants de Mlle de Scudéry sont-ils en un sens plus « parfaits » que ceux de d'Urfé ; mais cette perfection n'est peut-être qu'une sorte d'ultime raidissement propre aux idéologies en péril. Certaines exigences de pureté peuvent être un signe d'appauvrissement ; en tout cas il y a dans l'*Astrée* une profondeur métaphysique tout à fait absente du *Cyrus* ou de la *Clélie*. Encore faut-il ajouter que l'œuvre de Mlle de Scudéry maintient au mieux ce qu'il reste encore de l'enseignement romanesque ; faute d'être une authentique métaphysicienne de l'amour, Sapho reste une éminente moraliste. Avec Quinault, Mme de Lauvergne, Mme Deshoulières ou Racine, la nouvelle génération tendre n'utilisera plus les lieux communs de la tradition qu'à seule fin de créer des situations pathétiques propices à de douces émotions. S'il y a évolution, elle est donc de signe négatif. L'histoire de l'idéologie romanesque est marquée par une suite d'abandons et de compromis qui aboutissent, peu après 1660, à faire du système tendre une façade dont les sou-

---

(1) Dès le XVIIᵉ siècle, on a souvent reproché à H. d'Urfé certains épisodes assez scabreux et quelques allusions un peu trop libres ; cette réaction dont Camus, un contemporain de d'Urfé, donne le premier l'exemple montre que le sens de la mystique amoureuse de l'*Astrée* s'est très vite altéré ; en effet, la sensualité n'est qu'une « figure » (au sens théologique du terme) de l'amour parfait et, à ce titre, elle est partie intégrante de l'expérience amoureuse.

bassements s'effritent insensiblement. Ainsi en vient-on à la situation paradoxale qui favorisera l'essor de la sensibilité galante : le mode de représentation de l'amour encore presque unanimement accepté par la société mondaine subsiste alors même que les justifications théoriques qui lui donnaient un sens sont en passe de disparaître.

I — *L'âge métaphysique.*

Tout autant que romancier d'Urfé est un théoricien de l'amour. On parle dans l'*Astrée* plus volontiers que l'on n'agit et il semble que toute action doive être longuement expliquée et justifiée par la parole. A chaque instant Céladon ou Silvandre trouvent en la personne d'Hylas un contradicteur retors à qui il faut faire admettre le bien-fondé de leurs actes et c'est pour eux, pour Silvandre en particulier, l'occasion de professer un cours de philosophie amoureuse. La doctrine qu'ils défendent est inspirée par une mystique platonisante que d'Urfé a sans doute puisée chez certains philosophes et penseurs italiens du siècle précédent (2). A en croire ces bergers dialecticiens, tout est simple et clair : l'amour procède d'un acte de pure volonté que détermine la contemplation de la beauté incarnée par l'être aimé. Selon la terminologie encore très scolastique qui sert à traduire cette conception de l'amour, on en explique la naissance par deux opérations successives de l'esprit. L'entendement, seconde en dignité des facultés de l'âme, porte d'abord un jugement sur les qualités de l' « objet » aimé ; cette connaissance des mérites est le point de départ nécessaire de l'amour et, pour cette raison, comme le rappelle Diane :

« Il est impossible d'aymer ce que l'on n'estime pas. » (3)

Après quoi la volonté, faculté-reine, exerce son autorité souveraine et prolonge dans la durée cette illumination première. Ici commence la lente démarche mystique qui mène de cette toute

---

(2) A. ADAM, « La théorie mystique de l'amour dans l'Astrée et ses sources italiennes », *Revue d'histoire de la Philosophie*, 15 juillet 1936, p. 193-206) retient comme très probable l'influence de Marsile Ficin, Leone Ebreo (dit Léon l'Hébreu), et Benedetto Varchi.
(3) *Astrée*, I, 337.

première révélation amoureuse à l'ultime perfection. Après avoir contemplé dans la personne qu'il aime l'image de la Beauté absolue à laquelle il aspire, l'amant doit s'efforcer de s'identifier à elle jusqu'à réaliser cette communion parfaite dont parle l'Aristophane du *Banquet* de Platon lorsqu'il décrit l'androgyne primitif (4). Ainsi l'acte de volonté en quoi consiste d'abord l'amour aboutit paradoxalement à exiger de l'amant qu'il renonce à sa liberté et à son autonomie ; l'anéantissement de l'amant dans l'aimée est en effet la limite asymptotique de la passion. Comme le dit Silvandre :

> « C'est mourir en soy pour revivre en autruy, c'est ne se point aymer qu'autant qu'on est agréable à la chose aymée, et bref, c'est se transformer, s'il se peut, entièrement en elle. » (5)

Ni les objections d'Hylas, ni les difficultés que soulève la mise en pratique de la doctrine n'altèrent la foi des bergers et des bergères en cette vision idéale de l'amour.

La métaphysique amoureuse s'assortit tout naturellement d'une morale où se retrouveront les grands préceptes de l'amour tendre ; ce retour dans leur contexte originel permet d'ailleurs de leur rendre leur sens véritable. A la lumière des thèses mystiques développées dans l'*Astrée*, les lois de l'amour qui semblaient a priori un défi au bon sens redeviennent étonnamment logiques. Qu'il existe d'abord en amour pour l'homme et pour la femme des devoirs différents et le plus souvent contraires, la chose va de soi dans la mesure où leurs situations respectives au regard de la perfection amoureuse sont en même temps opposées et complémentaires. La femme détient la beauté et se trouve ainsi nantie par nature d'un incontestable privilège ; mais cette beauté ne lui servirait de rien si elle n'était reconnue et magnifiée par un chevalier servant qui aura pour tâche de la faire partout respecter. Encore faut-il être certaine de la bonne foi de celui qui se donne pour amant et ne pas risquer de perdre ce capital inestimable qu'est la beauté si l'on en confie la défense à un amant indigne ou de mauvaise foi. C'est pourquoi la dame devra longuement résister et mettre à l'épreuve la pureté des intentions de son soupirant ; il est de son devoir de se dérober à l'amour aussi longtemps qu'il est nécessaire pour acquérir la certitude que les paroles flatteuses de son amant ne dissimulent pas quelque tromperie. Diane a de bonnes raisons de douter de la sincérité de

---

(4) PLATON, *Banquet*, 189a-193d.
(5) *Astrée*, I, 368.

Silvandre qui a commencé à l'aimer par jeu ; les épreuves auxquelles elle le soumet sont nécessaires pour affermir ce sentiment
au début très incertain et conduire l'aventure à bonne fin. Le
cas d'Astrée est plus complexe ; aveuglée par la jalousie, elle
soupçonne Céladon d'avoir cédé à la séduction d'Amynthe qu'il
ne courtise pourtant que sur son ordre. Mais la résistance qu'elle
offre procède du même esprit : ne pas risquer sa beauté et son
bonheur avant d'être sûre de le faire à bon escient. Après quoi les
héroïnes de d'Urfé ne font plus de difficulté à avouer leurs sentiments et à autoriser leurs amants à jouir du plaisir d'aimer qui
les aime. Pour cette raison, elles ont passé pour moins intransigeantes et moins farouches que d'autres amoureuses qui les ont
suivies ; c'est que leur résistance sert les intérêts de leur amour et
non exclusivement leur propre gloire.

En amour, la vocation de la femme est seulement conservatrice;
elle doit protéger le bonheur potentiel qu'elle détient par l'intermédiaire de ce don du ciel qu'est la beauté. L'amant au contraire
se trouve d'entrée de jeu dans une position de nette infériorité ;
il doit conquérir ce que la femme possède naturellement. Mais il
ne peut s'élever qu'en s'humiliant et, pour se frayer un passage
vers cet ordre supérieur, il lui faut en premier lieu se dépouiller
de ses instincts conquérants ; il pourra alors tenter de se hisser
jusqu'à la perfection incarnée par sa maîtresse. Il est donc tout
à fait légitime qu'il s'abaisse devant celle qu'il aime et adopte
envers elle une attitude quasi religieuse de respect et d'adoration ;
aussi bien ce n'est pas à la femme charnelle que s'adresse ce
culte mais à la Beauté qu'elle représente sur la terre et qui fait
d'elle, comme le rappelle maintes fois Céladon, une authentique
« déesse » (6). Le vœu d'obéissance inconditionnelle qui accompagne toute déclaration d'amour est la reconnaissance légitime
d'une supériorité et ne peut en aucune façon passer pour un acte
d'idolâtrie. Comme par ailleurs la fin que se propose l'amant est
de se confondre avec l'être aimé jusqu'à s'anéantir en lui, il ne
peut que renoncer à tout pouvoir. Cette soumission atteint son point
de perfection lorsque l'amant prend la résolution de mourir pour
sa maîtresse ; ce sacrifice suprême est la plus belle marque de
renoncement à soi. Dans l'*Astrée* mourir d'amour n'est pas une
formule vide de sens ; pour Silvandre aimer et mourir sont presque
une seule et même chose :

> « ... je pense sans mentir que l'Amour a beaucoup de res-
> semblance avec la mort. » (7)

---

(6) L'amour de Céladon prend constamment la forme d'un culte rendu à l'objet aimé :
Cf. *Astrée*, II, 176.
(7) *Astrée*, II, 503.

La démarche amoureuse est si proche d'un suicide métaphysique qu'il est tentant pour un berger de chercher la fin de ses épreuves dans un suicide réel. De tous les « mourants » de la littérature romanesque Céladon est d'ailleurs le seul à avoir donné à son projet au moins un commencement d'exécution ; il se précipite dans le Lignon pensant trouver un remède à ses malheurs et surtout couronner par ce geste de désespoir une carrière d'amoureux exemplaire. Après lui le mot « désespoir » sera bien galvaudé ; mais les bergers de l'*Astrée* prennent encore l'érotique romanesque au pied de la lettre, et, par exemple, lorsque Céladon affirme vouer un culte à la bergère Astrée, c'est un temple bien réel qu'il élève en son honneur dans les bois du Forez. La candeur de la pastorale donne encore aux mots du langage tendre leur plein sens ; comme l'écrit d'Urfé au tout début de son roman, il y a là quelque chose qui rappelle l'innocence des premiers âges.

Beaucoup plus tard dans le siècle, la mystique platonisante de l'*Astrée* demeure l'explication philosophique le plus souvent invoquée à propos de l'amour. En ce domaine la pensée spéculative ne se renouvelle guère et le platonisme, sous des formes plus ou moins pures, se maintient comme doctrine officielle ; cet enseignement abstrait perpétue artificiellement les principes de l'âge métaphysique dont la littérature romanesque, après l'*Astrée*, s'éloigne de plus en plus. Dans ses *Peintures morales* (1640-1643) le Père Le Moyne propose de l'amour cette définition dont il ne semble pas médiocrement fier, encore qu'elle n'ait rien d'original :

> « L'Amour est une adhérence du Cœur, un attachement intérieur et spirituel, et une vitale Union, par laquelle l'esprit humain désireux de l'utilité, et de sa perfection, s'attache librement à quelque agréable Objet, que son appréhension luy représente comme une moytié de luy-mesme, nécessaire à l'intégrité de son Estre et de son Bien. Il n'y a point de partie essentielle à l'Amour, qui n'ait lieu en cette définition ; son propre Sujet qui est le Cœur ou l'Esprit y est nommé ; la Beauté et la Bonté qui sont ses Objets, y sont représentés par l'agréable où il s'attache ; l'appréhension qui doit le préparer n'y est pas oubliée ; la Fin est exprimée par l'Unité à laquelle il aspire et sa vraye forme par l'Union qui doit estre intérieure. spirituelle et volontaire. » (8)

Avec plus de discrétion, le traité *De l'usage des Passions* (1641) du Père Sénault reste fidèle à l'esprit platonisant :

---

(8) P. P. LEMOYNE, *Les Peintures morales...*, t. II, p. 62.

« La première [des qualités de l'amour] est, qu'il cherche toûjours le bien, et ne s'attache jamais qu'à un objet qui en a l'apparence ou la vérité. » (9)

Définir l'amour comme un appétit vers le bien et un moyen d'atteindre à une béatitude où l'homme se surpasse lui-même est aussi la leçon que l'on retrouve dans le *Traité des Passions* (1649) ; l'esprit novateur du cartésianisme est sur ce point pris en défaut (10). En 1659 encore, Cureau de la Chambre écrit :

« L'Amour (...) est un mouvement de l'Appétit, par lequel l'Ame se porte vers le bien et s'unit avec luy. » (11)

et, presque jusqu'à la fin du siècle, il se rencontre des esprits éminents pour reprendre les mêmes idées à leur compte (12).

Les mondains reproduisent, de manière mécanique et distraite, les définitions inspirées par la tradition platonicienne ; l'amour serait un élan vers une perfection incarnée dans la beauté. Selon Ch. Perrault :

« Il est constant que l'Amour est fils du Désir et de la Beauté. » (13)

Callières, qui ne semble pas attacher à la question beaucoup d'importance, déclare :

« Si l'on vous demande ce que c'est que l'Amour, vous pouvez répondre que c'est une noble passion produite dans le cœur de l'homme par la beauté, et c'est proprement un désir de beauté. » (14)

---

(9) P. J.F. Senault, *De l'usage des Passions*, seconde partie, premier traité, premier discours « De la Nature, des Propriétés et des Effets de l'Amour », (éd. 1664, p. 192).

(10) Descartes, *Les Passions de l'âme*, art. 79. « Les définitions de l'amour et de la haine » :
        « L'amour est une émotion de l'âme causée par le mouvement des esprits qui l'incite à se joindre de volonté aux objets qui lui paraissent convenables... »

(11) Cureau de la Chambre, *L'art de connoistre les hommes*, 1659, t. I, p. 119.

(12) Ainsi Malebranche donne de l'amour une définition encore tout à fait conforme à l'orthodoxie platonicienne :
        « La première chose est le *jugement* que l'esprit porte d'un objet, ou plutôt c'est la vue confuse ou distincte du rapport qu'un objet a avec nous. La seconde est une actuelle détermination de la *volonté* vers cet objet (...). »
        (In *Œuvres complètes*, p. p. A. Robinet, Vrin, t. II, p. 142.)

(13) Ch. Perrault, *Le dialogue de l'Amour et de l'Amitié*, Est. Loyson, 1660, Préface.

(14) Fr. de Callières, *La logique des Amans ou l'Amour logicien*, Th. Jolly, 1668, p. 149-150.

Bref la description philosophique de l'amour n'évolue pratiquement plus depuis le début du siècle. Vers 1650, c'est en vain que les gens du monde chercheraient un art d'aimer à leur convenance dans les arides débats qui opposent par exemple partisans et adversaires des stoïciens sur la nature des passions ; ils n'y trouveraient que des oripeaux scolastiques pour eux dénués d'intérêt et ils ne retireraient sans doute pas plus de lumière de telles lectures que le Sganarelle du *Mariage forcé* de ses entretiens avec Pancrace et Marphurius. En ce domaine la pensée spéculative est très en retard sur l'évolution de la sensibilité. L'heureux équilibre qui règne dans l'*Astrée* entre la réflexion abstraite et la fiction romanesque semble donc avoir été très éphémère. Les littérateurs se détournent des problèmes théoriques et philosophiques, tandis que la spéculation sur l'amour se fige en formules invariablement répétées.

Ce peu de goût pour les théories générales de l'amour se retrouve chez les personnages de Mlle de Scudéry. Ce n'est pas qu'ils agissent sans discernement : tout au contraire ils préfèrent de nouveau la discussion à l'action et ne manquent jamais de s'expliquer longuement sur les raisons de leurs moindres faits et gestes. Mais, dans l'entourage de Mandane et surtout de Clélie, on se borne à examiner l'un après l'autre divers cas de conscience sans portée générale ; l'absence de doctrine se marque par le soin que prend la romancière d'argumenter avec une égale conviction en faveur des thèses contradictoires qui se trouvent à chaque fois en présence. Ses personnages ont trop l'esprit pratique pour se risquer à poser abruptement la question qu'est-ce que l'amour à laquelle ils seraient bien embarrassés de répondre. Les « théologiens » de l'amour ont définitivement cédé la place à de simples casuistes. Ainsi s'estompe peu à peu la mystique platonisante de l'*Astrée* ; au sortir de l'âge métaphysique la courtoisie romanesque, sans rupture apparente, évolue lentement vers les voies plus terre à terre d'un idéalisme moralisateur. Mais cette évolution suppose un assez net changement d'orientation et en particulier un effort nouveau pour concilier l'amour idéal et les réalités du monde, ce qui ne va pas sans d'infinies difficultés.

II — *L'amour et le monde.*

L'amour d'inspiration platonisante est trop épris d'absolu pour s'embarrasser des contingences de la réalité ; c'est pourquoi il s'accommode si bien de la fiction pastorale qui le tient à l'écart des agitations du monde et permet un retour à une innocence quasi-édénique. D'Urfé situe ses héros entre ciel et terre, sur les plateaux du Forez, loin des brutalités de la guerre et des turbulences de la politique. Non que les unes et les autres soient tout à fait absentes de l'œuvre : les récits intercalés en apportent parfois les échos assourdis, mais sans troubler la quiétude de ceux qui ont voué leur existence au culte de l'amour. La condition de berger, qui est la seule compatible avec l'état amoureux, suppose que l'on a rompu avec toute ambition terrestre pour se consacrer aux seuls devoirs de sa passion. Bref les rives du Lignon offrent aux amants épris de perfection un asile hors du monde où il leur est loisible d'entreprendre l'édification d'une sorte de paradis sur la terre à l'abri de tous les désordres, hormis ceux que l'Amour jette dans les cœurs (15). Diane et Astrée expliquent à Daphnide, une étrangère venue en Forez pour mieux connaître ces bergères et bergers dont elle avait si avantageusement entendu parler, que ceux-ci « sont du monde sans y être » (16). Il faut comprendre que les bergers forment une classe à part, bien réelle, et pourtant très distincte des autres catégories sociales. La vie pastorale crée en eux un état de vacuité propice au développement des passions de l'amour dont les inquiétudes délicieuses viennent remplacer les vaines agitations du siècle. Cette préoccupation amoureuse est si exclusive que, comme le dit Céladon lui-même à la nymphe Léonide, le parfait amant

> « (...) ne se soucie point de quitter tous les autres biens que les hommes ont accoutumé de chérir et rechercher avec tant de peine, pourveu qu'avec la perte de tous il achete le bien de ses chères pensées. »

Qu'il vive solitaire et triste comme un anachorète, ou dans la compagnie souvent joyeuse de ses pairs, le berger a de toute manière renoncé au monde.

Il n'y a pas entre l'amour et le monde de compromis possible ; on ne peut servir deux maîtres à la fois. Au cours de cette conversation avec Léonide que nous venons d'évoquer, Céladon explique à la nymphe étonnée que les principes moraux les plus communé-

---

(15) *Astrée*, I, 9 :
> « Or sur les bords de ces délectables rivières on a veu de tout temps quantité de bergers, qui pour la bonté de l'air, la fertilité du rivage et leur douceur naturelle, vivent avec autant de *bonne fortune*, qu'ils recognoissent peu la *fortune*. »

(16) *Astrée*, III, 58.

ment admis, comme l'obligation pour tout être de faire passer la conservation de sa propre vie avant toute autre considération, ne valent pas pour les amants :

> « Ces loix (...) sont bonnes et recevables parmy les hommes, mais non parmy les amants. » (17)

Sur quoi Léonide demande si l'on cesse d'être homme quand on devient amant ; et Céladon répond affirmativement. Ainsi s'explique la métamorphose complète qui, selon la psychologie tendre, s'opère en l'homme amoureux : il devient un autre parce qu'il est entré dans un monde nouveau et différent. Plus généralement, l'aventure mystique ne se conçoit que dans la pureté la plus intransigeante et ne peut admettre la concurrence d'autres valeurs ; cette exigence d'absolu est le caractère le plus profond de l'amour. Doctrinaire intraitable, Silvandre soutient que l'amour est une entité par essence indivisible, une totalité que la moindre diminution anéantit :

> « l'amour n'est plus amour aussi tost que la moindre partie luy deffaut » (18).

Cette explication résume toutes les autres : la perfection amoureuse se suffit à elle-même et il est impossible d'en rien retrancher ni d'y rien ajouter sans la dénaturer.

La rupture est si absolue entre ces deux mondes qu'ils ne peuvent se comprendre l'un l'autre. Pour les amants épris de perfection les ambitions humaines sont absurdes comme le sont, pour ceux qui refusent cet idéal, les sacrifices extravagants qu'impose la condition d'amoureux. A l'époque de d'Urfé, partisans et adversaires du parfait amour sont, au moins sur ce point, à peu près d'accord : la perfection en amour ne peut s'acquérir qu'à la condition de rompre avec la société des hommes et de s'enfermer dans une solitude délicieuse sans doute, mais qui a toutes les apparences de la déraison. La littérature des romans « comiques » exploite largement cette veine facile et se plaît à représenter les amants inspirés par l'idéal courtois comme de doux illuminés dont la manie, au demeurant innocente, ne peut que divertir les lecteurs de bon sens (19). Du *Don Quichotte* de Cervantes (1617)

---

(17) *Astrée*, II, 282-283.
(18) *Astrée*, II, 381.
(19) Au début de la seconde partie du roman, d'Urfé lui-même reconnaît que l'idéal

au *Berger extravagant* de Sorel (1627-28), la mystique amoureuse est constamment assimilée à la démence pure et simple. Dans sa plénitude idéale, l'amour passe pour une manière de folie, sublime selon les uns, aimablement ridicule selon les autres ; l'innocence pastorale fait de ces bergers des simples en esprit en qui il est toujours facile de voir des simples d'esprit. D'Urfé lui-même ne recule pas devant le mot ; il fait dire à Silvandre au cours de l'une des discussions qui l'opposent à Hylas :

> « toute la sagesse du monde n'est point estimable au prix de cette heureuse folie » (20).

Cette « heureuse folie » incompatible avec la « sagesse du monde » est, bien entendu, l'amour ; les amants de l'*Astrée* sont assez convaincus du bien-fondé de leur idéal pour accepter, en toute sérénité, de braver le sens commun. En un sens la passion amoureuse selon d'Urfé est un sentiment éminemment a-social et, si l'on cherche à rebâtir une cité idéale conforme à ses principes, celle-ci sera fort différente du monde réel. Savoir si cette reconstruction est possible et légitime constituera le grand problème de l'idéalisme romanesque ; la réponse de d'Urfé est évasive et semblerait plutôt négative.

Encore n'est-il pas assuré que, dès l'*Astrée,* certaines concessions ne soient faites au monde qui préparent le devenir de la « philosophie » tendre et les tentatives futures pour acclimater l'idéal platonique à la vie mondaine. Au-delà des grandes pétitions de principe apparaissent quelques faits révélateurs. Le couronnement normal de l'aventure mystique devrait être une communion totale entre l'amant et l'aimée toute proche de l'anéantissement ; ce dénoûment est longuement différé puis finalement escamoté et le roman s'achève sur le double mariage d'Astrée et de Céladon, de Diane et de Silvandre, ce qui ne laisse pas d'être une conclusion décevante et prosaïque. Mieux même, les circonstances de ce dénoûment démontrent curieusement une volonté de satisfaire tout à la fois à l'idéal (mais pour l'apparence seulement) et à des préoccupations plus terre à terre. Dans la cinquième partie du roman, Céladon et Astrée, désespérés de ne pouvoir faire aucun progrès décisif dans la réalisation de leur passion réciproque, vont demander la fin de leurs maux à la Fontaine de Vérité d'Amour.

---

amoureux qu'il prête à Céladon n'a plus cours dans le monde (« L'Autheur au berger Céladon », *Astrée*, II, 4.)
(20) *Astrée*, II, 389 ; en un autre endroit du roman (II, 311), Léonide parle de l'amour de Céladon comme de « quelque maladie de l'esprit » et ce thème de l'égarement amoureux est à peu près constamment présent dans l'*Astrée*.

Un oracle a promis que l'enchantement qui en interdit l'accès serait rompu par la mort du plus fidèle amant et de la plus fidèle amante ; on ne saurait dire plus clairement que l'idéal amoureux ne peut s'accomplir que dans et par la mort. Or Céladon s'avance ; le tonnerre gronde et les deux amants s'évanouissent ; à ce moment les lions et les licornes qui gardaient la Fontaine s'entredévorent et le génie de l'Amour proclame la fin de l'enchantement. Astrée et Céladon, qui ne sont qu'évanouis, reviennent à la vie et peuvent s'épouser joyeusement avec la bénédiction du druide Adamas. Cette conclusion dont on ne sait s'il faut l'attribuer à d'Urfé lui-même ou à son secrétaire et continuateur Baro, élude adroitement la difficulté propre à toute conception mystique de l'amour. Au terme de la passion, la paix et le repos qui récompensent les mérites des amants ne se rencontrent le plus souvent que dans l'au-delà de la mort ; ici un simple évanouissement suffit pour satisfaire à cette exigence et tout s'achève dans la joie d'une noce villageoise. Il y a quelques raisons de penser que la mystique de l'*Astrée* est déjà, par moments, « impure » ; il s'y rencontre quelques compromissions suspectes avec l'esprit du monde (21).

L'évolution ultérieure de l'idéal romanesque ne fait que confirmer ces tendances latentes. La société aristocratique ne pouvait guère admettre un idéal amoureux d'où seraient absentes les valeurs qu'elle révère le plus et, au premier chef, l'ambition et le courage militaire. C'est pourquoi sans doute, de mystique qu'il était à ses origines l'amour tendre devient, à partir de 1630-1640 environ, héroïque ; mais cette mutation ne va pas sans problèmes. Lorsqu'au berger amoureux succède le héros amoureux, il est manifeste que les termes de la seconde expression sont contradictoires ; être un héros, ou aspirer à le devenir, c'est faire choix d'un idéal que la mystique amoureuse méprise ; lorsque l'on prétend en outre être un parfait amant, il en résulte d'inévitables conflits. La grande affaire des jeunes premiers cornéliens sera justement de concilier les devoirs de leur état avec les exigences spécifiques de leur passion. Comme le dit Rodrigue dans un vers fameux :

« Je dois à ma maîtresse aussi bien qu'à mon père. » (22)

---

(21) J. EHRMANN (*op. cit.*, p. 89-91) tire des conclusions analogues du fait que l'union de Diane et de Silvandre est différée aussi longtemps qu'il subsiste un doute sur la naissance de ce dernier.

(22) CORNEILLE, *Le Cid*, v. 322 ; chez Corneille cet accord entre l'amour et le monde n'est jamais simple et facile ; il emprunte les voies indirectes et périlleuses du sacrifice héroïque et, de ce fait, il est tributaire d'un dépassement de soi toujours aléatoire. La passion amoureuse reste d'ailleurs suspecte de détourner les héros de leurs devoirs primordiaux.

Pour lui et ses semblables de la première période cornélienne, la difficulté consiste à accorder des obligations des deux ordres : à la fois héros chevaleresques et amoureux, l'élan centrifuge de la passion tend à les arracher à eux-mêmes et aux intérêts immédiats de leur lignage. O. Nadal l'a très bien vu : l'une des originalités du *Cid* (1636-37) est de promouvoir une nouvelle chevalerie galante et respectueuse des droits de l'amour à la place de l'antique chevalerie misogyne représentée par le vieux Don Diègue (23). Le conflit entre l'amour et la gloire, c'est-à-dire entre l'amour et le monde, est dépassé grâce à une dialectique simple ; si l'on admet que l'indignité du déshonneur est incompatible avec la dignité de l'amour (raisonnement que Silvandre n'accepterait certainement pas), il devient évident qu'en choisissant l'honneur on choisit également l'amour. A l'exemple de l'archer de Descartes, qui, à peu près à la même époque, devait, pour atteindre le bonheur, viser la Vertu, le héros cornélien, pour la plus grande gloire de l'amour, affecte de lui préférer l'honneur ; pour prix de cet effort, il sera comblé dans l'un et l'autre domaines. Corneille aura beau par la suite condamner certaines facilités abusives et approfondir dans le sens d'une plus grande complexité sa propre conception de l'amour, il n'en reste pas moins l'un des inventeurs de ce merveilleux compromis qu'est l'amour héroïque. En quoi il est tout à fait en accord, au moins dans les débuts de sa carrière dramatique, avec les tendances dominantes de la sensibilité de son temps : cette harmonie qu'il cherche à découvrir entre la pureté de l'amour et les devoirs de l'homme social va être, entre 1640 et 1660, la grande préoccupation de la littérature romanesque et mondaine. Les amoureux vont maintenant troquer la houlette du berger contre l'épée du conquérant, et Rodrigue peut passer pour le premier d'une longue lignée de guerriers aussi heureux en amour que sur les champs de bataille où l'on trouve pêle-mêle Polexandre, Oroondate, Cyrus, Pharamond et l'Alexandre de Racine. Mais, contrairement à ce que le prestige du théâtre cornélien tendrait à faire croire, il ne va pas de soi qu'un héros doive être amoureux, ni qu'un amoureux se doive d'être un héros.

III — *L'idéalisme moralisant.*

L'intrusion du héros dans le monde paisible de l'amour ne va pas sans bouleversements importants de l'éthique romanesque.

---

(23) O. Nadal, *Le sentiment de l'amour dans l'œuvre de P. Corneille*, Gallimard (Bibliothèque des Idées), 1948, p. 161 et sq.

Auparavant l'amour pastoral se suffisait à lui-même ; selon le principe qu'énonce la bergère Astrée dans une lettre à Céladon :

« l'amitié ne doit rien désirer que l'amitié » (24).

En devenant amoureux, l'individu faisait choix d'un mode de vie qui trouvait sa fin en soi. Le héros amoureux au contraire doit constamment se justifier lorsqu'il cède à un amour qui passe toujours pour une faiblesse ; une telle expérience comporte pour lui le risque de perdre ce qui faisait jusqu'ici sa valeur. Comme le dit Thésée dans l'*Œdipe* de Corneille (1659) tomber amoureux, pour un héros, c'est à la limite donner l'impression de se renier :

« J'ai fait trembler partout, et devant vous je tremble.
L'amant et le héros s'accordent mal ensemble. » (25)

Il faut donc rendre bonne conscience à cette nouvelle catégorie d'amoureux, et c'est à quoi vont s'employer les théoriciens de l'amour héroïque et moral.

La grande réconciliation entre les valeurs amoureuses et les valeurs mondaines s'effectue à la faveur de l'affirmation du dogme de la fonction moralisatrice de l'amour ; devenu l'une des causes essentielles de la perfection morale, l'amour retrouve logiquement sa place dans une société bien comprise. Sans doute la métaphysique amoureuse de l'*Astrée* n'excluait pas que la passion puisse être l'instrument d'un progrès moral ; d'Urfé constate que Damon, amoureux de Madonte, « change ses imperfections en vertus » (26). Mais ce n'est selon lui qu'une conséquence seconde et qui ne paraît digne d'être notée que parce que Damon, jeune chevalier tard venu à l'amour après une existence tumultueuse et immorale, fait figure de nouveau converti. Ce qui, dans l'*Astrée*, n'était qu'un effet accessoire, va devenir la justification majeure. Par la suite, l'influence déterminante qu'il exerce pour incliner hommes et femmes à la pratique de la vertu sera l'argument toujours invoqué en faveur de l'amour et qui permet de le laver de tout soupçon. Le nom de Mme de Sablé est d'ordinaire associé à cette conception moralisatrice de l'amour. A vrai dire, les témoignages sur les opinions de la marquise en ce domaine sont rares et indirects ; on connaît mieux ses raisonnements contre l'amour postérieurs

(24) *Astrée*, II, 278 « Lettre d'Astrée à Céladon ».
(25) CORNEILLE, *Œdipe* (1659), acte II, scène 4.
(26) *Astrée*, II, 210.

à sa conversion janséniste. Cependant, si l'on en croit un texte souvent cité de Mme de Motteville, elle aurait, dans sa jeunesse, professé une vive admiration pour la galanterie « à l'espagnole » et contribué à imposer à la Cour une idée de l'amour infiniment vertueuse :

> « Elle était persuadée que les hommes pouvaient sans crime avoir des sentiments tendres pour les femmes, que le désir de leur plaire les portait aux plus grandes et aux plus belles actions, leur donnait de l'esprit et leur inspirait de la libéralité et toutes sortes de vertus. » (27)

D'après la chronologie un peu incertaine de Mme de Motteville, ceci devrait se situer aux alentours de 1615. Quoi qu'il en soit, il est facile d'observer dans les années qui suivent le développement de cette mentalité nouvelle. En 1629, l'*Histoire Indienne...* de Bois-robert affirme :

> « L'amour a cela de propre qu'il esveille et purifie les esprits, les eslève aux belles méditations, et les rend capables des plus glorieuses entreprises. » (28)

On remarquera l'astucieuse ambiguïté qui associe les « méditations » aux « entreprises ».

Mais le triomphe de l'idéalisme moralisant n'est vraiment manifeste qu'à partir de 1640 et devient éclatant aux alentours de 1650. Dans son *Panégyrique des dames* (1650), Gabriel Gilbert explique comment les dames tombent amoureuses et pourquoi il ne faut pas leur en tenir rigueur comme d'une faiblesse :

> « J'oserai dire mesme qu'elles ayment, mais leur amour naist de la renommée des Héros ; elles ne sçavent voir des actions éclatantes et extraordinaires, sans en estre charmées ; ce n'est pas des hommes qu'elles sont éprises, c'est seulement de la gloire de la Vertu. Cette passion est honneste, elle s'accorde avec la sagesse. » (29)

Il est décidément bien commode d'avoir affaire à des héros ;

---

(27) Mme DE MOTTEVILLE, *Mémoires sur Anne d'Autriche et sa cour*, p. p. Michaud et Poujoulat, Paris, 1836-1881, 2ᵉ série, t. X, p. 17.
(28) BOISROBERT, *L'Histoire indienne d'Anaxandre et d'Orasie...*, Fr. Pomeray, 1629, p. 111.
(29) G. GILBERT, *Panégyrique des dames*, A. Courbé, 1650, p. 25.

cette circonstance permet d'aimer tout en restant sage à la seule
condition de diriger le sentiment vers les mérites et non vers la
personne, un peu à la manière des casuistes qui annihilent le péché
en orientant correctement l'intention.

C'est donc un premier point acquis : l'amour peut être une
passion honnête et inciter à la pratique de toutes sortes de vertus.
L'avis au lecteur du *Grand Cyrus* (1649) rappelle ce principe
fondamental de l'éthique romanesque :

> « cette noble passion [il s'agit de l'amour] est plutost une
> vertu qu'une faiblesse : puisqu'elle porte l'âme aux grandes
> choses, et qu'elle est la source des actions les plus hé-
> roïques » (30).

De là à proclamer qu'être amoureux est la condition sine qua
non de toute moralité, il y a bien sûr quelque distance ; mais pour
Mlle de Scudéry cette seconde proposition se déduit sans difficulté
de la première. L'amour, écrit-elle au tome V du *Cyrus,* « inspire
cent actions héroïques et il fait pratiquer toutes les vertus à mille
autres, qui ne seroient peut-être que des hommes ordinaires sans
cette passion » (31). On ne sauroit affirmer plus clairement que
l'amour engendre l'héroïsme et qu'en conséquence tous les amoureux sont par définition des gens vertueux puisqu'aussi bien l'héroïsme est la seule forme de vertu que reconnaissent les romans.
Il ne restait qu'un dernier pas à franchir : laisser entendre que
seuls les amoureux peuvent être vertueux. C'est tout justement
l'opinion de la pythagoricienne Damo qui a pour maxime qu' « on
ne peut aimer fortement la vertu si l'on n'est capable d'une tendre
passion ». Et Mlle de Scudéry commente en louant cette « sage
fille » « de purifier de telle sorte cette passion qu'elle ne lui laisse
rien de dangereux, quoy qu'elle ne luy ôte rien d'agréable » (32).
Ce compromis lénifiant est le dernier mot de l'idéalisme romanesque ; le dieu Amour apprivoisé, domestiqué n'a plus qu'à déposer son arc et ses flèches devenus inutiles et l'on chante partout
les louanges de ce singulier professeur de morale. L'île de Cythère
promet d'être bientôt presque aussi édifiante qu'un couvent.

Insensiblement, l' « heureuse folie » est devenue le comble de la
sagesse, la perfection amoureuse est mise à la portée des grands
de ce monde que sont les héros et bientôt même de gens beaucoup
plus ordinaires. La mystique primitive a été peu à peu sécularisée
et tous les obstacles qui en défendaient l'accès aux profanes sont

---

(30) *Grand Cyrus,* t. I, « au lecteur » (non paginé).
(31) *Ibidem,* t. V, p. 322-323.

maintenant en passe d'être abolis. Seul demeurait dans les romans héroïques l'écran de la fiction historico-romanesque qui permettait de situer ces amours trop parfaites dans les lointains de l'antiquité et parmi des personnages voués d'avance aux prouesses extraordinaires comme Clélie, Lucrèce ou Horace. Mais il semble bien que l'ambition secrète de tout idéalisme de cette nature soit de faire passer son enseignement dans la réalité des faits. Le processus s'achève lorsque l'expérience de l'amour, si souvent évoquée par les divers moyens qu'offre la littérature, se trouve enfin actualisée et complétée par des réalisations plus concrètes que de simples récits de fiction. C'est pourquoi Mlle de Scudéry, qui fut en ce domaine une grande initiatrice, non contente de disséminer les portraits de ses contemporains dans ses romans (33), entreprend d'imposer à son entourage un mode de vie imité des romans. Alors est institué, dans une atmosphère où le sérieux se mêle au plaisant dans une proportion difficile à apprécier, ce fameux royaume de Tendre sur lequel Mlle de Scudéry règne sous le nom de Sapho et qui rassemble sous divers pseudonymes les familiers du cercle de la rue de Beauce. Parmi un fatras de lettres et de poèmes de circonstance, on trouvera dans la *Journée des Madrigaux*, la *Gazette de Tendre* et la *Chronique du Samedi* (34) une relation de cette étonnante expérience de phalanstère sentimental où les membres du clan s'efforcent de mettre en pratique les principes de la morale romanesque et de recréer un monde qu'ils devaient jusque-là se contenter de rêver.

Le travestissement de la réalité est réduit au minimum nécessaire pour conserver de belles apparences. Quelques noms de roman, quelques artifices de vocabulaire suffisent à créer et à entretenir l'illusion : « Incontinent après Agathyrse s'enfuit au païs de Neustrie » doit se lire « Raincy alla faire un petit voyage en Normandie », ainsi que Conrart le précise dans une note de son manuscrit à l'usage des non-initiés (35). Ce jeu assez puéril permet au séduisant Acante, pseudonyme qui dissimule la laideur proverbiale de Pellisson, de rendre hommage aux beautés imaginaires de Sapho. Sentiments réels et attitudes de convention se mêlent dans un imbroglio inextricable.

(32) *Clélie*, 2e partie, p. 215.

(33) Sur cet aspect très important de la littérature mondaine, on pourra consulter la thèse de Mlle J. PLANTIÉ, *La mode du portrait littéraire dans la société mondaine du XVIIe siècle* (à paraître prochainement).

(34) Ces textes ont été publiés par :

E. COLOMBEY, *La Journée des madrigaux suivie de la Gazette de Tendre et du Carnaval des Prétieuses*, Aug. Aubry, 1856.

L. BELMONT, *Documents inédits sur la société et la littérature précieuses : extraits de la Chronique du Samedi*, R.H.L.F., n° 9, 1902, p. 646-673.

(35) E. COLOMBEY, *op. cit.*, p. 22.

Sur un autre plan, l'introduction de l'esprit moralisateur a des conséquences non négligeables. En apparence, la transformation de l'idéal amoureux qui de la mystique de l'*Astrée* aboutit au moralisme de la *Clélie*, ne modifie pas de manière sensible les comportements institués par le code tendre. Mais si extérieurement presque rien n'a changé, le sens de l'aventure est devenu très différent : les devoirs respectifs de l'homme et de la femme ne sont plus motivés par les mêmes raisons et, tout bien considéré, les justifications proposées par l'idéalisme moralisant semblent moins satisfaisantes que les précédentes. Ainsi la soumission dont l'amant doit faire preuve envers celle qu'il aime n'a que très secondairement pour but de démontrer la pureté de ses sentiments et sa volonté de s'humilier devant l'image de la Beauté en qui il doit s'anéantir. Les prouesses qu'il doit accomplir ont surtout pour raison d'illustrer l'étendue des progrès moraux qu'une grande âme, jusque-là farouche et indocile, est capable d'accomplir sous l'empire de l'amour. C'est le grand leitmotiv des romans héroïques et des tragicomédies romanesques : le conquérant chargé d'honneurs et de victoires, vaincu et dompté par l'amour. L'esclavage masculin cesse d'être un moyen de parvenir à une fin d'un autre ordre ; il trouve en lui-même sa justification et offre une merveilleuse occasion d'illustrer la fonction civilisatrice de l'amour. C'est pourquoi ces exploits sont toujours requis et cependant, en toute rigueur, inutiles ; l'amoureux se doit de les accomplir mais ils ne lui seront comptés pour rien s'il prétend en tirer argument pour quémander des faveurs ; être un héros comblé de gloire est, pour faire un bon amant, une condition nécessaire mais tout à fait insuffisante. Comme par ailleurs renier sa gloire pour servir son amour reviendrait à faire un marché de dupe, l'amant se trouve suspendu dans une situation d'éternelle attente et il n'y a plus aucune raison qu'intervienne la fin de ses épreuves sauf si sa partenaire se laisse aller à de coupables faiblesses. Il n'y a aucun moyen moral d'échapper à ce cercle. Aussi de transitoire et circonstancielle qu'elle était, la subordination masculine devient-elle durable et essentielle.

Il en va de même, réciproquement, de l'autocratie féminine ; en se dérobant la femme assure surtout sa propre gloire dont les intérêts passent bien avant ceux de l'Amour. Toujours selon le témoignage de Mme de Motteville, Mme de Sablé avait pour principe que, dans leurs rapports avec les hommes,

> « les femmes, qui étoient l'ornement du monde et étoient faites pour être servies et adorées, ne devoient souffrir que leur respect » (36).

_____

(36) Mme DE MOTTEVILLE, *Mémoires...*, *loc. cit.*, (notre note 27).

En d'autres termes, la finalité de l'amour vertueux se limite à doter les dames d'adorateurs muets qui ne doivent espérer d'autre récompense de leurs services bénévoles que la satisfaction du devoir accompli. Ainsi s'explique l'orientation résolument féministe que prend l'idéalisme amoureux. Selon d'Urfé, la supériorité de la femme ne se justifiait que parce qu'elle avait reçu en dépôt ce signe céleste qu'est la beauté ; une fois de plus l'oubli des enseignements de la doctrine mystique transforme l'accident en fait de nature, la conséquence en principe.

La mystique amoureuse présentait les devoirs qu'elle impose aux amants comme une initiation nécessairement longue mais comportant la promesse de lendemains idylliques. Désormais il n'est plus question d'échapper jamais à l'enchaînement implacable des soumissions et des rigueurs : le purgatoire des amants est devenu un enfer, sans aucun espoir de salut. Dans l'*Astrée*, les retards apportés à la conclusion de l'aventure amoureuse étaient la conséquence des difficultés que suscitait l'instabilité foncière de la nature humaine ; mais il n'était question que d'attendre que les âmes fussent enfin à l'unisson et, par exemple, que la constance de Céladon eût raison des injustes soupçons d'Astrée (37). L'âge héroïque, au contraire, ignore la faiblesse humaine ; les amoureux d'emblée exécutent les commandements du parfait amour avec cette aristocratique facilité qui rend toutes choses aisées aux âmes bien nées. Il est imposible de surprendre Cyrus ou Mandane en flagrant délit de désobéissance aux devoirs de l'amour ; leur conduite est toujours parfaitement transparente, sans défaillance comme sans arrière-pensée. Mais, en revanche, les deux amants se trouvent engagés dans une vaine lutte de prestige qui ne pourra s'achever que sur la défaite de l'un d'entre eux. Chez Mlle de Scudéry surtout, l'amour se transforme en une longue joute où chacun a, tour à tour, l'avantage jusqu'au mariage final qui suppose implicitement une démission de l'héroïne. Clélie constate une merveilleuse harmonie entre le langage de la guerre et celui de l'amour :

> « Il est si nécessaire pour parler galamment de l'Amour d'employer tous les termes de guerre, qu'on ne sçauroit s'en passer, puisqu'il y a, en l'un comme en l'autre, des intelligences secrètes, des surprises, et des tromperies. » (38)

---

(37) J. EHRMANN, *op. cit.*, p. 59-60 :
   « Toutes les péripéties de l'amour — et de l'intrigue — viennent précisément du fait que le processus de changement ne s'opère pas à la même allure chez les partenaires, ou que, chez l'un ou l'autre, ce processus se bloque. »
(38) *Clélie*, II, 484.

Cette rencontre linguistique n'a pourtant rien de surprenant :
au terme de ce processus de moralisation qui fait de l'amour un
moyen au service de la femme, commence une sournoise guerre
des sexes. Le féminisme « précieux » est un avatar de l'idéalisme
moralisant.

Les principaux aspects de la représentation de l'amour vulgarisée, aux alentours de 1650, par la littérature romanesque semblent
donc s'expliquer par la dégradation progressive d'une mystique
amoureuse dont l'*Astrée,* au début du siècle, donne une image
encore très cohérente bien que peut-être déjà imparfaite. Cette
transformation si profonde soit-elle, risque de passer inaperçue
parce qu'elle n'affecte pas directement les comportements amoureux ; c'est pourquoi on a pu parfois, non sans un grave anachronisme, parler d'amour « précieux » à propos de l'*Astrée.* Il est
pourtant évident que tout a beaucoup changé, en dépit d'une certaine
apparence de stabilité. On peut voir un autre indice de ces bouleversements secrets dans les difficultés grandissantes que soulève
toute tentative pour définir dans l'abstrait la nature de l'amour.
Chez d'Urfé, tout est encore clair : sa morale amoureuse se fonde
très logiquement sur une métaphysique. Par la suite la déformation
du schéma primitif engendre des problèmes insolubles et des
contradictions toujours renaissantes. Il subsiste une morale, mais
il devient impossible de se mettre d'accord sur ses fondements.
Sans cesse surgissent de nouvelles questions qui restent sans
réponses au terme de débats pourtant fort complexes ; lorsque la
foi se perd, les objections pullulent. C'est ainsi que dans l'entourage
de Mme de Sablé des discussions infinies opposent partisans de
l'amour de connaissance et sectateurs de l'amour d'inclination ;
on dispute pour savoir si l'amour résulte de la connaissance des
mérites de la personne aimée (autrement dit s'il est fondé sur
l'estime) ou s'il procède au contraire d'une attirance mystérieuse
qui opère préalablement à tout jugement de valeur (39). Le simple
fait de soulever une telle difficulté prouve à quel point s'est perdu
le sens de la démarche mystique qui unissait de manière indisso-
ciable l'entendement et la volonté dans l'acte qui préside à la
naissance de l'amour ; il n'était pas concevable que la volonté
puisse être déterminée en dehors du jugement porté sur les qualités
de l'objet aimé, ni que l'appréhension de ces qualités ne suffise
à incliner la volonté. Les mystères de l'amour sont aussi contro-
versés que ceux de la grâce. Ainsi se prépare, sur les ruines de
l'édifice ancien, la matière des questions d'amour qui tiendront
une si grande place dans la civilisation galante. On ne peut d'ailleurs s'empêcher de penser que la plus éclatante de ces contra-

---

(39) Voir sur ce point N. Ivanoff, *op. cit.,* p. 134 et sq.

dictions, celle qui résume toutes les autres, est l'absurde pari prêté aux « Précieuses » : se refuser à l'amour par fidélité à l'amour.

IV — De l'amour glorieux au laxisme tendre : vers une nouvelle rupture entre l'amour et le monde.

Malgré les contradictions qui se font jour en certains points du système, l'amour glorieux conserve, après 1650, les faveurs du public et continue à dominer la littérature romanesque. Cette conception a le mérite de donner des choses une vision simple, optimiste et, en apparence, d'une rigueur inattaquable ; il n'en faut pas plus pour que le succès soit assuré. L'idéalisme moralisant est tout entier fondé sur cet unique principe : l'amour ne peut inspirer que des actions louables et généreuses à qui se soumet à ses lois. Tous ceux qui ont l'âme noble et bien née peuvent donc s'abandonner à l'amour sans crainte ni remords, car la perfection morale et la perfection amoureuse ne sont finalement qu'une seule et même chose : « une parfaite amour ne peut jamais naistre dans le cœur d'une personne sans vertu » écrit Mlle de Scudéry (40). La confusion entre la loi morale et la loi amoureuse est maintenant la clef de voûte du système. Objecte-t-on que le parfait amant qui doit obéir aveuglément aux ordres de sa maîtresse risque d'être poussé par elle à quelque action blamable, le prince d'Agrigente, toujours dans la Clélie, tranche ce cas difficile avec sa sagesse habituelle :

> « Pour moy (...), je croy qu'un homme d'honneur qui se voit dans la nécessité de faire une lasche action ou de désobéir à sa Maistresse, doit ne pas faire ce qu'elle luy commande ; mais il doit aussi sortir de son empire, et tascher de se guérir par la connaissance qu'il a de son injustice. Mais il ne doit pas prétendre de continuer d'estre aimé, puisqu'à parler de la chose en général, il n'appartient pas à un amant désobéissant d'aspirer à cet avantage ; et quand on a le malheur d'aimer une personne peu généreuse, il faut renoncer à son amour, et à ses faveurs (...). » (41).

En théorie, il n'y a donc pas de conflit possible entre l'amour

(40) Clélie, III, 1408.
(41) Clélie, IV, 702-703.

et la morale puisqu'une maîtresse « peu généreuse » est indigne d'être aimée. L'amour se trouve être le meilleur auxiliaire de l'ordre moral. Un personnage de l'*Agrippa* de Quinault (1662), Mézence dont la conduite jusque-là laissait à désirer, fait à son confident cette surprenante révélation sur les mérites de ce nouveau directeur de conscience :

> « J'eusse aux derniers forfaits abandonné mon âme :
> Mais depuis que ses yeux ont allumé ma flamme,
> Mon cœur, purifié par leurs feux tout-puissants,
> N'a plus osé former que des vœux innocents. » (42)

Cette vision optimiste des choses autorise toute la littérature romanesque des années 1650 à chanter sans retenue les louanges de l'Amour. Dès le premier tome du *Grand Cyrus* (1649), Mlle de Scudéry reconnaît d'enthousiasme que l'Amour est

> « tellement au-dessus de tous les sentiments que la Nature, la Raison et l'Amitié peuvent donner, qu'il n'y a nulle comparaison de luy aux autres » (43).

et elle consacre un long développement dans la *Clélie* à faire, par l'entremise d'Amilcar, l'éloge des passions en général et de la passion amoureuse en particulier (44). Encore Sapho fait-elle preuve en ce domaine d'une exceptionnelle prudence ; dès la *Clélie*, elle s'oriente nettement vers le compromis modéré de l'amitié tendre et, en imposant à l'amour cette appellation ambiguë, elle lui rogne habilement les ailes. Sur ce point précis les voies de la sagesse s'écartent de celles de l'héroïsme et Mlle de Scudéry prend un certain recul par rapport aux conceptions moyennes de son époque. Mais les doutes et les scrupules sont absents de la littérature romanesque commune qui n'admet de morale qu'héroïque, c'est-à-dire beaucoup plus tournée vers l'action que vers la perfection intérieure ; de cette suprématie de l'amour qui est maintenant reçue comme un article de foi cette littérature va donner une version flamboyante. Entre 1650 et 1665 environ, une étonnante explosion romanesque marque avec éclat les dernières années de la mythologie tendre ; c'est l'époque des romans de La Calprenède et des tragicomédies de Thomas Corneille ou de Quinault.

---

(42) QUINAULT, *Agrippa* (1662), acte III, scène 1 (*éd. cit.*, t. III, p. 30).
(43) *Le Grand Cyrus*, t. I, p. 98.
(44) *Clélie*, I, 1045 et sq.

A cœur amoureux il n'est rien d'impossible, telle est à peu près la devise de l'amour glorieux. Les héros d'amour multiplient les exploits, en quoi ils ne diffèrent pas de leurs prédécesseurs ; mais ils montrent, et la chose est nouvelle, une singulière prédilection pour les hauts faits qui permettent d'illustrer la supériorité de l'amour sur les autres valeurs reconnues par la société du temps. L'Amour à force d'encens devient un dieux jaloux et exclusif (45). D'autre part l'héroïsme ignore par définition les cheminements timorés de la morale commune ; il en résulte que bien souvent les parfaits amants, avec une innocence admirable, vont se livrer à des actes qui chez tous autres passeraient pour des crimes. La Calprenède semble être l'un des premiers à avoir donné l'exemple de ces gasconnades amoureuses. Oroondate, prince scythe, aime Statira la fille du roi des Perses alors que les Perses sont les ennemis héréditaires des Scythes ; pas un instant il n'hésite à passer à l'ennemi et à prendre les armes contre son propre père. L'intérêt de son amour suffit selon lui à justifier sa trahison et il déclare hautement préférer passer pour un fils dénaturé plutôt que de n'être pas loyal amant (46). Timocrate n'a lui non plus aucun scrupule de conscience lorsque, pour les beaux yeux d'Eriphile, il remporte sur sa propre armée une victoire qui ne peut être que totale et éclatante ; la fin de l'aventure lui donne d'ailleurs raison puisqu'il obtient, après un certain nombre de péripéties, une réconciliation générale et la main de la princesse. Un amant est donc fondé à sacrifier à sa passion les intérêts de sa famille et de sa patrie (47). Il existe en ce domaine une telle surenchère qu'il serait facile de citer encore beaucoup d'autres exemples tout aussi extraordinaires ; le héros d'amour renouvelle, dans son ordre, des prouesses non moins extravagantes que celles des derniers Amadis.

A ce laxisme tendre — tout est permis pourvu que soient respectés les droits souverains de l'amour — est attaché le nom de Quinault ; c'est en effet dans son théâtre que l'on trouvera les situations les plus éloquentes et les meilleures formules. Mais cette vision des choses appartient à toute une époque comme en témoigne l'extraordinaire succès de ses pièces. L'unique critère qui permet de trancher tous les cas de conscience est la légitimité de tous les actes inspirés par l'amour ; comme le déclare fièrement Astrate :

---

(45) *Le Grand Cyrus*, III, 243.
(46) « Je n'appréhendai point d'être fils dénaturé pour être loyal amant » ou bien « la considération du sang est trop faible pour choquer une passion comme la mienne », textes cités par E. SEILLIÈRE, *Les origines romanesques de la Morale et de la Politique romantiques*, Paris, 1921, p. 160-161.
(47) Th. CORNEILLE, *Timocrate* (1656), acte III, scène 2 et acte V, scènes 6, 7 et 8.

« Aux regards des Amans, tout paroît légitime. » (48)

Pour Quinault, le jeu consiste alors à confronter l'amoureux à des problèmes en apparence insolubles pour le seul plaisir de le voir obéir en aveugle à l'amour et lui sacrifier jusqu'aux valeurs les plus sacrées. L'*Astrate* (1665) est sans doute la plus belle réussite dans le genre (49). Amoureux de la reine Elise, Astrate ignore le secret de sa naissance ; sa valeur et sa soumission respectueuse lui attirent les bonnes grâces de la reine qui se propose de l'épouser. A ce moment précis, Sichée, père présumé d'Astrate, lui révèle qu'il est en réalité le dernier descendant d'une dynastie légitime jadis massacrée sur l'ordre du père d'Elise et encore persécutée par la reine. Sans l'ombre d'une hésitation, Astrate écarte les objections de Sichée et court s'offrir à la reine en victime expiatoire ; à Elise qui lui objecte qu'elle a été condamnée par un oracle des dieux à mourir de la main de l'héritier légitime, c'est-à-dire de la propre main d'Astrate, celui-ci répond :

« L'amour est le Dieu seul qu'il en faut consulter ;
Et sa voix dans mon cœur s'expliquant sans obstacle,
Vous répond du contraire, et vaut bien votre oracle.
C'est le Dieu qui me touche et me connaît le mieux,
Fiés-vous plus à lui, qu'à tous les autres Dieux. » (50)

Ce héros qui méprise les dieux et idolâtre l'amour, est l'ultime et singulier avatar du parfait amant. Par un curieux raffinement que permet un subtil agencement de l'intrigue, Astrate renie en même temps la piété filiale et son devoir politique ; autant dire qu'il bafoue les deux impératifs les plus sacrés de l'éthique aristocratique, l'attachement au lignage et la fidélité dynastique. Ainsi s'achève, dans l'histoire de l'amour tendre, la parenthèse héroïque.

Inséparable de l'évolution du phénomène galant et des changements décisifs qui s'opèrent alors dans la mentalité mondaine, l'instauration de ce nouveau style tendre est, si l'on regarde en arrière, le signe et la conséquence d'un échec. Le grand rêve qui enflammait les imaginations entre 1630 et 1660, avait été de concilier les lois de l'amour et les exigences du monde ; en 1665 on

---

(48) QUINAULT, *Astrate* (1665) ; acte III, scène 4, *éd. cit.*, t. III, p. 114.
(49) C'est un dilemme du même ordre que Pyrrhus doit affronter dans l'*Andromaque* (1667) de Racine ; il n'hésiterait pas un instant à se conduire en parfait amant peu soucieux de son devoir patriotique si cette attitude pouvait lui attirer les bonnes grâces d'Andromaque (cf. acte I, scène 4, v. 281 et sq.).
(50) QUINAULT, *Astrate* (1665), acte IV, scène 3, *éd. cit.*, t. III, p. 129.

commence à s'apercevoir qu'il faut beaucoup en rabattre. La comparaison entre deux des plus grands succès du théâtre romanesque est significative ; en 1656, le *Timocrate* de Th. Corneille s'achève sur un triomphe total du héros qui parvient in extremis à conclure la paix et à épouser sa princesse ; en 1665, au dénoûment de l'*Astrate* de Quinault la reine meurt et un évanouissement opportun évite à Astrate d'assister à une victoire dérisoire qu'il paie de la ruine de son amour. Dès lors une lassitude extrême envahit les héros amoureux ; sur un mode déjà racinien, Astrate déplore que le douloureux secret de sa naissance lui ait été révélé :

> « Laissez, laissez-moi fuir cette fatale gloire,
> Laissez-moi, s'il se peut, tâcher de n'en rien croire,
> Repousser de mon cœur cette affreuse clarté,
> Et garder de mon sort l'heureuse obscurité. » (51)

Sans doute Astrate restera-t-il fidèle aux devoirs du parfait amant, mais tout enthousiasme est définitivement perdu. Ce ne sont plus que plaintes élégiaques, larmes, abandons, langueurs, etc... Une belle image de l'amour achève de se défaire, et certains, dont Racine, sauront tirer le meilleur parti des incertitudes qui naissent de cette décomposition.

De ce point de vue, la tragédie racinienne marque le point extrême d'une évolution depuis longtemps commencée, le moment où le glissement progressif vers le « tendre » et le « doucereux » aboutit à une rupture de fait avec l'idéalisme romanesque et la conception de l'amour qu'il propose. En apparence, il n'y a pas, entre l'amant racinien et ses prédécesseurs immédiats de différence de nature ; théoriquement, son comportement est toujours déterminé par le même modèle idéal et cette nouvelle race amoureuse ne se distingue d'abord de la précédente que par une évidente tiédeur et une tendance plus marquée à l'abandon et au désespoir. Mais la filiation n'en reste pas moins évidente : les jeunes premiers raciniens conservent certains réflexes élémentaires qui montrent bien à quelle école ils ont été formés. Au dénouement de *La Thébaïde* (1664), Hémon sait mourir avec la dignité et la soumission exemplaires des amoureux « tendres » ; ses dernières paroles, telles que Créon les rapporte, en témoignent :

> « . . . . Je meurs, dit-il tout bas,
> Trop heureux d'expirer pour ma belle princesse. » (52)

---

(51) QUINAULT, *Astrate*, acte IV, scène 2, *éd. cit.*, t. III, p. 124.
(52) RACINE, *La Thébaïde*, acte V, scène 3, v. 1340-41. Britannicus, Xipharès, Achille ou Hippolyte incarnent la même perfection amoureuse.

Sans doute certains amoureux trop fougueux s'écartent-ils parfois, comme Pyrrhus, du respect et des bons usages ; dans la première préface d'*Andromaque* (1667), Racine prend bien soin d'en avertir ses lecteurs :

> « (...) j'avoue qu'il n'est pas assez résigné à la volonté de sa maîtresse, et que Céladon a mieux connu que lui le parfait amour. Mais que faire ? Pyrrhus n'avait pas lu nos romans, il était violent de son naturel, et tous les héros ne sont pas faits pour être des Céladons. » (53)

Ces précautions, probablement ironiques, semblent attester chez Racine le désir d'explorer, au-delà des zones trop connues de la convention romanesque, d'autres espaces sentimentaux ; mais il s'engage sur cette voie sans rompre avec le passé, comme à reculons, et il a soin de présenter la brutalité de Pyrrhus à la fois comme une concession à la vérité historique et comme une conduite indigne d'un homme civilisé. D'ailleurs, lorsque la violence de la passion ne l'emporte pas sur la bonne éducation, Pyrrhus sait assez bien soupirer comme se doivent de le faire les amants bien policés :

> « Haï de tous les Grecs, pressé de tous côtés,
> Me faudra-t-il combattre encor vos cruautés ? (...)
> En combattant pour vous, me sera-t-il permis
> De ne vous point compter parmi mes ennemis ? » (54)

La tragédie racinienne offre de l'amour une image assez ambiguë et sans doute bien moins novatrice que l'on serait aujourd'hui tenté de le croire.

Pour les contemporains de Racine, son théâtre présente simplement un spectacle des faiblesses amoureuses assez semblable à ce qu'ils connaissaient déjà par la tragédie romanesque à la Quinault ; ce qui les choque c'est plutôt que cette faiblesse puisse aller jusqu'à faire perdre à certains le sens de leur dignité. Dans sa *Dissertation sur le Grand Alexandre* (Cl. Barbin, 1668), Saint-Evremond ironise aux dépens de Porus :

> « Tout ce que l'intérêt a de plus grand et de plus précieux parmy les hommes, la deffense d'un pays, la conservation d'un Royaume, n'excite point Porus au combat ; il y est animé

---

(53) RACINE, *Andromaque*, Première préface.
(54) *Andromaque*, acte I, scène 4, v. 291-92 et 295-96.

seulement par les beaux yeux d'Axiane, et l'unique but de sa valeur est de se rendre recommandable auprès d'elle. On dépeint ainsi les Chevaliers errans (...). » (55)

En 1670 encore l'abbé de Villars reproche à Titus de n'être pas « un héros romain (...) mais seulement un amant fidèle qui file le parfait amour à la Celadone » (56). Il semblerait donc que, depuis l'*Astrée*, les données du problème n'aient guère changé. La difficulté est toujours d'accorder l'aspiration individuelle au bonheur et les devoirs d'état, l'amour avec la gloire : éternel dilemme que la société mondaine s'efforce de dénouer avec des fortunes diverses. Selon d'Urfé, cette réconciliation n'avait quelque chance de s'accomplir que dans l'univers marginal et utopique de la pastorale. Après lui, on a assez généralement cru que cet idéal pouvait être immédiatement réalisé et toute vie mondaine a été longuement dominée par l'espérance de trouver entre l'amour et le monde, c'est-à-dire entre l'individu et la société, un compromis viable. Mais, dès 1665-1670, le succès de cette entreprise paraît de nouveau aléatoire (et c'est pourquoi on peut, superficiellement, avoir le sentiment d'un retour en arrière vers le temps des Céladons et de la chevalerie errante). Sans renoncer vraiment à ses illusions, le public mondain aime s'attendrir sur les fables prémonitoires qui en représentent l'échec ; le spectacle touchant de l'impossibilité d'aimer sans rompre avec le monde constitue l'apport nouveau du « tendre ». Quinault et plus encore, du non moins « tendre » Racine. Mais on ne s'avise pas encore que ce théâtre prépare un vaste bouleversement de la vision de l'amour alors presque unanimement acceptée : de plus en plus tributaire des pulsions aveugles de l'instinct, cette passion, surtout après 1670, en viendra à être soupçonnée de ne pas posséder les vertus civilisatrices que lui prête l'idéologie romanesque. Bon gré mal gré, la société mondaine devra alors reconnaître qu'elle a commis sur la nature de l'amour une erreur qui l'oblige à une difficile reconversion. Même si les premiers spectateurs n'en ont pas toujours eu conscience (57), cette rupture définitive est déjà en germe dans les tragédies de Racine ; mais, faute de croire vraiment l'amour impossible et de prendre à la lettre la leçon tragique de ce théâtre, ils se sont d'abord, semble-t-il, contentés de verser de douces larmes sur des malheurs exemplaires dont ils pouvaient se croire

---

(55) SAINT-EVREMOND, *Œuvres en prose*, édition R. Ternois, t. II, p. 94-95.
(56) Abbé DE VILLARS, *Critique de Bérénice* (1670), texte cité par R. Picard, *La carrière de Jean Racine*, Gallimard, 1956, p. 162.
(57) Sur ce point, voir J.J. ROUBINE, *Lectures de Racine*, A. Colin (Coll. U2), 1971, chap. I, « Racine devant ses contemporains ».

protégés. En effet, en dehors de l'orthodoxie tendre, il existe d'autres possibilités de compromis entre l'amour et le monde ; à partir de 1650, la première génération du règne personnel de Louis XIV va s'appliquer à découvrir en ce domaine de nouvelles solutions qui définissent, dans l'histoire de la représentation de l'amour, un épisode original et peut-être assez mal connu, celui de la galanterie. Ce n'est pas avant d'avoir épuisé le champ des possibles que la société mondaine du XVIIᵉ siècle se rendra à une évidence qui condamne son rêve le plus cher.

Deuxième Partie

LA REPRESENTATION GALANTE DE L'AMOUR

Chapitre I

LE SCHISME GALANT

I — *L'amour à la mode.*

Tandis que, du côté de Tendre, on s'acharne à chercher une impossible harmonie entre la perfection amoureuse et la vie dans le siècle, aussi vainement que les géomètres du temps travaillent à réaliser la quadrature du cercle, la société mondaine semble, surtout à partir de 1650, disposée à renoncer à l'espoir d'une béatitude absolue pour se contenter de satisfactions plus immédiates et plus éphémères. L'apparente stabilité du rituel « tendre » ne doit pas faire illusion et, même si ce code amoureux continue, tant bien que mal, à prévaloir, beaucoup de choses ont changé depuis l'*Astrée*. Les actes d'hostilité ouverte contre une légalité devenue pesante se multiplient ; comme l'affirme l'abbé d'Aubignac dans son *Histoire du Royaume de coquetterie* (1655), le pays de Tendre n'est plus qu'un petit canton isolé de l'Empire amoureux où une poignée de fidèles s'enferment dans un culte nostalgique. En ce début du règne, l'avenir paraît appartenir à une nouvelle conception plus riante et plus libre de la quête amoureuse. Mlle de Scudéry est la première à déplorer la vogue grandissante de l'amour « enjoué » dont elle juge la facilité un peu vulgaire (1).

_____

(1) Mlle de Scudéry, lettre en vers datée du 28 septembre 1657 (in Rathery et Boutron, *op. cit.*, p. 268-269.)

L'opinion la plus communément répandue est bientôt que l'austérité de l'idéalisme amoureux appartient à un autre âge et qu'il
importe de vivre et d'aimer avec son temps, c'est-à-dire selon les
méthodes joyeuses et insouciantes de la frivolité galante. L'itinéraire qui passe par Constance, Soumission, Obéissance et autres
lieux semblables, dont on pouvait croire jusqu'alors qu'il était le
grand chemin de l'amour, sera de plus en plus délaissé au profit
d'autres routes plus avenantes. La vertueuse sévérité que l'on
prête aux amants de l'âge précédent est considérée comme une
pratique surannée, digne des grandes et exceptionnelles vertus
que chaque génération attribue volontiers à celles qui l'ont pré-
cédée, faute de se sentir elle-même une vocation à des comportements aussi exemplaires. Dans une lettre à un inconnu publiée
parmi ses *Œuvres* (1664), Brébeuf se plaint que certaines vieilleries
amoureuses encombrent encore les recueils collectifs de poésie :

> « Je ne sçaurois pas mesme souffrir dans le Recueil des
> beaux vers de ce temps un grand nombre de plaintes, d'absen-
> ces, et de jouissances, qui ne chantent quasi que la mesme
> chose. (...) Quand ils [ces auteurs] me viennent dire qu'ils ont
> asservy leur raison en une adorable prison, je voudrois avoir
> la liberté de les élargir, afin qu'ils me laissassent en repos ;
> et si j'avois le pouvoir d'éteindre la flâme qui consomme leur
> âme, je vous jure que je les sauverois bientost de ce périlleux
> embrasement... » (2).

Ce sentiment d'agacement reflète assez bien l'opinion commune.
Très nombreux sont ceux qui proclament qu'il y a quelque chose
à changer dans le royaume de l'Amour ; on répète à l'envi qu'il est
ridicule d'aimer comme on aimait jadis. En effet la particularité
la plus notable de cette nouvelle galanterie est de se définir par
rapport à une ancienne manière d'aimer qu'elle ne cesse de prendre
pour référence, encore que ce soit pour affirmer qu'il convient de
faire exactement l'inverse de ce qu'elle prescrivait.

L'amour galant se réclame donc de la nouveauté ; il est
« l'amour à la mode » tel que le décrit Th. Corneille dans une
comédie qui porte précisément ce titre. Tout au long de cette
pièce, qui date de 1651, le jeune Oronte, pendant les quelques
moments de repos que lui laissent deux ou trois intrigues amoureuses menées de front, donne à son valet Cliton une série de leçons
sur ce nouvel art d'aimer. C'est un cours de galanterie qu'il pro-

---

(2) BRÉBEUF, *Œuvres de M. de B., nouvellement mises au jour*, J.B. Loyson ou J. Ribou,
1664, t. I, p. 142-143, lettre 50 à M°°°.

fesse ainsi devant un auditeur étonné et admiratif ; pour une fois, un valet de comédie en sait moins long que son maître sur un tel sujet. Les principes sont simples : il faut prendre le contrepied de l'éthique romanesque, être inconstant, infidèle, insincère, toutes qualités négatives qui font le parfait amant selon le nouveau style. L'essentiel est de ne pas donner prise à la seule accusation qui, pour un amoureux galant, est vraiment infamante, celle d'aimer à l'ancienne mode. La coquette Dorotée, digne partenaire du galant Oronte (l'auteur, par ironie, les marie au dénoûment), montre le même dédain pour tout ce qui, en matière amoureuse, ne serait pas au goût du jour ; elle n'a que mépris pour Eraste, l'un de ses soupirants, dont elle parle ironiquement comme d'un

> « .... galant d'importance
> Et propre en un besoin à mourir de constance,
> Mais si fort hors du monde et du temps de jadis,
> Qu'il le disputerait à tous les Amadis » (3).

Ce même sentiment de réformer des mœurs amoureuses désuètes et de découvrir un nouveau mode d'expression amoureuse, libre, joyeuse et sans contraintes est largement répandu dans toute la littérature galante. C'est la leçon que, dans ses *Mémoires*, Bussy-Rabutin entend tirer de ses premières expériences amoureuses ; s'il faut l'en croire, son éducation sentimentale a consisté en la découverte de certaines méthodes hardies et expéditives que lui cachait une fausse idée de l'amour imposée par on ne sait quelle tradition rétrograde :

> « si elle m'eût laissé faire, je m'étais formé une idée si ridicule du respect qu'on devait aux dames, qu'elle serait morte des pâles couleurs auprès de moi ; mais elle connut mon génie (...).

Quelques années plus tard Bussy, maintenant convaincu de l'efficacité de la méthode, s'est fait sur ce sujet une philosophie définitive :

> « Depuis ce temps-là, je n'ai point douté que la hardiesse en amour n'avançât fort les affaires ; je sais bien qu'il faut aimer avec respect pour être aimé ; mais assurément pour être

---

(3) *L'Amour à la mode*, acte II, scène 3 (in *Théâtre complet*, p. p. Ed. Thierry, Laplace, Sanchez et cie, 1881, p. 92).

récompensé il faut entreprendre, et l'on voit plus d'effrontés réussir sans amour, que de respectueux avec la plus grande passion du monde » (4).

Malgré une concession de pure forme au respect que l'on doit à l'être aimé, il est évident que le jeune Bussy affiche sur l'amour des idées résolument non conformistes et qu'il fait bon marché des scrupules surannés de la « vieille » galanterie.

Entre 1650 et 1670, les déclarations qui fustigent la timidité des amants de l'ancien temps deviennent monnaie courante ; il est de bon ton de moquer leurs lenteurs larmoyantes et l'excessive soumission qui les paralyse. Dans l'*Histoire amoureuse des Gaules*, Mme d'Olonne laisse entendre au financier Janin de Castille qu'elle a été beaucoup plus sensible à un solide don de 10.000 francs qu'à toutes les jérémiades qu'aurait pu lui inspirer un désespoir d'amour selon les formes requises :

> « (...) je suis tellement rebutée de ces façons, et les soupirs et les langueurs sont à mon gré une si pauvre marchandise et de si faibles marques d'amour, que, si vous n'eussiez pris avec moi une conduite plus honnête, vous eussiez perdu vos peines toute votre vie » (5).

Car il va de soi que les espèces de Janin ne le dispensent pas de pousser quelques soupirs de pure forme. Si le dévergondage bien connu de Mme d'Olonne rend son témoignage suspect, l'auteur anonyme des *Amours de Madame* prête à Henriette d'Angleterre une remarque identique à propos d'une déclaration d'amour du comte de Guiche à son gré trop enveloppée :

> « Il me semble que dans notre siècle on a pris de plus courts chemins pour faire l'amour que l'on ne faisait autrefois. On prétend que ceux qui ont tant de considérations n'aiment que médiocrement ; quand votre passion sera aussi grande que vous le croyez vous parlerez sans doute... » (6).

Le personnage d'Henriette d'Angleterre a été pour beaucoup de

---

(4) Bussy-Rabutin, *Mémoires*, édition Lalanne, Marpon, 1857 et 1882, t. 1, p. 31 et p. 99.
(5) *Histoire amoureuse des Gaules*, (édition A. Adam, p. 42).
(6) *Histoire amoureuse des Gaules* (...) suivie des romans historico-satiriques du xviiᵉ siècle, recueillis et annotés par C. L. Livet, P. Jannet, 1856, t. II, p. 370.

ses contemporains le symbole de cette libération des esprits et des âmes. Il existe en effet un rapport étroit entre la diffusion de l'éthique galante et l'état d'esprit qui règne à la même époque, à la cour, dans l'entourage immédiat du Roi. La lecture des *Mémoires* de Mme de Motteville ou de ceux de Mlle de Montpensier apporte sur ce point des renseignements précieux et concordants ; on y voit se former autour du jeune Roi une « jeune » cour, galante et joyeuse, dont les animateurs sont des grands seigneurs aux mœurs assez libres comme Vardes, Guiche, Villeroy ou Lauzun qui tour à tour font plus ou moins figure de favoris ; certaines grandes dames dont la comtesse de Soissons donnent le ton ; le Roi lui-même s'émancipe et semble fort disposé à goûter librement et sans contraintes les plaisirs de la vie et de l'amour. L'existence que l'on y mène est faite de bals, de carrousels, de divertissements variés et d'inextricables intrigues amoureuses, sous la houlette bienveillante du duc de Saint-Aignan, ordonnateur des plaisirs royaux et de ce fait parfois connu, de manière peu flatteuse, sous le pseudonyme de duc de Mercure. Cette « jeune » cour se heurte à l'hostilité non déguisée d'une « vieille » cour dévote et puritaine qui se regroupe, jusqu'à sa mort, autour de la Reine-mère Anne d'Autriche ; l'antagonisme de ces deux factions est important pour comprendre la mentalité courtisane et mondaine et explique sans doute beaucoup d'aspects de quelques affaires célèbres comme par exemple la querelle du *Tartuffe*. Aussi longtemps que le Roi lui restera fidèle, cet idéal galant pourra s'affirmer sans trop se soucier des résistances qu'il rencontre ; il arrivera cependant que le Roi, arbitre de toutes choses, juge que quelques-uns de ses protégés vont trop loin et il s'en suit certaines disgrâces retentissantes.

Pour en revenir à la littérature, la trace de cet état d'esprit nouveau apparaît même là où l'on s'attendrait le moins à la trouver, dans le *Dictionnaire des Prétieuses* de Somaize (1660). Cet ouvrage marque à plusieurs reprises une distinction très nette entre les anciennes précieuses qui appliquent encore des maximes d'une antique sévérité et les « nouvelles » précieuses dont la morale est beaucoup moins rigoriste. Ces anciennes précieuses dont le blason, qui porte « quatrième d'azur un cœur armé à cru » (7), est aussi éloquent que le seraient des armes parlantes, pratiquent une politique amoureuse qui a pour unique loi le refus de toute faiblesse envers leurs soupirants ; conformément aux principes de l'éthique « tendre », elles ne doivent rien pour la bonne raison que tout leur est dû. Mais Somaize ne manque pas de rappeler que cette extrême sévérité ne paie plus et que la mode est main-

---

(7) *Dictionnaire des Précieuses* « Blazon », édition Livet, t. I, p. 28.

tenant à des mœurs plus accommodantes. C'est dans cet esprit qu'il commente le cas de Didon dont la ruelle serait déserte parce qu'elle a prétendu ignorer ce changement :

> « Didon est une prétieuse de qualité qui, pour avoir eu trop d'amans et les avoir traittez trop mal, a presque été abandonnée de tous : car, en ce temps, la mode est venue que les amans ne veulent plus estre si mal traittez ; qu'il faut leur promettre, ou leur donner lieu d'espérer, la fierté et la froideur n'estant plus des vertus propres à les conserver, dans un temps où la cruauté n'est plus de mise » (8).

L'amour gémissant, désespéré et platonique a donc cessé de plaire, vive l'amour gai et sans contrainte ; c'est à peu près ce que répètent tous les auteurs galants à partir de 1650. Ils annoncent sur le mode dithyrambique l'avènement d'une ère nouvelle qui fait succéder l'épanouissement à la contention, la joie d'aimer aux souffrances qu'enduraient les martyrs de l'amour, l'immoralisme « galant » au puritanisme « tendre ». Malheur à ceux et à celles qui ne s'aviseraient pas du changement intervenu dans l'empire amoureux : les unes risqueraient de se retrouver solitaires comme la Didon de Somaize, les autres feraient figure d'Allemands comme les amants retardataires que raille Sarasin :

> « Thyrsis, la plupart des amants
> Sont des Allemands
> De tant pleurer,
> Plaindre, soupirer
> Et se désespérer (...)
>   Il faut, pour être vrai galant,
> Etre complaisant,
> De belle humeur,
> Quelquefois railleur,
> Et quelque peu rimeur ;
>   Les doux propos et les chansons gentilles
> Gagnent les filles,
> Et les Amours
> Qui sont enfants, veulent rire toujours » (9).

Ainsi, s'il faut en croire ses adeptes, la galanterie révèle une manière d'aimer qui rend ridicules et caduques les attitudes autrefois en honneur. C'est, au plein sens du terme, une révolution

---

(8) *Dictionnaire des Précieuses*, t. I, p. 78.
(9) *Œuvres de J.F. Sarasin*, Champion, 1926, t. I, p. 313-314.

puisque cet ordre nouveau s'accompagne d'un bouleversement complet des valeurs traditionnelles ; la nouvelle galanterie prétend instaurer une méthode diamétralement opposée à celle qu'elle répudie et imposer une définition des rapports amoureux qui est juste le contraire de celle qui avait été auparavant universellement admise. Il n'est pas jusqu'au dogme de l'initiative masculine qui soit lui aussi rejeté ; l'abbé Cotin, dans ses *Œuvres galantes* (1663) constate que

> « C'est aujourd'hui la mode que les femmes fassent les avances » (10).

A la limite, c'est la vision d'un monde amoureux renversé et inversé qui est ainsi proposé. La littérature galante reconstitue l'histoire de la sensibilité comme si du jour au lendemain la vieille civilisation courtoise avait sombré pour faire place à une liberté jusqu'alors inconnue.

Un peu plus tard on en viendra même à considérer que le platonisme appartient à la préhistoire et que les générations précédentes, ignorantes des progrès de la galanterie, se privaient des joies de l'amour à force d'obscurantisme romanesque. Dans une lettre du 5 janvier 1674, Mme de Sévigné raconte à sa fille, à bride abattue comme toujours, un petit incident de la vie à la cour. Un jour, le jeune Dauphin (il a à peine treize ans) apprend que la Maréchale de Schomberg a été autrefois aimée de son grand-père Louis XIII :

> « Monsieur le Dauphin voyoit l'autre jour Mme de Schomberg ; on lui contoit comme son grand-père en avoit été amoureux ; il demanda tout bas : « Combien en a-t-elle eu d'enfants ? ». On l'instruisit des modes de ce temps-là » (11).

Fils d'un père galant, le jeune Monseigneur s'étonne que son aïeul ait pu en user moins librement avec ses maîtresses ; c'est alors qu'on le met au fait de ce qu'il ignore encore : sous Louis XIII on aimait à l'ancienne mode, c'est-à-dire avec la même retenue que dans les romans de l'époque. Nul doute qu'historiquement la conduite de Louis XIII ne puisse s'expliquer par d'autres mobiles ; l'important est de constater que la littérature galante semble avoir imposé à la mentalité mondaine l'idée (objectivement fausse selon toute probabilité) que les mœurs amou-

---

(10) Abbé COTIN, *Œuvres galantes en prose et en vers*, J.B. Loyson, 1663, p. 244. Même opinion dans l'*Histoire amoureuse des Gaules*, éd. A. Adam, p. 31.
(11) Mme DE SÉVIGNÉ, *Lettres*, p. p. Gérard-Gailly, Gallimard, t. I, p. 670.

reuses ont complètement changé entre le règne de Louis XIII et celui de Louis XIV et que la liberté en amour est une conquête récente. C'est ici qu'apparaît toute la différence entre l'histoire littéraire et l'histoire des mœurs ; la littérature interprète l'événement, lui confère une signification qu'il n'avait vraisemblablement pas à l'origine. Mais, et c'est là sa revanche, lorsqu'elle a récrit l'histoire à sa manière, la vision des choses qu'elle propose est souvent plus « vraie » que la vérité elle-même.

Par un singulier avatar du sentiment patriotique, cette diffusion de la galanterie tend même à devenir une affaire nationale ; pour les Français en effet l'esprit galant en vient à constituer une notable et originale contribution de leur nation à la civilisation universelle et doit rester une prérogative presque exclusive du peuple qui en est l'inventeur. La première des *Loix de la Galanterie* (1644) de Ch. Sorel pose déjà ce principe :

> « Nous, Maistres souverains de la Galanterie, (...) avons arresté qu'aucune autre Nation que la Françoise ne se doit attribuer l'honneur d'en observer excellemment les préceptes, et que c'est dans Paris, ville capitale en toutes façons, qu'il en faut chercher la source » (12).

Cette déclaration nationaliste (et secondairement anti-provinciale) ne reste pas sans échos ; le développement du phénomène galant, à peu près contemporain des premières grandes manifestations de l'hégémonie française, s'intègre tout naturellement dans le climat ambiant d'exaltation de la supériorité nationale et parisienne. Du même état d'esprit procède la curieuse étymologie que propose Ménage dans son volumineux recueil sur les *Origines de la Langue française* (1650) à la rubrique « Galand, Galanterie » :

> « Puisque Jules César Scaliger et Vossius tiennent que *gaillard* est formé de *Gallus*, à cause de la hardiesse et de l'agilité des Gaulois ou François ; il me sera bien permis de dire que *galand* et *galanterie* viennent de mesme origine » (13).

Les étrangers de leur côté prirent très vite l'habitude de considérer comme un travers de l'esprit français toute velléité de scepticisme outré en matière amoureuse. Ainsi se constitue une

---

(12) Ch. SOREL, *Les Loix de la Galanterie*, p. p. L. Lalanne, A. Aubry (Le trésor des pièces inédites ou rares, t. III), 1885-1862, p. 1-2.
(13) G. MÉNAGE, *Dictionnaire étymologique de la langue françoise ou Origines de la langue françoise*, p. p. A.F. Jault, Briasson, 1750.

image de l'amour « à la française » dont l'importance et la durée outrepassent largement la galanterie proprement dite et qui sera encore assez vivace, bien des années plus tard, pour susciter chez Stendhal une indignation à laquelle nous devons quelques-unes des meilleures pages de son essai *De l'Amour* (14).

II — *Les précurseurs de la galanterie.*

C'est donc, pour la génération de 1660, un point acquis : elle s'arroge le mérite d'avoir redonné le goût de vivre et d'aimer aux désespérés jusqu'alors si nombreux parmi les sujets de l'Amour. Elle a très nettement le sentiment d'innover en ce domaine et de mener à bien une nécessaire entreprise de libération en permettant à tous de redécouvrir le plaisir d'aimer sans contraintes.

En 1667, l'abbé de Torche (à moins qu'il ne s'agisse du grenoblois J. Alluis, car l'attribution reste incertaine) annonce dans *Les Démeslés de l'Esprit et du Cœur* la récente découverte d'une « île charmante » sur laquelle règne la Princesse Galanterie ; c'est une terre où il fait bon aimer depuis que l'on en a chassé la secte ridicule des « précieuses » :

> « On a découvert de nos jours une Isle charmante qu'on appelle l'Isle de la Ruelle ; il y règne une Princesse, dont le mérite est connu par toute la terre, et qui se fait admirer par ses agrémens et par ses charmes, c'est la princesse Galanterie.
>
> Il n'est rien de si charmant qu'elle,
> C'est la merveille de nos jours ;
> Sans elle le Dieu des amours
> Languit et ne bat que d'une aile.
>
> Les sujets qui lui obéissent ont tous l'esprit bien tourné, ils passent leur vie parmy les jeux et les plaisirs, les belles conversations entretiennent la délicatesse de leur esprit, et vous les voyez toujours prêts à exécuter avec grâce toutes les volontez de leur Princesse. (...)
>
> Cette Isle fut autrefois infectée par une secte ridicule, qu'on appeloit la secte des Précieuses, qui avoit introduit des mots nouveaux et des manières bizarres... (15).

---

(14) De semblables réactions sont très probablement le point de départ d'un mythe très vivace, celui du Français galant et volage.
(15) J. Alluis, *Le Démeslé de l'Esprit et du Cœur*, 1667, p. 1-3.

Il importe peu, pour le moment, que les précieuses aient remplacé les amants de l'ancien temps dans le rôle ingrat d'adversaire de la joie de vivre galante. La bonne nouvelle qu'annonce J. Alluis en 1667 est l'enseignement majeur de l'évangile galant : on vient de découvrir le moyen de réconcilier le plaisir et l'amour.

Il y aurait donc eu une vieille galanterie chaste, ennemie de la joie et rétrograde qui, heureusement, aurait fini par céder le pas et disparaître au profit d'une vision de l'amour plus souriante et plus humaine. Telle est du moins la version des faits le plus souvent donnée par la littérature galante. De 1650 à 1670 on ne cesse d'annoncer la fin d'un ancien amour qui à chaque fois renaît de ses cendres. En fait la « nouvelle » galanterie n'impose que lentement sa manière propre de concevoir les relations amoureuses et sa philosophie de l'amour qui proclame que l'inconstance joyeuse n'est pas incompatible avec l'élégance la plus raffinée. Il est donc permis, avec prudence, de parler à partir de 1655 environ d'une certaine prédominance galante dans la mesure où l'idéalisme romanesque depuis longtemps déjà en décadence, tend à s'enfermer dans des affirmations insoutenables ; mais il ne faut pas donner à ce mouvement lent et continu l'allure d'une révolution. On ne serait pas en peine de trouver aux galants de 1650 de nombreux précurseurs. Comme le fait justement remarquer le valet Cliton à son maître Oronte exagérément fier de son art de séduire :

« Hylas, tant qu'il vécut, ne l'entendit pas mieux » (16).

Il faut ajouter que les jeunes gens si prompts au « change » que Corneille mettait en scène dans ses premières comédies pratiquaient eux aussi, sans le savoir, l'amour à la mode. Enfin, et le fait est d'importance car il montre un premier passage de la théorie littéraire à la pratique mondaine, l'atmosphère joyeuse et détendue qui régnait à l'Hôtel de Rambouillet annonce très directement l'art de vivre galant. En effet, comme le rappelle très opportunément A. Adam, « l'Hôtel est d'abord un monde où l'on s'amuse » (17) et l'amour est parmi tous les jeux celui que l'on pratique avec le plus de persévérance. L'esprit galant, c'est-à-dire un compromis entre une certaine liberté d'allure et de langage et les exigences de la politesse mondaine, semble bien avoir trouvé pour la première fois son plein épanouissement dans l'entourage de Mme de Rambouillet qui n'était pas la grande dame austère et compassée que

(16) Th. CORNEILLE, L'Amour à la mode, acte I, scène 3.
(17) A. ADAM, Histoire de la littérature française au XVIIᵉ siècle, Domat, 1956, t. I, p. 263 et sq.

l'on a cru ; quant à son entourage, il fut ouvert à toutes les nouveautés et passablement hétérodoxe en fait de morale amoureuse.
Le *Menagiana* a sur ce point un mot très juste lorsqu'il affirme :

> « A l'Hôtel de Rambouillet il n'y avoit que de la galanterie
> et pas d'amour » (18).

Ceci veut dire, et c'est l'exacte vérité, que l'on n'y prenait
pas les choses très au sérieux et que si les formes traditionnelles
de la courtoisie y étaient encore souvent respectées, c'était surtout
par manière de jeu. Dans les lignes qui suivent cette remarque, le
Menagiana cite d'ailleurs celui qui porte la responsabilité de ce
nouveau style amoureux : Voiture, l' « âme du rond », dont l'influence grandissante et l'incorrigible penchant pour la plaisanterie
donne à la société de la Marquise de Rambouillet l'habitude de
badiner avec l'amour.

En cette matière Voiture fait, de son vivant, figure d'initiateur
et son œuvre contient déjà l'essentiel de l'apport de la galanterie
à la description de l'amour ; d'ailleurs, après sa publication tardive
et posthume en 1650, elle devient une sorte de bréviaire de la
société mondaine et galante comme en témoignent de très nombreuses rééditions tout au long du siècle. Dans ses poésies, comme
dans les célèbres lettres, se trouve déjà la première mise en œuvre
systématique des procédés parodiques de la littérature « enjouée »
telle que la pratiqueront après 1650 tous les écrivains galants.
Ceux-ci ne seront pas ingrats et reconnaîtront unanimement Voiture pour leur maître. Lorsque Le Pays par exemple cherche à
établir la généalogie de sa propre Muse qui répond au doux nom
d'Amourette, il n'hésitera pas un instant à en faire la fille de la
Muse de Voiture ; la parenté est, selon Le Pays, aussi directe
qu'évidente comme en témoigne une étonnante ressemblance entre
la mère et la fille :

> « Cet air enjoué qu'elles ont toutes deux, ce caractère galant
> et facile qu'on voit dans l'une et dans l'autre en sont des preuves
> convaincantes » (19).

Cette opinion sur le rôle de Voiture est à ce point répandue
et acceptée qu'elle reçoit bientôt la consécration suprême de toute

---

(18) *Menagiana*, Delaulne, 1729, t. II, p. 8.
(19) *Titres de noblesse de la Muse Amourette*, in *Les nouvelles œuvres de M. Le Pays*,
Barbin, 1672.

vérité reçue, l'entrée dans le dictionnaire ; celui de Richelet (1679)
assimile tout bonnement la personne et l'œuvre de Voiture à l'idée
même de galanterie. Pour illustrer le mot « original » pris dans
le sens de « qui est le premier par excellence en une sorte de
choses », il a recours à cet exemple :

> « Voiture est l'unique original des choses galantes » (20).

Pour la génération de 1660 il est donc certain que Voiture,
mort le 26 Mai 1648, est le premier et le plus grand des écrivains
galants.

Mais, s'interrogeant toujours sur l'ascendance de la Muse
Amourette, Le Pays ajoute :

> « La Muse de Voiture avait deux sœurs qui se ressemblaient
> admirablement, et dont les beautés ont fait des amants de tous
> ceux qui les ont regardées. La galanterie et la douceur de Sara-
> sin et de Benserade font bien voir que c'est chez eux que sont
> logées les deux sœurs de qui je parle ».

De ces deux nouvelles muses initiatrices de la galanterie, il
faut surtout retenir celle de Sarasin, mort lui aussi prématurément
en Décembre 1654, et dont le nom est souvent, et à juste titre,
associé à celui de Voiture. Son œuvre est en effet d'inspiration
très franchement galante ; tout autant que Voiture, il a contribué
à répandre et à illustrer cette manière légère et enjouée de parler
de l'amour qui fut considérée par les contemporains comme l'une
des contributions les plus originales de l'époque à l'histoire de
la poésie et des lettres. Dans la préface qu'il donne en 1663 à
l'édition des *Œuvres* de Sarasin, Pellisson le classe d'abord parmi
les spécialistes « de la Poésie galante et enjouée, à laquelle il
s'est principalement occupé » ; puis, esquissant en un vaste tableau
une histoire de la poésie française de Marot à Sarasin, il évoque le
renouveau de l'inspiration galante qui lui paraît, à un siècle de
distance, renouer avec la tradition marotique :

> « (...) les grands génies de Ronsard, de du Bellay, de Belleau,
> du Cardinal de Perron, de Desportes, de Bertaud et de Malherbe
> plus graves et plus sérieux [que Marot et ses disciples] l'avoient
> emporté par dessus les autres et nos Muses commençoient à
> estre aussi sévères que ce Philosophe de l'Antiquité, qu'on ne
> voyoit jamais rire. Monsieur de Voiture, qui pourroit lui refuser

---

(20) P. RICHELET, *Dictionnaire françois*, Amsterdam, Elzevir, 1706 (1re édition, Genève, 1679).

cette louange ? vint alors avec un esprit très galant et très
délicat, et une mélancolie douce et ingénieuse, de celles qui
cherchent sans cesse à s'égayer. (...) Sarasin rendit grâces à
la Fortune de l'avoir fait naistre en un Siècle dont le goust
étoit si conforme au sien » (21).

La galanterie se trouve donc maintenant bien enracinée dans
l'histoire des lettres et de la poésie françaises, et surtout beaucoup
plus justement définie.

Il n'en reste pas moins très difficile de cerner avec précision
la nature du phénomène. De toute évidence il s'est passé quelque
chose d'important dans l'ordre de la sensibilité amoureuse aux
alentours de 1650 et la représentation de l'amour dans la littérature
et la société mondaines s'en trouve nettement modifiée. Cependant
si l'on s'en tient aux thèmes développés, il n'en est aucun qui
soit vraiment nouveau : exalter les vertus de l'inconstance n'a
rien en soi de très original et il s'est toujours rencontré à divers
moments de « mauvais » esprits prêts à plaider les « mauvaises »
causes. En ce sens il est tout à fait exact de dire que la galanterie
louisquartorzienne ne crée rien de neuf et que tous les éléments
qui la composent préexistaient de longue date. Ce n'est donc pas
sans une notable exagération que beaucoup de ses laudateurs donnent l'amour galant pour une trouvaille dont le mérite leur reviendrait et décrivent son avènement comme un bouleversement brutal
des valeurs établies. Cette « révolution » dans l'empire amoureux,
dont la génération de 1660 s'attribue souvent le mérite, a eu,
ainsi que toutes les révolutions, des précurseurs. Mais il y a un
fonds de vérité dans les déclarations de ces zélateurs maladroits
qui à force de vouloir trop prouver se rendent suspects de supercherie. Le phénomène galant se situe au point de convergence entre
une tradition littéraire hétérodoxe et un fait de civilisation ; il
n'existe vraiment que du jour où la société mondaine attribue
quelque valeur à ce qu'elle considérait jusqu'alors comme un
jeu sans conséquence. Ainsi s'explique qu'un état d'esprit nouveau
puisse naître à partir d'éléments anciens. Ayant enfin trouvé, ou
retrouvé, un terrain favorable, la thématique galante s'affirme et
s'épanouit ; cette période heureuse durera à peu près aussi longtemps que cette rencontre précaire entre la sensibilité mondaine
et un mode d'expression de l'amour. Voilà pourquoi l'âge d'or de
la galanterie se situe précisément au XVIIᵉ siècle entre 1650 et 1670.
C'est ce qu'a très bien senti Mlle de Scudéry qui pourtant ne
goûtait que médiocrement cette forme de sensibilité. Dans la qua-

(21) *Œuvres de M. Sarasin*, Billaine, 1663, p. 50 et 51.

trième partie de la *Clélie,* à la faveur de l'une de ces vastes prophéties à la mode virgilienne qui permettent si commodément de décrire le présent par l'entremise d'un devin censé prédire l'avenir, elle fait lire par Amilcar (c'est le nom que porte Sarasin dans le roman) ces « prédictions » de Calliope sur l'avenir de la poésie :

> « En ce mesme temps on chantera mille aimables chansons en France, qui contiendront agréablement toute la morale de l'amour, et ce sera principalement en ce siècle-là qu'on verra un caractère particulier de la Poésie galante et enjouée où l'on meslera ensemble de l'amour, des louanges et de la raillerie... » (22).

Calliope qui n'éprouve aucune difficulté, et pour cause, à connaître l' « avenir », définit très justement le « caractère particulier » du siècle tel qu'il est perçu par un observateur lucide à la date de 1658.

Cette mutation de la mentalité mondaine peut être symboliquement représentée par l'évolution des jugements portés sur Hylas qui incarne l'opposition la plus irréductible à la métaphysique « tendre » ; sa réhabilitation correspond à un changement profond de la signification donnée à la recherche amoureuse. En même temps que lui se trouvera réhabilitée l'idée que l'amour doit avant tout contribuer à la satisfaction des désirs et à l'épanouissement de l'invidu. Hylas reste en effet le porte-parole le plus autorisé de l'hérésie galante ; c'est lui qui le premier paya d'audace et se risqua à porter atteinte aux Lois de l'Amour avec l'intention de démontrer qu'il était très possible de fonder une nouvelle éthique amoureuse dont les maximes seraient tout simplement l'envers des principes du parfait amour. On se souvient qu'il poussa l'effronterie jusqu'à falsifier les Tables d'Amour gravées par Céladon à l'entrée du temple de verdure élevé en l'honneur d'Astrée ; et non content de ce premier sacrilège il proposa ironiquement à sa maîtresse Phillis de se soumettre à ces lois, sans l'avoir, bien sûr, mise au fait des modifications qu'il avait apportées au texte primitif (23). Or dans l'*Astrée* Hylas reste un isolé qui prêche son immoralisme dans le désert et que personne ne prend au sérieux ; on ne sait même pas s'il croit lui-même à ses propres paradoxes. En tout cas aucune bergère ne se laisse convaincre par ses rai-

---

(22) Mlle DE SCUDÉRY, *Clélie,* t. VIII, p. 866.
(23) L'*Astrée*, édition H. Vaganay, t. I, p. 194-197 « Tables d'amour falsifiées par l'inconstant Hylas » ; ce sont celles de Céladon, mais quelques corrections astucieuses ont permis à Hylas d'en inverser complètement le sens.

sonnements et il est le premier à se plaindre du crédit selon lui excessif que l'on accord aux théories de Silvandre :

> « (...) vous croyez toutes Silvandre comme un oracle, et sous prétexte qu'il a esté quelque tems aux escholes des Massiliens, vous admirez tout ce qu'il dit et vous semble qu'il a toujours raison » (24).

J. Erhmann a tout à fait raison de dire qu'en toute circonstance dans le roman on rit d'Hylas, mais que jamais on ne rit avec lui (25). Son rôle d'avocat du diable le confine dans une solitude orgueilleuse et difficile : il est « un monstre en amour, c'est-à-dire hors de la nature des autres amants » (26).

Avec l'avènement de la galanterie, la situation change et le rapport des forces se trouve inversé. Pour toute la littérature galante, Hylas devient un maître à penser dont les leçons sont largement suivies et écoutées, ce qui n'était sans doute pas dans les intentions d'Honoré d'Urfé. En 1669, l'un des personnages du très « galant » roman de La Fontaine, *Les Amours de Psyché et de Cupidon,* le souriant Gélaste lui accorde même sans marchander la première place :

> « Savez-vous quel homme c'est que l'Hylas de qui nous parlons ? C'est le véritable héros d'*Astrée* : c'est un homme plus nécessaire dans le roman qu'une douzaine de Céladons » (27).

L'interprétation de l'*Astrée* que propose Gélaste n'est peut-être pas très orthodoxe ; mais il n'est pas dans l'esprit de la galanterie de défendre les orthodoxies, et Gélaste laisse ce soin à son contradicteur Ariste. Quant à La Fontaine, il reconnaît sans beaucoup de difficulté que son penchant irait à suivre le « goût du siècle » qui selon lui « se porte au galant et à la plaisanterie » (28). La *Relation d'une revue des troupes de l'Amour* (1667) par Mme de Villedieu confirme ce point de vue ; la jeune Iris regarde défiler les régiments qui composent l'armée amoureuse et ne cache pas sa préférence pour le « Régiment des cœurs galants » :

> « Ce dernier Régiment lui plut au dernier point ; et en effet c'étoit le plus magnifique et le plus brillant des troupes

---

(24) L'*Astrée*, t. II, p. 385.
(25) J. ERHMANN, *op. cit.*, p. 48.
(26) L'*Astrée*, t. IV, p. 490.
(27) *Les Amours de Psyché et de Cupidon*, Livre I (édition J. Marmier, p. 423-424).
(28) *Ibidem*, Préface, p. 404.

de l'Amour. Il est orgueilleux de cent victoires mémorables, accoûtumé à prendre d'assaut tout ce qu'il attaque, mais sujet à perdre bientôt les conquêtes » (29).

Quant au « Régiment du Parfait Amour », signe des temps, il ferme la marche.

III — *Une double image de l'amour : l'amour « tendre » et l'amour « galant ».*

La galanterie est donc un phénomène parasite qui se développe au détriment de la sensibilité tendre, mais conserve avec elle des liens toujours très étroits encore que contradictoires. Au « monisme » de la tradition romanesque l'ère galante substitue un « dualisme » qui durera autant que la galanterie elle-même. Que cette dichotomie constitue le dernier mot de la philosophie amoureuse d'une époque, il en est de multiples témoignages. Toute la géographie amoureuse était déjà fondée sur cette division bipolaire, et chaque fois qu'un auteur tente de donner par le moyen de cette fiction commode une vision globale de l' « empire amoureux », cette démarcation reparaît. Pour explorer l'*Isle de Portraiture* (1659) (30), Charles Sorel a besoin de deux guides compétents en matière amoureuse : il se fait accompagner par deux personnages allégoriques qui incarnent chacun l'une des deux grandes manières de concevoir l'amour. Ce couple antithétique est composé d'Eritime, le parfait amant, et de Gélaste qui, comme son nom l'indique, serait plutôt porté à l'ironie ; il faut en effet le secours de deux cicerones pour visiter le pays fort galant qu'est l' « isle de Portraiture ». En tête de ses *Œuvres galantes* (1663) l'abbé Cotin fait figurer deux essais antithétiques dont le premier s'intitule « l'amour commode » et le second « l'amour parfait ».

La même opposition reparaît constamment dans la littérature entre 1660 et 1670 et sous les formes les plus diverses. Lorsque Bussy-Rabutin cherche à définir dans son « Histoire de Madame de Cheneville » la stratégie amoureuse de sa cousine Mme de Sévi-

---

(29) Mme de VILLEDIEU, *Relation d'une revue des troupes de l'Amour*, Cologne, P. Michel, 1667.
(30) Ch. SOREL, *Description de l'Isle de Portraiture et de la ville des Portraits*, Ch. de Sercy, 1659.

gné, il a recours pour parler de ses soupirants à une classification
de même nature :

> « Elle aime généralement tous les hommes (...) ; et, parmi
> les amants, elle aime mieux les gais que les tristes ; les mélan-
> coliques flattent sa vanité ; les éveillés, son inclination ; elle se
> divertit avec ceux-ci, et se flatte de l'opinion qu'elle a bien du
> mérite d'avoir pu causer de la langueur à ceux-là » (31).

Si l'on ne tient pas compte des amis qui bénéficient d'un statut
particulier, l'humanité aimante se divise en deux classes : les
mélancoliques et les enjoués. La parfaite coquette qu'est, d'après
Bussy, Mme de Sévigné sait adapter sa conduite à ce double visage
de l'amour ; elle parle à chacun son langage, recherche avec les
tristes les satisfactions d'amour-propre qu'une femme peut attendre d'adorateurs muets tandis que l'insouciance des enjoués est
davantage selon sa nature. Au bout du compte elle se joue d'ailleurs
des uns comme des autres, car une coquette parle toutes les
langues de l'amour mais fait comme si elle n'en entendait aucune.

Quelques années plus tard, et de manière plus poétique, Molière,
dans la scène 3 du *Sicilien* (1667), met en scène un trio de bergers
musiciens qui donnent une sérénade : deux sont accablés de langueur et ne cessent de gémir tant sont intolérables les souffrances
que leur cause l'amour, le troisième au contraire respire la joie
de vivre bien qu'il soit lui aussi amoureux. Dans la scène précédente, une discussion avait opposé le maître qui donne la sérénade
à son valet Hali sur la meilleure manière de chanter l'amour. Le
maître tenait pour « quelque chose de tendre et de passionné »
tandis que le valet distingue en la matière le « bémol » et le
« bécarre », c'est-à-dire le ton passionné et le ton moqueur, qui
d'après lui peuvent être indifféremment employés en de semblables
circonstances. Ainsi, en amour comme en musique, il existe deux
modes fondamentaux pour l'expression des sentiments : un mode
mineur plaintif et tendre, un mode majeur gai et joyeux.

Clymène, ébauche de comédie qu'il insère dans la troisième
partie de ses *Contes* publiée en 1671 (mais le texte est sans doute
nettement plus ancien), permet à La Fontaine de présenter en
termes analogues les incertitudes de la poésie amoureuse. Apollon
se plaint d'abord que la légèreté du siècle ait à peu près tari cette
source d'inspiration :

---

(31) BUSSY-RABUTIN, *Histoire amoureuse des Gaules*, édition A. Adam, p. 146.

> « J'ai beau communiquer de l'ardeur aux esprits (...)
> Amour et vers, tout est fort à la cavalière ».

Puis, après qu'Euterpe et Terpsichore se sont essayées dans le genre sérieux dont il souhaitait la résurrection, Apollon, vite blasé, prie ses Muses d'aborder le registre gai :

> « Voilà du pathétique assez pour le présent :
> Sur le même sujet donnez-nous du plaisant » (32).

Le dieu de la poésie lui-même semble perplexe et hésitant ; selon l'humeur du moment, il préfère l'amour triste ou l'amour gai et il reconnaît implicitement que les deux modes d'expression sont à peu près interchangeables. Certains se vantent de pouvoir, selon les circonstances, revêtir deux livrées amoureuses :

> « Je suis Protée en amour
> Comme un amant de Théâtre,
> Je puis en un mesme jour
> Paroistre et triste et folastre (33).

déclare Ménage qui parle d'expérience.

A vrai dire, il y avait déjà plusieurs années que la littérature mondaine avait pris conscience de cette dualité qui est la marque de l'époque ; dès 1657, Mlle de Scudéry donne sa forme définitive au conflit de ces deux morales amoureuses, ou plus exactement au choix qui s'offre entre l'acceptation et le refus de l'image traditionnelle de l'amour. Nulle part en effet cette opposition de deux doctrines amoureuses contradictoirement symétriques n'est présentée de manière plus nette que dans l'une des nombreuses discussions sur l'amour qui se rencontrent dans la *Clélie*. Interrompant, comme il lui arrive souvent de le faire, le cours de son récit, Mlle de Scudéry met en scène un débat où sont confrontées les deux théories contraires. Le premier orateur est le galant Térame dont il a été dit par ailleurs qu'il a « de la philosophie, mais de la philosophie galante qui bannit toutes les vertus farouches » et qu'il sait « l'art d'accorder la sagesse et la volupté » (34). Pour être renseigné sur les convictions de Térame il suffisait au demeurant de savoir qu'Amilcar avait déclaré être

---

(32) La Fontaine, *Œuvres complètes*, édition J. Marmier, p. 249 et 251.
(33) G. Ménage, *Poemata*, 3e éd. A. Courbé, 1668, p. 90.
(34) *Clélie*, t. V, p. 1351.

« de la même secte » que lui ; on sait ce qu'il faut entendre par
là et qu'il s'agit à n'en pas douter de la « secte » galante (35).
La question proposée, « si pour être heureux en amour il faut être
amoureux », permet à Térame de donner la pleine mesure de son
scepticisme ; il y répond en affirmant d'entrée de jeu qu' « il est
plus nécessaire pour estre bien parmi les Dames, d'estre fort
galant que fort amoureux » et il justifie cette proposition paradoxale en arguant que « pour l'ordinaire l'amour naist plus aisément dans la joye que dans la douleur » (36). On voit immédiatement à quelle paroisse appartient ce singulier doctrinaire, et c'est
déjà un fait remarquable qu'il soit reçu dans le cercle de Clélie
comme un interlocuteur de plein droit dont la « morale galante »,
pourtant terriblement hérétique, est écoutée d'un bout à l'autre
sans que personne n'ose l'interrompre ou ne songe à se moquer.
Car Térame est bien le porte-parole de la galanterie et le théoricien
d'un amour nouvelle manière, aisé et agréable, sans larmes et
sans inquiétudes. Il profite de l'occasion qui lui est offerte pour
exposer en quatorze points sa morale amoureuse ; c'est une sorte
de bréviaire galant où apparaissent, sous forme de maximes, les
principaux thèmes d'une éthique de l'inconstance. Ces « maximes »
de Térame posent avec beaucoup de fermeté les premiers principes
de la morale galante tels qu'ils se déduisent a contrario des
axiomes du code romanesque.

Térame tout d'abord ne fait pas mystère que pour lui la seule
justification de l'entreprise amoureuse est la recherche du plaisir ;
d'où le premier point de sa démonstration :

> « I. Il faut aimer tout ce qui paroist aimable, pourvu qu'il
> y ait quelque apparence de trouver plus de plaisir que de peine
> à la conqueste que l'on veut faire ».

De cette première pétition de principe, il se déduit aisément
que si la fidélité tend à devenir une contrainte, l'inconstance n'a
pas besoin d'autre justification ; toute vertu qui risque d'être à
charge devient indésirable :

> « II. Il se faut bien garder parmi les femmes de faire l'in-
> constant de profession, mais il ne faut pourtant jamais estre
> trop scrupuleusement fidèle, car il vaudroit mieux avoir mille
> amours, que de n'en avoir qu'une qui durast toute sa vie ».

---

(35) *Clélie*, t. III, p. 1379.
(36) *Clélie*, t. VI, p. 1360 et 1361.

D'ailleurs il ne serait pas concevable que l'amant renonce à
sa vocation qui est de plaire et il ne saurait y réussir si sa fidélité
mal récompensée le rendait morose. Le syllogisme de l'amant (qui
doit être) aimable suffit à fonder ce droit à l'infidélité :

> « XIV. (...) car il n'y a rien de si injuste, que de faire
> l'amour pour se rendre malheureux, et que d'aimer si fort qu'on
> cesse d'estre aimable, et qu'on ne puisse jamais se faire aimer ».

Cette charte de la galanterie est complétée par un certain
nombre d'articles annexes qui définissent d'une manière déjà très
précise les grands préceptes de l'immoralisme galant. Ainsi il ne
faut pas avoir trop de scrupule à changer de maîtresse et il n'est
pas nécessaire d'être discret sur ses conquêtes, sauf, bien sûr, si
une indiscrétion risque de compromettre le succès de l'entreprise
(maxime III). La grande règle est de plaire et le meilleur moyen
d'y parvenir est « une certaine malice galante » ou « une espèce
de raillerie ingénieuse » (maximes IV et XII). Il peut être utile,
selon les circonstances, d'entretenir un doute sur la véritable nature des sentiments que l'on éprouve, et, par exemple, il n'est pas
mauvais de laisser entendre à toutes les jolies femmes que, si on
ne les aime présentement, on peut du moins les aimer quelque
jour (maxime XI). L'obéissance et la soumission à une maîtresse
ne doivent être que conditionnelles (maxime XIII). Enfin le plus
grave péché que l'on puisse commettre à l'encontre de l'amour
est la jalousie car elle rend fâcheux et incommode (maxime X).

Ce beau programme sera point par point réfuté par un « ami
de Mérigène » du nom de Mélicrate à qui revient la tâche difficile
de rétablir l'ordre des choses que Térame a si outrageusement
bouleversé. Le sens de la doctrine de Térame n'est pas pour
autant méconnu puisqu'il reçoit au passage un bel éloge qui situe
bien le sens et la portée de ses paradoxes ; il aurait en effet, de
l'aveu même de son adversaire, « inventé l'art de se passer de
soupirs, de plaintes, et de larmes ; d'employer les jeux, les grâces
et les ris à leur place, pour persuader sa passion ». Mais ce même
Térame est aussi soupçonné, non sans quelque apparence de raison,
d'avoir découvert ce qui pourrait bien être en effet le dernier mot
de la galanterie ; l'amour sans amour. De fait, la question liminaire
était, on s'en souvient peut-être, de savoir si « pour être heureux
en amour il faut être amoureux », or Térame n'hésite pas un
instant à répondre par la négative (37). Le débat où s'affrontent

_____

(37) *Clélie*, t. VI, p. 1370 et sq.

l'orthodoxie romanesque et l'hérésie galante parvient donc, dès les alentours de 1660, à une sorte d'équilibre que traduisent très bien ces confrontations antithétiques que l'on rencontre aussi bien dans les deux *Voyages de l'Isle d'Amour* du sceptique abbé Tallemant que dans l'œuvre de Mlle de Scudéry. Ainsi se manifeste dans la sensibilité amoureuse une très réelle et très profonde incertitude.

La forme demeure mais l'esprit change ; la littérature continue à décrire les relations amoureuses de manière à peu près identique depuis le début du siècle, mais cette description semble de moins en moins accordée à la sensibilité dominante. De ce désaccord naît le dualisme galant : la double éthique amoureuse qu'il propose reflète le décalage entre une grande vision idéaliste du sentiment qui se survit avec difficulté et un nouveau style de sensibilité qui n'adhère plus à l'ordre ancien qu'avec d'infinies réticences et le conserve surtout par manque d'imagination. La nouvelle sensibilité galante maintient les apparences mais récuse les fondements doctrinaux du système ; le parti adverse continue à défendre une conception idéalisée de l'amour mais semble s'en acquitter avec moins de succès et de conviction que ses prédécesseurs immédiats. A partir de 1655, les partisans de Tendre ne vont plus « dans le sens de l'histoire » et, pour une quinzaine d'années environ, ils entrent en purgatoire. Le résultat paradoxal de cette évolution est que deux morales tout à fait contraires permettent de justifier les mêmes comportements amoureux : les attitudes extérieures restent identiques, mais le sens qu'on leur donne peut varier du tout au tout. Une déclaration soumise et respectueuse, accompagnée comme il est de rigueur de quelques manifestations du plus profond désespoir, peut être, selon le cas, le fait d'un amant encore imbu des préceptes de la courtoisie amoureuse, ou bien le manège hypocrite d'un Don Juan ironique et railleur. La galanterie est une comédie de l'amour qui se joue sur un texte qui ne correspond jamais exactement aux sentiments profonds des acteurs.

Dans la pratique il faudrait recourir à la plus subtile des casuistiques pour décider dans chaque circonstance particulière de la plus ou moins grande pureté des intentions affichées. Il ne saurait donc être question de penser qu'un classement de cette nature puisse correspondre à une quelconque vérité individuelle ; il situe deux tendances extrêmes entre lesquelles chacun semble chercher sa propre vérité. Même les galants les plus endurcis, comme Bussy-Rabutin, peuvent être sujets à des moments d'émotion et de « tendresse » (38). A l'inverse, certains écrivains réputés « tendres », comme Mlle de Scudéry, Pellisson ou Mme de la Suze,

_____

(38) *Histoire amoureuse des Gaules*, édition A. Adam, p. 45.

n'ignorent pas la plaisanterie et l'ironie galantes. Tout au plus peut-on dire que la galanterie ou la tendresse deviennent pour certains une sorte de spécialité littéraire, un mode d'expression où ils trouvent leur inspiration ordinaire et qui leur permet de mieux montrer un talent particulier pour le badinage ou l'émotion. Il y a ainsi quelques galants de profession qui donnent à leurs œuvres un tour presque uniformément badin et léger et fondent sur cette particularité leur réputation et leur succès ; parmi eux il faudrait citer, outre Voiture et Sarasin qui jouissent à titre posthume d'une renommée enviable, Benserade dont le talent d'amuseur se maintient de génération en génération, Linières, Montreuil, Pinchesne, un peu plus tard Le Pays, et quelques autres encore qui ont fait du badinage amoureux leur genre de prédilection. A l'opposé, des auteurs comme Quinault (avant ses opéras) et surtout un assez grand nombre de femmes de lettres comme Mme de la Suze, Mme Deshoulières ou Mlle Certain comptent au nombre des spécialistes reconnus du genre « tendre ». Mais le passage d'un registre à l'autre est chose constante et banale ; tel qui vient de gémir d'un ton pénétré sur une disgrâce amoureuse jouera aussitôt après les blasés ; quelques-uns, comme Brébeuf, semblent même se complaire à de semblables disparates qui mêlent dans un même recueil le mode élégiaque et une inspiration souvent très proche du burlesque. La littérature galante ayant pour les genres brefs, petits poèmes, lettres, questions d'amour, etc..., une prédilection marquée, il est toujours facile de changer de ton sans rompre l'unité de l'œuvre. Les rares productions de quelque importance que compte la littérature galante comme par exemple le roman de La Fontaine *Les Amours de Psyché et de Cupidon* (1669) doivent une bonne part de leur charme à de tels contrastes et à de subtiles alternances entre l'émotion et le badinage.

Ainsi, malgré l'extraordinaire complexité des attitudes individuelles, la configuration de l' « Empire amoureux » entre 1655 et 1670 peut s'analyser en termes clairs si l'on s'en tient à cette vue abstraite et générale des choses. Une même image des relations amoureuses, imposée par une très longue tradition, est interprétée de manière contradictoire : certains continuent, au risque de passer pour naïfs et rétrogrades, de la prendre à la lettre, sinon toujours au sérieux, d'autres préfèrent la tourner en dérision sans pourtant se résoudre à l'abandonner tout à fait. Les perpétuelles interférences de ces deux états d'esprit contraires créent l'apparente complexité de la sensibilité galante. Pour la clarté de l'exposé, il a paru commode d'adopter une terminologie simple qui servira à désigner les deux orientations primaires de la sensibilité amoureuse : on distinguera l'amour « tendre » qui demeure fidèle à la lettre comme à l'esprit du code traditionnel, toujours sérieux, souvent

larmoyant et volontiers enclin aux langueurs élégiaques, de l'amour
« galant », sceptique, souriant, en apparence respectueux des attitudes consacrées, même si ce conformisme ne va pas sans de
fréquentes restrictions mentales. « Tendre » ou « Galant », toute
la diversité des professions de foi amoureuse du temps se trouve
circonscrite entre ces deux limites. Sans doute est-il nécessaire de
justifier le choix du terme « galant » proposé pour désigner le
second de ces deux pôles opposés d'un unique mode de représentation de l'amour. Plusieurs mots pouvaient également convenir :
« coquet », « badin », « enjoué » ; mais « galant » a paru plus
satisfaisant parce que plus général et assez souvent opposé à
« tendre » dans un couple antithétique qui permet de décrire ces
deux options fondamentales de la tactique et de l'éthique amoureuses. La langue classique utilise l'adjectif « tendre » pour
évoquer le sérieux de l'amour, les émotions immédiates et spontanées qu'il peut faire naître, tout ce qui parle directement à la
sensibilité et possède la vertu de « toucher » l'âme (39). Appliqué aux choses de l'amour, le mot « galant » en vient fort
logiquement à qualifier l'attitude de ceux qui prennent leurs
distances à l'égard de l'orthodoxie romanesque et considèrent
avec quelque scepticisme les lois qu'elle prétend imposer aux
amants. Etre galant, c'est rejeter les contraintes de la règle,
adopter à leur endroit un comportement et surtout un langage
irrespectueux. De ce fait la galanterie est foncièrement ironique ;
elle se développe en parasite au détriment d'une image de l'amour
qu'elle ne cesse de railler sans pour autant vouloir, ou pouvoir,
lui substituer un nouvel idéal. Cette nature ironique de la galanterie est d'ailleurs inscrite dans ce phénomène de dédoublement
et de renversement des valeurs où il faut sans doute voir la manifestation la plus caractéristique de ce mode de représentation de
l'amour.

Il semble que l'on se soit vite accoutumé à l'idée que toute
parole amoureuse est peu ou prou mensongère et que l'on s'accommode assez bien de cette situation paradoxale. Amour sans
amour, ou anti-amour, la galanterie s'établit à la faveur d'un grand
vide sentimental ; certains articles de foi ont cessé de faire autorité
et les seules valeurs qui leur sont opposées sont la facilité et l'ironie. Les quelques velléités subversives qui se manifestent contre
la tradition sont encore trop timides pour bouleverser en profondeur l'ordre établi ; coquets et galants se contentent en effet de
prendre le contrepied du système romanesque, ce qui ne constitue

---

(39) Inversant malignement l'ordre des termes, La Rochefoucauld note :
« On pleure pour avoir la réputation d'être tendre... »
(maxime 233, édition de 1678).

pas, à proprement parler, une innovation et ne saurait en tout
cas mener à des nouveautés très considérables. Recommander la
hâte là où les prudentes tergiversations étaient de rigueur, ridi-
culiser la soumission, la constance et les gémissements des parfaits
amants, il n'y a rien là qui aille au-delà de la pure et simple
caricature. Or une caricature n'a de sens qu'aussi longtemps que
subsiste l'original. Cette vérité première explique pourquoi l'amour
sceptique et galant ne peut pour ainsi dire jamais acquérir son
autonomie, et pourquoi aussi la guerre toujours recommencée qu'il
mène contre le sérieux romanesque ne s'achève jamais sur une
quelconque victoire ; son existence même ne peut se concevoir
qu'en fonction de l'idéal qu'il renie. Cette observation donne d'emblée la portée et les limites des paradoxes galants ; il ne suffit pas
d'inverser le signe des valeurs anciennes pour créer un ordre
nouveau. Tout au plus parvient-on ainsi à l'incertitude et à l'anarchie sentimentales, et c'est bien, en fin de compte, à quoi semblent
avoir abouti les protestations galantes.

Avant d'en venir à ces conséquences extrêmes, le scepticisme
galant va s'établir pour quelques années comme mode dominant
de représentation de l'amour. Parallèlement la courtoisie romanesque se maintient vaille que vaille et demeure malgré tout le
code unique auquel est toujours rapporté tout ce qui touche à
l'amour ; mais il existe désormais deux manières symétriques et
contradictoires d'interpréter ce code. Un même langage de l'amour,
constitué par une ensemble de mots, de situations et d'attitudes
est indifféremment utilisé par des auteurs qui ont sur l'amour des
conceptions tout à fait contraires. Dans l'abstrait, tout se passe
comme si une intrigue amoureuse devait toujours se dérouler
selon un cérémonial identique imposé par l'usage, mais sans que
ces rites conservent pour tous la même valeur. Il en résulte deux
attitudes opposées entre lesquelles il est permis d'hésiter : ou
bien l'on reste fidèle à la règle ancienne et l'on aime dans les
formes, sans espoir d'être payé de retour, des beautés cruelles et
inaccessibles, ou bien l'on ne se pique plus ni de fidélité ni de soumission et l'on aspire seulement à des amours brèves et faciles,
tout en sauvant plus ou moins les apparences et en feignant,
lorsque besoin est, de croire encore au grand amour. Mais, entre
l'acceptation et le refus, il existe une foule de moyens termes
possibles. Dans la pratique rien n'est vraiment simple et les mille
équivoques qui peuvent subtilement se glisser entre la lettre et
l'esprit, entre la signification apparente des mots et le sens qu'on
leur prête, sont parmi les ressources les plus ordinaires de l'expression galante. Toujours reparaît malgré tout, dans sa simplicité
sans nuances, le clivage qui se manifestait déjà entre les deux
royaumes opposés de Tendre et de Coquetterie. D'un côté subsiste,

car elle n'a pas, loin s'en faut, perdu tout son pouvoir d'émotion, l'image d'un amour touchant et sérieux qui continue à être proposée avec succès aux lecteurs de romans et aux spectateurs de tragi-comédies ou même de tragédies. De l'autre s'élabore parallèlement un anti-amour galant qui, pour l'essentiel, n'est que la négation du précédent. Cette dualité dans la représentation de l'amour conduit à un singulier dialogue du pour et du contre, du sérieux et du frivole, à quoi se résument la plupart des spéculations de métaphysique galante. En les réduisant à une opposition majeure, susceptible d'un nombre presque infini de nuances particulières, cette vision « dualiste » rend compte globalement des perpétuelles arguties où se complaisent les auteurs galants qui hésitent tou-jours entre ces deux attitudes et tirent de cette ambiguïté des effets sans cesse renouvelés. Cette double manière de concevoir l'aventure amoureuse marque les limites entre lesquelles évolue, selon une logique en apparence capricieuse, une littérature aux multiples variations ; elle définit le lieu de la représentation galante de l'amour.

Chapitre II

L'IRONIE GALANTE

I — *Histoire d'une métaphore.*

De la tradition « tendre » dont les origines remontent jusqu'à la lointaine courtoisie médiévale, la génération galante hérite d'un capital constitué par une philosophie, une éthique et un langage qui forment un système cohérent de représentation de l'amour. Sans doute cet acquis a-t-il déjà subi dans son contenu idéologique d'assez profondes altérations, mais, paradoxalement, le langage amoureux correspondant, avec son cortège de métaphores, d'antithèses et son appareil rhétorique a beaucoup mieux résisté à l'érosion du temps. Le scepticisme galant a ébranlé les fondements théoriques de cette représentation mais il n'a pas immédiatement porté atteinte à certaines habitudes de langage ; seul s'est creusé un peu plus l'écart existant entre les mots et les sentiments, entre la lettre du discours amoureux et sa substance. Déjà sensible dans l'amplification ornementale propre à l'expression baroque, cet écart va changer de sens et sera désormais cultivé pour lui-même. C'est en effet à l'intérieur d'un système vidé de son contenu que s'exerce l'ironie galante qui adopte très consciemment la politique du geai se parant des plumes du paon et excelle à réutiliser à des fins parodiques des bribes de l'ancien langage amoureux : la littérature galante achève de transformer un idéal vieux de plusieurs siècles en simple jeu d'esprit. Dès 1646, Chapelain prenait conscience de cette continuité et de ce changement qu'il n'approuve d'ailleurs guère ; dans son opuscule *De la lecture des vieux romans* il se demande si un personnage médiéval comme Lancelot serait encore capable de faire bonne figure parmi les galants du jour. Il lui faut reconnaître que, malgré des sentiments en tous points irréprochables, le chevalier du Lac qui aime « sans art et sans méthode » risquerait de passer pour un barbare assez naïf, car, pense-t-il,

> « (...) encore qu'il puisse y avoir de l'amour sans esprit, et que cette passion ait plus son siège dans le cœur que dans la tête, il est toutefois malaisé qu'il y ait une galanterie où l'esprit n'ait point de part, et qui soit entièrement dépourvue de grâce » (1).

Qu'une confrontation entre Lancelot du Lac et les amoureux de 1646 puisse encore être envisagée montre qu'il n'existe pas de rupture complète entre la courtoisie médiévale et l'amour galant ; mais il est clair également que l'esprit tend à usurper la place du cœur et que du modèle courtois il ne reste plus qu'une forme vide. Les amoureux galants se comportent comme des héritiers sans imagination qui dilapident le capital amassé par leurs prédécesseurs ; les oripeaux du grand mythe moribond leur servent à organiser une fête de l'esprit, ultime et dérisoire hommage rendu à cette conception de l'amour dont les débris vont devenir les matériaux de prédilection de la littérature galante. Cette image de l'amour, à laquelle la société mondaine a cessé d'adhérer, va longtemps encore pourvoir à ses divertissements ; de l'héritage « tendre » elle ne retient que ce qui peut servir à ses menus plaisirs.

Le mécanisme de cette mutation est assez facile à saisir si l'on se réfère aux changements qui s'opèrent dans la signification et l'usage de certaines métaphores amoureuses. Le platonisme diffus qui sert de support philosophique à la conception « tendre » de l'amour avait contribué à répandre sur la nature de ce sentiment quelques préjugés pour nous assez étranges. C'était en particulier cette croyance universellement répandue que le cœur de celui qui aime et l'âme qu'il contient passaient tout entiers dans la personne aimée par la grâce d'on ne sait quel don mystérieux ; l'amant se trouvait donc, au sens le plus strict de ces termes, dépouillé et dépersonnalisé au profit de l'élue de son cœur. Cureau de la Chambre dans son très sérieux traité sur *Les Charactères des Passions* (Iʳᵉ partie, 1640) considère le fait comme « scientifi-

_____

(1) CHAPELAIN, *Opuscules critiques*, p. p. C. Hunter, Droz, 1936, p. 237.

quement » établi et y trouve l'explication logique et rationnelle de certaines particularités du langage amoureux. Selon lui ce don du cœur n'a absolument rien de rhétorique et, si étonnante que la chose puisse paraître, il constitue à ses yeux l'une des singularités remarquables de la « physiologie » amoureuse :

> « De sorte que l'on peut dire en cet esgard qu'elle [l'âme qui aime] ne vit plus en luy [l'amant], ny pour luy, estant toute dans la personne aymée ; qu'un Amant a raison de l'appeler « son cœur et son âme » puisque ses désirs et ses pensées qui sont la plus noble partie de sa vie, sont en elle seule ; et qu'il est véritable qu'il « meurt », voire mesme qu'il « est mort », puis qu'il ne vit plus en luy. Or comme il n'y a que l'amour réciproque qui puisse le faire revivre (...) s'il est malheureux jusques à ce point qu'il ne puisse estre aymé, il semble qu'il a sujet d'appeler la personne aymée « Ingrate, Cruelle et Homicide » (2).

Réciproquement la place laissée vacante par cette transfusion d'âme, sans doute en vertu du principe qui veut que la nature a horreur du vide, se trouve remplie par une image de l'être aimé, image non pas virtuelle, mais bien réelle et pour ainsi dire matérielle (3) ; l'amant dépouillé de lui-même est hanté par ce simulacre qui s'insinue en lui. Pour le Père Lemoyne (*La Gallerie des Femmes fortes*, 1647) qui ne s'embarrasse pas des nouvelles distinctions cartésiennes entre le corps et l'âme, cette évidence ne souffre même pas la discussion :

> « C'est une opinion généralement receüe, et qui a pour foy le Sentiment et la Nature. aussi bien que la Spéculation et la Philosophie, que les Personnes aimées ont un estre particulier, et comme une seconde existence dans l'imagination, dans l'esprit et dans le cœur des Personnes qui les ayment. Elles vivent là intellectuellement et par leurs images : et ces images ne sont pas des figures mortes, ny des impostures d'un Art qui trompe. Elles ont vie et esprit ; elles sont vrayes et naturelles : elles ont toutes les perfections et toutes les grâces de leurs Originaux ; et n'en ont pas ny les défauts ny les tâches de la Matière » (4).

L'amant fait don de son cœur et reçoit en échange une vivante

---

(2) CUREAU DE LA CHAMBRE, *Les charactères des Passions*, Amsterdam, 1658-1663, t. I, p. 56.
(3) Cette conception s'explique par les théories précartésiennes de l'image assimilée au transport d'un simulacre matériel.
(4) P. P. LEMOYNE, *La Gallerie des Femmes fortes*, Lyon, Les libraires de la Compagnie, 1667, p. 352.

image des traits de la femme aimée. Cette particularité explique pourquoi un portrait est aussi capable de donner de l'amour que la personne présente. Un héros de Quinault, Roger, rappelle comment, à la seule vue de l'un de ses portraits, il est tombé amoureux de la princesse Aurore :

> « (...) les visibles traits dont le ciel l'a pourvue
> Dans ce portrait fatal s'offrirent à ma vue :
> Et ce fut lors qu'Amour, ce Maître si sçavant,
> En forma dans mon cœur un portrait tout vivant » (5).

La mentalité de ce milieu du xvii⁰ siècle est encore fortement imprégnée de l'idée que l'union des âmes se matérialise par de mystérieux transferts corporels et que dans la passion les amants aliènent une part d'eux-mêmes. Le *Segraisiana* conserve la trace de semblables croyances. On peut y lire une assez singulière anecdote : après la bataille de Norlingue (1645), le prince de Condé, grièvement blessé, a perdu la presque totalité de son sang et cet accident expliquerait la fin brutale de son amour pour Mlle du Vigean ; cette passion n'aurait pas survécu à une telle effusion de sang, tant il est vrai que l'amour de M. le Prince était inscrit dans son sang et l'avait abandonné avec lui (6). La littérature s'était depuis fort longtemps emparée de fictions de ce genre propres à fournir de très beaux effets. Dans l'*Astrée*, Lindamor mourant ordonne à son écuyer Fleurial de prendre son cœur dans sa poitrine et de rendre à Galathée un bien qui lui appartient afin, dit-il, qu'il puisse mourir sans rien retenir d'autrui (7). Les circonstances dramatiques de cette mort conservent à la scène de l'*Astrée* un certain pathétique ; mais la rhétorique n'hésite pas à anticiper sur ces derniers instants pour arracher le cœur à des amants bien vivants et en fort bonne santé. Un roman anonyme publié en 1654 met en scène le fils du dictateur romain Marius ; celui-ci, amoureux comme il se doit, soupire tendrement et place sa belle devant une singulière alternative :

> « O toy qui m'arraches une partie de moy-mesme et me laisse l'autre, ou prens celle qui me reste, ou rends-moy celle que tu emportes » (8).

---

(5) Quinault, *Les coups de l'Amour et de la Fortune*, (1665), in *Théâtre*, Ribou, 1715, t. II, p. 157.
(6) *Segraisiana*, Praul, 1722, p. 6-9.
(7) *L'Astrée*, édition Vaganay, t. I, p. 355.
(8) *Clorinde*, A. Courbé, 1654, t. II, p. 515.

La magie primitive s'efface au profit d'un verbalisme intellectuel et l'on raisonne sur les deux moitiés d'un cœur, qui, une
fois réunies, pourront donner un entier avec toute la sécheresse
arithmétique d'un problème de fractions.

C'est alors qu'intervient l'esprit proprement galant qui excelle
à tirer parti de semblables spéculations et à les transformer en
divertissements. Il en résulte, à partir de 1650, un joyeux feu
d'artifice de badinages métaphoriques qui prolonge avec plus de
goût et de finesse les hyperboles burlesques. C'est ainsi que le
cœur devient un objet que l'on partage, que l'on donne, que l'on
échange, que l'on perd ; il est l'enjeu de trafics variés, une denrée
de toute première importance dans le commerce galant. De retour
à Paris après un voyage à Lyon, Isarn s'aperçoit qu'il a égaré ce
précieux organe ; soupçonnant qu'il l'a laissé en quelque lieu connu
de Sapho, il s'adresse à elle pour rentrer en possession de cet
objet perdu ; mais Sapho se récrie et prétend n'être pour rien
dans ce fâcheux incident :

> « Je fus diligemment chercher votre cœur au lieu où vous
> assuriez l'avoir laissé, afin d'en avoir tout le soin qu'on a des
> choses les plus précieuses (...). Je ne l'ai jamais pu trouver, et
> il faut assurément que vous l'ayez emporté sans y penser, et
> qu'on vous l'ait dérobé en chemin (...) » (9).

Cette mésaventure, très commune dans le monde galant, est
également survenue à Benserade (10). Le Pays se plaint à Caliste,
qui vient de lui rendre son cœur en signe de rupture, que ce gage
lui a été remis « en si piteux équipage » qu'il y a toutes chances
pour qu'il ne trouve plus jamais preneur (11). Il serait fastidieux
d'énumérer toutes les ressources d'un jeu dont on ne semble pas
se lasser. Le galant Mascarille n'ignore pas qu'il fait partie des
bons usages et on peut seulement lui reprocher de crier « au vo-
leur ! » avec aussi peu de grâce que s'il criait « au feu ! ». Mais il
est très possible de jouer au cœur volé sans se livrer à de telles
pitreries ; Hortense, un héros de la *Clélie*, glisse ce quatrain dans
une boîte au lieu et place d'un portrait d'Elismonde qu'il vient de
dérober :

> ‹ Mon larcin n'est point une injure
> Je suis un innocent voleur

(9) Mlle de SCUDÉRY, lettre à Isarn du 19 juin 1654, citée par F.L. MARCOU, *Etude sur
la vie et les œuvres de Pellisson*, Didier, 1858-59, p. 151.
(10) *Recueil de Sercy* (vers), IVᵉ partie, 1661, p. 7, Madrigal signé B.
(11) LE PAYS, *Amitiez, Amours et Amourettes*, livre I, lettres XVI et XVII, Amsterdam,
1690, p. 21-23.

Je vous rendrai votre peinture
Quand vous m'aurez rendu mon cœur » (12).

La justification est adroite : le vol fictif du cœur permet d'excuser le vol réel du portrait en vertu d'une confusion entre fiction et réalité qui caractérise toutes les inventions galantes.

Sous diverses formes, ce langage « concret » de l'amour fournit matière à de nombreuses pièces de galanterie. On brode très librement sur un thème que l'on feint de prendre au sérieux alors qu'il s'agit surtout de faire montre d'une plaisante ingéniosité. Si l'amour se nourrit de la vue de l'objet aimé, l'absence risque de lui être fatale ; Montreuil prétend en avoir fait l'expérience malgré les précautions prises :

> « Je pensois avoir fait assez bonne provision de votre veue,
> pour estre en estat de supporter votre absence durant cinq ou
> six jours ; mais j'ay fort mal pris mes mesures (...) » (13).

Quelques délicats problèmes se posent également aux amants inconstants qui prétendent mener de front plusieurs aventures et doivent à cette fin posséder un cœur ou bien innombrable ou bien spécialement vaste. Don Juan déplore de n'en avoir qu'un seul à donner et voudrait en posséder dix mille pour satisfaire toutes les belles qu'il rencontre. Le Pays se vante pour sa part d'avoir un cœur de taille à héberger en même temps quatre demoiselles :

> « (...) Vous ne manquerez pas de me dire qu'un cœur partagé est toujours suspect, et qu'on n'aime personne quand on en aime plusieurs. Mais cela est bon à reprocher aux Galants de petite force, dont le cœur étroit ne peut loger qu'une Philis à la fois. Le mien est de grande étendue, Mesdemoiselles, vous y logerez toutes à vostre aise, et sans vous incommoder » (14).

Plus banale, mais du même ordre, l'idée que chacun dispose d'un capital limité d'amour qu'il ne doit pas dilapider en pure perte : on en tire argument pour condamner l'inconstance ou pour expliquer que l'amour égoïste de soi-même diminue la « capacité » à aimer. Le processus est toujours identique : la galanterie

---

(12) Mlle de Scudéry, *Clélie*, t. VII, p. 405.
(13) Montreuil, *Œuvres*, de Luyne, 1666, p. 95, « Lettre à Madame ».
(14) Le Pays, *Amitiez, Amours et Amourettes*, livre II, lettre 24.

confisque à son profit un langage amoureux dont elle méconnaît sciemment la signification authentique ; les croyances qui le fondaient sont encore assez proches pour qu'il ne paraisse pas trop étrange, et la rupture avec l'esprit s'accompagne d'une étonnante fidélité à la lettre. Tout l'édifice repose sur le vide : l'histoire d'une simple métaphore donne un premier aperçu de la manière galante. Mais la tradition romanesque offre à cette littérature un champ beaucoup plus vaste où pourra s'exercer son entreprise de récupération ironique.

II — *Variations sur quelques thèmes « tendres ».*

Aux alentours de 1660 le langage traditionnel de l'amour « tendre » a atteint un tel degré d'usure que seule l'ironie est peut-être encore capable de lui rendre fugitivement quelque éclat. La distance entre le sens apparent des mots et leur valeur réelle est devenue si grande que ce langage de l'amour a perdu toute crédibilité. A ses adeptes, la galanterie offre en compensation les plaisirs délicats de la dérision. Ainsi s'élabore toute une littérature marginale qui joue sur l'absurdité des conventions jusqu'ici en usage. Ce ne sont parfois que des parenthèses insérées dans la trame d'une œuvre qui traite d'un tout autre sujet ; mais l'esprit galant raffole de parenthèses et de digressions. La phraséologie romanesque est à ce point présente aux esprits que certains termes prennent en toutes circonstances une valeur « amoureuse » et provoquent presque nécessairement de galants commentaires. Rien de plus innocent en apparence que la rencontre du mot « esclave » ; pourtant, si l'on s'adresse alors à une dame, voire à sa propre femme, il est difficile de négliger cette occasion d'une allusion amoureuse, quitte à s'en acquitter, comme le fait La Fontaine dans sa *Relation d'un voyage de Paris en Limousin*, avec quelque désinvolture :

> « Pardonnez-moi cette petite digression ; il m'est impossible de tomber sur ce mot d'esclave sans m'arrêter : que voulez-vous ? Chacun aime à parler de son métier, ceci soit dit toutefois sans vous faire tort... » (15).

---

(15) LA FONTAINE, *Relation d'un voyage de Paris en Limousin*, 1663, lettre V, Paris, C.D.U., p. 61.

Au demeurant, sous couvert de moquerie, on ne manque pas d'exploiter une fois encore quelques lieux communs vénérables et un peu vieillots qui, grâce à l'ironie sous-jacente, retrouvent une nouvelle jeunesse. Les Muses galantes ont été formées par ces Universités du Royaume de Coquetterie où l'on enseignait principalement la « fine raillerie » : elles y ont appris à faire de l'esprit à tous propos et elles n'ont pas de plus grande ambition que de plaire par des trouvailles plus ou moins piquantes.

La règle du jeu est simple : on commence par feindre d'éprouver les sentiments que la tradition romanesque impose lorsque l'on est amoureux, puis par un quelconque procédé on fait en sorte qu'il ne puisse guère subsister de doutes sur les intentions du simulateur. Un amant aime tendrement sa maîtresse qui ne récompense cette ardeur que par des mépris ainsi que le veut l'usage ; en revanche, la dame a pour son petit chien des faiblesses qui ont de quoi rendre jaloux un amant maltraité. Il n'en faut pas plus à Le Pays pour composer une chanson du plus pur style galant :

> « Trop injuste Maîtresse,
> Quand, pour vous caresser, j'approche doucement
> Vous me repoussez fièrement,
> Pendant que votre chien vous flaire et vous caresse.
> Quoi ! Mon amour vaut-il moins que le sien ?
> Pour adoucir ma peine,
> Au moins, belle inhumaine,
> Traitez-moi comme un chien » (16).

Dès lors il n'est plus besoin que d'ingéniosité pour imaginer de nouvelles circonstances propices à d'autres badinages : il suffit qu'un biais, même ténu, offre la possibilité de mettre en parallèle un événement quelconque avec l'une des circonstances du protocole amoureux pour que surgisse aussitôt quelque galante exégèse. Un moucheron pénètre par accident dans l'œil d'une dame, lui arrache un cri et lui fait verser quelques larmes ; on ne manquera pas d'immortaliser cet incident par un sonnet et de glorifier ce bienheureux moucheron qui, bien qu'ayant perdu la vie dans l'affaire, aura au moins eu le bonheur d'arracher par sa mort un gémissement et des pleurs à l'insensible :

> « Toy seul auras la gloire, ayant perdu le jour,
> D'avoir causé sa plainte, et fait couler ses larmes » (17).

---

(16) LE PAYS, *Nouvelles œuvres*, édition A. de Bersaucourt, p. 60. La « trouvaille » remonte au moins à Voiture.
(17) *Les Délices de la poésie galante*, 1664, IIᵉ partie, p. 119. Le même thème est traité

Autant d'articles inscrits parmi les dispositions du code tendre, autant de prétextes à de plaisantes allusions aux pratiques amoureuses que prescrivait ce code. Dénaturée et mise en pièces, la représentation « tendre » de l'amour sert d'amusement à une société qui répudie cet héritage du passé et s'amuse aux dépens de ces bizarres manières d'aimer imposées par la coutume et l'usage. Il n'est par exemple plus personne pour prendre au sérieux les souffrances du parfait amant, et c'est à qui trouvera la manière la plus habile ou la plus irrévérencieuse pour évoquer ces maux qu'il est d'usage d'endurer lorsque l'on est amoureux. Il y a mille galants subterfuges pour éluder spirituellement cette pénible obligation. Scarron se récuse et déclare qu'il est assez accablé par ses propres infirmités pour s'offrir le luxe de tourments superfétatoires :

> « Je me devois mieux connoitre, et considérer que j'en ai plus qu'il ne m'en faut d'être estropié depuis les pieds jusqu'à la tête sans avoir encore celui que l'on appelle « l'impatience de vous voir ». C'est un maudit mal... » (18).

Pour qui n'a pas la chance d'être infirme, d'autres défaites restent possibles. Pinchesne se venge en refusant de compatir sur le sort de sa maîtresse défigurée par une fluxion :

> « J'aurais plus de compassion
> De l'insolente fluxion,
> Qui se prend sans respect à vostre beau visage ;
> Mais quoy vous la méritez bien,
> Puisque vostre rigueur n'en a pas davantage
> D'un mal cruel comme le mien » (19).

La cruauté des dames, qui est à l'origine de tous ces maux, fournit matière à de nombreuses allusions badines. Il est commun d'évoquer à ce propos l'indifférence des rochers ou la férocité des lionnes ; Voiture avait donné l'exemple. A Caliste qui l'avait prié de la mener aux Marionnettes pour y voir des fauves, le galant Le Pays répond :

> « Il est juste, Caliste, que vous vous rendiez visite entre vous autres bestes farouches... » (20).

---

par BRÉBEUF, *Poésies diverses*, 1658, « A Mademoiselle de *** sur un papillon qui luy estoit entré dans l'œil » (édition de 1662, p. 43-45).
(18) Mme DE MAINTENON, *Correspondance générale*, p. p. Th. Lavallée, Charpentier, 1865, t. I, lettre IX, p. 42 ; date approximative, 1650.
(19) PINCHESNE, *Poésies mêlées*, S. Cramoisy, 1672, p. 55-58.
(20) LE PAYS, *Amitiez, Amours et Amourettes*, (1664) livre I, lettre 9, ch. de Sercy, 1672, p. 16-17.

Par un effet d'amplification auquel la littérature galante a souvent recours, les ravages de l'insensibilité féminine prennent des proportions grandioses. Il est assez courant que ces persécutions entraînent mort d'homme ; à propos de Mlle de Sévigné devenue Omphale pour le temps du *Ballet royal de la naissance de Vénus* (1665), Benserade déclare sans sourciller :

> « Elle verrait mourir le plus fidèle amant
> Faute de l'assister d'un regard seulement » (21).

Il est vrai que c'est quotidiennement que la comtesse de Fiesque se rend coupable d'assassinats de ce genre faute de porter secours aux victimes :

> « Pour la belle comtesse
> Meurt tous les jours
> Quelque amant qu'elle laisse
> Sans nul secours :
> Et cependant la presse
> Y est toujours » (22).

Les malades que l'on visite se demandent s'ils doivent se réjouir d'une marque de bienveillance qui peut tout aussi bien leur être fatale ; Mme de Sévigné, dont la beauté avait en son temps exercé autant de ravages que celle de sa fille, est accusée par Ménage de ne guérir les gens que pour les achever plus sûrement :

> « Madame de Sévigné, qui m'a fait aujourd'hui l'honneur de me visiter, me dit qu'elle entreprenoit de me guérir ; mais je ne sais ce que j'en dois croire. Car, d'un costé je ne doute point qu'elle est capable de ressusciter un mort ; mais d'un autre costé, je sçay qu'elle fait mourir ceux qui se portent bien » (23).

Car il est entendu une fois pour toutes que la moindre œillade peut être mortelle et que toute personne aimable est douée du redoutable pouvoir de foudroyer tous ses admirateurs. Montreuil

---

(21) Texte cité par H. Régnier in La Fontaine, *Œuvres complètes*, Hachette (G.E.F.), 1883, t. I, p. 263, note 3.
(22) Maucroix, *Œuvres diverses*, p. p. L. Paris et Reims, 1854, t. I, p. 249.
(23) Mme de La Fayette, *Correspondance*, Gallimard, 1942, t. I, p. 61 (lettre de Ménage, février 1656).

explique ainsi à une dame de sa connaissance pourquoi elle ne
l'a pas trouvé chez lui :

> « En effet, devant d'autres beautez on court quelque danger,
> mais devant la vostre il est inévitable ; et ne pas fuir, c'est
> estre homicide de soi-mesme » (24).

Maucroix demande à une « cousine » qui a suivi la Cour lors
du mariage de Louis XIV de « tenir bon registre de sujets du roi
d'Espagne qu'(elle) a fait mourir » (25).

Mais de toutes les lois de Tendre celle qui excite le plus volontiers la verve galante est le commandement par lequel tout amant
qui se respecte a le devoir de sacrifier sa vie à son amour :
mourir pour celle que l'on aime était l'impératif catégorique de
l'éthique tendre. Naguère bien des poètes avaient abusé de cette
licence qui leur était accordée de mourir aussi souvent qu'ils étaient
amoureux, mais, après 1650, il n'y a plus que des mourants pour
rire. Certains continuent à prétendre, en chanson, qu'il vaut bien
mieux disparaître plutôt que de vivre une vie sans joie et sans
amour ; Scarron le dit, mais n'y croit guère :

> « Et du moins souvien-toy cruelle
>   Si je meurs sans te voir
>   Que ce n'est point ma faute.
> La Rime n'est pas trop bonne ; mais à l'heure de la mort,
> on songe à bien mourir, plutôt qu'à bien rimer » (26).

En tout cas il n'est pas un amant qui consentirait à mourir
sans proclamer hautement l'imminence de la catastrophe ; il ne
faut pas s'en étonner, car comme le dit spirituellement Sarasin :

> « Mourir sans dire son martyre,
>   C'est mourir sans confession » (27).

La nécessité de mourir que pas un ne discute crée pourtant
dans la pratique un certain nombre de difficultés sur lesquelles on
s'interroge gravement. D'abord il faut éviter de mécontenter celle

---

(24) MONTREUIL, Œuvres, de Luyne, 1666, p. 26.
(25) MAUCROIX, Œuvres diverses, t. II, p. 102 (1661 ?).
(26) Les Dernières Œuvres de Monsieur Scarron, Paris, 1668, p. 10-11.
(27) SARASIN, Œuvres (1656), édition de 1663, L. Billaine, p. 93.

pour qui on se décide au sacrifice suprême en procédant de manière
par trop indiscrète ; certaines dames sont sur ce point très cha-
touilleuses. Le chancelier de la reine Gélatille, amoureux de l'austère princesse de Paphlagonie, trouve pour ménager la suscepti-
bilité de sa dame un subterfuge sans doute unique dans les annales
de la galanterie et dont il faut admirer l'ingénieuse subtilité :

> « Un jour on le trouva, devant la porte de la princesse,
> poignardé, mais de telle manière qu'il n'était pas tout à fait
> mort ; il tenoit dans sa main une espèce de manifeste pour
> justifier l'homicide de soi-même par sa cause ; et, comme cette
> folie lui avoit encore assez laissé de sens pour respecter la
> princesse, ce manifeste étoit écrit en grec, afin que ceux qui
> le lui expliqueroient le fissent d'une manière moins passionnée
> qu'il n'eût fait lui-même, sachant bien que les termes tendres
> et amoureux lui déplaisoient... » (28).

On remarquera que cet inventif chancelier a malgré tout omis
de mourir tout à fait. D'autres feignent d'hésiter en se demandant
si mourir n'est pas une solution de facilité et s'il ne serait pas
plus méritoire de continuer à souffrir (29). Pour certains le problème est d'avance insoluble : imaginez qu'un dieu, immortel par
nature, veuille sous le coup d'un désespoir d'amour mettre fin à
ses jours, il ne peut que déplorer d'être privé des moyens d'exécuter
son dessein. C'est la mésaventure que connaît le dieu Amour en
personne lorsque, tombé amoureux de sa femme Psyché, il veut
se punir de l'avoir trop durement traitée (30).

Avec la meilleure volonté du monde, il faut encore surmonter
certaines difficultés matérielles :

> « Quand je sortis hier de chez vous, j'en sortis avec une
> bonne résolution de m'aller tuer, afin d'avoir l'honneur de
> vous plaire au moins une fois dans ma vie (...) ; mais jusques
> icy je n'ay pas exécuté mon dessein, à cause de l'embarras où
> je me suis trouvé à choisir un genre de mort. J'eus envie d'abord
> d'imiter feu Céladon d'amoureuse mémoire, et de m'aller
> précipiter dans la rivière. Mais j'eus peur que l'eau ne me jettat
> sur les bords aussi bien que luy, et que je ne fusse recueilli
> par quelques Nymphes pitoïables, (...) Je pensay aussi à m'em-
> poisonner : mais je crus que du poison ne seroit pas capable
> de m'oster la vie non plus qu'à Mitridate, à cause de la grande
> habitude que j'en ay faite. N'estant pas mort depuis si long-
> temps que je me nourris de crainte, de chagrin, d'inquiétude

---

(28) *Histoire de la princesse de Paphlagonie* (1659), Renouard, 1805, p. 77-78.
(29) *Les Délices de la poésie galante*, J. Ribou, 1664, IIᵉ partie, p. 232-236.
(30) LA FONTAINE, *Œuvres complètes*, p. p. J. Marmier, au Seuil, p. 451.

et de désespoir, qui sont les poisons du monde les plus violents ;
apparemment que je ne pourrois mourir à cette heure, pour
prendre de l'arsenic ou de l'antimoine. Je n'oubliay pas aussi
qu'un poignard mis dans le sein, estoit un bon expédient pour
mourir, mais je crus que je ne devois pas choisir le genre de
mort qu'avoit choisi une femme, qui mouroit de regret d'avoir
fait une chose, que je meurs de regret de ne pouvoir faire.
Mon désespoir est trop différent de celuy de Lucrèce, pour ne
pas mourir d'une mort différente (...) » (31).

Les intentions de Le Pays, l'auteur de cette lettre, sont évidentes : de Céladon à Lucrèce, il fait une nouvelle fois le tour
de toutes les morts violentes que l'amour peut avoir sur la conscience afin d'en montrer l'absurdité et de laisser entendre qu'il
existe d'autres manières d'aimer moins effrayantes et plus agréables. D'ailleurs après une telle débauche d'esprit, Le Pays se propose tout simplement de mourir « pasmé sur le sein de celle qu'il
aime ». Le suicide amoureux se transforme en une banale
« jouissance » avec tous les sous-entendus que permet ce genre
de fausse « mort ».

L'esprit galant tend à assimiler, et à dénaturer, ce vieux thème
de l'érotique courtoise en lui donnant une signification prosaïquement libertine. Il ne s'agit plus que d'une ruse un peu perverse
pour mieux parvenir à ses fins. Subligny raconte dans la *Fausse
Clélie* (1671) comment un jeune soupirant qui a déclaré impru-
demment vouloir « mourir » est pris au mot par celle qu'il a voulu
séduire et se met en devoir de se passer une épée au travers du
corps ; mais « un peu de graisse » vient fort à propos faire échouer
cette funeste détermination et ce chantage au suicide se termine
sur la plus galante réconciliation (32). Donneau de Visé en 1669
exploitait déjà à peu près la même anecdote et dans la chronique
scandaleuse du temps il serait facile de découvrir un certain
nombre d' « originaux » qui auraient connu une aventure analogue (33). Le comble de la naïveté consisterait à persister à
prendre à la lettre des mots qui n'ont plus que le sens que l'on
veut bien leur prêter. Songer sérieusement à mourir d'amour
serait de la dernière drôlerie et l'idée n'en peut venir qu'à des
grotesques ignorants de la subtilité des beaux usages. Dans la
Princesse d'Elide (1664), il arrive au bouffon Moron une curieuse
mésaventure ; sans doute las de jouer les confidents, il cherche à

(31) Le Pays, *Amitiez, Amours et Amourettes*, livre I, lettre 5, p. 15-17.
(32) Subligny, *La Fausse Clélie*, Amsterdam, 1671, p. 189.
(33) Donneau de Visé, *Les Nouvelles Galantes, Comiques et tragiques*, Quinet, 1669, t. III,
p. 280 et sq.

sortir de ce rôle subalterne et ambitionne de goûter pour son propre compte au plus aristocratique des plaisirs en se risquant à devenir amoureux. Il s'éprend donc d'une jolie bergère et lui fait la cour en se proclamant frappé du plus profond désespoir et désireux de mettre fin à ses jours si ses vœux ne sont pas exaucés ; mal lui en prend car l'insensible le repousse et le met au défi de passer des paroles aux actes. Rassemblant son peu de courage, le bouffon fait mine de se planter un poignard dans la poitrine, mais le cœur lui manque et il ne lui reste plus que la ressource de s'enfuir honteusement (34). Il faut, pense-t-on, être un peu simple pour vouloir jouer ainsi les Céladon, car imaginer qu'un beau désespoir suffit encore à séduire un cœur rebelle procède d'une inconcevable méconnaissance des règles du jeu de la galanterie.

Ainsi l'esprit galant trouve dans les lieux communs « tendres » une ample matière pour exercer sa vocation à l'ironie et à la mystification. De la conception courtoise de l'amour il ne retient que quelques images d'Epinal : la belle dame sans merci réduisant en l'état d'esclaves ou de cadavres tous les hommes qui passent à sa portée, l'amant qui pleure, gémit, désespère et ne songe qu'à mourir, paralysé qu'il est par le respect et la soumission. Mme de Sévigné proteste contre l'indolence d'un certain Trévigny qui a le tort de ne point succomber au chagrin que lui cause la mort de sa maîtresse et devrait bien « pour l'honneur des dames » se décider à la suivre au tombeau (35). Pour la société galante il s'agit d'un jeu et d'une justification ; c'est un jeu parce que les allusions ironiques à la métaphysique tendre sont immédiatement comprises et créent entre le lecteur et l'auteur des liens de complicité favorables à l'humour, une justification dans la mesure où de si plaisantes invraisemblances démontrent par l'absurde que ce code amoureux est périmé et qu'il serait urgent de rechercher pour la pratique de l'amour des voies nouvelles. C'est tout un vieil art d'aimer qui s'abâtardit et dégénère ; exploitant la rémanence du modèle courtois qui, dans le domaine de la pure littérature et de l'imaginaire, conserve les faveurs du public mondain, la galanterie amoureuse s'affirme d'abord en prenant ironiquement ses distances par rapport à cette représentation traditionnelle de l'amour. Cependant l'esprit galant ne montre aucune hâte pour tirer les conclusions de son scepticisme et renoncer à des formules qui ne sont plus guère que des clauses de style ; il est en effet bien tentant de continuer de jouer un jeu dont les règles sont connues de tout le monde et dont les subtilités peuvent être

---

(34) MOLIÈRE, *La Princesse d'Elide*, IVe intermède, scène 2.
(35) Mme DE SÉVIGNÉ, *Lettres*, p. p. Gérard-Gailly, Gallimard (La Pléiade), 1953, t. I, p. 115, lettre du 24 juillet 1657.

d'autant mieux goûtées des connaisseurs qu'il n'y subsiste plus aucune trace d'émotion et de sincérité. Cette attitude est évidemment assez ambiguë : elle consiste à spéculer sur la survie d'un idéal moribond que l'on détruit par amusement et dont la persistance est pourtant la condition nécessaire pour que le jeu conserve un sens.

III — *Esquisse d'une rhétorique galante.*

Outre les grands préceptes codifiant le comportement des parfaits amants, l'héritage tendre comportait un certain nombre d'habitudes de langage qui avaient peu à peu fait corps avec la métaphysique courtoise ; à cette éthique de l'amour correspondait une rhétorique appropriée. Il était par exemple possible de résumer l'essentiel des leçons de la mystique amoureuse en les enfermant dans un subtil réseau de termes contradictoires ; c'est ce que fait Silvandre dans ce sonnet sur les « Contraires effects de l'amour » :

> « Faire vivre et mourir dans un mesme effort,
> Embraser tous les cœurs, et n'être que de glace,
> S'armer en mesme temps de douceur et d'audace,
> Et porter dans les yeux et l'amour et la mort ;
>
> Attirer tous les cœurs d'un extrême transport,
> Et les désespérer d'obtenir quelque grâce,
> Du bon-heur au mal-heur ne mettre point d'espace,
> Et joindre en un subject ces contraires d'accord (...) » (36).

Ce procédé commode survit bien entendu à l'occultation de l'arrière-plan mystique qui lui donnait son sens profond. Déjà Voiture se félicite dans l'une de ses « lettres amoureuses » des « merveilleuses contradictions » qui se rencontrent dans l'amour (37) ; ses disciples et successeurs sauront tirer parti d'une veine quasi inépuisable. L'un ne sait pas s'il doit ou non se réjouir d'avoir vu sa maîtresse :

> « Que je trouve de *mal* dans le *bien* de vous voir !

---

(36) *L'Astrée*, édition Vaganay, t. III, p. 565.
(37) Voiture, *Œuvres*, édition Ubicini, t. II, p. 176.

Philis, que votre accueil m'est *propice* et *contraire* !
L'*espoir* que j'ai conceu me met au *désespoir*,
Et vous me *plaisez* tant, qu'il pourra m'en *déplaire* » (38).

A un autre, le souvenir de l'absente rappelle à la fois son
bonheur passé et sa détresse du moment :

> « *Aimable* et *triste* souvenir,
> *Douces* et *cruelles* pensées,
> Qui venez m'entretenir
> De mes félicitez passées ;
> Que vous versez dedans mon cœur,
> Un *tourment* qui me *flatte*, un *plaisir* qui me *gêne,*
> Et que cette *agréable peine*
> Mesle bien l'*amertume* avecque la *douceur* » (39).

Avec une rigueur de métronome, le balancier de la contradiction oscille des souffrances d'amour à la joie d'aimer, de la présence
à l'absence, de la maladie à la guérison, du feu à la glace.

Ce n'est, bien sûr, qu'un artifice rhétorique qui permet à peu
de frais de trousser un madrigal ; une des plus belles réussites
du genre est sans doute une fameuse épigramme de Benserade :

> « Je mourray de trop de désir
> Si je la trouve inexorable
> Je mourray de trop de plaisir·
> Si je la trouve favorable.
> Ainsi je ne sçaurois guérir
> De la douleur qui me possède ;
> Je suis assuré de périr
> Par le mal ou par le remède » (40).

Les termes en opposition s'annulent selon la plus rigoureuse
symétrie pour aboutir à cette perfection vide qui est le sommet de
l'élégance galante. Parfois une circonstance favorable s'offre pour
rendre à cette formulation contradictoire un souffle de vie ; supposons qu'un amant qui souffre de taire sa peine ait pour maîtresse une dame malade à qui ses médecins ont interdit de parler ;
il y a là matière à un madrigal :

---

(38) *Les Délices de la poésie galante,* J. Ribou, 1666, Ire partie, p. 23.
(39) *Nouveau recueil de plusieurs et diverses pièces galantes de ce temps,* A la Sphère,
1665, IIe partie, p. 219.
(40) Benserade, *Œuvres,* Ch. de Sercy, 1697, t. II, p. 70.

« En vous faisant parler, votre santé s'altère ;
Et ! bien, auprès de vous, Philis, il faut se taire ;
Mais connoissez au moins combien de mes langueurs
Votre langueur est différente ;
C'est pour parler que votre mal s'augmente,
C'est pour me taire que je meurs » (41).

Moins bien servi par l'événement ou par son imagination, l'Oronte du *Misanthrope* devra se contenter de raisonner sur les inconvénients d'une faveur passagère et non suivie d'effet, avant de conclure sur la plus galante et la plus insignifiante contradiction :

« Belle Philis, on désespère,
Alors qu'on espère toujours » (42).

L'important est de découvrir le biais qui permet de rendre fugitivement quelque vigueur à un procédé usé. Mais si l'antithèse, trop abstraite, n'offre en ce sens que des possibilités assez limitées, autrement riche est le domaine de l'expression figurée. La langue de l'amour véhiculait à l'époque une foule de métaphore dont l'usage était devenu avec le temps parfaitement « naturel » ; à la limite, il était même presque inconcevable d'évoquer l'intensité d'une passion sans faire appel aux flammes de l'amour, l'indifférence d'une dame sans l'intermédiaire obligé de la glace dont son cœur est rempli, sa beauté sans parler des lys et des roses, l'éclat de son regard sans comparer ses yeux au soleil ou à des astres étincelants. Les poètes baroques avaient fait de ces métaphores un usage assez immodéré, mais tout porte à penser qu'elles correspondaient pour les meilleurs d'entre eux à une vision poétique du monde selon laquelle toutes choses entretiennent des rapports harmoniques dont l'image permet de saisir les multiples résonances. Mais, en ce milieu du XVIIe siècle, probablement sous l'influence du rationalisme naissant, la foi en ces vertus explicatives de l'analogie s'estompe ; de ce système où toute métaphore était chargée de sens les poètes galants ne retiennent que ce qui peut contribuer à l'amusement de leurs lecteurs. Ils ont la chance de disposer d'un riche assortiment d'images ; ils en font le seul usage dont ils sont capables : faire sourire en se moquant.

Parmi cette imagerie hétéroclite la littérature galante effectue un tri en apparence paradoxal, mais tout à fait conforme à sa

---

(41) SEGRAIS, *Poésies*, Caen, 1823, p. 197-198, « A une femme malade ».
(42) MOLIÈRE, *Le Misanthrope*, acte I, scène 2, v. 331-332.

vocation qui est de transformer le langage en une occasion de jeu.
Elle élimine d'abord les images qui ne s'étaient jamais intégrées
de manière profonde à la langue, sans doute parce que les analogies qu'elles supposaient restaient superficielles ou ornementales.
Il deviendra bientôt ridicule d'user de certaines hyperboles qui se
prêtent mal à un réemploi ironique. Dans sa *Comédie des Académistes* (1650) Saint-Evremond se moque cruellement du malheureux Chapelain qui profite d'un bref moment de solitude pour
composer ce poème amoureux d'une solennité ridicule :

> « Qui vit jamais rien de si beau
> Que les beaux yeux de la comtesse ?
> Je ne crois point qu'une déesse
> Nous éclairât d'un tel flambeau (...).
>
> Chacun admire en ce visage
> La lumière de deux soleils :
> Si la nature eût été sage,
> Le ciel en aurait deux pareils (...) » (43).

Chapelain incarne pour la jeune génération de 1650 un style
amoureux empesé et démodé. Lorsqu'il galantise pour lui-même,
Saint-Evremond use prudemment de prétérition :

> « Je ne m'amuserai point à des louanges générales aussi
> vieilles que les siècles. Le « Soleil » ne me fournira point de
> comparaison pour vos yeux, ni les « Fleurs » pour votre
> teint (...) » (44).

Bref les soleils, les astres, les lys et les roses sont à ranger
au magasin des vieilleries poétiques ; la nouvelle manière galante
n'admet plus ces comparaisons pompeuses qui ne valent que si on
les prend au sérieux.

Au contraire le vocabulaire de l'amour où la métaphore est à
ce point usée qu'elle s'est presque substituée au terme propre se
prête merveilleusement à l'ironie. Or il y a bien longtemps que
la passion était devenue feu, flamme ou seulement ardeur, à moins
qu'elle ne fût prison, esclavage, martyre, langueur ou blessure,
que l'indifférence était glace et que le soupir était amoureux, si
longtemps que ces images faisaient partie intégrante du patrimoine
linguistique et qu'on les employait presque indifféremment pour

---

(43) SAINT-EVREMOND, *La Comédie des Académistes*, acte II, scène première.
(44) SAINT-EVREMOND, *Œuvres en prose*, édition R. Ternois, t. I, p. 25.

le mot propre. C'est aux dépens de ces clichés que s'exerce l'ironie galante, non que le bien-fondé de ces expressions soit remis en cause, mais simplement parce qu'il suffit de leur redonner artificiellement un peu de leur valeur originelle pour en tirer des effets surprenants et cocasses. Ainsi un collaborateur anonyme du *Nouveau recueil de plusieurs et diverses pièces galantes de ce temps* (1665) proteste « Contre un Cadeau dont tous les mets estoient à la glace » ; il s'étonne qu'un galant homme ait eu l'idée d'organiser une semblable partie de campagne sans s'aviser que les flammes de l'amour risquaient d'être contrariées par une telle abondance de nourritures glacées (45). On comprend alors pourquoi les images les plus fragiles comme les astres, les lys où les roses ont été éliminées : l'effet ironique repose sur la solidité du lien métaphorique qui ne doit pas se rompre alors qu'il est distendu au maximum. Il faut que les deux termes de la métaphore puissent être un moment disjoints sans que l'analogie risque de voler en éclats. Or entre la glace et l'indifférence, ou entre l'ardeur de la passion et celle de la flamme, il existe une association sémantique plus forte qu'entre le brillant du regard et les rayons du soleil.

Il ne saurait être question d'entrer dans le détail de ces jongleries verbales ; un exemple suffira à en expliquer le mécanisme. Rien n'est plus banal que d'assimiler l'amour à la flamme ; mais si, par un effet de surimpression, on associe l'évocation d'un feu bien réel aux flammes dont l'amour brûle les âmes, il s'ensuit une curieuse réanimation de la métaphore dont le style galant est particulièrement friand. Ainsi un amant doit être familiarisé de longue date avec le feu puisqu'il passe le plus clair de son temps à « brûler » ; il est donc légitime de lui reprocher d'avoir échoué à sauver d'un incendie celle qu'il aime :

> « Une âme par l'amour aux feux accoutumée
> Pouvait moins s'étonner de la flamme allumée » (46).

Réciproquement, il est tout à fait logique, ainsi que le constate Le Pays, que la visite d'un belle « allumeuse » soit suivie d'un embrasement des lieux encore que l'on puisse être surpris qu'elle ait fui devant les flammes :

> « A d'autres, Caliste, à d'autres, je vous connois, vous estes
> accoustumée au feu et il n'y a point d'apparence qu'après
> avoir bruslé tant de cœurs, vous ayez eu peur de voir brusler

---

(45) *Nouveau recueil...*, A la Sphère, 1665, IIᵉ partie, p. 176-177.
(46) QUINAULT, *Les Coups de l'Amour et de la Fortune* (1665), in *Œuvres*, J. Ribou, 1715, t. II, p. 212.

une maison. L'embrasement des choses insensibles ne vous doit pas toucher, puisque vous n'estes pas touchée de celuy d'un homme aussi sensible que moy » (47).

La syllepse est la figure-reine de toute rhétorique galante : la volontaire ambiguïté qu'elle introduit dans le discours reflète admirablement la duplicité de l'esprit galant.

Sur le même thème d'infinies variations sont possibles. On peut, comme Ménage, équivoquer sur l'ardeur de la fièvre qui, par un juste retour des choses, fait brûler une indifférente :

« L'orgueilleuse Phyllis brûle enfin à son tour ;
Elle brûle, il est vray, mais ce n'est pas d'amour.
Phyllis brûle, grands Dieux, mais d'une fièvre ardente (...) » (48).

A partir d'une association d'idées toute différente, Mme de Sévigné écrit à propos des ravages que le charme de la duchesse de Brissac faisait parmi la population masculine de Vichy :

« Je vis l'autre jour de mes propres yeux flamber un pauvre Célestin » (49).

Ici le raccourci d'expression donne à la pointe galante toute son efficacité : l'assurance du témoin oculaire, l'invitation implicite, en raison du caractère de la victime, à superposer les flammes de l'enfer à celles de l'amour font tout le prix de ce petit autodafé galant. Les réussites de ce genre sont rares et le célestin de Mme de Brissac fait paraître bien laborieuse la fièvre de Phyllis. Mais il serait injuste d'accabler Ménage pour faire valoir Mme de Sévigné ; l'art galant repose tout entier sur l'artifice et, comme il est normal, il compte plus d'artisans que d'artistes. Le procédé est toujours le même : confronter un lieu commun de rhétorique amoureuse à une circonstance, parfois très prosaïque, pour lui rendre une saveur nouvelle et burlesque. Montreuil souffre-t-il des yeux ; il s'étonnera qu'une dame ait l'inconscience de lui faire parvenir un collyre :

« Vous m'envoyez une fiole pour mes yeux, et vous estes cause que je m'en vay les perdre (...) » (50).

---

(47) Le Pays, *Amitiez, Amours et Amourettes* (1664), livre I, lettres 18 et 19, Amsterdam, 1690, p. 23-24.
(48) Ménage, *Poemata*, 3e édition, A. Courbé, 1668, p. 38 et sq.
(49) Mme de Sévigné, *Lettres*, édition Gérard-Gailly, t. II, p. 104.
(50) Montreuil, *Œuvres*, de Luyne, 1666, p. 271.

Lorsque les divers incidents de la vie quotidienne n'offrent plus matière à ces jeux d'esprit, il est encore loisible de se rabattre sur l'histoire ou la fable. Furetière compare son sort d'amant malheureux et condamné à garder le silence à celui de l'illustre Mucius Scaevola ; le héros romain laissa, sans broncher, consumer sa main, mais le pauvre Furetière, plus héroïque encore, assiste en silence à la consomption de son propre cœur :

> « Hélas ! je voy brûler mon cœur,
> Et n'ose dire parole » (51).

La Fontaine ne manque pas d'exploiter l'ouverture piquante que lui offre l'évocation des amours du dieu Soleil qui

> « Couvait plus de feux dans son sein
> Qu'on en voyait à l'entour de sa tête (...) » (52).

Racine lui-même n'a pas dédaigné des effets de ce genre qui lui ont été souvent reprochés ; Pyrrhus, incendiaire de Troie et amoureux d'Andromaque risque la fameuse et galante équivoque :

> « Brûlé de plus de feux que je n'en allumai (...) » (53).

A l'égard de ce langage figé où l'on a cru parfois, bien à tort, reconnaître le jargon « précieux », l'esthétique galante se définit de manière nette et originale. Sans le rejeter ni même faire peser sur lui un quelconque discrédit, elle en use d'une manière qui n'est jamais naïve ou innocente (54) ; lorsque l'occasion s'en présente, aucun auteur galant ne résiste à la tentation de réveiller les métaphores endormies. Il subsiste en chacune d'elles une parcelle au moins du sens premier qui ne demande qu'à resurgir et dont la résurrection surprend « agréablement ». Pour eux la métaphore n'est plus qu'un divertissement au même titre que les contrariétés de l'amour ou l'échange matériel des cœurs : plus l'usage que l'on en fait est inattendu, plus grand est le plaisir du lecteur pour qui ces interférences entre sens propre et sens figuré transforment l'image en énigme. Comme le dit Segrais :

---

(51) FURETIÈRE, *The poésies diverses*, p. p. I. Bronk, Baltimore, 1908, p. 52.
(52) LA FONTAINE, *Contes et Nouvelles* (Première partie, 1665), XII, « Les Amours de Mars et de Vénus ».
(53) RACINE, *Andromaque* (1667), acte I, scène 4, v. 320.
(54) Il faut toute l'ingénuité de l'Agnès de l'*Ecole des Femmes* pour prendre ce langage au pied de la lettre et imaginer que les « blessures » amoureuses d'Horace risquent de mettre sa vie en danger.

> « La Métaphore a beaucoup de grâce, particulièrement lors-
> qu'elle est employée pour railler » (55).

L'émotion poétique se ramène au plaisir de l'esprit et d'ailleurs
de la métaphore galante au simple calembour il n'y a pas toujours
très loin. Pour Mme de Villedieu, le « poulet » est la seule nourriture convenable à un amoureux (56). Montreuil imagine pour une
dame qui avait reçu de son amant à la fois des fleurs et des
« fleurettes » ce remerciement :

> « Vos fleurs et vos fleurettes ont esté bien receües, mais non
> pas également. Quoy que ces dernières ne sentent rien, elles
> vous mettent bien plus que les autres en bonne odeur auprès
> de moy (...) » (57).

Plus drôlement un madrigal des *Délices de la poésie galante*
(1664) signé « de Hauteroche » suggère qu'il est tout à fait hors
de saison qu'une maigre se vante de ne pas céder au péché de la
chair puisqu'aussi bien elle n'a que la peau et les os (58). Une
fois encore on en revient à Molière et au fameux carrosse de Trissotin, c'est-à-dire de l'abbé Cotin, qui n'était plus « amarante »
mais « de ma rente » (59).

Mais la métaphore offre à la littérature galante d'autres ressources que ces jeux instantanés sur la syllepse. Le procédé de la
métaphore filée permet de prolonger la surprise initiale. Des équivoques de cette nature peuvent surgir presque à tout propos. Il est
banal de comparer l'amour « naissant » à un enfant dont l'aimée
est la mère et l'amant le père, enfant généralement malheureux
par la faute d'une mère indigne. Mais cet enfant maltraité et mal
« nourri » ne laisse pas d'être vigoureux. Brébeuf brode plaisamment sur ce thème :

> « Vous l'aves veu pourtant et fort et vigoureux,
> Dès le moment qui l'a fait naistre ;
> Et bien qu'on lui prescrive un jeusne rigoureux,
> Cet enfant mal nourry ne laisse pas que de croistre » (62).

---

(55) SEGRAIS, *Œuvres diverses*, Amsterdam, 1723, t. I, p. 221.
(56) Mme DE VILLEDIEU, *Nouveau recueil de quelques pièces galantes*, J. Ribou, 1669,
p. 93.
(57) MONTREUIL, *Œuvres*, de Luyne, 1666, p. 322.
(58) *Les Délices de la poésie galante*, J. Ribou, 1666, IIᵉ partie, p. 202.
(59) Abbé COTIN, *Œuvres galantes*, Et. Loyson, 1663, p. 444.
(60) BRÉBEUF, *Poésies diverses*, (1658), A. de Sommaville, 1662, p. 237.

L'habileté à jouer des ambiguïtés du langage tient lieu d'inspiration. Il en est de même lorsque Le Pays compare les seins naissants de la jeune Margotton à des jumeaux de quatorze mois que leur mère de quatorze ans ne devrait pas tenir en lisière, comme elle le fait, pour le désespoir de l'auteur :

> « J'ay aussi un nouvel avis à vous donner sur ce que je vis hier que vous teniez vos petits testons enfermez aussi exactement qu'une Religieuse. Vous avez tort, Margotton, de tenir en prison deux jeunes innocens, qui n'ont encore point fait de crime. Je vous assure qu'ils souffrent cette closture à contre-cœur. Malgré le linge qui les resserre, j'ay remarqué qu'ils en soupirent de tristesse, et qu'ils en sont tout enflez de colère (...). Lorsque vous n'estiez pas plus âgée qu'ils le sont présentement, vostre nourrice n'avoit point de honte de vous montrer toute nuë, pourquoy en auriez-vous donc, de nous montrer à nû deux jeunes enfans, qui d'ailleurs ne sont jamais si beaux que quand ils sont découverts ? » (61).

En dehors du plaisir de l'énigme et d'un soupçon de polissonnerie le jeu reste assez puéril. Faisant presque exclusivement appel à l'esprit, la rhétorique galante réduit l'imagination à la portion congrue et se contente de tirer parti de toutes les ambiguïtés latentes dans cette construction hétéroclite qu'est le langage de l'amour au XVIIe siècle.

IV — *Les « genres » galants et le statut littéraire de la galanterie.*

La constante difficulté est donc de prolonger des effets par nature éphémères et d'éviter la monotonie qui ne manquerait pas de produire la répétition du même procédé. Pour mettre en place les éléments du jeu, il faut, laborieusement parfois, développer certaines circonstances nécessaires pour le rendre intelligible, mais l'œuvre galante reste brève et dépasse rarement en poésie l'ampleur d'un madrigal ou d'un sonnet. Ainsi s'explique la prédilection que marque toute la littérature galante pour les genres mineurs, chansons, épigrammes, ballades, impromptus, etc..., et en prose pour les maximes, les portraits, les lettres souvent réduites

---

(61) LE PAYS, *Amitiez, Amours et Amourettes* (1664), livre II, lettre 3.

à la dimension de simples billets. Pour faire une anthologie galante il faudrait dépouiller les nombreux recueils collectifs publiés entre 1650 et 1670, les volumes d' « œuvres diverses », de « poésies diverses » et de « lettres », en un mot tous les livres-recueils où se trouvent rassemblées, le plus souvent pêle-mêle, des pièces de médiocre étendue, de genres variés et d'auteurs différents. Il y a incompatibilité entre l'esprit galant et les compositions de longue haleine, sauf si elles autorisent la répétition des mêmes effets ; en ce sens le projet que Benserade mit tardivement à exécution de traduire les *Métamorphoses* d'Ovide en rondeaux est typiquement galant, ainsi que la gageure que Brébeuf a courageusement tenue d'écrire 150 épigrammes contre les femmes fardées (62). Mais ces constructions factices ne doivent pas faire illusion : le caractère constant de l'œuvre galante est la discontinuité. Il est même curieux de noter à ce propos que lorsque certains recueils de lettres rassemblent les fragments d'une correspondance suivie il arrive souvent que l'ordre primitif soit volontairement brouillé comme c'est le cas des *Lettres* de Costar, de Brébeuf ou des *Amitiez, Amours et Amourettes* de Le Pays. Ainsi s'explique que la galanterie n'ait jamais fait à la « grande » littérature de l'amour, celle des romans, des tragi-comédies ou des tragédies une concurrence dont elle était par définition incapable. Il n'existe, à notre connaissance que trois romans qui mériteraient d'être comptés parmi les œuvres galantes (encore que la continuité des aventures romanesques répugne à cette forme d'esprit) ; ce sont l'étrange *Zélotyde* de Le Pays (1665), *La Prétieuse* de l'abbé de Pure (1656-1658) et les *Amours de Psyché et de Cupidon* (1669) de La Fontaine, chef-d'œuvre d'ironie mais roman assez peu conforme aux normes du genre. Hormis ces exceptions, la littérature galante se développe en dehors des formes existantes, ou du moins des formes consacrées ; ses ambitions sont modestes et son domaine est celui de l'œuvre de circonstance aux confins de la chronique mondaine et de la littérature proprement dite. De nature foncièrement ironique, elle procède d'un état d'esprit peu créateur et n'est guère apte à la conception d'œuvres de grande envergure ; Sainte-Beuve disait assez justement que Voiture avait placé sa fortune littéraire en viager.

Mais cette pauvreté créatrice est en partie compensée par une étonnante capacité inventive. Si l'ironie galante est bannie de la plupart des genres constitués, elle ne cesse de susciter des formes éphémères qui ont toutes ceci de commun qu'elles sont le pastiche de formes déjà existantes mais détournées de leur destination

---

(62) BENSERADE, *Les Métamorphoses d'Ovide en rondeaux*, Paris, 1678 et BRÉBEUF, *Poésies diverses* (1658), Sommaville, 1662, p. 41-131.

première. C'est ainsi que l'on adopte des modes d'expression en apparence tout à fait impropres aux sujets traités et que même une forme graphique peut devenir le support d'analyses amoureuses comme ce fut le cas pour la « géographie » amoureuse. Ce « genre » nouveau n'est en réalité que l'extrapolation d'une métaphore primitive. C'est ce qu'a fort bien compris Ch. Sorel qui dans sa *Bibliothèque françoise* (1664) explique judicieusement la naissance des premières cartes d'amour :

> « C'est une façon de parler assez ordinaire entre nous de dire, « Nous sçavons bien la Carte de ce pays-là », pour faire entendre que nous sçavons bien comment on se gouverne en quelque lieu, ou dans quelque affaire ; De là on s'est avisé de de faire une Carte de l'Amour et de quelques autres passions » (63).

Dès lors qu'il peut exister une géographie amoureuse et qu'il devient concevable d'appliquer à l'amour une fiction de cet ordre, aucun domaine n'est plus fermé aux transpositions galantes. De la carte, forme assez peu maniable, on passe facilement à l'itinéraire, à la relation de voyage ou même à la gazette qui est censée faire parvenir jusqu'à Paris des nouvelles de pays lointains (64). Il y a bien sûr une « Gazette de Tendre » que Conrart a recopiée dans son manuscrit (65) et, plus tardive une « Gazette de Noisy » composée en 1672 et publiée dans les *Œuvres* (1715) de Pavillon (66). De la géographie à l'histoire il n'y a qu'un pas, ce qui nous vaut une « Relation de ce qui se passa au siège de Courcelles qui commença le 20 Janvier 1669 » où sont évoquées les frasques de la scandaleuse marquise (67).

Peut-être parce que tout amour crée une dette ou suppose un échange de services, la langue du commerce est souvent mise à contribution. Il existe une « Reddition de compte par un amant à sa maistresse » qui commence ainsi :

> « Treize quintaux de complaisance
> A cent mille francs le quintal (...) » (68).

---

(63) Ch. SOREL, *Bibliothèque françoise*, Paris, 1664, p. 152-153.
(64) Il faudrait citer le *Voyage* de Chapelle et Bachaumont ou la *Relation d'un voyage de Paris en Limousin* de LA FONTAINE.
(65) Manuscrits Conrart, t. V, f° 147-158.
(66) *Œuvres de M. Pavillon*, Amsterdam, du Sauzet, 1720, p. 37-39.
(67) *Bulletin du bibliophile et du bibliothécaire*, 1856, p. 1051.
(68) *Recueil de Sercy* (vers), III° partie, 1656, p. 236.

On peut lire aussi une « lettre de change » (amoureuse) (69), un « Arresté de compte rendu par un galant à sa maistresse » (70), des « Parties à arrester » (71). Du commerce à la procédure il n'y a pas toujours très loin, d'où le « Décret d'un cœur infidèle, suivy de l'Etat et inventaire des meubles d'un cœur volage » attribué à Mme de La Calprenède (72), les « Articles d'une intrigue de galanterie » par Mme de Villedieu (73), le « Jugement définitif sur un plaidoier d'Amour » par Mme de la Suze (74), le « Bail du cœur de Cloris » par de Hénault (75), le « Contrat d'Inclination » rédigé selon les meilleures traditions notariales :

> « Pardevant Nous, Fils de Cithère,
> Et Dieu de l'amoureux mystère,
> Sont convenus les soussignez
> Des faits ici mentionnez (...) » (76).

A quoi il faudrait ajouter des pastiches de formes plus relevées du droit : un « Edit de l'Amour » par Régnier-Desmarais (77), un « Edit de la souveraine des Cœurs » parmi les *Madrigaux* de La Sablière (78), enfin une « Ordonnance » en bonne et due forme rendue par la Reine de Tendre :

> « Sapho, reine de Tendre, princesse d'Estime, dame de Reconnaissance, Inclination et terres adjacentes, à tous présens et à venir, salut (...) » (79).

Cette énumération comporte beaucoup d'omissions et elle ne prétend guère que donner un rapide aperçu de la fécondité galante en ce domaine. Cependant, avant d'en finir avec cet inventaire très incomplet des « genres » galants, il faut de toute nécessité ouvrir une rubrique « divers » ; ce qui compte en effet c'est l'imprévu et la cocasserie de l'invention et les plus extravagantes sont les plus significatives. On a imprimé plusieurs « almanachs

---

(69) *Le nouveau Cabinet des Muses*, Thierry le Chasseur, 1658, p. 81 et sq.
(70) *Recueil de Sercy* (prose), Ve partie, 1663, p. 196.
(71) *Recueil de Sercy* (prose), IVe partie, 1661, p. 29 et sq.
(72) *Recueil de Sercy* (prose), IVe partie, 1661, p. 163-173.
(73) *Nouveau recueil de quelques pièces galantes faites par Mme de Ville-Dieu, autrefois Mlle Desjardins*, J. Ribou, 1669, p. 93-96.
(74) *Recueil de Sercy* (vers), IIe partie, 1653.
(75) De Hénault, *Œuvres diverses*, Barbin, 1670, p. 66-71.
(76) *Les Délices de la poésie galante* (1663), J. Ribou, 1666, 1re partie, p. 186-188.
(77) *Les Délices de la poésie galante*, IIIe partie, J. Ribou, 1667.
(78) La Sablière, *Madrigaux de M.D.L.S.*, Barbin, 1680, p. 104-105.
(79) Texte publié par Ed. de Barthélémy, *Sapho, Le Mage de Sidon, Zénocrate* Didier, 1880, p. 36.

d'amour » (68), dont l'un donne des remèdes contre l'indifférence,
et l'autre les signes du Zodiaque amoureux, deux « loteries » dues
à la plume de Ch. Sorel (81), une *Revue des troupes de l'Amour*
de Mme de Villedieu (82), une « Astrologie judiciaire » de l'abbé
Cotin (83) et *La Montre* de B. de Bonnecorse (84) qui indique
pour chaque heure du jour et de la nuit les occupations convenables
à un amant. Tout aussi curieux le traité publié par Fr. de
Callières et intitulé *La logique des Amans ou l'Amour logicien* (85)
qui applique à l'amour les merveilles de la logique de l'Ecole.
Aux dix catégories d'Aristote s'ajoutent la Beauté, la Richesse, la
Galanterie, l'Esprit et la Jeunesse et Fr. de Callières étudie successivement
le genre, l'espèce, l'individu, la différence, le propre
et l'accident de l'Amour pour donner ensuite quelques exemples
de syllogismes amoureux malheureusement assez ternes. Plus intéressants
les « Titres de noblesse de la Muse Amourette » (86)
que Le Pays rédige en 1669 au moment où M. du Gué-Bagnols
entreprend en Dauphiné la grande révision des titres prescrite par
Colbert ; c'est pour l'auteur le prétexte à faire une histoire de
la poésie enjouée de Voiture jusqu'à Horace et même jusqu'à
Pindare (ce qui tendrait à prouver que Le Pays n'avait pas lu
très attentivement ses auteurs grecs). Enfin, à titre de curiosité,
il faut mentionner un petit ouvrage perdu, un « Livre d'heures »
de la manière de Bussy-Rabutin où les images pieuses étaient
remplacées par les portraits en miniature de quelques cocus
illustres de la cour.

Cette invention métaphorique si essentielle à la littérature galante
ne connaît aucune règle ni aucune limite et il arrive même
qu'elle conduise à des aberrations étranges que les intéressés sont
les premiers à tourner en plaisanterie. Evoquant les personnifications
abusives qui font également partie de l'arsenal galant,
Mlle de Scudéry ironise elle-même sur les ridicules excès où peut
mener un tel procédé ; accusant réception du « Louis d'or » que
lui a envoyé Isarn, elle répond à l'auteur :

> « Vous savez bien, Monsieur, que je suis accoutumée d'en-

---

(80) On connaît : *Le Grand Almanach d'Amour*, Ch. de Sercy, 1657, *L'Almanach bachique
pour l'année d'éternelle débauche et de paix qui commencera le 1er septembre 1661...*, *Recueil
de Sercy* (prose), IVe partie, 1661, p. 385 et sq. *L'Almanach d'Amour pour l'an de grâce 1663,
par le Grand Ovide Cypriot, spéculateur des éphémérides amoureuses. Recueil de Sercy*
(prose), IIe partie, 1662, p. 263 et sq. attribué à Isarn.
(81) « La Loterie ou blanque nouvelle dans laquelle se trouvent beaucoup de choses de
grand prix » (*Recueil de Sercy* (prose), (1re partie, p. 1) et la « Loterie d'amour » (*ibidem*,
p. 25).
(82) Mme DE VILLEDIEU, *La revue des troupes d'Amour*, Cologne, P. Michel, 1667.
(83) *Œuvres galantes*, Loyson, 1663, p. 191 et sq.
(84) B. DE BONNECORSE, *La Montre*, Cl. Barbin, 1665.
(85) Fr. DE CALLIÈRES, *La logique des Amans ou l'Amour logicien*, Th. Jolly, 1668.
(85) *Nouvelles œuvres*, Amsterdam, 1677, p. 90-144.

tendre parler des Lapins, des Fauvettes et des Abricots. Mais
après tout, je n'ai pas laissé d'être surprise de la conversation
que vous avez eu avec votre Louis d'or (...) » (87).

Cependant Isarn pèche surtout par excès de zèle ; car faire
parler un louis d'or est du même ordre que transcrire les plaintes
amoureuses d'une tourterelle, d'un rossignol ou signer des contrats
amoureux et rédiger des almanachs galants. Ces personnifications
se fondent sur des transpositions ni plus ni moins vraisemblables
que les précédentes, simples « fictions » qui permettent à l'ironie
de s'exercer à la faveur de l'un de ces déguisements qui lui sont
indispensables. Les caractères de la production galante sont le recours constant à des formes détournées de leur destination première et réduites à l'état de simples bagatelles, un goût marqué
pour la métaphore et l'allégorie considérées comme de simples
occasions de jeu, la prolifération de « genres » instables qui
naissent et disparaissent au gré des fluctuations de la mode ou
des caprices individuels. L'esprit galant transforme tout ce qu'il
touche en divertissements anodins mais agréables ; il mystifie
sans conviction et démystifie sans hargne ni amertume. Sous son
influence se développe toute une littérature de second plan en
marge de la conception traditionnelle de l'amour et des formes
littéraires consacrées ; dans l'un et l'autre cas on assiste à un très
curieux phénomène de parasitisme.

Ce même désir de sortir des sentiers battus permet de mieux
comprendre le sens d'un moyen d'expression dont la création
appartient en propre à la littérature galante : la prose mêlée de
vers. Autant qu'il soit possible de trancher une question de cet
ordre, l'inventeur de cette forme nouvelle paraît être Sarasin et
sa trouvaille remonte à 1648 (88). Toujours est-il que la diffusion
de la « prose mêlée » coïncide exactement avec la grande époque
de la littérature galante : lettres, questions d'amour, relations diverses et même romans comme *Zélotyde* ou *les Amours de Psyché
et de Cupidon* sont écrits dans ce style bâtard, création délibéré-
ment artificielle et tout à fait selon l'esprit de la galanterie. Pellisson, critique souvent très perspicace, définit judicieusement la
place qui revient à ce genre hybride. A propos de la *Pompe funèbre
de Voiture* il remarque en 1656 :

« Ce qui donne beaucoup d'ornement à cet Ouvrage, c'est
que les Vers n'y sont pas seulement mêlés avec la Prose, mais

---

(87) « Réponse de Mlle de Scudéry à un auteur qui lui avoit envoyé une pièce intitulée
le *Louis d'or* », in RATHERY et BOUTRON, *op. cit.*, p. 274.
(88) R. LATHUILLÈRE, *op. cit.*, p. 42.

composent avec elle le corps d'une mesme narration, chose pratiquée par quelques anciens, inconnue à nos François, si vous en exceptez Théophile. Mais, à mon avis, il l'avoit appliqué hors de son véritable usage, au traité de l'Immortalité de l'Ame, en une des plus sérieuses matières du monde, au lieu que cette liberté de changer de style, et d'estre Poète et Orateur en mesme temps, doit estre réservée, ce semble, aux jeux de l'esprit, et à ces ouvrages d'invention qui tiennent comme un milieu entre la Prose et la Poésie » (89).

Or c'est justement la définition de quelques-uns des équilibres majeurs de la création galante : chercher à tenir le milieu entre la prose et la poésie est comme la traduction matérielle des aspirations de tout auteur galant qui évolue toujours et à dessein entre le sérieux et le plaisant, la vérité et le mensonge, le réel et l'imaginaire.

La « prose mêlée » est donc un aspect particulier d'une visée beaucoup plus générale. Sa raison d'être, ainsi que le note l'abbé Levasseur dans sa préface au *Nouveau recueil de diverses poésies françoises composées par divers autheurs* (1656), se situe dans une volonté de plaire par la diversité qui est la règle d'or de l'esthétique galante ; à propos de la « Relation d'un voyage de Paris à Lyon » incluse dans le recueil, l'abbé vante les mérites conjugués de la variété des styles et de la diversité des sujets :

> « (...) On n'y trouve pas seulement de la prose meslée avecque des vers de toutes les façons et de toutes les mesures, mais encore sur toutes sortes de sujets ; et cette variété y fait une nuance si douce et si naturelle, qu'il faut estre de mauvaise humeur pour n'y prendre pas au moins quelque plaisir.
>
> Le style même y change aussi ; tantôt il est sérieux, tantôt il est enjoüé, et bien souvent il tient de tous les deux ensemble. Cette diversité sied bien en ce genre d'ouvrage, et je pourrois dire qu'elle est un de ses principaux ornements ; parce que de même qu'un Voyageur qui marcheroit long-temps dans un païs plat qui ne luy fourniroit toujours qu'une même veüe, ne manqueroit pas à la fin de s'en lasser ; ainsi il ne faut point doûter qu'on ne s'ennuyât de lire un Voyage dont le discours n'auroit partout aussi qu'un même stile » (90).

Ici apparaît le lien unissant les moyens très divers de cette

---

(89) PELLISSON, « Discours sur les œuvres de M. Sarasin », en tête de l'édition des *Œuvres de M. Sarasin*, Billaine, 1663, p. 19.
(90) *Nouveau recueil de diverses poésies françoises composées par plusieurs autheurs*, Ch. de Sercy, 1656, Préface, p. IX et XII.

littérature (jongleries métaphoriques, pastiches ironiques, etc...) et leur fin unique qui est le divertissement ; les jeux de la galanterie amoureuse procèdent d'une vision esthétique cohérente qui leur donne un sens et qui d'ailleurs dépasse très largement le domaine propre de l'expression de l'amour. Les maîtres-mots de cette esthétique galante sont « enjouement », « agrément », « diversité », « variété ». Tout y est subordonné au plaisir momentané du lecteur et de cette considération primordiale se déduisent les modalités de la création littéraire. Pellisson, toujours dans son « Discours sur les Œuvres de M. Sarasin », disait de la variété qu'elle est

> « utile et loüable en toute sorte d'ouvrages, mais absolument nécessaire à ceux qui ne se proposent pour but que le plaisir (...) (91).

En 1668 encore, La Fontaine se réclamera des mêmes principes dans la préface du premier recueil des *Fables* où il affirme les mérites indissociables de l'enjouement et de la diversité. En arrière-plan de cette conception de la littérature se trouve une curieuse psychologie de l'inconstance : un lecteur mondain est réputé incapable de fixer durablement son attention sur un sujet unique et cette carence, sans doute particulière à un certain mode de vie, est généreusement prêté à l'humanité toute entière. Ainsi s'explique l'admirable sollicitude des auteurs galants envers leur public : ils s'efforcent de lui épargner toute contention superflue.

Il faut donc à tout prix de la nouveauté et de l'imprévu faute de quoi les plus belles choses finissent par lasser. C'est ce que La Fontaine laisse entendre d'assez spirituelle manière dans le conte du « Pâté d'anguille » publié dans son quatrième recueil de 1674. Un maître cajole la femme de son valet alors qu'il possède lui-même une fort séduisante épouse ; le valet s'en plaint et cherche à lui démontrer l'absurdité et l'injustice de sa conduite. Pour toute réponse le maître se contente de faire servir chaque jour à son domestique du pâté d'anguille dont celui-ci était très friand. A ce régime le valet se convertit rapidement à la « diversité » en tous domaines. Cet apologue, en vertu d'une logique habile mais non spécieuse, illustre le rapport existant entre l'éthique galante de l'inconstance et l'esthétique de la variété. La strophe liminaire mériterait de figurer en bonne place dans toute tentative de définition de l'idéal littéraire galant :

> « Même beauté, tant soit exquise,

---

(91) PELLISSON, « Discours... » (*ibidem*, p. 19).

Rassasie et soûle à la fin.
Il me faut d'un et d'autre pain :
Diversité c'est ma devise » (92).

Plus doctement le Père Lamy développe les mêmes théories dans son traité sur *la Rhétorique ou l'Art de parler* (1670), affirmant :

> « La variété est si nécessaire pour prévenir le dégoût que l'on prend des choses les plus agréables que les Musiciens qui étudient avec tant de soin la proportion et la consonance des sons affectent de temps en temps quelque dissonance dans leur concert ».

ou bien encore :

> « Ce n'est pas le seul caprice qui rend la variété nécessaire : la nature demande le changement (...) Dans toutes les actions la diversité est nécessaire ; parce que le travail estant partagé, chaque partie d'un organe est moins fatigué » (93).

Voici donc la fantaisie fondée en raison et justifiée par l'infirmité de notre nature. C'est pourquoi les grâces galantes se figent et disparaissent dès qu'on les oblige à quitter les jeux et les rires pour prendre la pose. Pour plaire il faut du mouvement et de la variété et ce qui est vrai en matière d'art l'est également des femmes. Selon Saint-Evremond la beauté parfaite n'existe pas en ce monde et il est seulement permis de rêver à « L'idée de la femme qui ne se trouve point et qui ne se trouvera jamais » :

> « Car il semble qu'un caprice de la nature fasse naistre les agrémens de l'irrégularité, et que les beautez achevées qui ont tousjours de quoy se faire admirer, ayent rarement le secret de sçavoir plaire » (94).

Bussy-Rabutin considérait de même que l' « inégalité » ajoutait beaucoup au charme de sa jeune cousine, Mme de Sévigné (95).

A ne considérer que ces principes, si proches parfois de cer-

---

(92) LA FONTAINE, *Contes et Nouvelles*, quatrième partie (1674), in *Œuvres complètes*, édition J. Marmier, p. 274.
(93) P. B. LAMY, *La Rhétorique ou l'Art de parler* (1670), Pralard, 1676, p. 136 et p. 109-110.
(94) SAINT-EVREMOND, *Œuvres en prose*, édition R. Ternois, t. II, p. 46 et sq.
(95) BUSSY-RABUTIN, *Histoire amoureuse des Gaules*, édition A. Adam, p. 145 et sq.

tains préceptes classiques, on risquerait de se faire de la littérature galante une fausse idée. Hormis l'œuvre de La Fontaine que nous rangeons parmi les auteurs galants encore qu'il y ait peut-être quelque arbitraire dans ce classement, la plupart des autres productions galantes sont depuis fort longtemps à peu près tombées dans l'oubli, et tout spécialement celles qui traitent de sujets amoureux. La diversité est trop souvent comprise comme autorisant à traiter de toutes choses sur le mode badin et les auteurs galants se sont surtout signalés à l'attention par des bagatelles qui ne prêteraient guère à conséquence si elles n'avaient fait les délices de toute une génération. Il n'est pas indifférent de rappeler que les *Œuvres* de Voiture, modèle du genre « enjoué », comptent sans doute parmi les grands succès de librairie du siècle; à partir de l'édition posthume qu'en donne son neveu Pinchêne en 1650, les rééditions se succèdent selon un rythme à peu près régulier à raison d'une presque tous les deux ans entre 1650 et 1690, sans compter les nombreuses contrefaçons (96). Les *Œuvres* de Voiture resteront très longtemps une manière de bréviaire littéraire de la société mondaine. Mais plus surprenant encore est le succès qu'obtient le recueil de Le Pays *Amitiez, Amours et Amourettes* ; ces lettres badines qui ne valent que par un certain humour parfois plaisant, connaissent auprès des lecteurs parisiens et provinciaux une faveur qui ne se dément pas comme en témoignent de nombreuses éditions successives (97). Or on aura une assez juste idée du talent d'amuseur de Le Pays, qui n'est pas négligeable et, en tout cas, a été apprécié de ses contemporains, en se souvenant que, officier des Gabelles à Grenoble, il n'hésite pas à attribuer le « sel » de ses plaisanteries aux effets bénéfiques de sa fonction. Mais cette littérature enjouée reçoit à l'époque une approbation presque unanime ; le public achète volontiers ces œuvres et fait la fortune des Sercy ou des Barbin ; les doctes eux-mêmes, pourtant tenus en assez piètre estime dans les milieux galants où l'on a les pédants en horreur, ne refusent pas tout mérite à ces jeux d'esprit. Ch. Sorel signale dans sa *Bibliothèque françoise* (1667) les *Amitiez, Amours et Amourettes* de Le Pays et la publication alors toute récente des *Œuvres* de Montreuil ; il le fait avec juste ce qu'il faut de condescendance :

---

(96) Le première édition des *Œuvres* de Voiture, préparée par son neveu Pinchêne, paraît en 1650 chez A. Courbé qui les réimprime en 1652, 1654, 1656, 1657, 1659, 1660, 1661 ; L. Billaine et Th. Jolly prennent la relève et proposent de nouvelles éditions en 1663, 1665, 1672, 1676, 1677, 1678, 1679, 1681, 1685, 1686, 1687, 1691, 1693, 1695, 1697, 1701, 1702, 1703, 1709, 1713, 1719, 1734, 1745, 1747.

(97) A. de Bersaucourt affirme, sans plus de précisions, que le premier recueil de Le Pays avait été édité quinze fois en deux ans (Bossard (« Chefs d'œuvre méconnus »), 1925, Introduction, p. 24). Pour notre part nous connaissons d'*Amitiez, Amours et Amourettes* : — 2 éditions grenobloises (1664 et 1665) — 6 éditions parisiennes (1664, 1665, 1667, 1672, 1685, 1705) — 4 éditions hollandaises (1668, 1689, 1715, 1724) — une édition lyonnaise (1671).

« C'est un genre particulier de railler avec les Dames, qui peut avoir son prix » (98).

G. Guéret, pourtant assez peu tendre d'ordinaire envers la littérature à la mode, confie à l'un des interlocuteurs de *La Guerre des auteurs anciens et modernes* (1671) le soin de défendre, non sans chaleur, Voiture, Sarasin et en général les auteurs galants :

> « (...) Si par hasard (déclare-t-il à un « docteur ») vous paroissez dans les Cercles, et dans les Ruelles on vous en chasse comme des Barbares. On ne reçoit, dans ces lieux-là, que les Voitures et les Sarrazins ; c'est d'eux et de leurs semblables qu'on se plaist à s'entretenir et on laisse votre Aristote pour une Lettre de ma commère la Carpe, pour des Stances sur une souris, pour des Balades et des Rondeaux. Tel est nostre goust, tel a esté celui de la cour d'Auguste ; une comédie de Térence, une ode d'Horace, une Eglogue de Virgile en emportoient tous les applaudissements, ces excellentes pièces sont venues jusques à nous, sans éprouver les injures du temps, qui n'a pas épargné vos Philosophes et quelque jour aussi les Tables de la Philosophie Françoise ne seront plus rien, que l'on verra encore la Fauvète et le Voyage de la Chapelle et de Bachaumont » (99).

De fait cette littérature est le reflet de la civilisation mondaine et beaucoup ont cru que cette civilisation était l'apport le plus original de leur siècle.

On ne peut comprendre cette époque sans prendre en considération ce statut littéraire de la galanterie : la plaisanterie et l'humour y ont rang parmi les beaux-arts et, à s'en tenir au goût du temps, une révision de l'ordre des préséances imposé par la tradition critique serait nécessaire. Voiture, Sarasin, Pinchêne, Marigny, Montreuil, Maucroix, Charleval, l'abbé Cotin, Ménage (bien que savant à ses heures), Isarn, de Cailly, Brébeuf, etc... devraient être considérés comme des écrivains de première grandeur. Cette liste est loin d'être exhaustive car la pratique de la galanterie n'exclut pas la possibilité de faire par ailleurs œuvre sérieuse ; un polygraphe comme Ch. Sorel aurait mérité d'être mentionné ici pour ses *Œuvres diverses* ; Pellisson démontre que l'on peut être à la fois homme d'affaires, académicien et rimer des bagatelles. Rares sont les écrivains de la génération de 1660 qui n'ont pas, un jour ou l'autre, sacrifié à la mode du badinage ; le premier cité parmi les collaborateurs du *Recueil de Sercy* (1653) n'est autre que

---

(98) Ch. SOREL, *Bibliothèque françoise*, 2ᵉ édition, 1667, p. 118.
(99) G. GUÉRET, *La guerre des auteurs anciens et modernes*, Th. Girard, 1671, p. 99-100.

le grand Corneille. Car si la galanterie est pour certains une vocation littéraire exclusive, elle est aussi et surtout un état d'esprit largement répandu qui fait que nul ne croit déroger en s'essayant à faire des vers pour quelque Iris ou quelque Philis, ou bien en rédigeant des lettres badines. Ainsi se crée une littérature marginale qui coexiste à la grande littérature tout en conservant ses distances, mais revendique une dignité qui risquerait de lui être refusée en raison de sa frivolité. Pellisson soutient que le genre enjoué ne le cède en rien aux écrits les plus sérieux et que l'on travaille aussi utilement pour la collectivité en divertissant ses lecteurs qu'en cherchant à les instruire à toute force :

> « Ces juges sévères, plus sages que Dieu et la Nature qui ont fait une infinité de choses pour le seul plaisir des hommes, voudroient que l'on travaillast sans cesse sur la Jurisprudence, sur la Médecine, sur la Théologie, et nous disent que rien ne mérite d'estre estimé s'il ne tend à l'utilité publique. En ce dernier point je suis à peu près de leur avis, mais je ne puis croire qu'on travaille inutilement quand on travaille agréablement pour la plus grande partie du Monde, et que sans corrompre les Esprits on vient à bout de les divertir et de leur plaire ».

Ainsi apparaît dans la société du temps un clivage fondamental entre les doctes et les mondains, entre le sérieux des pédants et l'agréable raillerie des honnêtes gens. Dans ce partage, la galanterie se situe évidemment du côté de la mondanité et, de ce point de vue, l'éminente dignité des bagatelles ne souffre aucune discussion. Toujours dans son « Discours sur les Œuvres de M. Sarasin », Pellisson plaide la cause galante :

> « Ces autres Escrits qu'on traitte communément de bagatelles, quand ils ne serviroient pas à régler les mœurs, ou à esclairer l'Esprit, comme ils le peuvent, comme ils le doivent (...), pour le moins sans avoir besoin que d'eux-mesmes, ils plaisent, ils divertissent, ils sèment et ils répandent partout la joye, qui est après la Vertu le plus grand de tous les biens » (100).

Entre 1650 et 1670 ce goût pour le style enjoué semble plus ou moins partagé par tous et ne rencontre guère de résistances notables, ou du moins clairement avouées. L'excellence du genre enjoué n'est pas alors sérieusement mise en cause, et les premiers

---

(100) PELLISSON, « Discours... », in *Œuvres de M. Sarasin*, Billaine, 1663, p. 36-37.

doutes n'interviendront guère avant la découverte de Longin par Boileau et les attaques de Méré contre Voiture. Entre temps s'était établi un modus vivendi entre le badinage galant et les autres modes d'expression littéraire, étant entendu cependant que la « fine raillerie » est peut-être ce qu'il y a de plus rare et de plus accompli dans les ouvrages de l'esprit. Sur ce point Pinchêne fait de son oncle Voiture un éloge significatif :

> « Quand il traitoit de quelque point de science, ou qu'il donnoit son jugement de quelque opinion, il le faisoit avec beaucoup de plaisir de ceux qui l'écoutoient, d'autant plus qu'il s'y prenoit toujours d'une façon galante, enjouée, et qui ne sentoit point le chagrin et la contention de l'école. Il entendoit la belle raillerie, et tournoit agréablement en jeu les entretiens les plus sérieux (...) » (101).

Tel était l'idéal galant. Il y aurait là sans doute matière à une utile révision du paysage littéraire à l'époque louis-quatorzienne ; la hiérarchie des valeurs ultérieurement fixée ne correspond qu'assez imparfaitement à l'image que s'en faisait la société mondaine et galante qui, non sans quelque légèreté, serait encline à donner autant de prix à un bel impromptu qu'à une tragédie ou à un traité de philosophie.

---

(101) M. DE PINCHÊNE, « Eloge de Voiture », in Œuvres de M. de Voiture, A. Courbé, 1650, p. 2-3.

CHAPITRE III

L'ESPRIT GALANT OU LE NOUVEL ART D'AIMER

I — *La révolte des mal-aimés.*

Le phénomène galant ne se limite pas à ces jeux littéraires dont la vanité est évidente et n'échappe d'ailleurs pas aux intéressés eux-mêmes. Plus profondément, la mentalité mondaine va se trouver affectée par une révision globale des valeurs amoureuses qui aura des prolongements autrement importants. C'est la conception des rapports amoureux qui évolue et, lorsque l'on sait la place éminente qu'occupe l'amour dans l'art de vivre mondain, on mesure l'ampleur du changement. Tant de moqueries diverses empêchent de prendre désormais au sérieux le vieil amour « tendre » ; une faille définitive a rompu l'unité de la représentation de l'amour. Un art d'aimer parallèle vient doubler une orthodoxie chancelante et propose des relations amoureuses une image jugée plus satisfaisante et plus « vraie ». Les romanciers, pense-t-on généralement, ont surestimé les forces humaines et il conviendrait de revenir à une plus juste appréciation des possibilités et des mérites de chacun ; les amants sont las d'être toujours sacrifiés à la cause de l'amour et pensent que les dames font payer beaucoup trop cher la moindre faveur. Bien décidés à réformer ces abus, les écrivains galants lèvent l'étendard de la révolte et entreprennent une vaste campagne de démystification ironique au détriment d'un idéalisme amoureux qu'ils jugent périmé. Montreuil ne manque pas de rappeler que, la perfection

n'étant pas de ce monde, il ne faut pas attendre d'un amant plus
qu'il ne peut, ni prétendre à des hommages hors de proportion
avec les mérites de celle qui les exige :

> « Je sçay ce qui vous gaste et ce qui fait ma peine,
> La Cassandre et Cyrus vous rendent un peu vaine,
> Vous vous imaginez pour estre vôtre amant
> Qu'il faut estre parfait comme ceux d'un Roman,
> Et qu'on doit vous servir comme on sert une reine,
> Jugez de vous plus sainement :
> Ne vous arrestez pas au premier qui vous louë,
> Je ne suis point Héros, pour cela je l'avouë,
> Mais mettez-vous à la raison,
> Vous n'estes point non plus merveille incomparable.
> Vous estes une fille aimable
> Que l'on appelle Louyson » (1).

La race des soupirants désintéressés est en voie d'extinction
et les amants attendent maintenant un juste prix de leurs services ;
ils n'hésitent plus à le dire avec fermeté et élégance, sans tomber
dans les outrances « satyriques » de naguère. Toute peine mérite
salaire ; au monde irréel de l'hégémonie féminine la galanterie
réplique en revendiquant au moins l'égalité des sexes devant
l'amour.

Il n'y a cependant pas de rupture brutale avec les habitudes
acquises. Le prestige des attitudes traditionnelles s'impose toujours même aux plus affranchis ; jamais un homme n'est censé
séduire une femme sans lui faire un simulacre de cour et jamais
une femme ne s'abandonnera sans avoir résisté au moins pour la
forme. Les libertins de l'*Histoire amoureuse des Gaules* dont le
credo amoureux est pourtant composé de fort peu d'articles, n'en
courtisent pas moins leurs futures maîtresses comme s'ils devaient
rencontrer de leur part les refus les plus opiniâtres. Beuvron,
avec toutes les circonlocutions d'usage, vient d'avouer son amour
à Mme d'Olonne ; celle-ci, qui ne souhaite pas voir l'aventure
traîner en longueur et juge que beaucoup de temps a déjà été
perdu, voudrait en venir au plus vite à la conclusion, mais elle
tient cependant à se disculper d'une facilité si contraire aux
bonnes règles :

> « Je vous avoue, monsieur, répondit Mme d'Olonne, que
> ce n'est pas aujourd'hui que je connais que vous m'aimez, et
> quoique vous ne m'en ayez point parlé plus tôt, je n'ai pas
> laissé de vous tenir compte de tout ce que vous avez fait pour

---

(1) MONTREUIL, *Œuvres*, de Luyne, 1666, p. 528, « Madrigal ».

moi dès le premier jour que vous m'avez vue ; et cela doit me servir d'excuse quand je vous avouerai que je vous aime. Ne m'en estimez pas moins, puisqu'il y a longtemps que je vous entends soupirer ; et, quand même on pourrait trouver quelque chose à redire à mon peu de résistance, ce serait une marque de la force de votre mérite plutôt que de ma facilité » (2).

Pour que les apparences soient sauves il suffit d'admettre que le grand mérite d'un amant autorise à abréger les délais et à brûler quelques étapes ; en peu de temps Beuvron obtiendra plus que Céladon ne pouvait espérer avant la fin de ses jours, mais les « lois de l'amour » n'auront pas été ouvertement violées. Les pratiques galantes résultent d'un compromis entre une soumission extérieure aux usages en vigueur et une volonté à peine dissimulée de s'affranchir des entraves que ces usages imposent à la libre satisfaction des désirs amoureux.

Soucieux de masquer des desseins peu orthodoxes sous une conduite en apparence irréprochable, l'amoureux galant ressemble assez fâcheusement au loup devenu berger : son déguisement dissimule mal la nature de ses intentions, mais il hésite pourtant à se montrer sous son véritable aspect. Compte tenu de cette particularité on s'étonnera moins de l'incohérence de certaines conduites où le formalisme hypocrite voisine avec une cynique franchise ; sur le donjuanisme galant plane encore la grande ombre du parfait amour dont il est bien difficile de répudier abruptement la mémoire. C'est pourquoi les amoureux n'hésitent pas à jouer presque simultanément deux personnages différents ; leur humeur, selon le mot du valet Cliton de l'*Amour à la mode* (1651) est étonnamment « caméléone » ; Cliton avoue ne rien comprendre à un comportement qui semble défier le plus élémentaire bon sens :

> « Plus je vous examine, et plus je vous admire.
> Tantôt l'œil vif et gai vous faites le galant,
> Tantôt morne et pensif vous faites le dolent,
> Ici l'air enjoué vous contez des merveilles,
> Là de soupirs aigüs vous percez les oreilles,
> Je m'y laisse duper moi-même assez souvent,
> Vous pleurez, vous riez, et tout cela du vent » (3).

Il est pourtant clair qu'Oronte, l'amoureux à la mode, joue aussi bien lorsqu'il mime le désespoir que lorsqu'il raconte des « merveilles » et qu'il n'est vraiment lui-même que lorsqu'il se

---

(2) Bussy-Rabutin, *Histoire amoureuse des Gaules*, édition A. Adam, p. 33.
(3) Th. Corneille, *L'Amour à la mode*, acte IV, scène 1.

moque de ses propres mensonges ; mais un simple valet ne peut démêler les subtils détours de la duplicité galante.

La vérité est que, comme le dit Charleval dans un quatrain dédié à Mme de La Suze, chacun se lasse de feindre des sentiments si peu en accord avec ses pensées secrètes :

> « J'ay beau me vouloir ménager
> En vous racontant mon martyre,
> Je mêle au respect d'un berger
> L'impatience d'un satyre » (4).

A la longue l'hypocrisie galante n'est tolérable qu'à la condition de s'avouer pour telle et bon nombre de ceux qui ont pour habitude de « pousser les beaux sentiments » n'hésitent pas à faire confidence de leurs opinions véritables. Alors se dessinent les contours d'un nouvel art d'aimer qui vient bouleverser toutes les idées reçues. Bien que le protocole traditionnel soit encore ironiquement respecté, aucune de ces lois de l'amour qui pouvaient sembler immuables n'échappe à cette remise en ordre de l'éthique amoureuse, à commencer par cet impératif premier du code tendre qui est la soumission aux volontés de la femme aimée. Aux soupirants malmenés et dominés par des maîtresses injustes la galanterie prêche la rébellion ouverte. Certains vont même jusqu'à menacer de prendre des mesures de rétorsion et Le Pays prône une politique de fermeté qui lui paraît seule capable de retourner en faveur du sexe masculin une situation compromise par des habitudes de démission :

> « Car si tous les Amans en usoient comme moy,
> Les plus fières bientôt en viendroient aux prières
> Et pourroient à leur tour vivre sous nostre loy.
> Elles auroient pour nous des soins et des caresses ;
> Nous ne souffririons plus leurs injustes rigueurs :
>   Et l'on verroit les Serviteurs,
> Par un destin nouveau, commander aux Maîtresses » (5).

Moins ambitieux, Pinchesne voudrait seulement être aimé lorsqu'il aime, ce qui ne laisse pas, il faut s'en souvenir, d'être un souhait proprement exorbitant au regard de la pure orthodoxie (6). L'esprit galant introduit dans les relations amoureuses une atmos-

---

(4) CHARLEVAL, Poésies, p. p. Lefebvre de Saint-Marc, Amsterdam et Paris, 1759, p. 95.
(5) LE PAYS, Amitiez, Amours et Amourettes, « L'Inconstant. Stances », p. 363.
(6) PINCHÊNE, Poésies meslées, A. Cramoisy, 1672, p. 52-53.

phère de saturnales : à ces victimes de l'amour qu'étaient les soupirants éternellement maltraités, on promet une prompte et totale revanche.

Lorsque les amants de 1660 dépouillent leur déguisement « tendre », ils sont absolument méconnaissables : arrogants, exigeants, ils ne dissimulent plus leur volonté d'aboutir aux moindres frais et ils adressent leurs requêtes sur un ton presque comminatoire. S'ils ne sont pas immédiatement payés de retour, ils déclarent tout net qu'ils se retirent du jeu. L'un d'eux ne s'embarrasse pas de détours pour faire savoir qu'il n'entend pas être berné et qu'il faudra lui donner beaucoup pour qu'il s'estime satisfait :

> « Le plus grand amour sans faveur,
> Pour un homme de mon humeur,
> Est un assez triste partage ;
> Je cède à mes rivaux cet inutile bien
> Et qui me donne un cœur, sans donner davantage,
> M'obligeroit bien plus de ne me donner rien (...) » (7).

Parmi le concert de récriminations qui s'élève contre les abus de la sévérité féminine, cet amoureux indocile n'aurait pas plus de titre qu'un autre à se faire entendre s'il ne s'agissait du grand Corneille, plus connu comme l'amant transi de « Marquise » du Parc. Corneille sait se mettre au goût du jour en adoptant le style très cavalier qui convient à l'amour galant ; comme tant d'autres, il fait alterner dans son œuvre les couplets langoureux et soumis avec les protestations brutales contre les cruelles sans se soucier outre mesure de conserver à son inspiration amoureuse une cohérence qui n'est guère d'usage à l'époque. Cet illustre exemple montre en tout cas que l'esprit galant n'est pas le fait de quelques poètes de seconde zone ou de francs-tireurs sans envergure ; sa contagion s'étend à tout ce qui fait quelque figure dans la littérature ou dans le monde. Il ne sera bientôt plus question d'aimer en pure perte comme on le faisait jadis à moins de braver le ridicule. Dès 1660 il n'est plus admissible qu'un homme à la mode soit longtemps malheureux en amour, tant il est vrai que les manières d'aimer changent et sont sujettes aux mêmes variations que la longueur des rubans ou la largeur des chausses.

Cette évolution a pour conséquence une complète révision des principes de la stratégie amoureuse. La patience et la soumission ne sont plus de mise ; elles ont fait place à la hardiesse et à l'esprit d'entreprise, méthodes réputées beaucoup plus efficaces. Le Pays

---

(7) *Recueil de Sercy* (poésie), Vᵉ Partie, 1660, p. 95.

explique sans détours les procédés très directs qu'il met pour son compte en pratique :

> « (...) je tâche de gagner par ma hardiesse ce que les Amans respectueux gagnent par leur persévérance. Après deux ou trois visites, j'entreprens ce qu'un autre n'entreprendroit pas après six mois de services (8).

Ce séducteur a cependant l'honnêteté de reconnaître que ses manières expéditives (il joint parfois le geste à la parole) lui valent quelques rebuffades, mais il s'en console par les succès qu'il se flatte de remporter en payant d'audace et en ne s'attardant point à d'interminables préliminaires. Les mânes de Céladon peuvent légitimement frémir : les conseils que de toutes parts on prodigue aux amants les incitent à prendre de coupables libertés. Une entrée du *Ballet royal des Proverbes*, dansé en 1654, est consacrée à illustrer l'adage selon lequel « Jamais amoureux honteux n'eut belle amie » (9). L'un des dandys de l'*Histoire amoureuse des Gaules* remarque que l'expérience du monde lui a appris, à ses dépens, que « c'était autant de temps perdu que celui qu'on passait sans faire connaître ses sentiments » (10). Il faut aller vite, ignorer les résistances et forcer une victoire qui, comme l'on sait, ne sourit qu'aux audacieux. Sous la signature de Somaize les *Délices de la poésie galante* (1663) prêchent également le risque :

> « L'Amour est un métier où le plus hazardeux
> N'est pas le moins heureux (...) (11).

Cette vérité est devenue si patente que La Rochefoucauld la consigne dans l'une des maximes de l'édition de 1665 :

> « La plupart des femmes se rendent plutôt par faiblesse que par passion ; de là vient que, pour l'ordinaire, les hommes entreprenants réussissent mieux que les autres, quoiqu'ils ne soient pas plus aimables » (12).

Ainsi se détruit l'image idéale du parfait amant. La société mondaine réserve toute son indulgence à des séducteurs aux mé-

---

(8) Le Pays, *Portrait de Monsieur Le Pays* (1665), p. p. G. Rémy, Paris, 1925, p. 57.
(9) Benserade, *Œuvres*, Ch. de Sercy 1697, t. II, p. 102.
(10) *Histoire amoureuse des Gaules*, édition Boileau-Livet, t. III, p. 279.
(11) *Les Délices de la poésie galante*, J. Ribou, 1664, 1re partie, p. 89-90.
(12) La Rochefoucauld, *Maximes*, n° 301 de l'édition de 1665 (in *Œuvres complètes*, Gallimard, 1957, p. 501).

rites exactement opposés : la déontologie galante est tout simplement l'envers de la morale romanesque. Lorsqu'une dame accorde quelque faveur, personne ne s'estime plus lié par l'élémentaire devoir de discrétion. Sitôt le succès assuré, un galant homme n'a rien de plus pressé que de répandre partout sa bonne fortune et de prolonger les plaisirs de la conquête par ceux de la médisance. C'est un péché pour lequel on ne demande plus l'absolution tant il semble véniel :

> « Il est vrai, je l'ay dit, mais ne m'en blâmez pas (...)
> Après m'avoir traité si favorablement
> Trois ou quatre nuits seulement,
> Il n'est point de raison qui m'oblige à me taire.
> J'en dois à tout le moins le récit à l'amy ;
> Et qui n'ose parler de ce qu'il a pu faire
> Ne peut estre heureux qu'à demy (...) (13).

L'indiscrétion est presque devenue un devoir d'état. On lit dans l'*Histoire amoureuse des Gaules* que Guiche après avoir séduit Mme d'Olonne attendit trois jours avant de faire confidence de son succès à son ami Vineuil ; celui-ci s'en tiendrait pour gravement offensé si Guiche ne lui demandait humblement son pardon pour ce que tous deux considèrent comme une faute contre l'amitié (14). Ces habitudes d'indiscrétion seront par la suite si intimement associées à la condition d'amoureux que Mme de Lafayette ne jugera pas que le duc de Nemours puisse avoir la force d'âme de garder le secret après avoir surpris l'aveu que la Princesse de Clèves fait à son mari. Mais ce qui, hors du commerce galant, peut devenir une légèreté aux conséquences tragiques, passe au contraire pour normal dès que l'amour cesse d'être pris au sérieux. Les dames elles-mêmes s'y résignent ; Mme de Villedieu leur recommande de ne point faire preuve sur ce chapitre d'une excessive délicatesse et d'accepter l'inévitable :

> « Je ne puis approuver les maximes des Belles
> Qui recommandent le secret.
> Un amant est assez discret
> Quand on s'en veut tenir aux simples bagatelles ;
> Et puis fût-il d'humeur à conter des nouvelles,
> Il faudrait bien s'en consoler :
> Car vouloir retenir les langues infidelles
> C'est les contraindre de parler » (15).

(13) *Les Délices de la poésie galante*, J. Ribou, 1664, 1re partie, p. 146-149.
(14) BUSSY-RABUTIN, *Histoire amoureuse des Gaules*, édition A. Adam, p. 84.
(15) Mme DE VILLEDIEU, *Nouveau recueil de quelques pièces galantes...*, Cl. Barbin, 1669, p. 93-96.

Ce n'est donc pas sans raison que les barbons cherchent à mettre leurs protégées en garde contre la légèreté des amants à la mode ; selon Arnolphe, c'est là des Français l' « ordinaire défaut » et la plupart préfèreraient se pendre plutôt que de ne point parler (16).

Pour trouver des raisons qui autorisent de tels écarts de conduite, le plus simple est encore de recourir aux éternels préjugés sur la duplicité et la faiblesse féminines. Toutes les résistances ne sont que simagrées et tentatives hypocrites pour se faire valoir ; de l'avis de Charleval rien n'est plus facile que de percer leur secret :

> « Au dedans ce n'est qu'Artifice ;
> Et ce n'est que Fard au dehors.
> Otés-leur Fard et le Vice ;
> Vous leur ôtés l'Ame et le Corps » (17).

Naguère objet d'un culte poussé jusqu'aux limites de l'idolâtrie, la femme subit rudement le contrecoup de la révolte masculine. De très anciens griefs misogynes, qui n'attendaient qu'une occasion de revenir à la surface, retrouvent une audience qu'ils avaient un moment perdue. Sur ces créatures faibles, volages et infidèles que sont, par nature, les femmes, pèsent de nouveau toutes sortes de soupçons malveillants. La moins sujette à caution est encore capable de tromper ainsi que le démontre spirituellement Sarasin à propos de la mère du genre humain ; Eve, dans la solitude du paradis terrestre, semblait au-dessus de tout soupçon, mais

> « Elle aima mieux pour s'en faire conter
> Prêter l'oreille aux fleurettes du diable,
> Que d'être femme et ne pas coqueter » (18).

On attribue également à Sarasin un joli mot sur la vertueuse Lucrèce qui ne se serait donné la mort qu'*après* l' « outrage » qu'elle reçut de Tarquin (19). Bref toutes les femmes sont d'incorrigibles coquettes qui n'ont que le châtiment qu'elles méritent lorsque plus malin qu'elles parvient à les tromper. Ce n'est pas un effet du hasard si La Fontaine entreprend en 1664 et 1665 de

---

(16) MOLIÈRE, *L'Ecole des Femmes* (1662), acte III, scène 4, v. 835-839. Tartuffe dit de même à Elmire (v. 981-990) :
       « Tous ces galants de cour dont les femmes sont folles,
       Sont bruyants dans leurs faits et vains dans leurs paroles (...)
(17) CHARLEVAL, *Poésies*, édition Lefebvre de Saint-Marc, p. 84.
(18) SARASIN, *Œuvres*, p. p. P. Festugière, Champion, 1926, t. I, p. 261.
(19) *Menagiana*, Delaulne, 1729, t. II, p. 130.

publier ses premiers contes ; adroitement versifiés et remis au goût du jour, les vieux récits de Boccace sont faits pour plaire au public galant et trouvent auprès de lui un accueil très favorable. Les maris trompés, les épouses accueillantes, les moines paillards, les nonnes frustrées, tout le folklore de la mysogynie médiévale ou rabelaisienne retrouve, grâce au scepticisme galant, un climat propice. Le fabliau revient à la mode et, dès 1660, le *Recueil de Sercy* publiait une épigramme de Montplaisir qui fait revivre la fable du pauvre Jean : celui-ci voudrait brûler le figuier où il a trouvé sa femme pendue, mais son voisin lui demande l'autorisation d'en prendre une greffe dans l'espoir que les mêmes arbres produiront toujours les mêmes effets [20]. Il va sans dire que cette résurrection du folklore « gaulois » s'accompagne de toutes sortes de précautions pour le rendre compatible avec le bon goût aristocratique et le raffinement mondain ; la grivoiserie n'obtient droit de cité qu'aseptisée et enrubannée. Les plaisanteries un peu lestes, comme le « le » de l'*Ecole des Femmes* ou certains passages des *Contes* de La Fontaine, sont à la rigueur tolérés, mais à la condition expresse d'être dûment « enveloppées » ; en ces deux occasions, les délicats ne manqueront d'ailleurs pas de protester. Le pari de la galanterie est de concilier une certaine liberté d'allure avec l'élégance du langage.

II — *Les nouvelles lois de l'amour ou l'avènement du galant homme.*

Tous les fondements doctrinaux du système « tendre », le dogme de l'infaillibilité féminine, celui de l'indignité masculine rachetée par la soumission, l'obéissance et la discrétion, se trouvent réduits à néant ; il faut rebâtir une nouvelle cité amoureuse. Comme toutes les renaissances, la renaissance galante annonce un renouveau tout empreint de joie, de facilité et de bonheur : avec la disparition d'un ordre ancien contraignant et mesquin doit intervenir une libération générale des forces vives de l'individu qui permettra de redécouvrir le véritable plaisir d'aimer. Mais il faut auparavant rejeter le carcan moralisateur qui, par une continuelle association entre l'idée de la passion et des images de douleur, de supplices ou de mort, a rendu l'amour méconnaissable.

---

(20) *Recueil de Sercy* (poésie), Ve partie, 1660, p. 115

C'est en quoi un croquemitaine comme l'Arnolphe de l'*Ecole des Femmes* (1662) a sa place dans la mythologie galante : il est l'empêcheur d'aimer dont la présence explique qu'il y ait encore, malgré les progrès de la galanterie, des obstacles au bonheur des amants. Sa déconvenue finale au contraire rassure tous ceux que son arrogante assurance avait pu inquiéter. Selon Pavillon, ces manœuvres pour dénaturer l'amour prennent l'ampleur d'un complot :

> « La Constance et la Foi ne sont que de vains noms :
> Dont les Laides et les Barbons
> Tâchent d'embarrasser la jeunesse crédule,
> Pour retenir toujours dans leurs liens affreux,
> Par le charme d'un faux scrupule,
> Ceux qu'un juste dégoût a chassés de chez eux » (21).

Tout ce que l'on a jusqu'ici enseigné sur l'amour n'était donc qu'un tissu de mensonges intéressés proférés par ses pires ennemis. L'amour ne redeviendra vraiment lui-même que lorsqu'il aura triomphé de la résistance que lui opposent toutes sortes d'envieux et d'aigris.

Le mal est profond, mais le remède est simple : il est seulement besoin de soustraire l'amour à ces influences néfastes et de le réconcilier avec cette spontanéité joyeuse qui seule permet son harmonieux développement. L'époque louisquatorzienne, qui a toujours un goût très vif pour les allégories, aime à mettre en scène ces conflits qui opposent l'Amour aux puissances de l'Ombre et de la Mort, conflits dont l'Amour sort toujours vainqueur. La quatrième entrée du *Ballet royal de Psyché* (1656) montre comment « la Discorde, la Tristesse, la Crainte et la Jalousie essayent en vain d'entrer dans le Palais de l'Amour ». Au cours du *Ballet royal de la Nuit* (1653), Vénus surprend son fils en compagnie des Parques, de la Vieillesse et de la Tristesse, singulières fréquentations pour ce jeune dieu ; outrée de colère, elle chasse les intrus :

> « Fuyez bien loin ennemis de la joye,
> Tristes objets, faut-il que l'on vous voye
>   Parmi tout ce qu'Amour a d'aimable et de doux ?
> Il n'est pas juste, ce me semble,
> Que vous soyez ensemble
> Mon fils et vous » (22).

Il est en effet scandaleux que l'Amour s'affiche avec ses plus redoutables adversaires.

---

(21) PAVILLON, *Œuvres*, Amsterdam, 1720, p. 98-99, « Sur l'inconstance ».
(22) BENSERADE, *Œuvres*, Ch. de Sercy, 1697, t. II, 149 et sq.

> « C'est un poison que la tristesse
> L'amour n'est plus plaisant dès qu'il n'est plus un jeu » (23).

chante encore vingt ans plus tard un personnage d'opéra.

Le caractère particulier de l'amour galant est la gaieté et l'enjouement ; les cris et les gémissements n'émeuvent plus personne et si l'on veut séduire, il faut savoir faire sourire. Comme il est dit dans les *Délices de la poésie galante* (1663) :

> « Pour toute Loy d'Amour pratiquons l'enjoûment,
> N'admettons de ses Loix qu'une Loy si charmante,
> Et ne brûlons jamais que d'une amour galante » (24).

« Enjoûment », « enjoué » sont de ces mots qui traduisent si exactement les aspirations d'une société qu'ils se répandent soudainement avec une étonnante rapidité comme si leur apparition permettait enfin d'exprimer ce qu'il avait fallu taire jusque-là faute de disposer des mots pour le dire. Les expressions « avoir l'air enjoué », « écrire en un style enjoué » se chargent d'une signification immédiatement laudative. Qui dit galant, dit enjoué ; or comme personne n'accepterait de gaieté de cœur de s'exclure de la communauté galante, tous les gens du monde se découvrent une soudaine vocation pour la joie. Le code amoureux que l'abbé Regnier-Desmarais compose à l'imitation des grands édits royaux rappelle solennellement cette règle primordiale :

> « Malgré la règle des romans
> S'abandonner à la langueur
> Dans une passion naissante
> Est un moyen mal propre à s'introduire au cœur,
> La joie est plus insinuante » (25).

Avec un remarquable ensemble, toute la société mondaine se met à vivre et à aimer dans la joie. Le Pays, qui connaît ses classiques, déclare qu'en amour il faut sans hésiter opter pour le parti de Démocrite :

> « Ne sçavez vous pas que j'ai condamné souvent en votre compagnie l'humeur d'Héraclite, qui s'affligeoit de toutes les choses du monde ; et que j'ai tousjours loué hautement celle

---

(23) QUINAULT, *Cadmus* (1673), acte II, scène I (in *Théâtre*, J. Ribou, 1715, t. IV, p. 91).
(24) *Les Délices de la poésie galante*, J. Ribou, 1664, IIᵉ partie, p. 217-219.
(25) REGNIER-DESMARAIS, « Edit de l'Amour » (in *Recueil La Suze-Pellisson*, Lyon, 1695, t. I, p. 151 et sq.)

> de Démocrite, qui estoit un bon compagnon, rieur de profession, et qui par tout trouvoit sujet de se divertir ».

écrit-il à l'une de ses correspondantes pour se laver du soupçon, bien injuste, de s'être laissé aller à trop de morosité (26). Les jérémiades tendres ont cessé de plaire, même aux dames qui réclament de leurs alcovistes des talents d'amuseurs plutôt qu'une sentimentalité languissante. L'amour galant est toujours suivi d'un cortège de jeux et de rires ; comme le note le *Dictionnaire des Prétieuses* (1660).

> « La ruelle d'Argénice a été depuis longtemps une des plus *galantes* d'Athènes, et les jeux et les ris ont fait, *il y a plus de cinq ans*, élection de domicile chez elle » (27).

En 1660 la mélancolie ne se porte plus guère. Mlle de Scudéry, toujours un peu hésitante, se range, avec quelques nuances, à l'opinion générale :

> « Sur toutes choses un amant doit songer à divertir et à plaire ; mais à plaire par lui-même et à divertir sans faire le plaisant » (28).

Dans le cercle de Mlle de Montpensier où la tendresse garde encore de nombreux partisans, on tergiverse un peu avant de céder à la gaieté ambiante ; la mélancolie tendre conserve des attraits, mais aucune dame ne voudrait cependant passer pour maussade. Mlle Melson se décrit ainsi :

> « Je suis enjouée pour les gens qui me plaisent, et ma complaisance est si grande pour eux, qu'encore que je sois d'un tempérament mélancolique, je passe pourtant pour être d'un naturel fort gai. Je ne puis supporter la sotte coquetterie ; pour la spirituelle, elle me divertit, mais je ne l'aime pas (...) » (29).

Dans les cercles où l'influence féminine demeure prédominante, la galanterie se heurte à des résistances plus ou moins avouées ; l'ensemble de la société mondaine lui est cependant largement gagné comme en témoigne le *Dictionnaire* de Somaize qui montre bien qu'à « Athènes » nombreuses sont les ruelles où l'on s'amuse.

---

(26) Le Pays, *Amitiez, Amours et Amourettes* (1664), Ch. de Sercy, 1672, p. 252-253.
(27) Somaize, *Dictionnaire des Prétieuses*, 1660, article « Argénice », édition Livet, t. I, p. 25-26.
(28) *Clélie*, IIIᵉ partie, p. 1363.
(29) *La galerie des portraits de Mlle de Montpensier*, p. p. Ed. de Barthélémy, Didier, 1860, p. 204-206.

Mais le foyer principal de l'influence galante reste à coup sûr la Cour, cette « jeune cour » où la frivolité est en grand honneur et où de récents succès militaires et diplomatiques entretiennent la croyance en la supériorité d'un mode de vie qui n'accorde pas aux préoccupations sérieuses plus de place qu'elles n'en méritent. La France de 1660, à travers son jeune roi et le brillant cortège de ses courtisans, se sent et se veut galante, c'est-à-dire joyeuse et triomphante. Benserade ne manque pas de rappeler, à l'occasion du *Ballet royal de la Raillerie* dansé par Sa Majesté en 1657, que la joie d'aimer galante est l'un des aspects non négligeable de la supériorité de la civilisation française :

> « La gravité d'Espagne est bien déconcertée
> Par ce Ris éclatant qui vient de l'allarmer » (30).

La galanterie étant, comme l'on sait, une affaire nationale, la défaite et la décadence espagnoles viennent à propos pour confirmer que la vérité se trouve bien de ce côté-ci des Pyrénées.

Pour devenir un galant homme, il n'est besoin d'aucune prouesse extraordinaire ; un certain savoir-faire joint à quelques qualités aimables suffit amplement. Saint-Evremond chante les louanges de cette nouvelle « chevalerie » galante dont le moins que l'on puisse dire est qu'elle n'a rien de commun avec celle des paladins de l'ancien temps :

> « Il n'est qu'un chevalier au monde :
> Et que ceux de la Table ronde,
> Que les plus fameux aux tournois,
> Aux aventures, aux exploits,
> Me pardonnent, si je les quitte
> Pour chanter un nouveau mérite !
> C'est celui que l'on vit à la cour,
> Jadis si galant sans amour ;
> Le même qui sut à Bruxelles,
> Comme ici, plaire aux demoiselles,
> Gagner tout l'argent des maris,
> Et puis revenir à Paris,
> Ayant couru toute la terre,
> Dans le jeu, l'amour et la guerre (...) » (31).

Amoureux sans beaucoup d'amour, peu embarrassé de scrupules, tricheur à l'occasion, et courant toutes les bonnes fortunes,

(30) BENSERADE, *Œuvres*, Ch. de Sercy, t. II, p. 207 et sq.
(31) *Les Œuvres de M. Saint-Evremond*, Londres, Tonson, 1725, t. I, p. 145.

le galant homme plaît par sa légèreté et son esprit ; il a l'art de
métamorphoser en vertus des faiblesses qui chez tout autre passeraient pour des vices intolérables.

Pour mesurer l'emprise grandissante de cette conception insolite
des mérites masculins, il suffit d'ouvrir le *Recueil des Portraits*
(1659) de Mademoiselle. Les portraits d'hommes y sont relative-
ment rares, ce qui n'a rien d'étonnant, mais dans cette galerie
réduite la vedette revient à un assez singulier personnage. Il
s'agit du chevalier de Lignières dont trois portraits figurent dans
le *Recueil,* l'un par lui-même, les deux autres par Mme de Mont-
bel et par Mme Deshoulières. Avec la complicité de ces deux dames,
Lignières est passé à la postérité avec tous les traits du parfait
galant homme. Il est d'abord, cela va de soi, volage :

> « Un mois est son quartier auprès d'une maîtresse,
> Et lorsque son ardeur l'inquiète et le presse,
> Il dit que son feu pour elle est si puissant
> Qu'il doit faire en un jour plus que d'autres en cent ».

Lui-même parle de cette inconstance au passé, mais ce n'est
qu'une palinodie ironique :

> « Je suis né fort galant et ne puis être un jour
> Sans conter des douceurs et sans faire l'amour.
> La charmante Vénus préside à ma naissance
> Et sur moi cette étoile a beaucoup de puissance.
> Mon cœur est à présent plus stable et plus constant ;
> Autrefois mon amour ne durait qu'un instant (...)
> C'étoit longtemps pour moi de soupirer un mois
> Et j'en aimois au moins cinq ou six à la fois (...)
> O Dieu, que j'étois fourbe et bon comédien ;
> Que je savois bien feindre et que je pleurois bien !
> On connoît qu'à présent je suis plus honnête homme,
> Et pour ma loyauté partout on me renomme ;
> Car, au lieu d'en aimer cinq ou six à la fois,
> Je me suis contenté de n'en aimer que trois ! » (32).

« Adorable imposteur », « illustre volage » dira encore Mme
Deshoulières ; Lignières est un galant homme accompli et très fier
de l'être. Son inconstance et ses mensonges, loin de lui aliéner
les sympathies des dames, semblent au contraire exercer sur elles
un évidente séduction ; même l'indiscrétion, pourtant si dange-

---

(32) *La galerie des portraits de Mlle de Montpensier*, édition Ed. de Barthélémy, p. 239-243,
p. 256-259, p. 316-320.

reuse pour elles, est admise comme la conséquence nécessaire de ce caractère. Il est vrai qu'un amant qui se prend si peu au sérieux n'est finalement pas très compromettant.

Le trait dominant de la mentalité mondaine devient cette tendance à la raillerie qui interdit, sous peine de passer pour un esprit chagrin et rétrograde, de prendre l'amour au sérieux. L'esprit galant est inséparable d'une certaine joie de vivre et proclame hautement la nécessité du divertissement. Le Pays, autre représentant notoire de l'idéal galant, affirme dans son *Portrait* (1665) :

> « Je donne plus volontiers mon amitié aux personnes qui aiment les plaisirs qu'à celles qui les haïssent, et cela par une raison de sympathie. J'aime, comme tous ceux qui sont sanguins, la société, la joie et le divertissement. L'expérience m'a appris que ce sont des choses qui me sont aussi nécessaires pour vivre, que la nourriture que je prens tous les jours » (33).

Il y a là l'esquisse d'une « physiologie » de la galanterie qui a valeur de symbole : le tempérament galant est sanguin, c'est-à-dire, selon Hippocrate, dominé par une humeur rouge, chaude et humide. Tout naturellement cette heureuse disposition est associée à l'image de la chaleur vive et de la flamme ainsi qu'à toutes les représentations de la légèreté et de la plénitude. A l'inverse, il n'est pas étonnant qu'Alceste, l'homme le plus fermé à la galanterie que l'on puisse imaginer, soit confiné dans les chagrins de son humeur atrabilaire.

L'un des principaux mérites du galant homme est de savoir en toute circonstance trouver le côté plaisant des choses. Méré propose cette définition :

> « La vraie galanterie se remarque en cela principalement, qu'elle sçait donner une veuë agréable à des choses fâcheuses » (34).

Il s'en suit que l'esprit est la qualité dominante, et peut-être unique, du galant homme. Le Pays ne craint pas de faire de son propre esprit cet éloge faussement modeste :

> « Il est vrai, je ne puis pas nier que j'ay quelquefois sujet d'en estre content, il me suggère souvent des raisons fort plaisantes, et des reparties assez vives.

---

(33) LE PAYS, *Portrait*, édition G. Rémy, p. 48.
(34) MÉRÉ, *Conversations* (1668), (in *Œuvres complètes*, p. p. Ch. Boudhors, Belles Lettres, 1930, t. I, p. 19).

> Du pas le plus mauvais il sort facilement,
> Il donne un joly tour aux moindres bagatelles ;
> Si dans quelque sottise il tombe aveuglément,
> S'en relevant soudain par des grâces nouvelles,
>   Il s'en excuse finement,
>   Et couvre si bien ses méprises
> Qu'il se fait estimer jusques dans ses sottises (...) » (35).

Il n'est pas de bévues ou d'imprudences qui ne puissent être pardonnées à condition de connaître l'art de leur donner un tour spirituel ; qui a de l'esprit possède tous les talents requis pour briller dans le monde et réussir en amour. Dans la hiérarchie des valeurs mondaines l'esprit jouit de très loin du plus grand prestige ; dans certaines familles élues comme les Rabutin ou les Mortemart il passe même pour un privilège héréditaire. De toute évidence la mentalité galante est d'essence aristocratique.

Il existe une « fine raillerie » capable d'égratigner sans jamais blesser ; l'amour est l'un de ses domaines de prédilection, mais elle n'épargne rien et s'en prend même aux choses les plus sacrées. Que le galant homme, irrévérencieux par nature, manifeste peu de respect extérieur envers la religion, le fait n'est pas pour surprendre. Dans son portrait de Lignières, Mme Deshoulières précise :

> « On le croit indévot, mais quoi que l'on en die,
> Je crois que dans le fond Tircis n'est pas impie » (36).

Il faut en effet prendre garde aux nuances ; comme le rappelle Mme Deshoulières, on peut fort bien être assez peu porté vers la bigoterie sans tomber dans l'incrédulité. Le badinage galant peut parfois prendre des allures assez provocantes. Lorsqu'une dame donne trop ouvertement dans la dévotion, Dieu devient un rival à qui il faut disputer ce cœur ; Le Pays se plaignant d'avoir été délaissé durant la Semaine sainte, Caliste lui répond :

> « Vous voulez bien qu'on vous quitte un peu pour le bon Dieu.
> C'est un Rival auquel il y a honneur de céder (...) » (37).

Cette désinvolture à l'égard de la religion fait partie du per-

---

(35) Le Pays, *Portrait*, édition G. Rémy, p. 44.
(36) « Portrait de M. de Lignières fait par Madame Des Houlières », édition Ed. de Barthélémy, p. 320.
(37) Le Pays, *Amitiez, Amours et Amourettes* (1664), livre I, lettre 12 (Amsterdam, 1689, p. 18-19).

sonnage ; ce sont de menus péchés dont on se fait gloire dans la mesure où ils sont d'avance pardonnés. Ainsi La Fontaine, racontant les péripéties de son voyage en Limousin, s'excuse ironiquement, après une description circonstanciée des appas de la *Madeleine* du Titien, de n'avoir pas montré envers cette sainte fort galante tout le respect qui convenait (38). Ces plaisanteries sont en général bien vénielles et c'est avec beaucoup d'exagération que certains érudits comme autrefois F. Lachèvre ont voulu enrôler bon nombre de poètes galants sous la bannière libertine. Leur irréligion est toute de surface : il est toujours plus piquant de faire de l'esprit aux dépens de ce que tout le monde révère.

Le galant homme est donc paré de toutes les qualités les plus séduisantes ; il assume en sa personne les aspirations d'une société tout entière. Ces arbitres des bons usages qui savent donner à la vie en société une tonalité toujours plaisante et agréable, se voient même, suprême éloge, décerner un brevet d'honnêteté ; dans sa *Première Conversation*, Méré fait dire au Maréchal de Clérambault :

> « Je m'imagine (...) qu'un galant homme n'est autre chose qu'un honnête homme un peu plus brillant ou plus enjoué qu'à son ordinaire, et qui sçait faire en sorte que tout lui sied bien ».

Les dames elles-mêmes semblent prêtes à oublier une foi amoureuse un peu chancelante au profit des agréments de l'air galant. Toujours selon le Maréchal de Clérambault, elles font passer le plaisir d'être diverties avant leurs intérêts propres :

> « Les dames veulent cet abord galant que vous sçavez, les manières délicates, la conversation brillante et enjouée ; une complaisance agréable, et tant soit peu flatteuse ; ce je ne sçai quoi de piquant, et cette adresse de les mettre en jeu sans les embarrasser (...) » (39).

La galanterie est ainsi favorisée par un consensus général et le mot « galant » connaît une diffusion si universelle qu'il peut être employé à tout propos. Les protestations de Mlle de Scudéry contre cet abus de langage n'y peuvent mais (40). Le nouvel idéal

---

(38) LA FONTAINE, *Relation d'un voyage de Paris en Limousin* (1663), p. p. l'abbé Caudal, C.D.U., 1966, lettre V, p. 64.
(39) MÉRÉ, *Conversations* (éditions Boudhors, t. I, p. 20).
(40) Voir *le Grand Cyrus*, t. X (1653), p. 887 et sq.

s'impose à l'élite mondaine comme le modèle le plus accompli de la sociabilité.

II — *De l'amour enjoué à l'amour inconstant.*

Avant d'entreprendre dans ses « Stances à M. de Charleval » un vaste éloge « ab originibus » de la coquetterie, Sarasin constate d'abord sans émotion superflue :

> « . . . . La pauvre vertu
> Constance est morte, et n'est pas regrettée » (41).

La défunte vertu est vite pleurée ; tous les amoureux galants revendiquent le droit à l'inconstance et se font gloire des libertés qu'ils prennent avec les stricts devoirs de la fidélité. A l'exemple de Voiture qui déclarait déjà qu'il se sentait fort capable d'aimer « fidèlement » mais « en cinq ou six lieux à la fois » (42), il n'est pas d'auteur mondain qui ne se croie tenu de faire publiquement profession d'inconstance.

Le Pays ne cache pas qu'il a de la fidélité une conception très « large » qui l'autorise à mener de front plusieurs aventures ; il se vante de posséder « le talent avantageux d'être l'homme du monde le plus fidèle à dix ou douze Philis à la fois » et considère qu' « il n'est pas de fidélité plus grande que celle d'être fidèle à beaucoup de personnes différentes » (43). Quant à Saint-Pavin, il tient la constance pour tout à fait contraire à la grandeur d'âme :

> « Aimer avec attachement
> Est toujours d'une âme petite,
> La défiance du mérite
> Fait la constance d'un amant.
>
> L'amour craint tout engagement,
> Il ne peut souffrir de limite,
> Qui veut le captiver, l'irrite ;
> Il ne se plaît qu'au changement » (44).

(41) Sarasin, *Œuvres*, Billaine, 1663, p. 44-45.
(42) Voiture, *Œuvres*, édition Ubicini, t. I, p. 282.
(43) *Portrait de Monsieur Le Pays* (1165), édition G. Rémy, p. 52-53.
(44) Saint-Pavin, *Poésies*, Amsterdam et Paris, 1759, p. 41.

En jouant au besoin sur les mots, il est toujours possible de se donner de bonnes raisons pour n'être pas fidèle.

Plus qu'un droit, l'inconstance est une obligation. Le premier devoir d'un galant homme est en effet de « se détromper du faux mérite d'être fidèle » comme l'écrit Saint-Evremond, ou, selon la formule à peu près identique du *Dom Juan* de Molière, de ne plus « se piquer du faux honneur d'être fidèle ». Sa très célèbre profession de foi bien loin de témoigner d'une hardiesse scandaleuse et solitaire, répète les thèses communes de la philosophie galante. Il faut être naïf comme l'est Sganarelle et bien peu au fait des usages du monde pour se scandaliser et trouver « fort vilain », c'est-à-dire indigne d'un honnête homme, d'aimer de tous côtés comme le fait son maître. Si scandale il y a, il faut le chercher ailleurs que dans ces provocations verbales somme toute assez innocentes. La conduite amoureuse de Don Juan n'est sans doute pas irréprochable, même aux yeux du monde ; mais le choix de partenaires médiocres comme les jeunes paysannes, le besoin qu'il éprouve de s'attaquer à des victimes innocentes, les moyens qu'il emploie pour séduire, et en particulier cette fâcheuse habitude de promettre le mariage à tout venant, sont beaucoup plus blâmables que ses vues sur l'inconstance. Don Juan n'a que le tort de céder à la facilité et à la démesure ; quant à ses théories, elles sont déjà familières au public galant et elles procèdent sans doute pour une large part de réminiscences qu'il emprunte à ses lectures : Sganarelle lui-même le soupçonne d'avoir appris sa leçon par cœur et de parler sur ce sujet « tout comme un livre ». Pour peindre le plus grand séducteur de tous les temps, Molière se conforme tout naturellement à la vision que pouvait en avoir son époque. En 1665, Don Juan n'est pas encore l'éblouissant météore qu'il est par la suite devenu.

Cependant cette apologie de l'inconstance heurte encore trop manifestement les opinions jusque-là reçues pour qu'il ne soit pas nécessaire de justifier des conceptions aussi paradoxales. Le plus commun de ces sophismes est le droit qu'aurait chaque femme d'aspirer à tous les hommages où peut prétendre l'étendue de son mérite. Il serait en effet « injuste » de réserver à un seul le bien qui appartient à tous. Don Juan développe longuement ce « point de droit » :

> « Toutes les Belles ont *droit* de nous charmer, et l'avantage d'estre rencontrée la première, ne doit point dérober aux autres les *justes* prétentions qu'elles ont toutes sur nos cœurs (...) l'amour que j'ay pour une belle, n'engage point mon̄ cœur à faire *injustice* aux autres ». (45).

---

(45) *Dom Juan*, acte I, scène 2.

En amour il n'existe pas de droit du premier occupant : toutes sont à tous et réciproquement. Rien ne paraît donc plus injustifié que les limites étroites que la fidélité prétend imposer à la passion amoureuse. Devant l'entourage de la vertueuse Clélie, Amilcar n'hésite pas à soutenir cette proposition hérétique :

> « (...) c'est agir d'une manière injurieuse à la nature de n'aimer qu'une seule chose en tout l'univers (... » (46).

Dès lors l'inconstance galante peut invoquer en sa faveur l'autorité de la raison.

Cette « justice » et cette « nature » dont la galanterie se réclame au détriment de préjugés vénérables ne sont pas seulement des fictions de circonstance nées de l'imagination de quelque infidèle en mal d'arguments. Plus profondément, il faut chercher le fondement de l'inconstance dans la nature éphémère de l'amour. Toute passion, avec le temps, se transforme insensiblement en désolante routine ; Saint-Evremond allègue cette excuse facile et pourtant irréfutable :

> « Ce que nous appelons un crime de cœur, est bien souvent un défaut de la Nature ; Dieu n'a pas voulu que nous fussions assez parfaits pour estre toûjours aimables, pourquoy voulons-nous estre toûjours aimez ? (...) » (47).

Le changement n'est pas seulement un caprice, il découle de l'instabilité de toutes choses ; l'inconstance est inscrite dans l'ordre du monde. Si par hasard on fait à ces amants volages quelque reproche, ils n'hésitent pas à légitimer leur inconséquence en faisant appel à certaines vérités auxquelles il est difficile de répliquer. On ne peut « raisonnablement » leur tenir grief de n'avoir plus les mêmes sentiments envers une maîtresse du moment que c'est peut-être elle qui a changé et non eux. C'est ainsi que dans le *Dialogue de l'Amour et de la Raison* (1664) l'Amour écarte l'objection de la Raison lorsque celle-ci lui reproche les infidélités dont il se rend si souvent coupable :

> « Il est vrai que quelquefois les Amants sont inconstants, mais ils ne sont pas sans raisons dans leur inconstance. Quand un objet leur semble aimable, ils ont raison de l'aimer ; mais lorsque ce même objet ne leur paraît plus aimable, ils ont aussi raison de ne plus aimer (...) » (48).

---

(46) *Clélie*, IVᵉ partie, p. 81 et sq.
(47) SAINT-EVREMOND, *Œuvres en prose*, Didier, 1962-1966, t. II, p. 167.
(48) LE PAYS, *Amitiez, Amours et Amourettes* (1664), livre I, lettre 33.

Qu'une femme, séduisante hier, perde tout ou partie de ses charmes, un amant est fondé à ne pas lui conserver sa foi.

> « Vous m'accusez d'être infidèle
> Et de manquer à mon amour ;
> Quand je partis vous étiez belle,
> Vous êtes laide à mon retour ;
> Mon changement est-il étrange ?
> Ce n'est qu'après vous que je change ».

Cette épigramme de Maucroix résume avec une brutale franchise le grand syllogisme de l'inconstance (49). Même la meilleure foi du monde ne met pas à l'abri de semblables accidents. Lorsque la vengeance de Vénus eut métamorphosé Psyché en la « plus belle More du monde », l'Amour commence par lui jurer que le changement survenu en sa personne ne saurait en rien altérer l'affection qu'il lui porte. Mais il suffit que le visage de cette adorable négresse paraisse au grand jour pour qu'un involontaire mouvement de recul révèle tout ce que le serment du dieu comportait de généreuse imprudence. Avec résignation Psyché accepte l'inéluctable et se moque de toutes celles qui croiraient encore à l'éternité des passions :

> « Je vous l'avais bien promis, lui dit-elle, que cette vue serait un remède pour votre amour : je ne m'en plains pas, et n'y trouve point d'injustice. La plupart des femmes prennent le Ciel à témoin quand cela arrive : elles disent qu'on doit les aimer pour elles, et non pas pour le plaisir de les voir ; qu'elles n'ont point d'obligation à ceux qui cherchent seulement à se satisfaire ; que cette sorte de passion qui n'a pour objet que ce qui touche les sens ne doit point entrer dans une belle âme (...) et d'autres raisons très belles et très peu persuasives. Je n'en veux opposer qu'une à ces femmes. Leur beauté et leur jeunesse ont fait naître la passion que l'on a pour elles, il est naturel que le contraire l'anéantisse. Je ne vous demande donc plus d'amour ; ayez seulement de l'amitié, ou, si je n'en suis pas digne, quelque peu de compassion (...) » (50).

Heureusement les dieux sont plus sensibles que les hommes : l'Amour se laissera attendrir par cette supplique et obtiendra de sa mère qu'elle renonce à sa vengeance.

L'amour galant ne s'est affranchi de l'obsession de l'éternité

(49) MAUCROIX, Œuvres diverses, t. I, pièce XXXIII, « Epigramme ».
(50) LA FONTAINE, Œuvres complètes, édition J. Marmier, p. 451).

que pour tomber dans la hantise de l'éphémère. Comme le chante Sarasin non sans quelque mélancolie :

> « L'Amour est comme un feu de paille
> Qui luit et meurt en un instant » (51).

C'est ce qui explique les charmes inégalables des amours naissantes. Pour les évoquer Don Juan trouve des accents éloquents, presque lyriques. Dans une lettre déjà citée, Saint-Evremond exprimait à peu près le même sentiment :

> « Quelle différence des dégoûts de votre attachement à la délicatesse d'une passion naissante. Dans une passion nouvelle vous trouverez toutes les heures délicieuses. Les jours se passent à sentir de moment en moment que l'on aime mieux. Dans une vieille habitude, le temps se consume ennuyeusement à aimer moins » (52).

La sensibilité galante ne dédaigne pas de s'arrêter parfois à ces réflexions un peu moroses qu'engendre l'universelle instabilité des êtres et des sentiments. Ces méditations « épicuriennes » sur la fragilité des passions font partie des plaisirs délicats que l'on peut parfois s'octroyer mais à la condition expresse de ne point s'y abandonner trop longuement. Car la leçon que l'on entend tirer de ces constatations désabusées est toujours résolument optimiste ; la fugacité de l'amour est surtout une invite à ne point perdre un temps précieux :

> « Il ne faut pas ce qu'on peut aujourd'huy
> Le remettre à demain
> Aimez-moy donc, vous le pouvez :
> Combien de gens font ce que vous sçavez ?
> Prenez le temps, Philis, pendant que vous l'avez ».
>
> *Airs et Vaudevilles de Cour* (1666) (53)

Les sombres perspectives de la vieillesse et de la laideur sont évoquées surtout à dessein d'effrayer ceux et celles qui seraient tentés, par l'effet d'une trop commune aberration, de se soustraire aux bienfaits de l'amour ; il est bon de leur inspirer une crainte salutaire, mais sans pour autant compromettre et empoisonner

---

(51) SARASIN, *Poésies*, édition O. Uzanne, p. 91.
(52) SAINT-EVREMOND, *Œuvres mêlées*, t. III, p. 10-11.
(53) *Airs et Vaudevilles de Cour*, Ch. de Sercy, 1666, t. II, p. 217.

les plaisirs promis. L'inquiétude de l'avenir n'est qu'une raison de jouir plus intensément du présent.

IV — *La tentation du libertinage.*

De l'amour inconstant au libertinage pur et simple, il n'y a pas en théorie de différence bien marquée. Dès lors que l'obligation de fidélité devient lettre morte, tout semble permis sans restriction. Ceux qui s'aiment aujourd'hui, ne s'aimeront plus demain ; toute aventure amoureuse ne peut que suivre la loi capricieuse de cette fatalité. L'une des dernières dispositions que Mme de Villedieu inscrit dans ses « Articles d'une intrigue de galanterie » prévoit que :

> « Quand on voudra changer d'Amant ou de Maistresse,
>   Pendant un mois on le dira,
>   Et puis après on changera,
> Sans qu'on soit accusé d'erreur ou d'infidélité (...) » (54)

Aucune erreur n'est possible sur la nature du jeu : l'amour est considéré comme un contrat révocable à tout moment par l'une ou l'autre des deux parties sans qu'il soit besoin d'invoquer de meilleur prétexte que la lassitude. Il existerait même d'après La Sablière des maîtresses assez astucieuses pour favoriser une trahison, sachant bien que le temps travaille pour elles et que l'infidèle, une fois passé l'attrait de la nouveauté, leur reviendra (55). Dans ses *Annales galantes* (1671), Mme de Villedieu prête également à un certain Mégabise ces propos sceptiques :

> « Tout bien considéré, cet homme a rendu de son changement toutes les raisons qui peuvent s'en rendre ; j'aimais et je n'aime plus, dit-il, je ne savais pourquoi j'aimais, et ne sais pourquoi cet amour a cessé » (56).

Avec plus d'un siècle d'anticipation, c'est déjà l'esprit des *Liaisons dangereuses* et la philosophie de l'amour contenue dans la fameuse excuse de Valmont : « Ainsi va le monde, et ce n'est pas ma faute ».

Si la société galante acceptait pleinement les conséquences de

---

(54) Mme DE VILLEDIEU, *Nouveau recueil de quelques pièces galantes*, Cl. Barbin, p. 93-96.
(55) LA SABLIÈRE, *Madrigaux*, Barbin, 1680, p. 77.
(56) Mme DE VILLEDIEU, *Œuvres*, Cie des Libraires, 1720-1721, t. VIII, p. 309.

ses propres principes, il devrait exister une littérature pour décrire
ces amours libertines dont on fait si volontiers la théorie sans
jamais en donner de représentations directes. Or, entre 1655 et
1675, il ne se rencontre dans la littérature romanesque ou dramatique à peu près nulle trace de ce libertinage amoureux. C'est un
sujet qui n'est abordé, très occasionnellement, que par le biais de
quelques tentatives pour acclimater le mythe exotique de Don
Juan ou grâce à une œuvre comme l'*Histoire amoureuse des Gaules*
qui se situe d'ailleurs à mi-chemin entre le roman et le récit
authentique et n'a guère connu qu'une diffusion clandestine. Les
idées sceptiques qui, dans les milieux mondains, règnent sur
l'amour, semblaient comporter la promesse d'une illustration littéraire dont il faut bien constater l'absence. Encore que le bien-
fondé des thèses d'Hylas, l'éternel opposant de l'*Astrée*, soit désormais presque universellement reconnu, aucun auteur ne se risque
à lui donner des successeurs. En évoquant l'*Histoire amoureuse
des Gaules* ou le *Dom Juan* de Molière, on pourrait songer aux
contraintes de la censure officielle ; mais il s'agit plus probablement d'une censure tacite et volontaire. Le libertinage amoureux
exerce sur les esprits une tentation évidente mais se heurte néanmoins à quelque refus inconscient : si la conscience collective
accepte d'en concevoir abstraitement l'idée, elle répugne à l'incarner dans une fiction littéraire. L'existence d'une littérature du
libertinage supposerait une adhésion à cette faillite totale de
l'amour traditionnel que postule l'attitude libertine ; la mentalité
galante se refuse à cette extrémité et semble hésiter entre l'admiration et la réprobation, séduite par les facilités du libertinage
mais heurtée par ses conséquences qu'elle préfère ne pas regarder
en face. Dans la littérature proprement dite, le libertinage amoureux ne va guère au-delà de l'impersonnalité des principes généraux et l'on y cherche en vain les héros capables de défendre cette
cause avec brio.

Pourtant il s'en faut que les libertins soient tout à fait absents
de l'environnement mondain : ils se retrouvent en nombre et
tout auréolés d'un prestige inquiétant dans les récits de la chronique scandaleuse. Tout se passe comme si celle-ci venait suppléer
aux carences de la littérature en offrant le spectacle de ces mœurs
libertines que le public mondain découvre avec une curiosité
nuancée de désaveu. Mais à la différence de personnages littéraires
dont l'existence supposerait que le libertinage reçoive une sorte
de statut officiel, ces héros occasionnels dont la société ne se sent
à aucun degré responsable, peuvent être admirés sans que cette
admiration soit par trop compromettante. Lorsqu'ils deviennent
inquiétants il est toujours facile de les congédier : il suffit pour
cela de se désolidariser d'eux en leur donnant tort. En dépit de

certaines outrances scandaleuses, l'inconstance libertine plaît, le cynisme amoureux fascine et les gens à la mode qui ont pour fonction d'incarner les aspirations plus ou moins secrètes de la société dont ils sont les représentants privilégiés, affichent à l'égard de l'amour cette indifférence désabusée dont la littérature galante a répandu le goût. Les principaux arbitres de l'élégance, les courtisans les plus en vue des premières années du règne personnel, les Guiche, Vardes, Vivonne, Villeroy et quelques autres affectent dans leur comportement sentimental un mépris de l'amour conforme aux orientations sceptiques des thèses galantes. Jusque dans son exil montpelliérain, Vardes s'essaie à rester fidèle à ce mode de vie ; il s'éprend d'une certaine Mlle de Toiras, joue un moment la comédie de la passion puis lui signifie un beau jour que tout est fini. Mme de Sévigné rapporte l'incident en ces termes :

> « J'ai horreur de l'inconstance de M. de Vardes : il l'a trouvée dans la fin de sa passion, sans aucun sujet que de n'avoir plus d'amour. Cela désespère (...) » (57).

Dans ce compte rendu l'indignation « vertueuse » corrige quelque peu l'étonnement admiratif ; mais, un mois plus tard, l'insolente manière dont le chevalier de Lorraine rompt avec sa maîtresse Mlle de Fiennes, semble enchanter Mme de Sévigné par son élégance cynique :

> « M. le chevalier de Lorraine alla voir l'autre jour la Fiennes. Elle voulut jouer la délaissée, elle parut embarrassée. Le chevalier avec cette belle physionomie ouverte que j'aime et que vous n'aimez point, la voulut tirer de toutes sortes d'embarras et lui dit : « Mademoiselle, qu'avez-vous ? pourquoi êtes-vous triste ? qu'y a-t-il d'extraordinaire à tout ce qui nous est arrivé ? Nous nous sommes aimés, nous ne nous aimons plus ; la fidélité n'est pas une vertu des gens de notre âge ; il vaut bien mieux que nous oubliions le passé, et que nous reprenions les tons et les manières ordinaires. Voilà un joli petit chien ; qui vous l'a donné ? » Et voilà le dénouement de cette belle passion » (58).

C'est ainsi qu'il faut en user lorsque l'amour risquerait de devenir un esclavage, et rien n'empêche de rester bons amis.

La désinvolture et la multiplicité des conquêtes amoureuses sont les symboles ordinaires de l'inconduite masculine ; d'autres formes de dépravation apparaissent parfois, mais peuvent être

(57) Mme DE SÉVIGNÉ, *Lettres*, t. I, p. 505.
(58) Mme DE SÉVIGNÉ, *ibidem*, t. I, p. 507.

négligées dans la mesure où elles sont moins bien intégrées au type du libertin. Pour une femme le comble du cynisme est de se donner pour de l'argent. Les héroïnes de la chronique libertine n'hésitent pas à négocier leur capitulation en femmes d'affaires et prêtent souvent une oreille complaisante aux propositions assorties de solides promesses. Ainsi s'explique l'intrusion, par ailleurs surprenante, de quelques financiers bien pourvus d'espèces dans le monde aristocratique et élégant de l'*Histoire amoureuse des Gaules*. Bussy-Rabutin prend un plaisir évident à expliquer le détail de ces négociations sordides où cependant l'esprit ne perd jamais ses droits. L'intendant des Finances Paget, qui sait à qui il a affaire, envoie à Mme d'Olonne cette déclaration fort « galante » :

> « J'ai aimé des fois en ma vie, madame, mais je n'ai jamais rien tant aimé que vous. Ce qui me le fait croire, c'est que je n'ai jamais donné à chacune de mes maîtresses plus de cent pistoles pour avoir leurs bonnes grâces ; et, pour les vôtres, j'irai jusqu'à deux mille. Faites réflexion, je vous prie, là-dessus, et songez que l'argent est plus rare qu'il n'a jamais été » (59).

Après avoir réussi le tour de force de transformer une lettre de change en lettre d'amour, Paget reçoit la juste récompense due à sa générosité et, de surcroît, des compliments pour un style amoureux qui tranche agréablement avec les fadaises ordinaires. Une si tranquille audace et les jeux qu'elle autorise sur le vocabulaire de la finance mêlé à celui de l'amour semblent ravir Bussy-Rabutin. Il donne de nouveau toutes sortes de précisions sur les entreprises d'un autre financier, Janin de Castille, auprès de Mme d'Olonne. Ce partisan a l'audace de réclamer des faveurs avant de s'être acquitté de sa contribution ; Mme d'Olonne se montre intransigeante et, commente Bussy, Janin de Castille « vit bien que chez elle l'argent se livrait avant la marchandise ». Cet amant trop prudent en est quitte pour verser immédiatement une avance de deux cents pistoles et le solde le lendemain, et « ses dix mille livres le firent aimer trois mois durant, c'est-à-dire traiter comme s'il eût été aimé » (60). Bussy-Rabutin se plaît à conter ces anecdotes scabreuses ; ce goût est partagé par le public mondain si l'on en juge d'après le succès que connaît l'ouvrage, malgré l'interdiction dont il est frappé (61).

Mais dans la diffusion de l'idéal libertin, la littérature semble n'avoir joué qu'un rôle secondaire ; les premiers lecteurs de

---

(59) Bussy-Rabutin, *Histoire amoureuse des Gaules*, édition A. Adam, p. 36-37.
(60) *Ibidem*, p. 43.
(61) Avant 1675, on connaît de l'*Histoire amoureuse des Gaules*, trois éditions en 1665, deux l'année suivante et une en 1671.

l'*Histoire amoureuse des Gaules* connaissaient presque à coup sûr les faits dont il est question. Une bien curieuse affaire permet de juger jusqu'à quel point le modèle libertin avait pu s'imposer à la société mondaine en dehors de toute influence littéraire. On lit dans les manuscrits de Conrart ce billet que n'aurait pas désavoué Mme d'Olonne :

> Je haye le péché mais je haye davantage la pauvreté. J'ai receu vos dix mille escus. Envoyez moy autant et nous verrons ce que nous pouvons faire pour vous servir, je vous défends de désespérer » (62).

Le destinataire nommément désigné est le Surintendant Fouquet, mais lorsqu'il s'agit de l'auteur de ce billet éloquent le manuscrit porte la trace d'un embarras certain : le nom de Mme Scarron est d'abord avancé, puis celui de Mme d'Anfremont, enfin une note marginale fait porter les soupçons sur Mme de la Baume (dont la réputation par ailleurs n'était pas sans tache). Il importe assez peu de savoir qui a écrit cette lettre. Au xixᵉ siècle les biographes de Mme de Maintenon, lorsqu'ils ont exhumé ce texte, ont été scandalisés qu'une telle infamie puisse ternir sa mémoire ; ils se sont efforcés, par des raisons plus ou moins spécieuses, de démontrer que ce ne pouvait être qu'une insinuation calomnieuse (63). L'attribution à Mme Scarron, devenue depuis marquise de Maintenon, paraît pourtant assez probable (les médisants s'en réjouiront, les hagiographes continueront à douter) (64). Mais le fait important est qu'il se soit trouvé une dame pour écrire vers 1660 un tel billet, peut-être d'ailleurs par jeu ou par bravade, et que Fouquet l'ait fait figurer dans sa collection personnelle, cette fameuse cassette où il conservait comme des trophées les lettres d'amour qui lui étaient adressées. C'est la preuve de l'intérêt porté à cette forme de libertinage féminin qui fait de la vénalité le prétexte à un jeu d'esprit. Mme d'Olonne, Mme Scarron et quelques autres portent témoignage de l'attrait qu'exercent à cette époque sur la société mondaine toutes les formes de cynisme amoureux.

Mais entre l'élégance que requiert l'appartenance à l'aristocratie mondaine et le soupçon de vulgarité qui s'attache à la débauche sensuelle, la marge reste étroite. La difficulté est de trouver un compromis entre l'abandon du platonisme tendre et le risque

---

(62) Ce billet est extrait des manuscrits de Conrart (t. XI, p. 151) ; il figurait parmi les documents saisis dans la cassette de Fouquet

(63) Voir Mme DE MAINTENON, *Correspondance générale*, p. p. Th. Lavallée, Charpentier, 1865, t. I, p. 94.

(64) L'attribution de ce billet à Mme Scarron ne peut guère être mise en doute depuis la publication des notes du médecin anglais Martin Lister dans la *Revue d'Histoire du théâtre*, 1950, IV, p. 454.

de retomber dans une brutalité indigne d'un honnête homme. Sur ce sujet, Bussy déclare :

> « On se lasse à la fin d'espérer nuit et jour ;
> On se lasse encor plus de la seule débauche,
> Mais il nous faut mêler la débauche à l'amour » (65).

Il n'y a pas de galanterie libertine possible s'il ne se découvre un moyen terme entre deux exigences contradictoires : n'imposer aucune contrainte à la satisfaction des désirs et ne pas réduire pour autant l'amour aux seuls plaisirs des sens. Pour résoudre ce problème, la conscience mondaine semble n'avoir trouvé qu'une solution aussi singulière qu'absurde. Il est en effet étrange de constater qu'une solide réputation d'impuissance accompagne la plupart des grands séducteurs mondains. Nul doute que le profond scepticisme dont est empreinte la mentalité galante ne trouve son compte dans ce contraste bizarre entre l'étendue des conquêtes amoureuses et l'incapacité de les mener à leur terme naturel ; c'est aussi un excellent moyen d'escamoter la difficulté et de rendre paradoxalement pures des intentions qui ne le sont guère. Avant son exil, Saint-Evremond confesse à une dame de ses amies que l'on croit être Mme de Brancas :

> « Peut-être croyez-vous, me voyant si brutal à mépriser les beaux sentiments, que pour les exercices du corps, je suis un des plus déterminés hommes du monde. Ecoutez ce qui en est. Je suis médiocre en toutes choses ; et la nature, ni la fortune n'ont rien fait pour moi que de fort commun ».

Après avoir déclaré qu'il n'a que haine pour Saucourt faute de pouvoir ressembler à celui qui fut l'amoureux le mieux « doué » de sa génération, il ajoute :

> « (...) si je veux dire les choses nettement, ma dépense est petite et mes efforts médiocres » (66).

S'agirait-il d'une confidence vraiment personnelle, elle montrerait déjà très bien ce souci d'un galant homme de ne pas prêter au soupçon de renoncer aux grands sentiments à seule fin de s'adonner sans frein au plaisir charnel. Mais Saint-Evremond pourrait tout aussi bien céder à une manière de contagion collective en se

---

(65) BUSSY-RABUTIN, *Maximes d'amour*, (in *Mémoires*, p. p. L. Lalanne, Marpou, 1857, et 1882, t. II, p. 190-191.

(66) SAINT-EVREMOND, *Œuvres mêlées*, t. III. p. 8-9. Le marquis de Saucourt ou Soyecourt était ce que l'on nommait alors un « grand abatteur de bois ».

faisant plus « pauvre » qu'il n'était. Rares sont aux alentours de 1660 les séducteurs à la mode qui n'ont pas la réputation d'être affligés de cette même carence. Sur Vivonne, Bussy-Rabutin a une formule doublement venimeuse : « Beaucoup de suffisance et beaucoup d'insuffisance à la fois » (67). A propos de Villeroy, les *Mémoires* de Brienne nous apprennent qu'il ne faut pas ses maîtresses attendent trop de l'un des plus galants hommes de la cour (68). L'impuissance du comte de Guiche est connue de tous et ne semble pas nuire au rayonnement mondain et amoureux de l'intéressé et il serait possible d'invoquer bien d'autres exemples (69). Le comble de l'élégance libertine est d'aimer pour le seul plaisir de la conquête et du changement. Collectionner les succès féminins sans motivation autre que d'accomplir une performance gratuite, tel est l'idéal absurde que l'on suppose à ces grands séducteurs. Mais c'est malgré tout un bien singulier concours de circonstances qui fait que toute l'élite de la jeunesse dorée se trouve simultanément frappée d'un mal si peu compatible avec ses ambitions amoureuses. Sans prétendre percer les secrets de la conscience collective, il y a une forte probabilité pour que cette coïncidence ait un sens ; par l'effet d'une malédiction où il faut peut-être voir un symbole, le séducteur libertin est privé des moyens de parvenir à ses fins et condamné à une quête dérisoire.

Si les hardiesses libertines ont les charmes de la nouveauté et de l'étrange, ce n'est que l'attrait de l'impossible ; les quelques insensés qui bravent l'opinion et ont le courage un peu fou de se risquer à passer des velléités aux actes, n'offrent que le spectacle séduisant et irréel de folles tentatives toujours vouées à l'échec ; tout en les admirant peut-être en secret, la majorité des gens du monde tire la leçon de cet insuccès. La révolte galante ne va jamais jusqu'à une rupture ouverte avec la morale et le penchant qu'elle suscite pour l'hétérodoxie amoureuse s'arrête prudemment aux limites du rêve ; on parle beaucoup d'inconstance mais l'on montre les libertins du doigt. De ces incertitudes il résulte de considérables ambiguïtés. Dans la chronique scandaleuse apparaît une image de l'amour libertin qui hésite sans cesse entre l'admiration et la dérision. Le libertinage amoureux se trouve par ailleurs pratiquement exclu de la représentation littéraire alors qu'il semble pourtant être le prolongement logique du scepticisme galant. Entre les feintes audaces et les refus inavoués il y a place pour bien des confusions et les meilleurs esprits s'y sont trompé. On conçoit assez bien l'étourderie d'un Bussy-Rabutin qui s'est cru autorisé à divulguer dans l'*Histoire amoureuse des*

---

(67) BUSSY-RABUTIN, *Histoire amoureuse des Gaules*, édition A. Adam, p. 141.
(68) BRIENNE, *Mémoires*, p. p. P. Bonnefon, Paris, 1916-1919, t. III.
(69) Voir Mme DE SÉVIGNÉ, *Lettres*, t. I, p. 261 et 264.

Gaules des secrets d'alcôve que tout le monde connaissait ; il n'a pas pris garde qu'entre la parole et l'écrit la différence est plus grande qu'on ne pense. Il est plus étonnant que Molière se soit laissé à ce point abuser par le climat de son époque et se soit risqué à tracer avec son *Dom Juan* le portrait du parfait libertin sans mesurer l'ampleur d'une telle imprudence. Toutes les précautions accessoires n'ont pu empêcher que la pièce ne soit presque immédiatement interdite. Effrayée de ses propres audaces, la société mondaine adopte envers le libertinage une attitude complexe et pleine d'atermoiements.

Entre le libertin et le galant homme, il n'y a sans doute que peu de différence ; railleurs, inconstants, impies à l'occasion, tous les deux le sont. Les mêmes traits se retrouvent chez l'un comme chez l'autre, mais ici poussés jusqu'à l'extravagance, là sagement tempérés par l'esprit et la raison. A la fois semblables et antithétiques, ils sont comme l'avers et le revers d'un même idéal. Mais le galant homme sait qu'il y a dans la galanterie une large part de jeu et qu'il ne faut pas prendre à la lettre tout ce qui se dit ou s'écrit dans les salons. C'est pourquoi il n'a aucune peine à se faire admettre par une société qui apprécie l'enjoûment de son esprit tout en sachant très bien qu'il n'outrepassera jamais les limites de la sagesse et qu'il ne perdra pas de vue qu'à côté des frivolités de la vie mondaine il est des exigences auxquelles il faut en priorité satisfaire. Dans son *Portrait* (1665), Le Pays formule cette importante réserve :

> « Si j'aime fort les plaisirs, j'aime encore mieux mon devoir. Je suis inquiet dans les plus grands divertissemens, quand quelque affaire m'appelle ailleurs : il m'est impossible de goûter les douceurs de la joye, lorsque je n'ay pas dans l'âme celle de m'estre acquité de ce que je dois. Mais quand j'ay donné aux affaires le temps qu'elles me demandoient, je suis bien aise de donner aux plaisirs les heures qui me restent » (70).

Ainsi comprise, la galanterie ne risque pas de dégénérer en libertinage ; elle est le masque agréable que chacun peut revêtir durant les moments de son existence qui sont consacrés aux divertissements mondains. Le parfait homme du monde doit faire dans son existence deux parts, l'une consacrée aux plaisirs, l'autre aux affaires sérieuses ; à cette condition, l'enjouement galant peut librement s'épanouir et même colorer agréablement les servitudes du devoir. En ce sens, le roi Louis XIV était sans doute le plus galant homme du royaume.

---

(70) *Portrait de Monsieur Le Pays*, édition G. Rémy, p. 49.

CHAPITRE IV

LE MIRAGE GALANT

I — *La religion galante de l'amour.*

L'amour, une fois purgé de tout ce qu'il comportait de difficultés et d'épreuves, peut de nouveau être l'objet de la part de la société galante d'un culte enthousiaste souvent poussé jusqu'à l'idolâtrie. Les conceptions galantes jusqu'ici décrites dans leurs aspects ironiques et négatifs comportent une contrepartie positive. Les contemporains de Louis XIV qui refusent une image de la passion où aimer était toujours synonyme de souffrir, se font de l'amour une idée tout opposée, dominée par une constante recherche du bonheur par le plaisir. Vouloir assujettir l'amour aux austères nécessités du devoir, c'est méconnaître sa nature ; le « Desmélé de l'Amour et de la Vertu » (1665) dénonce cette vieille erreur :

> « Quittez, quittez cette imposture,
> Qui trompe votre jugement,
> Mes feux sauvent du monument
> Tous les estres de la Nature.
>
> Cette ardeur si belle et si pure
> Que vous blâmez injustement,
> Fait naître dans chaque élément
> Jusqu'à la moindre créature (...) » (1).

---

(1) *Nouveau recueil de plusieurs et diverses pièces galantes de ce temps*, A la Sphère, 1665, IIᵉ partie, p. 78.

L'acharnement contre le parfait amour n'avait pas d'autre raison que de rétablir la vérité déformée par une conception chagrine et mesquine. La sensibilité galante admet en principe que l'amour est capable, si l'on s'abandonne à lui sans arrière-pensée, de faire le bonheur de tous ; pour elle, l'idée d'un amant malheureux est tout simplement un scandale.

S'agit-il vraiment d'une « philosophie » de l'amour, on en peut douter dans la mesure où l'essentiel de la doctrine tient dans un épicurisme assez vague qui confond l'amour et le plaisir. C'est sur cette base fragile que la société galante construit son idéologie amoureuse ; toute sa morale tient en cet unique principe : s'abandonner à l'amour d'où naissent toutes les félicités. C'est un amour bienfaisant, apprivoisé, inoffensif que louent ses thuriféraires galants ; de ses attributs anciens il n'a gardé que le pouvoir de faire le bonheur de ceux qu'il frappe de ses flèches bénéfiques. Le mythe de Psyché qui reparaît plusieurs fois dans la littérature du temps, prend alors une signification proprement galante : le dieu Amour épris d'une simple mortelle et pris à son propre piège symbolise la réconciliation de la passion et du bonheur humain. Dans la comédie-ballet représentée en 1671 par la troupe de Molière, Apollon, par un « récit » qui prélude aux réjouissances finales, invite les dieux eux-mêmes à se joindre à l'allégresse générale :

« Unissons-nous, Troupe immortelle ;
Le Dieu d'Amour devient heureux Amant,
Et Vénus a repris sa douceur naturelle
En faveur d'un fils si charmant :
Il va goûter en paix, après un long tourment,
Une félicité qui doit être éternelle » (2).

Dans le même esprit, la version que donne La Fontaine des *Amours de Psyché et de Cupidon* (1669) s'achève sur un hymne à la Volupté tout à fait dans le ton de cet épicurisme galant (3). Née de l'union de Psyché et de l'Amour, cette nouvelle déesse entre immédiatement au panthéon galant ; elle y a sa place marquée puisqu'elle est la fille du plus puissant des dieux et de la plus séduisante des femmes. Aussitôt elle soumet l'univers entier à sa douce contrainte. Après avoir banni tous les aspects sombres et douloureux de la pasion, le scepticisme galant trouve sa voie dans un paganisme triomphal.

Plutôt que de philosophie, c'est de religion qu'il faudrait parler.

___

(2) MOLIÈRE, CORNEILLE et QUINAULT, *Psyché*, tragédie-ballet (1671), scène dernière, v. 2033 et sq.
(3) LA FONTAINE, édition J. Marmier, p. 453.

L'amour est au centre de la création ; il est le maître du monde, l'âme universelle, le principe vital par excellence. Il y a parfois dans cette description de l'omniprésence de l'amour comme un écho de la vision « panérotique » du *De Natura rerum*. Mais ces réminiscences savantes, et hétérodoxes, se diluent dans l'enthousiasme général. Il s'agit d'une foi dont les fondements restent vagues et incertains et où les affirmations tiennent lieu de raisons. Le mirage de l'amour facile s'impose à la société louisquatorzienne qui conçoit cette domination comme une fatalité bienfaisante imposant à l'humanité tout entière une douce et salutaire contrainte. Chanter le pouvoir absolu de l'amour, son irrésistible et universelle emprise, est pour ses adorateurs le meilleur moyen de célébrer ses louanges. Sur ce dogme de la toute-puissance de l'amour, l'unanimité est totale. L'amour doit régner en maître sur la terre ; il est vain de chercher à lui résister et chacun doit contribuer dans la mesure de ses forces à l'avènement de ce dieu bienfaisant. « Tout cède à l'amour... », « Tout l'univers obéit à l'amour... » lit-on dans le *Recueil des plus beaux vers mis en chant* (1668) (4).

> « Tout l'Univers obéit à l'Amour ;
> Belle Psyché, soumettez-lui votre âme.
> Les autres dieux à ce dieu font la cour,
> Et leur pouvoir est moins doux que sa flamme.
> Des jeunes cœurs c'est le suprême bien :
> Aimez, aimez ; tout le reste n'est rien » (5).

répond en écho une chanson qui plut particulièrement à Psyché le jour de son mariage. Mme de Sablé note dans ses *Maximes* (1678) :

> « L'amour partout où il est, est toujours le maître » (6).

Et s'il reste encore des irréductibles rebelles à cette célébration des mérites et des pouvoirs de l'amour, il faut tâcher de les convaincre et de les ramener à la raison ; c'est ce que tente de faire Pellisson lorsque, par le truchement d'un oranger, il adresse à Sapho cet avertissement :

> « Qu'on en parle ou qu'on en gronde,
> Chère Sapho, croyez-moi,
> Tout doit aimer dans le monde,
> C'est une commune loy (...) » (7).

---

(4) *Recueil des plus beaux vers qui ont esté mis en chant...*, Ch. de Sercy, 1668, IIᵉ partie « Air de La Grange » et IIIᵉ partie.
(5) *Les Amours de Psyché et de Cupidon*, p. 411.
(6) Mme DE SABLÉ, *Maximes et Pensées diverses*, S. Mabre Cramoisy, 1678, p. 38.
(7) *Recueil La Suze-Pellisson*, Lyon, Cl. Rey, 1695, t. I, p. 161.

Les « supplices » de l'amour ne subsistent plus dans la littérature que pour rimer antithétiquement avec ses « délices » comme dans le final de ce « Ballet des Divers effects de l'Amour » qu'Amilcar invente à l'intention de Clélie :

> « Adorons dans la Cour, adorons dans les Bois,
> Cet aimable vainqueur des Bergers et des Roys,
> On ne peut vivre heureux qu'en souffrant ses supplices,
> Puis que sans ses tourmens, il n'est point de délices » (8).

Une universelle harmonie sous l'égide de l'amour, tel est le rêve qui hante la société mondaine. La sensibilité galante se nourrit de cette illusion et bâtit son art de vivre en fonction d'une utopie où l'amour, si on lui fait confiance, est doué du pouvoir d'apporter à l'humanité un épanouissement total dans une joie sans nuages. Peut-être d'ailleurs est-ce une conscience obscure de son imposibilité qui invite à situer de préférence cet idéal dans le monde un peu irréel de la mythologie.

La civilisation galante déifie constamment l'Amour et lui rend un culte attentif et fervent. Tous les arts apportent leur contribution à cette glorification de l'amour qui passe toujours par l'exaltation de sa toute-puissance. Dans sa *Promenade de Saint-Germain* (1669), Le Laboureur décrit avec une admiration naïve la décoration du plafond de la « chambre destinée au repos du Roy » ; au-dessus de trois amours qui supportent le lustre et laissent voir sur leur visage « la joie qu'ils ont à éclairer le Roy »,

> « Il y en a quatre autres dans le fond de la coupe [i. e. la coupole] ; (...) ils ne respectent aucune puissance, et n'épargnent ni les Héros ni les Dieux mêmes.
>
> Le premier, pour faire voir qu'il exerce son empire jusques dans les Cieux, tient, ce me semble, un Cigne et un Aigle dont il contraignit autrefois Jupiter de prendre la figure.
>
> Le second voulant montrer que les Enfers n'ont pas moins ressenti aussi son pouvoir, arbore pour marque de la victoire qu'il a remportée sur Pluton, le Sceptre fourchu de ce Dieu, qui d'ailleurs représentant la richesse, donne par sa défaite un double triomphe à l'Amour.
>
> Le troisième qui n'est guère moins fier, se rit de la force guerrière, et se fait un trophée des armes de Mars.
>
> Le dernier ne traite pas mieux la force héroïque : il se joue de la dépouille d'Hercule ; et non content de montrer la massue de ce domteur de Monstres jettée à ses pieds avec une quenouille, le petit emporté prend encore la peau du Lion : il se

---

(8) *La Clélie*, t. IV, livre 2, p. 758 et sq.

la met sur la teste, et s'en coëffe plaisamment comme s'il en vouloit faire une mascarade » (9).

Tel est l'édifiant spectacle que le Roi pouvait contempler dans sa chambre à coucher du château de Saint-Germain : l'insolence de jeunes amours dispose avec une souveraine impertinence de toutes les puissances du monde.

Pour célébrer dignement ce culte païen, il n'est pas d'occasions plus propices que ces divertissements de cour qui réunissent autour du Roi l'élite de la société mondaine ; avec l'appoint des décors, de la musique et de la danse, ces cérémonies revêtent la pompe et l'éclat requis et donnent à cette religion galante un caractère quasi officiel. Le ballet de cour, la comédie-ballet, puis l'opéra servent de prétexte à l'organisation de grandioses manifestations en l'honneur du dieu ; ce sont les fêtes d'une singulière liturgie où lui sont rendus de solennels hommages, avec chaque année un point culminant qui se situe à la période du carnaval traditionnellement consacrée aux réjouissances de cet ordre. L'un des grands succès du genre fut en 1656 le *Ballet de Psyché ou de la puissance de l'Amour*. La première partie, consacrée aux « merveilles de l'amour », comporte quatorze entrées sur le thème de l'omnipotence de ce dieu. On assiste à toute une série de victoires qu'il remporte sur les adversaires les plus divers. C'est ainsi qu'il dompte d'abord les grands dieux de l'Olympe, Jupiter, Apollon, Mars, Mercure ; puis, mettant à la raison Môme, le bouffon des dieux, il fait justice des insensés qui se moquent de lui. Il triomphe des Amazones, réduit Marc-Antoine à n'être que le jouet de Cléopâtre, déchaîne les Bacchantes. Il étend son empire jusque sur les divinités de la mer, Neptune et les Tritons, remet Diane et son escorte de chasseurs dans le droit chemin avant de terminer triomphalement sa carrière victorieuse aux Enfers où il tient la gageure de dérider l'austère Pluton. Le dieu vient à bout de toutes les oppositions et, par le charme de sa douceur, convertit tous ceux qu'il rencontre à sacrifier à la joie dont il est le grand dispensateur. Ce sont d'ailleurs à peu près toujours les mêmes images qui reviennent, avec une monotonie que seule peut excuser la ferveur.

Un peu plus tard, les prologues et les divertissements des comédies-ballets de Molière s'inspirent de la même idéologie ; on y chante le retour de la Paix qui rend à l'amour toutes ses prérogatives, le bonheur sans mélange que goûtent ceux qui aiment et sont aimés. *Monsieur de Pourceaugnac* (1669) s'achève sur un divertissement de masques où un Egyptien et une Egyptienne chantent en duo :

---

(9) L. LE LABOUREUR, *La Promenade de Saint-Germain*, G. de Luyne, 1669, p. 31-32.

« Aimons jusques au trépas,
La raison nous y convie ;
Hélas ! si l'on n'aimoit pas,
Que seroit-ce de la vie !
Ah ! perdons plutôt le jour,
Que de perdre nostre amour.
Les Biens
    — La Gloire
        — Les Grandeurs
— Les sceptres qui font tant d'envie.
— Tout n'est rien, si l'Amour n'y mesle ses ardeurs.
— Il n'est point, sans l'amour, de plaisir dans la vie.
        (à l'unisson)
Soyons toûjours amoureux,
C'est le moyen d'estre heureux » (10).

Mais c'est un genre nouveau en France, l'opéra, qui, de manière durable, aura pour fonction d'exalter la joie d'aimer. Les spectacles composés par Lulli et Quinault depuis les *Fêtes de Cadmus et d'Hermione* données le 15 Novembre 1672, comportent toujours une glorification de l'amour et consacrent de nombreux couplets aux louanges d'une passion qui apporte aux hommes le bonheur et fait régner l'harmonie sur la terre. Sans amour, rien ne peut être parfait ou même seulement passable ainsi que le chante cet air repris en trio :

« Il n'est point de grandeur charmante
Sans l'Amour et sans ses douceurs :
Rien ne plaît, rien n'enchante

Rien ne contente
Les jeunes cœurs
Sans l'amour et sans ses douceurs ;
Il n'est point de grandeur charmante
Sans l'amour et sans ses douceurs » (11).

Sur tous les tons il est répété que l'amour est la source de toutes les félicités et si, par accident, les peines amoureuses sont encore évoquées, c'est pour affirmer aussitôt qu'elles sont très largement compensées par des plaisirs :

« L'amour contente,
Sa peine enchante,
L'Amour contente,
Tout en est bon » (12).

---

(10) MOLIÈRE, *Monsieur de Pourceaugnac* (1669), acte III, scène 8.
(11) QUINAULT, *Thésée* (1675), acte III, scène 2 (*Théâtre*, éd. 1715, t. IV, p. 235).
(12) QUINAULT, *Cadmus* (1673), prologue.

On n'en finirait pas de citer ces refrains où Quinault use des facilités du chant pour multiplier les redites. Ce sont toujours les mêmes invitations à aimer et à s'abandonner à un bonheur qui est à la portée de tous.

Mais le lieu commun privilégié de l'opéra reste l'exaltation de la toute-puissance de l'amour. Dans leur *Alceste* (1674), Lulli et Quinault ressuscitent la légende antique mais en bouleversent les données afin de les mettre en harmonie avec leurs desseins. Tout d'abord Alcide, le héros de l'aventure, est amoureux d'Alceste, car un personnage d'opéra ne saurait se soustraire à cette obligation d'aimer, même si les données de la fable y répugnent ; cette circonstance sert à transformer l'expédition aux Enfers en un hymne à la gloire de l'amour qui permet de venir à bout de tous les obstacles, même de la mort. S'inclinant devant cette force irrésistible, Pluton et Proserpine consentent à rendre Alceste ; et l'amour reçoit des princes du royaume des Morts cet hommage inattendu :

> « Un grand cœur peut tout quand il aime
> Tout doit céder à son effort,
> C'est un arrêt du sort ;
> Il faut que l'amour extrême
> Soit plus fort
> Que la mort. » (13).

Et les « suivants de Pluton » reprennent en chœur : « Il faut que l'amour extrême... ». L'opéra est par excellence la fête galante. Le plaisir toujours renouvelé que le public louisquartorzien prend à ces représentations témoigne de la fascination qu'exerce cette idéologie un peu simpliste et béatement optimiste. Les féeries de l'opéra sont la traduction dans l'imaginaire des aspirations d'une société qui, en dépit de tout, continue à croire au bonheur et place dans l'amour le plus clair de ses espoirs.

Mais, sous sa forme la plus achevée et la plus brillante, la réalisation de cet idéal est réservée à quelques élus qui, grâce à la supériorité que leur confère la naissance, ont directement accès à ce monde merveilleux ; ces privilégiés sont le prince et surtout les dieux. La religion de l'amour est, comme l'autre, une religion d'état. A la faveur d'une contamination facile entre le prestige de l'amour et celui de la personne royale, les hommages rendus à l'un rejaillissent souvent sur l'autre. Le culte de l'amour se confond avec le culte monarchique et il n'est pas de manière plus délicate de louer le prince que de célébrer son aptitude à aimer.

---

(13) QUINAULT, *Alceste* (1674), acte IV, scène 5 (*Théâtre*, édition de 1715, t. IV, p. 185 et sq.

A l'occasion des fêtes de l' « Isle enchantée » en 1664, le Roi et ses courtisans purent entendre ces vers de la *Princesse d'Elide* qui avaient sans nul doute une portée très générale :

> « Je diray que l'Amour sied bien à vos pareils. (...)
> Et qu'il est mal-aisé que sans estre amoureux
> Un jeune prince soit et grand et généreux.
> C'est une qualité que j'ayme en un Monarque,
> La tendresse de cœur est une grande marque,
> Et je croy que d'un prince on peut tout présumer
> Dès qu'on voit que son âme est capable d'aymer » (14).

Plus tard, lorsque Louis XIV sera devenu un prince guerrier et victorieux, on associera ses triomphes à ceux du dieu dont ils préparent l'avènement, la paix étant la condition nécessaire du libre exercice de l'amour. Le prologue du *Malade imaginaire* (1673) offre un bon exemple de ce genre de littérature :

> « Vos vœux sont exaucez, Louis est de retour,
>   Il ramène en ces lieux les Plaisirs et l'Amour » (15).

Le Roi et l'Amour participent de la même essence supérieure et se rendent réciproquement témoignage de leur grandeur : amoureux, le Roi peut prétendre à être un prince accompli, pacificateur, il prépare par ses victoires le règne de l'amour. Quant aux courtisans, par une heureuse exception à la règle commune, il leur est possible de servir deux maîtres à la fois.

Il n'y a donc pas de forme plus achevée du bonheur que la liberté d'aimer, et l'homme qui en jouit est l'égal d'un dieu. Ainsi s'explique la prédilection de la société galante pour une mythologie païenne qui montre les dieux usant et abusant de cette liberté. Pour les mêmes raisons, parmi cet Olympe amoureux, toutes les préférences vont à Jupiter qui n'hésite jamais, pour satisfaire un caprice, à abandonner momentanément sa dignité suprême. La supériorité divine (ou royale) se traduit par cette aptitude exceptionnelle à goûter les plaisirs de l'amour. C'est probablement la signification du piquant spectacle offert par une pièce comme *Amphitryon* (1668). Grâce à ce singulier dédoublement qui met en présence, sous des visages semblables, des dieux déguisés en hommes et de simples mortels, il y a rencontre fortuite entre deux mondes, celui de la perfection divine et celui d'une humanité encore ignorante et grossière parce que privée des lumières de la galan-

---

(14) MOLIÈRE, *La Princesse d'Elide* (1664), acte I, scène I, v. 20 et sq.
(15) MOLIÈRE, *Le Malade imaginaire* (1673), Prologue, 1re entrée de ballet.

terie. Dans le premier, l'amour n'est que grâce, plaisir éphémère mais indéfiniment renouvelable ; la maladresse et l'entêtement jaloux d'Amphitryon laissent au contraire entrevoir tout ce qu'il y a d'imparfait dans une conception prosaïque et maussade de l'amour qui transforme le plaisir en devoir et qui, tôt ou tard, ne saurait manquer de s'enliser dans la routine conjugale. La confrontation entre le dieu Jupiter et son double humain tourne tout à l'avantage du premier ; bien qu'il triche un peu en s'appropriant les prérogatives du mari (mais l'amour galant ne réprouve pas ce genre de tricherie), Jupiter n'en a pas moins le beau rôle. Alcmène elle-même ne se laisse pas abuser, elle qui, malgré une ressemblance qui pourrait l'induire en erreur, fait très bien la différence entre l'amant complaisant et de belle humeur et le mari grognon et querelleur. Rien n'est plus galant que ce quiproquo et, à la réserve d'Amphitryon qui a des raisons personnelles de ne pas goûter la plaisanterie, tout le monde applaudit à cette mystification imaginée par un dieu amoureux. En définitive, c'est l'amour qui sort vainqueur de la confrontation, non l'amour pitoyable et dolent du mari, mais l'amour volage et conquérant du dieu. Le « seigneur Jupiter » sait comment on doit en user pour aimer comme il faut que l'on aime ; telle est la signification la plus évidente de cette adaptation galante de la légende d'Amphitryon.

II — *Amour, raison et nature.*

L'attitude galante face à l'amour est faite de confiance et d'abandon ; c'est un véritable « quiétisme » sentimental qui s'exprime dans ces « cantiques » amoureux dont l'opéra offre de si nombreux exemples.

« Suivons, suivons l'Amour, laissons-nous enflammer... »

dit un refrain quatre fois repris dans le *Cadmus* (1673) de Quinault, comme s'il n'existait pas de meilleur moyen de clamer sa foi que la répétition (16). De ce maître tout-puissant et miséricordieux, il est légitime d'attendre des miracles ; celui qui, selon la mentalité galante, lui fait le plus d'honneur est de dispenser à tous ceux qui sont touchés de sa grâce le don précieux de l'esprit qui

_____

(16) QUINAULT, *Cadmus* (1673), acte I, scène 4.

permet de faire bonne figure dans le monde. C'était un lieu commun de la tradition platonicienne que d'attribuer à l'amour le pouvoir d'initier à l'intelligence et à la pratique des vertus :

> « Amour est maistre de tous les arts »

note Ficin dans son *Commentaire* (17). En 1655 l'un des conférenciers du Bureau d'adresses, fidèle aux habitudes de l'Ecole, argumente ainsi en faveur de l'amour :

> « L'amour ouvre la bourse des plus avaricieux délie la langue des moins éloquents et les rend diserts, et apprend la civilité aux plus stupides et lourdeauds » (18).

Sous la plume de Méré qui ne cherche nullement à fonder son observation autrement que sur une constatation d'expérience, cette même pensée devient :

> « (...) naturellement l'amour donne des inventions pour plaire à la personne qu'on aime » (19).

Derrière l'adverbe « naturellement » s'efface tout l'édifice métaphysique platonicien tandis que le mot « plaire » porte en lui l'idéal de toute vie mondaine. C'est ainsi que la mentalité galante reprend à son compte cette vieille maxime mais lui donne le sens restrictif qui coïncide avec sa propre échelle de valeurs et substitue l'esprit à la science ou à la morale. Mais la philosophie galante a tôt fait d'inverser l'ordre des termes et de poser la conséquence en principe. L'amour ne crée pas seulement un climat favorable à l'esprit ; il va devenir la condition nécessaire et suffisante de son éclosion.

En d'autres termes, si l'on souhaite avoir de l'esprit (et tout le monde y aspire), il n'est que d'être amoureux. La recette passe pour infaillible, comme le montre ce fragment de dialogue emprunté à la troisième partie du *Recueil de Sercy* (1660) :

> « *Drionice.*
>
> Puisque l'esprit est si nécessaire qu'on ne sauroit s'en passer, dites-moi donc ce qu'il faut faire pour en avoir (...)

---

(17) MARSILE FICIN, *Commentaire*, Oraison III, chapitre III.
(18) *Recueil général des questions traitées et conférences du Bureau d'Adresses...*, 2ᵉ édition, Chamhoudry, 1656, t. V, p. 69.
(19) MÉRÉ, *Œuvres complètes*, t. II, p. 80.

« *Alcippe.*

Il faut seulement aimer de bonne heure, et le plus tost qu'on peut, c'est assurément le meilleur » (20).

Le Pays n'omet pas d'apporter sa caution à un enseignement si galant et il écrit à une de ses nouvelles conquêtes :

> « Il n'est point de si grand maistre que l'Amour. Pour peu qu'on escoute ses leçons, l'esprit se purifie, et devient capable de toutes les belles choses » (21).

L'expérience cruciale consiste à mettre aux prises l'amour et la stupidité ; or le résultat est toujours le même : l'amour chaque fois fait des merveilles. On ne se lasse point de conter les métamorphoses qu'il est capable d'accomplir chez les êtres les plus frustes. Même un philosophe comme Poullain de la Barre ne dédaigne pas de tirer argument de cette anecdote édifiante qu'il tient d'une dame qui a expérimenté par elle-même ce pouvoir miraculeux :

> « Il n'y a que l'amour qui nous donne de l'esprit et du plaisir. Qui n'a point d'esprit n'a point d'amour. Vous connoissez l'homme que vous trouvastes icy dernièrement. Il y a quelque temps que c'estoit un stupide, un taciturne, un bizarre, un emporté, un opiniâtre, un fâcheux, sans honnesteté, sans complaisance, à charge à luy-mesme et à tous ceux qui avoient le mal-heur de se rencontrer avec luy (...) Il s'avisa de me venir voir à une heure peu ordinaire pour les visites et me trouva seule. Je le receus avec toute la bonté dont je suis capable. Je luy témoignay de l'estime (...) je reconnus enfin par les protestations, par les confidences, et par les offres de services qu'il me fit, qu'il avoit pris un peu d'amour et que j'avois touché son cœur.
>
> Je ne vous dis tout cela que pour venir au changement que ce remède a fait dans sa personne. Car il a tellement rectifié ses esprits, qu'on ne le reconnoist presque pas. Il est devenu honnête, complaisant, agréable, officieux, et tient présentement assez bien la partie dans des conversations que je croyois auparavant au dessus de luy » (22).

« Qui n'a point d'esprit, n'a point d'amour » et « qui n'a point d'amour, n'a point d'esprit », les deux propositions sont rigoureusement équivalentes puisqu'on ne sauroit pas davantage tomber

---

(20) *Recueil de Sercy* (prose), IIIe partie, 1660, p. 97-98.
(21) LE PAYS, *Amitiez, Amours et Amourettes* (1664), livre II, lettre 4.
(22) POULLAIN DE LA BARRE, *De l'excellence des hommes, contre l'Egalité des sexes*, Du Puis, 1675, p. 64.

amoureux sans devenir spirituel, qu'avoir de l'esprit sans aspirer à la joie d'aimer.

Cette étonnante vertu de l'amour rend vraisemblable les transformations les plus surprenantes. Supposons une jeune personne tout à fait ignorante du monde et dont la naïveté confine à la niaiserie ; si on l'on interroge, elle répond de la façon la plus déconcertante et la burlesque incongruïté de ses propos laisserait presque planer un doute sur sa santé mentale. Survient un jeune homme séduisant et beau qui lui fait la cour et se fait aimer d'elle. Immédiatement la ravissante idiote se découvre des dons cachés : elle est capable d'écrire un billet bien tourné où la naïveté devient une excuse spirituelle de son audace et, lorsque son tuteur voudra la remettre dans ce qu'il juge être le droit chemin, elle lui tient tête avec succès et satirise sans pitié les ridicules du barbon. Cette fable galante a été mise en scène par Molière dans l'*Ecole des Femmes* (1662) ; Agnès en est l'héroïne et il faut toute l'aveugle confiance que les spectateurs du temps placent dans la faculté rédemptrice de l'amour pour la reconnaître sous des apparences aussi contraires. Celle qui, au début de la pièce, ne savait que dire : « le petit chat est mort », devient en l'espace de deux actes une jeune fille accomplie et digne en tous points d'admiration. A tous ceux qui s'en étonneraient malgré tout, l'auteur répond :

> « Il le faut avoüer, l'amour est un grand maistre.
> Ce qu'on ne fut jamais il nous enseigne à l'estre,
> Et souvent de nos mœurs l'absolu changement
> Devient par ses leçons l'ouvrage d'un moment » (23).

Pour la société galante, l'amour conserve intact son prestige pédagogique. On ne s'étonnera pas de trouver des louanges à l'adresse de ce maître si éminent dans les *Contes* de La Fontaine ; d'un muletier il fait, en une nuit, un amant fort passable :

> « Maître ne sais meilleur pour enseigner
> Que Cupidon ; l'âme la moins subtile
> Sous sa férule apprend plus en un jour
> Qu'un maître es arts en dix ans aux Ecoles » (24).

C'est ainsi que l'esprit vient aux filles et à tous ceux et toutes celles que l'amour illumine de ses dons. Resterait à savoir en quoi consistent exactement ces leçons. Auprès de lui les femmes apprennent surtout comment se jouer de leurs ennemis naturels que

---

(23) MOLIÈRE, *L'Ecole des Femmes*, acte III, scène 4, v. 900-904.
(24) LA FONTAINE, édition J. Marmier, p. 199.

sont les maris en acte ou en puissance, et les amants les moyens de tromper ces mêmes gêneurs. Cet enseignement n'est donc pas très moral ; mais la société galante ne s'effraie guère de cette constatation puisque aussi bien les victimes sont en général des gens peu recommandables, des maris, des jaloux qui tous vivent en marge et ignorent le beau côté des choses. Le grand rêve d'un amour civilisateur et moralisateur s'achève curieusement : l'amour se transforme en un redresseur de torts et en défenseur du droit des opprimés, ce qui, au demeurant, est tout à son honneur. Mais, ce faisant, il a changé de camp et il risque maintenant d'être taxé d'immoralisme et de passer pour un fauteur de troubles s'il ne parvient pas à imposer la supériorité de sa propre morale à l'encontre des aberrations de la morale commune. En donnant de l'esprit à tous ses fidèles, l'amour leur ouvre les yeux sur bon nombre d'imperfections ; au lieu de leur découvrir le bien idéal, il leur fait apercevoir les injustices qu'il faut combattre ; s'il n'est pas encore jugé dangereux, il ne tardera pas à devenir suspect.

A force de badinages et de spirituelles vengeances, l'amour galant pourrait remettre en question l'ordre social et entrer en conflit avec la raison qui en est la gardienne. Cette difficulté semble avoir quelque peu troublé la société galante : c'est ainsi que l'Amour est amené à dialoguer avec la Raison, avec la Vertu ou avec l'Amitié. Le problème est toujours le même : justifier l'amour des accusations d'immoralité que l'on peut facilement porter contre lui et concilier avec les exigences de la moralité publique l'omnipotence et la liberté sans limites que l'on n'hésite pas à concéder à cet anarchiste en puissance. La soumission de la raison à l'amour est un état de fait ; il reste à la fonder en droit. C'est à quoi s'emploient les théoriciens de la galanterie. Sur ce point Le Pays est formel et les explications qu'il donne dans son « Dialogue de l'Amour et de la Raison » (1664) sont d'une particulière netteté. Même si l'on peut soupçonner l'Amour d'être un rhéteur assez enclin aux sophismes, les réponses qu'il fait à la Raison résument la doctrine de la galanterie. Le débat s'engage sur des reproches réciproques : l'Amour s'étonne que la Raison soit si souvent hostile à ses desseins ; la Raison se défend en traitant l'Amour d' « agréable ennemi » et en lui faisant grief de la fuir trop souvent et de se rendre responsable de nombreux désordres fort répréhensibles. Cependant, et c'est alors que le sens de l'œuvre apparaît, la Raison fait malgré tout à son adversaire des ouvertures de paix. Il s'ensuit une assez longue contestation où l'Amour explique à la Raison que lorsqu'il incite les filles à désobéir à leurs pères, lorsqu'il rend certaines jeunes personnes favorables à l'amour des vieillards, lorsqu'il invite une femme aimable à accepter les hommages de plu-

sieurs soupirants etc..., toutes ces entorses au bon ordre sont moti-
vées par d'excellentes « raisons » et qu'en réalité il travaille pour
le plus grand bien de l'humanité en prévenant, par de moindres
maux, de pires catastrophes. L'Amour, ainsi qu'il était facile de le
prévoir, sort vainqueur de cette « théodicée » et contraint la
Raison à capituler devant des arguments aussi forts. Les réflexions
qui suivent ce traité de paix méritent attention ; en guise de
conclusion, l'Amour déclare à son adversaire dépité :

> « Si la Raison n'a pas rendu l'Amour raisonnable, je veux
> croire qu'en présence de Calixte l'Amour aura rendu la Raison
> amoureuse ».

Rendre la raison amoureuse, c'est à ce merveilleux renversement des valeurs qu'aspire l'utopie galante. Il s'agit de libérer
l'amour des contraintes d'une sagesse stupidement répressive, sans
pour autant renoncer à instaurer sur la terre le règne de l'amour.
Alors que d'autres pourraient être tentés de sacrifier l'amour à
la sagesse, et par exemple de lui préférer une amitié sans reproche,
les moralistes galants décrètent tout simplement que la vraie
sagesse émane de l'amour. Comme le dit Le Pays dans une formule
très pascalienne :

> « L'Amour a des raisons qui valent mieux que celles de la
> Raison même » (25).

Cette confrontation entre l'amour et la raison, dont l'issue
est maintenant connue d'avance, devient un thème d'opéra. En
vue d'une collaboration avec Lulli qui d'ailleurs avortera, La
Fontaine compose en 1674 un livret intitulé *Daphné* ; en guise de
prologue, le nouveau librettiste développe l'un des poncifs du
genre. Le théâtre s'ouvre sur une assemblée des dieux qui se tient
après le déluge au moment où Prométhée vient, sur l'ordre de
Jupiter, de fabriquer de « nouveaux hommes » pour remplacer
ceux qui avaient péri dans la catastrophe. Mais il faut imposer
une discipline à ces créatures turbulentes, et c'est ici qu'intervient
un affrontement entre Minerve d'un côté, Vénus et Cupidon de
l'autre. L'enjeu du débat est de savoir qui l'emportera de la
sagesse ou de l'amour. Après une vaine expérience, les faits donnent pleinement « raison » à Cupidon contre Minerve : la sotte
sagesse de celle-ci n'a servi qu'à dresser les hommes les uns contre
les autres alors que l'amour fait régner parmi eux la concorde

---

(25) LE PAYS, « Dialogue de l'Amour et de la Raison ».

et le bonheur. Vénus peut sans crainte vanter les mérites de son fils :

> « Le plus magnifique don
> Qu'aux mortels on puisse faire,
> C'est l'amour (...) » (26).

La morale de l'opéra comble les vœux de la société galante qui se complaît dans l'optimisme facile et les rituelles exhortations à profiter grâce à l'amour des joies de l'existence. Cette ambition soulève bien des difficultés morales, mais l'essentiel est dans la réalité des plaisirs :

> « Les plaisirs sont de tous les âges,
> Les plaisirs sont de toutes les saisons.
> Pour les rendre permis, on sait que les plus sages
> Ont souvent trouvé des raisons » (27).

On ne saurait dire de manière plus élégante que charge est laissée aux théoriciens de trouver des raisons, bonnes ou mauvaises, en faveur d'une vérité qui est donnée a priori.

Mais les « philosophes » galants n'ont pas dévoilé leur dernière batterie ; dire que l'amour se confond avec la raison, c'est préparer une réconciliation plus décisive encore entre l'amour et la nature. Sur ce point la pensée galante continue une nouvelle fois l'éthique courtoise, mais en prenant le contre-pied des positions que celle-ci défendait : le problème est identique, la solution radicalement contraire. Selon l'*Astrée*, la pratique du parfait amour introduit dans un univers différent du monde quotidien ; si l'on pouvait espérer que l'amour et la raison se trouveraient un jour réunis, ce ne pouvait être, conformément à la tradition platonicienne, que dans une transcendance située bien au-delà des apparences sensibles. Les convertis attendent patiemment cette apothéose, mais, pour les non-initiés qui le voient au travers de leurs préjugés, le parfait amour semble pure déraison. Il n'y a aucune harmonie possible entre l'amour ainsi conçu et la raison ou la nature telles qu'elles apparaissent au commun des hommes. La galanterie postule au contraire que le domaine de l'amour n'est pas une surnature lointaine et difficile d'accès ; la vérité est là où on ne la cherchait point, dans un abandon simple et serein à l'instinct et à la nature au sens banal du terme. C'est de cet accord profond avec le monde sensible que l'amour tire sa force

---

(26) LA FONTAINE, *Daphné* (1674), Prologue (édition J. Marmier, p. 326-327).
(27) Th. CORNEILLE, *Circé* (1675), texte cité par G. Reynier in *Thomas Corneille, sa vie et son théâtre*, Hachette, 1892, p. 278-279.

irrésistible à laquelle il est inutile et criminel d'opposer un simulacre de vertu puisque, par définition, il est impossible d'avoir
raison contre lui. C'est pourquoi dans le « Démeslé de l'Amour et
de la Vertu » (1665) les objections de la Vertu contre l'engagement
amoureux ne pèsent pas lourd face à la juste colère de l'Amour :

> « (...) pourriez-vous bien me détruire, puisque je n'agis que
> de concert avec la Nature ? que je suis son penchant et son
> inclination, et qu'elle ne peut non plus se passer de moy pour
> se conserver, que le Soleil de ses rayons pour produire la
> lumière dont il éclaire le monde ? » (28).

Tout commande de se soumettre à l'amour comme à une loi universelle et l'on peut dire de la nature, comme tout à l'heure de la
raison, qu'elle est « amoureuse ».

> « L'Amour est aussi naturel à l'homme que la vie ».

note Mme de Villedieu (29). C'est sans doute le dernier mot de la
philosophie galante qui, au terme de sa lutte contre l'obscurantisme
moralisant, reçoit cette révélation rassurante : céder à l'amour
est une nécessité qui prend place parmi les lois naturelles.

La grande illusion du « panérotisme » (ce néologisme désigne
une foi naïve en l'immanence bienfaisante de l'amour) permet de
manière assez précaire de restaurer vers 1665-1670 l'unité de la
représentation mondaine de l'amour. L'idée d'un « Eros » souffrant
et contraignant étant à peu près écartée, l'unanimité peut se faire
sur la conception d'un « Eros » galant, souriant, facile et « naturel » dont la domination bien qu'absolue reste légère. Cet optimisme de commande ne rencontre encore que peu d'objections
ouvertes ; il est vrai que la doctrine reste vague et que l'enthousiasme favorise certaines confusions commodes. Lorsqu'il s'agit de
faire l'apologie de l' « amour raisonnable » (30), la « tendre »
comtesse de La Suze rejoint le « galant » Le Pays. Plus rien de
sérieux ne les opposerait du jour où la comtesse renoncerait à
la traditionnelle résistance des femmes aux sollicitations de
l'amour et se soumettrait de bonne grâce aux exigences de ce
nouveau maître. Mais n'était-elle pas déjà fermement convaincue
que s'abandonner à l'amour ne saurait constituer un crime : « Elle
disait, lit-on dans un ouvrage attribué à Jean Le Clerc, qu'elle

---

(28) *Nouveau recueil de plusieurs et diverses pièces galantes de ce temps*, A la Sphère,
1665, IIᵉ partie, p. 73.
(29) Mme DE VILLEDIEU, *Œuvres complètes*, édition de 1721, t. IX, p. 201.
(30) *L'Amour raisonnable*, est justement le titre d'un opuscule de B. de BONNECORSE qui
développe des vues tout à fait semblables. L. Billaine, 1671.

ne pouvait se persuader que l'amour fût un mal » (31). Sous l'influence de la galanterie, les femmes abandonnent leur ancienne méfiance envers l'amour. Si le cas de Mme de La Suze (1618-1673) qui appartient encore à la génération « tendre », laisse subsister quelques doutes, celui de Mlle Desjardins, devenue par la suite Mme de Villedieu, semble beaucoup plus net. Voici enfin une poétesse galante qui n'a pas honte d'aimer et de s'en faire gloire en dépit des préjugés qui risquent encore de faire mal juger une telle hardiesse. Pour elle les interdits anciens ne comptent plus et ne peuvent justifier une résistance hypocrite :

> « Cessez de tourmenter mes esprits abattus
> Faux honneur, faux devoir ! si l'amour est un vice,
> C'est un vice plus beau que toutes les vertus » (32).

Mme de Villedieu devient, en poésie, une spécialiste des belles capitulations :

> « Ta flamme et ton respect m'ont enfin désarmée,
> Dans nos embrassements je mets tout mon bonheur,
> Et je ne connois plus de vertu ni d'honneur,
> Puisque j'aime Tirsis et que j'en suis aimée » (33).

Si toutes les femmes suivaient cet exemple, il ne devrait plus subsister de « cruelles » et tout serait pour le mieux dans un monde où amour, raison et nature concourent à rendre l'humanité entière aussi heureuse que possible. Ce que la galanterie demande aux femmes n'est ni plus ni moins qu'une reddition sans condition avec en contrepartie l'assurance d'être désormais heureuses sans être criminelles ; une telle promesse ne laisse pas d'être un peu fallacieuse.

III — *Les diverses formes de l'indifférence : l'insensible, la prude, la coquette.*

Il est dans le monde galant une loi qui ne souffre aucune dérogation :

---

(31) *Mélange critique de littérature...*, Amsterdam, P. Brunel, 1706, p. 451.
(32) *Œuvres de Mlle des Jardins*, Quinet, 1664, p. 66.
(33) *Recueil de Sercy* (poésie), Vᵉ partie, 1660, p. 61.

> « Tost ou tard il se faut rendre
> Aux doux charmes de l'Amour ;
> En vain l'on veut s'en défendre,
> Tost ou tard il se faut rendre ;
> Je croyois n'estre pas tendre,
> Cependant j'aime à mon tour ;
> Tost ou tard il se faut rendre
> Aux doux charmes de l'Amour » (34).

Pourtant il y a encore des insensibles, et il conviendrait de les arracher à leur erreur. L'indifférence sous toutes ses formes est une faute grave et qui mérite un châtiment exemplaire. Décrivant la vallée heureuse de Cythérée, La Fontaine rappelle les peines sévères, mais justes, qui frappent les rebelles et leurs familles :

> « S'il se rencontrait une indifférente on en purgeait le pays ; sa famille était séquestrée pour un certain temps ; le clergé de la déesse avait soin de purifier le canton où ce prodige était survenu (...) » (35).

Toujours par l'effet des mauvaises habitudes conservées depuis l'époque « tendre », l'insensibilité est un mal qui frappe beaucoup plus volontiers les femmes que les hommes et ce sont elles qui se rendent le plus souvent coupables de cet attentat contre la morale galante. Cependant le recours à des méthodes aussi inquisitoriales reste rare et la version galante du « compelle intrare » est beaucoup plus souriante. En général, la punition est douce puisque le plus sûr moyen de réduire une insensible est de la rendre amoureuse, c'est-à-dire de lui faire découvrir le bonheur au prix de quelques légers tourments.

Il n'est donc pas de plus galant spectacle que la « conversion » d'une insensible ; c'est à une leçon de ce genre que, le 8 Mai 1664, furent conviés le Roi et toute sa cour lorsque, durant la deuxième journée des fêtes de l' « Isle enchantée », Molière fit représenter la *Princesse d'Elide*. Cette comédie romanesque raconte comment s'accomplit le miracle qu'un père inquiet avait demandé à Vénus, l'éveil à l'amour d'une jeune personne qui semblait condamnée à ne jamais connaître la joie d'aimer. La princesse d'Elide est en effet une insensible, ennemie déclarée de l'amour ; à l'exemple de la déesse Diane pour qui elle a une dévotion particulière, elle n'estime que les plaisirs de la chasse. Ses amants, car elle en a malgré tout, sont systématiquement maltraités et réduits à

---

(34) *Airs et Vaudevilles de Cour*, Ch. de Sercy, 1666, IIᵉ partie, p. 53.
(35) LA FONTAINE, édition J. Marmier, p. 440.

multiplier sans profit les hommages et les soumissions. Point
d'amant aimé, encore moins de mari, telle semble être la devise
de la princesse qui englobe dans un même mépris l'amour et le
mariage ; pour elle l'amour est « une passion qui n'est qu'erreur,
que faiblesse et qu'emportement, et dont tous les désordres ont
tant de répugnance avec la gloire de [son] sexe » (36). Il ne fait
pas de doute que ses théories amoureuses s'inspirent d'idées en
honneur du côté de Tendre ; cette chasseresse un peu trop virile
juge que céder à l'amour équivaudrait pour elle à renoncer à un
pouvoir tyrannique qu'elle exerce avec délectation, pour retomber
dans la dépendance qui est le sort commun de son sexe. Orgueilleuse, dominatrice et, en un mot, « cruelle », elle est pour l'amour
une dangereuse ennemie. Survient alors le prince Euriale, amoureux lui aussi de la princesse, mais peu désireux de connaître le
sort misérable de ses prédécesseurs. Une inspiration soudaine lui
suggère afin de rompre le cycle des soumissions et des mépris, de
traiter la princesse comme elle traitait jusque-là ses amants, c'est-
à-dire de lui rendre dédain pour dédain. Au terme d'une
longue résistance le miracle s'accomplit et l'amour finit par s'insinuer dans le cœur de la princesse qui, à sa grande confusion,
doit se soumettre à un sentiment qu'elle avait si fièrement méconnu. Dès le prologue, le récit de l'Aurore expliquait la portée
de la fable :

> « Quand l'Amour à vos yeux offre un choix agréable,
>   Jeunes beautez laissez-vous enflammer :
> Mocquez-vous d'affecter cet orgueil indomptable,
>   Dont on vous dit qu'il est beau de s'armer :
>   Dans l'âge où l'on est aymable
>   Rien n'est si beau que d'aymer » (37).

Au dénoûment, la déesse Vénus annonce pour la plus grande
joie de tous la nouvelle du « changement de cœur » de la princesse ; bergers et bergères entonnent alors un chant de triomphe
et d'allégresse pour vanter les « doux charmes de l'amour ».

Le moment le plus prenant du spectacle, celui qui traduit en
acte cette leçon abstraite, se situe lorsque l'insensible découvre
dans le trouble involontaire qu'elle ressent le signe d'une émotion
dont elle ignore, ou feint d'ignorer, la nature. Un grand désarroi
monte dans cette âme qui hésite et se traduit en un chant qui est
l'une des rares occasions d'émotion que la galanterie offre à ses
adeptes. L' « air » de la princesse d'Elide est plein de grâces
hésitantes :

---

(36) MOLIÈRE, *La princesse d'Elide* (1664), acte I, scène 2, v. 241-245.
(37) *La Princesse d'Elide*, Premier intermède, scène première.

« De quelle émotion inconnuë sens-je mon cœur atteint !
et quelle inquiétude secrette est venu troubler tout d'un coup
la tranquillité de mon âme ? Ne seroit-ce point aussi ce qu'on
vient de me dire, et sans en rien sçavoir n'aymerois-je point ce
jeune prince ? Ah ! si cela étoit, je serois personne à me dé-
sespérer ; mais il est impossible que cela soit, et je voy bien
que je ne puis pas l'aymer » (38).

A cette aria répondent en écho d'autres nouvelles converties
dont Psyché qui, dans la tragédie-ballet du même nom, se rend
compte avec stupeur que le monstre auquel elle était promise
est en réalité le plus charmant des dieux :

« Qu'un Monstre tel que vous inspire peu de crainte ! (...)
Plus j'ay les yeux sur vous, plus je m'en sens charmer ;
Tout ce que j'ay senti n'agissait point de mesme.
      Et je dirois que je vous aime,
Seigneur, si je sçavois ce que c'est que d'aimer » (39).

L'erreur de cette insensible par ignorance était vénielle, mais
il n'en est pas moins juste qu'elle soit punie de sa témérité par
les tourments de l'incertitude ; ignorer l'amour est pour une
femme une faute qui appelle toujours quelques souffrances ex-
piatoires.

La découverte de l'amour est l'un des thèmes favoris de la
poésie galante ; toute femme digne de ce nom doit avoir connu
cette expérience. Mme Deshoulières ne manque pas de reprendre
à son compte une si belle fiction :

« Ah ! que je sens d'inquiétude !
Que j'ai des mouvemens qui m'étoient inconnus ! (...)
De tout ce que je fais mon cœur n'est point content.
Hélas ! Cruel Amour que je méprisois tant,
Ces maux ne sont-ils point l'effet de ta vengeance ? » (40).

Tout aimable qu'il paraisse, l'amour galant n'en est pas moins
jaloux de ses droits et prérogatives ; il fait le bonheur de tous
mais ne tolère pas l'insubordination. C'est pourquoi les dames
sont priées, gentiment mais fermement, de se plier à la loi
commune et de renoncer à leurs refus et à leurs mépris. A partir
de 1665 environ, cette influence galante se traduira par de profonds
changements dans la représentation littéraire de la femme ;

---

(38) *Ibidem*, acte IV, scène 6.
(39) *Psyché, tragédie-ballet* (1671), acte III, scène 3, v. 1044 et 1061-1064.
(40) Mme DES HOULIÈRES, *Poésies*, Amsterdam, 1715, t. I, p. 5.

celle-ci a définitivement perdu son statut dominateur et devra chercher dans l'humilité de nouveaux moyens de plaire.

Mais l'amour doit affronter de plus redoutables adversaires que ces insensibles par ignorance dont la résistance cède somme toute assez aisément ; il lui faut combattre d'autres aberrations de l'orgueil féminin. Parmi ces irréductibles figurent en bonne place les prudes et les coquettes. Sur les prudes il n'y a que peu à dire ; de tous temps elles ont été sévèrement condamnées et ces fanatiques de la vertu ne menacent guère les intérêts de l'amour. Volontairement retirées du siècle, les prudes se sont d'elles-mêmes exclues de la vie mondaine et leur vertu outrancière ne peut en aucune manière perturber la bonne marche du commerce amoureux. L'esprit galant se contente d'insinuer qu'elles regrettent toutes la décision qu'elles ont prise de se priver du plaisir d'aimer et qu'elles en sont réduites à rechercher dans le secret de mesquines compensations. Célimène a tout dit à propos d'Arsinoé lorsqu'elle dévoile la duplicité de sa conduite :

> « Dans tous les Lieux dévots, elle étale un grand zèle,
> Mais elle met du blanc, et veut paroistre belle ;
> Elle fait des Tableaux couvrir les Nuditez,
> Mais elle a de l'amour pour les Réalitez » (41).

D'une prude il n'y a rien à redouter : il suffit d'attendre qu'elle transgresse d'elle-même son vœu de chasteté et qu'elle démontre ainsi l'inanité de son dessein ; le mieux est de l'abandonner à son triste sort et à ses rancœurs.

La coquette en revanche offre à l'amour une résistance d'autant plus redoutable qu'elle se déguise sous une apparente acceptation ; son manège s'apparente à la plus noire traîtrise. La coquetterie des femmes semble être le symétrique parfait de la galanterie des hommes ; Ch. Sorel laissait d'ailleurs entendre en achevant ses *Loix de la galanterie* qu'il restait à écrire des « lois de la coquetterie » qui seraient le complément logique des premières :

> « Il ne faut pas que les Dames s'étonnent de ce qu'il n'y a ici aucune ordonnance pour elles, puisque leur Galanterie est autre que celle des hommes, et s'appelle proprement Coquetterie, de laquelle il n'appartient qu'à elles de donner des rëigles » (42).

---

(41) *Le Misanthrope*, acte III, scène 4, v. 941-944.
(42) Ch. SOREL, « Les Loix de la galanterie », in fine (p. p. L. LALANNE, *Le trésor des pièces rares ou inédites*, Aubry, 1855-62, t. III).

Sur la condamnation des vieilleries romanesques et les mérites de l' « amour enjoué », coquettes et galants sont pleinement d'accord. Parmi les mondaines du *Dictionnaire* de Somaize quelques-unes font régner dans leurs ruelles une atmosphère tout à fait conforme aux aspirations galantes :

> « (Lucippe) fait raillerie de tout (...) Sur tout elle raille la valeur de ces héros dont les romans font les portraits ; elle se mocque de leur constance, se rit de leurs respects, se raille de leur mélancolie (...) ».

Chez Liside,

> « L'amour se traite (...) d'une façon toute particulière, et, bien que les plaisirs n'y soient pas permis, les soûpirs y sont si fort défendus, et l'usage en est si fort interdit à ceux qui la servent, que c'est une nécessité pour eux de marquer tousjours de la joye, mesme dans leurs plus grands chagrins » (43).

Sous le faux nom de « précieuses », Lucippe et Liside sont deux coquettes qui se sont introduites en contrebande dans l'inventaire de Somaize, et elles ne sont pas les seules dans ce cas. Dans les débuts tout au moins, la coquetterie pouvait paraître un progrès sur les rigueurs « tendres » ; en théorie les coquettes se font de l'amour la même idée que les galants et, en apparence, elles ont la supériorité de n'être plus intraitables.

Ce n'est donc pas un hasard si le mot « coquette » fait son entrée dans la littérature aux alentours de 1650, au moment précis où commence à s'affirmer la prépondérance galante. Selon A. Adam, il serait même possible de dater l'événement de 1648 (44) ; toujours est-il que dans les années qui suivent le sujet connaît une grande vogue : on fait paraître un *Almanach des coquettes* dont l'existence est attestée par Ch. Sorel, une *Relation du Royaume de Coquetterie* (1654) de l'abbé d'Aubignac, un « Dialogue de la Prude et de la Coquette » (1661), etc... De cette époque date le fameux triangle « prude », « précieuse », « coquette » qui permet de décrire avec de très subtiles nuances les diverses formes que peut revêtir la rébellion contre l'amour. Les coquettes ont peut-être même eu leur « querelle » ; d'après le récit d'E. Magne (45), le salon de Ninon de Lenclos aurait été le théâtre d'un affrontement orageux entre le pudibond (mais entreprenant)

(43) SOMAIZE, *Dictionnaire des Prétieuses* (1660), édition Livet, t. I, p. 149 et p. 147-148).
(44) A. ADAM, *Histoire de la littérature française au* XVIIᵉ *siècle*, Domat, 1956, t. III, p. 363.
(45) E. MAGNE, *Ninon de Lanclos*, Nilsson, 1925, p. 170 et sq.

piscénois Juvenel de Carlingas et la maîtresse de céans. Il nous reste le réquisitoire et la plaidoirie, le *Portrait de la coquette* (1659) attribué à Juvenel et la *Coquette vengée* (1659) qui figure parmi les œuvres authentiques de Ninon (46). L'histoire est peut-être un peu romancée, mais elle témoigne de l'intérêt que l'on porte brusquement entre 1650 et 1660 à ce nouveau type féminin.

Sous des dehors fallacieux, la coquetterie n'en est pas moins une forme déguisée de dérobade et de refus. Une attitude enjouée et en apparence favorable à l'amour dissimule une prodigieuse capacité d'indifférence. Aux entreprises de leurs amants les coquettes n'opposent pas une brutale fin de non recevoir, mais rien ne parvient cependant à les toucher. Lorsque l'Amour allégorique dont Furetière raconte les aventures dans une nouvelle du *Roman bourgeois* (1666) s'essaie à blesser de ses traits la coquette Polyphile, il est très déçu du résultat :

> « [il] fut bien surpris de voir que la plupart [de ses flèches] ne faisaient qu'effleurer sa peau et que, s'il y faisait parfois des plaies profondes, elles étaient guéries dès le lendemain et refermées comme si on eût mis de la poudre de sympathie » (47).

Les coquettes n'ont pas renoncé aux ambitions dominatrices de leurs aînées. Toute modification dans la conception de l'attaque suppose une évolution parallèle de la stratégie défensive ; les affrontements amoureux n'échappent pas à cette règle. Si les amoureux galants inaugurent avec le style enjoué des méthodes de séduction plus souriantes, la résistance féminine va devoir s'organiser selon des formes différentes. La coquetterie n'est qu'un moyen détourné de défendre d'anciens privilèges.

Les choses ont donc changé, mais moins qu'il ne pouvait paraître. La jeune Dorotée, la coquette de l'*Amour à la mode* (1651) traite ses soupirants sans ménagement :

> « L'orgueil de notre sexe élevant mon courage,
> D'un air impétueux j'en soutiens l'avantage,
> Et ne le croyant né que pour donner des lois,
> A qui porte mes fers j'en fais sentir le poids » (48).

Par ailleurs, il est vrai, elle leur envoie des lettres flatteuses et ambiguës et, par une ruse que ne désavouerait pas Célimène,

---

(46) *Le Portrait de la coquette ou la Lettre d'Aristandre à Timagène*, Ch. de Sercy, 1659. *La Coquette vengée*, Ch. de Sercy, 1659.
(47) *Les romanciers du* XVIIe *siècle*, Gallimard 1958, p. 997.
(48) Th. CORNEILLE, *L'Amour à la mode* (1651), acte II, scène 3.

il lui arrive d'adresser le même billet à deux destinataires différents en modifiant seulement l'en-tête. Mais, le but à atteindre étant d'avoir le plus grand nombre possible d'amants, tous les moyens sont bons pour les conserver. Mme d'Olonne, coquette à ses heures parce que soucieuse d'avoir toujours auprès d'elle une réserve d'amants potentiels, attache de l'importance à la perte du moindre d'entre eux, car, nous dit Bussy, elle « était remplie de considération, quand il fallait perdre un amant, non pas tant pour la crainte de son dépit, mais parce qu'elle en notait le nombre » (49). Les héroïnes « tendres » considéraient la qualité de leurs soupirants ; pour une coquette seul compte leur nombre. Dans la mesure où cet appétit de conquête a été dissocié de ses motivations primitives, il devient insatiable :

« Il est vrai, nos charmes vainqueurs
N'auroient pas trop de tous les cœurs ».

chantent les coquettes de Benserade dans le *Ballet royal de l'amour malade* (1657) (50). Caricaturées par leurs ennemis, et tout le monde leur est plus ou moins hostile, les coquettes sont taxées d'ambitions amoureuses démesurées et accusées de vouloir mettre au féminin le rêve donjuanesque de séduction universelle. Répondant à l'hypocrisie par le mensonge, promettant beaucoup elles aussi mais tenant peu, elles donnent aux amoureux galants la réplique qu'ils méritent. L'une d'elles reconnaît en riant qu' « avec de feintes caresses elle jetait de l'huile sur le feu et envenimait ce qu'elle faisait semblant de guérir » (51). Sans doute leurs amants trichent-ils également, mais ce qui plaît chez les uns passe pour déloyauté chez les autres. Cette aspiration à l'égalité qui est le côté le plus sympathique d'un personnage comme la Célimène du *Misanthrope* (1666), est assimilée à une tentative pour rétablir par des moyens nouveaux l'ancienne hégémonie féminine.

Le portrait de coquette le plus achevé qui nous soit parvenu est sans doute l' « Histoire de Madame de Cheneville » que Bussy-Rabutin a insérée parmi les récits de son *Histoire amoureuse des Gaules* (52) ; l'héroïne ou, pour mieux dire, la victime en est Mme de Sévigné que Bussy maltraite assez rudement, peut-être par dépit d'avoir été, comme beaucoup d'autres, élégamment éconduit. Mais la ressemblance du portrait avec l'original n'est pas ce qui compte ici, non plus que les circonstances exactes de ce

(49) BUSSY-RABUTIN, *Histoire amoureuse des Gaules*, édition A. Adam, p. 138.
(50) BENSERADE, *Œuvres*, Ch. de Sercy, 1697, t. II, p. 176.
(51) FURETIÈRE, *Les romanciers du XVIIᵉ siècle*, p. 997.
(52) BUSSY-RABUTIN, *Histoire amoureuse des Gaules*, « Histoire de Madame de Cheneville » (édition A. Adam, p. 145-155).

règlement de compte familial. La haine admirative qu'il semble avoir éprouvée envers sa cousine inspire à Bussy un éloquent pamphlet contre la coquetterie. Madame de Cheneville fait régner autour de sa personne un climat de franche gaieté :

> « Il n'y a point de femme qui ait plus d'esprit qu'elle, et fort peu qui en aient autant ; sa manière est divertissante : il y en a qui disent que, pour une femme de qualité, son caractère est un peu trop badin. (...).

Mais ses prétentions amoureuses sont franchement excessives et, pour être spirituelle et enjouée, elle n'en reste pas moins une redoutable dévoreuse d'hommes :

> « Elle aime généralement tous les hommes ; quelque âge, quelque naissance et quelque mérite qu'ils aient, et de quelque profession qu'ils soient ; tout lui est bon, depuis le manteau royal jusqu'à la soutane, depuis le sceptre jusqu'à l'écritoire ».

Des adversaires aussi perfides compromettent gravement l'économie des relations amoureuses ; elles font semblant de donner ce qu'elles refusent et leur facilité apparente dissimule en réalité le piège le plus raffiné qui soit. Par des chemins détournés, la coquetterie rejoint l'insensibilité ; Bussy ne fait d'ailleurs pas mystère des confidences qu'il aurait reçues du marquis de Sévigné sur la désolante incapacité amoureuse de sa femme :

> « Elle est d'un tempérament froid, au moins si on en croit feu son mari : aussi lui avait-il l'obligation de sa vertu, comme il disait ; toute sa chaleur est à l'esprit ».

Les circonstances favorisent le reflux d'une misogynie toujours latente ; la vertu féminine n'échappe pas au grand naufrage des valeurs romanesques : coquettes, prudes ou précieuses, toutes sont en butte au soupçon de mauvaise foi. On les accuse de chercher à satisfaire leur volonté de puissance et de détourner à leur profit la réforme du code amoureux. D'après l'éthique galante le droit au mensonge est tenu pour un privilège exclusivement masculin et dans la mesure où les coquettes revendiquent l'usage des mêmes armes, leurs velléités d'indépendance sont sévèrement condamnées. L'une d'elles plaide ainsi sa cause :

> « (...) j'aime la liberté et les plaisirs innocents : voilà tout mon crime » (53).

---

(53) Mlle DE SCUDÉRY, *Nouvelles conversations morales*, Cramoisy, 1688, t. II, p. 766.

Or justement c'est bien un crime pour une femme que cette prétention de s'affranchir de toute contrainte pour rechercher son propre plaisir. La société mondaine ne rechignait pas lorsqu'il s'agissait d'accorder aux femmes une supériorité souvent illusoire et qui les astreignait à pratiquer les vertus les plus austères ; mais il ne saurait être question de leur concéder le droit à l'autonomie et à l'immoralité. D'où la discrimination qui fait que l'on refuse aux coquettes ce que l'on accorde aux galants. Le nouvel art d'aimer est beaucoup moins favorable aux femmes que l'ancien. Il les met devant une alternative redoutable : céder aux exigences de leurs soupirants et être comptées parmi les dévergondées ou se refuser à l'amour et grossir les rangs des prudes. La coquetterie offrait un moyen terme, les apparences de la facilité cumulées avec le refus effectif, mais ce compromis est considéré comme condamnable. Il n'y a donc, face à l'amour, aucun comportement qui ne risque d'être interprété à mal. Le statut amoureux de la femme s'est irrémédiablement dégradé. De sa part, toute sévérité est ridicule et toute complaisance coupable : elle donne toujours trop ou trop peu. L'amour galant ne pourra finalement l'accepter que comme ennemie ou comme victime. On parle d'ailleurs de galant homme, mais l'expression n'a pas de féminin. C'est proprement la fin d'un règne ; malgré tous les hommages plus ou moins hypocrites qu'elles reçoivent encore, les femmes sont en fin de compte les mal-aimées de la société galante.

IV — *Le procès de la jalousie.*

Lorsque, dans le *Misanthrope,* Molière fait d'Alceste l'amant de Célimène, il imagine au regard de la morale galante le couple le plus monstrueux qui soit : l'association contre nature d'un jaloux et d'une coquette. Si en effet la coquetterie, bien que par certains côtés séduisante, est malgré tout condamnable, la jalousie est tout simplement odieuse ; c'est contre l'amour une faute impardonnable, un crime capital et ceux qui s'en rendent coupables n'ont droit à aucune circonstance atténuante. Lorsque le dieu Vulcain eut surpris sa femme Vénus dans les bras de Mars, il médita la vengeance que l'on sait et crut que ses déboires conjugaux lui attireraient la sympathie de l'Olympe ; en réalité, du moins dans la version que donne La Fontaine de ces amours célèbres, les coupables n'encourent aucun blâme tandis que le dieu jaloux reçoit de la part de Jupiter cette admonestation indirecte ;

« Plaise au ciel que jamais je n'entre en jalousie !
Car c'est le plus grand mal et le moins plaint de tous » (54).

Vulcain ne doit compter sur aucune commisération : sa vengeance prête seulement à rire. La société galante porte contre la
jalousie une condamnation sans appel : il est ridicule d'être
jaloux, or pour un mondain tout vaut mieux que d'être ridicule.

Un opuscule anonyme paru en 1661 et intitulé *Le Procez de la
Jalousie* résume assez bien tous les griefs que l'on peut adresser
à cette passion qui trouble l'ordre de l'amour et du même coup
l'harmonie sociale. L'auteur énumère les méfaits dont cette aberration est l'occasion et l'ouvrage s'achève par un « Advis à Monseigneur le Chancelier » qui insiste sur l'éminente utilité d'une
telle tentative ; le public pourra tirer de cette lecture « des moyens
pour éviter ou pour guérir un mal qui est d'autant plus terrible
qu'il nous fait des ennemis de ce que nous avons de plus cher dans
la société civile » (55). On trouve à peu près les mêmes conclusions
implicites dans une « Apologie de la Jalousie » que Donneau
de Visé a insérée dans sa nouvelle du « Jaloux par force », la
troisième du recueil des *Nouvelles nouvelles* (1663). Dans la
littérature galante le comportement jaloux est toujours sévèrement jugé. Le bon sens enseigne que sur les jaloux pèse une
malédiction qui les rend « bizarres, importuns et ridicules ». Le
seul argument que l'on pourrait faire valoir en leur faveur est que
la crainte de perdre ce qu'ils aiment est malgré tout de leur part
une authentique preuve d'amour. Mais l'argument ne résiste pas
à l'examen.

Les jaloux bénéficiaient au départ d'un certain préjugé favorable qui veut qu'il ne puisse exister d'amour sans jalousie.

« Toujours la jalousie est fille de l'Amour »

écrivait encore Quinault en 1654 (56). Mais c'est une idée reçue
contre laquelle la galanterie réagit vigoureusement ; les « Articles
d'une intrigue de galanterie » de Mme de Villedieu rétablissent
la « vérité » sur ce point :

« Bien qu'on ait tousjours cru l'affreuse jalousie
Le partage des vrais Amans,

(54) LA FONTAINE, édition J. Marmier, p. 191.
(55) *Le Procès de la Jalousie*, N. Pépingué, 1661.
(56) QUINAULT, *La généreuse ingratitude* (1654), acte II, scène 2 (*Théâtre*, J. Ribou, 1715,
t. I, p. 97).

Je blâme ces dérèglemens
Qui d'une passion font une frénésie » (57).

Dans le même esprit, A. de Courtin compose un petit *Traité de la Jalousie...* (1674) où il entend dénoncer « l'erreur où tombe la plupart du monde en croyant que la Jalousie n'est pas seulement un effet ordinaire, mais une des plus puissantes preuves de l'amour » (58). Il est facile de démontrer à l'inverse que la jalousie est en fait le contraire de l'amour. Le raisonnement galant tient à peu près dans ce syllogisme : l'amour doit avant tout procurer le bonheur, or les jaloux rendent les autres malheureux et se tourmentent eux-mêmes vainement, donc les jaloux ne sont pas amoureux et les amoureux ne doivent pas être jaloux. Pour l'abbé Cotin, c'est une évidence :

> « La jalousie n'est pas un effet de l'Amour : l'Amour unit les cœurs, et la jalousie les sépare » (59).

On ne peut bien sûr reprocher aux jaloux, comme tout à l'heure aux insensibles ou aux coquettes, leur indifférence ; mais il est aussi possible de pécher par excès de zèle, et c'est manifestement leur cas. Or, à n'en pas douter, cette frénésie est beaucoup plus dangereuse parce que très difficilement curable. C'est pourquoi la jalousie doit être traitée sans ménagements et contre elle aucune imprécation n'est trop violente :

> « Transport impétueux, cruelle jalousie,
> Avorton de l'Amour, Tyran de nos désirs,
> Enfant dénaturé qui veux oster la vie
> A ce Père charmant qui fait tous nos plaisirs » (60).

En dépit d'un préjugé tenace, rien n'est donc plus faux que de prétendre que la jalousie est fille de l'amour ; c'est une de ces bâtardes indignes dont la naissance apporte la honte dans les familles.

Un amant devient étrangement incommode dès que les soupçons de la jalousie lui obscurcissent l'esprit et le rendent inquiet et chagrin. C'est l'opinion des coquettes du *Ballet royal de l'Amour malade* (1657) :

---

(57) Mme DE VILLEDIEU, *Nouveau recueil de quelques pièces galantes...*, J. Ribou, 1669, p. 94-95.
(58) A. DE COURTIN, *Traité de la Jalousie ou moyens d'entretenir la paix dans le ménage*, Paris, 1674, p. 3.
(59) Abbé COTIN, *Œuvres galantes*, J.B. Loyson, 1663, p. 19-20.
(60) *Délices de la poésie galante*, J. Ribou, 1664, IIᵉ partie, p. 45.

« Que les Jaloux sont importuns !
     Et quel malheur d'être réduite
     A la merci de ces tyrans communs !
Qu'il coûte cher de les avoir soûmis !
     Puisqu'on a toûjours à sa suite
Des Amans faits comme des Ennemis » (61).

Cette prétention à détourner sur soi l'attention exclusive de
celle que l'on aime devient rapidement intolérable :

> « (...) je ne pourrois jamais aymer un homme qui m'obsède-
> roit éternellement et qui s'imagineroit que je ne devrois regar-
> der que luy. Cette sorte d'amants me semblent trop délicats, ou
> pour mieux dire trop présomptueux, puisqu'ils veulent que nos
> yeux ne trouvent de la beauté qu'en leur personne, et notre
> esprit de divertissement qu'en leur conversation ».

dit une dame un peu coquette pour qui cette « délicatesse » n'est
qu'une forme mal déguisée d'amour-propre (62). D'après Courtin,
l'amour jaloux est un « excès de concupiscence » qui dénote un
grand amour de soi-même (63). Les bizarreries qu'inspire ce sentiment possessif qui transforme l'amour en haine et un soupirant
en tortionnaire, loin d'attirer la sympathie, passent pour impor-
tunes sinon franchement ridicules ; un jaloux comme l'Alceste
de Molière en fait la cruelle expérience. Pour qui en juge d'après
les lois de la galanterie, il n'y a rien de moins raisonnable que sa
fameuse déclaration où il souhaite voir Célimène accablée de
tous les maux imaginables pour lui démontrer la pureté de ses
sentiments (64). Alceste ressemble à ces médecins de comédie
qui souhaitent à leurs malades de terribles maladies pour mieux
prouver l'étendue de leur savoir. Il est le type même du jaloux tel
que le dépeint la littérature galante, tourmenté, égocentrique, en
un mot tout à fait inapte à faire bonne figure dans le monde. Dans
une société galante, il n'y a pour les jaloux aucune possibilité de
salut. D'avance condamnés pour leur incapacité à aimer, ils sont
affligés de tous les défauts propres à justifier a posteriori cette
exclusion.

Si la jalousie est un défaut assez typiquement masculin, les
femmes ne sont pas non plus toujours à l'abri de ses excès. Le Pays
dans un curieux roman intitulé *Zélotyde* (1666) conte les aventures
du jeune et volage capitaine Lycidas aux prises avec un démon

---

(61) BENSERADE, *Œuvres*, Ch. de Sercy, 1697, t. II, p. 177.
(62) *Recueil de Sercy* (prose), Vᵉ partie, 1663, p. 248-249.
(63) A. DE COURTIN, *Traité de la Jalousie*, Paris, 1674, p. 58-60.
(64) MOLIÈRE, *Le Misanthrope* (1666), acte IV, scène 2, v. 1422 et sq.

femelle dont il a commis l'imprudence de tomber amoureux. A
la moindre infidélité Lycidas est en butte à d'affreuses persécutions
de la part de Zélotyde qui incarne presque allégoriquement les
extravagances de la passion jalouse. Pour expliquer son dessein,
l'auteur précise dans sa dédicace au duc de Savoie la portée d'un
ouvrage destiné à combler une lacune dans le grand procès instruit
contre ce fléau :

> « Jusqu'icy, Monseigneur, les Comiques ont cruellement
> traité les Jaloux, et l'on a presque toujours épargné les
> Jalouses. Cependant il y a des Femmes sujettes à cette passion,
> aussi bien que des Hommes, et il est bon de leur apprendre
> par cette Histoire, combien cette frénésie est contraire au repos,
> combien elle rend extravagantes celles qui s'en laissent sur-
> monter, et combien elles se font haïr, quand elles aiment d'une
> si honteuse manière » (65).

L'allusion aux auteurs comiques mérite quelque attention :
elle éclaire sur le sens galant que peut prendre cette loi plus
générale du genre comique qui veut que les grotesques soient
jaloux. Molière a fait son profit de cette convergence et si l'aventure
d'Agnès illustre la toute puissance de l'amour, les malheurs d'Arnolphe offrent le spectacle plaisant de la déconfiture d'un jaloux.
Fort de cet exemple Montfleury compose en 1664 pour l'Hôtel de
Bourgogne une *Ecole des Jaloux* qui est à sa manière le complément de l'*Ecole des Femmes* (66).

Mais la société mondaine ne se contente pas de rire des jaloux ;
son horreur de la jalousie va beaucoup plus loin. Personne n'est
tout à fait à l'abri de cette faiblesse. Lorsque Joconde, le héros
du conte de La Fontaine, se met en route pour répondre à l'invitation du prince de Lombardie, il quitte sa femme après de touchants adieux, des larmes et des serments de fidélité réciproque ;
on sait que, revenu par hasard chez lui quelques heures après,
il trouve sa tendre épouse dans les bras d'un valet. Pour aguerri
qu'on soit, ce sont des mésaventures qu'il est difficile d'accepter
sans émotion ; fort galamment, Joconde s'éclipse sans bruit, mais
il n'en accuse pas moins le coup. Lorsque les dames de la cour
de Lombardie virent pour la première fois celui qu'on leur avait
présenté comme l'homme le plus beau du monde, leur déception
fut grande ; la jalousie l'avait rendu méconnaissable :

> « (...) Est-ce là ce Narcisse

---

(65) LE PAYS, *Zélotyde*, Ch. de Sercy, 1666, « Dédicace ».
(66) MONTFLEURY, *L'Ecole des Jaloux ou le Cocu volontaire* (1662).

> Qui prétendait tous nos cœurs enchainer ?
> Quoi ! le pauvre homme a la jaunisse ! » (67).

La remarque de ces dames outragées n'est pas seulement désobligeante. Si la jalousie de Joconde a toutes les apparences extérieures d'une maladie, c'est qu'elle en est une en effet. Pour la société galante, la seule explication du phénomène est pathologique. Joconde a la jaunisse, Alceste quant à lui est atrabilaire, ce qui revient un peu au même ; le comportement anormal du jaloux ne peut s'expliquer que par un dérèglement, passager ou congénital, des humeurs. Par ailleurs les anathèmes poétiques lancés contre la « fureur » jalouse ne sont pas seulement rhétoriques ; ranger la jalousie parmi les vices du corps ou les égarements de l'esprit (et au xviie siècle la différence n'est pas toujours très nette) est le plus sûr moyen d'en démontrer l'horreur. Dans un de ses *Valentins* Guilleragues laisse entendre clairement qu'il s'agit pour lui d'une « frénésie » :

> « Tircis, votre jalousie
> N'est qu'une frénésie
> Que donne une passion ; (...) » (68).

C'est en un sens une excuse, mais il faut surtout y voir le signe d'une malédiction.

Ce sont des aberrations de cet ordre que Mme de Lafayette étudie par le biais du personnage d'Alphonse, l'un des héros de *Zaïde* (1670-71). Celui-ci en proie aux fantasmes de son délire jaloux finit par détruire son amour et compromet ainsi son propre bonheur et celui de Bélasire qu'il aime. Cet esprit dépravé prend lui-même conscience qu' « un caprice si long ne pouvait venir que du défaut et du rérèglement de [son] humeur ». Rien ne peut le guérir de cette folie et Bélasire, malgré son innocence et son amour pour Alphonse, doit prendre la décision de se séparer de lui :

> « (...) comme je vois que le dérèglement de votre esprit est
> sans remède et que, lorsque vous ne trouvez point de sujet pour
> vous tourmenter, vous vous en faites sur des choses qui n'ont
> jamais été et sur d'autres qui ne seront jamais, je suis contrainte,
> pour votre repos et pour le mien, de vous apprendre que je
> suis absolument résolue de rompre avec vous et de ne vous
> point épouser » (69).

---

(67) LA FONTAINE, édition J. Marmier, p. 180.
(68) GUILLERAGUES, *Valentins*, pièce LIII.
(69) *Zaïde* (in Mme DE LA FAYETTE, *Romans et nouvelles*, p. p. E. Magne, Garnier, 1948. p. 115 et sq.).

Encore ce malade trouve-t-il en Mme de Lafayette une narratrice pleine de compréhension et qui lui épargne le ridicule ; la romancière en effet n'a guère de sympathie pour la légèreté galante et ne partage pas entièrement ses préjugés contre la folie jalouse. Bussy-Rabutin dont les réactions sont beaucoup plus conformes à l'esprit mondain, lui reproche d'avoir montré beaucoup trop d'indulgence envers son personnage et les manifestations de son vice (70). Lorsqu'elle décrit l'extrême jalousie comme une maladie mentale, Mme de Lafayette est en parfaite communauté d'esprit avec la société galante ; ce que Bussy déplore c'est qu'elle prenne au sérieux les souffrances de ce jaloux qui méritait seulement d'être raillé pour son extravagance.

Sur le fond, tous les auteurs de l'époque semblent d'accord : les jaloux sont des « imaginaires » qui par leurs soupçons attirent la disgrâce qu'ils redoutent. Leur mal est dans une déformation de l'esprit qui leur interdit d'appréhender la réalité autrement qu'à travers l'écran déformant de leur passion. Le Pays faisant dialoguer le berger jaloux Tyrcis avec le sage Tamire, prête à ce dernier ces réflexions pleines de sens :

> « Je commence à connoistre, Amy, que tous tes maux
> Viennent de ton esprit plus que de tes Rivaux ;
> Oüy, ton esprit jaloux forge tout seul les armes
> Qui donnent à ton cœur de fréquentes alarmes. (...)
> Mais pour moy je te plains, hélas ! la jalousie
> Agite étrangement ta faible fantaisie » (71).

La jalousie est une maladie pernicieuse qui aveugle ceux qui en sont atteints et les rend inaptes à l'amour bien qu'ils soient éperdument amoureux ; au jugement de la galanterie, les jaloux sont des pestiférés de l'amour. L'opinion leur est franchement défavorable et souhaiterait sans doute que soit entrepris un « grand renfermement » des jaloux de toutes espèces ; à défaut, elle se venge en se moquant d'eux en toutes occasions et sans pitié aucune. Cependant, s'il y a des jaloux par accident qui sont victimes d'un dérangement de l'esprit ou des humeurs, il en est aussi par institution contre qui l'on ne peut presque rien encore qu'ils soient les plus odieux de tous : ce sont les maris pour qui la jalousie est un droit reconnu, un privilège sanctionné par les lois de l'honneur conjugal.

---

(70) BUSSY-RABUTIN, Correspondance..., Charpentier, 1858-59, t. I, p. 241.
(71) LE PAYS, Amitiez, Amours et Amourettes (1664) (Amsterdam, 1689, p. 229 et 234).

V — *L'incompatibilité de la galanterie et du mariage.*

Aucun obstacle ne vient plus gravement contrarier la pratique de la galanterie que le mariage ; ce nouvel empêchement est d'une autre nature, non plus psychologique et individuel comme l'étaient l'insensibilité ou la jalousie, mais sociologique et de ce fait beaucoup plus difficile à surmonter. Nul ne peut prétendre s'y soustraire sauf à bouleverser de fond en comble le statut social de l'amour. Dès les origines de la courtoisie, l'institution par qui s'exerce le plus directement la main-mise de la société sur la vie sentimentale des individus et qui de surcroît a pour ambition de faire naître un sentiment d'une association d'intérêts, a paru inconciliable avec la libre union de deux êtres que postule l'amour. Depuis Tristan et Yseult, c'est toujours en dehors du mariage que s'accomplissent les grandes passions. Les protestations courtoises ont leur prolongement dans la littérature « tendre » qui multiplie les réserves à ce sujet. Mlle de Scudéry affirme sous diverses formes que le mariage précipite à coup sûr le déclin d'un amour et que le plus honnête homme du monde ne pourra jamais faire un bon mari (72). Toutes les héroïnes de roman professent des opinions hostiles au mariage et ce n'est qu'à l'approche du dénoûment qu'elles se découvrent tardivement une vocation pour le lien conjugal. Après avoir en quelques mois dévoré l'*Astrée*, Javotte, l'héroïne du *Roman bourgeois*, entre brusquement en révolte contre ses parents et refuse de signer le contrat qu'ils avaient préparé à son intention (73).

Sur ce point, l'esprit galant partage pleinement les préjugés des auteurs de romans et s'associe à eux pour vitupérer les inconvénients de l'institution. Sans trop approfondir les raisons de cette incompatibilité, la littérature galante admet comme une évidence que le mariage est le tombeau de l'amour. C'est un refrain qui revient souvent dans les airs d'opéra ; Céphise, un personnage de l'*Alceste* de Quinault (1674) chante :

> « L'hymen détruit la tendresse
> Il rend l'amour sans attraits ;
> Voulez-vous aimer sans cesse,
> Amans, n'épousez jamais » (74).

---

(72) *Le grand Cyrus*, t. VI, p. 176 ; t. VI, p. 1093-94 ; t. VII, p. 348 et sq. ; t. X, p. 557. *La Clélie*, t. I, p. 1496 et sq., etc...
(73) FURETIÈRE, *Les romanciers du* XVIIᵉ *siècle*, p. 1010.
(74) QUINAULT, *Alceste* (1674), acte V, scène 2 (*Théâtre*, J. Ribou, 1715, t. IV, p. 189).

et tous les acteurs présents sur la scène reprennent ces paroles pour bien marquer l'importance de cette vérité. Le plus sûr moyen de détruire l'amour là où il existe serait de tenter de lui donner un prolongement conjugal ; à ce propos les « Maximes d'amour » de Bussy-Rabutin qui donnent souvent des réponses ambiguës ou spirituellement normandes à des questions embarrassantes, sont pour une fois d'une netteté sans équivoque :

> « Assembler l'hymen et l'amour,
> C'est mêler la nuit et le jour ».

ou bien,

> « Epouser et n'aimer plus,
> En amour c'est même chose ».

ou bien encore,

> « Qui veut épouser sa maîtresse,
> Veut la pouvoir haïr un jour » (75).

Cette opposition devient un lieu commun qui prête à de plaisantes variations ; pour donner une marque d'amour sans précédent, l'abbé Cotin invente cette déclaration paradoxale :

> « *Amour sans exemple*
> C'est un méchant qui me diffame
> Et qui dit que vos yeux cessent de m'enflammer ?
> Iris je pouvois vous aimer :
> Quand même vous seriez ma femme » (76).

L'abbé Tallemant compose une longue allégorie mythologique sur le thème du « Divorce de l'Amour et de l'Hyménée » ; il décrit minutieusement la brouille qui, dès les origines, oppose ces deux divinités et la morale de la fable est tout simplement qu'une épouse malheureuse peut et doit prendre sa revanche en embrassant contre l'hymen le parti de l'amour, c'est-à-dire en trompant son mari (77). Il y a évidemment très loin de cette invitation à l'amour coupable aux protestations des héroïnes romanesques à qui ne serait jamais venue l'idée (galante) de combattre de manière si simple les maux du mariage. L'amour galant prend le parti des liaisons irrégulières

---

(75) BUSSY-RABUTIN, « Maximes d'Amour » (in *Mémoires*, édition L. Lalanne, t. II, p. 188-189).

(76) Abbé COTIN, *Œuvres mêlées*, A. de Sommaville, 1659, p. 80.

(77) « Le divorce de l'Amour et de l'Hyménée » (in *Œuvres de Chapelle et de Bachaumont*, Jannet, 1854, p. 268 et sq.).

contre la légalité matrimoniale ; il y a peu de chances pour que la vertueuse Sapho partage tout à fait ce point de vue.

Dans ce contentieux ouvert entre la galanterie et le mariage, la plupart des griefs sont bien connus. Tout d'abord l'amour ne saurait résister à l'ennui conjugal ; s'il est vrai qu'il n'y ait de satisfaction amoureuse possible que dans le changement, l'immobilité à quoi condamne la fidélité requise dans le mariage est fatalement nuisible. Mais ce sont les femmes qui ont le plus à souffrir des défauts de l'institution : elle les tient dans un état de servitude intolérable en les soumettant au pouvoir tyrannique de leurs maris. Maucroix tente de dissuader l'une de ses « cousines » en la mettant en garde contre une erreur qui lui coûtera la liberté :

> « Maintenant votre juridiction s'étend tout le long de votre personne ; mais dès le moment que vous serez mariée, vous ne serez pas seulement maîtresse de votre petit doigt ! » (78).

Il existe encore une foule d'inconvénients sur lesquels la littérature galante s'étend complaisamment. Soucieux de perpétuer leur race, les maris obligent leurs femmes à des maternités fatales à leurs silhouettes ; comme le dit Maucroix à une autre « cousine » :

> « (...) mariez-vous, de par Dieu ! mais souvenez-vous que ce premier sacrement en amène un second qui n'est pas si agréable que le premier ! ce sera grande pitié quand il vous faudra avoir recours à la ceinture de Sainte Bove (...) » (79).

On lit dans les *Délices de la poésie galante* (1664) un petit discours en prose intitulé « L'Ennemy du Mariage » qui tente de persuader la « belle Angélique de renoncer à son funeste dessein » (80) ; le tableau des misères qui attendent l'imprudente pourrait décourager les plus hardies. D'abord, lui dit-on, « vous allez perdre ce bel enjoüement, cet air galand et ce tour aimable qui charmait infiniment tout le monde (...) ». Le mariage est également fatal à la beauté car « il amène après luy les rides, la maigreur et la tristesse (...) », et pire encore, il compromet la santé :

> « La ruine de la santé est bientost suivie de celle de la

---

(78) MAUCROIX, *Lettres*, Grenoble, Allier, 1962, p. 101-102.
(79) *Idibem*, p. 100. Sainte Bove est « une dévotion de femmes grosses ».
(80) *Délices de la poésie galante*, J. Ribou, 1666, II⁰ partie, p. 242-249. On trouve d'autres diatribes très analogues dans les *Œuvres galantes* de l'abbé COTIN (1663), les *Poésies nouvelles et autres œuvres* du sieur de CANTENAC (1665), la *Toilette galante de l'Amour* de l'abbé de TORCHE (1670).

> Beauté dans le Mariage : la fatigue des couches, les douleurs
> qui les accompagnent luy font des brèches irréparables, et
> laissent des semences de maladies, qui corrompent le tempéra-
> ment qui ruine (sic) l'embonpoint, qui mettent le désordre
> parmi les humeurs, qui changent le visage, qui ternissent toute
> la délicatesse du tein (..) ».

Si l'on ajoute à cela le chagrin des jalousies et les contraintes
de l'obéissance, il faut une bonne dose d'aveuglement pour donner
dans un piège aussi grossier. Menacée de l' « amoureuse hydro-
pisie » selon la périphrase de l'abbé de Torche, soumise aux caprices de son seigneur et maître, la femme mariée serait bien à
plaindre si elle n'avait quelque galant pour lui faire prendre son
mal en patience. Lorsqu'un galant homme fait de l'engagement
conjugal une si noire peinture, il n'est sans doute pas l'avocat
désintéressé d'une croisade féministe ; pour une bonne part ces
avertissements constituent un plaidoyer pro domo. Le mariage
tel que la tradition le conçoit rend les femmes inaptes à la galanterie et l'on souhaite les soustraire à ces contraintes pour qu'elles
puissent continuer à jouir de cette disponibilité qui en fait des
partenaires agréables. Tout le problème est de savoir si l'état de
mariage peut ou non s'accorder avec les exigences de la vie
mondaine.

Lorsque la société galante envisage des réformes de l'institution, c'est toujours afin d'en rendre les astreintes plus légères
et de ne pas nuire au libre épanouissement de l'amour. Dans cet
esprit Le Pays se déclare partisan de transporter en France la
belle coutume des Basques qui ont inventé le mariage à l'essai :

> « (...) Ici il y a noviciat dans le Mariage aussy bien que
> parmi nos Moines. Après avoir couché un an ensemble, si Jean
> ne plaist pas à Jeanne, ny Jeanne à Jean, ils sont libres de se
> quitter ; parmy les Paysannes on voit telle fille, qui a eu quatre
> ou cinq maris de cette manière, sans que pour cela elle en soit
> déshonorée. O la louable Coustume, Madame, et que nous serions
> heureux si elle estoit établie en France (...) » (81).

Les préférences de La Fontaine vont au mariage de conscience :

> « Que dites-vous de ces mariages de conscience ? Ceux qui
> en ont amené l'usage n'étaient pas niais. On est fille et femme
> tout à la fois : le mari se comporte en galant ; Tant que
> l'affaire demeure en l'état, il n'y a pas lieu de s'y opposer ; les

---

(81) LE PAYS, *Amitiez, Amours et Amourettes* (1664), livre I, lettre 2.

parents ne font point les diables ; toute chose vient en son temps ; et, s'il arrive qu'on se lasse les uns des autres ; il ne faut aller ni au juge ni à l'évêque » (82).

C'est ainsi qu'en usait une certaine demoiselle Barigny à Poitiers et l'on ne saurait imaginer de plus galante méthode. Mais il ne faut pas attacher trop d'importance à ces plaisantes visions ; ni Le Pays, ni La Fontaine ne songent sérieusement à généraliser les coutumes basques ou poitevines. Ils se contentent de rêver à des modalités d'union qui ne présenteraient pas les inconvénients bien connus du mariage. Celui-ci, tel qu'il existe, a pour principal défaut d'interdire l'inconstance ; qu'à cela ne tienne, on invente des « remèdes » qui escamotent élégamment la difficulté. L'esprit galant critique, raille, mais se garde bien d'aller au fond des choses.

Il y a cependant un point sur lequel l'accord est unanime : il convient de donner aux femmes mariées plus de libertés que la tradition ne leur en accordait. Là-dessus tout le monde partage les idées libérales de l'Ariste de l'Ecole des Maris (1661) (83). Mais le fond du problème est la place réservée à l'amour dans le mariage. Sur cette question l'opinion galante hésite : le mariage d'amour lui paraît à la fois une impossibilité de fait et l'éventuelle solution de toutes les difficultés. Les plus résolument optimistes semblent prêts à envisager la possibilité d'une réconciliation. Leur raisonnement est toujours le même : à condition de faire confiance à l'amour, on en peut attendre tous les miracles, même celui, si incroyable, d'un mariage heureux. D'après Le Pays, l'Amour, dans le débat qui l'oppose à la Raison, n'a aucune peine à démontrer que ses exigences sont les seules « raisonnables » :

> « Oui, Madame, je suis plus raisonnable que les lois qui ne consultent seulement pas la raison. Les mariages qui sont le plus souvent de purs ouvrages du hasard ou de l'ambition, qui assemblent quelquefois le feu et l'eau, en assemblant des personnes qui n'ont aucune disposition à s'aimer, ont-ils quelque ombre de raison ? Et une personne qui s'y trouve assujettie de cette manière, n'en a-t-elle pas davantage de donner son cœur à un galant qui l'aime qu'à un mari qui la hait ? » (84).

Pour assurer le bonheur de tous et la tranquillité publique,

---

(82) LA FONTAINE, Relation d'un voyage de Paris en Limousin, (1663). édition Caudal, lettre II, p. 46-47.
(83) Voir MOLIÈRE, L'Ecole des Maris (1661), acte I, scène 2, v. 179 et sq.
(84) LE PAYS, Amitiez, Amours et Amourettes (1664), livre I, lettre 33.

il suffirait donc d'en référer aux sages conseils de l'Amour. C'est
à peu près la leçon des comédies de Molière : elles font à maintes
reprises l'éloge d'un mariage « raisonnable » dont la logique finit
toujours par l'emporter sur les calculs intéressés des pères.

Mais en dehors de comédies où tout finit toujours bien et des
romans qui travestissent à plaisir la vérité, chercher à réconcilier
l'amour et le mariage est considéré comme une idée peu réaliste.
Peut-être est-ce ce qui pousse Mme de Villedieu à conseiller aux
amants la merveilleuse formule du mariage clandestin :

> « D'aucun amour d'obéissance,
> L'Epouse ne suivra les loix,
> Et l'Epoux renonçant à sa toute puissance,
> En figure de dons recevra tous ses droits » (85).

Libre consentement mutuel, égalité des droits, ces amendements
semblent tout à fait répondre aux vœux généralement exprimés par
la société galante lorsqu'elle prend conscience du décalage existant à son époque entre l'état des mœurs et une institution archaïque. Mais ce qui dans la clandestinité est possible, ne l'est
guère au grand jour sauf bouleversement de l'ordre existant, ce
à quoi nul ne songe sérieusement. A la question de savoir si le
mariage est compatible avec l'amour, la galanterie répond : en
théorie, peut-être, les choses étant ce qu'elles sont, certainement
non. Toutes les utopies réformatrices buttent sur cette impossibilité : pour que le mariage fût supportable, il faudrait qu'il fût
galant, or un mariage « galant » serait tout le contraire des mariages tels qu'ils existent. C'est pourquoi l'opinion la plus répandue veut que réconcilier l'amour et le mariage soit une chimère.
Lorsque Vénus apprend que son fils persiste à aimer sa femme
Psyché et semble aspirer à goûter les joies du bonheur conjugal,
la déesse est prise d'une légitime indignation :

> « Il vous sied bien, dit-elle, de vouloir vous marier, vous
> qui ne cherchez que le plaisir ! depuis quand vous est venue,
> dites-moi, une si sage pensée ? Voyez, je vous prie, l'homme
> de bien et le personnage grave et retiré que voilà ! Sans mentir,
> je voudrais vous avoir vu père de famille pour un peu de
> temps (...) » (86).

Déguisé en père de famille et en époux modèle l'Amour galant
n'est pas très convaincant ; à moins de croire à l'impossible, il

---

(85) Mme DE VILLEDIEU, *Nouvelles œuvres mêlées*, Lyon, Th. Amaulry, 1691, p. 264-265.
(86) LA FONTAINE, édition J. Marmier, p. 445.

est difficile d'admettre qu'il puisse s'adapter aux servitudes de l'état conjugal. La raison en est simple : l'amour galant postulait une soumission au moins apparente aux volontés de la dame, tandis que, dans le mariage, le pouvoir par un soudain renversement change de mains d'un jour à l'autre. Rarement un amant fera un bon mari et jamais un mari ne restera l'amant qu'il était. Avec humour Molière, nouveau marié, fait décrire à sa femme dans l'*Impromptu de Versailles* (1663) ce changement peu flatteur :

> « C'est une chose étrange, qu'une petite cérémonie soit capable de nous oster nos belles qualitez et qu'un Mary, et un Galant regardent la même personne avec des yeux si différens » (87).

Par l'effet d'une malédiction qui s'attache à l'institution, un être charmant et prévenant se métamorphose en un tyran domestique. Il faut se résigner à cette évidence, l'amour galant et l'amour conjugal sont de nature différente, voire opposée. C'est pourquoi lorsque Jupiter amoureux d'Alcmène décide d'usurper pour la conquérir les traits d'Amphitryon, il a finalement recours à un bien étrange subterfuge ; les faveurs qu'il obtient sentent un peu trop la docilité conjugale et, pour se justifier de cette incongruité, il doit faire à Alcmène qui n'y entend pas malice une longue dissertation sur la différence entre les plaisirs que l'on goûte avec un amant et les devoirs que l'on rend à un époux. A force de rhétorique, le dieu se tire adroitement d'affaire, mais pour le public de Molière il y avait quelque chose d'insolite dans le stratagème qui consiste à mener une galanterie en prenant la figure du mari (88). La nature est ainsi faite que l'amant et le mari ne peuvent jamais être une seule et même personne sinon par un artifice dont seuls les dieux ont le secret. Beaucoup de femmes souhaiteraient sans doute pouvoir, comme Alcmène, aimer leur mari ou épouser leur amant, mais c'est chose aussi impossible que de vivre dans un monde où rien ne limiterait les pouvoirs de l'amour, où les femmes ne seraient ni prudes ni coquettes, où l'excès d'amour ne rendrait pas jaloux. La société galante ne se prive pas d'imaginer toutes sortes de remèdes aux maux du mariage, mais elle ne croit guère en leur efficacité. En fait, sinon en droit, le mariage reste incompatible avec l'amour ; on peut le déplorer, mais force est bien de l'admettre.

_____

(87) MOLIÈRE, *l'Impromptu de Versailles* (1663), scène 1.
(88) Voir MOLIÈRE, *Amphitryon* (1669), acte I, scène 3, v. 565 et sq.

VI — Le mariage dans la société galante : de l'utopie aux réalités.

Chercher à réconcilier l'amour et le mariage procède, selon la mentalité galante, d'une vision utopique. C'est en effet vouloir mettre sur le même plan deux réalités qui ne sont pas du même ordre : lorsqu'il prétend intervenir dans la conclusion d'un mariage, l'amour sort de son domaine, et réciproquement, si un mari s'avise d'aimer sa femme et d'exiger, en vertu du contrat passé entre eux, qu'elle l'aime en retour, il y a abus de pouvoir. La solution ne se trouve pas dans les compromis, mais dans une séparation radicale ; il ne faut point mêler l'argent avec le sentiment, la volonté des parents ou les intérêts familiaux avec les caprices du cœur, mais rendre à chacun ce qui lui appartient. C'est ce que la jeune Angélique fait clairement savoir à George Dandin son mari ; elle entend respecter (en les interprètant de manière plutôt restrictive) les dispositions du contrat mais sans aliéner sa liberté et sans donner plus que ce que ses parents ont promis pour elle :

> « Pour moy qui ne vous ay point dit de vous marier avec moy, et que vous avez prise sans consulter mes sentiments, je prétens n'estre point obligée à me soumettre en esclave à vos volontez ; et je veux jouyr, s'il vous plaist, de quelque nombre de beaux jours que m'offre la jeunesse ; prendre les douces libertez, que l'âge me permet, voir un peu le beau monde, et gouster le plaisir de m'ouyr dire des douceurs. Préparez-vous y pour vostre punition, et rendez graces au Ciel de ce que je ne suis pas capable de quelque chose de pis » (89).

Georges Dandin n'apprécie guère une si raisonnable proposition de paix ; il est de ces maris qui stupidement veulent tout obtenir sans rien mériter et exigent plus que leurs « droits ». Pour la société galante le plus sage est de dissocier absolument l'amour et le mariage : le mariage est une affaire qui doit se régler selon les principes qui conviennent à une négociation de cette nature ; l'amour est un plaisir et il est inconséquent et dangereux d'y mêler des considérations d'intérêt.

Entre les deux domaines la différence est encore plus profonde qu'il ne pourrait paraître car l'un appartient à la réalité la plus immédiate et la plus contraignante tandis que la galanterie n'est

___

(89) MOLIÈRE, *George Dandin* (1668), acte II, scène 2.

qu'un luxe qui permet de corriger quelque peu les imperfections
de la réalité mais ne saurait se substituer à elle : d'un côté la vie
dans sa banalité prosaïque, de l'autre la mondanité dont les artifices
font oublier les misères de l'existence en reconstruisant, en marge
du monde réel, un autre monde parallèle plus parfait. Ainsi se
justifie ce paradoxe qui veut que cette société, tout en défendant
les droits de la liberté sentimentale, accepte parfaitement que les
unions matrimoniales continuent à être conclues en fonction de
convenances qui n'ont rien à voir avec les inclinations amoureuses.
Dans une lettre à un ami qui avait préparé à son intention un
mariage de raison, Le Pays s'explique fort clairement :

> « Dans les amours d'amourette, et pour les maîtresses de
> galanterie, je suis bien aise de ne suivre d'autre avis que celui
> de mon inclination. Mais quand il s'agit d'un amour véritable
> et d'une maîtresse à contract, je croy qu'on ne sçauroit mieux
> faire que de se laisser conduire par ses parents et ses amis.
> Ils regardent plus loin que nos plaisirs et ne sont pas si
> aveugles que nous dans nos propres intérests (...) » (90).

Il ne faut point confondre le plaisir et les affaires ; or l'amour
est un plaisir, le mariage, une affaire. C'est du moins la maxime
la plus communément reçue ; elle n'est peut-être pas toujours
d'une application très aisée et Le Pays, pour sa part, est prudemment resté célibataire.

L'amour conjugal est donc une notion vide de sens. Bussy se
croit fondé à blâmer une femme qui, comme Mme de Grignan,
aime trop son mari ; il se dit mécontent d'elle pour la seule raison
qu'il n'a « jamais aimé les femmes qui aimaient si fort leurs
maris » (91). Réciproquement, être amoureux de sa femme est
une faiblesse indigne d'un galant homme ; selon Saint-Evremond,
le chevalier de Grammont, par ailleurs au-dessus de tout reproche,
n'avait que cette seule faute à son actif (92). Mme du Bouchet
écrit le 20 Septembre 1669 à Bussy-Rabutin pour le mettre au
courant de l'un de ces manquements à la règle :

> « Je vais vous apprendre une nouvelle, Monsieur, qui vous
> fera rire assurément. C'est que D. est raccommodé avec sa
> femme ; mais il en est si honteux, qu'il ne la voit qu'en ca-
> chette » (93).

---

(90) LE PAYS, *Amitiez, Amours et Amourettes* (1664), livre I, lettre 45.
(91) BUSSY-RABUTIN, *Correspondance...*, t. I, p. 260).
(92) SAINT-EVREMOND, *Œuvres mêlées*, Techener, 1865, t. II, p. 537-539.
(93) BUSSY-RABUTIN, *Correspondance...*, t. I, p. 201.

A la décharge de ce mari extravagant, il faut ajouter qu'il ne recherche les bonnes grâces de sa femme que pour mieux la tromper. Enfin le comble du déshonneur serait pour une femme de trahir son amant au profit de son époux. Durant sa liaison avec Mme d'Olonne, le comte de Guiche fait, en écoutant aux portes, une bien surprenante découverte : non content de le tromper avec ses rivaux, ce qui fait partie du jeu, elle accorde spontanément ses faveurs à son mari. L'indignation de Guiche contre ce crime de lèse-galanterie ne connaît aucune mesure et il écrit aussitôt à son ami Vineuil une lettre vengeresse pour se plaindre d'une aussi lâche « trahison ». Cette faute de goût fait plus de tort à la réputation de Mme d'Olonne que toutes les liaisons qu'elle avait eues jusqu'à ce jour (94). Semblable réaction peut paraître paradoxale, surtout de la part de gens qui par ailleurs déplorent parfois le « divorce » entre l'amour et le mariage. En réalité l'attitude galante consiste à accepter cette incompatibilité comme un fait acquis et à fonder sur elle une éthique conjugale rigoureusement contraire à tous les préjugés de la morale commune ; le pire devient la règle, ce qui est sans doute le plus sûr moyen de ne pas se laisser entraîner à de dangereuses illusions.

Il devient donc tout à fait légitime qu'il n'existe entre époux aucun lien sentimental :

> « Il y a peu d'honnêtes femmes qui ne haïssent leurs maris, et peu d'honnêtes gens qui ne négligent leur femme. Ceci, dans un besoin, pourrait bien être une maxime ».

écrit Méré à une correspondante anonyme (95). Personne ne s'en scandalise, et c'est le contraire qui passe pour une heureuse et rare exception. Le cas d'une femme exclusivement attachée à son mari semble si extraordinaire que Mme de Lafayette demande conseil à Ménage afin de trouver une devise qui immortalisera cette épouse hors du commun (96). La société galante exorcise les méfaits du mariage en les considérant comme normaux et en bâtissant sa morale sur la constatation des faits. Dans ces conditions il n'y a guère lieu de prendre au tragique les unions imposées en dehors du choix personnel des intéressés ; ce sont des accidents contre lesquels il est facile de se prémunir en acceptant les avantages et en fermant les yeux sur quelques inconvénients. Lorsque Mme de Sévigné tente, opération délicate, de marier son fils Charles, elle se dépense en bonne mère pour lui trouver des

---

(94) BUSSY-RABUTIN, *Histoire amoureuse des Gaules*, édition A. Adam, p. 137-138.
(95) MÉRÉ, *Lettres*, Thierry et Barbin, 1682, t. I, p. 175.
(96) Mme DE LAFAYETTE, *Correspondance*, Gallimard, 1942, t. I, p. 155.

partis avantageux, mais elle ne se préoccupe nullement de recueillir l'avis de l'intéressé sur la fiancée qu'elle lui propose. En
1675, elle a quelque espoir d'attirer une fortune qui arrangerait
bien les affaires de la famille ; elle rend compte de la négociation
à Mme de Grignan en des termes qui en disent long sur sa manière
d'envisager l'opération :

> « Je lui mande de venir ici, je voudrois le marier à une
> petite fille qui est un peu juive de son estoc, mais les millions
> nous paraissent de bonne maison (...) » (97).

Bref une affaire a nécessairement ses bons et ses mauvais
côtés ; il faut s'y résigner. Tel est l'état d'esprit qui règne dans le
grand monde, ce qui n'empêche pas que l'on applaudisse à toutes
les peintures triomphales de l'Amour dont la littérature est si
prodigue.

La seule erreur impardonnable serait de se méprendre sur la
nature de l'engagement, ce qui arrive plus souvent que de raison
du fait de certains maris dont le péché mignon est de se croire
autorisés à régenter la vie sentimentale de leurs épouses et de leur
interdire de trouver dans la liberté des relations galantes une juste
compensation des sacrifices consentis à l'ordre social. Il se trouve
encore bien des Arnolphe qui ignorent les limites strictes que la
galanterie impose à leur pouvoir ; ils ont tort et ce sont eux qui
portent la responsabilité de toutes les injustices qui déshonorent
le mariage. Ceux-ci en effet se font de l' « honneur » conjugal une
idée désuète ; estimant que l'inconduite de leurs femmes peut
attenter à leur prestige, ils ignorent la distinction absolue qu'il
faut faire entre le sentiment qui n'est pas de leur ressort et leur
prvilège social que la galanterie ne peut mettre en péril. De ce fait
la réputation des maris dans la littérature galante est proprement
exécrable ; ils sont honnis de tous et il se trouve toujours quelqu'un pour crier haro sur eux :

> « Trop heureux Souverains qui régnez dans Paris,
> Petits Roys par Contracts, qu'on appelle Maris,
> Ennemis de l'Amour, fascheux Tyrans des Belles,
> Qui troublez les plaisirs de toutes les Ruelles (...) » (98).

Maîtres absolus mais détestés, ils voient leurs prétentions ridiculisées et leurs « droits » contestés. Quelles que soient les circonstances, les maris sont assurés d'avoir toujours tort devant

---

(97) Mme DE SÉVIGNÉ, *Lettres*, t. II, p. 878.
(98) *Délices de la poésie galante*, J. Ribou, 1666, Ire partie, p. 205-207.

l'opinion. Le malheureux Courcelles entend-il se venger de sa femme qui l'a copieusement trompé ; la belle Sidonia peut compter sur le soutien unanime du public qui prend son parti dans le procès qui l'oppose à son persécuteur. Bussy-Rabutin avoue franchement sa préférence :

> « J'ai pitié comme les autres des maux qu'on fait à cette pauvre petite Courcelles (...) et puis je suis toujours contre les maris, et je dis avec Agnès « Pourquoi ne se font-ils pas aimer ? » (99).

Un autre mari dont les malheurs furent pourtant illustres n'a pas droit à plus de mansuétude ; le marquis de Montespan, mari trompé mais turbulent, ne recueille aucun fruit de ses protestations ; un témoin impartial constate :

> « Le pauvre Montespan est toujours en prison où il fait cent contes ridicules de sa femme, et cela est étrange qu'il ne fait pitié à personne et que l'on se moque de lui » (100).

Il est vrai que le marquis se fait de l'autorité maritale une idée bien archaïque et bien peu galante lorsqu'il prétend s'opposer par la force aux caprices de son souverain ; Amphitryon lui-même se montre plus compréhensif et accepte un partage avec Jupiter. Lorsqu'en 1678 Mme de Lafayette publie *La Princesse de Clèves*, Valincour, qui représente assez bien l'opinion du lecteur moyen, reproche à l'auteur d'avoir pris trop au tragique les malheurs du Prince de Clèves qui, en tant que mari, ne méritait pas d'être aussi favorablement traité :

> « Je n'ai presque vu personne qui l'ai plaint ; et un homme de bonne humeur me disait, l'autre jour, qu'il trouvait qu'un mari qui se mettait dans la tête des chagrins aussi bizarres et aussi violents que Monsieur de Clèves, en était quitte à trop bon marché, quand il en était quitte pour mourir » (101).

Un peu plus loin Valincour exprime le fond de sa pensée en déclarant que le prince méritait d'être tout bonnement cocu. Ainsi réagissaient, dans la plus parfaite incompréhension des intentions de l'auteur, les premiers lecteurs « galants » de *La Princesse de Clèves*.

---

(99) BUSSY-RABUTIN, *Correspondance...*, t. I, p. 153.
(100) SAINT-MAURICE, *Lettres sur la cour de Louis XIV*, Calmann-Lévy, 1910, t. I, p. 236.
(101) VALINCOURT, *Lettres à la Marquise* °°° *sur le sujet de la Princesse de Clèves* (1678), Bossard, 1925, p. 125.

Mettre les maris en accusation est beaucoup plus facile, et beaucoup plus drôle, que de chercher à réformer le mariage. Les cocus ont toujours fait rire à leurs dépens ; la littérature galante exploite très largement ce thème traditionnel. Du *Cocu imaginaire* (1660) au *Mariage forcé* (1664) Molière à ses débuts s'assure des succès faciles en se gaussant des cocus. Mais ce qui distingue l'esprit galant des gauloiseries folkloriques et farcesques, c'est que jamais les considérations sur le cocuage ne tombent dans la vulgarité ; plaisanter sur les cocus est tout à fait de bon ton et les allusions aux cornes ou aux cornards ne sont pas déplacées entre gens du monde. Mme de Sévigné rapporte combien un mot innocent s'il est prononcé par le marquis de Courcelles peut réjouir une compagnie très choisie :

> « Courcelles a dit qu'il avait deux bosses à la tête, qui l'empêchaient de mettre une perruque : cette sottise nous a tous fait sortir de table avant qu'on eût achevé de manger du fruit, de peur d'éclater à son nez. Un peu après d'Olonne est arrivé ; M. de La Rochefoucauld m'a dit : « Madame, ils ne peuvent pas tenir tous deux dans cette chambre » ; et en effet Courcelles est sorti » (102).

Le duc de La Rochefoucauld lui-même ne dédaigne pas de prendre sa part à des plaisanteries qu'en d'autres temps on aurait jugées indignes d'un grand seigneur. Un cocu est drôle ne serait-ce que parce qu'il est, à l'image de George Dandin, le premier responsable de son infortune. La société galante savoure cette petite revanche qu'elle est autorisée à prendre sur les maris. Les quelques cocus illustres qu'elle compte dans ses rangs, d'Olonne, Montespan, Courcelles sont abondamment moqués. Mais le mari le plus cruellement tympanisé est sans doute le marquis de Langey, héros d'une célèbre et ridicule affaire. Accusé d'impuissance par sa femme qui voulait rompre le mariage et cherchait à faire valoir l'un des empêchements canoniques, Langey accepta l'épreuve du « congrès ». Incapable de refaire en public ce qu'il prétendait pouvoir faire en privé, il fut condamné, déclaré « inhabile » et « permis à sa femme de se remarier ». Langey devint immédiatement la risée des milieux mondains et incarna le type du mari abusif qui prétend faire obstacle à la liberté de sa femme et transgresse la règle du jeu.

Les maris jaloux de leur autorité sont donc ces pelés, ces galeux d'où vient tout le mal. Un mari ne peut se sauver de la réprobation qui s'attache à cette race maudite qu'à force de complai-

---

(102) Mme DE SÉVIGNÉ, *Lettres*, t. I, p. 206.

sance : « (...) la plupart des maris ne sauroient rien souffrir et ne sont pas débonaires, comme il seroit à propos (...) » note Maucroix dans un fragment de lettre (103). Lorsque certains deviennent trop incommodes, ils trouvent toujours à leurs côtés des conseillers bénévoles pour leur prêcher la vraie sagesse ; Chrysalde avertit Arnolphe :

> « Mettez-vous dans l'esprit qu'on peut du cocuage
> Se faire en galant homme une plus douce image » (104).

Un autre sage recommande au héros du *Jaloux invisible* (1666) de minimiser la portée de l'incident :

> « Le remède à ces maux est dans la patience,
> Et je conseillerois à tout homme sensé
> De regarder cela comme un verre cassé (...) » (105).

S'il y a des maris que la galanterie exècre, elle a pour d'autres des trésors d'indulgence ; l'idéal serait que tous aient sur ce sujet la même philosophie que le Joconde de La Fontaine pour qui :

> « Le moins de bruit que l'on peut faire
> En telle affaire
> Est le plus sûr de la moitié » (106).

Ce sont des accidents qu'il faut accepter sans émoi car ils n'ont rien de déshonorant. Chez un mari, comme chez un amant, la jalousie est une attitude ridicule qui discrédite celui qui est assez maladroit pour ne pas dissimuler sa mauvaise humeur. Flavie, l'une des *Femmes coquettes* (1671) de R. Poisson, discute du même problème avec sa suivante ; elles conviennent que le mari idéal « mis à la mode » est ainsi fait :

> « Il souffre tout, voit tout, et ne se plaint de rien » (102).

Seuls les maris complaisants peuvent espérer trouver grâce.

Sur ce point la littérature galante ne fait qu'enregistrer l'opi-

(103) MAUCROIX, *Œuvres diverses*, t. I, p. 86.
(104) MOLIÈRE, *l'Ecole des Femmes*, acte IV, scène 7, v. 1244-45.
(105) BRÉCOURT, *Le Jaloux invisible* (1666), acte II, scène 1.
(106) LA FONTAINE, édition J. Marmier, p. 179-180.
(107) R. POISSON, *Les Femmes coquettes* (1671), acte I, scène 1 (in *Les Œuvres de Mr Poisson*, Cie des Libraires, 1743, t. II, p. 5).

nion la plus communément répandue dans la société mondaine. Brienne rapporte dans ses *Mémoires* une conversation sur le cocuage qui mit aux prises le duc de Vivonne, le marquis de La Châtre, le Duc de Nevers et Brienne lui-même. Brienne soutient que les jaloux ne devraient pas se marier et parle sans aucune gêne des infidélités de sa propre femme ; Vivonne abonde dans le même sens, sans grand mérite précise-t-il, car la sienne est laide comme une guenon ; mais La Châtre regimbe et doit finalement reconnaître qu'il est un mari jaloux. Le lendemain, on rapporte ces propos au Roi qui se divertit aux dépens de La Châtre (108). Saint-Réal confirme cette impression en remarquant que parmi les courtisans « être jaloux de sa femme » est une expression qui a cessé d'avoir cours (109). Ce même auteur explique en historien que ce trait de mœurs lui paraît la marque d'un haut degré de civilisation et que les Romains des derniers temps de la République, qui avaient atteint en tous points un suprême raffinement, professaient en ce domaine la même indulgence compréhensive que les Français de son époque :

> « Les Romains (...) vivoient à cet égard dans le beau siècle de la République à peu près comme on vit aujourd'hui parmi nous. (...) et quoiqu'il se trouve parmi les Romains quelques époux délicats comme il s'en trouve parmi nous, il est constant qu'en général les maris étoient fort peu affarouchez de la mauvaise conduite de leurs femmes, et étoient le plus souvent les meilleurs amis de leurs amants » (110).

Un tel précédent autorise un relâchement de la sévérité conjugale ; les Romains donnaient d'ordinaire des exemples plus moraux, mais là n'est pas la question. On voit à quel point les projets utopiques de réforme du mariage ne sont finalement pour la société galante que des rêveries romanesques ; le seul correctif aux imperfections de l'institution est dans la liberté réciproque et tout le reste est littérature.

L'amour et le mariage étant définitivement incompatibles, il ne reste qu'à imaginer des mœurs matrimoniales qui permettent de faire la part du plaisir sans renoncer à l'utile. C'est la raison d'être de ces mariages « à la mode » où les conjoints vivent en bonne intelligence sans se gêner dans leurs amours. Somaize donnait déjà en exemple le ménage de Spurine (c'est la marquise de Saint-Ange) qui semble avoir conclu avec son époux un modus vivendi tout à fait acceptable :

(108) BRIENNE, *Mémoires*, Paris, 1916-1919, t. III, p. 182.
(109) Abbé de SAINT-RÉAL, *Œuvres*, Amsterdam, P. Mortier, t. IV, p. 31.
(110) *Ibidem*, t. II, p. 109-110.

> « Quoy que l'on veuille dire de la froideur qui est entr'elle
> et son mary, je sçay qu'ils vivent dans une intelligence fort
> grande, et qu'ils s'écrivent deux ou trois fois la semaine, ce
> qui ne peut partir que d'une union accompagnée d'une civilité
> et d'un esprit fort agréable, qui marquent une galanterie que
> tout le monde estime » (111).

Il ne s'agit bien sûr que d'une image littéraire et rien ne
prouve que cette heureuse harmonie ait effectivement existé entre
les époux devenus « galants » et raisonnables ; dans le cas particulier de Mme de Saint-Ange les informations données par Tallemant des Réaux inclineraient à penser le contraire. Mais l'idée
d'une séparation de fait qui préserve les intérêts matériels sans
aliéner la liberté des conjoints est très favorablement accueillie
par la société mondaine et constitue la solution galante du problème matrimonial. Une veuve encore jeune songe à se remarier
mais hésite à le faire car elle redoute les conséquences de sa
décision ; Lucinde, cette indécise, a avec sa servante et confidente
Jacinte cette conversation révélatrice :

> « *Lucinde :*
> (...) Je crain davantage
> Quand sérieusement je songe au mariage ;
> Et... Mais m'entends-tu bien ?
>
> *Jacinte :*
> Quoy ?
>
> *Lucinde :*
> Mon dieu, les enfans...
>
> *Jacinte :*
> Je vous entens, nous font vieillir avant le temps,
> Gâtent, souvent, la taille, aféblissent les charmes,
> Et donnent aux Beautez d'éternelles allarmes :
> Il faut absolument faire...
>
> *Lucinde :*
> Quoy ?
>
> *Jacinte :*   Lit à part.
> Vous le pouvez, étant d'assez grande naissance (...) »

(La Mère coquette, 1666) (112).

Dans ces conditions le mariage se trouve réduit à une com-

---

(111) SOMAIZE, *Dictionnaire des Prétieuses*, édition Livet, t. I. p. 219-220.
(112) DONNEAU DE VISÉ, *La Mère coquette* (1666), acte III, scène 1, v. 754-765.

munauté civile qui n'interfère plus dans la vie sentimentale. Le mari idéal est discret, compréhensif ; il demande sans exiger et son principal mérite est de se faire oublier ; dans le meilleur des cas, on aimerait presque pouvoir le prendre pour amant.

A la fin de la grande période galante, cette revendication de liberté réciproque semble avoir pénétré jusque dans les mœurs. Sans doute est-il impossible de décider si cette propagande littéraire a joué un rôle déterminant dans l'assouplissement des contraintes matrimoniales ou si, volant au secours de la victoire, elle n'a fait qu'enregistrer une évolution des mœurs dont les causes sont extérieures à la littérature ; l'influence galante pourrait en effet se borner à la découverte de l'euphémisme « mariage à la mode » pour désigner les mariages qui jusque-là étaient considérés comme manqués ; mais cette révolution verbale n'est pas négligeable dans la mesure où elle traduit la reconnaissance et l'acceptation d'un état de fait. Les témoins de l'époque sont en tout cas d'accord pour constater un relâchement sensible des liens conjugaux. A partir de 1675 surtout, il devient commun d'affirmer que les servitudes traditionnelles du mariage ont fait place, dans la haute société, à un laxisme complaisant. Primi Visconti dit de Mme Bossuet qu' « elle vivait séparée de son mari comme quasi presque toutes les dames de Paris » (113). La Bruyère, pourtant nostalgique des mariages d'autrefois, prétend que l'on peut, de son temps, se marier tout en conservant « les apparences et les délices du célibat » (114). Un peu plus tard encore, C.P. Marana note avec l'étonnement (réel ou feint) de l'étranger qui découvre la France :

> « Les mariages qui autrefois étaient pour toute la vie, ne sont à cette heure que pour un temps ; cela fait que le divorce volontaire se trouve facilement dans les maisons les plus retenues, après quoi le mari vit tranquille dans la province, et sa femme se réjouit à Paris » (115).

Cette liberté des mœurs conjugales qui est l'un des caractères reconnus de la société aristocratique du XVIIIe siècle vient tardivement donner raison aux revendications galantes.

La génération de 1660 aurait peut-être été la première étonnée de ce résultat car, selon toute vraisemblance, elle ne s'attendait guère à ce que ses vœux soient jamais exaucés. Sa confiance en

---

(113) PRIMI VISCONTI, *Mémoires sur la cour de Louis XIV*, Calmann-Lévy, 1909, p. 145.
(114) LA BRUYÈRE, *Les Caractères* (1688), « De quelques usages », § 34.
(115) C. P. MARANA, *Traduction d'une lettre italienne écrite par un sicilien à un de ses amis* (Cimber et Danjou, *Archives curieuses de l'histoire de France*, 2e série, Paris 1840, t. XI, p. 166-167).

l'amour n'avait pas besoin de trouver des confirmations dans la réalité et le « mariage à la mode » n'implique nullement le triomphe de l'amour tel que l'imagine la société galante. A partir du dogme de la toute puissance de l'amour dispensateur du plaisir, elle s'est construit un monde idéal où l'épanouissement amoureux ne connaîtrait aucune entrave s'il n'était parfois gêné ou retardé par les insensibles, les coquettes, les jaloux ou les maris. Mais cette félicité n'est pas de ce monde ; elle est réservée aux dieux immortels ou à quelques héros hors du commun. Pour l'humanité moyenne ce n'est qu'une limite idéale, un paradis dont on rêve tout en sachant secrètement qu'il n'existe pas. En ce sens les ennemis sur lesquels on feint de s'acharner sont sans doute nécessaires à sa survie puisque ce sont eux qui donnent corps aux aspirations galantes. Bussy-Rabutin se remémorant ses amours passées avec Mme de Montglas, en vient à déplorer la passivité du mari ; imitant une célèbre élégie d'Ovide il invective cet adversaire négligent :

> « Si tu n'es pas jaloux pour ton propre intérêt,
> Sois-le au moins, s'il te plait,
> Pour augmenter dans mon âme
> L'amour que j'ai pour ta femme (...) » (116).

Donc si les maris n'existaient pas il serait bon de les inventer, car l'amour galant, instable et inconstant ne vit que d'obstacles et de résistances et s'étiole rapidement lorsqu'il est comblé. La facilité est le piège auquel succombe le plus sûrement l'épicurisme galant : Don Juan s'épuise en vaines conquêtes et il ne resterait rien du plaisir de Jupiter si Amphitryon ne défendait maladroitement ses droits d'époux et si Alcmène n'était pas une épouse fidèle jusque dans son infidélité. On croit trouver dans l'abolition de toutes les contraintes une satisfaction immédiate et sans mélange, mais il n'est pas au fond de plus dangereuse illusion. La sagesse galante regarde toujours le règne de l'amour comme un mirage ; tout en reprenant à son compte certains rêves du passé, elle refuse d'en être dupe. Ses adulateurs disaient de Mme de Sévigné qu'elle savait à merveille « accorder la sagesse avec le monde, le plaisir avec la vertu » (117). C'est tout justement l'idéal de la galanterie, mais, l'exemple de la trop coquette marquise le prouve, sa réalisation suppose une large part d'illusion ou de mensonge.

---

(116) BUSSY-RABUTIN, *Mémoires*, t. II, p. 206-208.
(117) BUSSY-RABUTIN, *Histoire amoureuse des Gaules*, p. 147.

Chapitre V

LES INCERTITUDES DE L'IDEOLOGIE
ET DE LA SENSIBILITE GALANTES

I — *L'amour en questions.*

A en croire les affirmations optimistes de ce « panérotisme »
qui est la doctrine officielle de la galanterie amoureuse, tout irait
pour le mieux dans le royaume de l'Amour. Il fait bon vivre dans
un monde où de constants miracles apprennent la patience aux
jaloux, la tolérance aux maris, la tendresse aux insensibles, la
franchise aux coquettes, etc... Il suffit d'aimer pour être heureux ;
il n'est point d'empêchements au bonheur dont on ne puisse venir
à bout pour peu que l'on accepte d'obéir aux commandements d'un
dieu réputé aveugle et pourtant infiniment plus clairvoyant qu'aucun autre. Même la confrontation de cet idéal de facilité avec les
servitudes du mariage n'était pas parvenue à entamer cette foi en
l'omnipotence bienfaisante de l'amour ; il restait au moins la
possibilité de faire dans toute vie deux parts, l'une des nécessités
amères, c'est-à-dire de tout ce qui est dû à la famille et à la société
civile, l'autre, chasse gardée de chacun, où l'amour peut prendre
sa revanche et faire oublier les concessions qu'il avait bien fallu
consentir à des contingences qui lui échappent. En apparence, la
doctrine galante a réponse à tout, mais, au moins pour l'humanité
moyenne, le paradis sur la terre qu'elle promet grâce à la parfaite
adéquation de l'amour et de la raison disparaît vers des lointains
un peu mythiques ; sauf à appartenir à une race privilégiée qui

ignore les servitudes de l'humaine condition, personne ne peut vivre cet idéal autrement qu'en trichant sciemment avec la réalité et en acceptant de considérer la galanterie comme un art d'agrément qui rend la vie plus facile mais n'engage pas profondément. C'est le sort commun de ces amours mondaines qui permettent de passer quelques moments agréables et forment une parenthèse entre des occupations plus sérieuses ; à la limite, une galanterie ne sert qu'à donner une contenance, un peu à la manière d'un éventail, selon le mot de Mme de Sévigné (1). Tout le bel édifice de la philosophie galante a la consistance incertaine des mirages ; à le voir d'un peu loin l'ordonnance en est parfaite, si l'on se rapproche, les contours deviennent plus flous. La société mondaine prend lentement conscience de la vanité de son propre idéal ; c'est pourquoi la description de la sensibilité galante serait gravement incomplète si l'on ne tenait compte de ces incertitudes et de ces contradictions qui sont l'envers d'un optimisme de parade et qui n'apparaissaient guère dans l'épure trop parfaite du « mirage galant ».

Hormis le dogme assez factice de l'omnipotence de l'amour, ultime vestige des certitudes « tendres », la société mondaine des années 1660 n'est en possession d'aucune vérité sur la nature de ce sentiment. Le « mirage galant » faisait abstraction de ces doutes et proposait des solutions simples ; mais en réalité, loin de s'appuyer sur une idéologie stable, il ne pouvait que masquer provisoirement une anarchie grandissante des valeurs amoureuses. Ironisant au sujet des diverses modes qui ont tour à tour régné sur la littérature mondaine, G. Guéret écrit dans *La Promenade de Saint-Cloud* (1669) :

> « (...) depuis peu deux ou trois questions galantes qui plurent à la cour, mirent tous nos poètes en fureur et toute la galanterie en questions » (2).

Ce regain de faveur que connaît le genre par lui-même ancien des questions d'amour prend à cette époque une signification qui n'a peut-être pas échappé à G. Guéret ; nulle forme en effet n'est plus propre à exprimer l'incertitude que ces questions qui évoquent une multitude de difficultés théoriques de tous ordres sans jamais offrir de solutions nettes. Il est à la fois logique et significatif que ce genre devienne l'un des modes d'expression privilégiés de la littérature mondaine à partir de 1663 et même quelques années auparavant. Les fréquentes discussions qui ralentissent le dérou-

---

(1) Mme DE SÉVIGNÉ, t. I, p. 359.
(2) G. GUÉRET, *La Promenade de Saint-Cloud*, (1669), Librairie des Bibliophiles, 1888, p. 46.

lement de l'action dans les romans de Mlle de Scudéry sont autant de questions d'amour ; un roman comme *La Prétieuse* (1658) de l'abbé de Pure n'est qu'un recueil de conversations de cette nature reliées entre elles par une intrigue évanescente. Toutes les occasions sont bonnes pour traiter dans l'abstrait de tel ou tel aspect de la casuistique amoureuse, et pourtant rien ne contribue autant à brouiller toutes les certitudes que ce zèle désordonné.

La futilité de certaines de ces « questions » peut surprendre. Avec une pointe de mépris condescendant, Méré constate :

> « Comme en s'entretient de tout, on peut se demander s'il est plus avantageux aux belles femmes d'être blondes que brunes » (3).

et de fait dans *le Grand Cyrus* une discussion serrée oppose sur cette importante matière le roi d'Assyrie à un certain Intapherne (4). Mais peu importe le thème puisque le procédé est presque chaque fois identique. Toute dissociation de notions antagonistes peut servir de prétexte à une question : on oppose l'espérance à la possession (« si l'espérance d'un bien proche d'arriver, est quelquefois plus délicieuse que la possession de ce même bien »), la vertu à la dépravation (« quel amour est le plus agréable, ou celui d'une femme fort vertueuse ou celui d'une femme qui l'est moins »), la médisance à la calomnie (« quel crime est le plus grand, de se vanter faussement des faveurs véritables que l'on a eues d'une femme, que de se vanter des faveurs d'une de qui l'on n'en a point eu »), etc... (5). Il s'ouvre ainsi des possibilités d' « invention » théoriquement illimitées puisque toute notion qui touche de près ou de loin au registre de l'amour peut devenir le point de départ d'une question. A la limite, il peut s'agir d'un simple jeu sur les mots ; les questions d'amour s'inventent un peu comme les maximes, avec la même apparente gratuité. Il semblerait que toute alliance de mots puisse recéler la matière d'une maxime ou d'une question, comme si le choc des contraires était un moyen privilégié d'accéder à la vérité. Mais lorsque tout peut avoir un sens, rien n'en a plus et il est de la nature de ce genre de questions de ne jamais comporter de réponses.

Lorsqu'une question d'amour intervient dans le cours d'un récit romanesque, le scénario est à peu près toujours le même.

(3) MÉRÉ, *Œuvres complètes*, t. II, p. 126. Pour une bibliographie complète, on consultera C. ROUBEN, « Les Questions et Maximes d'amour », *XVII*ᵉ *Siècle*, nº 97, 1972, p. 85-104.
(4) Mlle DE SCUDÉRY, *le Grand Cyrus*, t. VIII, p. 67.
(5) Marquis DE SOURDIS, « Questions d'amour », nº 4, 19, 21. Le texte de ces questions a été reproduit par N. Ivanoff dans son étude sur *La Marquise de Sablé et son salon*, Les Presses modernes, 1927, p. 138 et sq.

L'un des membres du cercle met tel ou tel problème sur le tapis et chacun des assistants donne à son tour sa réponse ; s'ils sont nombreux, ils se partagent en deux camps et développent alternativement une argumentation favorable à l'une puis à l'autre des deux thèses en présence. La controverse prend alors l'allure d'un débat académique où deux thèses s'affrontent et se détruisent, chacun des orateurs soutenant des points de vue opposés et contradictoires ; on croirait assister à ces joutes scolastiques comme l'Université de l'époque en connaissait encore ou lire l'une de ces dissertations antithétiques qui se rencontrent dans beaucoup de traités de morale. En effet le propre des questions d'amour est de ne jamais comporter de réponses claires. Dans beaucoup de recueils elles sont présentées sous forme de simples interrogations ; lorsque l'auteur ou quelque collaborateur bénévole se chargent de proposer des réponses, elles sont la plupart du temps d'une désarmante ambiguïté. S'il faut par exemple répondre à la plus classique des questions « Savoir si la préférence de ce qu'on aime cause plus de joie que les marques de son indifférence ne donnent de peine », on se gardera bien de trancher la difficulté et d'affirmer que les plaisirs de l'amour l'emportent sur les peines qu'il cause ou réciproquement ; l'usage est de s'en tenir à un savant équilibre entre les deux propositions et d'éluder adroitement le problème :

> « C'est un plaisir si doux de voir que l'on aime
> Qu'il doit faire oublier les plus cruels tourmens »

répond Quinault sans se compromettre (6).

La prétendue richesse de la psychologie galante (ou précieuse) n'est qu'une fausse apparence. Il en est de ces échanges contradictoires comme des efforts déployés pour analyser une notion précise ; Mlle de Scudéry distingue toutes les nuances de la complaisance, les « précieuses » de Somaize raffinent sur les diverses sortes de mariages ou sur les effets de l'absence. Mais, plus on cherche à définir avec précision, plus on démontre que tout concept abstrait est indéfinissable. Au lieu de déboucher sur l'univers rationnel et compartimenté que certains commentateurs attribuent aux mondains de 1660, ces distinctions infinies démontrent une incapacité foncière à cerner une réalité qui se dérobe. La mode des questions d'amour marque le point culminant de ces incertitudes, car, paradoxalement, ces continuelles questions démontrent surtout le désarroi d'une société qui est à la recherche d'une insaisissable vérité de l'amour. Si, comme il peut arriver, le choc

---

(6) Mme DE BRÉGY, *Lettres et poésies de Madame la comtesse de B.*, 1666, p. 102 et sq.

des contraires est dépassé, c'est pour tomber dans des perplexités encore plus grandes et conclure que l'amour tient du « je ne sais quoi », autrement dit reconnaître que sa nature est indéfinissable.

C'est pourquoi tous les débats, grands ou petits, sérieux ou futiles, restent toujours ouverts. On se demande si l'amour est compatible avec l'ambition, ce qui revient à poser l'insoluble problème de la place de l'amour dans la société civile (7). On discute également, sans beaucoup plus de succès, des circonstances qui président à la naissance de l'amour : est-il le fruit d'une lente progression à travers l'échelle des sentiments depuis la banale estime, ou, au contraire, le résultat d'une illumination brutale qui en un instant métamorphose l'être tout entier ? La question est posée dans le cercle de Clélie et le bouillant Horace soutient le parti de la brusque révélation contre les sages lenteurs que préconisent Aronce et Clélie (8). Près de vingt ans plus tard, le sujet a conservé toute son actualité ; dans *Zaïde* (1671), Consalve et deux de ses amis confrontent sur ce point leurs manières de penser qui se révèlent inconciliables (9). Cette discussion n'est au demeurant qu'un aspect d'un problème beaucoup plus vaste et qui touche à la nature profonde du sentiment amoureux ; l'enjeu est de savoir si l'amour procède de la connaissance ou de l'inclination, c'est-à-dire s'il procède du libre arbitre de l'individu ou s'il est « passion » au sens originel du terme. Le salon de Mme de Sablé avait vu s'affronter des partisans convaincus des deux thèses ; le marquis de Sourdis y défend contre le janséniste J. Esprit l' « amour de choix et d'élection » ; il semble que l'opinion de la marquise ait été longtemps incertaine mais elle a fini par pencher du côté de la violence aveugle de l'inclination (10). Ces discussions sont importantes en ce qu'elles montrent le sens que les tenants de l'inclination donnent à leur thèse ; réduire l'amour à ce mouvement aveugle est pour eux un prétexte à le condamner et à dénoncer sa fatalité malfaisante, ce que la philosophie galante ne saurait admettre. De ce que l'on sait du salon de Mme de Sablé, il ressort que l'inclination aurait d'abord été une machine de guerre au service du puritanisme. C'est pourquoi la société mondaine, bien que sceptique sur les vertus du libre arbitre, hésite à prendre partie et multiplie les arguties afin de différer un choix nécessaire. Mlle Des Jardins refuse l'idée que l'amour puisse se réduire à un élan incontrôlé :

« (...) car enfin les yeux et le discernement n'ont aucune

(7) Mlle DE SCUDÉRY, *Clélie*, t. II, p. 884 et sq., t. V, p. 1235.
(8) Mlle DE SCUDÉRY, *Clélie*, t. I, p. 195 et sq.
(9) Mme DE LAFAYETTE, *Romans et nouvelles*, édition E. Magne, p. 53-56.
(10) Voir N. IVANOFF, *La Marquise de Sablé et son salon*, p. 140.

part dans l'amour d'inclination ; l'on aime parce que l'on ne peut s'empêcher d'aimer, et tel est passionnément amoureux qui n'en sauroit donner d'autre raison, que celle qui porte un animal à choisir les bêtes de son espèce » (11).

Cependant, malgré son apparente stérilité, le débat qui s'organise à propos de cette question fondamentale permet de mieux comprendre le pourquoi des incertitudes galantes. Entre une conception abstraite et philosophique de l'amour toujours déterminée par des a priori d'inspiration platonicienne et l'expérience vécue d'une passion dominatrice et échappant à toute justification, la société mondaine se trouve dans l'incapacité de choisir. La belle harmonie des amours fondées sur la connaissance paraît illusoire, et elle est en effet tout à fait incompatible avec les changements perpétuels et l'instabilité de l'amour inconstant ; en revanche, l'emportement incoercible de la passion peut difficilement passer pour « raisonnable » et met sans cesse en péril le bonheur auquel aspirent les amoureux galants. La philosophie galante propose bien une solution de compromis lorsqu'elle prône l' « amour volontaire » et affirme qu'au commencement d'un amour peut intervenir, en dehors de toute justification, une décision de pur caprice ; Le Pays soutenait cette opinion :

> « La plupart des gens veulent me faire croire que l'amour n'est pas une passion volontaire, et qu'elle (a) coûtume de disposer de nous sans nostre congé ; et moy je suis persuadé comme d'un article de foy qu'il n'est rien de si faux. J'en ay dans mon cœur des preuves indubitables, j'aime quand je veux, et je cesse d'aimer tout de mesme » (12).

Mais il ne faut pas confondre le libre arbitre avec la liberté d'indifférence ; un tel acte volontaire est vide de signification. Les auteurs galants sont d'ailleurs assez clairvoyants pour apercevoir la fragilité de leur propre système. On se souviendra à ce propos du début de l' « Histoire de Madame de Montglas » racontée par Bussy-Rabutin (13) ; trois galants décident d'être amoureux de trois dames choisies parmi les plus séduisantes de la Cour, mais la difficulté est de déterminer qui aimera qui. Les trois compères ont vite fait de se sortir d'embarras ; ils tireront tout simplement au sort, ce qui correspond tout à fait à leur conception de la « liberté ». Mais les voies de l'amour restent mystérieuses et il

(11) Mlle DES JARDINS, Alcidamie, Barbin, 1661, t. I, p. 427.
(12) Portrait de Monsieur Le Pays, édition G. Rémy, p. 54.
(13) BUSSY-RABUTIN, Histoire amoureuse des Gaules, p. 157 et sq.

se trouve que Bussy, à qui le sort a désigné Mme de Précy, tombe amoureux de Mme de Montglas. Cette singulière aventure laisse apercevoir les incertitudes et les limites de la liberté galante ; proclamer qu'il est possible d'aimer sans raison signifie que l'on considère l'amour comme un jeu sans conséquence mais prépare aussi à admettre que dans la naissance d'une passion le hasard le plus aveugle l'emporte sur toute autre considération. L'éthique galante risque, à l'encontre de ses propres principes, d'encourager une reconnaissance de la passion sous ses formes les plus irrationnelles ; entre l'amour « volontaire » et l'amour fou, la contradiction n'est qu'apparente. La révélation des outrances et des désordres de la passion doit beaucoup plus au cynisme donjuanesque qu'à cette « folie » étonnnament sage dont parlait l'*Astrée*.

La période qui va de 1660 à 1670 prépare donc, dans le plus grand désordre, à de profonds changements dans la manière de concevoir le phénomène amoureux. L'amour de connaissance qui subordonnait la naissance du sentiment à un jugement de valeur sur les mérites de l'objet aimé procédait en droite ligne des théories platonisantes ; or la galanterie a miné les fondements idéologiques du système, mais sans parvenir à imposer une solution de rechange qui emporte vraiment l'adhésion. A cela s'ajoute que depuis le début du siècle le contenu des problèmes posés n'a pas changé : on cherche à savoir s'il convient d'avouer une passion ou de la taire, si le respect est compatible avec la hardiesse, si la haine et la jalousie sont des effets normaux de l'amour, s'il est raisonnable d'aimer, etc... Mais, alors que c'était un jeu pour Céladon et pour Sylvandre de réfuter les objections et de faire jaillir de ces discussions une vérité sur l'amour, les mêmes problèmes conduisent les mondains d'après 1660 à d'inextricables apories. Lorsque par exemple on s'interrogeait sur les rapports de l'amour et de la raison, la question appelait une réponse en deux temps qui aboutissait à une conclusion nette et satisfaisante : il suffisait de démontrer que l'amour, bien qu'il semble contredire une raison mesquine et bourgeoisement terre à terre, s'accorde en réalité avec l'ordre suprême du monde, c'est-à-dire avec la Raison au sens le plus noble. Mais dès lors que l'on admet que l'amour résulte d'une inclination injustifiable, la solution traditionnelle du problème cesse d'être acceptable. On peut essayer de donner « raison » à l'amour, en décrétant que tout ce qu'inspire l'amour est bon et moral et que, par définition, l'amour et la raison ne font qu'un ; c'est le grand sophisme galant qui tente de sauvegarder l'optimisme courtois et de dépasser l'opposition entre l'amour et la raison en la supprimant. Il est tout aussi tentant de penser que la gratuité de l'amour est un perpétuel défi à la raison et que par conséquent l'amour doit être mis « hors la loi » ; c'est la thèse

« janséniste » et puritaine. On voit alors poindre les premiers linéaments d'une vision beaucoup plus « moderne » de la passion. Mais, durant les années de transition, règne une totale anarchie idéologique dont le chaos des questions d'amour donne une assez fidèle image. Mettre l'amour en « questions » traduit un effort pour voir clair dans l'imbroglio qui résulte de la faillite de la philosophie « tendre » et témoigne également de l'impuissance d'une société à résoudre les problèmes qu'elle se pose sur l'amour. Tout se passe comme si le renouvellement des catégories intellectuelles était en retard sur l'évolution de la sensibilité. Il semblerait que les manières de penser l'amour soient encore, entre 1660 et 1670, très archaïques et qu'elles n'aient pas été touchées par les changements qui sont intervenus en presque tous les domaines durant la première moitié du siècle. Il est singulier de remarquer que les mondains font encore appel pour traiter de l'amour à une dialectique scolastique que l'on pourrait, peut-être à tort, juger depuis longtemps périmée. De cette situation naît un désarroi que des controverses inadaptées sont impropres à apaiser ; la clarté viendra d'ailleurs.

II — *Le mensonge galant.*

Mais le doute et l'insatisfaction ont d'autres causes que purement intellectuelles. Le premier impératif de l'éthique galante était d'accepter le caractère factice de l'image du bonheur qu'elle propose : pour que l'amour puisse être en toute circonstance l'instrument d'une félicité parfaite, il faut fermer les yeux sur tout ce que certains usages comportent de fallacieux. Dès l'origine, tout dans la galanterie est mensonge. La « Gazette de Tendre » note déjà cette inquiétante tendance ; du village de « Sincérité », elle reçoit cet « écho » révélateur :

> « Il vient si peu d'Estrangers dans nostre petit village, qu'on pourroit ne le marquer point dans la carte sans que ceux qui voyagent en souffrissent nulle incommodité (...) » (14).

La première règle du jeu galant est de faire semblant de croire à des paroles amoureuses dont l'outrance est cependant manifeste :

---

(14) E. COLOMBEY, *La Journée des Madrigaux, suivie de la Gazette de Tendre et du Carnaval des Prétieuses*, Paris, 1856.

« (...) dans le temps que je fais l'Amant transporté et que mes paroles ne sont que de feux et de flâmes, il me semble sentir ce que j'exprime et dire la plus grande vérité du monde. De sorte que pour lors je ne trahis point ma conscience ; mais je la trahirois icy, si j'assurois qu'après avoir fait beaucoup de sermens, il m'en restât le moindre souvenir, aussi-tost que je trouve lieu d'en faire ailleurs (...) ».

Ainsi s'exprime Le Pays en traçant de lui-même un *Portrait* qui tourne souvent à la confession (15). Entre les mots que l'on profère et les sentiments que l'on éprouve, il y a par hypothèse une distance variable mais qui n'est jamais négligeable. Il était admis de longue date que « le langage des hyperboles est celui des amants » (16). La galanterie amoureuse aboutit à une prise de conscience de cette inéluctable nécessité qui veut qu'il ne soit pas possible de parler d'amour sans exagérer et mentir ; mais dès lors le mensonge ne peut plus se pratiquer en toute innocence.

Il entre donc dans la galanterie, et ceci de l'aveu même de ses zélateurs les plus enthousiastes, beaucoup de littérature et peu de sentiment. L'insincérité est le lot de tous les amoureux ; usant d'un langage qui ne correspond plus à leurs convictions intimes, ils sont condamnés à fabuler et à feindre. Comme par ailleurs il n'est pas assuré que l'amour enjoué soit la panacée sentimentale que l'on se plaît à imaginer, il existe un second degré dans le mensonge galant, celui qui consiste à donner pour certain qu'il n'y a de bonheur que par l'amour alors que l'on ne croit plus guère à l'amour lui-même. Voudrait-on vivre intensément les sentiments que l'on prétend éprouver, ce serait s'exposer à des risques excessifs. L'engagement qu'exigent les grandes passions effraie et, d'un commun accord les amants soucieux de préserver leur liberté préfèrent s'en tenir à des ententes provisoires et révocables qui leur apportent le divertissement souhaité sans les jeter dans des engagements dont ils redoutent de ne pouvoir se libérer au premier signe de lassitude. Pour bien aimer, il ne faut pas aimer trop comme le rappellent, non sans quelque ironie désabusée, ce « valentin » de Guilleragues :

« Philis, je le vois bien, je suis trop amoureux
        Pour être jamais heureux ;
        Un amour sincère
        Ne conduit à rien ; (...)

---

(15) *Portrait de Monsieur Le Pays* (1665), édition G. Rémy, p. 56.
(16) Abbé COTIN, *Œuvres meslées*, A. de Sommaville, 1659, « Lettre à Damis ».

> Et c'est une extrême misère
> De n'être pas comédien : (...) ».
>
> (XXVIII) (17).

La victoire devant revenir au plus habile qui est en même temps le moins passionné, il n'est pas possible de réussir en amour lorsque l'on est trop amoureux. De toutes les aventures qu'a connues Bussy-Rabutin, celle qui lui a peut-être laissé le meilleur souvenir est le caprice qu'il vécut en Bourbonnais avec la jolie comtesse de Busset :

> « Après qu'elle m'eut fait tous ces discours que tiennent les femmes en pareilles rencontres pour faire valoir la marchandise, et moi tous ceux que font les hommes pour persuader de leur amour, nous convînmes l'un et l'autre que nous nous étions toujours aimés, en quoi nous mentions tous deux ; et nous nous promîmes de nous aimer toujours, en quoi nous nous manquâmes aussi bientôt de parole » (18).

Cette convention tacite sent un peu le libertinage, mais le bonheur d'un moment est à ce prix.

Rarement le jeu amoureux va au-delà de la simple rhétorique. A la question de savoir « quel est l'équipage nécessaire à un amant », la trente et unième des « Maximes d'Amour » de Bussy-Rabutin répond :

> « Ayez et soie et plume et cire
> De bonne encre et de bon papier (...) » (19).

Tous les écrivains galants s'accordent à reconnaître que leurs écrits amoureux doivent plus à leurs talents d'hommes d'esprit qu'à des passions très souvent imaginaires. Le Pays se félicite de pouvoir recourir aux services d'une muse bénévole qui ne le laisse jamais à court :

> « Il est bon d'avoir chez soy une petite muse domestique qui fasse des vers de ménage quand on en a besoin » (20).

La Fontaine se livre à des confidences analogues :

> « Dès que j'ai un grain d'amour, je ne manque pas d'y mêler

---

(17) GUILLERAGUES, *Valentins* (1669), (édition F. Deloffre, p. 98 et 99.)
(19) BUSSY-RABUTIN, *Mémoires*, t. I, p. 104.
(19) BUSSY-RABUTIN, *Mémoires*, t. II, p. 169.
(20) LE PAYS, *Amitiez, Amours et Amourettes* (1664), livre III, lettre 6.

tout ce que j'ai d'encens dans mon magasin : cela fait le
meilleur effet du monde (...) Et puis fiez-vous à nous autres
faiseurs de vers ! » (21).

Tout l'art de la galanterie consiste à extraire de cette dose
infinitésimale de sentiment vrai la matière d'un volume de prose
ou de vers. Sans doute cette alchimie rhétorique n'est-elle pas sans
précédents dans la littérature, mais le propre des auteurs galants
est de ne pas faire mystère de leurs secrets de fabrication et de
proclamer leur imposture au lieu de chercher à la dissimuler ; les
plus éhontés s'en font même un titre de gloire. Parler d'amour
et mentir ne sont donc plus qu'une seule et même chose encore
que ces mensonges ne soient point faits pour abuser qui que ce
soit. C'est bien ainsi que l'entend Mme de Villedieu :

> « La dame ne croit point ces discours véritables
>   Et traite assez le cavalier
> De protesteur banal et de conteur de fables ;
> Cependant on l'écoute et l'on s'en divertit.
> On répond en riant à tout ce qu'il a dit.
> Or, ostez de l'Amour tout le reste du mystère,
> Les hélas, les soupirs, le grand emportement,
> Les jalouses fureurs, le dédain, la colère,
> Il ne restera plus que cet amusement,
> Qui ne peut toutesfois se nommer une affaire,
> Car, le galand dehors, on ne s'en souvient guère,
> Et luy, de son costé, vous oublie aisément » (22).

Si l'on entend réconcilier l'amour avec le bonheur, il faut
savoir consentir quelques concessions car :

> « La vérité est souvent moins aimable
>   Qu'un mensonge dit galamment » (23).

Afin de préserver l'illusion galante, il est nécessaire que les
prestiges du mensonge l'emportent toujours sur l'indigence prosaïque de la vérité ; c'est pourquoi la sincérité n'est pas une
attitude de galant homme.

Peu à peu « galant » devient synonyme d' « insincère » :
« votre lettre, écrit Boursault à une dame, est assurément plus
galante que véritable », pour signifier qu'il ne veut pas se laisser

---

(21) LA FONTAINE, *Œuvres complètes*, p. 456.
(22) Mme DE VILLEDIEU, *Nouveau recueil de plusieurs et diverses pièces galantes de ce temps*, A la Sphère, 1665, IIᵉ partie, p. 87 et sq.
(23) Mme DE VILLEDIEU, *Nouveau recueil de quelques pièces galantes*, J. Ribou 1669, p. 94.

duper par une réponse trop favorable (34). Les habitudes galantes
d'exagération mensongère ont à ce point perturbé le bon fonction-
nement du langage amoureux qu'il ne reste aucun moyen d'échapper à cette fatalité du mensonge. Or chez quelques-uns se manifeste parfois une certaine lassitude à l'idée d'être condamnés à
toujours ressasser les mêmes formules vides. Mais le pire est
qu'il est même presque devenu impossible de se faire entendre.
La duplicité galante a tellement accrédité l'idée que toutes les
paroles amoureuses sont mensongères qu'il n'existe plus en ce
domaine de critère pour démêler le vrai du faux ; pris à leur
propre piège les amoureux buttent sur cette difficulté paradoxale
qui veut que mieux ils s'expriment moins ils sont crus. Marie
Linage au nombre de ses questions d'amour inscrivait celle-ci :

> « Si l'extrême délicatesse de l'esprit et du langage se peut
> accorder avec la sincérité du cœur et des paroles » (25).

Prisonnier de son propre personnage, le galant homme ne peut
se dire amoureux sans éveiller des doutes sur la pureté de ses
intentions. Lorsque le duc de Candale, qui a fini par s'éprendre
sincèrement de Mme d'Olonne, veut lui faire connaître sa passion,
il ne sait comment donner à sa déclaration un tour convaincant :

> « Je suis au désespoir, madame, que toutes les déclarations
> d'amour se ressemblent, et qu'il y ait tant de différence entre
> les sentiments. Je sens bien que je vous aime plus que tout le
> monde n'a coutume d'aimer, et je ne saurais vous le dire que
> comme tout le monde le dit. (...) »

A la lecture de cette lettre Mme d'Olonne ne trouve aucune
raison positive de croire en la sincérité de Candale et si elle accepte
de s'engager avec lui, c'est sans se faire d'illusion sur la valeur
très relative d'un dévouement que seuls garantissent des mots
que n'importe quel imposteur aurait pu écrire :

> « S'il y a quelque chose qui vous empêche d'être cru quand
> vous parlez de vos amours, ce n'est pas qu'ils m'importunent,
> c'est que vous en parlez trop bien. D'ordinaire les grandes
> passions s'expliquent plus confusément, et il semble que vous
> écrivez comme un homme qui a bien de l'esprit, et qui n'est
> point amoureux, mais qui veut le faire croire : et, puisqu'il ne

---

(24) BOURSAULT, *Lettres de Respect, d'Obligation et d'Amour*, 1669 (in *Lettres nouvelles*,
N. Le Breton, 1738, t. III, p. 45).
(25) Marie LINAGE, *Questions d'amour*, B.N. ms. fr. 19132, fᵒ 49.

me le semble pas, à moi qui meurs d'envie que vous disiez vrai, jugez ce qu'il semblerait à d'autres à qui votre passion serait indifférente (...) » (26).

Jusque dans cette communauté joyeuse et insouciante que forment les personnages de *l'Histoire amoureuse des Gaules*, le doute s'insinue sur la possibilité de faire coexister l'amour véritable avec les mœurs de la galanterie. Condamnés au mensonge, ces perpétuels amoureux doivent se contenter de simulacres d'amour ; dès qu'ils recherchent autre chose que des plaisirs immédiats et égoïstes, cette impossibilité de communiquer risque de devenir angoissante. La galanterie a tout prévu en amour, sauf l'imprévisible sincérité. C'est alors qu'apparaissent la vanité et l'échec partiel de la tentative galante ; à force de vouloir bannir les risques de l'amour, elle n'en laisse subsister qu'une caricature à peine digne de ce nom. Il se trouve dans la société mondaine des gens pour penser que, sous prétexte de rendre la nature « amoureuse », on a dénaturé l'amour. Comme le reconnaissent d'un commun accord Mme de Sévigné et Bussy-Rabutin, la galanterie n'est en définitive qu'une « fausse monnaie » ; et il n'est pas certain que les « faussaires » ne soient pas les premières dupes de leur propre escroquerie (27). Avec sa rudesse coutumière, La Rochefoucauld énonce la vérité que beaucoup pressentent confusément :

« Ce qui se trouve le moins dans la galanterie, c'est de l'amour » (28).

En outre, même si celui qui affirme aujourd'hui être sincèrement amoureux ne ment pas sur le moment, qui peut répondre de la durée d'une passion ? C'est aussi l'un des sujets d'inquiétude qui traverse parfois l'optimisme galant. Fonder tout un art d'aimer sur l'inconstance, c'est se priver sciemment de la certitude du lendemain. Bussy-Rabutin inscrit parmi les questions auxquelles ses « Maximes d'amour » s'efforcent de répondre les deux articles suivants :

« — Savoir s'il est vrai, comme quelques-uns disent, que l'amour s'use dans un cœur sans qu'on en sache la raison (...).

(26) BUSSY-RABUTIN, *Histoire amoureuse des Gaules*, p. 34-35.
(27) BUSSY-RABUTIN, in *Lettres de Madame de Sévigné, de sa famille et de ses amis*, Hachette (G.E.F.), 1862, t. I, p. 384.
(28) LA ROCHEFOUCAULD, maxime 402 de l'édition de 1678.

— Savoir ce qu'il faut faire pour empêcher sa passion de finir » (29).

L'envers de l'inconstance est pour l'amour l'impossibilité de durer ; la possession détruit une passion qui n'était que désir et qui, par conséquent, tend d'elle-même vers le néant puisqu'elle est aussitôt détruite que satisfaite. On trouverait un commentaire de ces désillusions galantes dans certaines peintures que fait La Rochefoucauld de ces amours moribondes qui ne se maintiennent plus que par la force de l'habitude. Dès que l'agitation perpétuelle de l'inconstance ne le soutient plus, l'amour galant risque de s'encalminer dans les bonaces désespérantes que décrit la Réflexion n° 6 « De l'Amour et de la Mer » (30). Cette évocation tragiquement sereine illustre cette vérité qu'il est aussi vain de rester fidèle sans être amoureux que de vouloir aimer sans être fidèle. Ainsi est révoqué en doute le paradoxe galant qui dissociait l'amour et la fidélité. La défunte vertu Constance dont Sarasin faisait allègrement l'oraison funèbre se trouve vengée, à titre posthume. Mme de Villedieu met en garde les nouveaux amants contre cette usure qui détruit tous les engagements :

« Il n'est icy rien de durable ;
    Souvent la fin n'est pas semblable
A ces heureux commencements :
De l'Amour inconstant la puissance est bien grande,
Et de tous les sermens qu'inspire un nouveau feu,
    Le Temple [de la fidélité] en conserve l'offrande
Plus long-temps que les cœurs n'en observent le vœu. » (31)

Le Temple de la Fidélité est désert, le village de Sincérité ne reçoit presque aucun visiteur, tels sont les aspects négatifs de l'expérience galante.

Il existe toute une face cachée de la galanterie faite de doutes et d'inquiétudes sur la validité d'un art d'aimer qui paraissait pourtant résoudre toutes les difficultés avec facilité et élégance. Jamais il ne s'était rencontré, dans la littérature, autant d'amants si tendrement épris, autant de maîtresses aussi éloquemment courtisées, mais ce n'est qu'une trompeuse façade. Des trésors d'ingéniosté sont dépensés afin de masquer une évidence de plus en plus flagrante : cet amour dont il est sans cesse question et dont le nom est toujours prononcé avec tous les signes extérieurs du

---

(29) BUSSY-RABUTIN, « Maximes d'Amour », n° 27 et 33.
(30) LA ROCHEFOUCAULD, *Œuvres complètes*, Gallimard, 1957, p. 517.
(31) Mme DE VILLEDIEU, *Nouveau recueil de quelques pièces galantes*, J. Ribou 1669, p. 113.

respect, a toutes chances de n'être qu'une vaine chimère. L'effondrement des valeurs tendres a créé dans la sensibilité amoureuse un vide que le mensonge galant parvient mal à combler. Certaines réflexions de La Rochefoucauld illustrent bien l'incertitude caractéristique de la sensibilité galante ; le véritable amour y apparaît comme une manière de fantôme dont l'existence demeure fort problématique bien que tout le monde se réclame de lui. Sur ce point La Rochefoucauld semble hésiter entre invoquer cet éternel absent qu'est l'amour vrai :

> « Il est du véritable amour comme de l'apparition des esprits : tout le monde en parle, mais peu de gens en ont vu. »

ou décrire un sentiment fantasque et inconstant qui, par un abus de langage, se donne pour ce qu'il n'est pas :

> « L'amour prête son nom à un nombre infini de commerces qu'on lui attribue, et où il n'a non plus de part que le Doge à ce que se fait à Venise » (32).

Le doute n'épargne même pas les plus zélés serviteurs de l'amour. Le Pays qui a consacré son œuvre et sa vie à des bagatelles amoureuses, doit reconnaître qu'au fond il n'a jamais cru à l'amour et que son enthousiasme déguisait un total scepticisme à l'égard du dieu dont il a si constamment adoré les autels :

> « Ce petit Dieu qui passe dans le monde pour un grand Tyran, m'a jusqu'icy traité si doucement, que je n'ai pas sujet de m'en plaindre. Je le trouve le plus pacifique de tous les Dieux, et le moins sensible aux injures. Cent fois je luy fait des affronts, cent fois j'ay renversé ses autels, et j'ay eu presque toûjours des sentiments d'Athée touchant le culte qu'on luy rend (...) Ce n'est pas que je ne sçache parler son langage, aussi bien que ceux qui luy sont fidèles, et que je ne me serve fort bien de leurs postures et de leurs grimaces. Je suis mesme en apparence
>
> Le plus zélé dévot qu'Amour ait en son Temple (...)
>
> Mais, sans mentir, toute ma dévotion n'est qu'hypocrisie (...) » (33).

Grâce à cette spirituelle confession, Le Pays décharge sa conscience d'un péché dont tous ses confrères en galanterie peuvent

---

(32) LA ROCHEFOUCAULD, maximes 76 et 77 de l'édition de 1678.
(33) *Portrait de Monsieur Le Pays* (1665) édition G. Rémy, p. 54-55.

également s'accuser : celui d'avoir été les ministres sans foi d'un culte sacrilège.

III — *La nostalgie de la simplicité.*

Le tourbillon des amours inconstantes oriente la galanterie vers la recherche d'un langage amoureux de plus en plus sophistiqué. Rien n'est plus vain que cette complexité gratuite qui, à propos d'incidents imaginaires, s'essaie à redonner un souffle de vie à une rhétorique sentimentale encore capable d'amuser faute d'émouvoir. Transformer l'amour en jeu d'esprit est le décevant résultat auquel aboutissent les parodies ironiques où la littérature galante se complaît. Cependant, c'est parfois aux hérétiques les plus endurcis qu'est réservé le privilège de la conversion ; saturée de bagatelles et de traits d'esprit, la société galante va découvrir les vertus longtemps méconnues de la sincérité et de la simplicité. Par l'effet d'un paradoxe d'une rigoureuse logique, la sophistication la plus outrancière prédispose à mieux goûter les charmes des effusions sentimentales spontanées et sans artifices. Montreuil lui-même, qui pourtant plus qu'un autre est tombé dans l'excès, est le premier à reconnaître qu'il y a dans la naïveté un pouvoir de séduction inimitable :

> « (...) Quand on a le cœur touché, les plus belles Lettres sont les plus amoureuses ; et l'on doit faire plus de cas d'une once de tendresse, que de toute l'éloquence du monde (...) » (34).

Etonnante confession de la part d'un auteur qui n'est pas suspect d'avoir été souvent sincère dans ses œuvres amoureuses, ce témoignage est le signe précurseur d'une crise de conscience : la sensibilité galante commence à mettre en doute la suprématie de l'esprit et son aptitude à bien parler la langue du cœur. Il n'est même pas impossible qu'Alceste, lorsqu'il préfère la chanson du roi Henri au sonnet d'Oronte, n'ait, en dépit du ridicule de la comparaison, comme un éclair de génie ; avec sa maladresse ordinaire, il énonce une opinion paradoxale qui peut faire réfléchir sur les insuffisances de la poésie à la mode. Mais Alceste vient sans doute un peu trop tôt, et son intuition ne lui vaut guère que la pitié condescendante qui est le lot des précurseurs méconnus.

---

(34) MONTREUIL, *Œuvres*, de Luyne, 1666, p. 141.

Ce sont d'abord des considérations utilitaires qui contribuent à réhabiliter la sincérité au détriment de la frivolité : l'expérience démontre qu'il n'est pas en amour de plus sûr moyen de persuader que de parler à cœur ouvert :

> « Quand on est véritable Amant,
> On n'a pas besoin d'éloquence ;
> On dit, j'aime tout simplement,
> Quand on est véritable Amant ; (...) » (35).

On en vient à se demander si, pour la conquête des dames, l'esprit ne pourrait pas devenir un handicap et si la passion, même dépourvue des grâces de l'enjouement, ne serait pas en fin de compte beaucoup plus apte à convaincre. C'est ici que se situe le défaut du système galant : la plaisanterie amuse mais ne saurait emporter l'adhésion du cœur. Dans ses *Mémoires* (année 1659), Bussy-Rabutin raconte comment Vivonne, galant homme s'il en fut, entreprit un jour de séduire la comtesse de Fiesque ; au service de son dessein, il met tout son esprit et toute son aptitude à la raillerie. Malheureusement ses affaires n'avancent guère, car la dame ne parvient pas à prendre au sérieux cet amoureux qui plaisante sans cesse jusqu'à en oublier les sentiments qu'il est censé éprouver. Pour le remettre dans le droit chemin, Bussy doit le persuader de suivre une autre tactique ; de l'aventure il tire cette moralité :

> « De tout cela il faut conclure qu'un sot passionné fait merveilles en amour et qu'un habile homme sans amour y fait mille sottises » (36).

Méré prend également position en faveur de la sincérité :

> « Quelqu'un disoit à une Dame : « Que faut-il que je fasse pour vous persuader que je vous aime ? » — « Il me faut aymer, luy dit-elle, et je ne douterai plus. » Elle avoit raison, la vérité quand elle parle est toûjours éloquente (...) » (37).

Les plus spirituels finissent par considérer leur virtuosité avec quelque détachement et se demandent par moments s'ils n'ont pas tort de compliquer à plaisir ce qui pourrait être si simple. Après avoir composé quatre strophes pour expliquer à une dame,

---

(35) *Airs et Vaudevilles de Cour*, Ch. de Sercy, 1666, II⁰ partie, p. 79.
(36) Bussy-Rabutin, *Mémoires*, t. II, p. 100-101.
(37) Méré, *Œuvres complètes*, t. II, p. 76.

en termes choisis, que la goutte l'avait empêché de l'accompagner à sa maison de campagne, Pavillon interrompt son poème pour dire tout nuement :

> « Tout ce galimatias veut dire en langage ordinaire, que je suis au désespoir que vous soyez si bien à Noisy, pendant que je suis si mal à Paris » (38).

Il n'empêche que le poème est composé et qu'il figure en bonne place dans les *Œuvres* de l'auteur.

Avec une touchante maladresse et bien souvent un peu d'hypocrisie, la société mondaine fait l'apprentissage de la simplicité. Mais cette nouvelle orientation de la sensibilité oblige les écrivains galants à une reconversion difficile et les force à s'aventurer sur un terrain qui leur convient fort peu : il est presque impossible de rompre avec des habitudes invétérées et de parler d'amour avec naturel alors que pendant si longtemps aucun raffinement n'avait été trop ingénieux, ni aucun détour trop subtil. Certains font preuve de la plus complète mauvaise foi et n'hésitent pas à contredire sans vergogne les principes qu'ils affichent. C'est ainsi que Le Pays insère dans ses *Nouvelles œuvres* (1672) une lettre « contre les pointes » dont le dessein est déjà passablement surprenant de sa part. L'exécution en est encore plus étonnante ; l'incorrigible auteur de tant de lettres badines continue à faire des « pointes » de la plus mauvaise espèce, tout en feignant de les condamner. Mais il ne prend guère sa performance au sérieux et l'humour devient pour lui un substitut de la sincérité :

> « Hé bien ! n'ai-je pas de l'esprit, et, si je voulais, ne dirais-je pas des pointes ? Sachez, ma Bergère, qu'il ne tient qu'à moi ; mais le style naturel est le véritable style des billets et des lettres. Du moins nos Maîtres me l'ont dit ainsi et m'ont défendu les turlupinades aussi sévèrement que votre mère vous a défendu la coquetterie. Plût à Dieu que vous fussiez aussi obéissante que moi » (39). ,

Le Pays trouve dans cette campagne qu'il feint d'entreprendre contre ceux qui font de l'esprit hors de propos un excellent alibi pour persévérer dans l'erreur qu'il dénonce.

Mais, plus que ces inconséquences, compte l'apparition d'un nouvel état d'esprit qui admet comme une vérité indiscutable la

---

(38) PAVILLON, *Œuvres*, Amsterdam, 1720, p. 5-7.
(39) LE PAYS, *Nouvelles œuvres* (1672), Bossard, 1925, p. 73.

supériorité de la spontanéité sur les artifices du mensonge. En ce domaine, le langage de l'amour est notablement en retard sur le mouvement général de la littérature ; il y a beau temps que les théoriciens ont condamné les pointes et toutes les gentillesses de ce genre lorsqu'en 1672 Le Pays se livre à cette palinodie humoristique. Mais entre les décrets des doctrinaires du Parnasse et la pratique mondaine il y a souvent un net décalage ; les doctes avaient reconnu les vertus du naturel bien avant que les mondains ne renoncent aux jeux d'esprit les plus sophistiqués. La sensibilité « classique » ne peut se comprendre sans tenir compte de ces hésitations et de ces distorsions entre différents milieux. Encore est-il très douteux que l'austère et raisonnable simplicité prônée par la critique savante soit bien de la même nature que la spontanéité que la société mondaine est en train de découvrir.

Pour ces sceptiques, la naïveté sous toutes ses formes et particulièrement l'ingénuité féminine sont revêtues des prestiges de la nouveauté. Agnès, Psyché ou même Alcmène émeuvent et séduisent par leur ignorance des ruses de l'amour. On souhaite bien sûr qu'elles s'initient au plus vite aux subtilités galantes, mais leur simplicité les rend « intéressantes » et leur confère des grâces particulières. Mme de Villedieu aura pour maxime que « l'ingénuité est un grand charme en amour » (40). Le Pays lui-même, peut-être las de courtiser des Philis ou des Caliste, prend aussi pour maîtresse (littéraire) un jeune tendron de quatorze ans qui porte le prénom prosaïquement campagnard de Margoton, sans que l'on sache d'ailleurs s'il s'agit d'une conversion à la simplicité ou d'une forme plus raffinée de perversion ; car, de même que dire la vérité peut être en amour la plus savante des ruses, la naïveté est une notion ambivalente où l'innocence côtoie la dépravation. A l'intention de ceux qui s'étonneraient de son choix, Le Pays explique ses raisons :

> « Vous me direz tant que vous voudrez, qu'à cet âge elles sont imparfaites, niaises et ignorantes. Mais croyez-moy, en matière d'amour, il est bien plus doux d'instruire que d'être instruit (...) » (41).

Ainsi apparaissent chez l'auteur le plus galant qui soit les premiers linéaments du grand mythe de l'antinomie entre les raffinements de la civilisation et la pureté de l'amour. Dès 1664, comme au siècle suivant les princes du théâtre de Marivaux, Le Pays préfère les jeunes filles innocentes aux mondaines accom-

---

(40) Mme DE VILLEDIEU, *Nouvelles œuvres meslées*, Lyon 1691, IIIᵉ partie, p. 169-181.
(41) LE PAYS, *Amitiez, Amours et Amourettes* (1664), livre II, lettre 1.

plies. C'est le signe que la société galante commence à éprouver quelques doutes sur la valeur de ses propres raffinements. Quelques années plus tard, Boursault publie parmi les *Lettres de respect, d'obligation et d'amour* (1669) une correspondance qu'il aurait lui-même échangée avec une jeune personne nommée Babet. Ce diminutif familier tranche déjà sur les noms de roman qui étaient jusque-là de rigueur ; Babet est de la même lignée que Margoton, mais plus simple encore, et surtout d'une simplicité moins apprêtée. Quelques mois avant que ne paraissent en Janvier 1669 les *Lettres portugaises* (l'achevé d'imprimer porte la date du 31 Août 1668), Boursault fait, dans une direction sensiblement différente, un pas décisif afin de faire reconnaître dans l'ordre de la littérature cette forme la plus achevée de la spontanéité qu'est l'authenticité. D'ailleurs Babet recevra de la comtesse de La Suze des éloges admiratifs :

> « Babet, qui que tu sois, que tes Lettres sont belles !
> Que pour toucher les cœurs elles ont de pouvoir !
> Ce sont des beautez naturelles
> Qu'on ne se lasse point de voir (...) » (42).

Les aventures d'une petite bourgeoise parisienne font les délices d'une grande dame ; c'est le nouveau privilège de la naïveté.

Sans doute soupçonnait-on depuis longtemps qu'il peut exister un langage de l'amour simple et direct qui n'obéit à aucune autre loi que celle de la sincérité. Déjà Mlle de Scudéry distinguait au tome IV de *la Clélie* entre les lettres « galantes » qui n'ont d'autre objet que de divertir et les « lettres d'amour » qui doivent persuader et ne le peuvent qu'à la condition de paraître dictées par la passion (43). Mais cette distinction se résume encore pour l'essentiel en une opposition du « sérieux » et de l' « enjoué », c'est-à-dire du « tendre » et du « galant », avec cette seule précision que, pour bien écrire une lettre d'amour, l'esprit est beaucoup moins nécessaire que pour composer une lettre galante. Pour Mlle de Scudéry, il n'y a pas de différence de nature d'un mode d'expression à l'autre et la « sincérité » oblige seulement à un peu plus de discrétion dans les effets. Mais il est curieux de suivre l'évolution de cette distinction première. Pour Mme de Villedieu, la différence est déjà beaucoup plus profonde ; s'interrogeant en 1661 dans *Alcidamie* sur la nature propre de la lettre amoureuse, elle conclut qu'il s'agit d'une manière d'écrire spécifique qui

---

(42) Voir, BOURSAULT, *Lettres nouvelles*, N. Le Breton, 1738, t. III, préface (non paginée).
(43) Mlle DE SCUDÉRY, *Clélie*, t. IV, p. 1139.

n'obéit à aucune règle et qui traduit directement les désordres que la passion fait régner dans les âmes. Mais elle se fonde sur cette constatation pour affirmer que ces brouillons pleins de « fautes » que seul l'emportement du moment peut excuser n'ont de valeur que pour ceux qui les écrivent ou ceux à qui ils sont destinés ; il ne saurait donc être question de leur accorder droit de cité dans la littérature. En 1668, sans revenir sur cette condamnation de principe et tout en se refusant toujours à livrer aux imprimeurs les lettres passionnées qui sont en sa possession, Mme de Villedieu fait une concession importante : elle reconnaît qu'

> « il y a de certaines fautes dans les lettres d'amour qui font leurs plus grandes beautez (...) » (44).

Or si les fautes du cœur se métamorphosent en beautés, il n'y a plus aucune raison de surseoir à la publication de lettres de cette nature. Mme de Villedieu ne semble pas s'y être jamais résolue, mais la tentation est de plus en plus forte.

IV — *L'affaire des Lettres portugaises.*

C'est dans ce climat que le libraire Barbin fait paraître en janvier 1669 un mince opuscule intitulé *Lettres portugaises traduites en françois.* L'avis « au lecteur » présente l'ouvrage comme une heureuse trouvaille dont l'éditeur s'attribue le mérite ; celui-ci affirme (et il ne croyait sans doute pas si bien dire) répondre aux vœux du public en publiant un texte curieux et rare :

> « J'ai trouvé les moyens, avec beaucoup de soin et de peine, de recouvrer une copie correcte de la traduction de cinq lettres portugaises qui ont été écrites à un gentilhomme de qualité, qui servait en Portugal. J'ai vu tous ceux qui se connaissaient en sentiments, ou les louer, ou les chercher avec tant d'empressement, que j'ai cru que je leur ferais un singulier plaisir de les imprimer (...) » (45).

---

(44) Mme DE VILLEDIEU, *Alcidamie*, Barbin, 1661, t. II, p. 296-297 et *Recueil de quelques Lettres ou Relations galantes*, Barbin, 1668, p. 79.
(45) GUILLERAGUES, *Lettres portugaises*, p.p. F. Deloffre et J. Rougeot, Garnier, 1962, « Au lecteur », p. 37.

En dépit de cette présentation discrète, le succès dépasse toutes les espérances : entre 1669 et 1675, on compte 21 éditions de l'œuvre à des intervalles souvent très rapprochés. La même année Barbin publie d'abord en Août une « seconde partie » composée de sept nouvelles *Lettres portugaises*, puis un concurrent, J.B. Loyson, met en vente une première série de *Réponses* tandis qu'à Grenoble paraissent d'autres *Réponses* que Barbin s'empresse l'année suivante de proposer à sa clientèle parisienne. Il est peu d'exemples d'un engouement aussi prompt et aussi général ; les choses en sont au point que dès Juillet 1671 Mme de Sévigné, sûre d'être entendue de sa fille, n'hésite pas à faire du mot « portugaise » un nom commun pour désigner une lettre passionnée (46). C'est assez dire avec quel enthousiasme l'œuvre fut accueillie. Il est d'emblée évident que le succès fulgurant des *Lettres portugaises* permet à la société mondaine de prendre conscience de tout ce que sa propre image de l'amour peut avoir d'insuffisant ; en ce sens elles sont à la fois cristallisation d'une insatisfaction demeurée longuement latente et révélation soudaine de nouveaux paysages sentimentaux.

Hormis quelques « curieux », qui connaissaient en général le nom de l'auteur, peu de contemporains ont cherché à percer le mystère de ce météore littéraire ; on ne se pose pas de questions sur une œuvre aussi providentielle Nous savons aujourd'hui, mais cette certitude est encore récente, que les *Lettres portugaises* ont été écrites par un mondain du nom de Guilleragues. Il n'est pas nécessaire de revenir sur la très longue et très romantique erreur qui attribuait les lettres de Marianne à la passion exemplaire d'une obscure religieuse, laquelle aurait composé au fond d'un cloître portugais l'un de ces chefs-d'œuvre où se reconnaît la marque du génie à l'état natif. Depuis les travaux de F. Deloffre, le cause est entendue : l'auteur des *Lettres portugaises* est bien Guilleragues qui s'est peut-être inspiré d'une aventure réelle mais qui, à coup sûr, a voulu montrer au public « comment pouvait écrire une femme prévenue d'une forte passion », selon le mot d'un contemporain (47). Il faut donc renoncer à la belle fable de la religieuse portugaise et admettre l'évidence. Mais rendre à Guilleragues la paternité de son texte ne suffit pas à résoudre l'énigme des *Lettres portugaises*. Dans la production littéraire de l'époque celles-ci apparaissent d'abord comme un phénomène isolé, sans précédents et à peu près sans commune mesure avec ce qui se publie ordinairement sur de semblables sujets. C'est pourquoi l'hypothèse de la religieuse portugaise était au fond la plus satisfaisante et

---

(46) Mme DE SÉVIGNÉ, *Lettres*, t. I, p. 337.
(47) Jean DE VANEL, *Histoire du temps ou Journal galant*, Paris, 1685, p. 117.

la plus logique : un écrivain occasionnel qui de surcroît vivait dans un pays lointain aux mœurs étranges, était seul à pouvoir produire ce chef-d'œuvre qui bouleverse de si heureuse manière les lois du genre. Or les *Lettres portugaises* ont pourtant été composées par Guilleragues ; cette attribution indubitable soulève plus de difficultés qu'elle n'en résout. Il existe en effet entre la personnalité de l'auteur et l'œuvre qui lui a été rendue un contraste qui fait problème : la vraie question est de savoir comment Guilleragues a pu écrire les *Lettres portugaises* alors que rien ne le prédestinait, semble-t-il, à trouver sa voie dans le genre passionné. L'auteur a été retrouvé, mais on ne peut malgré tout se défendre de l'impression qu'il y a erreur sur la personne. Lorsque Richelet écrit à son sujet :

> « Personne n'entendoit mieux que lui la fine raillerie.
> On lui attribue les *Lettres d'une Religieuse Portugaise* (...) » (48).

Il ne paraît pas s'inquiéter du peu de crédit que mérite une affirmation qui impute contre toute vraisemblance à un spécialiste de la « fine raillerie » les touchants désespoirs d'une religieuse abandonnée.

Guilleragues jouit dans le monde d'une réputation bien établie d'homme d'esprit ayant plus de dispositions pour la plaisanterie que pour le sérieux et les larmes. Une première coïncidence symbolique veut que dans sa jeunesse Guilleragues ait succédé à Sarasin dans les fonctions de secrétaire et d'amuseur du prince de Conti ; il fut même à cette époque quelque peu impie comme le bon ton l'exigeait (49). Toute sa vie durant, il restera fidèle à ce même personnage ; Mme de Sévigné note à plusieurs reprises ses bons mots et c'est à lui que revient le mérite d'avoir appliqué au malheureux Pellisson la cruelle formule selon laquelle le soupirant de Sapho aurait été de ceux qui abusent de la permission qu'ont les hommes d'être laids. Bien que plus tardif, le témoignage de Saint-Simon est formel et éloquent :

> « Guilleragues (...) n'était rien qu'un Gascon, gourmand plaisant, de beaucoup d'esprit, d'excellente compagnie (...) » (50).

Mais que l'on admire son esprit comme le faisait Mme de Sévigné, ou que l'on jubile comme Saint-Simon à l'idée que la

---

(48) P. RICHELET, *Les plus belles lettres françoises sur toutes sortes de sujets...*, Amsterdam, Wetstein, 1721, t. I, p. 99.
(49) Lettre au duc de Candale du 9 septembre 1657 (édition F. Deloffre, p. 123-125).
(50) SAINT-SIMON, *Mémoires*, Hachette, G.E.F., 1881, p. 197-198.

vertueuse marquise de Maintenon a protégé un homme si peu recommandable, il est patent que Guilleragues fut en son temps le type accompli du galant homme, un pur produit de cette civilisation galante, joyeuse et sceptique.

Il fut également, et le fait ne saurait surprendre, un écrivain galant. Les quelques lettres que nous avons conservées de lui confirment cette vocation pour le badinage et les jeux d'esprit que laissait prévoir le personnage qu'il s'était fait dans le monde. Mme de La Sablière jugeant ridicule que, malgré ses quarante ans, La Fontaine lui ait dédié des vers, il lui réplique que Vénus était elle aussi grand-mère, après quoi il se lance dans un compliment plutôt scabreux :

> « Je vous avoue donc que, si corpore quaestum fecisses, vous auriez pu et vous pourriez encore faire rebâtir les murailles de Paris, comme Phryné celles de Thèbes. (...) A dire la vérité, si vous vouliez aussi enfermer tous les faubourgs, la dépense serait un peu excessive » (51).

On connaît la méthode que proposait Phryné pour collecter les fonds nécessaires à la reconstruction des murailles de Thèbes ruinées par Alexandre ; le compliment est tout à fait dans le style « enveloppé » des équivoques galants. Les *Valentins* (1669) sont de la même veine et c'est en vain que l'on a tenté l'impossible démonstration d'une communauté d'inspiration entre les *Valentins* et les *Lettres portugaises* (52). Entre l'amour enjoué et primesautier des *Valentins* et la sombre passion de Marianne, il n'y a presque aucun point commun ; puisqu'il faut dans les deux cas mettre en cause le même auteur, tout laisse présumer de sa part un parti-pris conscient de traiter de l'amour selon deux styles différents, voire opposés.

En dehors des preuves externes que fournissent les documents d'archives, rien ne vient confirmer que Guilleragues est bien l'auteur que l'on cherchait ; intrinsèquement, les *Lettres portugaises* ne sont à aucun degré le reflet de sa personnalité mondaine et littéraire. Le rapport direct, et selon notre conception de la littérature, normal, entre l'homme et l'œuvre se trouve ici faussé : le texte n'est pas à l'image de l'auteur. Il n'y a pas lieu d'en être outre mesure surpris puisque c'est une habitude constante dans la littérature galante et amoureuse de tricher et de mentir et de

---

(51) GUILLERAGUES, lettre à Madame de La Sablière du 14 mai (1680), p.p. F. DELOFFRE, *R.H.L.F.*, 1965, p. 594-595.
(52) J. ROUGEOT, « Un ouvrage inconnu de l'auteur des Lettres portugaises », *Revue des Sciences humaines*, 101, Janv/Mars 1961, p. 23-26.

prétendre véritables des émotions ou des aventures fictives. Bon nombre de lettres ou relations galantes sont données pour authentiques, mais il ne faut évidemment accorder aucun crédit à ces déclarations ouvertement hypocrites ; si l'on devait dresser la liste de tous les simulateurs que compte la galanterie, elle serait aussi longue que celle des conquêtes de Don Juan. Cependant le cas des *Lettres portugaises* reste singulier, mais la seule anomalie consiste en ce que le mensonge ait cessé d'être reconnu pour tel et que les lecteurs aient, assez vite semble-t-il, confondu la fiction littéraire avec la réalité au point de prendre un habile pastiche pour un document authentique. Sans prétendre résoudre ainsi l'énigme des *Lettres portugaises,* il faut bien admettre que l'hypothèse la plus vraisemblable est celle d'une astucieuse supercherie. Le premier privilège pris par Barbin le 28 octobre 1668 laissait prévoir la publication d'un ouvrage intitulé : « Les Valentins lettres portugaises, Epigrammes et Madrigaux de Guilleragues. » Dans ce recueil assez singulier, les *Lettres portugaises* étaient destinées à figurer parmi d'autres œuvres galantes où elles auraient apporté la note d'émotion que comportent les lamentations d'une femme abandonnée. C'était à peu près l'équilibre entre l'esprit et la « tendresse » que cherchait déjà La Fontaine dans *Les Amours de Psyché et de Cupidon* qu'il fait publier en cette même année 1669. Mais, inspiré par une intuition dont il sera sans doute à jamais impossible de pénétrer le secret, l'éditeur en décida autrement : il scinda en deux le privilège qu'il possédait et, au lieu et place de l'ouvrage unique qui y était annoncé, il publie séparément les *Lettres portugaises traduites en françois* le 4 janvier 1669, puis, le 20 août 1669, les *Valentins* auxquels il ajoute, pour faire bonne mesure, les « Questions d'Amour » de Bussy-Rabutin. Personne ne saura à qui revient le mérite de cette heureuse initiative, à l'éditeur ou à l'auteur, à Barbin ou à Guilleragues. Tout ce que l'on peut suggérer est que, si l'ouvrage était déjà rédigé lorsque intervient la demande de privilège, les aménagements ultérieurs ont toute chance d'avoir été décidés par le libraire. Alors, sans trop de paradoxe, il est permis de penser que Barbin est, avec Guilleragues, l' « auteur » des *Lettres portugaises.*

Cependant, s'il y a supercherie, il doit en rester quelques traces dans le texte ; pour habile pasticheur que soit Guilleragues, il n'a pas pu ne pas commettre quelques inadvertances inévitables lorsqu'un galant homme s'efforce d'écrire comme le ferait une femme éperdue de passion. Il paraît impossible qu'il ne subsiste dans la manière dont Guilleragues conçoit les effusions de son héroïne quelques traits de la mentalité et des habitudes galantes. L. Spitzer avait été frappé par certaines dissonances qui ne s'expliquaient guère que si l'on admettait que l'œuvre avait été composée par un écrivain rompu aux subtilités de la rhétorique amoureuse (53). Ce sont d'abord de surprenants recours au « style figuré », particulièrement nombreux dans la première lettre comme si Guilleragues éprouvait au début de son œuvre de plus grandes difficultés à rompre avec les jeux d'esprit de la littérature galante. Ainsi Marianne fait de ses soupirs des messagers d'amour :

> « J'envoie mille fois le jour mes soupirs vers vous, ils vous cherchent en tous lieux (...) ».

Un peu plus loin elle personnifie son cœur et interprète ses mouvements désordonnés comme des efforts qu'il fait pour aller retrouver l'infidèle :

> « Hélas ! votre dernière lettre le réduisit en un étrange état : il eut des mouvements si sensibles qu'il fit, ce me semble, des efforts pour se séparer de moi, et pour vous aller trouver » (54).

On découvre sans peine d'autres concetti galants dans le texte de Guilleragues, pour ne rien dire de l'apostrophe initiale « Considère, mon amour, jusqu'à quel excès tu as manqué de prévoyance (...) » qui semble bien avoir été dans l'esprit de l'auteur non un cri de passion mais une invocation adressée par l'héroïne à son propre amour personnifié. Jusque dans ses tourments amoureux, Marianne reste spirituelle et bien-disante ; dans sa dernière lettre, alors qu'elle semble avoir perdu tout espoir, elle entreprend malgré tout un parallèle entre les mérites amoureux de la religieuse et de la femme du monde pour conclure paradoxalement en faveur de la première qui lui paraît plus propre à faire une bonne amante (55). On croirait presque lire une réplique de l'éloge que Le Pays fait des huguenotes selon lui plus propres à l'amour que les catholiques parce qu'elles ne sont pas tenues de confier leurs péchés à un confesseur (56).

Mais de tels « défauts » n'ont à peu près aucune incidence sur le sens global de l'œuvre. Cette manière de poser le problème reste finalement beaucoup trop tributaire d'une difficulté maintenant résolue, celle de la prétendue authenticité. Une fois admis le fait que l'auteur est Guilleragues, il est inutile de revenir sur des arguments qui n'ont de sens qu'en fonction des résistances rencon-

---

(53) Léo SPITZER, « Les Lettres portugaises », *Romanische Forschungen*, 65, 1954, p. 94-135.
(54) *Lettres portugaises*, lettre I, p. 39 et 40.
(55) *Lettres portugaises*, lettre V, p. 64-65.
(56) LE PAYS, *Amitiez, Amours et Amourettes* (1664), livre I, lettre 42.

trées pour faire éclater l'évidence. Puisque la querelle est close, il importe maintenant d'essayer de comprendre l'œuvre d'après les réactions de ses premiers lecteurs qui lui ont donné une signification qui dépassait probablement les intentions primitives de l'auteur. Les *Lettres portugaises* ont ceci de singulier que, dès l'origine, leur sens est fondé sur une lecture objectivement fausse. Il est presque certain en effet que, dans leur grande majorité, les lecteurs de Guilleragues furent dupes de la supercherie et acceptèrent pour authentique ce qui ne l'était point. C'est la raison première de l'extraordinaire succès que ces *Lettres* remportèrent dès les premiers temps de leur parution ; elles enthousiasmèrent un public sevré de spontanéité qui crut y reconnaître un chef-d'œuvre dicté par la pure passion et qui était d'autant mieux préparé à cette erreur que la doctrine galante n'avait cessé d'affirmer que l'amour est un grand maître capable d'insuffler aux plus ignorants l'esprit et le talent. L'auteur anonyme des *Nouvelles Réponses* avoue modestement dans sa préface qu'il ne se sent pas de taille à rivaliser avec les beautés inimitables que l'on admire dans l'original ; et il ajoute :

> « (...) l'ingénuïté et la passion toute pure, qui paroissent dans ces cinq Lettres Portugaises, permettent à peu de gens de douter qu'elles n'ayent été véritablement écrites » (57).

La fable de l'authenticité, dans la mesure où elle y trouvait un terrain favorable, s'est très tôt répandue dans les milieux mondains. A. Adam fait état d'un texte de 1672 qui montre que les principaux éléments de la légende étaient déjà constitués quelque deux ou trois ans après la publication des *Lettres portugaises* ; l'auteur de la *Médaille curieuse...* rapporte qu'il aurait vu un père Jésuite arracher des mains du chevalier de Chavigny les lettres de la religieuse et jeter à la mer ces témoins d'un amour sacrilège ; l'essentiel est déjà dit et les partisans de l'authenticité n'auront plus qu'à broder sur ces données (58). Mais l'œuvre prend alors un sens nouveau : ces lettres sont belles parce qu'elles sont véritables ; l'authenticité garantit et explique leur valeur unique. Pour les lecteurs d'alors la preuve est donc faite, grâce à Marianne, qu'il existe une nouvelle manière simple et directe d'écrire sur l'amour qui éclipse toutes les afféteries galantes. Que cette naïveté absolue, attestée par l'authenticité du texte comme par celle des sentiments, devienne ce que l'on prise le plus dans l'expression de l'amour, c'est à soi seul un événement considérable. Toute la

---

(57) *Réponses aux Lettres portugaises*, 2ᵉ édition, Barbin, 1670, préface.
(58) A. ADAM, *Histoire de la littérature française au XVIIᵉ siècle*, t. IV, p. 169-170.

littérature galante qui ne cultivait que l'esprit et l'artifice, ne peut manquer de paraître singulièrement pâle après cette révélation : le génie d'une religieuse inconnue l'emporte sur le talent des plus brillants littérateurs. Guilleragues, probablement sollicité par l'astucieux Barbin, s'est prêté à une mystification dont la réussite prouve la valeur prémonitoire. Grâce aux *Lettres portugaises*, les contemporains ont pris pleinement conscience de changements qui se préparaient à leur insu ; elles ont montré de manière éclatante l'orientation nouvelle d'une sensibilité dont on ne sait plus s'il faut toujours la nommer galante bien qu'elle continue sans rupture une évolution déjà inscrite dans la logique de la galanterie.

Il resterait à expliquer pourquoi toutes les entorses à la simplicité que relève la critique moderne passèrent alors inaperçues. Sans doute la prévention y est-elle pour beaucoup, mais elle n'explique pas tout. Pour un lecteur d'aujourd'hui il serait tout à fait impossible d'admettre que l'œuvre n'a pas été écrite par un professionnel de la littérature. Il y a dans les *Lettres portugaises,* outre quelques rares traces de maniérisme galant, toute une rhétorique de la passion qui sert à traduire avec raffinement et élégance les émotions impétueuses, les « mouvements » et les « transports » de l'héroïne. Beaucoup de commentateurs ont déjà noté combien cette éloquence, qui devait donner l'illusion de l'abandon, était en réalité savante et concertée. S'il n'était injurieux pour la mémoire de Marianne de recourir au vocabulaire technique de la rhétorique, il serait facile de dresser un catalogue de toutes les figures qu'elle emploie avec beaucoup d'à propos pour exprimer la violence de ses sentiments ; tantôt elle use de la prosopopée lorsque la mauvaise fortune lui adresse cette objurgation :

> « Cesse, cesse, Marianne infortunée, de te consumer vainement (...) » ;

tantôt elle se sert de l'épanorthose :

> « Adieu, je voudrais bien ne vous avoir jamais vu.
> Ah ! je sens vivement la fausseté de ce sentiment (...) »,

pour ne rien dire des anaphores et des apostrophes.

Il est superflu d'ironiser et de demander où cette religieuse portugaise avait fait ses humanités. Pour nous l'artifice est patent; mais selon la mentalité du temps le recours à ces procédés rhéto-

---

(59) *Lettres portugaises*, lettre I, p. 40 et lettre III, p. 50.

riques est le moyen normal d'exprimer le désordre des passions. Le père Lamy, dans un ouvrage qui fit alors autorité (*L'Art de parler*, 1675), déclare que ce sont des manières de s'exprimer « éloignées de celles que l'on garde dans la tranquillité » et spécialement aptes à traduire la violence des passions portées à leur paroxysme. Il considère par exemple que la répétition est « une figure fort ordinaire dans le discours de ceux qui parlent avec chaleur ». Selon lui, les figures qui modifient le rythme du discours traduisent l'ampleur d'un désarroi que l'abstraction des mots serait impuissante à rendre (60). Pour exprimer l'amour dans sa spontanéité naturelle, il n'est nul besoin d'inventer un nouveau langage ; il suffit de revenir aux sources de la rhétorique et de prendre de nouveau au sérieux les procédés dont la galanterie faisait un usage parodique. La langue de la passion se caractérisera donc par un certain désordre, mais il ne peut s'agir, pour les contemporains de Guilleragues, que d'un « beau désordre » ordonné selon les lois de l'éloquence. Cette différence de point de vue entre le XVIIᵉ siècle et le nôtre justifie assez la bonne foi des lecteurs qui ont cru à la fable de Barbin ; dans leur esprit, il s'agissait vraiment de passion à l'état pur.

Ainsi donc, la publication des *Lettres portugaises* marque dans l'histoire de la galanterie un moment important, celui d'une rupture avec des habitudes ironiques et d'un retour à la simplicité. Il ne faut pas, bien entendu, prendre le mot « simplicité » dans son sens absolu ; le naturel brut et sans art est une chimère qui ne hantait pas encore les imaginations louisquatorziennes. Mais on peut parler de simplicité retrouvée dans la mesure où, pour la première fois depuis le schisme galant, il y a de nouveau parfaite adéquation entre le langage et le sentiment. Alors que les jeux de la galanterie supposaient toujours une certaine distance entre les mots et le sens, cette dualité et cette duplicité se trouvent abolies ; en ce sens le style de Marianne est simple puisque, pour les lecteurs de 1669, il traduit de la manière la plus exacte et la plus sincère les émotions de cette victime de l'amour. L'affaire des *Lettres portugaises* annonce le crépuscule de la galanterie ; l'esprit galant est parvenu à ce point crucial de son évolution où il est amené à se renier lui-même. Après avoir longtemps tourné en ridicule les complications surannées de la métaphysique « tendre » et pratiqué pour ce faire une surenchère ironique où l'artifice apparaissait au grand jour et manifestait ainsi sa propre vanité, la galanterie en vient normalement à répudier toutes les formes

---

(60) R.P. B. LAMY, *L'Art de parler* (1675), livre II, chapitres 7 et 8, 5ᵉ édition, Mariette, 1715, p. 136-143. On trouve des réflexions analogues dans la *Logique* (1659) de Port-Royal (1ʳᵉ partie, chap. XIV).

de tricheries avec la vérité des sentiments. Au terme de cette lente transformation, la société mondaine commencera bientôt à regarder avec quelque dédain les divertissements auxquels elle s'était jusque-là adonnée avec innocence et délices.

TROISIÈME PARTIE

GALANTERIE ET PRECIOSITE

« Je ne suis pas si convaincu de notre ignorance par les choses qui sont, et dont la raison nous est inconnue, que par celles qui ne sont point, et dont nous trouvons la raison. »

FONTENELLE (*Histoire des Oracles,* 1686, Première dissertation, IV)

Chapitre I

LE PHENOMENE PRECIEUX

Il n'était guère concevable de décrire la représentation galante de l'amour sans parler autrement que par allusion de la préciosité et des Précieuses ; mais, compte tenu de la particulière complexité du problème, il a paru préférable de lui consacrer une étude séparée. Jusqu'ici l'analyse comparée des textes suffisait à rendre compte des modèles amoureux en usage dans la société mondaine et le recours à la réalité sociologique, toujours difficile à connaître objectivement, restait facultatif ; l'on pouvait également s'abstenir de porter un jugement sur des comportements parfois bizarres sans doute, mais parfaitement admis par les contemporains. Il n'en est plus de même à propos d'une question où, presque dès l'origine, interfèrent des éléments de nature fort différente, ce qui rend cette troisième partie de l'enquête plus délicate que les précédentes. En première approximation, on peut estimer que le problème précieux fait intervenir des considérations de trois ordres : esthétique, social et littéraire. En d'autres termes, la préciosité peut être envisagée tour à tour comme une constante esthétique, un fait sociologique ou une représentation. La première difficulté, et non la moindre, est de ne pas mêler l'étude du phénomène historique (avec ses implications à la fois sociales et littéraires) à celle de ses prolongements esthétiques ; il importe en effet de disjoindre le fait précieux du concept général et intemporel de préciosité. Dans l'abstrait, deux méthodes d'investigation peuvent être envisagées : ou bien l'on expliquera l'apparition des Précieuses en fonction d'une idée éternelle de la préciosité, ou bien l'on essaiera, à partir de l'immanence historique, d'élucider les circonstances de l' « accident » précieux avant d'en proposer une interprétation. Le livre très connu de R. Bray illustre le premier terme de l'alternative : l'aventure des Précieuses du xviie siècle y est présentée comme la manifestation d'une revendication éternelle en faveur de la fantaisie et de la liberté. Au reste l'auteur est tout à fait conscient de s'être engagé sur une voie qui lui interdit la saisie directe des faits : « Nous ne définissons qu'une essence, non une réalité », écrit-il dans sa conclusion (1). L'ouvrage de R. Bray fige toute l'histoire de la préciosité dans une vaste allégorie platonicienne : la querelle toujours recommencée entre une Nature classique et une Antiphysis précieuse. Un tel choix privilégie l'intelligibilité au détriment de l'irréductible complexité des événements ; la quête des essences ne s'accorde pas sans difficultés avec les exigences et les incertitudes de la recherche historique.

L'orientation de notre enquête invitait à restreindre l'analyse du phénomène précieux à son émergence historique. Depuis 1950, d'importants progrès ont été accomplis en ce sens qui ont abouti, en 1966, à la vaste synthèse, malheureusement inachevée, où R. Lathuillère a rassemblé et analysé à peu près tous les documents actuellement connus en ce domaine (2). Déjà A. Adam avait affirmé l'efficacité de cette démarche proprement historique lorsque, le 5 Septembre 1950, devant l'Association internationale des Etudes françaises, il présentait en ces termes une communication sur l'état présent de la question :

> « (...) Il me semble qu'historiens de la littérature il ne vous déplaira pas que la Préciosité soit traitée comme un fait historique situé à un moment de l'histoire, naissant, se développant, finissant par disparaître dans des conditions que les textes permettent de fixer (...) Pour étudier le phénomène ainsi délimité, l'historien ne peut connaître qu'une seule méthode : déterminer ceux et celles qui ont été dits précieux et précieuses. Puis étudier leurs gestes, leurs paroles, leurs écrits (...) Cette enquête peut paraître trop étroite. » (3)

Ce programme reste toujours valable pour quiconque s'intéresse à l'histoire de la préciosité au xviie siècle ; tout au plus peut-on craindre qu'A. Adam fasse la part trop belle à l'extrapolation. On observera en effet que les Précieuses, surprenante discrétion

---

(1) R. BRAY, *La préciosité et les précieux de Thibaut de Champagne à Giraudoux*, A. Michel, 1948, p. 396-397.
(2) R. LATHUILLÈRE, *La Préciosité. Etude historique et linguistique*, tome I Position du problème. Les Origines, Genève, Droz, 1966.
(3) A. ADAM, « La Préciosité », *C.A.I.E.F.*, n° 1, 1951, p. 35 et 37.

de leur part, ne se sont directement manifestées par aucun écrit, que l'existence de leurs homologues masculins, les « précieux », est fort sujette à caution tant l'attitude précieuse reste spécifiquement féminine, qu'il est toujours imprudent de chercher à élargir les conclusions valables pour un individu aux membres du même groupe, car les coteries mondaines sont peu homogènes et souvent divisées par des querelles internes, comme le montrent, par exemple, les dissensions qui se sont élevées dans l'entourage de Mlle de Montpensier précisément à propos des Précieuses.

I — *La brève histoire des Précieuses.*

Il n'est donc pas inutile de faire une nouvelle fois le tour des quelques certitudes que nous possédons sur l'affaire des Précieuses. Chose surprenante, il est possible de reconstituer avec précision les circonstances de l'entrée très remarquable que les Précieuses font dans l'histoire. Le premier texte daté qui mentionne leur existence est une lettre du Chevalier de Sévigné qui écrit le 3 Avril 1654 à Christine de France, duchesse de Savoie :

> « Il y a une nature de filles et de femmes à Paris que l'on nomme *Précieuses*, qui ont un jargon et des mines, avec un déhanchement merveilleux ; l'on a fait depuis peu une carte pour naviguer en leur pays. » (4)

Mais cette lettre fait elle-même allusion à un document antérieur qui est la « Carte du royaume des Précieuses » attribuée au marquis de Maulévrier ; c'est donc en définitive ce texte, qui ne sera publié qu'en 1658 que l'on doit considérer comme l'acte de naissance authentique des Précieuses. Il faut alors rendre la découverte à ses véritables auteurs : les Précieuses ont été connues, grâce au zèle infatigable des explorateurs galants, à l'occasion de la grande révision des valeurs amoureuses effectuée par leurs soins en 1654. D'ailleurs en cette même année un autre géographe de l'amour, Bussy-Rabutin, imagine de faire couler à travers le Pays des Braques les eaux claires de la Précieuse, rivière allégorique qui traverse quelques « villes » avant de se jeter curieusement dans la Carogne. Après 1654, la trouvaille connaît une diffusion rapide. Ce ne sont d'abord que de brèves allusions comme

---

(4) *Correspondance du chevalier de Sévigné et de Christine de France, duchesse de Savoie*, p.p. J. Lemoine et Fr. Saulnier, Renouard (S.H.F.), 1911, lettre XC, p. 246.

310 AMOUR PRÉCIEUX, AMOUR GALANT

celle que Scarron glisse dans la préface de l'*Ecolier de Salamanque* (1654) (5). Mais deux ans suffisent pour que les Précieuses deviennent le sujet dont tout le monde parle. Au cours de la seule année 1656, Ninon de Lenclos lance sa célèbre boutade sur les « jansénistes de l'amour » ; Saint-Evremond s'explique à leur propos dans le « Cercle » et dans « La Prude et la Précieuse » ; Chapelle et Bachaumont affirment avoir, au hasard de leurs pérégrinations languedociennes, rencontré des Précieuses jusque dans Montpellier (6). Plusieurs années durant, la société parisienne va se passionner pour ce curieux météore sociologique.

Mais, avant de continuer leur histoire, il faut revenir sur la manière dont les Précieuses sont sorties du néant. Ce fut pour tous les contemporains une révélation. Les témoins oculaires sont formels ; tous affirment que rien ne laissait prévoir cette découverte dont ils furent les premiers surpris. Ce fut, disent-ils une de ces révélations comme en apportent parfois les grands voyages ou les découvertes de la science. Sur le ton énigmatique qu'il adopte volontiers, l'abbé de Pure avoue sa perplexité devant ce monstre nouveau :

> « Pour la Prétieuse, c'est un animal d'une espèce autant bizarre qu'inconnuë ; les Naturalistes n'en disent rien ; et nos plus anciens historiens, ni mesme nos modernes, n'en ont point encore fait mention. Comme on découvre tous les jours des Astres au Ciel, et des païs inhabitez sur la terre, et si vous voulez des modes en France, la Prétieuse fut introduite à peu près en vogue en mesme année qu'on eut déclaré permis de prendre la Macreuse pour poisson, et en manger tout le Caresme. » (7)

Le sexe féminin aurait donc été affecté en 1654 par une mutation comme il s'en produit parfois dans les espèces ; de cette mutation est née la race nouvelle des Précieuses. On objectera à ce récit que le mot en lui-même était déjà fort ancien et que depuis longtemps on pouvait qualifier de « précieuse » une femme qui pour diverses raisons s'estimait trop pour accorder ses faveurs sans beaucoup de formalités. La langue du Moyen-âge employait déjà le terme dans une acception toute semblable et R. Lathuillère cite des exemples empruntés à Eustache Deschamps et à Charles d'Orléans (8). On pourrait même invoquer la latinité médiévale.

(5) SCARRON, *Théâtre complet,* p.p. Ed. Fournier, Laplace Sanchez et Cie, 1879, « A son Altesse Royale Mademoiselle », p. 64.
(6) *Œuvres de Chapelle et de Bachaumont*, p. p. M. Tenant de Latour, Jannet 1854, p. 80 et sq.
(7) Abbé DE PURE, *La Prétieuse*, t. I, p. 61-62.
(8) R. LATHUILLÈRE, *op. cit.*, p. 16 et sq.

Une association sémantique constante et naturelle s'était établie entre le refus de se donner et le « prix » qu'une femme est censée attribuer à sa personne. En ce sens, et depuis toujours, celles qui « font les renchéries » méritent le qualificatif de « précieuses ». Néanmoins, et c'est ici qu'il devient difficile d'accorder l'histoire avec les dictionnaires, l'abbé de Pure revendique pour son temps tout le mérite de la trouvaille. Contre toute évidence, il affirme que jamais auparavant on n'avait entendu parler de « précieuses »; il n'hésite même pas à dire, qu'au moment où il écrit, le mot est, comme la chose, de création récente :

> « C'est un mot du temps, c'est un mot à la mode qui a cours aujourd'huy comme autrefois celuy de Prude et depuis celuy de Feuillantine. » (9)

Pourtant le mot existait bien avant 1654 ; quant à la « chose » elle est, cela va sans dire, éternelle. Voilà un petit mystère qui est peut-être susceptible d'apporter quelque lumière sur la nature du phénomène.

Il n'y a pas lieu de mettre en doute la bonne foi des premiers observateurs qui décrivent l'apparition des Précieuses comme une nouveauté sans précédents. Le mot est longtemps resté enseveli parmi les virtualités qui sommeillent dans la langue ; plusieurs siècles après sa création il surgit brusquement, s'impose à la collectivité mondaine et passe pour un néologisme. Dans l'ordre des faits sociologiques, les choses n'existent que lorsqu'on en parle et seul l'usage donne leur sens aux mots. Il est donc assez légitime qu'on ait eu, en 1654, le sentiment d'une découverte. Jusqu'alors en effet la « précieuse » n'existait guère que de manière potentielle et contingente ; ce n'était encore qu'une essence vague et désincarnée. En 1654, interviennent des circonstances nouvelles qui lui confèrent un degré de réalité supérieur. La Précieuse devient tout d'abord un « caractère » au sens que le terme prenait à l'époque, c'est-à-dire qu'elle est désormais dotée d'un comportement extérieur aisément reconnaissable qui révèle son appartenance à un type psychologique déterminé ; d'où ce « jargon », ces « mines » et ce « déhanchement singulier » dont parle déjà le chevalier de Sévigné. Certaines tares jusqu'ici secrètes sont ainsi rendues perceptibles et il est enfin possible de voir ce qu'auparavant on pouvait tout au plus abstraitement concevoir ; c'est une incarnation qui, aux yeux des premiers témoins, équivaut à une naissance. De plus, comme le note également le chevalier de Sévigné, cette

---

(9) *La Prétieuse*, t. I, p. 12.

communauté de comportement réunit toutes les Précieuses dans une même « nature » ; elles en viennent à former à l'intérieur de la société mondaine une entité distincte. Ainsi que l'abbé de Pure en fait la remarque, elles « ont acquis un espèce et un rang tout particulier » (10). Cette métamorphose se réflète d'ailleurs dans l'usage grammatical ; du jour où la nouvelle communauté précieuse devient une réalité reconnue, le mot est plus volontiers employé comme substantif que comme adjectif. On parle au pluriel des « Précieuses », parfois au singulier d'une « précieuse » (mais alors le mot comporte une référence implicite à la collectivité des Précieuses). C'est cette transformation que les contemporains ont pris pour un commencement absolu, erreur au demeurant bien vénielle. En fait, et pour parler le langage de la vieille philosophie, être « précieuse » n'était jusqu'alors qu'une « qualité » ou un « accident » ; à partir de 1654, la Précieuse est érigée en « substance ». Le travers individuel a pris rang parmi les réalités sociologiques, en quoi consiste l'événement qui détermine l'existence des Précieuses. Grâce à la conjonction entre un « caractère » et une « nature », elles atteignent de manière pleine et définitive à l'être. De la fusion de ces deux éléments naît le corps des Précieuses et ceci dans les premiers mois de l'année 1654 qui, à ce titre, mérite de passer à la postérité comme l'an I de l'ère « précieuse ».

Après 1656 le mouvement de curiosité que provoquent ces nouvelles venues va s'élargir pour atteindre son point culminant entre 1658 et 1660. Mais cet engouement tend à modifier la nature du phénomène. Le succès oblige les Précieuses à affronter le difficile passage qui doit les mener d'une affirmation encore très confidentielle de leur existence à sa représentation littéraire. Le temps des allusions est terminé ; on entre dans celui des révélations qui devraient leur permettre de sortir de la situation marginale qui avait été jusqu'ici la leur. Après avoir deux années durant défrayé les conversations, les Précieuses cessent d'être seulement l'enjeu de rivalités obscures pour devenir héroïnes de romans ou personnages de théâtre. L'abbé de Pure, le premier, travaille à leur donner cette consécration : de 1656 à 1658 il publie les quatre tomes d'un volumineux ouvrage intitulé précisément *La Prétieuse ou le Mystère des Ruelles* par lequel il entend éclairer ses lecteurs sur cet étrange phénomène et leur révèler les mœurs cachées de la secte nouvelle. Malheureusement, l'exécution n'est guère à la hauteur de cette ambitieuse entreprise et les explications de l'auteur manquent singulièrement de netteté. Aujourd'hui encore on discute toujours la question de savoir si l'abbé de Pure était ou

(10) *La Prétieuse*, t. I, p. 12.

non favorable au « mouvement précieux » et il faut bien reconnaître qu'ainsi posée la question est à peu près insoluble. Aussi longtemps que les Précieuses forment un corps anonyme, il n'y a point de difficulté, mais s'il faut en montrer une en particulier, l'embarras commence. Pour se tirer d'affaire, le romancier use d'un astucieux compromis : selon qu'il parle des Précieuses en corps ou de telle « précieuse » prise séparément, le jugement qu'il invite à porter sur elles change du tout au tout. Sur la communauté des Précieuses il ne fait que colporter les mêmes médisances que précédemment ; mais, s'agit-il de Sophronisbe, d'Eulalie, ou de telle autre précieuse nommément désignée, leur discrétion et leur sagesse font hésiter à les reconnaître d'abord pour Précieuses. Il y a deux poids et deux mesures, une secte ridicule composée d'individualités parfaitement estimables ; le lecteur n'a devant lui que des Précieuses sans visage ou des femmes qui ne se distinguent guère des autres. Puisque les Précieuses existent, il devrait être facile de les montrer telles qu'elles furent ; or le « mystère des ruelles » reste impénétrable.

C'est alors que le théâtre va prendre le relais et tenter à sa manière un portrait en pied de la Précieuse. Il est certain qu'avec leurs minauderies et leur jargon les Précieuses avaient tout pour réussir à la scène. L'abbé de Pure s'en était d'ailleurs le premier avisé et il avait sur ce sujet donné aux Italiens un scénario aujourd'hui perdu et dont il a laissé une esquisse dans son roman (11). Peu après, deux jeunes auteurs dramatiques, inégaux par le talent mais aussi avides de succès l'un que l'autre, s'emparent de cette idée et l'exploitent avec bonheur. Grâce au triomphe des *Précieuses ridicules* (18 Novembre 1659), Molière assure l'avenir parisien de sa troupe. Aussitôt Baudeau de Somaize (12) commence par plagier sans vergogne son devancier immédiat dans une adaptation en vers des *Précieuses ridicules*, puis fait jouer deux pièces de son cru, *Les Véritables Prétieuses* (Janvier 1660) et *Le Procez des Prétieuses* (Juillet 1660). Entre temps, la troupe de Molière avait répliqué par *La Vraie et la Fausse Prétieuse* de Gabriel Gilbert, pièce représentée en Mai 1660. Ces quelques titres suffisent à décrire la carrière théâtrale des Précieuses ; après les *Précieuses ridicules* chaque nouvelle pièce promet de montrer les « véritables » précieuses mais cette promesse ne semble jamais avoir été tenue. Ces essais dramatiques confirment la tendance latente au dédoublement qui appartient à la nature profonde des Précieuses. Toute révélation à leur propos se trouve

---

(11) *La Prétieuse*, t. II, p. 165 et sq.
(12) Sur Somaize voir A. ADAM, *Histoire de la littérature française au* XVIIe *siècle*, t. II. p. 23.

entachée d'ambiguïté dans la mesure où il est impossible de décider si elle concerne la caricature ou l'original. Ce jeu de miroirs déformants empêche de saisir de la Précieuse autre chose qu'une vaine apparence.

En dehors du théâtre, le visage authentique des Précieuses est tout aussi insaisissable. Les témoignages successifs ne font qu'ajouter à la confusion comme si chaque précision ajoutée à l'image primitive avait pour effet de la rendre un peu plus trouble et indistincte. Somaize, qui semble s'être posé en spécialiste de la « préciosité » et avoir fondé sa carrière littéraire sur l'exploitation de ce thème, publie en 1660 et 1661 ses deux *Dictionnaires*. C'est la dernière phase de l'histoire des Précieuses, celle qui fait le mieux paraître une contradiction qui leur sera fatale entre la prétendue universalité des travers qu'elles incarnent et un grossissement satirique qui tourne à la caricature. *Le Grand Dictionnaire des Prétieuses ou la Clef de la langue des ruelles* (Avril 1660) se présente comme un glossaire complet et authentique des termes de la nouvelle « langue » précieuse ; c'est un répertoire de mots et de locutions burlesques où l'on apprend par exemple que « Laquais, mouchez la chandelle » se dit « Inutile, ôtez le superflu de cet ardent » (13), assez pauvre invention mais dont le succès fut immédiat. Avec le second ouvrage, intitulé *Grand Dictionnaire des Prétieuses, historique, poétique, géographique, cosmographique cronologique et armoirique* (Juin 1661) et bientôt complété par une clef imprimée, Somaize réalise un projet beaucoup plus ambitieux qui est de dresser la liste de toutes les Précieuses que compte la société du temps et de proposer une sorte d'annuaire de la préciosité. A la question de savoir qui sont les « véritables » précieuses, ce second dictionnaire donne la plus inattendue des réponses en suggérant que toutes les femmes qui font quelque figure dans le monde sont peu ou prou précieuses. Entre les outrances burlesques du langage que Somaize leur prête et la diversité des personnes mises en cause il devient de plus en plus difficile de se faire une juste idée de l'identité de la Précieuse. Affirmer que toutes les femmes ou presque sont précieuses et prétendre en même temps que toutes les Précieuses s'expriment d'aussi ridicule manière est un paradoxe à peu près insoutenable, à moins d'imaginer qu'on ne sait quel vent de folie a soudain soufflé sur la société mondaine. La description de la Précieuse semble alors avoir hésité entre deux tendances contradictoires : l'indétermination qui la rejette dans l'anonymat et tend à la confondre avec la femme du monde en général, la surdétermination qui la réduit à l'état de caricature et rend son existence réelle de moins en

---

(13) *Dictionnaire des Prétieuses*, édition Livet, t. I, p. xliij.

moins crédible, sauf à distinguer « véritables » Précieuses et
Précieuses ridicules. Mais dans l'enthousiasme de la nouveauté,
personne ne semble s'être immédiatement inquiété de ces discor-
dances pourtant flagrantes.

En 1660, une des plus sûres recettes du succès littéraire reste
encore de revenir sur un sujet en apparence inépuisable. Dans la
préface du *Procez des Prétieuses*, Somaize, toujours attentif à faire
sa propre publicité en annonçant ses prochaines publications, entretient ses lecteurs d'un projet de *Pompe funèbre de la prétieuse*.
Or, pour des raisons inconnues, le projet avorte. Il est possible
que cet incident soit à mettre en rapport avec le mariage de la
protectrice de l'auteur Marie Mancini, qui épouse le 14 Avril 1661
le Connétable Colonna et suit son mari en Italie emmenant probablement son secrétaire avec elle. Mais on ne saura jamais si Somaize a abandonné les Précieuses pour assurer son avenir ou si
ce sont les Précieuses qui l'ont trahi et privé du meilleur de sa
notoriété littéraire. En effet, et c'est encore un point obscur de
cette histoire, le départ de Somaize coïncide avec un brusque
fléchissement de l'intérêt que le public porte aux Précieuses. A
partir de 1661, tout se passe comme si un nouveau caprice de la
mode avait d'un coup anéanti ce qu'un précédent caprice avait
créé. Brusquement la tendance se renverse et les signes d'une irréversible décadence se multiplient. Tallemant des Réaux songeait
à écrire une historiette des Précieuses (14) ; au grand dam des
historiens futurs, il ne donne pas suite à son projet. Gabriel Gilbert
ne fait pas non plus imprimer sa pièce qui avait pourtant obtenu
durant le mois de Mai 1660 un très honorable mais éphémère
succès. Autre fait significatif, malgré deux saisons triomphales,
la troupe de Molière retire presque complètement les *Précieuses
ridicules* de l'affiche après la fermeture de Pâques 1661 : une
seule reprise durant la saison 1661-1662, deux visites en 1662-1663,
enfin deux ultimes représentations en 1668, après quoi la pièce
ne sera plus rejouée du vivant de l'auteur (15). Tous ces indices,
et quelques autres encore comme le fait qu'aucune des œuvres
de Somaize n'est plus rééditée après 1661 alors qu'en 1660 le
premier *Dictionnaire* et les *Véritables Précieuses* avaient eu au
moins deux éditions successives, donnent à penser que l'on assiste,
à partir de l'été 1661, à une régression extrêmement rapide du
phénomène précieux. Passée cette date, il n'est publié aucun ouvrage de quelque importance sur ce sujet, hormis le *Dialogue de
la Mode et de la Nature*, dont seule est connue la seconde édition
de 1662, et la « Nouvelle des Précieuses prudes » que Ch. Sorel

---

(14) TALLEMENT DES RÉAUX, *Historiettes*, t. I, p. 473.
(15) LA GRANGE, *Registre*, J. Claye, 1876, p. 68.

a insérée dans le recueil de ses *Œuvres diverses* (1663), encore le privilège avait-il été pris dès le 16 Avril 1659. Puis c'est un silence presque total, à peine rompu par quelques allusions.

Au terme d'un processus d'involution parfait, les Précieuses retournent au néant de leurs origines en parcourant à l'envers l'itinéraire de leur réussite ; elles régressent de la représentation littéraire à l'allusion et de l'allusion à un silence au moins provisoire. Comme le remarque très judicieusement R. Pintard (16), le cycle s'achève aux alentours de 1665 lorsque le mot « précieuse » n'est plus employé désormais que pour désigner un travers individuel, comme c'était le cas avant 1654. J. Alluis, en 1668, considère l'incident comme définitivement clos, l'Ile de la Ruelle ayant été, depuis quelque temps déjà, rendue à sa souveraine légitime, la Princesse Galanterie :

> « Cette Isle fut autrefois infestée par une secte ridicule, qu'on appeloit la secte des précieuses, qui avoit introduit des mots nouveaux et des manières bizarres qui commençoient à gâter les esprits par des imaginations forcées, et à démonter les corps par des grimaces insupportables ; mais enfin on en purgea tout le païs, et s'il en demeure quelqu'une, elle se contraint et n'ose ouvertement avouer sa créance et ses mystères. » (17)

A cette date l'aventure des Précieuses appartient déjà au passé.

On peut s'étonner de cette désaffection brutale ; peut-être faut-il en chercher les causes dans la déconvenue d'un public qui devait s'attendre sur les Précieuses à des révélations plus substantielles que celles qu'on lui a proposées. Dès que les écrivains se sont attelés à la difficile tâche de peindre les Précieuses, il s'est vite révélé impossible d'en donner une image satisfaisante. Au théâtre, le grossissement comique l'a tout de suite emporté ; les « précieuses » de Molière se donnent pour ce qu'elles sont, c'est-à-dire « ridicules » ; ni Somaize, ni, semble-t-il, Gabriel Gilbert ne sont parvenus malgré le titre de leurs comédies à plus de vérité. Avec son jargon bizarre et ses mimiques effarouchées, la précieuse n'a pas dépassé sur la scène le stade de la caricature et les spectateurs n'ont jamais eu sous les yeux qu'un double grotesque de la « véritable » précieuse. Pour des raisons opposées, les lecteurs de l'abbé de Pure n'étaient guère plus à même de satisfaire leur curiosité. Son roman laisse en effet l'impression que les Précieuses ne se distinguent pas très bien du reste des femmes du monde ; dès que la description devient plus réaliste, l'originalité du type

---

(16) R. Pintard, « Pour le tricentenaire des *Précieuses ridicules*, Préciosité et classicisme »., XVIIe siècle, no 50-51, p. 12.
(17) J. Alluis, *Le Démeslé de l'Esprit et du Cœur*, Paris, 1668, p. 2-3.

s'estompe. Somaize, toujours opportuniste, joue sur les deux tableaux : ses comédies et son premier *Dictionnaire* exploitent les travers les plus caricaturaux des Précieuses tandis que son second *Dictionnaire* qui se propose de révéler l'identité des Précieuses nomme à cette occasion à peu près tout ce que la société du temps comptait de dames de qualité. Il en est résulté la plus extraordinaire confusion. Telles que la littérature les représente, les Précieuses semblent condamnées ou bien à outrepasser les limites de la vraisemblance à force de ridicules, ou bien à perdre leur originalité au moment précis où l'on prétend les décrire et même les nommer.

Ici s'achève l'histoire authentique des Précieuses ; de 1654 à 1661, elle a duré en tout et pour tout sept années pendant lesquelles ces créatures étranges ont suscité un fort mouvement de curiosité. Cependant, au regard des développements posthumes de leur gloire, cette brièveté étonne ; il y a une disproportion manifeste entre la durée du phénomène et l'ampleur des commentaires auxquels il a donné lieu. Le marquis de Maulévrier eût sans doute été bien surpris d'apprendre qu'il venait de découvrir un immense royaume littéraire dont les frontières se sont parfois étendues de Thibaut de Champagne à Giraudoux. On a vu partout des Précieuses, dans tous les milieux et tout au long du siècle, les unes ridicules, les autres parfaitement estimables ; on en a recensé beaucoup plus que les contemporains n'en avaient jamais connu et l'on a cru de bonne foi que leur existence avait eu, en bien ou en mal une influence déterminante sur l'évolution des mœurs et du langage. Pour les uns leur disparition a marqué les débuts d'une ère nouvelle ; selon d'autres avec elles ont reflué quelques-unes des forces vives du moment. Bref il n'y aurait rien d'important dans le siècle qui ne se soit fait avec elles ou contre elles. Le retour aux sources de leur histoire permet une plus juste appréhension du phénomène. Sans trop de paradoxe, l'affaire pourrait finalement paraître de peu d'envergure.

Si l'on s'en tient aux seuls textes où les Précieuses sont explicitement nommées, le bilan est, toute proportion gardée, assez mince. Entre 1654 et 1661, à peine plus d'une quinzaine d'ouvrages leur ont été consacrés : elles ont inspiré un roman, plusieurs comédies, deux « dictionnaires », quelques opuscules divers de médiocre étendue, et, comme il était d'usage en ces années-là, on fit d'elles un portrait, d'ailleurs empreint de la plus évidente mauvaise foi (18). Ce serait assez pour ouvrir une rubrique à leur nom dans l'une de ces « bibliothèques » comme l'on aimait à en

---

(18) *La galerie des portraits de Mlle de Montpensier*, Didier, 1860, « Portrait des Précieuses ».

composer à l'époque ; c'est trop peu pour considérer a priori la
préciosité comme l'un des grands mouvements littéraires et moraux
du siècle. Les coquettes dont on a beaucoup moins parlé, pourraient
s'enorgueillir d'avoir inspiré une littérature presque aussi abondante. S'il reste encore des découvertes à faire, elles se situeraient
plutôt dans le vaste fonds des allusions isolées qu'on ne saurait
tenir pour épuisé. Cependant on peut dès maintenant soupçonner
que les Précieuses n'occupent parmi les préoccupations de la
société mondaine qu'un rang statistiquement assez modeste. Pour
qui mesurerait l'importance d'un événement aux seules traces
positives qu'il a laissées, l'épisode se réduirait aux proportions
d'une péripétie de l'histoire des mœurs intéressante surtout par
sa singularité. Ainsi s'explique l'opinion réservée d'un historien
de la langue comme F. Brunot qui parle de la préciosité comme
d'un « petit épisode, artificiellement mis en lumière, de l'histoire
littéraire et linguistique » (19). Dès qu'il n'est plus considéré que
comme un simple fait historique, le phénomène précieux se comporte à la manière d'une peau de chargin. Tout incline à croire
qu'il n'a peut-être jamais eu l'importance qu'une surabondante
tradition critique invite à lui donner ; c'est un accident historique
étrange, mais qui ne possède pas nécessairement toutes les vertus
d'explication qu'on lui attribue d'ordinaire.

II — *Le mystère des ruelles.*

L'abbé de Pure, qui fut pour les Précieuses le plus attentif des
historiographes, jugeait qu'il était vain de chercher à les définir :

> « La Prétieuse de soy n'a point de définition ; les termes
> sont trop grossiers pour exprimer une chose si spirituelle. » (20)

Si la raison invoquée pour éluder la définition est ironique,
l'auteur est sans doute dans le vrai lorsqu'il suggère qu'aucune
notion abstraite ne peut logiquement expliquer les multiples apparences que revêt cette « nouvelle nature de femmes ». Aussitôt
après, l'abbé de Pure ajoute cette réflexion qui ressemble fort à
un avertissement adressé aux historiens futurs :

---

(19) F. BRUNOT, *Histoire de la langue française, des origines à 1900*, A. Colin, 1933, t. III,
p. 66.
(20) *La Prétieuse*, t. I, p. 67.

« On ne peut concevoir ce que c'est que par le corps qu'elles
composent et par les apparences de ce corps. »

Il serait imprudent de ne pas déférer aux conseils du sagace
abbé qui recommande de considérer le corps des Précieuses comme
une entité unique et de se laisser guider par les apparences afin
de mieux comprendre l'énigme. Cette mise en garde implique une
méthode : éviter de s'égarer prématurément dans l'analyse des cas
d'espèce et s'astreindre d'abord à une enquête « phénoménolo-
gique ». C'est pourquoi avant de discuter la valeur des divers
témoignages et sans chercher à distinguer les « vraies » des « fausses » précieuses, il a paru que le meilleur moyen de les étudier
était de les observer telles que leurs contemporains les décrivent.

Entre 1654 et 1661, durant les années de gloire qu'ont connues
les Précieuses, de nombreux témoins ont observé cette mutation de
la nature féminine. Ce ne sont donc pas les informations qui manquent pour décrire le phénomène précieux, mais ces documents
sont souvent difficiles à interpréter du fait de leur imprécision
ou des réticences de leurs auteurs. L'histoire des Précieuses est
plus riche de sous-entendus que de témoignages explicites, soit
que les chroniqueurs de l'actualité mondaine jugent inutile de
s'étendre sur des faits déjà connus de tous, soit plutôt qu'il y ait
dans la nature même du phénomène quelque chose d'irrémédiablement énigmatique. Tout ce qui touche aux Précieuses a eu,
dès l'origine, un caractère secret et mystérieux : le premier explorateur qui découvre leur royaume y accède en remontant la rivière
de « Confidence » pour gagner ensuite le port de « Chuchoter » (21).
C'est donc un lieu où la discrétion et le secret seront de rigueur
et ces premières notations de l'itinéraire allégorique recevront par
la suite de nombreuses confirmations. Malgré tous les efforts
déployés pour les arracher à cette ombre où elles se complaisent,
les Précieuses ont toujours gardé ce côté clandestin. L'abbé de Pure
a tout à fait raison d'intituler sa propre enquête *La Prétieuse ou le
Mystère des Ruelles* et de donner aux premières pages de son
roman l'allure d'une initiation qui introduit les héros dans les
arcanes d'un monde parallèle. Mais aucune révélation ne parvient
jamais à dissiper ce mystère qui est comme inhérent à leur existence. Alors même que les précieuses ridicules seront devenues
la fable de toute une société, on s'évertuera encore à protéger le
secret qui entoure les « véritables » précieuses. L'épicentre du
mystère s'est alors déplacé, mais l'énigme demeure entière. Lorsqu'on croit saisir la Précieuse on n'étreint jamais que son fantôme ;

---

(21) « La Carte du Royaume des Précieuses », in *Recueil* de Sercy (prose) t. I, 1658, p. 322.

comme dans la fameuse aporie de Zénon, il reste toujours la moitié du chemin à parcourir.

Un détail du comportement des Précieuses pourrait être très révélateur de leur nature. En société la précieuse adopte une attitude étrange et qui ne répond guère à ce qu'on attendrait d'elle : au lieu de se mêler à la conversation, d'y défendre ses idées et d'affirmer avec brio la supériorité à laquelle elle prétend, elle se réfugie dans un coin, boude, bâille et répond de mauvaise grâce à qui lui adresse la parole. C'est du moins ainsi que Mlle de Montpensier voyait cette créature singulière :

> « Quand dans une compagnie il ne se trouve qu'une seule Précieuse, elle est dans un ennui et un chagrin qui la fatigue fort, elle bâille, ne respond point à tout ce qu'on luy dit, et si elle répond, c'est tout de travers, pour faire voir qu'elle ne songe pas à ce qu'elle dit ; si c'est à des gens assez hardis pour l'en reprendre, ou, pour mieux dire, assez charitables pour l'aviser de ce qu'elle a dit, ce sont des éclats de rire, disant « Ah Dame, c'est que l'on ne songe point à ce que l'on dit, le moyen, ah jésus, est-il possible. » (22)

Molière confirme sur ce point l'observation de Mlle de Montpensier : La Grange raconte ainsi sa vaine ambassade auprès de Cathos et Magdelon :

> « Je n'ay jamais veu tant parler à l'oreille qu'elles ont fait entre elles, tant bâiller, tant se frotter les yeux et demander tant de fois : Quelle heure est-il ? Ont-elles répondu ouy et non à tout ce que nous avons pu dire ? » (23)

Mlle Desjardins, rendant compte d'une des premières représentations des *Précieuses ridicules* où cette entrevue initiale avec les deux prétendants était jouée et non racontée, déclare qu'elle a reconnu d'emblée des précieuses en Cathos et Magdelon à la manière impertinente dont elles accueillent les protestations de leurs soupirants ; leur impatience à les voir partir et leur mutisme étaient pour elle des signes assez éloquents (24). Il faut donc admettre que ces mondaines n'apprécient guère la compagnie et qu'elles s'y font remarquer surtout par leur air dédaigneux et méprisant. Si tel est leur comportement caractéristique, on com-

---

(22) Mlle DE MONTPENSIER, « Portrait des Précieuses ».
(23) Les Précieuses ridicules, scène I.
(24) Mlle DESJARDINS, Le Récit de la farce des Précieuses, in Les Précieuses ridicules, p. p. M. Cuénin, Droz (T.L.F.) ; 1973, p. 110.

prend mieux qu'elles aient eu dans le monde assez mauvaise presse. Et, comme de paraître ennuyé à être ennuyeux il n'y a que fort peu de différence, les Précieuses sont toutes désignées pour grossir les rangs des fâcheux et des fâcheuses ; Scarron, dans son *Epitre chagrine,* leur consacre à ce titre un assez long développement (25).

Prise isolément, la Précieuse a donc peu de conversation et inflige aux autres le spectacle de sa mauvaise humeur. Mais, dès qu'elles se retrouvent, ne serait-ce que deux, dans un même cercle, tout change ; ce ne sont plus que conversations particulières, cachotteries, rires en coulisse :

> « S'il arrive dans cette compagnie une autre Précieuse, elles
> se rallient ensemble, et sans songer qu'elles ne sont pas les plus
> fortes, elles chargent le prochain, et personne n'en est exempt ;
> et cela fort hardiment, car ce sont des emportements à rire
> au nez des gens les plus insupportables du monde. »

Ces Précieuses ne sortent de leur mutisme que pour se rendre coupables de l'une des fautes les plus graves que connaisse le code des convenances mondaines : elles font bande à part et forment une coterie. Elles ne s'avisent de l'existence d'autrui que pour se moquer et médire ouvertement de ceux qui n'ont pas l'heur de leur plaire :

> « Elles trouvent à redire à tout ce qu'on fait et à tout ce
> qu'on dit et désapprouvent généralement la conduite de tout
> le monde (...) Elles sont railleuses et moqueuses, et même des
> gens qui ne leur en donnent pas de sujet. » (26)

La cabale des Thraciennes, qui est une transposition allégorique de celle des Précieuses, fait également preuve d'esprit, mais toujours avec le même sens de la causticité :

> « Elles avoient quelquechose d'agréable dans la conversation
> car elles étoient fort railleuses ; et cela plaît quelquefois :
> de sorte qu'elles attiroient du monde chez elles, se faisant
> aimer de peu et haïr de beaucoup (...) Enfin elles critiquoient
> tout le monde et on leur rendoit la pareille. » (27)

La « préciosité » est en quelque sorte l'école de la médisance.

---

(25) SCARRON, *Poésies diverses,* Didier (S.T.F.M.), 1947, t. II, p. 229).
(26) Mlle DE MONTPENSIER, « Portrait des Précieuses ».
(27) Mlle DE MONTPENSIER, *Relation de l'Isle imaginaire et Histoire de la Princesse de Paphlagonie* (1659), Aug. Renouard, 1805, p. 97-98.

Pour Mlle de Montpensier, et c'est l'opinion de beaucoup de leurs adversaires, les Précieuses sont des créatures dont les manières insolentes appellent la réprobation.

Voilà donc une première vérité sur les Précieuses, celle de leurs ennemis sans doute, mais qui rend compte de la manière la plus générale des caractères distinctifs que tout le monde leur reconnaît. Leur anticonformisme volontiers hargneux, leur propension à se draper dans leur supériorité pour mieux se moquer d'autrui expliquent qu'on les ait toujours soupçonnées de former une secte ou une cabale et de nourrir des desseins secrets et vaguement inquiétants. Leur particularisme les rend haïssables ; pour cette raison elles sont souvent mal reçues dans le monde et Mlle de Montpensier, venimeuse, remarque :

> « Pour la cour, elles y vont rarement, parce qu'elles n'y sont pas les bienvenues. »

Plus généralement elles sont bannies de la bonne société, à moins qu'elles ne s'en soient d'elles-mêmes exclues en affirmant hautement leur différence. Comme le suggère encore Mlle de Montpensier à la faveur des quelques réflexions morales qui servent de préambule à son « Portrait des Précieuses », rompre avec le monde est de soi condamnable, indépendamment des circonstances qui motivent cette rupture :

> « Je suis persuadée qu'il faut vivre avec les vivans, et qu'il ne faut se distinguer en rien par affectation et par choix ; et que si on l'est du reste du monde, il faut que ce soit par l'approbation qu'il donne à nostre conduite, que nostre vertu nous attire cela, et non pas mille façons inutiles qui ne sont jamais dans les personnes qui en ont une véritable. » (28)

Autrement dit, il n'est point de salut hors de l'approbation du monde ; les Précieuses ont l'outrecuidance de chercher le leur dans la rébellion. Il n'existe peut-être pas de meilleure raison à la culpabilité latente des Précieuses : si elles souhaitent se tenir à l'écart, elles ne peuvent qu'être animées de mauvaises intentions. Cette exclusion volontaire ou forcée (car on ne sait trop si les Précieuses refusent le monde parce qu'elles le jugent indigne d'elles ou si c'est le monde qui les refuse à cause de leurs défauts) est la première et la plus générale définition qui puisse être donnée de leur nature.

---

(28) Mlle de Montpensier, « Portrait des Précieuses ».

C'est en fonction de cette rupture, unique donnée constante du problème, que s'expliqueront les autres caractères attribués à la Précieuse, lesquels sont sujets à variations et à interprétations diverses. C'est pourquoi il faut, comme le pressentait l'abbé de Pure, se résigner à ne jamais trouver une définition de la Précieuse ; si celle-ci existait, elle serait toute négative. Autant vaut renoncer à l'idée que les Précieuses puissent incarner une essence simple et éternelle et se rabattre sur l'espoir de découvrir à leur propos une vérité sans doute multiple et fluctuante. L'ostracisme dont elles sont d'abord victimes s'accompagne en effet de circonstances qui prendront souvent après coup une valeur d'explication encore qu'en de telles matières les lois de la causalité ne s'appliquent jamais de manière rigoureuse et univoque. Ainsi il sera impossible de décider si les Précieuses préfèrent les plaisirs de l'amitié à ceux de l'amour par goût ou par nécessité, en d'autres termes, si elles ont opté pour l'amitié par mépris de l'amour ou si elles ont méprisé l'amour parce qu'elles ne trouvaient point d'amants. Il en sera de même pour leur jargon qui peut être indifféremment la cause de leur exclusion puisqu'on ne saurait tolérer en société que quelques personnes se singularisent au point de n'être presque plus comprises, ou la conséquence de leur volonté de séparation dans la mesure où une coterie fermée aspire à posséder son propre langage et à renforcer ainsi son isolement. Mais aussi longtemps que l'on se borne à décrire le phénomène, l'ordre des causes et des effets n'a que peu d'importance ; il suffit de marquer des enchaînements et de repérer les lignes de force qui assurent la cohérence de l'objet. Or, toutes les données du problème convergent d'abord vers un point unique : l'incompatibilité profonde qui règne entre les héroïnes du jour et la société où elles continuent malgré tout à être tolérées de plus ou moins bonne grâce.

Les Précieuses éprouvent tout naturellement le besoin de vivre en cercles fermés. Indésirables dans le monde où leur mauvaise grâce irrite autant qu'elle amuse, il ne leur reste qu'à se retrouver entre elles pour cultiver tout à leur aise leur humeur chagrine. Les mots qui reviennent le plus souvent à leur propos sont ceux de « secte », de « ligue » ou de « cabale » ; l'abbé Cotin, Mlle de Montpensier, J. Alluis et quelques autres ont recours à ces termes pour désigner ces femmes à qui l'on prête ainsi d'emblée des intentions troubles et séditieuses (29). Scarron, qui avait le sens de

---

(29) L'abbé Cotin parle de « cabale » et de « secte sévère » (*Œuvres galantes*, p. 56), l'abbé de Pure de « ligue » (*La Prétieuse*, t. II, p. 181). J. Alluis de « secte ridicule » ou de « secte des prétieuses » (*Le Démeslé de l'Esprit et du Cœur*, p. 2) ; Mlle de Montpensier use du même terme ainsi que Fléchier (*Mémoires sur les Grands-jours d'Auvergne*, p. 15), etc...

l'humour, explique dès 1655 l'échec d'une de ses comédies par les menées d'une « conjuration de précieuses » dont la malveillance aurait empêché que l'*Ecolier de Salamanque* ne trouve auprès du public l'accueil que méritait la pièce, de l'opinion de son auteur (30). Pour les honnêtes gens, les Précieuses sont des créatures à la fois malfaisantes et omniprésentes ; à partir de 1654, on les rencontre à peu près partout dans la société mondaine. L'abbé de Pure est à ce point frappé par cette étrange ubiquité qu'il les compare aux membres de certaines sociétés secrètes qui auraient le pouvoir d'apparaître sitôt que l'on parle d'eux :

> « Vous avez oüy parler des Invisibles et des Rosecroix qui se trouvoient partout où ils étoient désirez. Ces nouvelles Muses sont aussi promptes à se trouver dans les conversations célèbres et recherchées (...) » (31)

Ces menées secrètes, et par conséquent maléfiques dans l'esprit du public, provoquent de la part des premiers témoins de constantes réactions de méfiance ; pour eux, il est bientôt évident qu'un sombre complot est en train de se tramer dans l'ombre des ruelles.

Lorsqu'en 1656, Ninon de Lenclos lance son mot célèbre sur les « Jansénistes de l'amour », elle ne fait qu'exploiter avec esprit une manière déjà bien établie de présenter leurs faits et gestes. Les jansénistes passaient pour séditieux et quasi hérétiques ; l'opinion commune était qu'ils formaient une secte toute puissante et mal connue. Comme de surcroît ils jouissaient d'une grande réputation d'austérité et d'intransigeance morale, l'assimilation était on ne peut plus tentante avec la « misanthropie » précieuse, et l'on comprend que le mot ait fait fortune. Puritains et un peu factieux étaient les jansénistes qui prétendaient réformer les mœurs et n'hésitaient pas à se retirer du monde pour donner l'exemple ; la sécession précieuse présentait avec leur « cabale » des ressemblances qui rendaient la formule piquante et juste. De ce rapprochement entre l'hérésie janséniste et l'attitude précieuse résulte peut-être une nouvelle métaphore qui sert également à évoquer les desseins secrets et le bizarre comportement des Précieuses ; elles travailleraient à fonder une nouvelle religion ou tout au moins un nouvel ordre religieux. L'abbé de Pure énumère les vœux qu'il faut prononcer avant d'entrer dans cette congrégation un peu particulière : « subtilité dans les pensées », « méthode dans les désirs », « pureté du style », « guerre immortelle contre le Pédant et le Provincial », « extirpation des mauvais

---

(30) SCARRON, *Théâtre complet*, édition Ed. Fournier, p. 64.
(31) *La Prétieuse*, t. I, p. 10.

mots » (32). Somaize de son côté intitule l'un de ses opuscules *Dialogue de deux précieuses sur les affaires de leur communauté.* Dans sa *Mascarade d'Amour* Ch. Sorel raconte comment une jeune veuve du nom d'Amaranthe rassemble autour d'elle quelques jeunes personnes pour fonder un « ordre » de « précieuses prudes assez belles et assez jeunes qui, ayant entièrement renoncé à la coquetterie, ne croient pas néanmoins qu'il leur soit défendu de faire profession de galanterie, pourvu qu'elle soit moins corporelle que spirituelle » (33). Il semblerait que pour mener à bien leur réforme de l'amour et du langage les Précieuses éprouvent le besoin de se grouper en communautés et de rompre avec le siècle.

Il serait vain de demander plus de précisions sur ce nouvel ordre ou de tenter des recoupements entre ces divers témoignages dont la qualité primordiale n'est pas la cohérence. Mais, et pour le moment cela seul importe, secte, cabale ou communauté religieuse dissidente, le mouvement précieux est considéré d'emblée comme une sédition. Mlle de Montpensier va même jusqu'au soupçon d'hérésie politique et les accuse de vouloir former un Etat dans l'Etat :

> « Ce seroit quasi une sorte de République si ces personnes n'étoient pas nées dans un Estat monarchique, où l'on auroit grand peine à en souffrir. » (34)

Sous un monarque absolu elles sont républicaines, elles seraient royalistes dans une république tant le réflexe d'opposition est ancré en elles. On ne sait pas encore très bien à quels mobiles obéissent les Précieuses en faisant sécession, mais, conjuration, cabale, secte, république, elles attirent les métaphores séparatistes avec une constance qui en dit long sur les suspicions qui pèsent sur elles. Il y a dans leurs mystères un relent de soufre ; elles sont au monde galant à peu près ce que seront parfois au xixᵉ siècle les Jésuites ou les francs-maçons : des adversaires insaisissables qui travaillent dans l'ombre à l'accomplissement de desseins inquiétants. Leur nature est hérétique, voire quelque peu diabolique.

La seule constante de ce particularisme est un féminisme intransigeant. La « préciosité » est d'abord une affaire de femmes et les Précieuses poussent parfois le goût de l'exclusion jusqu'à bannir de leur présence la moitié du genre humain. Tout ce qui est mâle leur fait horreur. On se souvient de la piquante erreur des Précieuses de Montpellier qui, avant de recevoir la visite de

---

(32) *La Prétieuse*, t. I, p. 71-72.
(33) Ch. SOREL, *Œuvres diverses* (1663) p. 80.
(34) Mlle DE MONTPENSIER, « Portrait des Précieuses ».

Chapelle et Bachaumont, avaient eu l'occasion de fréquenter quelque peu d'Assoucy dont les mœurs étaient particulières ; ces jeunes personnes s'imaginent avec horreur que tous les Parisiens ressemblent au seul qu'elles connaissent et s'indignent à la pensée que tous les beaux esprits de la capitale, y compris les académiciens, sont sans doute pédérastes (35). L'isolement où les Précieuses sont censées vivre est souvent mis au compte d'une haine de femmes pour le sexe opposé. Les plus intransigeantes poussent la méfiance jusqu'à ne tolérer aucune compagnie masculine, ce qui explique au passage pourquoi la secte est si souvent assimilée à une communauté religieuse. *La Mascarade d'Amour ou Nouvelle des précieuses prudes* raconte comment une troupe de jeunes Amours réussit à forcer la clôture d'un de ces « couvents » précieux ; ils se présentent à la porte déguisés en filles et se font admettre dans la place où ils s'empressent de ravir le cœur de ces précieuses qui doivent alors, bon gré mal gré, se soumettre à la loi commune (36). Ce galant dénouement n'enlève rien au fait que les Précieuses nourrissent à l'égard de l'élément masculin une haine tenace. L'abbé Cotin en vient même à se demander s'il n'en est pas du sexe des Précieuses comme de celui des anges :

> « C'est comme une troisième espèce de personnes où la nôtre n'a point de part. » (37)

L'abbé de Pure, sans aller jusqu'à évoquer l'apparition d'un troisième sexe, insiste sur le caractère spécifiquement féminin de la nouvelle secte :

> « Elle est composée seulement de personnes du beau sexe. On n'a point voulu de mélange du nostre, pour agir avec plus de pureté, et pour pouvoir donner essort à leur esprit avec moins de scrupule et plus de liberté. » (38)

Les choses en sont au point que, toujours d'après le même auteur, le mot « précieuse » n'admettrait pas de masculin ;

> « On ne parle d'autre chose que de la Prétieuse, on ne dit pas un mot des précieux »

constate un des interlocuteurs de Gélasire. A quoi celui-ci fait cette réponse inattendue :

---

(35) Chapelle et Bachaumont, Œuvres, p. 84.
(36) Ch. Sorel, *Œuvres diverses* (1663), p. 55 et sq.
(37) Abbé Cotin, *Œuvres galantes*, p. 65.
(38) *La Prétieuse*, t. I, p. 67.

« (...) la prétieuse ne donne pas l'exclusion aux mâles ; mais comme l'autour a un nom différent du tiercelet (...), aussi le mâle des Prétieuses s'appelle Janséniste qui est un galant spirituel et ferme (...) » (39)

On voit à quel point le sort des Précieuses est lié à celui des jansénistes. Ceci dit, la réponse est évidemment ironique, surtout de la part de l'abbé de Pure qui n'avait aucune sympathie pour l'augustinisme. Mais d'autre part il est clair que l'on ne peut, sans abus de langage, parler indifféremment, comme on l'a fait si souvent, de « précieux » et de « précieuses ». Le mâle de la Précieuse, s'il en existe, ne porte pas le même nom et ne saurait prétendre à être son égal. Il en est de la préciosité comme de la fauconnerie où le tiercelet est d'une taille très inférieure à sa femelle, ce qui permet d'entrevoir déjà comment les Précieuses conçoivent les relations entre les sexes. Quant au « précieux » il apparaît comme quantité négligeable, simple figurant voué à un rôle effacé et surtout décoratif.

Ces premiers éléments de l'enquête font voir, assez clairement semble-t-il, comment les contemporains se représentaient les Précieuses d'une manière globale et approximative ; les associations presque spontanées qui s'établissent entre le mouvement précieux et une conjuration ou une cabale, entre Précieuses et Jansénistes, ont une importance primordiale. Insupportables en société en raison de leur air ennuyé et de leurs bavardages médisants, les Précieuses peuvent éprouver le besoin de se retrouver entre elles, ou du moins leur attitude en public laisse croire qu'elles ont de bonnes raisons pour le faire. En dehors de toute référence explicite au contenu de leurs activités secrètes, ces femmes prennent déjà vaguement l'air de conspiratrices. A lui seul leur comportement justifie l'exclusive dont elles sont frappées : en vertu d'une version mondaine de l'antique loi du talion, qui cherche à exclure mérite à son tour d'être exclu. Il existe entre la société mondaine et les Précieuses un contentieux où celles-ci font figure d'accusées. Bien qu'elles soient présumées coupables avant même l'ouverture du procès, les principales pièces du dossier méritent examen.

III — *A quoi rêvent les Précieuses ?*

Il n'y a pas de société secrète sans complot, et aucun complot

---

(39) *La Prétieuse*, t. II, p. 158-159.

dont le secret soit si bien gardé qu'il ne finisse par transpirer. La « conspiration précieuse » ne fait pas exception à la règle. Il circule sur ses ambitions les bruits les plus extravagants et les plus contradictoires ; peu s'en faut que les Précieuses ne passent auprès de certains pour de dangereuses révolutionnaires prêtes à bouleverser l'ordre social existant ; et, comme elles sont femmes, ce bouleversement s'effectuerait au profit de leur sexe. Elles se prépareraient à lever contre l'arbitraire du pouvoir masculin l'étendard de la révolte. Après des siècles de servitude et d'abaissement, l'avènement des Précieuses signifierait la prise du pouvoir par les femmes et la reconnaissance de leur suprématie. Pour rendre compte d'un phénomène de cette ampleur, Géname (c'est l'anagramme de Ménage) doit remonter jusqu'aux origines de l'humanité ; ce rappel « historique » permet de révéler tout le mystère :

> « J'ay parlé de l'empire du sexe, de l'ardeur qu'il a de s'estendre, de la peine qu'il souffre de ses bornes (...) Une fable mystérieuse donnera l'intelligence de tous ces bizarres mots, et rendra le sens raisonnable à ce galimatias apparent. Les Dieux à la naissance du monde, consultèrent entre eux lequel des deux sexes auroit le commandement, et seroit réputé le chef et le maistre de l'autre. Il s'y trouva de grandes difficultés (...) » (40)

Les Dieux pensent s'être tirés d'affaire grâce à un compromis équitable : le Destin consulté donne aux hommes l'empire de la Raison et concède aux femmes celui de l'Amour. Mais depuis cet arrêt souverain, une moitié de l'humanité opprime l'autre.

Les Précieuses entendent bien remettre en question ce partage du monde et prendre leur revanche sur un sexe si longtemps et si injustement favorisé. En 1654 les temps sont proches et le grand dessein est peut-être sur le point de se réaliser. Le 12 Août 1654 se produisait une éclipse de soleil ; un astronome observe le phénomène à l'aide d'une lunette de Hollande et, quelque peu astrologue comme l'étaient souvent ses confrères de l'époque, il révèle que ce météore annonce dans les mœurs un bouleversement inouï et imminent :

> « Hé bien, grands Dieux, il est bien raisonnable que le beau sexe règne à son tour ! qu'il ayt sa part de l'Empire que vous avez donné aux hommes, et qu'enfin il reprenne un rang que l'injustice des lois humaines avoit usurpé sur le mérite de leur beauté, pour en mieux établir la fierté conjugale, et l'authorité

(40) *La Prétieuse*, t. I, p. 30 et sq.

des maris. (...) serois-je assez heureux pour connoistre ces personnes illustres qui effacent le Ciel, qui font fuir le Soleil, et dont l'esprit brillant et plein de feu doit établir la gloire de leur sexe, et faire revivre la réputation de la Femme forte et de l'incomparable Prétieuse ? »

Ce devin à la galanterie un peu surannée prévoit que l'empire du monde va passer aux femmes, que toutes les couronnes leur appartiendront, et il ajoute :

> « Que nous allons voir d'astres nouveaux, de femmes sça-
> vantes, de termes inouys, d'opinions modernes, de sentimens
> recherchez et de choses récentes ! » (41)

C'est encore l'abbé de Pure qui s'est trouvé à propos pour recueillir ces prédictions qui assignent aux Précieuses une tâche aussi vaste que glorieuse.

Il serait facile d'objecter à ce prophète que, si la révolution qu'il annonce, ne s'est jamais encore produite, les dames de 1654 ne sont pas les premières à avoir songé à la faire. Le phénomène précieux, sous couvert de nouveautés sans précédents, ressuscite parfois certains lieux communs de la tradition misogyne. Le *Cercle des Femmes* de S. Chappuzeau (1656), mis en vers un peu plus tard sous le titre d'*Académie des Femmes* (1661), raconte le complot tramé par Emilie, expressément désignée dans la pièce comme précieuse, et quelques-unes de ses compagnes pour mettre fin à l'hégémonie masculine. Les conjurées ne font pas mystère de leurs intentions :

> « Ha ! que si nous pouvions dompter ces maistres hommes,
> Les réduire à leur tour en l'état où nous sommes,
> Les régir une fois et prendre le dessus,
> Qu'il seroient étonnez, qu'ils deviendroient confus ! » (42)

Emilie invite ses complices à s'emparer sans retard du pouvoir civil, laissant malgré tout aux hommes le soin d'affronter les dangers de la guerre ; c'est, au petit pied, le grand projet formé par les Athéniennes de l'*Assemblée des Femmes* invitées par Aristophane à imposer la paix par le moyen d'une grève originale. Mais le complot sombre bientôt dans le ridicule et tourne à la confusion de ces révolutionnaires en jupons. Ainsi se trouve renoué le lien avec la

---

(41) *La Prétieuse*, t. II, p. 203-205.
(42) S. CHAPPUZEAU, *L'Académie des Femmes*, acte III, scène 3.

méfiance humaniste envers les femmes (43) et ressuscitée l'antique conspiration dont la misogynie brandit la menace pour se donner de faciles justifications et pour inquiéter tous ceux qui pourraient montrer trop d'indulgence envers un sexe réputé faible, mais en réalité hypocrite, sournois et dangereux. On voit jouer ici l'un de ces effets de capture si déterminants dans la constitution du phénomène précieux. Le recours à une fable ancienne permet d'expliquer l'attitude suspecte de certaines femmes ; on évoque la vieille menace d'une rebellion féministe et d'un monde inversé qui hante la mauvaise conscience masculine. Lorsque les Précieuses se dérobent à leurs obligations en société et font grise mine à leurs partenaires masculins, leur conduite laisse croire à des velléités d'indépendance et invite à supposer toutes sortes de complots. Ce refus du monde serait incompréhensible s'il n'était justifié ; il l'est facilement à condition de faire intervenir cette conjuration imaginaire. C'est une explication satisfaisante pour l'esprit dans la mesure où elle met fin au scandale d'un effet sans cause et d'un comportement louche sans arrière-pensées. Au terme de ce processus d'interprétation, la bouderie initiale s'est métamorphosée en volonté subversive et quelques bâillements intempestifs ont peut-être suffi à faire naître de graves soupçons sur les intentions des fautives.

Ces interférences entre le réel et l'imaginaire font obstacle à toute tentative de description cohérente du phénomène précieux. Il n'est évidemment personne pour croire sérieusement que ces femmes en révolte contre leur temps aient eu vraiment l'intention de s'emparer du pouvoir ; néanmoins l'infériorité féminine est à l'époque une situation de fait que nul ne peut ignorer, ce qui rend en un sens crédible cette improbable conjuration. Tout le monde est d'accord sur une définition globale du phénomène, réaction de refus et de protestation contre certains abus de l'ordre social, mais, lorsqu'il s'agit d'en préciser les circonstances et les modalités, les hypothèses les plus fantaisistes côtoient les constatations de bon sens. Entre les deux extrêmes il est toujours difficile de saisir l'authentique visage des Précieuses. On trouvera une illustration de ces incertitudes dans la diversité des attitudes qu'elles adoptent envers le mariage ; toutes, bien entendu, sont hostiles à l'institution, mais, en dehors de ce consensus négatif, les lignes de conduite sont à ce point variées que tout effort de synthèse semble bien problématique.

Hypocritement à en croire leurs ennemis, les Précieuses se

---

(43) La pièce de Chappuzeau imite un dialogue d'Erasme et Chappuzeau publie en 1662 une traduction des *Entretiens familiers* du même auteur.

déclarent ennemies du mariage. Dans le jargon que leur prête Somaize la chose est désignée par quelques euphémismes méprisants : se marier c'est « se résoudre à brutaliser avec un homme purement de chair » (44). Les héroïnes de l'abbé de Pure ne sont pas plus portées à l'indulgence ; Didascalie rencontre un jour une de ses amies si éperdue de douleur qu'elle ne peut articuler un mot, hormis ce cri : « hélas, je fus mariée » (45). Sophronisbe compare le mariage, pour une femme, au plus horrible des cachots de la Conciergerie, la « Mal-aise », où chaque mouvement est une nouvelle torture (46). Une autre explique à un amant imprudent ce que signifie pour elle une proposition de mariage :

> « Parmi le peuple, c'est une menace, par laquelle l'honneur se constitue en autorité de battre impunément une misérable créature, si elle devient coupable ; ou de la mépriser, si elle demeure innocente. Parmi les gens de condition c'est un repentir qui suppose, ou le dégoût d'une vie inquiète, ou la satiété des plaisirs, ou la fatigue d'une trop vaste débauche. » (47)

L'histoire d'Eulalie développe une longue diatribe contre le mariage et ses servitudes ; c'est d'abord la nécessité de subir une intimité répugnante :

> « Elle est obligée de supporter une chose insupportable ; et ce qui, à mon sens, est le plus haut point de la tyrannie du mariage, elle est obligée, dis-je, de recevoir dans son sein glacé les ardeurs de son mari, d'essuyer les caresses d'un homme qui lui déplaît, qui est l'horreur de ses sens et de son cœur. Elle se trouve dans ses bras, elle reçoit des baisers, et quelque obstacle que son aversion et sa peine puissent rechercher, elle est contrainte de se soumettre et de recevoir la loi du vainqueur. » (48)

A quoi s'ajoute le devoir de procréer afin d'assurer la descendance de ce mari détesté, devoir

> « qui l'expose tous les ans à un nouveau poids, à un péril visible, à une charge importune, à des douleurs indicibles, et à mille suites fâcheuses » (49).

---

(44) SOMAIZE, Dictionnaire des Prétieuses, t. I, p. 172-173.
(45) La Prétieuse, t. II, p. 206.
(46) La Prétieuse, t. II, p. 32-33.
(47) La Prétieuse, t. II, p. 143.
(48) La Prétieuse, t. I, p. 282.
(49) La Prétieuse, t. I, p. 284-285.

Toutes ces raisons, et quelques autres encore, prouvent à l'évidence que le mariage n'est qu'une entreprise d'asservissement dont Eulalie dénonce, ce sont ses propres mots, « l'injustice foncière ».

La Précieuse ne s'accommode en définitive que d'un seul état-civil : le célibat. Encore faut-il qu'il ne soit pas assorti des sujétions que la loi fait à l'époque peser sur les femmes non mariées, lesquelles restent soumises à l'autorité de leurs parents et n'ont pas un sort beaucoup plus enviable que si elles étaient en puissance de mari. C'est pourquoi l'état de veuve a tant de charmes aux yeux des Précieuses : il associe avec bonheur la disparition du tyran qu'est toujours un mari avec l'affranchissement des contraintes familiales qui est le seul aspect positif du mariage. Afin de mieux profiter de cette faille dans le système, l'une des conspiratrices de l'*Académie des femmes* (1661) propose qu'à toute femme majeure soit décerné un « brevet de veuve », seul passe-port juridique vers la liberté (50). Au nombre des « ragoûts du mariage » capables de réconcilier quelque peu les femmes avec cette institution honnie, la bavarde Eulalie propose le veuvage qui lui paraît, non sans quelque humour noir, le seul modus vivendi acceptable (51). Quant au second *Dictionnaire des Prétieuses* (1661), il ne manque jamais de noter toute circonstance, veuvage ou séparation, qui procure à quelques privilégiées une enviable autonomie. Cependant toutes les Précieuses ne peuvent avoir la chance de devenir veuves ou d'obtenir des tribunaux une séparation libératrice. Alors il faut vivre avec son siècle, mais il n'est pas interdit de rêver. Au cours des interminables entretiens qu'elles consacrent à la question, les héroïnes de l'abbé de Pure balancent entre la résignation et l'utopie. S'agit-il d'imaginer un monde idéal ; complaisant, le galant Gélasire leur propose toutes sortes de solutions merveilleuses qui toutes impliquent la suppression plus ou moins radicale du joug conjugal (52). Divers remèdes sont alors plus ou moins sérieusement envisagés : la pleine liberté des unions, le mariage à bail renouvelable par tacite reconduction, le mariage à l'essai, etc... Au demeurant aucun des interlocuteurs n'ignore le caractère utopique de ces belles réformes ; Eulalie reconnaît elle-même que ces projets concernent surtout les générations futures :

> « Ces espèces de propositions sont comme ces semences
> tardives qui paraissent hors de terre qu'après y avoir croupi

---

(50) S. Chappuzeau, *L'Académie des Femmes*, acte III, scène 3. Il est rare que l'idée de la femme émancipée ne soit pas associée à la condition de veuve ; ce n'est pas un effet du hasard si Molière imagine que la coquette Célimène est « une veuve de vingt ans ».

(51) *La Prétieuse*, t. I, p. 110.

(52) *La Prétieuse*, t. II, p. 22.

longtemps (...) Ce qui semble inutile dans cette Ruelle pourra profiter à nos neveux et servir de lois à d'autres siècles. » (53)

Il y a dans cette déclaration un soupçon de désenchantement. On peut parfois être « précieuse » sans perdre tout à fait le sens des réalités.

Mais on est en droit de se demander si, en reprenant contact avec les réalités, Eulalie et ses amies ne renoncent pas à leur qualité de Précieuses. Elles font preuve d'une modération qui étonne et revendiquent leur liberté sans illusion, comme la plupart des femmes du monde à cette époque. Eudoxe propose à la discussion la question suivante : si une femme qui a un amant et que l'on marie contre son gré peut « rendre au mari ce que l'ordre de son engagement désire d'elle et donner à son Amant ce dont le mérite et l'excès de sa passion sollicite son cœur en sa faveur » (54). Les réponses sont d'un conformisme déconcertant ; Eulalie cite en exemple l'attitude de Pauline dans *Polyeucte* et affirme que l'on doit tout à son mari ; Sophronisbe défend à peu près la même opinion ; Aracie fait l'éloge du mariage de raison partant du principe que la passion est encore plus aveugle que le choix des parents ou des amis. C'est peut-être Parthénoïde (autrement dit Chapelain) qui, contre toute attente, se montre le plus hardi en préconisant la solution galante de la séparation entre les devoirs du mariage et les plaisirs de l'amour qui restent selon lui compatibles à condition de se souvenir qu'ils sont de deux ordres différents. Mais dès lors plus rien ne distingue la doctrine de ces « précieuses » des conseils de résignation que donne l'éthique mondaine et galante ; elles ne prétendent nullement imposer au monde leurs utopies réformatrices et il y a loin de ces femmes pleines de modération aux révoltées hystériques de Chappuzeau. Il est encore trop tôt pour décider où sont les « véritables » précieuses, mais, de toute évidence, celles de l'abbé de Pure sont assez proches d'une certaine vérité moyenne de l'époque.

S'il existe une mentalité précieuse spécifique, ce n'est pas par la critique du mariage qu'elle peut se définir ; sur ce point les revendications précieuses se confondent très souvent avec les protestations galantes. Il faut donc envisager une autre hypothèse. La victime désignée du complot pourrait alors être l'Amour et non plus le mariage. L'abbé Cotin, de fait, présente ainsi la secte :

« Vous apprendrez icy les coutumes bizarres d'une cabale

---

(53) *La Prétieuse*, t. II, p. 17-18.
(54) *La Prétieuse*, t. I, p. 290 et sq.

qui veut réduire les femmes à se passer d'elles seules et qui fait profession de n'avoir ny paix ny trève avec l'amour (...). » (55)

Il n'est donc pas étonnant que l'Amour entre contre elles dans une grande colère et veuille chasser ces perturbatrices ainsi que le raconte l'argument de la première entrée du *Balet de la Déroute des Prétieuses* :

> « L'Amour, voyant que ses loix, qui avoient toujours été fort respectées de tout le monde, n'étoient plus en si grande considération, et que le pouvoir qu'il avoit eu jusques icy sur les cœurs commençoit à se diminuer, depuis que les Prétieuses s'étoient introduites dans les compagnies, d'où elles avoient résolu de le bannir entièrement, entra dans une colère dont on n'eust jamais cru qu'un enfant eust été capable, et jura de se venger d'elles à quelque prix que ce fust, et voulut mesme engager ses fidèles sujets en cette occasion, leur ordonnant de se déclarer ouvertement contre ces ennemies communes (...) »

Comme un monarque féodal l'Amour lève le ban et l'arrière-ban de ses galants sujets pour mater la révolte ; ceux-ci répondent avec enthousiasme et, au cours de la quatrième entrée de ce même ballet, dénoncent la félonie des Précieuses par ces couplets vengeurs et bien connus :

> « Prétieuses, vos maximes
> Renversent tous nos plaisirs ;
> Vous faites passer pour crimes
> Nos plus innocents désirs,
> Vostre erreur est sans égale,
> Quoy, ne verra-t-on jamais
> L'Amour et vostre cabale
> Faire un bon traité de paix ?
>
> Vous faites tant les cruelles
> Que l'on peut bien vous nommer
> Des jansénistes nouvelles
> Qui veulent tout réformer ;
> Vous gastez tout le mystère,
> Mais j'espère, quelque jour,
> Que nous verrons dans Cythère,
> Une Sorbonne d'Amour. » (56)

(55) Abbé COTIN, *Œuvres galantes*, p. 64-65.
(56) *La déroute des Prétieuses*, in *Les contemporains de Molière*, t. II, p. 503.

Si elle se tient jamais, la réunion de cette « Sorbonne d'amour » aura pour principal objet de condamner des « propositions » hérétiques parce que contraires aux commandements de ce dieu.

Une « précieuse » est donc surtout une femme qui fait fi de l'amour et dédaigne les hommages. Le mot a vite fait de s'imposer dans la littérature mondaine et lorsqu'il est employé sans autres commentaires, on s'en tient le plus souvent à cette définition un peu simpliste. A propos d'un cavalier qui, dit-il, « fait particulièrement profession de solidité » (et l'on devine aisément le sens du mot dans la langue galante), l'abbé Tallemant déclare dans une pièce du *Recueil de quelques pièces nouvelles et galantes tant en prose qu'en vers* (1663) :

> « aussi n'est-il guère dans la société des Prétieuses où tout se passe en discours frivoles et inutiles » (57).

Composée semble-t-il entre 1658 et 1660, la comédie de La Fontaine intitulée *Clymène* comporte une allusion au discrédit que la cabale précieuse fait maintenant peser sur la chasteté ; les Muses elles-mêmes commencent à avoir honte d'avouer qu'elles n'ont pas d'amants. Apollon demande à Erato si elle est amoureuse et il s'en suit ce petit dialogue entre le dieu et la muse :

> « *Erato*
> .... Autrefois j'étais fière
> Quand on disait que non ; qu'on me vienne aujourd'hui
> Demander « Aimez-vous ? », je répondrai que oui.
>
> *Apollon*
> Pourquoi ?
>
> *Erato*
> Pour éviter le nom de Précieuse. » (58)

La contagion du mal est telle que toute femme chaste risque de passer pour précieuse. Il est inutile de multiplier les exemples ; le caractère qui suffit à distinguer une précieuse du commun des femmes est son acharnement à se dérober à la sujétion de l'amour. Ce qui peut surprendre, c'est que l'attitude « précieuse » de refus ait pu sembler nouvelle alors que de tout temps ce réflexe négatif était considéré comme la réponse normale d'une femme à toute proposition amoureuse.

----

(57) *Recueil de quelques pièces nouvelles et galantes*, Cologne, P. du Marteau, 1663, p. 161-163.
(58) LA FONTAINE, *Clymène*, in *Œuvres complètes*, p. 254.

Il ne faut pas s'étonner en revanche que les Précieuses aient eu d'entrée de jeu très mauvaise réputation dans la société galante. On sait en effet quel culte attentif et dévotieux y était rendu à l'Amour ; les dédains des Précieuses sont autant d'atteintes graves à la toute puissance du dieu et leur dessein de se soustraire à sa domination a quelque chose de franchement sacrilège. Mais l'Amour trouve en la circonstance des vengeurs bénévoles qui n'hésitent pas à lui prêter main forte en répandant sur le compte des Précieuses les insinuations les plus redoutablement calomnieuses qui soient. Elles sont d'abord, au même titre que les prudes, taxées d'hypocrisie, c'est-à-dire qu'on leur reproche de chercher à dissimuler une sensualité inavouable et de nourrir, malgré leurs vertueuses dénégations, un goût très vif pour les « réalités ». Pour un galant homme, le refus de l'amour est une attitude à ce point contraire à la nature qu'il ne peut croire qu'elle soit sincère. Après avoir présenté la cabale précieuse comme résolument hostile à l'amour, l'abbé Cotin se demande « si les apparences répondent toujours à la vérité » (59). Face à une aussi monstrueuse aberration la première réaction est de douter. Mais il y a plus grave ; Les Précieuses tombent en effet sous le coup d'une accusation beaucoup plus terrible que ce vieux reproche d'hypocrisie auquel chaque femme reste exposée puisque toutes, avant de céder, font un peu de chantage. Les Précieuses quant à elles sont soupçonnées de repousser les hommages de leurs amants à seule fin de mieux goûter les plaisirs conjugaux.

Cette accusation capitale suffit à les mettre au ban de la société galante. Saint-Evremond dans « La Prude et la Précieuse » développe longuement cette contradiction scandaleuse :

> « Mais passons à la Précieuse,
>   Vestale à l'égard d'un amant ;
> Et solide voluptueuse
>   Avec un mari peu charmant.
> Le jour sa belle âme épurée
> Vit d'un tendre désir et d'une chère idée ;
> La nuit elle prend soin du corps,
> Animant d'un époux les vertueux efforts.
> L'appétit conjugal la presse,
>   Et sa pudeur, d'un homme nû
> Souffre la robuste caresse ;
>   Mais ses façons et sa vertu
> Reprennent leur délicatesse,
>   Si-tôt que le jour est venu. » (60)

---

(59) Abbé Cotin, *Œuvres galantes*, p. 64-65.
(60) Saint-Evremond, *Œuvres*, Londres, 1725, t. IV, p. 113-115.

La précieuse serait donc si l'on en croit ces calomnies une sorte de Janus femelle, prude le jour et dévergondée la nuit, en apparence hostile à l'amour, en réalité avide des jouissances les plus dégradantes. Là ne s'arrêtent pas les perfidies de Saint-Evremond puisqu'il semble suggérer que les Précieuses trouvent aussi dans leur amitié réciproque une compensation aux plaisirs qu'elles refusent à leurs amants :

> « Nous ne vous plaignons point, ô chères Précieuses,
> Qui dans les bras aimés de quelque tendre sœur,
> Savez goûter les fruits des peines amoureuses
> Sans intéresser votre honneur. » (61)

Que penser de la nature de ces consolations ? Il est difficile de le dire, mais s'il s'agissait d'amitiés particulières, la formule de l'abbé Cotin qui prétend que la cabale « veut réduire les femmes à se passer d'elles seules » prendrait un sens direct et précis.

Epouses trop soumises, maîtresses rétives, les Précieuses renversent sciemment tous les principes de l'art de vivre galant : elles séparent le plaisir de l'amour et courent ainsi le risque de « jouir sans amour et d'aimer sans jouissance » selon la formule de Saint-Evremond. Tallemant des Réaux nous apprend que beaucoup jugeaient des Précieuses à peu près de la même manière et qu'il était très commun de leur reprocher les coupables faiblesses dont elles faisaient preuve envers leurs époux. Dans l'historiette qu'il consacre à Langey, Tallemant se fait l'écho des bruits qui couraient sur certaines précieuses lorsqu'elles se trouvaient enfin en puissance de mari et il rapporte quel remède héroïque envisageait l'une d'elles pour mettre fin à ces propos diffamatoires :

> « Quand M. de Lillebonne espousa feu Mlle d'Estrées, qui estoit précieuse, on dit de luy comme de Grignan, quand il espousa Mlle de Rambouillet, un des originaux des précieuses, qu'il avoit fait de grands exploits la nuict de leurs nopçes ; Mme de Montauzier écrivit à sa sœur, en Provence : « On fait des médisances de Mme de Lillebonne comme de vous. » Mme de Grignan respondit que, pour remettre les Précieuses en réputation, elle ne sçavoit plus qu'un moyen, c'estoit que Mlle d'Aumalle espousast Langey. » (62)

En choisissant pour mari Langey l'impuissant une précieuse était en effet sûre de faire taire les mauvaises langues. La société

---

(61) SAINT-EVREMOND, *ibidem*, t. IV, p. 113-115.
(62) TALLEMANT DES RÉAUX, *Historiettes*, t. II.

galante ne prend guère au sérieux la pruderie précieuse ; elle
attend toujours avec impatience que se produise le faux-pas ou la
chute qui, en ridiculisant l'ambition précieuse d'échapper au joug
amoureux, lui confirmera le bien-fondé de sa propre morale.

Cependant cette condamnation sans appel et sans nuance
n'épuise pas le contentieux existant entre les Précieuses et l'Amour.
Un comportement si peu galant appelle une justification : elles
ne sauraient rompre ainsi avec les usages du monde et refuser
de prendre part au grand jeu de l'amour qui en est le divertissement majeur, sans avoir de raisons pour expliquer ce refus. L'hypothèse est d'autant plus probable que tout le monde s'accorde
à reconnaître que, tout en refusant absolument de s'engager dans
une intrigue galante, les Précieuses éprouvent un penchant paradoxal pour les discussions sur des sujets amoureux. Lorsque l'on
pénètre, à la suite de Saint-Evremond, dans le « cercle » féminin
que décrit la pièce du même nom, on aperçoit d'abord une prude,
une jeune coquette, une « solide », une « intrigueuse », puis enfin :

> « Dans un lieu plus secret on tient la Précieuse
> Occupée aux leçons de morale amoureuse.
> Là se font distinguer les fiertés des rigueurs,
> Les dédains des mépris, les tourments des langueurs.
> On y sait démêler la crainte des alarmes,
> Discerner les attraits, les appas et les charmes (...)
> Des premiers maux d'amour on connaît la naissance,
> On a de leurs progrès une entière science (...) » (63)

Mais tout ce savoir amoureux reste lettre morte et de la vieille
éthique tendre il ne subsiste que de vaines subtilités. En d'autres
termes, les Précieuses seraient en amour aussi bonnes théoriciennes que médiocres praticiennes. Elles tombent dans deux excès
contradictoires et pareillement néfastes : ou bien elles parlent
d'amour sans le faire, ou bien elles le font sans en parler, dans le
secret de l'alcôve conjugale. Or, selon les principes de la galanterie
mondaine, dire sans faire et faire sans dire sont deux extrémités
blâmables puisqu'aussi bien les plaisirs du corps ne valent que
s'ils sont prolongés par ceux de l'esprit et réciproquement. Il faut
se souvenir qu'un amoureux galant éprouve autant de satisfaction
à se vanter d'une conquête qu'à la faire et que Don Juan préfère
souvent la chasse à la prise. C'est cet équilibre inhérent à la mondanité bien comprise que les Précieuses mettent en péril par leurs
amours trop cérébrales. Comme le dit encore Saint-Evremond :

---

(63) Saint-Evremond, Œuvres, Londres, 1725, t. I, p. 109-112.

« Ces fausses délicates ont ôté à l'amour ce qu'il a de plus naturel, pensant lui donner quelque chose de plus précieux. Elles ont tiré une passion toute sensible du cœur à l'esprit, et converti des mouvemens en idées. Cet épurement si grand a eu son principe d'un dégoût honnête de la sensualité ; mais elles ne sont pas moins éloignées de la véritable nature de l'Amour que les plus voluptueuses, car l'Amour est aussi peu de la spéculation de l'entendement que de la brutalité de l'appétit. » (64)

Déjà « cartésiennes », comme le seront plus tard les « femmes savantes » de Molière, les Précieuses opposent de manière arbitraire et absolue le corps à l'âme ; mais en désincarnant l'amour, elles vont à l'encontre de sa nature véritable, comme tout à l'heure lorsqu'elles le confondaient avec le devoir conjugal. Cependant, alors que cette première erreur est simplement ridicule, la seconde a davantage de quoi inquiéter car elle traduit un souci de raffinement auquel aucun mondain ne peut rester insensible. Si la cabale précieuse représente un danger réel pour l'Amour, c'est que, sous le plausible prétexte de l'épurer, elle tend à le réduire à néant.

Comment les Précieuses envisagent-elles un amour ainsi dénaturé ? La réponse est fort simple : il faut les compter parmi les sectatrices de la « tendre amitié ». Non contentes de réduire l'amour à l'ombre de lui-même, elles voudraient encore en supprimer le nom. Ch. Sorel affirme nettement dans son « Discours pour et contre l'amitié tendre hors du mariage » :

« On attribue cette doctrine à ceux qu'on appelle aujourd'hui Précieux et Précieuses »,

et il précise un peu plus loin :

« Ce n'est pas Amour que ces gens-là ressentent. Cela était bon autrefois. La Mode veut que ce soit maintenant Amitié. » (65)

Voici donc les Précieuses enfin situées sur l'échiquier amoureux : elles penchent, comme beaucoup d'autres femmes, du côté de l'amitié tendre, c'est-à-dire qu'elles cherchent dans l'amitié des satisfactions qu'elles redoutent de ne point trouver dans l'amour

---

(64) SAINT-EVREMOND, *ibidem.*
(65) Ch. SOREL, *Œuvres diverses*, p. 155 et sq.

tel que le conçoit la société mondaine de leur temps. Ainsi s'éclaire
le grief paradoxal qu'on leur adresse si souvent de dédaigner
l'amour tout en lui vouant un respect proche de la superstition.
Il s'agit d'une simple querelle de vocabulaire qui s'explique par
la constante ambiguïté subsistant entre les termes d'amour et
d'amitié. Les Précieuses nomment « amitié tendre » une forme
épurée de l'amour qu'elles appellent de leurs vœux et se déclarent
en effet hostiles à l'amour si l'on entend par là autre chose que ce
commerce platonique dont les sens sont bannis. Le procès d'intention qu'on leur fait repose sur l'interprétation du mot amour ;
leurs adversaires lui prêtent un sens qu'elles rejettent et ils en
concluent malignement qu'elles refusent toute forme d'amour.
Elles leur donnent d'ailleurs implicitement raison lorsqu'elles
optent pour le terme d'amitié. L'abbé de Pure confirme cette
impression lorsqu'il définit la doctrine sentimentale des Précieuses :

> « La passion d'amour, ou la forte amitié n'ont point de
> cours parmi elles ; ces mouvements sont trop irréguliers, ou
> font de trop grands désordres dans les cœurs. Il n'y a que le
> tendre et le doux qui règnent dans leurs âmes, ou tout au plus
> quelque délicat rayon d'amitié. » (66)

Cette sage doctrine réflète la méfiance constante que toutes les
théories de l'amitié amoureuse entretiennent envers les excès aveugles de la passion et témoigne de la même propension à chercher
refuge dans les calmes délectations d'une sentimentalité bien tempérée. Le complot n'est pas dirigé contre l'amour sous toutes ses
formes, mais contre l'amour galant qui prétend, en vertu de sa
conception optimiste et laxiste de la nature, s'affranchir des rigueurs du platonisme « tendre ». Lorsque leurs adversaires proclament, non sans mauvaise foi, que les Précieuses sont des ennemies de l'amour, il faut comprendre de l'amour tel qu'eux-mêmes
le conçoivent ; simple épisode de la polémique galante. Si les
Précieuses songent à se retirer du monde c'est qu'elles n'acceptent
pas les risques auxquels une femme y est exposée et qu'elles souhaitent vivre à leur manière en goûtant, à l'abri des passions, les
plaisirs calmes de l'amitié. Une fois faite la part des calomnies et
des outrances, ces ambitions modérées semblent assez bien résumer
l'idéal amoureux des Précieuses qui, de toute évidence, ont de
nombreuses attaches du côté de Tendre.

---

(66) *La Prétieuse*, t. II, p. 122-123.

IV — *La réforme du langage : le Précieux tel qu'on le parle.*

Mais le zèle que déploient les Précieuses contre la tyrannie du mariage ou en faveur de l'amitié tendre, ne suffit pas à satisfaire leur enthousiasme réformateur ; celui-ci dépasse les préoccupations d'ordre sentimental et trouve curieusement un terrain de prédilection dans diverses tentatives linguistiques. Dès leur première apparition, le chevalier de Sévigné notait chez elles une tendance à se singulariser par une élocution bizarre ; il faisait état du « jargon » qui accompagnait leurs « mines » et leur « déhanchement merveilleux ». Ainsi s'esquisse une première image de la précieuse qui paraît tout à fait satisfaisante pour l'esprit. Leur manège de mijaurées reflèterait leur refus d'aimer et nul ne pourrait s'étonner que les filles aussi façonnières en amour ne conservent l'habitude de faire des manières en toutes circonstances ; leur langage contourné serait lui aussi à l'image de leur comportement et de leurs convictions et voilà pourquoi les Précieuses ne parlent point comme les autres femmes du monde. L'association en apparence logique qui met en rapport les protestations contre les dangers que l'engagement amoureux peut faire courir à une femme avec l'ambition de se singulariser par une élocution affectée, voire de réformer la langue, ne laisse pas, à la réflexion d'être assez artificieuse : elle repose uniquement sur les diverses nuances de sens que le verbe « façonner » est susceptible de prendre. De la circonspection sentimentale aux circonlocutions, la relation qui s'établit entre le rigorisme amoureux des précieuses et leurs soucis linguistiques est d'abord la conséquence d'un jeu sur les mots. C'est alors qu'interviennent quelques astucieux commentateurs qui ont vite fait de tourner la difficulté et de donner aux manies langagières des Précieuses un sens plus conforme à ce que l'on savait déjà de leurs projets et de leur état d'esprit. Une première hypothèse vient immédiatement à l'esprit : si elles parlent un jargon affecté, c'est pour mettre leurs paroles en harmonie avec le raffinement de leurs sentiments et si elles prétendent réformer la langue à leur usage, c'est tout bonnement qu'elles se refusent à admettre des mots ou des tournures qui risqueraient de salir leur réputation ou même seulement leur pensée. C'est pourquoi, ainsi que le rapporte l'abbé de Pure (67), au lieu de dire « j'aime » à tout venant, qu'il s'agisse de fruit, de melon ou

_____

(67) *La Prétieuse*, t. I, p. 73-76.

de sucre, elles préfèrent réserver ce mot à de plus nobles usages et ne pas le galvauder à propos d' « objets » indignes d'un si beau verbe. Il suffit de généraliser ce principe pour arriver à la conclusion que les Précieuses se doivent de parler un langage aussi soigneusement épuré que les sentiments qu'elles cultivent. Leur ambition sera en bonne logique de

> « bannir de la société l'impureté des mots aussi bien que des choses, (et) réduire les conversations à ce point de spiritualité où vous les voyez »

comme le déclare l'une des héroïnes de l'abbé de Pure (68).

Sur les moyens les plus aptes à réaliser ce noble programme deux hypothèses concurrentes sont en présence. Certaines Précieuses envisageaient, a-t-on dit, une réforme phonétique et proposaient le retranchement systématique des « syllabes sales », vertueuse initiative mais qui risque d'alléger singulièrement certaines pages du dictionnaire. D'autres, moins sensibles aux sonorités mais plus grammairiennes, entendent imposer une épuration encore plus radicale ; l'Amaranthe de Sorel décrète la suppression du genre masculin :

> « (...) par un caprice superstitieux elle s'est formé un langage dont on se sert la plupart du temps, où il n'entre point de mots masculins, et cela s'appelle le langage pur et réformé. » (69)

Le seul inconvénient du système est qu'il conduit à renoncer d'un seul coup à plus de la moitié des substantifs du lexique français. De toute évidence, cette manière de présenter les choses procède d'une intention satirique dont il est facile de deviner le postulat : un langage « pur et réformé » ne peut comporter ni éléments « sales », ni éléments « mâles ». Mais il n'est rien moins que certain qu'une telle langue soit viable, et à plus forte raison si l'on cumulait les deux procédés. La prétendue réforme sert le plus souvent de prétexte à des équivoques plus ou moins plaisantes ; c'est ainsi que Somaize prête aux Précieuses l'intention de bannir le mot « et » pour la simple et évidente raison que ces prudes ne peuvent qu'éprouver le plus grand dégoût envers toute espèce de « conjonction » (70). Le prétendu purisme des Pré-

---

(68) *La Prétieuse*, t. I, p. 380.
(69) Ch. SOREL, *Œuvres diverses*, p. 58-59.
(70) *Dictionnaire des Prétieuses*, t. I, p. LIX, article « & ». Livet transforme & en etc. et ne comprend pas le calembour.

cieuses est seulement l'avatar linguistique de leur puritanisme :
pour rester à la hauteur de leur réputation, elles se devaient de
traiter les mots comme les hommes ou comme les chiens et de
jeter un voile pudique sur leurs nudités.

Cependant, à partir de l'idée plus générale que la précieuse entend avant tout se faire valoir en se distinguant du vulgaire, peut
prévaloir une autre interprétation des particularités de leur langage qui n'a plus rien à voir avec le rigorisme de la doctrine
amoureuse. Certains suggèrent que les Précieuses avaient surtout
un faible pour les mots nouveaux et les locutions à la mode ; c'est
l'opinion de Juvenel qui affirme que lorsqu'elle s'est constitué
« un fonds de quinze ou vingt mots nouveaux », une précieuse
pense avoir largement de quoi se distinguer dans la conversation.
Ce point de vue est corroboré par l'abbé d'Aubignac pour qui
le bagage de ces jeunes personnes se réduit à fort peu ; elles se con-
tenteraient de saisir au vol quelques inventions fugitives et pensent

> « estre fort précieuses quand elles ont appris quelques paroles
> extravagantes comme « aimer furieusement », « plaire terri-
> blement » et mille autres façons de parler impertinentes. » (71)

Cette seconde interprétation confond les singularités du parler
précieux avec certains caprices de la mode ; c'est une version mondaine des faits qui tend à assimiler le jargon des Précieuses à un
langage un peu snob et par trop perméable aux influences nouvelles. Après avoir été accusées de sacrifier au purisme le plus
excessif, les Précieuses encourent maintenant le reproche d'ac-
cueillir trop facilement les néologismes, griefs qui paraissent assez
contradictoires. Cette indulgence pour les facilités du langage à la
mode ne s'accorde guère avec la rigueur que laissait présager la
vaste entreprise d'épuration évoquée tout à l'heure, à moins d'imaginer que l'on compense par ces acquisitions les retranchements
qu'avait imposés une conception trop pudibonde de la grammaire.

Quoi qu'il en soit, les Précieuses ne se bornent pas à amender
ou à emprunter, leurs ambitions sont beaucoup plus radicales ;
elles n'auront de cesse, nous dit-on, qu'elles n'aient métamorphosé la langue au point de la rendre inintelligible à autrui. Somaize explique cet ésotérisme par une volonté de se distinguer
poussée jusqu'à l'absurde :

> « Les Prétieuses sont fortement persuadées qu'une pensée

(71) F. DE JUVENEL, *Le portrait de la coquette*, Sercy, 1659, p. 235 et Abbé d'AUBIGNAC,
« Abrégé de la Philosophie des Stoïques », in *Macarise ou la Reyne des Isles Fortunées*,
Paris, 1664, p. 123.

ne vaut rien lorsqu'elle est entendue de tout le monde, et c'est une de leurs maximes de dire qu'il faut nécessairement qu'une prétieuse parle autrement que le peuple (...) » (72)

Mlle de Montpensier constate sans plus de commentaire qu'elles s'expriment dans une « langue particulière qu'à moins de les pratiquer on n'entend pas » (73). On en vient progressivement à l'idée que le parler précieux constitue un authentique jargon incompréhensible aux non-initiés. Il est dès lors naturel que les Précieuses veuillent apporter tous leurs soins à l'élaboration d'un nouvel instrument de communication qui est appelé à devenir la manifestation la plus visible de leur originalité. L'abbé de Pure raconte comment l'une d'elles aurait un jour conçu le projet de codifier les inventions de ses compagnes afin de définir un idiome nouveau à l'usage exclusif de la secte ; faute d'y réussir elle-même, elle doit faire appel aux services d'un « honnête homme » en qui il serait tentant de reconnaître le toujours obligeant Somaize :

« (...) j'avois eu la pensée de faire une espèce de langage pour parler parmy nous et pour dérober aux écoutans l'intelligence de nos discours. Mais à dire vrai, notre ignorance fit avorter ce dessein et nous ne pûmes jamais mettre demi-douzaine de mots en usage. Il y vint un honnête homme le soir, qui a beaucoup d'esprit et qui me fit ouverture d'un ouvrage que depuis nous avons fait valoir et qui peut-estre un jour verra la lumière. Il se doit appeler :

Dictionnaire des Ruelles

Pour servir à l'intelligence des traicts d'esprits, tons de voix, mouvements d'yeux et autres aymables grâces de la Prétieuse. Œuvre très utile pour ceux qui veulent converser et fréquenter le beau monde et faire des progrès dans les mystères de la Ruelle. » (74)

Alors s'ouvre l'ère des dictionnaires, ouvrages dont l'utilité devient évidente du jour où il est admis que le « précieux » est presque assimilable à une langue étrangère. L'année suivante, c'est-à-dire en 1658, Ch. Sorel mentionne parmi les lots burlesques de sa « Loterie » plusieurs ouvrages sur les Précieuses dont « *Le Dictionnaire des Précieuses, ou le langage vulgaire françois est d'un costé de la page, et le langage précieux de l'autre* ». Somaize n'avait plus qu'à se mettre à l'œuvre ; tout le monde sait que c'est

(72) *Dictionnaire des Prétieuses*, « Maxime VIII ».
(73) Mlle DE MONTPENSIER, « Portrait des Précieuses »
(74) *La Prétieuse*, t. II, p. 161-162.

à lui que revient l'honneur d'avoir réalisé ce lexique bilingue avec le premier de ses *Dictionnaires* qui s'inspire du principe de la traduction juxtalinéaire des expressions précieuses en bon français. En 1660 donc, règne dans la société française le bilinguisme ; les femmes du monde ont théoriquement le choix entre deux idiomes : ou, comme leurs domestiques et le commun des mortels, elles parlent français, ou elles optent pour le « précieux ». Se promenant dans les rues de Paris, deux personnages du *Procez des Précieuses* (Juillet 1660) aperçoivent au-dessus d'une porte cette enseigne :

> « Les lecteurs qui sont curieux
> Sçauront que le sieur Théocrite
> Dedans cette maison habite,
> Et montre à parler prétieux. » (75)

L'un des deux promeneurs, Pancrace, de son état professeur de français, d'italien et d'espagnol, se désole de ne plus pouvoir désormais gagner sa vie en enseignant le français depuis que cette langue a été supplantée dans le beau monde par le « précieux » ; il redoute même que ne se développent en Espagne et en Italie des parlers analogues qui rendraient sa science vaine et le réduiraient au chômage. On serait donc à la veille d'une formidable révolution linguistique qui menace de déferler sur l'Europe entière.

Il va de soi que cette vision des faits est totalement invraisemblable encore que parfaitement logique. De l'idée que la précieuse refuse d'être confondue avec le commun, on a déduit qu'elle ne saurait parler comme tout le monde et qu'elle devait attacher le plus grand prix à s'exprimer de telle sorte que les non-initiés ne puissent la comprendre. De là à considérer le « précieux » comme une langue autonome au même titre que le français ou l'espagnol, il n'y a qu'un pas que Somaize franchit allègrement ; Molière lui avait du reste montré la voie. Au demeurant toute société secrète a ses mots de passe, les voleurs ont leur argot ; il n'y a donc aucune raison pour que la secte des Précieuses fasse exception à cette loi de la clandestinité. Mais il n'est souvent rien de plus déraisonnable que la logique ; toutes ces évidences se déduisent rigoureusement l'une de l'autre, ce qui n'empêche que la conclusion est tout à fait absurde. Molière, et Somaize après lui, montrent sur la scène des Précieuses qui s'expriment de manière sans doute bizarre et incongrue mais toujours parfaitement intelligible. Ce n'est pas, loin s'en faut, la langue étrangère annoncée, mais un

(75) SOMAIZE, *Le Procez des Prétieuses*, in *Dictionnaire*, t. II, p. 73.

mélange hétéroclite et burlesque de locutions empruntées à des registres très divers. Somaize avait d'ailleurs conscience de s'exposer sur ce point à quelques critiques ; dans la préface des *Véritables Précieuses,* il s'en explique assez maladroitement :

> « Il ne peut rester qu'un scrupule dans l'esprit du lecteur : sçavoir pourquoy je fais que mes acteurs parlent tantost en insensez, tanstot en gens tout à fait raisonnables ? Mais qui examinera bien les personnages qu'ils représentent, discernera aisément que ce qu'ils disent de juste c'est seulement par ouy-dire, et qu'en ce qu'ils disent d'eux-mesmes ils ne démentent point leurs caractères. » (76)

Ainsi les spectateurs sauront pourquoi ils comprennent des propos auxquels ils n'auraient dû normalement rien entendre. Seules l'ignorance et la lourdeur d'esprit des valets ou des servantes peuvent être prises au dépourvu par ces périphrases en forme d'énigmes qui métamorphosent les fauteuils en « commodités de la conversation » et les pots de chambre en « soucoupes inférieures » ; l'obscurité, toute relative, de ces métaphores de pacotille permet de présenter abusivement le « précieux » comme une langue étrangère. C'est un jeu dont les contemporains se sont divertis mais sans jamais le prendre très au sérieux. Somaize lui-même cherche à peine à faire illusion et semble surtout désireux de protéger contre les entreprises de concurrents éventuels une trouvaille qu'il s'est appropriée. Il croit si peu à l'exactitude des renseignements donnés par son *Dictionnaire* qu'il a fait rajouter à la fin du privilège de l'ouvrage une formule curieuse et, semble-t-il, assez inhabituelle ; à la suite des inhibitions et défenses rituelles, il interdit également « de se servir des mots contenus en iceluy sans le consentement dudit exposant ou ceux qui auroient droict de luy, à peine de quinze cens livres d'amende » (77). Singulier dictionnaire dont les mots doivent rester la propriété exclusive de l'auteur.

Avant toute interprétation des témoignages, trois versions des faits restent en présence qu'il semble a priori difficile de concilier. La première ramène la réforme de la langue à une manifestation parasite de puritanisme ; les Précieuses chercheraient à étendre au domaine du langage leur entreprise de restauration de l'ordre moral en imposant à la grammaire ou au lexique des contraintes absurdement pudibondes. Mais personne n'osera soutenir de bonne foi qu'il est nécessaire, pour la plus grande gloire de l'honnête

---

(76) SOMAIZE, *Les Véritables Précieuses,* Préface, in *Dictionnaire,* t. II, p. 10.
(77) SOMAIZE, *Dictionnaire des Prétieuses ou la Clef de la langue des Ruelles,* J. Ribou, 1660, Privilège.

amitié, de gommer les syllabes sales et les termes équivoques, voire d'anathématiser tous les mots masculins. La deuxième version des faits réduit la contribution des Précieuses à l'introduction de quelques termes à la mode que ces jeunes personnes auraient tendance à employer à tout propos ; mais cet enthousiasme pour les néologismes ne s'accorde guère avec le purisme intransigeant que supposait l'interprétation précédente. D'autre part, s'il est seulement question de répandre des façons de parler nouvelles, le projet n'a rien de très révolutionnaire, à moins de supposer, troisième version, que ces innovations sont si nombreuses et si radicales qu'elles entraînent un bouleversement complet des usages et visent à créer, parallèlement à l'idiome des honnêtes gens, un dialecte particulier à l'usage exclusif des membres de la secte. Mais, outre que la nature de ce jargon fait problème, il subsiste également des doutes sur le sens de la réforme : on ne sait trop si elle sera à usage interne ou externe, autrement dit, si les Précieuses rêvent de transformer la langue pour le seul et vain plaisir de n'être entendues de personne ou si elles cherchent au contraire à donner aux béotiens des leçons de beau langage. Or rien ne permet de choisir entre ces deux motivations divergentes. Ce premier bilan, entièrement négatif, sur les rapports entre les Précieuses et le langage n'épuise pas la question. Même si la langue qu'on leur prête est, pour l'essentiel, fictive et si leurs intentions sont données pour absurdes et condamnables, ces boucs émissaires endossent certains péchés de la communauté et rares sont ceux qui auraient pu, en toute bonne conscience, leur jeter la première pierre. Mais, entre les erreurs que l'on commet et celles que l'on reconnaît, il y a souvent une assez considérable distance.

V — *La Précieuse et l'éternel féminin.*

Il faut en convenir, l'avertissement de l'abbé de Pure n'était que trop fondé : la Précieuse répugne à tout effort de définition logique. Non que l'on ne puisse rien savoir de précis sur elle ; c'est exactement l'inverse : plus on accumule les précisions, moins on approche du but. On ne parvient jamais à en saisir qu'une fausse apparence, fantôme ou caricature, qui se résout en images contradictoires ; l'amoureuse platonisante se métamorphose en bigote puritaine ou en épouse sensuelle, la zélatrice du beau langage se met à parler un jargon ridicule et controuvé. L'idée en apparence claire et distincte qui en faisait une femme éprise de

pureté à la fois dans les sentiments et dans les mots ne résiste
guère à l'examen ; cette image d'Epinal ne rend pas compte de la
diversité de son être. La question « qu'est-ce qu'une Précieuse ? »
ne peut en définitive admettre qu'une seule réponse simple, encore
que vague et imprécise : c'est une femme qui, par une constante
tendance à se distinguer, manifeste son désaccord avec certains
aspects de la civilisation de son temps. Cette révolte est motivée
par le sentiment que toute femme est la victime désignée de
l'oppression sociale, soumise à la tyrannie des lois, au bon plaisir
des maris et éternelle perdante au jeu de l'amour. Mais ces pensées
en elles-mêmes n'ont rien de très nouveau et le jugement que la
majorité des femmes porte dans le secret de leurs cœurs sur la
société de l'époque n'est en définitive guère différent ; elles su-
bissent le mariage, aspirent à plus de considération et voudraient
que leur soit reconnue, au moins pour les choses de l'amour et de
l'esprit, une pleine égalité avec le sexe masculin. Cependant cette
communauté d'esprit avec bon nombre de femmes du temps n'empêche pas les Précieuses de former un clan à part et toute la
difficulté est de comprendre les raisons de cette rupture. De son
côté la société mondaine fait à leurs revendications un accueil plutôt froid et les soupçonne toujours de chercher à bouleverser
l'ordre établi ; ce qui fait que les Précieuses, bien qu'elles aient
parfois raison aux yeux du monde, passent néanmoins toujours
pour déraisonnables. La déraison s'attache tout autant à leur
nature qu'à leurs opinions ; c'est un postulat avant d'être un état
de fait. Ainsi, lorsque certaines précieuses protestent contre les
abus du mariage, elles devraient susciter des échos favorables dans
les cercles galants où il est de bon ton de faire le procès de l'institution. Il n'en est pourtant rien ; l'abbé Cotin félicite une de ses
correspondantes d'avoir brillamment plaidé la cause du mariage
contre une Précieuse et il ajoute qu'elle y a eu d'autant plus de
mérite que cette apologie de l'état matrimonial ne correspondait
pas à ses sentiments profonds (78).

Tout donne à penser que les Précieuses sont victimes d'un procès d'intention et condamnées à être toujours dans l'erreur. Elles
sont affligées, de manière superlative, de la plupart des défauts
latents que la société galante est portée à attribuer à la nature
féminine. Celles qui ne se donnent assez promptement au gré de
leurs amants sont taxées de pruderie ; celles qui tentent d'user de
leur esprit ou de leur savoir pour affirmer la supériorité de leur
sexe passent pour savantes au pire sens du terme. Les mêmes
refusent le mariage, non pour la bonne cause, c'est-à-dire parce
qu'il est une source d'empêchement au libre exercice de l'amour,

---

(78) Abbé Cotin, Œuvres galantes, p. 210.

mais seulement comme instrument de soumission de la femme. Sans doute chacun de ces défauts n'est-il à tout prendre que l'envers d'une qualité, ou plus exactement l'interprétation erronée d'une maxime salutaire. Il est souhaitable en effet que les femmes n'accordent pas leurs faveurs à la première sollicitation, sinon le jeu de l'amour perdrait l'essentiel de son charme. Le temps n'est plus également où l'on pouvait songer à réduire à un état de servitude quasi médiéval un sexe qui est l'ornement nécessaire de la vie mondaine. La philosophie de l'Arnolphe de l'*Ecole des Femmes* est aussi excessive et « antinaturelle » que celle des Précieuses en ce qu'elle méconnaît absolument le rôle dévolu à la femme dans la civilisation ; mais entre le tout des Précieuses et le rien d'Arnolphe, il y a place pour un juste milieu. Il serait tout aussi rétrograde de nier absolument la valeur de l'élégance et du raffinement dans le langage ; mais en exagérant ces qualités et en cherchant à les confisquer au profit exclusif de leur sexe, les Précieuses n'en commettent pas moins une faute impardonnable. La déviation féministe initiale justifie tous les soupçons et les charges qui pèsent sur elles sont d'autant plus lourdes que la culpabilité prédispose à toutes sortes d'accusations, même les plus manifestement imaginaires. La frontière entre l'anomalie et la norme est souvent indécise ; si les Précieuses ressemblent parfois à s'y méprendre aux femmes les plus estimées de leur temps, c'est que leurs intentions sont souvent excellentes. Mais les meilleurs principes sont sujets à des applications déplorables. La Précieuse est une caricature de la femme du monde, à la fois semblable à son modèle et pourtant méconnaissable tant les traits sont exagérés. Paradoxalement, c'est en aspirant à faire mieux que les autres femmes, en voulant être plus mondaines que les véritables mondaines qu'elles deviennent un objet d'exécration pour une société qui répudie cette image déformée de son idéal féminin.

Malgré l'unanimité des témoignages qui affirment que la Précieuse correspond à un nouvel avatar de la nature féminine, il est permis d'émettre quelques doutes sur l'absolue nouveauté du comportement que l'on prête à ces créatures jusqu'alors inconnues. Il est au contraire tout à fait probable qu'il existe des interférences avec d'autres types féminins préexistants dans la mesure où la Précieuse incarne de la femme une vision plutôt défavorable dont les éléments constitutifs n'ont rien de bien neuf. Cette hypothèse aurait le mérite d'expliquer pourquoi l'idée de la Précieuse, simple en son principe, se charge de significations et de circonstances parfois difficilement compatibles entre elles : des cousinages obliques ont pu contribuer à enrichir artificieusement la geste des Précieuses de traits parasites. Il est difficile de délimiter exactement les types respectifs de la prude et de la précieuse. En droit, la différence est nette ; la prude, atteinte par l'âge qui a terni sa beauté, se retire du monde et cherche dans la médisance de mesquines compensations à sa disgrâce ; la précieuse, au contraire, a l'ambition de refaire monde et de s'y tailler un empire à la mesure de son pouvoir de séduction ; c'est pourquoi il importe qu'elle soit jeune et belle. L'une évite les divertissements mondains et se jette à corps perdu dans une dévotion sincère ou feinte ; l'autre aspire à briller dans le monde mais rejette l'amour, le mariage et les sujétions inadmissibles que la société civile impose aux jeunes femmes. C'est en ce sens que Scarron, Saint-Evremond ou l'abbé de Pure sont fondés à distinguer avec soin, voire à opposer ces deux catégories de femmes (79). Mais l'opinion commune ne s'embarrasse pas toujours d'aussi fines nuances : pour des raisons différentes, la prude et la précieuse se dérobent à l'amour et incarnent de ce fait des résistances qui désignent certaines femmes à la vindicte publique. C'est pourquoi quelques incertitudes apparaissent parfois. Aveuglée par le ressentiment, Mlle de Montpensier cherche à donner de ses ennemies intimes le portrait le plus défavorable qui soit et n'hésite pas à noircir un peu la « vérité ». Un glissement illégitime entraîne la superposition de deux entités théoriquement distinctes. Cette confusion est si naturelle que Sorel est amené à définir une sous-espèce du genre précieux, la « précieuse-prude » qui, comme son nom l'indique est de toute évidence un hybride. Opposer la prude à la précieuse est donc un exercice d'école qui fait surtout valoir la subtilité d'esprit de celui qui s'y livre ; mais, avec sans doute quelques nuances nouvelles, les Précieuses héritent d'une bonne part des défauts traditionnels du tempérament féminin et assument en particulier sur bien des points l'ingrate succession des prudes.

Des abus de ce genre se manifestent à propos de la réforme du langage. On a supposé que les Précieuses, ou du moins certaines d'entre elles, envisageaient de réaliser cette épuration de la langue par le biais du retranchement des syllabes réputées sales et des mots équivoques. Or l'idée n'appartient pas en propre aux Précieuses et, bien avant 1654, quelques prudes leur avaient ouvert la voie. Le Rôle des présentations aux Grands-jours de l'Eloquence françoise (1634) enregistre cette plainte :

    « Requête III

    S'est présentée la dame marquise de Monelay, requérante que, pour éviter les occasions de mal penser que donnent les

---

(79) On trouve cette distinction chez Scarron (*Epitre chagrine*), Saint-Evremond (« Le Cercle », « La prude et la précieuse »), l'abbé de Pure (*La Prétieuse*, t. I, p. 61).

paroles ambiguës, l'on usera du mot de *penser* au lieu de *conception.* » (80)

Si l'on incline à croire au contraire que la langue des Précieuses résulte d'une exagération des tendances latentes du langage à la mode, il est également impossible de leur reconnaître une priorité absolue ; d'autres, et cette fois-ci ce ne sont même pas des femmes, avaient auparavant poussé aussi loin le goût des expressions nouvelles si bien qu'elles ne sont pas les premières à qui l'on ait reproché de ne plus être intelligibles à force de raffinements. Ch. Sorel imagine dans le *Berger extravagant* (1627) que son héros Lysis qui, comme son illustre prédécesseur Don Quichotte, s'est gâté l'esprit à force de lire des romans, a pris l'habitude de s'exprimer en des termes si choisis que son valet ne parvient pas à le comprendre. Préfigurant le thème « précieux » de la leçon de vocabulaire, le maître enseigne à son domestique comment doit parler l'homme à la mode :

> « S'il veut dire qu'il vient d'entretenir des hommes de bonne humeur, il dira : je viens d'être en conversation avec des *visages* de bonne humeur. — Mais l'on ne parle pas à des visages seulement, l'on parle à des personnes tout entières. — Il n'importe ; il faut parler ainsi pour parler à la mode, et il faut dire à tous coups : Combien y a-t-il que vous n'avez vu ce visage ? ce visage m'a voulu quereller, c'est un fort plaisant visage (...) Et si l'on te disait qu'on te veut faire ouïr une bonne musique, il faut répondre : je *baise les mains* à la musique pour aujourd'hui (...) » (81)

Molière et Somaize n'ont rien inventé et l'on voit comment le folklore « précieux » s'enrichit d'emprunts à des sources diverses, non sans quelques incohérences d'ailleurs. On retrouve en effet ici la double nature des Précieuses, à la fois prudes et mondaines, et c'est pourquoi leur réforme de la langue cumule l'euphémisme puritain et le néologisme de bon ton.

Assez souvent de tels faits ont été interprétés comme une preuve que la « préciosité » préexistait aux Précieuses, autrement dit qu'il existait des Précieuses avant que l'on se soit avisé de leur donner ce nom. L'argumentation n'est guère probante car ces précurseurs de la préciosité n'ont le plus souvent rien de com-

---

(80) Ch. SOREL, *Rôle des présentations aux Grands-jours de l'Eloquence françoise.* Première assise le 13 mars 1634.
(81) Ch. SOREL, *Le Berger extravageant,* 1627, livre VI, p. 383 (texte cité par E. ROY, *La vie et les œuvres de Charles Sorel, sieur de Souvigny* (1602-1674), Hachette, 1891, p. 151-152).

mun avec les Précieuses ; il est beaucoup plus vraisemblable que
le succès de ces dernières a fait qu'on leur a imputé assez au
hasard tout ce qui pouvait paraître utopique ou bizarre. Comme
le rappelle avec humour F. Brunot, Malherbe fut l'un des premiers
à condamner les mots sales et équivoques comme contraires à la
pureté de la langue (82) ; or il suffit de lire l'historiette que lui
consacre Tallemant des Réaux pour se persuader que le poète
n'avait pas le tempérament amoureux d'une précieuse. Ce ne sont
pas non plus les Précieuses qui ont songé les premières à une
réforme du vocabulaire si radicale qu'elle conduirait à la constitution d'une langue nouvelle. Dès avant 1650, la *Comédie des
Académistes* de Saint-Evremond raille les prétentions des académiciens qui entendent user de leurs pleins-pouvoirs pour remo-
deler entièrement le français ; Colletet, transporté par cet enthousiasme réformateur, s'écrie :

« .... — Faisons langue nouvelle,
Puisque l'Académie en a bien le pouvoir. » (83)

Ces thèmes d'actualité viennent se greffer sur l'histoire des
Précieuses. Il en est de même à propos de la réforme de l'orthographe. Somaize consacre à ce problème un assez long développement de son *Dictionnaire* (84). Or les simplifications que proposent
Mme Le Roy, Mlle de Saint-Maurice et Mlle de la Durandière,
sous le patronage de Le Clerc, dans le dessein de « purifier » l'orthographe n'ont rien d'original. Supprimer les lettres superflues
afin d'alléger les graphies traditionnelles est une idée assez répandue à l'époque ; dès 1624 le P. Monet demandait la suppression
des lettres surnuméraires introduites au xvi° siècle (85) et, en 1660
la *Grammaire générale* de Port-Royal préconise une orthographe
presque phonétique (86). Mais le projet se heurte, semble-t-il, à
de solides résistances ; si l'on en croit la *Requeste présentée par
les dictionnaires à Messieurs de l'Académie* publiée par Ménage
(1649), les jeunes écoliers se plaignent de ces bouleversements qui
rendent les dictionnaires inutilisables (87). Bref, il suffit qu'une
idée un peu extravagante soit dans l'air pour qu'on en gratifie
aussitôt les Précieuses ; on ne prête qu'aux riches et le crédit des

---

(82) F. BRUNOT, *Histoire de la langue française des origines à 1900*, A. Colin, 1933 et sq.,
t. III, p. 151.
(83) SAINT-EVREMOND, *La comédie des académistes*, acte V, scène 2.
(84) SOMAIZE, *Dictionnaire des Prétieuses*, t. I, p. 178-184.
(85) P. MONET, *Parallèle des deux langues*, latine et françoise, 1624, ouvrage perdu mais
dont il existe un *Abrégé* paru à Rouen, chez J. Berthelin, en 1636.
(86) *Grammaire générale et raisonnée de Port-Royal*, Perlet, 1803, p. 265.
(87) MÉNAGE, *Requeste présentée par les Dictionnaires à Messieurs de l'Académie pour la
réformation de la langue françoise*, s.l.n.d. p. 12-13.

Précieuses a été considérable durant les quelques années qu'a duré leur vogue.

En vertu d'une autre association d'idées qui n'a rien que de très normal, la Précieuse tend également à se confondre avec la femme savante. Or on a parlé de femmes savantes bien avant qu'il ne soit question de Précieuses ; en 1638 Balzac déclarait sans ménagement à l'égard des pédantes de son temps qu'il préférait encore les femmes à barbe aux femmes savantes et sans doute n'était-il pas le premier à soutenir une aussi peu galante opinion (88). Cependant, pour une femme, rien n'est plus humiliant que de se voir exclue de la pratique des choses de l'esprit et condamnée pour toute science à raisonner sur la différence entre un pourpoint et un haut de chausse. Il est logique que les Précieuses revendiquent le droit de se mêler à tout ce qui touche à l'esprit et à la littérature ; mais elles courent alors le risque d'être prises pour des bas-bleus. Emilie, la conspiratrice de l'*Académie des Femmes*, a de bien singulières lectures ; elle ordonne à sa servante Lisette :

« Mettez ma chambre en ordre, et mon alcauve aussi,
Et reportez ensuite en ma bibliothèque,
Quintilien, Plutarque, Aristote et Sénèque :
Ils sont tous sur ma table et sur mon guéridon ;
Et ne démarquez rien. J'oubliois Casaubon,
Et Descartes tout proche, avecque Campanelle
Que je viens de laisser ouverts dans ma ruelle (...) » (89)

Rien d'étonnant qu'une précieuse aussi encyclopédique soit recherchée en mariage par un « docteur ». Pour Juvenel lorsque les coquettes se métamorphosent en précieuses, elles abandonnent le culte de la beauté pour celui du savoir :

« Au lieu d'employer leurs soins pour paraître des Vénus, elles font ce qu'elles peuvent pour paraître des Pallas ; mais ce sont des Pallas trompeuses dont la science ne consiste que dans l'intention ou dans la réforme de quelques mots (...) » (90)

Somaize ne conçoit pas la ruelle d'une Précieuse autrement que comme un lieu où l'on s'intéresse avec passion à la littérature ; Mlle Dupré « faisait profession ouverte de sciences, de lettres,

---

(88) BALZAC, lettre à Chapelain du 30 septembre 1638, citée par Ch. L. LIVET dans son édition des *Femmes Savantes*, Paris, 1893, p. XIV.
(89) S. CHAPPUZEAU, *L'Académie des Femmes*, acte II, scène 3.
(90) F. DE JUVENEL, *Le Portrait de la coquette*, Sercy, 1659, p. 237.

de vers, de romans et de toutes choses qui servent d'ordinaire entretien à celles qui sont précieuses » (91). Cathos et Magdelon ne font que suivre l'exemple de leurs devancières en suppliant Mascarille d'amener chez elles ces « Messieurs du Recueil des Pièces choisies » (92). Science, littérature et esprit sont les passe-temps favoris des Précieuses qui sembleraient parfois négliger à leur profit leur grand dessein de réformer l'amour. Mais dans les romans qui constituent leur lecture favorite (93), elles trouvent exposées les doctrines platonisantes qui s'accordent si bien avec leur manière de concevoir ce sentiment. C'est ainsi que se justifient certaines ambivalences et que se tissent de multiples liens entre types féminins voisins et cependant, en principe, distincts. L'imbrication de ces éléments d'origine fort diverse contribue fortement à altérer la pureté des définitions primitives.

Cette contamination entre les deux types de la Précieuse et de la femme savante donne d'ailleurs la clef d'un petit problème amusant, celui du « mâle » de la Précieuse. Pour des raisons évidentes le mot a longtemps été employé seulement au féminin ; il était légitime qu'il n'existe pas de « précieux » puisque les convictions amoureuses des Précieuses les invitaient à fuir toute présence masculine. Seule une déviation de sens pouvait permettre de combler cette lacune. Or, assez tardivement, Sauval invente ce masculin qui faisait jusque-là défaut et parle dans ses *Antiquités* des « prétieux et des prétieuses ridicules » ainsi que du « prétieux M. Ménage » (94). Il est facile de comprendre comment s'effectue le transfert ; dès lors que les Précieuses se mêlent de littérature, la collaboration des auteurs leur devient indispensable ;

> « J'ajouteray à cela qu'il faut encor qu'elles soient connues de ces messieurs que l'on appelle autheurs, et qu'il seroit malaisé ou mesme impossible de parler d'elles sans les y mesler »

note Somaize dans l'article « Antiquité » de son *Dictionnaire* (95). Les gens de lettres sont par conséquent tout désignés pour représenter l'élément masculin dans la société des ruelles et leur savoir fera oublier qu'ils appartiennent à un sexe maudit. Encore faut-il que les hommes admis en contrebande dans l'intimité de ces prudes ne soient pas d'un tempérament trop agressif. Le plus élémentaire bon sens, doublé de quelque malveillance, fait désigner

---

(91) SOMAIZE, *Dictionnaire des Prétieuses*, t. I, p. 68-69.
(92) *Les Précieuses ridicules*, scène 9 (Il s'agit du *Recueil de Sercy*).
(93) SOMAIZE, *Dictionnaire*, t. I, p. 23.
(94) SAUVAL, *Histoire et recherches des Antiquités de la ville de Paris*, C. Moette, 1724, t. III, p. 83.
(95) SOMAIZE, *Dictionnaire des Prétieuses*, t. I, p. 23.

en tout premier lieu le « Savant M. Ménage ». Celui-ci s'est acquis
une réputation méritée d'homme de savoir et d'esprit, mais il s'est
aussi illustré par le nombre de ses amours gémissantes, soumises
et platoniques : il est fait pour parler d'amour à des Précieuses
sans les effaroucher. Ce n'est pas une victime de hasard ; sa fré-
quentation était si peu compromettante que, d'après Bussy-Rabutin, Mme de Sévigné se serait livrée à ses dépens à quelques
plaisanteries assez cruelles ; l' « Histoire de Mme de Cheneville »
rapporte cette anecdote :

> « Sa demoiselle n'étant pas en état de la suivre, elle dit
> à Ménage de monter dans son carrosse avec elle et qu'elle ne
> craignoit point que personne en parlât. Celui-ci, badinant en
> apparence, mais en effet tout fâché, lui répondit qu'il étoit bien
> rude de voir qu'elle n'étoit pas contente des rigueurs qu'elle
> avoit depuis si longtemps pour lui, mais qu'elle le méprisât
> encore au point de croire qu'on ne pouvait rien dire de lui et
> d'elle. « Mettez-vous, lui dit-elle, mettez-vous dans mon car-
> rosse ; si vous me fâchez, je vous irai voir chez vous. ». » (96)

Et voilà pourquoi la Précieuse a un « mâle » alors qu'elle
n'en devrait point avoir ; lorsque son goût très vif pour les lettres
lui fait un peu oublier son mépris de l'amour, elle prend pour
« mâle » le pédant, le poète ou le bel esprit, trois accidents du
sexe masculin que la société galante confond dans un même mépris. D'ailleurs, au dire de Fléchier, les Précieuses de Vichy éprou-
vaient la même attirance pour les hommes d'esprit à la condition
que leur profession en fît des partenaires peu dangereux ; l'une
d'elles vouait pour cette raison une vive admiration aux jeunes
abbés (97) lettrés. C'est encore une raison pour que Ménage, qui
était lui aussi quelque peu homme d'église, ait été sans doute le
premier (et l'un des seuls contemporains) à se voir nommément
décerner le titre de « précieux ».

A l'issue de ces gauchissements, les Précieuses sont devenues
des créatures protéiformes ; leur domaine a empiété sur celui
des prudes ou des femmes savantes. Au temps de leur splendeur
elles cumulent à peu près tous les travers féminins répertoriés
par la civilisation de l'époque. C'est pourquoi toute tentative de
définition de la Précieuse est vouée à l'échec. Si l'on s'efforce de ne
retenir que les traits spécifiques, l'image s'appauvrit à l'extrême ;
à l'inverse dès que l'on essaie de rendre compte des diverses
manières dont les contemporains ont vu ce personnage unique,

(96) BUSSY-RABUTIN, *Histoire amoureuse des Gaules*, p. 154-155.
(97) FLÉCHIER, *Mémoires sur les Grands-Jours d'Auvergne*, 1665, Paris, 1856, p. 48.

d'assez graves incohérences apparaissent. Les difficultés deviennent
à peu près insurmontables dès que l'on tente de coordonner entre
eux les multiples caractères secondaires du type. Pris séparément
la nécessité de chacun d'eux est d'une évidente logique ; mais
s'agit-il par exemple d'établir un lien entre le mépris de l'amour
et la réforme du langage, l'explication proposée, le retranchement
des syllabes sales, est aussi insuffisante qu'invraisemblable. Dans
d'autres cas se manifestent aussi de troublantes contradictions.
En vertu de l'antinomie qui existe entre l'amour et le mariage, celle
qui repousse l'un est soupçonnée de prendre le parti de l'autre ;
c'est la thèse de Saint-Evremond qui prétend que les Précieuses
refusent à leurs amants ce qu'elles accordent à leurs maris. Mais
le mariage est aussi le symbole de la servitude féminine et de
l'amour charnel et, à ce titre, les Précieuses ne peuvent que lui
être hostiles. Il ne reste plus qu'à supposer que leur vocation
pour le célibat est pure hypocrisie et que si on les contraint au
mariage elles accepteront sans aucun déplaisir de « brutaliser
avec un homme purement de chair » selon l'euphémisme de Somaize. La seule définition, toute négative, que l'on puisse donner
de la Précieuse est qu'elle incarne en sa personne à peu près toutes
les tentations auxquelles son sexe est exposé dès lors qu'il entend
changer à son profit l'ordre « naturel » des choses. L'abbé de
Pure qui, en dépit de l'apparente obscurité de ses propos, est l'un
des plus sûrs exégètes de la « préciosité », expliquait ainsi la
génération spontanée des Précieuses : selon lui,

> « (...) elles ne se formaient que d'une vapeur spirituelle,
> qui s'excitant par les douces agitations qui se font dans une
> docte Ruelle, se forment enfin en corps et composent la
> Prétieuse. » (98)

Il y a beaucoup de vrai dans cette métaphore chimique ; le
phénomène précieux permet de condenser en une nature unique
toutes les velléités latentes dans une ruelle, c'est-à-dire dans un
microcosme où domine l'élément féminin.

Partant de l'étymologie qui enseigne qu'une « précieuse » est
une femme qui entend « se tirer du prix commun des autres »
selon la formule de l'abbé de Pure (99), on remonte sans peine
jusqu'aux principaux traits distinctifs attribués aux Précieuses
de la cabale ; tous convergent vers cette définition originelle. Si
la Précieuse se dérobe à ses obligations amoureuses, c'est qu'elle

---

(98) Abbé DE PURE, *La Prétieuse*, t. I, p. 62.
(99) *Ibidem*, t. I, p. 12.

s'estime trop pour se donner à bon marché ; entend-elle se libérer
du joug conjugal, c'est que le statut d'infériorité que lui impose
l'état matrimonial est incompatible avec le sentiment de supériorité qu'a fait naître la connaissance de ses mérites. Elle revendique le droit à l'esprit et au savoir pour apporter la preuve qu'elle
est en ce domaine au moins l'égale des hommes ; elle veut réformer le langage afin d'en bannir les équivoques blessantes pour
sa pudeur et aussi de démontrer sa supériorité sous le rapport
du bien dire. Jusque-là l'idée de la Précieuse correspond à un
système de représentation cohérent. Au centre de cette constellation
mentale se trouve la notion abstraite du prix qu'une femme aspire
à donner à sa personne ; c'est toujours à cette définition première
qu'il faut rvenir pour rendre compte des divers aspects que peut
revêtir cette créature multiforme. Chacun de ses caractères ren-
voie directement à cette explication unique ; c'est un être de
raison qui s'organise selon une architecture rayonnante dont la
clef de voûte est ce terme même de « précieuse ». Mais en dehors
de cette convergence vers un centre unique la cohérence du système
devient assez problématique. Pour constituer cette nouvelle incarnation de l'éternel féminin ont été associés des éléments de
nature hétérogène selon une logique évidente et néanmoins assez
artificieuse. Derrière l'unité probablement factice du caractère
se devine un obscur travail de cristallisation qui a rassemblé en
un type unique des composants de nature diverse, les uns empruntés à des traditions anciennes comme la conspiration et la
révolte des femmes, d'autres beaucoup plus proches de l'actualité
du temps comme l'amitié tendre ou la réforme de l'orthographe.
Mais si l'on veut tenter de pénétrer les arcanes de cette alchimie,
il ne suffit plus de répertorier les témoignages et de décrire les
phénomènes ; il faut s'efforcer de les interpréter.

CHAPITRE II

COMMENT PEUT-ON ETRE PRECIEUSE ?

« Quid est fabula ?
— Est sermo falsus veritatem
effingens. »

P. POMEY, *Candidatus
Rhetoricae*, 1659

I — *Les Précieuses dans la société mondaine.*

Malgré le sage avertissement de l'abbé de Pure qui laisse entendre que l'on se condamne à ne plus rien comprendre au phénomène précieux si l'on cherche à aller au-delà des apparences, il est impossible de ne pas poser la question de l'arrière-plan historique de l'affaire des Précieuses. On ne saurait tout à fait exclure l'hypothèse que ce que nous avons nommé par métaphore l' « histoire des Précieuses » soit une histoire véritable. Certes la thèse maximaliste qui voudrait que tout fût vrai dans les descriptions précédentes est à peu près insoutenable. En effet à côté de traits vraisemblables et dont les modèles étaient pour ainsi dire sous les yeux de tous, comme le culte de l'amitié tendre, il en est d'autres qui avaient pris une dimension si évidemment caricaturale que personne ne pouvait y ajouter foi, ainsi la grande révolte féministe ou la nouvelle langue « précieuse ». Au XIXᵉ siècle Ch. L. Livet avait poussé le zèle, et la naïveté, jusqu'à reconstituer un modèle de conversation entre précieux et précieuses avec, en

marge, la traduction des mots difficiles (1). L'auteur de ce pastiche
est pourtant le premier à affirmer, non sans raison, que le jargon
inventé par Molière et Somaize est dépourvu de toute vraisemblance. Personne ne conteste donc qu'il y ait dans l'histoire des
Précieuses un mélange de vérité et d'affabulation ; mais toute la
difficulté est dans le dosage. Il est évident que le portrait des Précieuses comporte des allusions à la réalité ; mais décrypter ces
allusions ne va pas sans risques d'erreurs. Ainsi on a longtemps
cru, contre toute vraisemblance historique, que le temple du bel
esprit « précieux » avait été l'hôtel de Rambouillet : pourtant le
féminisme et l'amitié tendre feraient plutôt songer au salon de
Mlle de Scudéry. Mais le vrai problème n'est pas là ; il est sans
doute vain de vouloir assigner à la « préciosité » un lieu précis
et unique. Il y a une difficulté préliminaire à résoudre ; pour que
la discussion puisse être valablement poursuivie en ce sens, il
faudrait avoir la preuve qu'il a existé, à un moment donné de
l'histoire, une catégorie de femmes qui ne pouvaient être confon-
dues avec les autres femmes du monde et à qui, de ce fait, on a pu
donner le nom de « précieuses ».

Avant de chercher à identifier les Précieuses, il faudrait être
sûr qu'elles correspondent à une réalité sociologique identifiable ;
or rien n'est moins certain. Sur ce point une des contributions
les plus originales est celle qu'apportait A. Adam dans une étude
déjà ancienne sur la genèse des *Précieuses ridicules* (2). Cet article
développait sur l'historicité des Précieuses une thèse qui a le mérite
de présenter le problème sous un jour nouveau, celui des rivalités
qui opposent à l'intérieur de la société mondaine diverses coteries
ennemies. Selon A. Adam, la création des *Précieuses ridicules*
et les remous qui s'en sont suivis serait un épisode d'une querelle de plusieurs années où se sont affrontés deux camps opposés,
l'un d'eux utilisant l'affaire des Précieuses comme une machine
de guerre contre l'autre. D'un côté le clan de l'abbé d'Aubignac
qui comprend les principaux contempteurs des Précieuses, l'abbé
Cotin, l'abbé de Pure, Sauval, Furetière et que patronne Mlle de
Montpensier, ennemie jurée de la nouvelle secte ; en face, les amis
de Mlle de Scudéry, Ménage, Pellisson et quelques autres, c'est-à-
dire à peu près le cercle de Fouquet. Toute l'histoire des Précieuses
et en particulier les attaques dont elles sont victimes et qui
viseraient surtout Mlle de Scudéry s'expliqueraient comme l'émergence d'une sourde rivalité entre ces deux clans ; ce fut un règlement de comptes entre factions mondaines par « précieuses » in-
terposées, escarmouches polies et indirectes dont les initiés pou-

---

(1) Ch. L. Livet, *Précieux et Précieuses* (1859), Didier, 1870, p. XXIII.
(2) A. Adam, *Revue d'Histoire de la Philosophie*, 1939, p. 14-16.

vaient aisément comprendre le sens. Il faut ajouter qu'A. Adam
suppose que cet affrontement mondain comporte un arrière-plan
politique ; l'abbé d'Aubignac et son groupe, demeurés fidèles au
cardinal de Retz, sont des nostalgiques de la Fronde hostiles à
toutes les nouveautés ; les protégés de Fouquet au contraire ver-
raient d'un œil favorable les raffinements récemment introduits
dans la vie mondaine et occuperaient une position dominante
jusqu'à la disgrâce du surintendant.

Ce n'est pas le lieu de revenir sur les difficultés que soulève
cette vaste hypothèse (3) ; il est à craindre en effet qu'il soit
pratiquement impossible de reconstituer dans le détail la géographie exacte des relations mondaines et il n'est pas du tout
certain que les cercles mondains aient eu l'homogénéité nécessaire
pour former des clans organisés. Il règne sur ce point un préjugé
ancien qui voudrait qu'un salon soit une sorte de monade sans
portes ni fenêtres ; mais lorsque La Bruyère écrit :

> « La ville est partagée en diverses sociétés, qui sont comme
> autant de petites républiques, qui ont leurs lois, leurs usages,
> leur jargon, et leurs mots pour rire (...) » (4),

il donne de la vie mondaine au xviie siècle une vision plus rhétorique que vraiment historique. Il semble au contraire qu'il existait
une constante circulation d'idées et de personnes entre les salons
et que chacun tendait plutôt à réfléter la diversité des opinions qui
avaient cours dans l'ensemble de la société mondaine ; ce sont
des microcosmes plus que des monades. Ainsi le cercle de Fouquet
ne comprend pas que des amis des Précieuses ; y figurent Scarron,
Brébeuf qui ne sont guère tendres pour elles et le surintendant
entretient des relations d'estime et de sympathie avec Saint-Evremond et Bussy-Rabutin. Que la querelle des Précieuses ait donné
lieu à des frictions entre gens du monde, c'est un fait acquis ;
mais il s'agirait plutôt d'une mêlée confuse que d'une bataille
rangée où chacun reconnaît les siens à la couleur de leur bannière.
Enfin, objection peut-être décisive, deux des personnes désignées
à plusieurs reprises comme « précieuses », Mlle d'Aumale et Mlle
d'Haucourt font partie de l'entourage de Mademoiselle ; sans doute
sont-elles brouillées avec la maîtresse de céans, mais il s'agit
alors d'une incompatibilité d'humeurs, d'une querelle interne qui
ne saurait avoir l'ampleur d'une rivalité entre deux clans constitués ou, a fortiori, d'un conflit politique. Cependant l'analyse d'A.

---

(3) R. LATHUILLÈRE, op. cit., p. 76 et sq.
(4) LA BRUYÈRE, Les Caractères, « De la Ville », § 4.

Adam reste fort intéressante même s'il est évident qu'elle ne donne pas l'explication dernière du problème. En premier lieu elle insiste avec raison sur le rôle des jalousies mondaines dans le développement du phénomène précieux avec tout ce que cela comporte de mauvaise foi et d'insinuations. Les travaux d'A. Adam ont mis en évidence la relativité de la notion de précieuse ; c'est l'épithète dont on accable une femme que l'on a quelque raison de haïr. Il n'est pas interdit de penser que la volonté de dénigrement l'emporte souvent sur le jugement objectif et que la geste des Précieuses sert d'instrument polémique avant d'être la constatation d'une réalité. Toute polémique a pour effet de déformer son objet ; à la limite cette déformation peut devenir très proche de la pure et simple affabulation.

Dire d'une femme qu'elle est une précieuse, c'est peut-être constater chez elle certains défauts, mais c'est aussi, et surtout, une déclaration d'inimitié ; la Précieuse n'existe que par le jugement et le regard d'autrui. Il suffit pour s'en convaincre de revenir sur certaines singularités troublantes qui remontent aux tout débuts de l'histoire des Précieuses. Un assez grand nombre d'indices laissent supposer que la famille d'Orléans a pris un part active dans la polémique qui accompagne leur « naissance » en 1654. La première carte de leur royaume a été dressée par le marquis de Maulévrier, maître de la garde-robe du duc d'Orléans ; le *Balet de la Déroute des Précieuses* qui aurait été composé quelques années avant sa publication en 1659, est attribué à Faure auteur de la *Fine galanterie du temps* et poète attitré de la cour de Monsieur. Enfin la charge la plus cruelle qui ait été écrite contre les Précieuses est le « portrait » qui figure dans le *Recueil* de Mademoiselle et qui pourrait bien être de sa propre main. Tous ces faits n'auraient qu'une valeur anecdotique si l'on ne connaissait par ailleurs assez bien la personnalité de Mademoiselle et l'atmosphère qui régnait dans son entourage. Tout se passe comme si la haine des Précieuses s'était transmise héréditairement de père à fille ; mais autant il est normal que la cour de Gaston d'Orléans, volontiers paillarde et plutôt misogyne, ait fait des gorges chaudes des pruderies précieuses, autant cette persécution devient inexplicable de la part de sa fille si l'on admettait que les Précieuses constituent un type de femmes bien défini à qui reviendrait le monopole de certaines attitudes psychologiques et morales. A moins de supposer chez Mlle de Montpensier la plus aristocratique absence d'humour, on voit mal en effet comment elle pourrait en toute bonne foi médire des « véritables » Précieuses. Cette fille de presque trente ans (elle est née en 1627), bien connue pour avoir repoussé tous les partis qu'on lui proposait et qui avait eu son heure de gloire grâce à sa virile détermination au moment de l'affaire de Charenton, était faite pour entrer toute vivante dans l'hagiographie précieuse. Un historien qui ignorerait le pamphlet inséré dans le *Recueil des Portraits* et certaines confidences des *Mémoires*, n'hésiterait sans doute pas à reconnaître en elle le type accompli de la Précieuse, et il ne manquerait pas d'arguments en faveur de sa thèse. Une précieuse d'abord se doit d'afficher des convictions féministes ; or, entre 1640 et 1650, Mademoiselle a reçu l'hommage de trois traités publiés par de bons et loyaux avocats de la cause, panégyristes éloquents de la supériorité de la femme. Grenaille lui dédie en 1640 la première partie de son *Honnête fille*, le sieur de Gerzan fait de même en 1643 pour *le Triomphe des dames* et G. Gilbert en 1650 pour *le Panégyrique des dames*. Mlle de Montpensier semble avoir exercé à cette époque une sorte de patronage sur la littérature féministe ce qui s'explique assez bien par le rayonnement de sa personne. Une précieuse se reconnaît aussi à la méfiance dont elle fait preuve envers l'amour ; or sur ce point également la réputation de Mlle de Montpensier est bien établie. Si l'on s'en remet au témoignage de Mme de Lafayette, la cour de Saint-Fargeau donnait en ce domaine l'exemple de la plus grande austérité ; commentant ironiquement le projet formé par Segrais de se retirer auprès de Mademoiselle, elle écrit à Huet :

> « (...) Ce pauvre Segrais aura tout loisir de brusler à Saint-Fargeau. Il ne lui manquera que de feu ; mais je ne croy pas qu'il en puisse trouver là pour allumer une allumette (...) » (5)

C'est une manière de dire que l'entourage de Mademoiselle est si pauvre en éléments « combustibles » que le malheureux Segrais risque fort d'y débiter en pure perte les galanteries dont il est prodigue. On sait par ailleurs que Mlle de Montpensier avait pour les romans un faible marqué (6) et que, comme beaucoup de grandes dames de son temps, elle rêvait par moments d'une société idyllique dont les désordres de l'amour seraient bannis au profit d'une amitié paisible et douce (7). Logiquement Mlle de Montpensier devrait figurer parmi les plus illustres précieuses et l'on pourrait presque voir en elle le modèle de la « vraie » précieuse ; pourtant il faut se rendre à l'évidence et la compter parmi les adversaires les plus déterminés de la secte (8). Il arrive que les

---

(5) Mme DE LAFAYETTE, *Correspondance*, t. I, p. 182.
(6) *Mémoires de Daniel Huet, évêque d'Avranches*, Paris, 1853, p. 123.
(7) *Lettres de Mlle de Montpensier et de Mesd. de Motteville et de Montmorenci...*, L. Collin, 1806.
(8) Voir R. LATHUILLÈRE, *op. cit.*, p. 61.

enseignements de l'histoire viennent malignement contredire les déductions en apparence les plus logiques.

Ce n'est pas par haine de l'idéal « précieux » que Mlle de Montpensier s'en prend aux Précieuses ; si celles-ci incarnaient une certaine manière (nouvelle ?) de concevoir la condition féminine, on comprendrait mal qu'elle leur ait été si résolument hostile. Ou bien, après 1654, Mlle de Montpensier a brusquement trahi son idéal féministe, ou plus probablement les Précieuses ne représentent pas de manière authentique une cause qui, en apparence au moins, continue à être tenue pour hautement respectable. Il serait d'ailleurs aisé de faire les mêmes constatations à propos d'une des amies intimes de Mademoiselle dont l'extrême délicatesse aurait également mérité une place d'honneur dans un florilège de la « préciosité ». Mlle de Vandy, c'est d'elle qu'il s'agit, est connue pour son intransigeante pruderie (9) ; elle pousse les scrupules jusqu'à de tels excès que, même dans l'entourage de Mademoiselle, on se moque gentiment de ce zèle outrancier. L'*Histoire de la Princesse de Paphlagonie* rapporte une anecdote qui illustre ces invraisemblables raffinements ; pour échapper aux risques d'une contagion toujours redoutable, la Princesse, qui d'après la clef est Mlle de Vandy, s'entoure d'un luxe de précautions et interdit même que soit prononcé en sa présence le nom maudit :

> « Un jour un cavalier, en lui racontant une histoire, nomma l'amour : à l'instant il lui vint un vermillon aux joues beaucoup plus éclatant que celui qu'elle y avoit d'ordinaire ; ce qui fit remarquer à la compagnie que le cavalier avoit dit quelque chose qui avoit blessé sa pudeur. Il s'arrêta tout court (...) et elle remédia à cela de la manière la plus ingénieuse et la plus nouvelle. Elle reprit le discours en lui disant : Eh bien ! l'autre qu'a-t-il fait ? ne voulant point nommer l'amour, pour lui apprendre à se faire entendre sans prononcer une chose qui lui déplaisoit. De sorte que depuis on ne parla plus que de *l'autre*, et l'amour fut banni des conversations de la princesse aussi bien que de son cœur. » (10)

Il est rare qu'une dame fasse montre d'un tel éloignement pour la galanterie ; mais en récompense Diane en personne lui apparaît et lui propose de devenir une seconde déesse de la virginité (11).

---

(9) Catherine D'ASPREMONT (1620 ? - 1685), connue sous le nom de Mlle de Vandy, était attachée à Mademoiselle depuis 1655. Voir Ed. DE BARTHÉLÉMY, *Mme la comtesse de Maure, sa vie, sa correspondance*, J. Gay, 1863, p. 211-252.
(10) Mlle DE MONTPENSIER, *Relation de l'Isle imaginaire. Histoire de la Princesse de Paphlagonie*, Aug. Renouard, 1805, p. 68-69.
(11) *Ibidem*, p. 121.

Or, par une suprenante inconséquence, c'est justement la cabale des Thraciennes, c'est-à-dire toujours selon la clef une cabale de Précieuses, qui vient troubler la paix de ce royaume où la Princesse fait régner un ordre moral en apparence si conforme aux ambitions « précieuses ». Pas plus que Mlle de Montpensier, jamais Mlle de Vandy n'est qualifiée de précieuse par les contemporains alors que tout semblait la désigner comme telle. Tout au contraire lorsque le *Recueil* de Mademoiselle fait allusion à sa pruderie, il est clairement dit que cette réserve extrême ne saurait être blâmée parce qu'elle traduit un sentiment vrai et noble :

> « Vous faites profession de la dernière pruderie, et ceux qui endurent le plus difficilement qu'on fasse cette profession, l'endurent en vous, parce qu'on voit bien que la vôtre n'est pas fausse. » (12)

En d'autres termes, si Mlle de Vandy n'est pas précieuse, c'est que sa conduite est « véritable » ; une précieuse est, par définition, une personne dont le comportement est blâmable parce qu'inauthentique. Il se pourrait qu'il n'y ait point de Précieuses qui ne soient fausses ; et de là à conclure qu'il n'existe que de « fausses » précieuses...

Il est en tout cas surprenant que loin de protester, comme il aurait été normal, contre les calomnies dont les Précieuses sont victimes, Mademoiselle et ses amis aient beaucoup contribué à la campagne de dénigrement que l'on connaît. A l'intérieur de ce clan fermé le clivage entre celles qui passent pour Précieuses comme Mlle de Rambouillet ou Mlle d'Aumale et celles qui ne le sont point se fait au gré des antipathies personnelles. Selon qu'elle aura ou non le malheur de déplaire à son entourage, une femme risque d'être ainsi désignée à l'opprobre public ; sa conduite et les convictions qu'elle affiche importent alors assez peu et ne semblent jamais des éléments déterminants. Etre précieuse ou ne l'être pas pourrait dépendre d'une décision purement arbitraire ; ainsi s'expliquent certaines « injustices » flagrantes, dont la mansuétude de Mlle de Montpensier envers Mlle de Vandy. Il est d'ailleurs évident que le refus de l'amour, comportement caractéristique des Préciseuses, ne suffit pas à définir cette espèce nouvelle. Depuis que les lois de Tendre régissent l'empire amoureux, c'est-à-dire depuis des temps immémoriaux, se refuser à l'amour est pour une femme un devoir d'état ; personne ne se scandalisera si elle se montre dédaigneuse, hautaine, voir « inhumaine » et si elle fait

---

(12) *Galerie des Portraits*, p. 234.

payer cher à son amant une défaite malgré tout inéluctable. Seuls sont condamnables les excès et les prétentions injustifiées, mais non la défense de droits fondés sur le « mérite » ; la résistance est louable, l'acharnement mérite réprobation. Mais la limite entre le bon droit et l'abus reste éminemment subjective. Quant à savoir qui sont ces Précieuses et pourquoi certaines personnes en qui l'on reconnaîtrait volontiers des membres de la secte n'en font point effectivement partie, la question n'est pas susceptible d'une réponse satisfaisante, sauf à reconstituer l'inextricable enchevêtrement des haines et des rivalités personnelles. Pour s'en tenir à une définition générale et provisoire, il n'existe en ce domaine qu'un seul principe constant : les Précieuses, ce sont les autres.

A partir de 1654, tous les crimes féminins contre l'Amour sont dénoncés dans les milieux les plus divers par le biais d'une condamnation unique, celle qui consiste à ranger les coupables dans la catégorie mal famée des Précieuses. Mais entre la définition abstraite et la désignation des personnes, il y a place pour une marge d'incertitude considérable. C'est sans doute la preuve que, pour situer correctement les Précieuses dans la société mondaine, il faudrait inverser l'ordre traditionnel des termes, ne pas penser que la description des Précieuses procède d'une vision plus ou moins déformée de la réalité mais considérer, avec plus de vraisemblance, que cette image défavorable de la femme préexiste à toute incarnation particulière. Tout se passe comme si, une fois en possession du modèle imaginaire de la Précieuse, produit d'une génération spontanée dont les seules causes repérables sont sans doute générales, les gens du monde avaient recherché dans leur entourage quelques exemples vivants. Dans le cas des Précieuses qui représentent les vices potentiels de tout un sexe, il n'est que trop facile de trouver matière à illustrer cette fiction. Toute femme du monde est en effet une précieuse en puissance, car il serait bien étonnant que l'on ne puisse découvrir dans sa conduite de quoi confirmer certaines insinuations calomnieuses. Mais le jugement défavorable porté sur sa personne pourrait être plus déterminant que les circonstances qui le motivent.

Avant même sans doute que l'on ait pu songer à des applications personnelles, la notion de « précieuse » possédait déjà un caractère péjoratif. La naissance allégorique des Précieuses provoque d'abord des manifestations d'hostilité ; elles ne comptent que des ennemis et c'est à ces derniers qu'elles doivent le plus clair de leur notoriété. Lorsque le chevalier de Sévigné, le marquis de Maulévrier, Scarron ou Saint-Evremond usent de ce terme, c'est toujours à des fins de dénigrement ; ils se gardent bien d'ailleurs de nommer leurs adversaires et s'en tiennent à des allusions anonymes et générales. Mlle de Montpensier se fait complaisamment l'écho de cette réprobation universelle qui accueille les nouvelles venues :

> « (...) quelque inclination que les François ayent pour les nouveautez, asseurément cette secte ne sera point suivie, puisqu'elle est généralement désaprouvée de tout le monde, et le sujet ordinaire de la raillerie de ceux qui ont l'authorité d'en faire impunément de qui il leur plaist. » (13)

On a longtemps cru que l'appellation avait eu d'abord une signification favorable, l'hostilité n'intervenant qu'après coup lorsque l'on se serait avisé que certaines ambitions louables en elles-mêmes pouvaient dégénérer et conduire à des abus pires que les maux qu'elles prétendaient guérir. Ce renversement d'opinion coïnciderait avec une évolution interne du mouvement sensible du jour où les précieuses authentiques, desservies par des imitatrices outrancières et maladroites, ont été injustement assimilées à ces dernières. La surenchère aurait défiguré la première « préciosité » et les Précieuses d'aristocratiques qu'elles étaient seraient devenues bourgeoises, de parisiennes provinciales, de « véritables » « ridicules ». Alors se trouve justifiée la saine colère de leurs ennemis qui dénoncent les erreurs de ces femmes peut-être bien intentionnées, mais dont les excès avilissent l'idéal qu'elles défendent. Quoi que l'on puisse par ailleurs penser de cette interprétation des faits, il est évident qu'elle ne correspond guère à la stricte vérité historique. En effet s'il est reconnu, et sur ce point l'unanimité des témoignages semble irrécusable, que les Précieuses font leur entrée dans l'histoire au début de l'année 1654, force est bien de constater que cette apparition tapageuse les met d'entrée de jeu en situation d'indésirables ; leur nom est à peine prononcé que la persécution commence. Or, si l'on s'en tient aux faits et aux textes, ce sont elles les authentiques précieuses, pour ne pas dire les « véritables » Précieuses. En effet, en matière de représentation, le mot tend à créer la chose et, pour l'opinion mondaine, les Précieuses ne commencent vraiment à exister que du jour où l'on a appris à les nommer. Si, comme il est probable, la « nature » féminine n'a guère évolué entre 1650 et 1660, l'apparition d'un mot nouveau correspond presqu'à coup sûr à une nouvelle manière de voir et de juger un comportement ancien.

Au XVIIᵉ siècle, lorsqu'il est employé comme substantif, le mot « précieuse » a toujours un sens défavorable. Bien que tardif, le témoignage des grands dictionnaires de la fin du siècle est d'une

---

(13) Mlle DE MONTPENSIER, « Portrait des Précieuses ».

netteté qui se passe de commentaire ; dans le *Dictionnaire* de l'Académie (1694) on lit :

> « *Précieuse* S. f. Femme qui est affectée dans son air, dans ses manières, et principalement dans son langage. « C'est une Précieuse », « il n'est rien de plus incommode qu'une Précieuse », « la comédie des Précieuses ridicules ». » (14)

En 1680, l'article « Prétieuse » du *Dictionnaire* de Richelet est encore plus précis et plus circonstancié :

> « Ce mot, à moins d'être accompagné d'une favorable épithète, se prend toujours en mauvaise part ; et, lorsqu'il est accompagné d'une épithète favorable, il veut dire, celle qui fait la fine sur le langage, qui sait quelque chose et qui se pique d'esprit : mais, comme dans ce sens le mot de prétieuse est assez rare, lorsqu'on se sert de ce mot sans épithète, ou avec une épithète fâcheuse, il signifie, celle qui par ses manières d'agir, et de parler, mérite d'être raillée. » (15)

Pour ces spécialistes de la langue le caractère péjoratif du terme ne fait pas de doute et, à l'exception de Furetière, ils ne mentionnent aucune acception favorable, sauf en ce qui concerne l'adjectif, lequel conserve bien entendu son sens primitif toutes les fois qu'il ne fait pas directement allusion aux Précieuses en tant que corps constitué. L'abbé de Pure explique très bien dans son roman comment les Précieuses, faisant contre mauvaise fortune bon cœur, auraient adopté cette dénomination qui, si elle était péjorative dans la bouche de ceux qui les premiers les avaient ainsi baptisées, avait le mérite de pouvoir aisément se retourner en leur faveur. Erimante rapporte la conversation de deux Précieuses qui avaient décidé de s'éclaircir sur « toutes les circonstances du mot de Prétieux ». Pour résoudre ce petit problème linguistique, ces dames questionnent d'abord un pédant de collège qui y perd son latin, puis l'une d'elles propose cette explication de bon sens :

> « C'est, dit-elle, qu'une Prétieuse donne un *prix* particulier à toute chose, quand elle juge, quand elle loue, ou quand elle censure (...) C'est, poursuivit-elle, sans doute la raison de ce mot que l'on a donné à nostre société *qui est peut-estre party d'un esprit mal intentionné et tourné à la raillerie*, mais qui

---

(14) *Dictionnaire de l'Académie françoise,* édition de 1694.
(15) P. RICHELET, *Dictionnaire françois, contenant les mots et les choses...* Genève, J. H. Widerhold, 1680.

ne laisse pas d'estre assez expressif et juste à la chose qu'il signifie. » (16)

Dans toute définition du mot « précieuse » l'étymologie tend à contredire l'usage ; cette précieuse anonyme insiste, cela va de soi, sur une étymologie flatteuse pour la secte, mais l'usage, qui est souverain, lui donne tort et elle doit reconnaître que le terme leur avait d'abord été appliqué avec une intention satirique. Mais pour un écrivain galant, le jeu sur l'étymologie opposée à l'usage est tentant et c'est pourquoi le masculin « précieux », laudatif, est parfois opposé au féminin péjoratif. Dans une lettre de dédicace à l'abbé de Clermont-Tonnerre, l'abbé de Pure joue ainsi sur les mots :

« Je connois trop le peu de rapport qu'il y a entre des fausses Prétieuses, et un véritable Prétieux ; entre de défectueuses copies, et un parfait original ; entre le mérite imaginaire que le public leur attribue, et le véritable que vous possédez (...). » 17)

A l'inverse de ce qui a souvent été dit, il se pourrait que l'appellation de « précieuse » ait d'abord été ironique et ce n'est qu'après coup que le mot a parfois retrouvé un peu de sa valeur primitive. Mais, entre 1654 et 1661, l'équivoque aboutit à un certain abâtardissement du terme plutôt qu'à une réhabilitaton de la cabale. Le roman de l'abbé de Pure et plus encore le second *Dictionnaire* de Somaize ont beaucoup contribué à affaiblir la virulence du mot. Lorsque sous la plume de Somaize il s'applique à une grande dame du temps, il a à peu près perdu tout son sens pour devenir une simple clause de style : « c'est une précieuse de grand renom » veut dire « c'est une femme très connue ». Cependant cette variation correspond à une perte de signification plus qu'au passage d'un sens défavorable à un sens favorable.

II — *Qui sont les « véritables » précieuses ?*

L'ambiguïté du terme « précieuse », qui permet de passer du péjoratif au laudatif avec une rare facilité, offrait aux écrivains du temps des commodités dont ils n'ont pas manqué d'user. Pour

---

(16) *La Prétieuse*, t. I, p. 351-352.
(17) *Ibidem*, t. II, p. 187.

ménager d'éventuelles susceptibilités et se prémunir, à toutes fins utiles, contre les risques de la satire, il leur était facile de jouer sur l'équivoque. En vertu également du lien de causalité réciproque qui s'établit toujours entre les mots et les choses, si le mot peut avoir deux sens il y a toute raison pour qu'il existe deux catégories de personnes qui répondent à chacune de ses deux acceptions opposées. D'où la fameuse distinction entre précieuses « véritables » et précieuses « ridicules », si commode pour les contemporains mais si embarrassante pour les historiens modernes. Tant que le terme sert à désigner une communauté anonyme, la médisance, agrémentée au besoin de quelques calomnies, ne prête guère à conséquence ; mais sitôt que certaines allusions risquent de donner lieu à des applications, la courtoisie, ou simplement la prudence, invitent à plus de circonspection. C'est ainsi que Saint-Evremond, dans le commentaire en prose qu'il ajoute à sa pièce en vers intitulée *le Cercle*, s'empresse de mettre hors de cause les personnes « véritablement délicates » dont les scrupules respectables ont pu entraîner d'autres femmes moins raisonnables à des excès ridicules :

> « Le corps des Précieuses n'est autre chose que l'union d'un petit nombre de personnes, où quelques-unes, véritablement délicates, ont jeté les autres dans une affectation de délicatesse ridicule. » (18)

Dans son *Epitre chagrine* Scarron prend les mêmes précautions et joue sur l'ambivalence du mot pour préciser qu'il n'entend parler que de quelques façonnières de bas étage qui n'ont rien de commun avec les

> « . . . . Précieuses de prix
> Comme il en est deux ou trois dans Paris,
> Que l'on respecte autant que des Princesses. » (19)

Molière a également recours à cet alibi facile dans la préface qu'il rédige pour la première édition des *Précieuses ridicules*.

Mais cette distinction commode n'en devenait pas moins dangereuse pour ceux-là mêmes qui en usaient si volontiers. En effet s'il y a de « véritables précieuses » tout à fait différentes des Précieuses ridicules dont la littérature rapporte les exploits, c'est la preuve que ces dernières sont de « fausses » Précieuses dépourvues

---

(18) SAINT-EVREMOND, *Œuvres en prose*, t. I, p. 125-129.
(19) SCARRON, *Epitre chagrine*, v. 137-139, in *Poésies diverses*, édition M. Cauchie, t. II, p. 225-238.

de toute authenticité ; or cette conséquence est inacceptable pour certains. Ce distinguo prudent peut satisfaire les dilettantes que sont Saint-Evremond et Scarron ; Molière en use à son tour probablement parce que sa pièce contient quelques allusions un peu trop directes à Mlle de Scudéry qu'il a tenté de se faire pardonner ; mais Somaize dont presque toute la fortune littéraire repose sur l'exploitation de ce thème, ne pouvait laisser s'accréditer l'idée que les Précieuses qu'il satirise ne sont que de pâles caricatures. Il se trouve alors devant un dilemme insoluble, partagé entre le souci de ne pas s'aliéner des dames respectables ou influentes et le besoin de sauvegarder la crédibilité de la chronique des Précieuses qu'il travaille sans trêve à enrichir en multipliant dictionnaires et pièces de théâtre. Il intitule sa première comédie sur le sujet « Les Véritables Précieuses » et justifie ce titre dans sa préface par des explications d'une savoureuse mauvaise foi :

> « Mais c'est assez parlé des Prétieuses Ridicules, il est temps de dire un mot des Vrayes, et tout ce que j'en diray, c'est seulement que je leur ay donné ce Nom, parce qu'elles parlent véritablement le langage qu'on attribue aux Prétieuses, et que je n'ay pas prétendu par ce titre parler des personnes Illustres qui sont trop au-dessus de la critique pour faire soupçonner que l'on ait dessein de les y insérer. » (20)

Ainsi Somaize ne prend aucun risque, mais la logique en pâtit quelque peu puisque ces « véritables » précieuses, qui parlent l' « authentique » langue précieuse, ne sont pas pour autant les « vraies » précieuses, femmes d'un rang trop élevé pour que l'on ose se moquer d'elles, du moins ouvertement.

De cet imbroglio il ressort que ces « personnes illustres » ne doivent pas se sentir concernées par des propos satiriques qui ne les visent pas et que les seules Précieuses dont il est à chaque fois question sont de « fausses » précieuses qui n'ont à peu près rien de commun avec les « vraies ». Mais comme de ces dernières on ne sait rien sinon qu'elles existent et que leur attitude ne peut encourir aucun reproche, il devient tentant de risquer ce paradoxe que, du moins dans l'ordre de la littérature, seules existent des Précieuses ridicules. La littérature et la société mondaines ne connaissent d'autres Précieuses que celles qui sont perpétuellement l'objet de moqueries et de critiques. On approcherait certainement davantage de la vérité en renversant l'ordre des termes : les Précieuses ridicules ne sont pas les imitatrices des personnes illustres dont il est parfois question, mais ce sont au contraire

---

(20) SOMAIZE, *Les Véritables Précieuses*, Préface.

celles-ci qui, de manière plus ou moins fortuite, risquent de ressembler au portrait satirique que l'on fait des premières. Dans
leurs commentaires ou préfaces, Scarron, Saint-Evremond ou Molière ne font qu'avertir, selon la formule des romanciers et des
cinéastes d'avant-guerre, que toute ressemblance avec des personnes réellement existantes serait purement accidentelle. Il y a
toute chance pour qu'une expression comme « précieuses ridicules » ne soit en fin de compte qu'un simple pléonasme, ou tout
au plus un superlatif.

Les « véritables » Précieuses, s'il en existe, ne méritent guère
ce nom, car elles se dérobent sans cesse et refusent l'image que
leurs critiques cherchent à donner d'elles ; autrement dit, elles
répudient tout lien avec la « préciosité ». C'est sans doute la raison
pour laquelle l'abbé de Pure dédie la première partie de son
roman à « Telle qui n'y pensoit pas ». La comédie de Somaize
intitulée Le Procès des Prétieuses (1660) comporte un épisode qui
paraît à ce même propos plein de signification. Un brave gentilhomme manceau nommé Ribercour, outré par certaines prétentions de ces femelles perverses et spécialement par les attentats
qu'elles commettent contre la langue française, décide de se rendre
à Paris afin de leur intenter un procès (les gens du Maine ont la
réputation d'être procéduriers) ; il se promène donc dans les
rues de la capitale à la recherche de la partie adverse qui semble
ignorer son assignation. C'est alors que son valet Roguespine lui
suggère de les faire crier à son de trompe : mais Ribercour
objecte :

> « Voilà justement le moyen
> Pour ne rencontrer jamais rien,
> Puisque toutes les Prétieuses
> De se cacher sont curieuses ;
> Qu'elles ne veulent du tout pas
> Qu'on connoisse rien à leur cas,
> Et que les plus grandes d'entre elles
> Disent qu'elles ne sont pas telles. » (21)

Voilà pourquoi on ne rencontre jamais de véritables « Précieuses ». La Précieuse, comme la prude ou la coquette, est d'abord
un être de raison ; jamais les coquettes ne forment une classe
de femmes distinctes des autres sinon par métaphore, comme par
exemple dans l'opuscule intitulé La Politique des Coquettes et dont
l'auteur est justement Somaize. Ces types généraux font allusion
à des défauts inhérents à la condition féminine mais ne sauraient
désigner aucune femme en particulier. Lorsque Juvenel trace le

---

(21) SOMAIZE, Le Procez des Prétieuses, scène 2.

Portrait de la Coquette (1659), beaucoup de femmes peuvent se sentir concernées, aucune ne reconnaît avoir été personnellement visée ; même Ninon de Lenclos, qui réplique avec *La Coquette vengée* (1659), se borne à une apologie anonyme et générale. Encore le statut de coquette est-il dans la société galante somme toute assez honorable ; mais il ne s'est jamais trouvé personne pour écrire une « Précieuse vengée », non plus qu'une « Prude vengée ». Le corps des Précieuses est resté une entité abstraite pour la bonne raison que, dès l'origine, l'appellation a été universellement péjorative ; aucune femme du monde ne pouvait, sans renoncer à cette qualité, déclarer hautement : « je suis précieuse et fière de l'être ». La secte comptait à coup sûr beaucoup de vierges, mais elle n'eut pas de martyres.

La lecture d'un autre ouvrage de Somaize, *le Dialogue de deux Prétieuses sur les affaires de leur communauté* (1660) conduit à des constatations du même ordre. Au début de leur conversation Istérie confie à sa compagne Amalthée sa volonté de renoncer à un titre désormais trop difficile à porter :

> « Ouy, ma chère, je vous le dis encore, je ne veux plus passer pour Prétieuse, je hais maintenant ce nom à l'égal de ce que je l'ay aimé autrefois.
>
> *Amalthée :*
> C'est une chose que l'on ne peut nier ; mais elles [les véritables Prétieuses] se sont trop tost alarmées quand elles ont veu représenter des Prétieuses qui ne leur ressembloient en rien, et si l'on les a reconnues et si l'on s'est mocqué d'elles, ce n'est qu'à cause du despit qu'elles ont monstré de ce qu'on en représentoit qui portoient leur nom, ce qui fait connoistre qu'il y avoit des Prétieuses, dont plusieurs doutoient, et ce qui a mesme fait penser à quantité de gens qu'elles estoient toutes ridicules, ce que vous confirmez aujourd'huy en publiant hautement que vous ne voulez plus estre Prétieuse. » (22)

La clarté n'est pas la vertu principale des explications de Somaize, mais on croit comprendre qu'il est peut-être vain de chercher directement dans la réalité sociale une vérité des Précieuses. En effet si les authentiques précieuses que prétendent être Istérie et Amalthée hésitent à braver le ridicule pour défendre leurs convictions, l'honneur de la communauté ne sera plus défendu que par des grotesques. Il n'y aura donc plus, ainsi que le pense Amalthée, que de fausses précieuses ; or ces fausses précieuses n'existent que dans l'imagination des satiriques. Au bout

---

(22) SOMAIZE, *Dialogue de deux prétieuses sur les affaires de leur communauté* imprimé à la suite de la seconde édition des *Véritables Prétieuses*. Et. Loyson, 1660.

du compte il ne restera plus de Précieuses, ou plus exactement leur existence sera pure fiction. Pour des raisons différentes les unes comme les autres sont des chimères ; celles qui le sont « véritablement » ne veulent pas en convenir et les autres deviennent de ce fait des caricatures sans originaux. Voici l'historien des Précieuses aux prises avec un dilemme bien cruel pour un historien : il est certain de ne jamais rien connaître des Précieuses authentiques et tous les documents à sa disposition en concernent d'autres dont il est très probable qu'elles sont imaginaires. Il devra se faire l'historien d'une fiction, ce qui risque de bouleverser certaines habitudes.

Ces soupçons sur l'existence historique des Précieuses se trouvent confirmés par les aveux plus ou moins explicites de quelques contemporains. En 1671, donc à une date assez tardive, mais en termes forts clairs, Ch. Sorel avoue tout bonnement qu'il n'a jamais connu de Précieuse, si l'on entend par là une femme qui accepte de revendiquer ce caractère :

> « Nous ne voulons point faire fraude : on a parlé des Précieuses comme si c'estoit quelque nouvel Ordre de femmes ou de filles qui fissent plus les capables que les autres en leurs Discours et en leurs manières d'agir ; mais nous n'en avons jamais veu aucune qui ait voulu avoüer d'en estre, et quoy que quelques-unes tinssent beaucoup des Coustumes qu'on leur attribuoit, elles se sont tenues cachées à cause de la guerre qu'on leur a faite. » (23)

A propos des *Précieuses ridicules* Loret laissait déjà entendre qu'il s'agissait d'une fiction littéraire :

> « Pour ce sujet mauvais ou bon,
> Ce n'est qu'un sujet chimérique (...). » (24)

Dans son premier *Dictionnaire* Somaize fait allusion à une curieuse dette que les Précieuses auraient contractée envers les auteurs et précise que

> « non seulement les auteurs ont donné le jour aux prétieuses, mais encore qu'ils servent à estendre leur empire (...). » (25)

---

(23) Ch. Sorel, *De la connoissance des bons livres, ou examen de plusieurs auteurs* (1671), Amsterdam, 1673, p. 410-411.
(24) J. Loret, *La Muze historique*, Jannet Daffis, 1857-1878, t. III, p. 137.
(25) Somaize, *Dictionnaire des Prétieuses*, t. I, p. 23.

L'abbé de Pure qui entoure ses révélations du plus grand mystère, confie à l'une de ses Précieuses le soin de définir la portée exacte de son œuvre. C'est Aracie elle-même qui, après avoir entrepris la lecture du premier tome du roman donne son sentiment sur le livre et sur le crédit qu'il faut lui accorder :

> « Il pose des faicts tantost vrays, dont il fait une histoire, tantost faux, et il les enrichit de plaisantes imaginations, où il enveloppe l'apparence et le semblant des mœurs et des sentiments moins corrects. Qui peut se plaindre ? ou du moins qui osera se plaindre ? La douleur suppose un malade ; le reproche suppose une atteinte ; et il est plus honeste de passer sous silence un juste ressentiment, que de tirer mesme raison d'une injuste offense. Après tout, j'ay bien veu que j'y avois ma part comme les autres ; mais encore qu'il me l'ait donnée libéralement, je n'ay pas esté si maladrète de la prendre. Je m'en divertiray jusqu'au bout (...). » (26)

Le roman offre donc un savant dosage entre réalité et imagination, mais la part de l'imaginaire reste prépondérante puisqu'il s'agit d'une réalité inavouée et inavouable. La satire, même en ce qu'elle a de juste, ne trouvera jamais de victimes consentantes et le lecteur sera toujours dans l'impossibilité de démêler le vrai du faux. La peinture des Précieuses entretient avec la vérité des rapports si problématiques qu'elle n'a plus aucune valeur de document. Toujours dans le roman de l'abbé de Pure, Erimante dira beaucoup plus nettement encore, à propos de la « Lettre de Géname au défunt Niasare » où se trouve, on le sait, toute une théorie sur les Précieuses :

> « Il décrit des beautez en idée, qui ne sont que Phantosmes imaginez et fabriquez par une mélancolie gratuite. » (27)

On ne saurait mieux dire qu'il s'agit d'abord d'une fiction : de l'aveu même des contemporains, les Précieuses appartiennent à la mythologie littéraire de l'époque.

Comme tout « mythe », celui des Précieuses tend à faire passer pour réelles des créatures imaginaires, ce qui ne signifie pas, loin s'en faut, que le « mythe » est dépourvu d'enseignements sur la mentalité de la société qui l'a créé. Il y a même toute chance pour que la fable conduise à quelques vérités essentielles à la seule condition de la lire comme une allégorie et non comme une his-

---

(26) *La Prétieuse*, t. I, p. 206-207.
(27) *La Prétieuse*, t. I, p. 351.

toire. Mais ce qui complique le problème, c'est de la part de ces mêmes auteurs une évidente volonté de mystification. L'abbé de Pure pousse le goût de la plaisanterie jusqu'à se réjouir par avance des bévues que les exégètes futurs ne manqueront pas de commettre. A leur adresse il lance cet avertissement bénévole et sibyllin :

> « *Epitaphe*
> *Pour d'aujourd'huy en cent ans.*
>
> Cy gist le muet Gélasire
> Qu'une Prétieuse en courroux
> A fait mourir de rire
> D'elle et de vous. » (28)

Gélasire, c'est le pseudonyme de l'auteur, est donc bien décidé à conserver son secret jusque dans la tombe et met en garde ceux qui croiraient comprendre contre les erreurs auxquelles ils sont promis ; cette épitaphe ironique donne à réfléchir. Mais de tous les secrets, les mieux gardés sont souvent les plus simples et les plus évidents. On peut légitimement se demander si la solution de l'énigme n'est pas de remettre en cause l'existence historique des Précieuses. Les seules Précieuses dont l'existence est indubitable sont celles dont on a si souvent parlé et elles n'existent précisément que dans la mesure où l'on a parlé d'elles. La notion de « précieuse » appartient au champ des représentations et non à celui des réalités ; selon le mot de l'abbé de Pure, c'est d'abord une « idée » au sens platonicien du terme qui est « en soi » préalablement à toute incarnation. C'est pourquoi chaque fois que l'on a tenté de justifier l'idée de la Précieuse par l'existence de véritables Précieuses, il n'est résulté de l'aventure qu'incohérences et questions insolubles. Il est en effet souvent illusoire de tenter directement le passage de la littérature à la réalité et de conclure hâtivement de la sociologie à l'ontologie. L'argument de Saint Anselme ne vaut pas pour les Précieuses : l'idée de la Précieuse n'implique pas qu'il ait existé des Précieuses, ce que beaucoup d'historiens semblent avoir négligé.

Qu'il n'ait jamais existé de Précieuses ne signifie donc pas que leur histoire est dépourvue de sens ; si celle-ci ne correspond à aucune vérité particulière et anecdotique, elle prend une portée générale. C'est à peu près ce que l'abbé de Pure laisse entendre « aux plus malins critiques ». En tête de la quatrième partie de son roman, il publie une préface à la manière rabelaisienne où il dialogue avec ses lecteurs et où il s'explique sur ses intentions ;

---

(28) *Ibidem*, t. II, p. 197.

de ce discours assez amphigourique il ressort une fois de plus que le secret des allusions doit demeurer impénétrable, mais aussi, et c'est le plus important que le roman développe une allégorie dont le sens intéresse même celles qui font mine de ne pas se reconnaître dans ce portrait qui concerne plus ou moins directement toutes les femmes. L'abbé de Pure ajoute enfin que rien n'empêchera les esprits mal intentionnés d'inventer des clefs et des applications. Il y a tout lieu de penser que ce jugement est à la fois lucide et exact. L'histoire des Précieuses n'est finalement rien d'autre qu'une fable, au double sens du terme, à la fois fiction et apologue ; elle dénonce en la « préciosité » un mal symbolique dont chaque femme risque un jour d'être frappée bien que toutes ne soient pas également atteintes. Car toute fable comporte une moralité et celle des Précieuses ne fait pas exception à la règle. Il n'est pas difficile de découvrir le sens de l'allégorie si l'on se réfère aux principes élémentaires de la morale galante et mondaine. Le premier et le plus grand tort des Précieuses est évidemment de mépriser l'Amour ; sans doute est-il difficile pour une femme de céder aux sollicitations de la passion sans se perdre, mais refuser de se plier à cet impératif catégorique de l'éthique galante équivaut à une trahison intolérable ; cette révolte exorbitante suffirait à mettre les Précieuses hors la loi. Loin d'être, comme on l'a cru parfois un peu légèrement, l'attitude la plus communément répandue en matière amoureuse, la révolte « précieuse » représente chez les femmes une hérésie dangereuse ; elle va à l'encontre des maximes d'une société qui associe constamment l'amour et le bonheur. Les autres péchés des Précieuses, bien que plus véniels, sont de même nature, c'est-à-dire qu'ils portent atteinte aux principes élémentaires de la civilisation mondaine. C'est ainsi qu'elles confondent esprit et bel esprit, élégance du langage et jargon. Plus généralement elles refusent d'admettre que les femmes n'ont pas le prix qu'elles se donnent mais celui que leurs mérites peuvent leur valoir ; car c'est au monde qu'il appartient en dernier ressort de décider de la valeur des êtres et des choses. Mais une espèce sans individus, une secte sans fidèles ou un complot sans conjurés constituent une sorte de scandale pour l'esprit ; le sucès de la fable des Précieuses ne pouvait manquer de susciter le problème des précieuses authentiques. Il en va de ces « véritables » Précieuses comme du Dieu de Voltaire : supposé qu'elles n'existent point, il faudrait les inventer pour le bon ordre des choses. Il n'y a pas d'effet sans cause et toute caricature suppose des originaux ; il est donc nécessaire de trouver, vaille que vaille, les ressemblances qui témoigneront de la vérité du portrait. D'ailleurs le piquant d'une fable réside pour une bonne part dans les application qu'elle autorise et il suffit de chercher pour trouver matière à ces applications.

III — *Les originaux des Précieuses.*

Un certain nombre de femmes du monde, une douzaine environ, ont vu leur nom associé de manière plus ou moins insistante à la qualité de Précieuses (29). Pour trois d'entre elles, Mlle de Rambouillet, première comtesse de Grignan, Mlle d'Haucourt, future maréchale de Schomberg et sa sœur Mlle d'Aumale, les témoignages sont multiples et convergents ; à propos de la première Tallemant des Réaux prononce même le mot que l'on attendait puisqu'il présente Mlle de Rambouillet comme l' « un des originaux des Précieuses » (30). Dans les autres cas il s'agit d'allusions isolées qui ont moins de chances d'être significatives. Ce qu'il importerait de savoir c'est pourquoi ces jeunes personnes ont été accablées de cette disgrâce et pour quelles raisons a priori assez obscures elles ont été admises au peu enviable privilège de passer à la postérité comme les seules « véritables » précieuses connues. Certes en toute femme sommeille une précieuse qui s'ignore ; pour éveiller la précieuse endormie il suffit d'un décret arbitraire dont les motifs risquent de ne pas être toujours très évidents. Il sera sans doute embarrassant de répondre à la question : pourquoi celle-ci plutôt que telle autre ? Les hasards des inimitiés personnelles et des rivalités de clan sont probablement plus déterminants que la personnalité des victimes. Mais il ne faut pas en conclure que lorsqu'une femme est nommément désignée comme « précieuse » cette désignation doive être nécessairement aveugle.

Pour Tallemant des Réaux donc, Mlle de Rambouillet (31) est une authentique précieuse et il se promet d'ailleurs de lui réserver une place d'honneur dans l'historiette qu'il projette sur ce sujet. Il n'est au demeurant pas le seul de cette opinion et d'autres textes la désignent également comme telle (32). Or Tallemant, qui fréquente le cercle de la marquise de Rambouillet, la connaît bien, sinon intimement, et son jugement se fonde sur ses propres obser-

---

(29) Ces « originaux des Précieuses » sont Mlle de Rambouillet, Mlle d'Haucourt, Mlle d'Aumale, Mlle de Manicamp, Mlle d'Outrelaize et Mme de Frontenac, Mlle de Leuville, Mlle d'Estrée, Mlle de Guise, Mme de Longueville, Mme de Montauzier, Mme d'Olonne, Mlle de la Trousse et Mme de Lafayette.
(30) TALLEMANT DES RÉAUX, *Historiettes*, t. II, 894.
(31) Angélique Clarisse D'ANGENNES, 6° et dernier enfant de la marquise de Rambouillet, née après 1615, morte le 22 décembre 1664. Elle épouse par contrat du 27 avril 1658 François Adhémar de Monteil, comte de Grignan (1632-1714), futur gendre de Mme de Sévigné.
(32) *La fine Galanterie du temps*, J. Ribou, 1661, p. 57 ; *Airs et Vaudevilles de Cour*, Ch. de Sercy, 1665, p. 90 : *Les Contrevéritez*, B.N., ms f fr. 864, f° 135.

vations et non sur de vagues calomnies. Il n'est donc qu'un moyen
de comprendre son attitude qui est de s'interroger sur la manière
dont il voit cette « précieuse » ; par chance, les *Historiettes* apportent sur ce point des précisions dignes d'intérêt. En premier
lieu Mlle de Rambouillet n'est guère sympathique à Tallemant.
Dans l'historiette qu'il consacre à Mme de Montauzier il trace un
rapide portrait de sa jeune sœur ; après avoir évoqué sa chevelure
rousse et son visage marqué de petite vérole laissant entendre
qu'elle ne brillait guère par sa beauté, il dit un mot de son esprit :

> « Elle a de l'esprit et dit quelquefois de fort plaisantes
> choses ; mais elle est maligne et n'a garde d'estre civile comme
> sa sœur. » (33)

On croit deviner que Mlle de Rambouillet, peut-être consciente
de ne pas être aussi séduisante qu'il conviendrait, tend à compenser
son peu de beauté par le feu de son esprit, au risque de se montrer
agressive et médisante. Tallemant la juge même parfois franchement insupportable ; rapportant dans cette même historiette les
circonstances d'un séjour des Montauzier dans leur gouvernement
d'Angoulême, Tallemant ne dissimule pas que Mlle de Rambouillet y fit sur les gentilshommes de la province la plus mauvaise
impression et qu'elle abusait de sa supériorité parisienne pour se
moquer de leur maladresse ou de leur accent archaïsant :

> « Il y eut bien des gentilshommes mal satisfaits d'elle. Une
> fois elle dit tout haut à quelqu'un qui venoit de la Cour : « Je
> vous asseure qu'on a grand besoin de quelques rafraîchissements,
> car sans cela on mouroit bientost ici. » Il y eut un gentil-
> homme qui dit hautement qu'il n'iroit point voir M. de Mon-
> tauzier tandis que Mlle de Rambouillet y seroit, et qu'elle s'es-
> vanouissoit quand elle entendoit un méchant mot. Un autre,
> en parlant à elle, hésita longtemps sur le mot d'avoine, *avoine*,
> *aveine, avene*. « *Avoine, avoine* » dit-il, « de par tous les
> diables ! on ne sçait comment parler céans ». Mlle de Ram-
> bouillet trouva cette boutade si plaisante qu'elle l'en aima
> toujours depuis. » (34)

On comprend que Tallemant ait eu la ferme intention de parler
d'elle dans son historiette des Précieuses ; la coïncidence était trop
belle pour qu'il ne songe pas à en tirer parti : non seulement Mlle
de Rambouillet était distante et méprisante comme doit l'être une
précieuse, mais de plus elle se piquait de beau langage.

---

(33) TALLEMANT DES RÉAUX, *Historiettes*, t. I, p. 473.
(34) *Ibidem*, t. I, p. 467.

D'autres témoignages viennent confirmer cette première esquisse. Angélique Clarisse d'Angennes était une jeune fille spirituelle, autoritaire, précocement aigrie peut-être et volontiers chagrine à force de se montrer exigeante envers elle-même comme envers les autres. C'est à peu près le portrait que Mlle de Scudéry en donne dans le *Grand Cyrus* sous le pseudonyme d'Anacrise :

> « Pour Anacrise, il y a si peu de choses qui la satisfacent, si peu de personnes qui lui plaisent, un si petit nombre de plaisirs qui touchent son inclination, qu'il n'est presque pas possible que les choses s'ajustent jamais si parfaitement qu'elle puisse passer un jour tout à fait heureux en toute une année, tant elle a l'imagination délicate, le goust exquis et particulier, et l'humeur difficile à contenter. » (35)

Tourmentée par cette perpétuelle insatisfaction, Mlle de Rambouillet aimait aussi à tourmenter les autres. Tallemant raconte comment elle avait un jour assez rudement maltraité le malheureux Ménage et ne cache pas son opinion sur sa conduite (36). Dominatrice, plutôt laide, un peu acariâtre, a priori difficile à marier (du moins le croyait-on, mais les mariages de raison peuvent faire des miracles et le comte de Grignan n'était pas un Adonis), n'existerait-il qu'une « précieuse », il faudrait que ce fût elle. Afin de ne pas charger injustement sa mémoire, il faut cependant ajouter qu'elle avait aussi de l'esprit et le sens de l'humour comme en témoigne la proposition qu'elle aurait faite de marier l'impuissant Langey à une précieuse. La future comtesse de Grignan est en tout cas la seule précieuse qui ait jamais accepté ce titre, quitte à se venger spirituellement de cette médisance. Mais sa prétendue « préciosité » se comprend fort bien sans recourir à l'idée d'une mode.

Cependant Mlle de Rambouillet n'est pas seule dans sa disgrâce ; deux noms reviennent souvent à côté du sien, ceux de Mlle d'Aumale et de Mlle d'Haucourt. Il existe du fameux couplet de la *Déroute des Précieuses* (1659) une variante qui met en cause à la fois Mlle de Rambouillet et Mlle d'Aumale (37). Seul ou le plus souvent associé à celui de sa sœur Mlle d'Haucourt, le nom de Mlle d'Aumale revient à plusieurs reprises dans les documents du temps et elle est sans conteste la précieuse la plus fréquemment nommée par les contemporains. Saint-Gabriel la désigne comme telle de la manière la plus transparente :

---

(35) Mlle DE SCUDÉRY, *Le Grand Cyrus*, t. VII, p. 502.
(36) TALLEMANT DES RÉAUX, *Historiettes*, t. II, p. 331.
(37) *La fine Galanterie du temps*, J. Ribou, 1661, p. 54.

> « Mlle d'Haucourt d'Aumalle, l'*inestimable*. Le nombre infini
> ne se trouve point pour me *valoir*. » (38)

Même lorsqu'elle sera devenue par son mariage maréchale de
Schomberg (car les vraies précieuses finissent presque toujours
par se marier en dépit de leurs principes), elle ne parviendra
jamais à faire oublier son passé de précieuse et cette réputation
continuera longtemps encore à la suivre. En 1675 Mme de Sévigné,
qui ne la porte pas dans son cœur, commente ainsi la rentrée
qu'elle vient de faire à la cour :

> « On me mande que cette précieuse fera, à son retour,
> grande figure. » (39)

Immédiatement auparavant Mme de Sévigné insinue que la
nouvelle maréchale, son mari vient d'être promu à ce titre, « aimait
mieux dire du mal de soi que de n'en point parler ». Cette
réflexion situe d'emblée le personnage ; de même que Mlle de
Rambouillet, elle n'avait pas l'heur de plaire à tout le monde et
elle manifestait sa personnalité d'une manière qui risquait de
heurter les susceptibilités. Il n'en fallait peut-être pas davantage
pour devenir « précieuse ».

Mlle d'Aumale (40) n'avait pourtant rien d'un laideron laissé
pour compte, en quoi elle ne ressemblait pas à la dernière fille
de la marquise de Rambouillet dont la situation sociale était beaucoup plus précaire :

> « C'est une demoiselle qui est belle, bien faite et fort spiri-
> tuelle ; avec tous ces advantages, elle a celuy que l'on prise
> le plus en ce temps, car on la tient riche de 50.000 escus en
> fonds de terre. » (41)

Mais cette riche héritière a peut-être le tort de traiter un peu
rudement ses prétendants ou soupirants. La Mesnardière, dans
une épître en vieux langage, s'amuse à évoquer les ravages que
font les deux sœurs parmi le sexe masculin :

> « D'agonisans confus et drus meslinges,

---

(38) SAINT-GABRIEL, *Le Mérite des dames*, Le Gras, 1655, p. 290.
(39) Mme DE SÉVIGNÉ, *Lettres*, t. II, p. 942.
(40) Suzanne D'AUMALE D'HAUCOURT, (date de naissance inconnue, morte en 1688) épouse
Frédéric Armand, comte puis duc et maréchal de Schomberg.
(41) Philippe et François de VILLERS, *Journal d'un voyage à Paris en 1657-1658*, Champion,
p. 324.

Nommans tout hault Ammalles et Haucourts
A dures faulx verront faulcher leurs jours. » (42)

« Cruelles », hautaines, ironiques aussi sans doute, les sœurs
d'Haucourt ont tous les défauts qui prédisposent à devenir « précieuses ». D'ailleurs il est à peu près certain que c'est à elles
que pensait Mlle de Montpensier lorsqu'elle composa son « Portrait
des Précieuses » ; pour la petite cour de Saint-Fargeau, les Précieuses sont d'abord Mlles d'Aumale et d'Haucourt, ainsi peut-être
que Mlle de Rambouillet. La clef de la *Princesse de Paphlagonie*
les nomme comme faisant partie de la cabale (43). Quelques traits
du « Portrait » s'appliquent directement à ces trois personnes.
« S'il y en a, écrit Mademoiselle, qui ayent de faux cheveux, soit
blonds cendrez ou clairs bruns, il faut les leur laisser, et il seroit
difficile de les donner à celles qui les ont roux », possible allusion
à une particularité physique que Tallemant notait chez Mlle de
Rambouillet et qui est d'ailleurs traditionnellement tenue pour
une anomalie étrange et remarquable. Encore faudrait-il pouvoir
décider si Mademoiselle voyait les Précieuses rousses parce qu'elle
songeait à Mlle de Rambouillet ou si cette chevelure hors du
commun avait d'abord, parmi d'autres particularités, signalé Mlle
de Rambouillet à l'attention. Un peu plus loin, après avoir rappelé
que les Précieuses ont souvent de bonnes raisons d'être dévotes,
Mlle de Montpensier ajoute :

> « Il y en a qui ne sont pas de religion propre à cela, et elles
> font entendre que c'est la seule raison qui les en empêche » (44).

C'est cette fois-ci une allusion sans équivoque aux demoiselles d'Haucourt qui sont nées dans la religion réformée ; en
bonne catholique, Mlle de Montpensier ne semble pas imaginer
que l'on puisse être en même temps protestante et dévote.

Ce dernier trait est très révélateur sur le regard que la
société qui les condamne jette sur les Précieuses. Ce sont des
femmes qui pour toutes sortes de raisons se situent tant soit peu
en marge du monde et de ses préjugés. Les circonstances les plus
diverses peuvent motiver la menace d'exclusion qui frappe les
Précieuses du fait de leur singularité. Toutes les voies mènent à
la condition de « précieuse » dès lors qu'elles s'écartent du droit
chemin du conformisme. Une fille est-elle plutôt laide, difficile

---

(42) J. DE LA MESNARDIÈRE, *Poésies*, Sommaville, 1656, p. 53.
(43) *Œuvres diverses de M. Segrais*, Amsterdam, Fr. Changion, 1723, t. II, p. 126.
(44) Mlle DE MONTPENSIER, « Portrait des Précieuses ».

à marier parce que la dernière née d'une famille où les enfants sont nombreux et de surcroît douée d'un esprit caustique et d'un caractère entier : c'est une précieuse. Telle autre est une riche héritière mais repousse un peu sèchement les hommages et fait montre d'un peu trop d'esprit, de plus elle appartient à une autre religion ; c'est de nouveau une précieuse. Toute différence un peu trop marquée suffit à justifier cet ostracisme et à transformer en défauts ce qui autrement aurait pu être vertus. Une femme qui maltraite ses amants, qui refuse de se marier, proteste contre les servitudes de la condition féminine, affirme que les femmes dans le domaine de l'esprit peuvent revendiquer une égalité pleine et entière, se pique de belles lettres et de beau langage, est du fait même prédestinée à devenir « précieuse ». Mais elle ne le deviendra en effet que du jour où la société mondaine aura prononcé à son propos le mot infamant, ce qui ne se produit que très rarement. Il y a beaucoup d'appelées et peu d'élues, beaucoup de mondaines qui auraient mérité ce nom et à qui il ne fut jamais donné.

D'autres femmes ont ainsi mérité de figurer parmi les « originaux » des Précieuses. Un distique des *Contrevéritez* où se trouvent d'ailleurs les trois noms précédents, porte à cinq le nombre des membres de la cabale :

« Je m'en vais vous apprendre une sotte caballe
   Manican, Outreleze, Aucourt, Grignan, Daumalle. » (45)

Sur Mlle de Manicamp, sœur du scandaleux ami de Bussy-Rabutin, nous ne savons que fort peu de choses (46) ; le seul fait marquant de son existence est qu'elle épousa, le 25 juillet 1663, le vieux maréchal d'Estrées qui avait alors 91 ans et en était à son troisième mariage. L'événement est bien sûr postérieur à sa réputation de précieuse et il faudrait être mieux renseigné sur cette union assez extraordinaire pour savoir s'il s'agit, comme on pourrait être tenté de le penser, d'une tentative désespérée pour échapper au célibat. La personnalité de Mlle d'Outrelaize est en revanche mieux connue ; des liens d'amitié intimes et durables l'unissaient à Mme de Frontenac qui elle aussi doit figurer au nombre des « précieuses » puisque la clef de la Princesse de

(45) *Contrevéritez*, B.N. ms f. 864, f° 135.
(46) Gabrielle de Longueval, sœur de Bernard, comte de Manicamp, morte en février 1687. Le maréchal d'Estrées, alors âgé de 91 ans, l'épouse en troisième noces le 25 juillet 1663. D'après Mme DE SÉVIGNÉ (*Lettres*, t. I, p. 521), on la soupçonna en avril 1672 d'être mêlée à une affaire de chansons satiriques, ce qui s'accorderait assez bien avec l'esprit caustique qui caractérise les Précieuses.

Paphlagonie la cite parmi les membres de la cabale des Thraciennes. Or il semble que l'attitude de ces deux jeunes femmes
ait prêté à des commentaires plutôt malveillants ; elles ont été
surnommées les « Divines » et ce surnom laisse croire qu'on
les soupçonnait de tenir leur propre personne en très haute
estime. Beaucoup plus tard, Saint-Simon dira d'elles :

> « Elles exigeaient l'encens comme déesses, et ce fut toute
> leur vie à qui leur en prodiguerait. » (47)

Toujours selon Saint-Simon, Mme de Frontenac était « personne d'esprit et d'empire » et, lorsque le chevalier de Frontenac
eut accepté la charge de gouverneur du Canada, sa décision fut
ainsi commentée :

> « Le mari n'eut pas de peine à se résoudre d'aller vivre et
> mourir à Québec, plutôt que de mourir de faim, ici, en mortel,
> auprès d'une « Divine ». » (48)

Autant que l'on en puisse juger, les « Divines » étaient femmes
à aimer les hommages et à cultiver la réputation de cruelles ;
elles étaient aussi spirituelles et un peu hautaines ; autant de
raisons pour qu'elles deviennent « précieuses » aux yeux du
monde. Lorsqu'il est possible d'avoir des renseignements sur la
personnalité des intéressées, les conclusions sont à chaque fois
à peu près identiques : les « originaux » des Précieuses sont des
femmes du monde qui manifestent de manière jugée excessive
leur volonté d'indépendance et tendent à abuser des pouvoirs que
les usages mondains accordent aux dames. Il ressort en effet de
cette rapide enquête que la qualité de « précieuse » est toujours
accordée au même type de femmes, jeunes, spirituelles, mais im-
bues d'elles-mêmes, autoritaires et sans doute un peu portées à
mépriser autrui ; la société mondaine leur rend ces mépris avec
usure en laissant supposer qu'il existe quelque ressemblance entre
elles et ces jeunes personnes franchement ridicules qui occupent
depuis peu une si grande place dans la littérature et les conversations.

Il y a encore quelques autres exemples. Loret cite pour sa part :

---

(47) SAINT-SIMON, *Mémoires*, édition Boislisle, t. XIV, p. 268-269. Il s'agit de Madeleine
Blondel (1621 ?-1706), fille de Jean Blondel, seigneur de Tilly et d'Outrelaize.
(48) SAINT-SIMON, *Mémoires*, édition Boislisle, t. VI, p. 170. Anne de la Grange-Trianon
(1632-1667), jusqu'à son mariage Mlle de Neuville, épouse le 24 octobre 1648 Louis de Buade,
comte de Palluau, puis de Frontenac ; elle refuse de suivre son mari lorsque celui-ci est
nommé gouverneur du Canada.

« Leuville, Etrée et Villeroy,
    Où l'on voit ce je ne sçay quoi,
    Qui rend les Filles gracieuses
    Et les fait nommer précieuses. » (49)

Mlle de Leuville est à peu près inconnue (50) ; Mlle d'Estrées que Tallemant compte lui aussi parmi les « précieuses » meurt, fort jeune sans doute, le 18 Décembre 1658, trois mois à peine après son mariage avec le comte de Lillebonne (51). Si en revanche Mlle de Villeroy est bien, comme il est probable, Catherine de Neufville, future comtesse d'Armagnac (52), il suffit de se reporter aux *Mémoires* de Saint-Simon pour imaginer quelle maîtresse femme ce fut :

« Mme d'Armagnac mourut à la Grande Ecurie à Versailles, le jour de Noël, et laissa peu de regrets (...) C'étoit une femme haute altière, entreprenante, avec peu d'esprit toutefois et de manège, qui de sa vie n'a donné la main, ni un fauteuil chez elle, a pas une dame de qualité (...) elle menoit son mari comme elle vouloit (...), traitoit ses enfants comme des nègres. » (53)

Une aussi forte personnalité ne pouvait plaire à tout le monde et, si l'on veut bien admettre que ce tempérament dominateur s'est manifesté de bonne heure, il faut rendre hommage à la perspicacité de Loret. Tels étaient les « originaux » des Précieuses.

Au demeurant il serait vain de chercher à introduire dans des phénomènes de cette nature un ordre de causalité strict ; il y a de perpétuels échanges entre les personnes et le type. Lorsque Mlle de Montpensier imagine que les Précieuses de son « Portrait » sont rousses et protestantes, elle songe évidemment à Mlle de Rambouillet et à Mlle d'Aumale ; il n'en faut point conclure qu'une femme ne saurait être « précieuse » à moins d'avoir la chevelure flamboyante et de pratiquer la religion prétendue réformée. Plus généralement, l'observation des individus n'a pu à elle seule faire naître l'espèce ; l'espèce en revanche n'aurait pas survécu s'il ne s'était trouvé des individus qui témoignent de la pertinence du type. Mais les liens sont souvent lâches entre l'idée de la Précieuse

(49) J. LORET, *La Muze historique...*, Jannet Daffis, 1857-78, t. II, p. 10.
(50) M. CAUCHIE, Scarron, *Poésies diverses*, p. 272-273.
(51) Christine d'Estrées, fille du Maréchal, née entre 1634 et 1637, meurt le 18 décembre 1658, trois mois après son mariage le 3 septembre 1658 avec Frédéric Marie de Lorraine, comte de Lillebonne.
(52) En 1655, Mlle de Villeroy est à peu près à coup sûr Catherine Françoise de Neufville, fille de Nicolas V de Neufville-Villeroy, née en 1639, mariée le 7 octobre 1660 à Louis de Lorraine, comte d'Armagnac et morte en 1707.
(53) SAINT-SIMON, *Mémoires*, t. XV, p. 329-333.

et ces « originaux ». C'est ainsi qu'il est, à première vue difficile de rendre compte du parcours capricieux que la rivière Précieuse décrit à travers le Pays des Braques. Avant d'aller se jeter dans la Carogne, cette rivière, qui symbolise l'une des formes, la plus raffinée, de la perversion féminine, traverse quatre « villes » Guise, Longueville, Montauzier et d'Olonne. Or entre l'austère Mlle de Guise et la trop galante comtesse d'Olonne il n'y a guère de point commun ; s'il avait voulu définir par l'exemple une nature « précieuse », jamais Bussy-Rabutin n'aurait pu songer à les réunir dans le même canton de son pays allégorique. Mais l'examen de chacun de ces cas particuliers fait apparaître une raison plus ou moins plausible pour justifier cette qualification, ces raisons étant à chaque fois différentes. Mlle de Guise, héritière d'un grand nom et d'une fortune considérable, est restée célibataire pour des motifs obscurs mais sans doute parce que son frère le duc Henri de Guise, par ailleurs exalté et tant soit peu fou, n'avait aucun intérêt à ce qu'elle se marie. C'était une femme d'esprit et d'autorité qui semble avoir eu quelque peu tendance à vouloir régenter les affaires de sa maison et qui s'intéressait aux choses de l'esprit (54). Si l'on ajoute qu'en 1652, peu avant que Bussy-Rabutin ne rédige sa *Carte*, des rumeurs avaient couru à propos d'une liaison secrète avec un nommé Montrésor, les insinuations calomnieuses de Bussy deviennent transparentes et l'on croit comprendre pourquoi il a choisi Mlle de Guise comme victime. Dominatrice, lettrée et restée fille malgré elle, Mlle de Guise avait tout pour devenir « précieuse » ; le secret mal gardé d'une liaison scandaleuse fit le reste. Le cas de Mme de Longueville est assez analogue encore que les deux personnes ne se ressemblent guère. Les amours orageuses et multiples de la duchesse étaient connues de tout le monde ainsi que son goût pour la vie littéraire où elle intervenait avec autant d'autorité que dans la politique. Mais, aux alentours de 1654, Mme de Longueville devient dévote et janséniste, conversion qui peut passer pour une trahison envers le monde et qui, en tout cas, attire l'attention sur elle. Bussy-Rabutin qui a toujours été un défenseur des intérêts de l'amour, prend acte de ce changement :

> « Elle se gouverne à présent elle-même, et s'est tellement fortifiée qu'il n'y a point d'ennemis si forts qui osent en faire l'attaque. » (55)

---

(54) Marie de Lorraine (15 août 1615-3 mars 1688) fut soupçonnée de s'être mariée secrètement et d'avoir eu un enfant qu'elle aurait fait élever en Hollande.

(55) BUSSY-RABUTIN, « Carte du pays de la Braquerie » (in TALLEMANT DES RÉAUX, *Historiettes*, édition P. Paris, t. IV, Appendice, p. 537). Mme de Longueville est Anne Geneviève de Bourbon (1619-1679), sœur du grand Condé, mariée en 1642 à Henri d'Orléans, duc de Longueville et d'Estouteville, prince de Neufchatel (1595-1663).

On ne s'étonnera pas de trouver en cette compagnie l'altière Julie d'Angennes, duchesse de Montausier depuis 1645 ; non qu'elle soit dévote et janséniste, mais parce qu'elle a la réputation de traiter ses amants avec hauteur, d'être un peu querelleuse et de ne point entendre la plaisanterie surtout lorsqu'elle devient un peu leste.

Le cas de Mme d'Olonne est plus embarrassant : elle n'est suspecte ni de bigoterie, ni de pruderie, ni de pédantisme. Mais, si Bussy-Rabutin ne se moque pas de ses lecteurs en en faisant une « précieuse », ce ne peut-être que parce qu'à sa manière Mme d'Olonne méprise aussi les hommes, surtout lorsqu'ils sont insuffisants, et finalement les traite aussi mal que certaines prudes :

> « C'est un chemin fort passant (...) Il y faut bien payer de sa personne, ou payer son gite. » (56)

Beaucoup plus probablement encore, l'explication du mystère tient dans un banal jeu de mot : si, pour avoir Mme d'Olonne, il faut payer d'une manière ou d'une autre, cela prouve que c'est une « femme de prix ».

On voit qu'il existe une foule de moyens fort divers de devenir « précieuse ». Plus d'une fois la chose risque de n'avoir tenu qu'à un simple calembour ; ainsi lorsque Mme de Lafayette écrit à Huet, le 14 Novembre 1662 :

> « Toute précieuse qu'est mademoiselle de la Trousse, elle a de l'esprit (...). » (57)

On pourrait croire qu'il s'agit d'un nouvel « original » de la « précieuse ». Mais il suffit de se reporter à une lettre du même Huet à Ménage, en date du 10 Novembre de la même année, pour soupçonner qu'il n'en est rien ; Huet reproduit pour son correspondant un impromptu qui a circulé sur Mlle de la Trousse et dont il est peut-être lui-même l'auteur :

> « Car cette belle de la Trousse
> N'est pas de ces belles qu'on trousse. » (58)

---

(56) BUSSY-RABUTIN, *ibidem*, p. 535. Catherine Henriette d'Angennes de la Loupe (1634-1767) fait le 1er mars 1652 un très beau mariage avec Louis de la Trémouille, comte d'Olonne, qui devint bientôt l'un des cocus les plus célèbres de son siècle.

(57) Mme DE LAFAYETTE, *Correspondance*, t. I, p. 182.

(58) *Ibidem*, t. I, p. 181.

A la faveur d'une équivoque assez facile Mlle de la Trousse est allée grossir les rangs des Précieuses qui ne sont pas des personnes à permettre certaines privautés. Tout à fait fortuitement nous savons que l'épithète pouvait aussi s'appliquer à Mme de Lafayette ; les frères Villers, curieux de toutes les nouvelles parisiennes notent dans leur *Journal :*

> « C'est une des prétieuses du plus haut rang et de la plus grande volée. » (59)

Mais la réputation de Mme de Lafayette n'était pas excellente contrairement à ce que pensent les trop naïfs Hollandais ; elle comptait dans le monde beaucoup d'envieux et Gourville par exemple ne cache pas ce qu'il pense de ses prétentions :

> « Mme de Lafayette présumoit extrêmement de son esprit, et s'étoit proposé de remplir la place de madame la Marquise de Sablé. » (60)

Comme Mlle de Rambouillet, elle était peut-être aussi un peu trop portée à la raillerie ; Somaize dit d'elle :

> « elle est civile, obligeante, et un peu railleuse ; mais elle raille de si bonne grâce qu'elle se fait aimer de ceux qu'elle traite le plus mal ou du moins qu'elle ne s'en fait pas haïr » (61).

Mais Somaize édulcore toujours la vérité. Enfin, si toutes ces raisons ne suffisaient pas, il se pourrait qu'en 1655 l'hostilité de Mme de Lafayette envers l'amour ne soit plus un secret pour personne et que les confidences qu'elle faisait sur ce sujet à Ménage aient été divulguées :

> « Je suis si persuadée que l'amour est une chose incommode que j'ay de la joye que mes amis et moy en soyons exempts. » (82)

Autant de raisons pour que l'on ait risqué à son propos le mot de « précieuse ». Mais rien ne permet de penser que les « originaux » des Précieuses aient pu former parmi les femmes du

(59) *Journal de voyage de deux jeunes hollandais à Paris,* Champion, 1899, p. 389-390.
(60) GOURVILLE, *Mémoires,* année 1672, collection Michaud et Poujoulat, 3ᵉ série, t. V, p. 568.
(61) SOMAIZE, *Dictionnaire des Prétieuses,* t. I, p. 96.
(62) Mme DE LAFAYETTE, *Correspondance,* t. I, p. 34.

monde une caste à part à l'instar des Précieuses de la littérature.
Il faut beaucoup d'imagination pour réunir dans une cabale unique
des personnes aussi diverses que Mlle de Guise et Mme d'Olonne.
C'est encore l'abbé de Pure qui est le plus près de la vérité lorsqu'il
déclare :

> « Ce corps est un amas de belles personnes. (...) Les parties,
> quoy que différentes entr'elles, ne laissent pas d'avoir un beau
> rapport avec le tout ; et quelque diversité ou opposition qui
> arrive, l'harmonie n'est point interrompuë et mesme elle en
> est plus agréable. Comme les Anges font leur espèce parti-
> culière, de mesme chaque Prétieuse a la sienne. » (63)

Il suffit d'avoir longuement pratiqué la théologie angélique
pour comprendre de tels mystères.

IV — *L'adaptation de la fable aux réalités du temps.*

Si les Précieuses ne correspondent pas à une espèce sociale
définie, le développement du phénomène ne s'explique qu'à la
condition qu'il puisse prendre un sens par rapport aux problèmes
de l'époque. L'existence réelle du corps des Précieuses paraît assez
sujette à caution, mais même un être de raison ne procède jamais
d'une création a nihilo. Il y a, dans l'histoire des Précieuses, un
premier aspect anecdotique et confidentiel ; pour les gens du
monde sont « précieuses » certaines femmes qui dans le cercle
de leurs connaissances en même temps qu'elles font preuve de
qualités estimables comme l'esprit et le goût des lettres, sont
douées d'un tempérament trop autoritaire ou d'une humeur dont
l'agressivité outrepasse les limites de la parfaite sociabilité. C'est
à peu près ce que dit Mlle de Montpensier à propos des Thraciennes
de la *Princesse de Paphlagonie :*

> « Elles avoient quelque chose d'agréable dans la conver-
> sation, car elles étoient fort railleuses, et cela plaît quelquefois ;
> de sorte qu'elles attiroient du monde chez elles, se faisant aimer
> de peu et haïr de beaucoup. » (64)

Durant une première période plus mondaine que vraiment litté-

---

(63) *La Prétieuse,* t. I, p. 65-66.
(64) *La princesse de Paphlagonie,* Aug. Renouard, 1805, p 97-98.

raire, on pouvait se satisfaire d'une explication reposant sur quelques noms connus. Lorsqu'avec l'abbé de Pure, Molière et Somaize les Précieuses entrent de plain pied dans la littérature, le besoin se fait sentir d'un support intelligible pour un plus grand nombre de lecteurs ou de spectateurs. La première édition caennaise du *Recueil* de Mademoiselle avait été tirée à trente exemplaires, ce qui montre à quelle audience restreinte était d'abord destiné le « Portrait des Précieuses » ; avec les *Précieuses ridicules* et les deux *Dictionnaires* de Somaize, c'est tout le public parisien qui est mis dans la confidence. Cette évolution devient manifeste à partir de 1659 et l'on remarquera que certains textes importants comme le livret du *Balet de la Déroute des Prétieuses* ou la *Carte du Royaume des Prétieuses* du marquis de Maulévrier sont imprimés cette année-là avec un évident retard qui peut s'expliquer par ce changement d'orientation.

Dès lors il était nécessaire de trouver pour justifier l'existence des Précieuses des références plus solides que les travers de Mlle de Rambouillet ou les sautes d'humeur de Mlle d'Aumale. On peut observer le mécanisme de cette évolution à la faveur d'une très pertinente remarque de G. Couton sur la pièce que l'abbé de Pure avait donnée aux Italiens en 1656. Ce canevas aujourd'hui perdu racontait l'aventure d'une précieuse que ses amis voulait dissuader d'épouser Scaratide, un poète sans fortune à « la mine un peu basse » ; G. Couton émet l'hypothèse que cette héroïne pourrait être Françoise d'Aubigné, autrement dit la future Mme Scarron, une jeune fille d'assez bonne famille et connue dans le monde, qui épouse, le 4 Avril 1652, un écrivain sans beaucoup de fortune et de surcroît disgracié par la nature (65). Que ce mariage ait fait jaser, nul ne s'en étonnera ; que les Italiens, qui ignoraient l'avenir et ne pouvaient guère prévoir d'où viendrait leur exil de 1697, aient voulu exploiter le scandale de cette mésalliance, il n'y a là rien que de très normal. Mais dans un temps où le goût des lettres fait partie des devoirs d'une femme du monde, l'exemple quelque peu scandaleux de Mlle d'Aubigné est l'occasion idéale de marquer une limite : il est bon d'aimer la littérature, mais pas jusqu'au point d'épouser un auteur qui ne se recommande que par son talent. Ainsi passe-t-on, sous le couvert de l'assimilation du mariage de Mme Scarron à celui d'une Précieuse, du fait divers mondain à une leçon générale adressée à toutes celles qui seraient tentées de pousser la passion littéraire au-delà des normes permises. Désormais tous les bas-bleus que peut compter la société mondaine sont des Précieuses en puissance.

---

(65) Voir MOLIÈRE, *Œuvres complètes*, édition G. Couton, t. I, p. 251-253.

C'est ainsi que Molière, cinq ans après le début de l'affaire, s'avise, le premier semble-t-il, d'une interprétation qui fera son chemin : l'inspiratrice, sinon l'original, des Précieuses serait Mlle de Scudéry. Il est d'ailleurs presque surprenant que personne n'ait songé avant lui à mettre en cause Sapho ; sa doctrine de l'amitié tendre, l'hostilité au mariage qu'elle professe aussi bien dans ses livres que dans sa vie, la forte personnalité de cette femme de lettres en faisaient une victime désignée ; seules sans doute sa sociabilité et sa légendaire aménité ont pu retarder cette disgrâce. Toujours est-il que dans les *Précieuses ridicules* (novembre 1659) l'attaque est nette et directe ; si, avant de venir s'installer à Paris, Cathos et Magdelon se sont forgé sur l'existence des idées si extravagantes, c'est qu'elles ont trop lu de romans. Or leur auteur de chevet est Mlle de Scudéry et c'est chez elle qu'elles ont trouvé leurs théories sur l'amour et le mariage. Molière ne prétend probablement pas faire endosser à Madeleine de Scudéry les ridicules de ses émules maladroites ; mais à la question « comment devient-on précieuse ? » il propose une réponse nouvelle et générale : à force de lire trop de romans et ceux de Mlle de Scudéry en particulier. Habile manière de mettre l'auteur en cause sans porter atteinte à la personne, car Mlle de Scudéry n'est évidemment pas responsable du mauvais usage que l'on fait de ses romans.

Somaize ne se fait pas faute de reprendre à son compte une idée aussi séduisante. Dans l'article « Hérésies » de son *Dictionnaire* il affirme que l'admiration pour le clan des Scudéry est l'une des lois organiques de la communauté :

> « On ne laisse pas de tenir pour hérétiques (...) celles qui n'estiment pas la Persaïde et la Romanie, et généralement tout ce que font Sarraidès et sa sœur Sophie. » (66)

Lorsque le provincial Ribercour obtiendra enfin qu'un arrêt soit rendu contre les Précieuses, il demandera qu'interdiction leur soit faite :

> « De ne jamais lire Artamène,
> Ni même aucun autre roman. » (67)

De plus, pour étayer cette thèse de la collusion entre Sapho et les Précieuses, apparaît bientôt un autre argument de poids.

---

(66) SOMAIZE, *Dictionnaire des Prétieuses*, t. I, p. 111.
(67) SOMAIZE, *Le Procez des Prétieuses*, in *Dictionnaire*, t. II, p. 69.

Selon Somaize, Mlle de Scudéry mérite également de figurer parmi les initiatrices de la « préciosité » pour avoir inventé certains tours typiquement « précieux » (68).

C'est ce que confirme une note de Tallemant des Réaux :

> « On peut dire que Mlle de Scudéry a autant introduit de méchantes façons de parler que personne ait fait il y a longtemps. » (69)

Les *Antiquités de Paris* racontent comment une compagnie de précieux et précieuses ont organisé une loterie d'un nouveau genre où l'on gagne en guise de lots des mots ou des expressions pour enrichir son vocabulaire. Or, précise Sauval :

> « Ce sont de nouveaux termes et manières de parler, que la prétieuse Sapho a souvent répétés dans le *Grand Cyrus* et dans la *Clélie* et qui ont mérité l'admiration des prétieux et prétieuses ridicules et le dépit du bon sens et de la raison. » (70)

Cette réputation de novatrice est si bien établie que Sorel en fait état dans les remarques qu'il rédige à l'intention des amateurs de livres de son temps :

> « Il y a quantité de mots dans le *Cyrus* et dans la *Clélie*. qui selon l'opinion des plus grands liseurs, n'avoient point encore été veus dans des Livres imprimez. » (71)

On peut se demander sur quoi ces « grands liseurs » ont fondé leur opinion car il ne semble pas que Mlle de Scudéry fasse preuve en ce domaine d'une exceptionnelle hardiesse. Mais des jugements de ce genre ont certainement beaucoup contribué à donner corps au soupçon que Mlle de Scudéry avait joué dans l'affaire des Précieuses un rôle considérable.

Il n'y aurait pas lieu de voir dans ces allusions à Mlle de Scudéry autre chose qu'un épisode mineur de l'histoire des Précieuses si cette polémique était du même ordre que les précédentes. Mais il semble au contraire qu'elle a pu contribuer à préciser l'image de la Précieuse et qu'elle donne au débat un sens nouveau et plus riche. Presque dès l'origine, les Précieuses ont été tenues

---

(68) SOMAIZE, *Dictionnaire*, t. I, p. 27.
(69) Texte cité par E. ROY, *op. cit.* p. 288.
(70) SAUVAL, *Antiquités*, C. Moette, 1724, t. III, p. 83.
(71) Ch SOREL. *De la connoissance des bons livres* (1671), Amsterdam, 1673, p. 387 et sq.

pour des idéalistes occupées de rêveries assez extravagantes et qui jettent sur le monde un regard obnubilé par leurs préjugés. Lorsque Chapelle et Bachaumont rencontrent les Précieuses de Montpellier, ils sont frappés par certaines plaisantes bévues qu'elles commettent, au point de croire

> « (...) Monsieur de Scudéri
> Un homme de fort bonne mine,
> Vaillant, riche et toujours bien mis,
> Sa sœur une beauté divine,
> Et Pélisson un Adonis. » (72)

Certaines Précieuses provinciales auraient donc eu pour les Scudéry une admiration sans bornes ; la distance aidant, elles devaient imaginer que la société du Samedi ressemblait trait pour trait à la vision flatteuse qu'en donne la *Chronique* ou la *Clélie*. Cette suggestion doit sans doute s'interpréter ainsi : la « préciosité » se manifeste souvent par la perte du sens des réalités et crée chez ses victimes le besoin de reconstruire un monde imaginaire à la mesure de leurs désirs. Alors intervient l'influence délétère des romans : ils proposent aux Précieuses un modèle qui répond exactement à leurs aspirations et elles ont la faiblesse d'ajouter foi à ces utopies fallacieuses. Cathos et Magdelon, provinciales naïves qui ont perdu la tête après avoir lu le *Cyrus* et la *Clélie*, incarnent les outrances de ce bovarysme précieux ; ce sont des « imaginaires » qui refusent d'apercevoir la différence entre leur humble condition et l'existence idyllique que mènent leurs héros favoris. Par une faiblesse à laquelle les femmes seraient tout spécialement sujettes, elles regardent les hommes et les choses dans le miroir déformant de leurs rêves et s'étonnent sincèrement que la Grange et Du Croisy ne se conduisent pas comme l'auraient fait Cyrus ou Aronce à leur place. La déviation précieuse se mue en une sorte d'aliénation dont on connaît les précédents littéraires ; à la manière de Don Quichotte, Cathos et Magdelon croient qu'entre la fiction romanesque et la réalité il n'existe aucune différence et il n'est même pas certain que leur mésaventure parvienne à les faire revenir de leur erreur.

En mettant en cause Mlle de Scudéry, Molière a donné à l'affaire des Précieuses son véritable sens. En effet, qu'est-ce qu'une Précieuse sinon une femme qui refuse le monde tel qu'il est pour tenter de promouvoir une société idéale dont elle a trouvé le modèle dans les grandes utopies romanesques. Or lorsque Mlle de

---

(72) CHAPELLE et BACHAUMONT, *Œuvres*, Paris, 1854, p. 81-84.

Scudéry, en marge de la *Clélie,* crée le royaume de Tendre sur lequel elle règne sous le pseudonyme de Sapho, elle tente, elle aussi, de travestir la réalité grâce à un déguisement emprunté au monde imaginaire des romans. C'est de cette tentative ambiguë qu'est née la fameuse carte de Tendre. Le cercle du Samedi tend à se métamorphoser en une société digne de l'*Astrée* et l'appartement de la rue neuve du Temple se trouve soudain transporté des bords prosaïques de la Seine aux rives du Lignon. C'est en lisant naïvement cette littérature que les Précieuses de Montpellier ont fini par croire de bonne foi que Pellisson était un Apollon, Sapho une beauté sans seconde et Georges de Scudéry un puissant capitaine. Mais, et c'est là toute la différence, Mlle de Scudéry se défend de prendre la chose au sérieux et déclare à qui veut l'entendre que le royaume de Tendre n'est qu'une aimable bagatelle conçue dans l'enthousiasme d'un moment et inventée pour divertir quelques-uns de ses proches amis (73). Tout porte à croire qu'elle avait en effet assez de bon sens pour se moquer de ses propres billevesées et ne point prendre ses rêves pour des réalités. C'est pourquoi il est impossible de faire de Mlle de Scudéry une « précieuse » sans quelque mauvaise foi ; il faudrait supposer qu'elle n'a plus conscience de la distance qui sépare le monde idéal du monde réel. Mlle de Scudéry et ses proches se plaisent un peu trop à ces mascarades romanesques pour qu'on ne les soupçonne pas de chercher à ressusciter pour leur usage l'un de ces paradis hors du monde auquel depuis l'*Astrée* la société aristocratique et polie du XVIIᵉ siècle n'a jamais cessé d'aspirer. Mais il a toujours été tacitement entendu que le comble de l'égarement consistait à tenter de réaliser l'irréalisable. Certains amusements un peu puérils du cercle de Mlle de Scudéry peuvent parfois donner l'impression que cette distinction essentielle est sur le point d'être oubliée. En fait il ne semble pas que ce soit le cas ; l'alibi du badinage est un moyen commode pour caresser quelques chimères agréables tout en se mettant à couvert contre le ridicule.

Besoin de rêves ou divertissements sans conséquence, ces évasions romanesques sont l'une des constantes de la sensibilité du temps. Si, en 1660, la fable des Précieuses peut avoir un sens pour la société mondaine, c'est dans cette direction qu'il faut le chercher. Lorsque R. Bray présentait les Précieuses comme des réformatrices et des suffragettes avant la lettre, soucieuses d'imposer des vues nouvelles sur l'amour et la condition féminine,

---

(73) Mlle de Scudéry protestait que la Carte de Tendre avait été écrite « pour être vue de cinq ou six personnes d'esprit, et non de deux mille qui n'en n'ont guère, ou qui l'ont mal tourné ».

c'est à cet état d'esprit qu'il faisait allusion. Il a seulement omis de préciser que jamais ces femmes n'ont revendiqué la qualité de « précieuses » et que les seules manifestations authentiques de l'esprit « précieux » se situent paradoxalement en dehors de la « préciosité » proprement dite. Mlle de Scudéry se défend d'être « précieuse » et l'utopie peut-être la plus typiquement « précieuse » dont on ait à l'époque esquissé le projet est précisément l'œuvre de Mlle de Montpensier qui a toujours affirmé sa haine envers la secte. Au début de l'été 1660, alors qu'elle séjourne avec la Cour à Saint Jean de Luz pendant les tractations qui aboutirent au mariage du Roi, Mlle de Montpensier adresse à son amie Mme de Motteville une série de lettres qui décrivent jusque dans les détails la société idéale au milieu de laquelle cette princesse envisage de faire retraite (74). Retirées du monde et habillées en bergères, quelques femmes d'élite y mèneraient en la compagnie de quelques hommes polis et discrets une existence heureuse vouée aux plaisirs de l'esprit et de la conversation. Il faudrait pour cela redonner vie au vieux rêve pastoral ; Mlle de Montpensier voudrait, ce sont ses propres mots, « que l'on imitât quelquefois ce qu'on a lu dans l'*Astrée* ». Mais elle ajoute aussitôt « sans toutefois faire l'amour, car cela ne me plaît point en quelque habit que ce soit ».

A l'abri des tentations du siècle, on pratique dans cette Thélème un peu puritaine l'amitié, la religion, la conversation... et le jeu de mail. Il va de soi que l'amitié tendre crée entre les partenaires des liens qui n'ont rien de commun avec l'état conjugal. Si le mariage est l'objet d'un refus aussi catégorique, c'est qu'il reste le symbole d'une servitude inacceptable dans une société où doit régner la plus parfaite égalité entre les sexes. Mlle de Montpensier se montre intraitable sur ce point :

> Ce qui a donné la supériorité aux hommes a été le mariage, et ce qui nous a fait nommer le sexe fragile, a été la dépendance où le sexe nous a assujetties, souvent contre notre volonté, et par des raisons de famille, dont nous avons été les victimes. Enfin, tirons-nous de l'esclacage, qu'il y ait un coin du monde où l'on puisse dire que les femmes sont maîtresses d'elles-mêmes et qu'elles n'ont pas tous les défauts qu'on leur attribue, et célébrons-nous dans les siècles à venir par une vie qui nous fasse vivre éternellement ! » (75)

Cette profession de foi féministe ne serait nullement déplacée

---

(74) *Lettres de Mlle de Montpensier et de Mesd. de Motteville et de Montmorenci, de Mlle du Pré et de Mme La Marquise de Lambert*, L. Collin, 1806.
(75) Mlle DE MONTPENSIER, *Lettres...*

dans la bouche d'une Précieuse et les règles de vie de cette communauté utopique qui recherche dans la solitude les conditions d'un
épanouissement que le monde lui refuse, bannit l'amour pour le
remplacer par l'amitié et voit dans le mariage la manifestation
la plus évidente de la tyrannie masculine, ressemblent singulièrement aux réformes que propose la secte « précieuse ».

C'est à ces aspirations bien réelles et au demeurant fort estimables que l'histoire des Précieuses fait allusion, mais sur le mode
ironique et satirique. Cependant ces ressemblances ne justifient pas
un parallèle abusif entre des faits qui ne sont pas de même nature.
Une mentalité dont les principes seraient à chercher jusque dans
l'organisation de la société aristocratique et mondaine, ne saurait
être confondue avec une fable dont la vogue n'a pas excédé quelques années. Ce courant de sensibilité qui, aux alentours de 1660,
est représenté par Mlle de Scudéry, Mlle de Montpensier et tous
les nostalgiques du parfait amour métamorphosés en théoriciens
de la tendre amitié, n'est pas le fait d'une époque déterminée. Sous
réserve de quelques nuances, il serait facile de remonter jusqu'à
l'*Astrée* qui a souvent passé pour l'œuvre où l'amour « précieux »
était le mieux décrit, et même bien au-delà. Après 1660, d'autres
grandes dames tenteront périodiquement de ressusciter le même
rêve comme Mme de Saliez aux environs de 1680 et tout à la fin
du siècle Mme de Lambert (76). Ces « précieuses » de toutes les
générations se plaisent à imaginer la transposition dans l'ordre des
réalités d'un idéal de perfection amoureuse que les gens « raisonnables » considèrent comme utopique. Il se trouve parfois des
femmes pour espérer qu'il n'en est rien et pour inviter leurs contemporains à vivre avec elles le rêve d'un Eldorado amoureux. Il
serait donc téméraire et inexact de soutenir qu'il n'a jamais existé
de « précieuses », mais il est en revanche certain que ces véritables
précieuses n'ont à peu près rien de commun avec celles que
l'on nomme ordinairement ainsi. A moins de confondre l'*Astrée*
et *le Berger extravagant* ou de ne pas faire de différence entre
Céladon et Don Quichotte, il n'est guère possible d'assimiler ces
discrètes chimères aux revendications tapageuses des Précieuses
communes. Ces dernières sont d'ailleurs reniées de tout le monde
et ne trouvent grâce ni auprès des contempteurs du parfait amour
ni auprès de celles qui mettent encore tous leurs espoirs en lui.
Fort logiquement les ennemis des Précieuses se recrutent dans les
deux camps. Mlle de Scudéry, Mlle de Montpensier et leurs amies
refusent cette caricature grossière que l'ironie galante trace de la
femme abusive. Le parti galant (expression assez impropre pour

(76) *Lettres de Mesdames de Scudéry, de Salvan de Saliez et de Mlle Descartes*, Paris,
L., Collin, 1806, p. 185-273.

désigner un état d'esprit et non un groupe) avec l'abbé d'Aubignac, Saint-Evremond, Bussy-Rabutin et bien d'autres se moque tout à la fois des Précieuses et des nostalgiques de Tendre, poussant parfois la malice, au moins dans le cas de Mlle de Scudéry, jusqu'à entretenir d'adroites confusions entre les unes et les autres. Il y a unanimité pour crier haro sur les Précieuses et pour les charger de tous les travers susceptibles de les déconsidérer.

C'est pourquoi la province est pour elles une seconde patrie. Dès 1656 Chapelle et Bachaumont voient des Précieuses à Montpellier ; Mlle de Montpensier à propos de la cabale des Thraciennes parle de « ces dames de la campagne » (77) ; en 1665 encore, Fléchier en découvre à Vichy en Auvergne (78). Dans son *Dictionnaire* (1661) Somaize recense avec méthode tous les foyers provinciaux de cette vaste épidémie et c'est à peu près tout le royaume qui en quelques années aurait été gagné par le mal ; il y a des cercles précieux à Milet (Lyon), Corinthe (Aix), Acaris (Bordeaux), Thèbes (Arles), Argos (Poitiers), Narbis (Narbonne), Abascène (Abbeville), Lacédémone (Toulouse), Lescalle (Dijon), Argire (Avignon) et Murcie (Moulins). A vrai dire on ne sait pas exactement si la maladie est née en province et gagne peu à peu Paris ou si au contraire, ainsi que le craint le manceau Ribercour dans le *Procez des Prétieuses*, c'est le virus parisien qui se propage trouvant dans les faibles esprits de la province un terrain spécialement favorable. Toujours est-il que les sociétés provinciales seraient largement contaminées. Le comble du ridicule est atteint lorsque des Précieuses de province se lancent à la conquête de la capitale et c'est justement la situation que Molière choisit d'illustrer dans les *Précieuses ridicules*. Quant aux fondements historiques de cette légende de la « préciosité » provinciale, ils sont assez fragiles. Il est beaucoup plus vraisemblable que, découvrant dans les cercles de province un reflet, peut-être imparfait des usages de leur monde, quelques voyageurs parisiens ont cru, de plus ou moins bonne foi, avoir trouvé les « originaux » de ces Précieuses dont on parlait tant. Ce qui rapproche les Précieuses des provinciales c'est le mépris qui s'attache aux imitations maladroites. Il était donc logique que ce qualificatif fût associé à la notion, elle-même péjorative, de « préciosité » pour créer cette expression redondante : « précieuses provinciales » qui est faite sur le modèle de l'expression : « précieuses ridicules ». Il en va très probablement de même des « précieuses bourgeoises », autre avatar de la secte dont l'existence est également très aléatoire. Furetière parle avec mépris dans le *Roman bourgeois* (1666) de

---

(77) Mlle DE MONTPENSIER, *La Princesse de Paphlagonie*, p. 97.
(78) FLÉCHIER, *Mémoires sur les Grands-Jours d'Auvergne* : 1665, p. 48.

« ces Académies bourgeoises dont il s'est établi quantité en
toutes les villes et en tous les quartiers du royaume, où on
discouroit de vers et de prose, et où on faisoit les jugements
de tous les ouvrages qui paroissoient au jour » (79).

Tout comme la province, la « bourgeoisie » n'est qu'un reflet ;
ces académies bourgeoises ont les mêmes préoccupations que les
cercles aristocratiques : l'on y parle à peu près la même langue
et l'on y discute des mêmes livres. Mais, de même qu'aucune
femme ne s'est jamais reconnue « précieuse », aucun bourgeois
ou aucun provincial ne revendique cette qualité.

Pour revenir au problème initial, la question « comment peut-on
être précieuse ? » est susceptible de recevoir diverses réponses.
Le mot « précieuse » est surtout le signe d'une exclusion. Ainsi
s'expliquent les circonstances aggravantes dont s'accompagne leur
légende ; on les assimile aux Jansénistes, Mlle de Montpensier les
voit comme des républicaines au sein d'un état monarchique,
d'autres les travestissent en provinciales ou en bourgeoises égarées
dans une société aristocratique. Ce sont autant de manières de dire
à peu près la même chose : la « préciosité » est une tare risible
encore plus que honteuse, qui rend celles qui en sont affligées
indignes du commerce du monde. Les Précieuses sont toujours
soupçonnées de vouloir indûment se distinguer et de perdre le
sens de la mesure à force de chercher à se « donner du prix ».
Mais la plupart du temps elles ne font qu'exagérer certains défauts
latents de la société qui les boude. Ainsi la Précieuse est à la fois
une « anti-mondaine » et une « ultra-mondaine » ; elle devient
une « anti-mondaine » à force d'outrer certains travers typiquement mondains.

Mais, bien qu'elle fasse allusion à des travers assez répandus
dans la société mondaine, il ne faut pas perdre de vue que la
« préciosité » est d'abord une fable. Sous l'étiquette de « précieuses » ont été ridiculisées des créatures imaginaires dont le
comportement mettait en valeur des défauts typiquement féminins.
Tout ce qui chez une femme annonce quelque indépendance d'esprit
ou quelque volonté d'autonomie, le goût des lettres, le refus de
l'inconstance galante, les protestations contre toutes les formes
de la dépendance féminine, peut suffire à lui valoir ce qualificatif
peu flatteur. Autour d'un type imaginaire s'organise ainsi une
geste légendaire qui tend à prendre corps et à faire concurrence

---

(79) FURETIÈRE, *Les romanciers du* XVIIe *siècle*, Gallimard, 1958, p. 969.

à la réalité ; en ce sens la Précieuse a toutes les apparences d'un
mythe, avec cette circonstance singulière que ce mythe est le
support de valeurs négatives ou du moins fortement dégradées. La
civilisation galante, vouée à l'ironie et à la dérision, a créé un
mythe à son image. La difficulté est qu'un même mot a servi à
désigner des réalités très diverses sans que cette unité de représentation corresponde à l'existence d'une nouvelle « nature »
de femmes.

CHAPITRE III

LA PRECIOSITE ET LES PRECIEUSES

I — *Les Précieuses et la « révolution » galante.*

Ecrire l'histoire des Précieuses selon les principes rigoureux, mais un peu myopes, d'une stricte méthode analytique aboutit en fin de compte à des résultats assez décevants. Rien n'est plus facile que de faire éclater une notion aussi hétérogène et de montrer que le phénomène précieux est le point de convergence d'éléments forts divers, vieux relents de misogynie quasi médiévaux, rivalités de coteries mondaines, zizanies et jalousies de femmes du monde, satire de certains excès du bel esprit, sans parler de quelques règlements de comptes entre Paris et la province ou entre le monde aristocratique et la roture bourgeoise ; autour du même thème cristallisent quelques-uns des lieux communs d'une société aristocratique, mondaine, spirituelle et galante. C'est bien à tort que Bussy-Rabutin vantait la pureté symbolique des eaux de la rivière Précieuse ; après examen elles se révèlent assez troubles. Le signe le plus évident de cette complexité est que chaque tentative pour appréhender la réalité sous-jacente se solde par des dichotomies qui traduisent cette impuissance à définir une vérité globale. Somaize distinguait déjà les anciennes des nouvelles Précieuses, Molière, et beaucoup d'autres après lui, opposent les précieuses ridicules aux « véritables » précieuses, E. Magne discernait parmi elles le clan des prudes et celui des galantes. Cependant ces distinctions ne font qu'aggraver la confusion à la faveur de clivages arbitraires. Même si elle est fictive, l'existence des Précieuses reste un fait sociologique qui appelle une explication d'ensemble : la décomposition analytique du phénomène, indispensable pour en saisir la nature, ne suffit pas à rendre compte de son unité, non plus que de sa signification. Emettre des doutes sur l'existence authentique des Précieuses ne suffit pas à résoudre le problème de la Préciosité.

Or il existe entre l'avènement de la galanterie amoureuse et l'apparition des Précieuses une concordance chronologique dont il est impossible de ne pas tenir compte. A partir de 1650 environ le scepticisme galant devient peu à peu l'idéologie dominante en matière amoureuse ; sans jamais les renier complètement, il malmène assez rudement les vieilles conceptions courtoises et impose une nouvelle image de la recherche amoureuse qui rend caduques et ridicules les austères cheminements du parfait amour. Cette mise en question de quelques dogmes anciens s'accompagne d'un changement plus insidieux et plus profond qui intéresse jusqu'aux fondements de la vie mondaine. Avant 1650, il était admis que l'existence même de la civilisation mondaine reposait sur la soumission à la femme initiatrice nécessaire et dépositaire de toutes les vertus ; dans les derniers temps cette croyance s'était affirmée avec de plus en plus d'éclat au point qu'après maintes disputes la supériorité mondaine et intellectuelle de la femme était proclamée à tout venant par des thuriféraires enthousiastes. Le P. Lemoyne, G. Gilbert ou plus tard Poullain de la Barre ne se contentaient même plus de l'égalité des sexes et défendaient hardiment la thèse inverse. Peut-être ces excès de zèle ont-ils nui à la cause qu'ils entendaient servir ; toujours est-il que l' « hérésie » galante, tout en conservant de manière ironique quelques aspects superficiels de cette royauté fictive, travaille sournoisement à sa ruine. Les progrès de la mentalité galante ne sont pas sans rapport avec l'apparition du phénomène précieux ; en effet loin de songer à promouvoir un ordre nouveau comme leur légende cherchait à le faire croire, les Précieuses défendent des privilèges fraîchement acquis et de nouveau contestés.

Entre « préciosité » et galanterie il existe une antinomie manifeste. La cinquième entrée du *Balet de la Déroute des Prétieuses* montre une troupe de galants qui chantent victoire après la déconvenue de leurs ennemies naturelles :

> « Les Galans n'ont pas plutost appris la consternation où se trouvent les Prétieuses qu'ils font paroistre le contentement que leur donne cette heureuse nouvelle. » (1)

---

(1) *Le Balet de la Déroute des Prétieuses*, 5ᵉ entrée.

La défaite des Précieuses est pour les galants un succès ; il ne pouvait en être autrement puisqu'ils ont sur l'amour et quelques autres problèmes des vues diamétralement opposées. Les Précieuses incarnent un art d'aimer triste et rétrograde qui équivaut à un refus de l'amour ; elles seraient femmes à admettre que leurs amants languissent sans fin dans l'espoir d'une très hypothétique récompense et consument leurs jours dans la mélancolie d'une servile adoration. A ces prétentions la joie de vivre galante oppose un énergique refus. Après avoir soupiré sans profit pour l'une des Précieuses dont l'abbé de Pure raconte l'histoire, Clomire, amant méprisé, dédie à sa persécutrice cette chanson sur l'air de la bourrée de Vincennes :

« C'est bon pour quelqu'idolastre
Pour quelque jeune folastre,
Pour quelqu'amoureux de plastre,
De vouloir toujours souffrir,
De se plaire à languir,
De pousser soupir sur soupir,
Pour moi je ne désire
    Que rire
Je hay toutes les rigueurs
    Toutes langueurs,
Je ne veus soupirs ni pleurs,
Ce ne sont point là mes couleurs.

Que chacun vive à sa mode
Pour moi c'est ma méthode,
Je ne veus rien d'incommode,
Dans ma plus fervente ardeur ;
Le chagrin dans le cœur,
M'irrite contre mon vainqueur ;
Si je n'ay de la joie,
    J'envoye,
Promener mon Iris.
    Et je m'en ris,
Car nous autres, beaux esprits,
Nous nous raillons de ses mépris. » (2)

En même temps qu'à cette beauté trop cruelle, Clomire donne congé à une certaine manière de concevoir l'amour qui a eu son heure de gloire mais que la génération de 1650 répudie avec éclat. Or c'est justement l'idée de l'amour que les Précieuses, bien à contre-temps, entreprennent de défendre et d'illustrer au moment

---

(2) *La Prétieuse*, t. II, p. 180.

précis où une bonne part de la société mondaine s'en détache
pour ne la plus considérer désormais qu'avec la condescendance
méprisante qui s'attache aux choses révolues. Apologistes attardées
du vieux système « tendre », elles entrent en contradiction avec
la tendance dominante de la sensibilité de leur temps.

C'est sans doute ici que se situe le nœud du problème. En
effet si les Précieuses, comme il semble qu'une enquête générale
sur l'évolution de la représentation de l'amour a pu l'établir,
défendent un idéalisme amoureux périmé, il n'y a pas lieu de
s'étonner que la société mondaine leur ait réservé le rôle ingrat
qui est le leur. Leur brusque apparition et le succès que rem-
portent leurs exploits ridicules témoignent du discrédit où sont
tombées l'utopie « tendre » et les rêveries romanesques. Il est
tentant d'aller chercher jusque dans l'*Astrée* des précédents à
l'amour précieux ; en effet plus d'un aspect de la doctrine et des
pratiques amoureuses de Céladon semble « annoncer » le règne
des Précieuses. Bien après 1650 il subsiste toute une littérature
« tendre » qui perpétue à peu près les mêmes thèmes ; c'est en
ce sens que Quinault ou le Racine d'*Alexandre* (1665) peuvent être
considérés comme « précieux » alors qu'en fait ils sont « doucereux ». Mais ce qui change aux alentours de 1650 c'est le jugement
porté sur cette manière de concevoir l'amour ; elle est si ancienne
et si profondément enracinée qu'elle se maintient pour quelques
années encore, du moins dans les œuvres de fiction qui servent à
émouvoir ou à faire rêver ; en revanche l'idée de transporter dans
l'ordre des réalités un protocole amoureux, le plus souvent réduit
à des effets verbaux, et d'ordonner sa vie selon les principes de
cette éthique surannée ne pouvait que paraître un peu folle. Les
Précieuses continuent une tradition antérieure, mais elles se situent
à un point de rupture et font, pour cette raison, figure d'intruses
dans une société qui désavoue leurs principes. A la faveur de ce
renversement des valeurs amoureuses ce qui jusque-là était hérétique, savoir les libertés que la galanterie recommande de prendre
envers les devoirs trop stricts du parfait amour, devient orthodoxe,
et il est tout naturel que l'orthodoxie ancienne prenne alors toutes
les apparences d'une hérésie nouvelle. On pourrait s'étonner en
effet que de si nombreux témoignages sur les Précieuses insistent
sur leur « nouveauté » alors que la plupart des traits distinctifs
de leur comportement n'ont rien d'inédit pour l'époque. Mais ce
jugement, objectivement faux, est la conséquence de l'exclusion
dont les Précieuses sont victimes ; leurs défauts paraissent nouveaux dès le moment où ils cessent de faire partie du comportement féminin normal et commencent à être sentis comme de
ridicules aberrations. C'est pourquoi les Précieuses surgissent si
brusquement dans les premiers mois de 1654 et réussissent à faire

passer pour nouvelle une image de la femme très traditionnelle. Or ce qui a changé c'est, par exemple, le jugement porté sur le refus de l'amour et non les circonstances de ce refus. Il s'agit, au sens propre du terme, d'une erreur de perspective. Historiquement la brusque apparition des Précieuses n'est qu'une légende ; mais cette légende traduit une transformation de la représentation de la femme et de l'amour et elle correspond à une évolution de la conscience collective en ce domaine. Ce n'est pas un effet du hasard si les Précieuses prennent si exactement le contrepied de l'idéal galant ; il y a même toute chance pour que ce soit leur principale raison d'exister. Le phénomène précieux s'apparente à une réaction de rejet : le corps social cesse de reconnaître pour siennes des habitudes de penser et de sentir qui pourtant faisaient jusque-là partie des préjugés les plus solidement ancrés. Tout un système de représentation de l'amour est en train de s'effondrer et il en résulte de brusques mutations qui manifestent au grand jour une évolution latente des mentalités. C'est l'explication la plus probable de la « crise » précieuse ; attitude normale avant la « révolution » galante, le féminisme « tendre » devient l'apanage de quelques femmes dont l'esprit a été perverti par la lecture des romans. Cette « précioisité », enrichie de quelques circonstances annexes comme des manières de parler extravagantes ou un comportement antisocial, devient alors une maladie honteuse qui se répand parmi le sexe féminin.

On aimerait approfondir l'analyse et préciser les causes historiques du phénomène. Il est ainsi probable que la coupure qu'introduit la Fronde dans la vie mondaine entre 1648 et 1653, a eu une influence déterminante sur la génération spontanée des Précieuses. Après une interruption plus ou moins totale, la reprise des échanges fournit une occasion propice à une révision des valeurs et peut amener à jeter un regard critique sur certains usages précédemment reçus. Mais cette cause occasionnelle explique la date du phénomène plus que son sens profond ; il faudrait aussi rendre compte d'une évolution des esprits que de sourdes transformations sociologiques déterminent tout autant que la succession des événements. La grande question serait en effet de savoir sous quelles influences ont pu naître ces créatures mythiques dont l'apparition marque, de la part de la fraction dominante de la société mondaine, une attitude d'éloignement envers le modèle romanesque. Devenue galante, la société mondaine adopte un style plus léger et plus sceptique ; or ce scepticisme porte la marque d'un certain désenchantement. Il serait alors tentant de faire intervenir ce déclin de la noblesse dont les historiens ont beaucoup parlé sans parvenir d'ailleurs à définir nettement la nature et les limites de cette prétendue décadence qui est tout

autant une reconversion à un rôle nouveau. Après 1653, en même
temps qu'à ses projets politiques, l'aristocratie semble renoncer
à ses ambitions culturelles précédentes et se prêter en ce domaine
à un compromis qui n'est pas sans analogie avec la domestication
dorée que lui offre le pouvoir royal. La recherche du plaisir immédiat, le goût de l'ironie et du badinage qui sont les constantes
de la civilisation galante semblent correspondre à un nouveau
style de vie instable, insouciant, joyeux en surface mais foncièrement vain ; un tel changement justifierait l'abandon des ferveurs
romanesques et de l'utopie « tendre », pièce maîtresse d'une civilisation de l'amour qui hantait jusque-là les rêves de l'aristocratie
mondaine et qui désormais n'est plus capable de séduire que de
dérisoires Précieuses. Cette interprétation postule une indémon-
trable correspondance entre l'évolution sociale et politique et l'apparition successive de diverses formes de culture. On ne peut
guère espérer parvenir à plus de certitude en l'absence d'une histoire complète des représentations et des mentalités qui devrait
trouver place entre l'étude des phénomènes littéraires et l'histoire
positive. Faute d'assez bien connaître cette zone intermédiaire, il
faut recourir à une approximation provisoire qui explique l'apparition des Précieuses par une transformation de la mentalité
mondaine suivie d'un choc en retour.

Toujours est-il que la fable providentielle des Précieuses s'est
immédiatement imposée au public mondain au point de devenir
presque une affaire nationale. Le succès des inventions de ce genre
s'explique par leur pertinence et par les échos qu'elles rencontrent ;
mais il est rare qu'elles trouvent du premier coup leur point de
perfection et qu'elles surgissent sans aucun signe avant-coureur.
Or ce précédent existe et il est possible de détecter, quelque deux
ans avant la naissance officielle des Précieuses, les manifestations
d'un phénomène du même ordre mais qui n'a pas, et de loin, connu
le même succès. Il s'agit de la curieuse affaire des « Pousseurs de
beaux sentiments », tentative avortée et néanmoins très révélatrice.
Le 8 Février 1652, Scarron confie à son ami Sarasin son intention
de s'expatrier aux Amériques et justifie son dessein par une
étrange et plaisante raison :

> « (...) mon chien de destin m'ammeine dans un mois aux
> Indes Occidentalles ; ou plutost j'y suis poussé par une sorte
> de gens fascheux qui se sont depuis peu élevés dans Paris et
> qui se font appeler Pousseurs de beaux sentimens. » (3)

Sans s'attarder sur l'évidente disproportion entre la cause et

---

(3) SCARRON, Œuvres, Amsterdam, Mortier, 1695, t. I, p. 170.

l'effet, il est important de noter que, pour Scarron, une certaine conception du rôle d'amoureux donne naissance à une nouvelle race d'hommes qui envahirait soudainement les milieux mondains au point d'en rendre l'atmosphère irrespirable. Tout se passe comme si l'homme mondain, « homo urbanus », se définissait d'abord par son comportement amoureux de telle sorte qu'à chaque comportement correspond une variété nouvelle de l'espèce. L'analogie avec les débuts des Précieuses dans le monde est frappante ; on peut considérer les Pousseurs de beaux sentiments comme des précurseurs malchanceux des Précieuses.

Comme les Précieuses, les Pousseurs de beaux sentiments se rendent haïssables à force d'exagérations et d'excès de zèle dans l'interprétation des bienséances mondaines. Lorsqu'à la fin de 1653 G. de Scudéry dans un sonnet connu (4) esquisse leur portrait, ils apparaissent comme de jeunes blondins surtout préoccupés de leur personne et de leur vêtement, outrant toutes les modes du temps et dont la grande affaire est de « pousser les beaux sentiments ». Malheureusement sur le point de savoir en quoi consiste cette principale occupation de leurs journées, Scudéry n'est guère explicite ; d'autres témoignages permettent cependant d'affirmer que ce sont des « tendres ». Leur comportement particulier est toujours associé à une certaine douceur fleurie et languissante ; Magdelon dans les *Précieuses ridicules* (1659) déclare :

> « Il faut qu'un amant, pour estre agréable, sçache débiter les beaux sentimens, *pousser* le doux, le tendre et le passionné (...). » (5)

C'est donc sans surprise que l'on apprend, par l'entremise de Ch. Perrault, qu'ils sont partisans convaincus de l'amitié tendre ; dans le *Dialogue* (1660) qui le met aux prises avec l'Amitié, l'Amour dénonce l'empressement dont ils font preuve envers cette sœur ennemie :

> « ..(.) ceux qui se meslent de pousser les beaux sentiments, disent tous d'une voix, et le disent en cent façons, qu'il n'est rien de si beau, ni de si charmant que la belle Amitié. » (6)

A ce point de leur évolution ils ne pouvaient guère que se confondre avec les Précieuses ; le *Dialogue de la Mode et de la Nature*

---

(4) *Recueil de Sercy* (poésies), III° Partie, 1656, p. 411.
(5) *Les Précieuses ridicules*, scène 4.
(6) Ch. PERRAULT, *Dialogue de l'amour et de l'amitié*, Et. Loyson, 1660.

(1661) applique à ces dernières l'expression « pousser les beaux sentiments » (7) et depuis quelque temps déjà on ne parlait plus de cette race nouvelle qui faillit obliger Scarron à quitter la France. Alors qu'ils auraient pu à la rigueur devenir, situation peu enviable, les « mâles » des Précieuses, les Pousseurs de beaux sentiments ont rapidement disparu et Scarron eut tout loisir de mourir en paix à Paris.

Cependant ces curieux personnages présentent un autre intérêt : ils illustrent à quel point, malgré tout, l'attitude galante et l'attitude précieuse restent proches l'une de l'autre. En poussant les beaux sentiments ils ne font qu'exagérer le comportement amoureux de tout galant homme qui se doit de feindre des émotions qu'il n'éprouve pas et de déguiser ainsi la brutalité de ses désirs. La différence est tout entière dans le jugement de valeur porté sur ce cérémonial amoureux. Galants et Précieuses parlent un même langage de l'amour ; les unes réclament une soumission absolue, des respects, des soupirs, des langueurs que les autres leur octroient volontiers à la condition expresse de s'en tenir aux mots et aux faux semblants. Les vrais désespoirs ne sont plus de mise et l'on continue à mourir d'amour, mais seulement pour rire ; honte à celles qui ne s'en sont pas avisées et qui persistent à prendre ces bagatelles au sérieux. C'est justement ce qui distingue le bon ton de l'hérésie précieuse ; alors qu'il est entendu une fois pour toutes dans le monde galant que la philosophie « tendre » ne doit plus être considérée avec sérieux, les Précieuses persistent dans leurs rêves et démontrent ainsi (c'est du moins l'opinion de leurs adversaires) qu'elles sont dépourvues du plus élémentaire sens de l'humour. Ce qui oppose une Précieuse à un galant homme, ce n'est pas tant manière de « faire l'amour » que le sens prêté à un même langage ; un galant qui se prendrait au sérieux mériterait d'être appelé « précieux », mais il cesserait du même coup d'être galant. Il n'est pas invraisemblable que Ménage, le premier « précieux » de l'histoire, soit tombé sous le coup de cette calomnie parce qu'il était suspect, non sans quelque apparence de raison, de faire du badinage une industrie et de se prendre pour un grand poète sous prétexte qu'il avait à son actif quelques élégies larmoyantes plus fades que spirituelles.

La nuance est subtile mais essentielle. Après avoir adressé à Mme de Sévigné une lettre amoureuse délirante où il se flatte que le retour de la marquise à Paris assurera comme par miracle la guérison de ses angoisses sentimentales sans qu'il faille s'en

---

(7) *Dialogue de la mode et de la nature*, 2e édition, s.l., 1662, p. 28.

étonner puisque dans la famille de Chantal on fait des miracles de mère en fille, Montreuil ajoute :

> « Je suis avec tout le sérieux et tout le respect dont je suis capable (le premier n'est pas grand, l'autre si) vostre très humble serviteur. » (8)

A l'adresse de ceux que son éloquence aurait pu égarer, l'auteur prend soin par cette ultime pirouette de ne laisser aucun doute sur le caractère plaisant de ses intentions. En effet l'esprit galant doit sans cesse se défendre contre ses propres excès, et il le fait en les donnant pour ce qu'ils sont : l'humour sert à conjurer l'enflure vaine et le ridicule. Ainsi on ne répugne pas au calembour mais à la condition de ne pas tomber dans de laborieux à-peu-près. D'après la *Critique de l'Ecole des Femmes* (1663) les courtisans de l'époque ne détestaient pas certaines « turlupinades » innocentes comme de dire à une dame : « Madame, vous êtes dans la Place Royale, et tout le monde vous voit de trois lieues de Paris, car chacun vous voit de bon œil » ; or Boneuil est un village tout proche de Paris. Elise et Uranie les deux raisonnables cousines qui conversent en attendant des visites jugent ainsi cette mode nouvelle :

> « On ne dit pas cela aussi comme une chose spirituelle, et la plus-part de ceux qui affectent ce langage sçavent bien eux-mesmes qu'il est ridicule. » (9)

La galanterie est l'art de dire des choses ridicules tout en se gardant de les prendre au sérieux ; le comble du ridicule serait de se fier aux apparences et de se tromper sur l'intention. L'humour galant se distingue absolument du sérieux des Précieuses qui deviennent de ce fait les victimes de mystifications diverses. Seules Cathos et Magdelon peuvent prendre pour argent comptant les compliments emphatiques de Mascarille sans soupçonner la supercherie qui transforme ce valet bouffon en homme du monde. Mais « l'enjoué » Mascarille n'est nullement un « précieux ».

Excusable chez de naïves provinciales, cette méprise est plus surprenante de la part de savants critiques ; cependant, dès le XIXᵉ siècle, l'erreur a été maintes fois commise. Il en est résulté dans l'histoire littéraire une constante confusion entre certains jeux sur le langage et les revendications morales des Précieuses,

---

(8) *Les œuvres de Mr de Montreuil*, de Luyne, 1666, p. 5-6.
(9) *La Critique de l'Ecole des Femmes*, scène première.

entre une littérature « précieuse » et une préciosité féministe et militante. Il était dès lors impossible de savoir si la préciosité se caractérisait par le jeu et le badinage ou par l'âpreté dans la remise en cause de l'organisation sociale ; selon que la notion était envisagée dans ses rapports avec la littérature ou avec l'histoire des mœurs elle prenait des sens différents. De ce point de vue le concept banal de « préciosité » réunit en un assemblage monstrueux quelques formes littéraires badines et une philosophie puritaine et moralisante. Cette gênante ambiguïté a longtemps subsisté ; dans son essai sur la *Littérature de l'âge baroque en France*, J. Rousset considère surtout la « préciosité » comme une dégénèrescence ultime du baroque qui transforme en jeux sans conséquences les inquiétudes métaphysiques de la génération de 1630, mais il juge bon de préciser dans une note :

> « J'ai à dessein négligé ici le côté si sérieux, parfois si âpre, de la Préciosité considérée comme mouvement social au milieu du XVIIᵉ siècle : la revendication féministe, la volonté d'émancipation de l'amour, l'autonomie de la femme, telles qu'elles apparaissent au premier plan de la *Prétieuse* de l'abbé de Pure ou dans le personnage d'Armande des *Femmes savantes*. » (10)

Dès lors la contradiction devient flagrante : ou bien les écrivains « précieux » sont des humoristes et nul doute que l'épithète de galants leur conviendrait mieux, ou bien imitant le sérieux des Précieuses, ils ont laborieusement rimé leurs bagatelles avec cette circonstance aggravante qu'ils n'avaient à peu près rien à dire. Dans ce dernier cas le mépris que l'on professe à leur égard depuis Boileau ne serait que justice. En réalité par suite d'un effet de contamination le sérieux des Précieuses a déteint sur la frivolité galante et le jugement porté sur la littérature mondaine de l'époque s'en est trouvé parfois profondément dénaturé. Prenant l'effet pour la cause, une image littéraire de la réalité pour la réalité elle-même, toute une tradition critique a subordonné la signification de la littérature galante à l'existence des Précieuses. Il s'en est suivi de singulières erreurs d'appréciation : on a pris la production galante pour une défense et illustration des thèses de la préciosité alors qu'au contraire les Précieuses ne sont sans doute que l'un des produits de cette littérature.

Cependant même si les Précieuses n'y sont sans doute pour rien, la « préciosité » existe ; bien que le mot n'apparaisse pas

---

(10) J. ROUSSET, *La Littérature de l'âge baroque*, Corti, 1954, p. 242 et p. 289 note 2.

encore en ce sens au xviie siècle (11), la préciosité langagière est une réalité. Les Précieuses qui, dès l'origine, ont été reconnues coupables de certains excès en matière de langage, y trouvent de leur existence une justification seconde mais dont les conséquences ultérieures sont déterminantes. En effet, sur ce point, l'opposition entre les Précieuses et leurs adversaires galants est beaucoup moins nette. Il semblerait que la société mondaine ait cherché à utiliser la fable des Précieuses pour exorciser quelques-uns de ses propres démons. Préciosité et galanterie sont en droit deux notions tout à fait inconciliables, en fait souvent assez proches l'une de l'autre : dans l'ordre du langage et de la littérature certains « défauts » des Précieuses sont l'envers des « qualités » galantes. Il suffit que le badinage devienne pesant, que l'esprit s'enlise dans la subtilité, pour que la légèreté galante se change en galimatias « précieux » ; dans la production mondaine des années 1660 il ne manque pas de feux d'artifice mouillés qui expliquent assez la sévérité des générations postérieures. Beaucoup reste à dire au sujet des Précieuses lorsque l'on a constaté que leur idéal se situait à l'opposé des aspirations galantes. Leur existence, même si elle n'est que mythique, ne peut être dissociée des développements ultérieurs de la « préciosité » et si leur nom a été si souvent utilisé pour désigner la tendance dominante de la littérature de l'époque, c'est malgré tout la preuve qu'il existe entre les Précieuses et la société qui les a inventées certaines affinités. De ces incertitudes et des équivoques qu'elles favorisent est né le concept hybride de « préciosité ».

Les liens qui unissent les Précieuses à leur temps sont donc plus subtils qu'il ne pourrait d'abord paraître et cette complexité s'accroît au fur et à mesure que le problème se déplace des considérations de morale amoureuse vers les aspects littéraires et linguistiques du phénomène. Les théories des Précieuses, leur refus de l'amour et du mariage, leur rêve de confier aux femmes le gouvernement du monde, tout ceci fait allusion aux déviations extrêmes d'un féminisme mal compris. Sous ce rapport il serait très inexact de dire que les Précieuses participent, même de manière maladroite ou excessive, aux aspirations de la société de leur temps ; elles s'en écartent au contraire constamment. Suffragettes ridicules et inoffensives, brebis égarées en butte à l'hostilité et à la raillerie galantes, elles n'ont d'autre fonction que de défendre une cause par avance perdue. Pour décrire la mentalité mondaine entre 1650 et 1670, mieux vaudrait prendre le contre-pied de leurs affirmations favorites ; si imparfaite que puisse être par ailleurs

---

(11) On ne signale que deux emplois du terme au xviie siècle sans aucune signification littéraire, La Fontaine, *Fables*, livre VII, fable 5 et Mme de Sévigné, lettre du 21 octobre 1671.

cette méthode trop radicale, elle aboutirait à une meilleure approximation que l'erreur inverse. Mais, lorsque l'on passe de la conception de l'amour à son expression, les perspectives changent et deviennent moins nettes. Le langage que parlent les Précieuses n'est pas foncièrement différent de celui de la galanterie, sauf en ce qui concerne l'esprit et les intentions toujours très difficiles à définir avec précision. Cette communauté de langage est à l'origine des malentendus dont est faite l'histoire de la Préciosité et des Précieuses.

II — *La langue précieuse et le langage à la mode.*

Primitivement les innovations et les bizarreries de la langue que parlent les Précieuses sont une conséquence de leur grand dessein purificateur et de leur volonté de se distinguer en toutes choses ; en réformant le vocabulaire, elles chercheraient à se donner un langage à la hauteur de leurs ambitions novatrices. Mais cet aspect, en principe mineur, de leur particularisme a pris une importance toujours croissante jusqu'à devenir un caractère dominant ; leurs ambitions féministes ont été oubliées au profit de soucis bassement grammaticaux. Une Précieuse se signale d'abord à l'attention par l'affectation de ses paroles ; c'est le signe distinctif qui permet de la reconnaître à coup sûr. Après les *Précieuses ridicules* et les *Dictionnaires* de Somaize, la « préciosité » tend à se réduire à cette aberration linguistique ; le symptôme est alors plus ou moins confondu avec la maladie. Pour présenter sa maîtresse, la servante d'Artémise, l'une des « véritables » Précieuses décrites par Somaize, se contente de donner un aperçu des singularités de son langage :

> « C'est encore assez bien débutter que de nommer les pieds *les chers souffrants*, le boire *le cher nécessaire*, et d'appeler le potage *l'union des deux éléments*. A quoy bon toutes ces obscuritez, et pourquoy dire en quatre mots ce que nous disons en deux ? Est-ce qu'il ne seroit pas mieux de dire : Soufflez ce feu, que : *Excitez cet élément combustible ?* Donnez-moy du pain, que : *Apportez le soutien de la vie ?* Voylà une maison, que de dire : *Voylà une garde nécessaire ?* (...). » (12)

Cet échantillon de locutions extravagantes est la carte de

----
(12) SOMAIZE, *Les Véritables Précieuses*, scène 3.

visite que doit montrer une Précieuse pour faire honneur à sa réputation. Ce jargon ridicule a beaucoup contribué à faire la fortune des Précieuses au théâtre et ailleurs ; mais, rançon de la gloire, leur originalité tend à se limiter à ce florilège d'expressions incongrues. Par ce détour elles retrouvent dans le monde qu'elles avaient été tentées de déserter une place à la mesure de leur désir de briller.

Cette langue particulière, qui était théoriquement destinée à parfaire leur isolement, va leur ouvrir accès à une gloire posthume et durable. Sitôt que les Précieuses renoncent à leur projet insensé de se retirer du monde, elles font preuve du plus paradoxal enthousiasme pour les plaisirs de la société et de la conversation. C'est ce qui les rend maintenant si sensibles aux charmes des beaux esprits dont elles recherchent la compagnie ; en leur faveur elles consentent à faire quelques exceptions à la haine exclusive qu'elles vouaient au sexe masculin. Les héroïnes de l'abbé de Pure attirent chez elles Géname, Niassare ou Parthénoïde. Cathos et Magdelon reçoivent à bras ouverts le galant Mascarille ; stupides et cependant entichées d'esprit elles le prennent pour un émule de Sarasin et font même bon accueil aux faibles calembours de Jodelet. Grâce à cet amour des choses de l'esprit, les Précieuses redeviennent ce qu'elles n'auraient jamais dû cesser d'être, des mondaines ; leurs cercles ne sont plus les laboratoires secrets d'un coup d'état féministe mais des ruelles caricaturales où se retrouvent, le ridicule en plus, les préoccupations ordinaires de la société mondaine. Le salon des « Précieuses ridicules » où deux disciples de Mlle de Scudéry se font courtiser par l'enjoué Mascarille, double grotesque de Sarasin, offre en réduction le dialogue fondamental entre le « tendre » et le « galant » ; c'est un microcosme qui reconstitue le schéma essentiel de la mondanité. Désormais les Précieuses sont prêtes à étendre leur registre et à prendre sur elles non seulement certains péchés spécifiquement féminins mais toutes les déviations ridicules engendrées par une existence vouée au culte exclusif de l'esprit. La signification de la fable est alors beaucoup plus générale et les travers de la « préciosité » intéressent directement toute la communauté mondaine. Paradoxalement c'est l'un des éléments les plus invraisemblables de leur légende, le langage grotesque dont on leur attribue l'invention, qui va enraciner ces créatures mythiques dans les réalités de leur temps et assurer leur survie. Si les Précieuses n'avaient pas parlé « précieux » jamais on ne leur aurait accordé tant d'attention, au XVIIe siècle et dans les siècles à venir.

A propos de ce langage se pose de nouveau un problème d'authenticité. C'est en apparence le plus facile à résoudre : aucun historien sérieux n'a jamais ajouté foi à une mystification évidente

dès le premier examen. Baillet dans les *Jugemens des Savants*
(1685-86) le tenait déjà pour :

> « un Recueil de mots impertinens, fait à plaisir pour se moc-
> quer de ces sortes de personnes qui font les Précieuses dans
> leurs discours et leurs entretiens » (19).

Ch. L. Livet, qui a pourtant beaucoup contribué à créer la
légende moderne des Précieuses, doit reconnaître qu'il ne se
trouve aucune trace de cette langue en dehors des œuvres parodiques de Molière et de Somaize :

> « (...) nous avons lu et relu Balzac, Voiture, Sarazin, Godeau,
> Montreuil, les recueils de Sorel, de Sercy, de Mme de la Suze,
> des milliers de lettres manuscrites ou imprimées : nous n'y
> avons jamais rien trouvé, personne n'y trouvera jamais une
> langue semblable au sot langage de Cathos et Madelon, et n'y
> verra changé en travail pénible et prétentieux des amusements
> fins et délicats. » (14)

L'idiome précieux est l'une de ces fictions amusantes dont la
littérature galante est prodigue ; ce sont des variations ad libitum
sur un thème donné, celui du raffinement d'expression poussé
jusqu'au jargon. Un rapide examen du premier *Dictionnaire* de
Somaize suffit pour convaincre que ce vocabulaire « précieux »
est constitué par un amalgame de périphrases hétéroclites. Les
unes viennent tout droit du vieux fonds de métaphores légué
par la poésie baroque ; c'est ainsi que les dents sont « l'ameuble-
ment de la bouche », le Cours « l'empire des œillades ou l'abîme
des libertés ». Du même registre proviennent quelques allusions
mythologiques au demeurant fort banales qui font de la cheminée
« le siège de Vulcain » de la guerre « la fille du Chaos ou la mère
des Désordres ». Quelques-unes de ces plaisanteries sentent la
pédanterie universitaire, ce qui ne laisse pas de surprendre dans
la bouche de mondaines ; « il pleut » se traduit par « le troisième
élément tombe ». Sans avoir entendu parler d'Aristote, personne
ne comprendrait que « vous avez l'âme matérielle » se rende par
« vous avez la forme enfoncée dans la matière ». La pruderie précieuse fournit l'occasion de quelques euphémismes burlesques :
« soucoupe inférieure » pour chaise percée. Enfin certaines locutions à la mode donnent à l'ensemble un cachet d'authenticité ;

---

(13) A. BAILLET, *Jugemens des Savans sur les principaux ouvrages des Auteurs* (1685-1686),
Paris, 1722, t. II, p. 658.
(14) *Les Femmes savantes*, p. p. Ch. L. Livet, Félix Juven, 1893, p. XVI.

« *j'aime* les gens d'esprit » se traduit par « *j'ai un furieux tendre pour* les gens d'esprit » et « vous avez des *connaissances,* mais bien confuses » par « vous avez des *lumières* éloignées ». Il va de soi qu'un répertoire aussi disparate n'a rien de commun avec une langue véritable (15) et qu'il faut une incroyable dose de naïveté pour supposer que des Précieuses, même ridicules, aient pu s'exprimer ainsi.

Mais cette constatation d'évidence n'épuise pas la question. Somaize, peut-être vexé que son invention ne soit guère prise au sérieux, proteste de l'authenticité des expressions alléguées et dans son second *Dictionnaire* il se fait fort de citer ses sources. De fait il ne mentionne à peu près aucune locution nouvelle dans ce deuxième ouvrage sans en désigner l'auteur. Comme on l'a déjà souvent remarqué, la supercherie n'en est pas moins flagrante puisque le procédé consiste à isoler un membre de phrase de son contexte et à le donner tel quel pour un élément du nouveau langage. R. Pintard rappelait avec raison qu'il suffit de faire subir ce traitement à n'importe quel texte poétique pour en extraire un jargon burlesque et ridicule. C'est d'ailleurs ce que Somaize a fait lui-même aux dépens de la dédicace à Fouquet que Corneille avait fait figurer en tête de la première édition de son *Œdipe* (1660) ; ce morceau écrit dans le style emphatique qui convient au genre se prêtait merveilleusement à ce dessein. C'est un jeu que d'y trouver quelques périphrases amphigouriques et d'affirmer benoîtement que Cléocrite l'aîné était l'un des maîtres à parler des Précieuses. L'une d'elles se félicite que la cabale puisse s'abriter derrière un patronage aussi illustre et commente ainsi cette leçon de beau langage :

> « (...) plus la réputation de cet auteur est grande, et mieux nous pourrons faire voir que nous avons raison d'enrichir la langue de façons de parler grandes et nouvelles, et surtout de ces nobles expressions qui sont inconnues au peuple, comme vous pouvez en remarquer dans ce que vous venez de lire au second vers. *Témoigner une autre estime,* pour dire *une estime toute différente,* ou, si vous voulez, *une plus grande estime ;* et comme vous pouvez voir encor aux vers trois et quatre, où il y a *répandre l'éclat de sa bonté sur l'endurcissement de l'oysiveté.* Il prend en cet endroit *l'éclat de sa bonté* pour dire *les présents et les faveurs,* et *l'endurcissement de son oysiveté,* pour dire *un homme qui ne travaille plus ;* si bien que l'on peut dire, avec l'autorité de ce grand et fameux autheur, en parlant nostre vray langage : « Cette personne me fait de grands présents afin que je quitte la paresse qui m'empêche

---

(15) Ces expressions sont empruntées au premier *Dictionnaire* de Somaize.

de travailler », « Cette personne répand l'éclat de sa bonté sur l'endurcissement de mon oysiveté » (...). » (16)

La supercherie est manifeste et Somaize dans ce texte en explique clairement le mécanisme général. Elle consiste non seulement à isoler des expressions de leur contexte, vieille ruse de guerre que les érudits connaissaient de longue date, mais surtout à figer ces périphrases ou métaphores pour les transformer en pseudo-substantifs ; après quoi il est aisé de fabriquer des phrases ou mieux de proposer des traductions juxtalinéaires du français en « précieux ».

C'est ainsi que Somaize et Molière, à qui revient sans doute le mérite de l'invention, ont créé la nouvelle langue en attribuant le statut de mots à part entière à n'importe quels caprices d'auteurs en mal d'originalité. Il devient alors facile de fabriquer une langue fictive à l'intérieur de la langue et de faire surgir le « précieux » du français tel que certains, sinon tous, le parlent. Tous les auditeurs comprennent aisément le sens de ces expressions bizarres mais leur juxtaposition donne l'illusion d'un idiome étranger. Ainsi se trouve tenue la gageure hors de laquelle il n'y avait pas de succès possible : faire en sorte que les Français de 1660 ne reconnaissent plus leur langue maternelle. Pour enrichir cette langue au second degré le choix se fixe très logiquement sur cette masse mouvante et instable que représentent en toute langue les périphrases et métaphores. On feint que ces associations éphémères ont acquis pour les Précieuses la rigueur mécanique du lexique normal comme si elles en étaient venues à ne plus pouvoir penser « fauteuil » sans dire « commodité de la conversation ». C'est pourquoi d'ailleurs, tout en disposant d'un très riche vocabulaire, les Précieuses n'ont jamais possédé de syntaxe, curieuse lacune qui est passée tout à fait inaperçue.

Jusqu'ici l'imposture est si grossière que personne ne pouvait la prendre au sérieux, mais il y avait peut-être déjà une leçon à en tirer. Ce qui donne un sens plausible à la tentative précieuse, c'est que cette prétendue langue est destinée à remplacer les tournures prosaïques et coutumières par des équivalents plus nobles et plus raffinés ; or, même si le résultat est dans le cas particulier fort discutable, l'intention demeure louable au regard des conceptions de l'époque. Ainsi s'explique la perplexité de l'abbé Tallemant qui hésite longuement sur la propriété du terme « jargon » employé à propos de la langue précieuse :

« Si le mot jargon ne signifioit qu'un mauvais langage

---

(16) SOMAIZE, *Dictionnaire des Prétieuses*, t. I, p. 83-93.

corrompu d'un bon, comme peut estre celuy du bas peuple, on ne pourroit guères bien dire *jargon de Précieuses*, parce que les Précieuses cherchent le plus joli, mais ce mot signifie aussi langage affecté, et par conséquent *jargon de Précieuses* est une bonne manière de parler ; ce n'est pas la vraye langue que parlent les personnes que l'on appelle Précieuses, ce sont des phrases recherchées faites exprès, et quoy qu'elles soient composées de mots choisis et usités, on peut dire que c'est un jargon. » (17)

Nul ne peut en effet dénier aux Précieuses d'avoir été, ou du moins d'avoir cherché à être, des femmes d'esprit ; pour constituer leur langue, elles collectionnent des traits empruntés à divers écrivains ou aux habitudes du monde et elles adoptent pour leur usage courant et domestique ces fragments dépareillés de beau langage. Elles ne font qu'exploiter la tendance naturelle qu'ont les gens d'esprit à faire des « mots » et leur seule erreur est de croire que ces « mots » créés pour une circonstance particulière sont susceptibles de prendre une valeur constante et universelle, c'est-à-dire de cesser d'être des mots d'esprit pour devenir des mots tout court. Dans une société où les jeux d'esprit restent un plaisir goûté de tous les gens du monde et le péché mignon des littérateurs, cette manie, toute condamnable et extravagante qu'elle soit, ne rompt pas absolument avec les usages ambiants. En ce sens la langue précieuse est un condensé des travers d'une civilisation ; tout en refusant cette charge outrancière de leurs propres habitudes, les contemporains ne pouvaient ignorer la pertinence de l'allusion.

Il existe une analogie flagrante entre les procédés que mettent en œuvre les inventeurs du jargon précieux et les recommandations des théoriciens de la rhétorique pour enrichir et anoblir l'expression. Les Précieuses pourraient passer pour des disciples attentives de R. Bary qui dans sa *Rhétorique françoise* (1653) prodiguait, afin de donner au style un tour plus noble, des conseils qui rappellent étrangement leurs pratiques : il recommande de préférer le pluriel au singulier, de multiplier les grands mots, les superlatifs, les périphrases. Il donne même de son talent un échantillon qui ne déparerait pas le *Dictionnaire* de Somaize :

> « au lieu de dire : ce que je vous présente est un cercle, l'on doit dire : la chose dont je vous entretiens est une surface qui est de tous côtés également distante de son centre » (18).

---

(17) Abbé P. TALLEMANT, *Remarques et décisions de l'Académie françoise*, 1698, p. 104-105.
(18) R. BARY, *Rhétorique françoise* (1653) Lyon, Th. Amaulry, 1676, p. 268.

L'humour en moins, la périphrase est digne d'une Précieuse. Il n'en faut pas plus pour que Bary ait été compté parmi les théoriciens de la préciosité alors qu'il ne fait qu'énoncer les préceptes les plus constants de son art ; car c'est la rhétorique elle-même qui est « précieuse » ou tend à le devenir lorsque le talent et l'inspiration font défaut. La langue précieuse est donc une création artificielle mais non une création ex nihilo. Le public de 1660 se trouvait en terrain de connaissance et c'est pourquoi la supercherie a reçu de sa part un accueil aussi favorable. Les enseignements de la rhétorique l'avaient formé à l'idée qu'une même pensée pouvait être exprimée de diverses manières selon le « genre » adopté et qu'il existait un style « simple », un style « orné », voire un style « sublime » qui conféraient plus ou moins de noblesse au discours. Le manuel de P. Pomey, intitulé Candidatus rhetoricae (1659), apprenait aux jeunes gens l'art de transposer une même narration d'un registre à un autre ; l'auteur se livre lui-même à cet exercice de « traduction » et donne trois versions de la fable du loup et de l'agneau (19). Ces habitudes ont certainement beaucoup contribué à faire admettre la coexistence à l'intérieur d'une même langue d'une autre langue parallèle et pourtant différente. En son principe l'aberration précieuse ne faisait qu'exagérer certains usages propres à la pratique littéraire du temps. Les Précieuses pouvaient s'assimiler à des personnes qui n'auraient voulu connaître d'autre mode d'expression que le sublime, manie étrange mais tout à fait concevable puisque dans le détail elle se fondait sur de très nombreux précédents et exemples. Le seul reproche qu'elles aient pu encourir était de généraliser cet emploi du « genus grande » jusque dans les circonstances les plus prosaïques de l'existence ; la périphrase « soucoupe inférieure » n'avait évidemment aucune chance de sublimer l'objet qu'elle désigne. Cette volonté de se guinder correspondait parfaitement avec ce que l'on savait par ailleurs des Précieuses ; la fiction devenait ainsi acceptable, sinon vraisemblable. Quant à ses inventeurs, ils se sont bornés à mettre en pratique l'une des recettes les plus éprouvées du genre burlesque : jouer sur le contraste entre la banalité du sujet et la fausse noblesse de l'expression. Mais il n'est pas nécessaire de supposer que cette vérité de la fable passe par l'intermédiaire de personnes particulières dont les Précieuses ridicules seraient la caricature. Les habitudes auxquelles le jargon précieux fait allusion appartiennent en propre à la société mondaine tout entière. Il est tout à fait superflu de supposer l'existence d'un corps de « véritables » précieuses dont l'unique fonction serait de rendre compte des ridicules des « faus-

_____

(19) P. Pomey, Candidatus rhetoricae (1659), Jean Barbon, 1714, p. 180-182.

ses » précieuses ; tout invite à faire l'économie de cette hypothèse inutile et incommode puisque les travers « précieux » font partie intégrante des mœurs et usages de la société qui les dénonce.

Il n'y a rien de si extravagant dans les rêveries des Précieuses dont on ne puisse trouver quelque répondant parmi les préoccupations du temps. On leur a prêté le projet de purger la langue de tous les termes déshonnêtes. Or, peu avant 1655, le très savant U. Chevreau part lui aussi en guerre contre les mots sales et reproche à Malherbe d'avoir laissé subsister dans ses œuvres quelques équivoques fâcheuses :

> « Vous me demandez ma dernière observation sur les vers suivans :
>
>> « Si quelque avorton de l'Envie,
>> Ose encore lever les yeux,
>> Je veux bander contre sa vie
>> L'ire de la Terre et des Cieux. »
>
> et la voici. « Bander l'ire de la Terre et des Cieux contre la vie d'un Avorton de l'Envie », est d'une manière de parler qui ne peut être jamais approuvée : et le Verbe laisse une assez vilaine idée, parce qu'il ne tient pas au nom qu'il régit. L'expression suivante fait le même effet, quoi qu'elle soit dans un Ecrivain fort châtié ; et j'entends parler de notre Balzac qui a écrit à Mr Conrart : « ma matière s'étant enflée entre mes mains, je me suis trompé dans mon calcul » (20).

Le même Chevreau blâme les emplois figurés de manier, vômir, etc... et il admire au passage le scrupule des Latins qui, par pudeur, auraient préféré dire nobiscum plutôt que cumnobis. Néanmoins rien n'autorise à mettre ces remarques d'un savant érudit en rapport avec l'existence, réelle ou fictive, de la secte. De telles rencontres prouvent seulement que la légende des Précieuses s'est bâtie en fonction de problèmes du temps. Chevreau lui-même fera, mais beaucoup plus tard, dans les propos que recueille le Chevroena (1697-1700), le rapprochement entre de tels scrupules et l'existence des Précieuses ; il adopte du coup une attitude beaucoup plus modérée, car il s'agit alors de dénoncer un excès :

> « Une dame qui a beaucoup d'esprit, mais qui tient trop de la Précieuse, m'assuroit un jour qu'elle ne servoit jamais de mots qui pûssent laisser une sale idée, et qu'elle disoit avec les personnes qui savent vivre, « un fond d'artichaut ; un fond de chapeau ; une ruë qui n'a point de sortie », pour ce que

---

(20) Œuvres meslées de M. Chevreau, La Haye, H. Scheurlen, 1717, t. II, p. 487 et sq.

l'on nomme un cul de sac. Je lui répondis qu'elle faisoit fort bien ; et qu'en cela, je ne manquerois point de l'imiter. J'ajoûtay qu'il y avoit pourtant des occasions où l'on étoit souvent obligé de parler comme les autres. » (21)

Et Chevreau cite la lettre qui dans l'alphabet figure après le P et la pièce de 60 sous qu'il faut bien appeler un écu. Méré de même attribue à l'influence des Précieuses l'excès de délicatesse qui pousse un auteur dont il ne dit pas le nom, à écrire « que l'on » là où l'on dirait aussi volontiers « qu'on ». On pourrait encore une fois invoquer Port-Royal et accuser les Jansénistes de collusion avec les Précieuses en lisant dans la *Logique* (1659) d'Arnauld et Nicole ces remarques sur l'imperfection des mots du langage courant qui tendent à se charger de significations parasites :

> « Ces idées accessoires étant donc si considérables et diversifiant si fort les significations principales, il serait utile que ceux qui font les Dictionnaires les marquassent, et qu'il avertissent, par exemple, des mots qui sont injurieux, incivils, aigres, déshonnêtes ; *ou plutôt qu'ils retranchassent entièrement ces derniers*, étant toujours plus utile de les ignorer que de les sçavoir. » (22)

On commence alors à entrevoir quel problème sérieux se dissimule sous l'absurde dessein de supprimer les syllabes sales. Chevreau, Méré, Arnauld et les Précieuses sont d'accord sur un point : les équivoques qui naissent des expressions en apparence les plus innocentes attestent l'imperfection d'une langue qui ne deviendrait un instrument tout à fait logique qu'à la condition d'être strictement univoque. C'est en quoi le dessein des Précieuses peut se concevoir bien que la solution qu'elles proposent soit absurde. Les sens seconds, diaboliquement déshonnêtes, qui peuvent surgir presque sous chaque phrase irritent ces rigoureux théoriciens de l'exactitude du langage : ces calembours intempestifs font problème. Pour une génération qui semble avoir à peu près perdu le sens du langage figuré qu'elle ne considère plus que comme le moyen d'obtenir des effets divertissants, toutes les métaphores, volontaires ou non, devraient être bannies des discours sérieux. C'est ce que conseille le P. Rapin qui déclare dans sa *Poétique* (1674) :

> « La seconde difficulté est de l'usage des métaphores : car notre langue est si scrupuleuse qu'elle ne se permet rien

(21) *Chevroena*, Paris, Delaulne, 1697-1700, t. II, p. 107-108.
(22) *La Logique ou l'art de penser...*, 1re Partie, chapitre XIV.

que de modeste, et que les moindres hardiesses blessent sa pudeur (...) Il y a des métaphores autorisées par l'usage dont la poésie ne sauroit se passer. C'est au poète d'en user sagement, sans choquer la modestie de notre langue. » (23)

Une très curieuse association s'établit entre l'expression métaphorique et l'impudeur. Le mythe du langage précieux n'a pas été inventé à plaisir ; il témoigne indirectement des remous créés par une nouvelle conception rationnelle et intellectualiste du langage qui fait considérer certaines déviations verbales comme scandaleuses et pourtant difficilement évitables.

Toute l'efficacité de cette pseudo-langue précieuse vient de ce qu'elle est constituée d'éléments qui, même s'ils ne sont pas tous authentiques, pourraient au moins l'être. Seule une concentration anormalement forte de traits d'esprit, leur mauvaise qualité et une totale absence d'humour la distinguent du langage mondain dont après tout elle ne diffère pas essentiellement. Somaize révèle d'ailleurs en toute ingénuité son secret de fabrication ; pour expliquer l'origine du jargon qu'elle parle, Epicarie, qui défend dans le *Procez des Prétieuses* la cause de la préciosité, raconte comment ses consœurs ont patiemment élaboré cette quintessence de beau langage :

> « Des femmes enfin l'enfantèrent
> Et trente neuf ans le portèrent (...)
> Elles ressemblent aux abeilles,
> Hormis que c'est par les oreilles
> Qu'elles ont pendant tout le temps
> Des susnotez trente-neuf ans
> Sucé tous les discours des poètes,
> Des cervelles les plus parfaites
> De tous ceux qui par leur esprit
> Sont dans le monde en grand crédit,
> Des plus galands porte-soutanes,
> Des courtisans, des courtisanes,
> Des gens d'épée et du barreau (...)
> De messieurs de l'Académie
> De qui la gloire est infinie (...). » (24)

L'image des abeilles en dit plus qu'une longue démonstration sur le travail de filtrage auquel Somaize s'est lui-même livré. Ses *Dictionnaires,* le second surtout, tiennent du sottisier ; ils rassemblent quelques-unes des « perles » de la littérature mondaine et

---

(23) Père R. RAPIN, *Réflexions sur la poétique d'Aristote...,* édition E.T. Dubois, p. 137.
(24) SOMAIZE, *Le Procez des Prétieuses,* scène 16.

sur ce chapitre le plus étonnant est peut-être la relative pauvreté de la moisson. Il suffit de modifier le dosage pour changer, en apparence, la nature du produit et jamais un lecteur de Somaize ne s'est avisé qu'il avait sans doute en d'autres circonstances apprécié des manières de parler qui lui semblent maintenant indubitablement vicieuses ; en pareil cas une différence de degré est sentie comme une différence de nature. Spéculant sur cet effet d'irréel, Somaize construit à partir d'expressions authentiques un langage artificiel, tout en se réservant à tous moments la possibilité de protester de sa bonne foi. Le phénomène précieux s'apparente une fois encore au mirage ou à l'erreur de perspective : les objets, ici les mots, ne changent pas mais il suffit de les apercevoir sous un jour différent pour qu'ils paraissent insolites. Personne n'aurait, au xviie siècle, songé à taxer La Fontaine de « préciosité » pour avoir écrit :

> « Afin de le guérir, le sort officieux
> Présentait partout à ses yeux
> Les conseillers muets dont se servent nos dames. » (25)

Pourtant les « conseillers des grâces » sont risibles dans la bouche d'une Précieuse.

Ce même effet d'irréel peut jouer à propos d'un langage de nature tout à fait différente bien qu'il ait été assez souvent confondu avec le précédent. Depuis fort longtemps la société aristocratique utilise un jargon amoureux qui fait partie de ses habitudes et qui lui est d'ordinaire si familier qu'il passe tout à fait inaperçu ; pour peu cependant que l'on prenne un peu de recul par rapport aux usages de la courtoisie « tendre », ce vocabulaire où les « feux », les « flammes », les « chaînes » et les « supplices » sont les ornements obligés de toute passion, devient bizarre et incongru. Pluton, découvrant dans le *Dialogue des Héros de romans* les métaphores amoureuses en usage sur la terre, ne comprend plus et suppose qu'il s'agit d'un idiome nouveau :

> « Ils parlent tous un certain langage qu'ils appellent galanterie ; et, quand nous leur témoignons, Proserpine et moi, que cela nous choque, ils nous traitent de bourgeois et disent que nous ne sommes pas galants. » (26)

A distance, et les Enfers offrent un poste d'observation privi-

---

(25) LA FONTAINE, *Fables*, livre I, fable II, v. 5-7.
(26) BOILEAU, *Dialogue des Héros de Roman*, in *Œuvres*, Garnier, 1961, p. 287.

légié, même les usages les plus anciens peuvent paraître extravagants. Ce langage « tendre » est très différent du « précieux » et cependant il existe entre les deux phénomènes une certaine parenté; il est en effet lui aussi constitué par une série de métaphores fixées dans l'usage et en ce sens il peut passer pour l'équivalent naturel de la création artificielle qu'est la langue précieuse proprement dite. Substituer systématiquement « flamme » à « amour » est une altération du même ordre que de remplacer à tout coup « yeux » par « miroirs de l'âme ». Loin d'être une invention gratuite le jargon des Précieuses ne fait le plus souvent qu'amplifier certaines tendances latentes des habitudes linguistiques de la société mondaine.

Ces constatations valent également pour un autre aspect du problème en tous points parallèle au précédent : le recours abusif aux locutions à la mode dont les Précieuses émaillaient leurs discours. Elles auraient eu en effet pour les néologismes un faible prononcé et l'on sait qu'elles aimaient ou haïssaient « furieusement », que leurs amants poussaient pour elles « le tendre et le doux », que les choses communes leur semblaient « du dernier bourgeois ». Ceux qui croient aux véritables Précieuses triomphent alors facilement et relèvent dans les marges de Mlle de Scudéry ou de Mme de Lafayette tous les emplois de ces mots à la mode qui attesteraient selon eux l'influence des Précieuses sur la plupart des auteurs du temps. Encore faut-il éviter toute méprise et ne pas prendre une nouvelle fois l'effet pour la cause ; les Précieuses, il est certain, abusent de ces termes récents, mais il ne faut pas pour autant les tenir pour responsables de la création et de la diffusion de tous les mots nouveaux. Rien ne prouve qu'elles aient eu en ce domaine un quelconque privilège et il est probable que l'on leur a imputé beaucoup de néologismes où elles n'ont aucune part. Dans une étude sur le *Recueil* de Mlle de Montpensier, J. D. Lafond remarque que certains mots, certaines locutions que cite Somaize comme une religion « intercadante », « une certaine sécheresse de cœur », « s'encanailler », apparaissent pour la première fois sous la plume de Mademoiselle qui était, comme on sait, leur ennemie jurée (27). D'après le P. Bouhours qui le déplore, il existe en dehors du jargon prêté aux Précieuses un grand nombre de nouvelles manières de parler répandues parmi les gens du monde. Dans les *Entretiens d'Ariste et d'Eugène* (1671) il en cite une assez grande variété comme « finesse », « délicatesse », « air », « façons », « pousser », « s'embarquer », « donner dans », « raffiner », « sçavoir faire », « en user », ou encore « je meurs », « j'enrage »,

---

(27) J.D. LAFOND, « Les techniques du portrait dans le *Recueil des portraits et éloges* de 1659 », *C.A.I.E.F.*, n° 18, 1966, p. 147-148.

« éternellement », « étrangement », « admirablement » ; le gram-
mairien regrette que, contre le génie de la langue, les courtisans
cherchent à imposer ces néologismes et il ajoute pour conclure :

> « Il y a bien d'autres expressions nouvelles dont je ne
> puis pas me souvenir ; sans parler de celles qu'on nomme
> *précieuses*, et qui ne sont pas tant de nostre langue que de
> quelques femmes, qui pour se distinguer du commun, se sont
> fait un jargon particulier. » (28)

Selon le P. Bouhours le langage à la mode et le parler des
Précieuses seraient deux phénomènes distincts ; en réalité il y a
une évidente convergence, mais une nouvelle fois l'exagération de
l'une des tendances de la langue peut la rendre méconnaissable.
Maucroix, après avoir découvert à Paris l'expression nouvelle « savoir-faire », se fait fort, pourvu qu'il puisse s'initier quelque temps
encore aux secrets du beau langage, de ne plus être compris en
province ; à l'une de ses correspondantes rémoises il écrit :

> « Tandis que je seray ici, je me vais instruire de toutes ces
> belles expressions, afin de parler si bien quand je seray de
> retour, que personne ne m'entende plus (...). » (29)

Il en est des mots à la mode comme des périphrases ou des
métaphores, il suffit d'en accroître la concentration pour passer
de l'élégance à l'affectation, puis au jargon.

Si les Précieuses montrent un tel goût pour les néologismes,
c'est assez vraisemblablement parce que la tendance dominante est
alors au purisme, ce pourquoi toute tentative d'enrichissement de
la langue est suspecte. Pour ne pas démentir leur réputation, les
Précieuses se doivent de contrevenir aux règles du bon goût et de
passer de la tolérance à l'abus. D'ailleurs on les retrouve curieusement de connivence dans l'erreur avec les Jansénistes ; le Jésuite
Bouhours critiquant la prolifération des termes en « -ment »
comme « élèvement », « abrègement », « brisement », fait grief
de cette entreprise de dégradation de la langue aux écrivains
de Port-Royal (30). Même en matière linguistique l'influence pernicieuse des hérésies se fait sentir. Toutes les déviations de quelque
nature qu'elles soient peuvent concourir à l'enrichissement du jargon précieux. C'est pourquoi on y rencontre pêle-mêle des cir-

---

(28) P.D. BOUHOURS, *Les Entretiens d'Ariste et d'Eugène*, Amsterdam, 1671, p. 90-115.
(29) MAUCROIX, *Lettres*, P.U.F., 1962, p. 91-92.
(30) P. D. BOUHOURS, *Les Entretiens d'Ariste et d'Eugène*, Amsterdam, 1671, p. 83-84.

conlocutions laborieuses, des périphrases amphigouriques, des métaphores usées, des néologismes qui ne se sont pas encore acclimatés à la langue ; cette masse hétéroclite n'a qu'un seul point commun ; son impureté. Elle est faite de toutes les scories de la langue du temps ; mais de ce fait elle s'apparente malgré tout à des modes d'expression familiers à la société qui les condamne et hésite à reconnaître pour siens des défauts qu'elle n'évite pourtant pas toujours. La civilisation galante éprouve à l'égard de la pureté du langage les mêmes difficultés qu'à propos de la sincérité et de la simplicité des sentiments ; elle répugne par amour du naturel à tolérer les afféteries qui flattent son goût pour les raffinements élégants et son penchant pour les jeux d'esprit. Il n'est guère possible en effet d'être à la fois spirituel et simple, ce qui est pourtant la constante ambition de l'esthétique galante. Mais écrivains et gens du monde doivent reconnaître qu'entre leurs vœux de simplicité et les bagatelles sophistiquées qui forment l'essentiel de la production littéraire mondaine, il subsiste souvent un écart considérable. Une partie de la faute retombe sur les Précieuses et sur leur jargon ; après avoir dès l'origine courageusement assumé toutes les fautes féminines contre l'amour, elles se trouvent fort à propos pour endosser la responsabilité des crimes commis par tous contre la langue.

III — *Le mauvais goût « précieux ».*

Dans la mesure ou elles se passionnaient pour le bel esprit et où elles faisaient figure de théoriciennes de la langue, au moins pour montrer par l'exemple les erreurs qu'il convient d'éviter, les Précieuses étaient toutes désignées pour jouer un rôle dans la critique littéraire. Cependant, bien qu'elles soient destinées en ce domaine à un brillant avenir, il faut bien avouer qu'entre 1660 et 1670 les premiers pas des Précieuses dans les disputes littéraires furent assez timides et hésitants. Elles eurent d'abord leur mot à dire, et c'est on ne peut plus légitime, dans la querelle de l'*Ecole des Femmes* qui se développe à partir de 1663, peu après leurs plus belles années de gloire. Fidèles à leur vocation première, elles y interviennent pour défendre le mauvais parti, mais il ne faudrait pas en conclure qu'elles sont les avocats d'une cause bien définie. Lorsque dans la *Critique de l'Ecole des Femmes* (Juin 1663) Molière réunit un cénacle de gens du monde pour juger de sa pièce précédente, il y figure une précieuse du nom de Climène ; elle

se fait remarquer par l'incongruité de ses critiques et la banalité
artificieuse de ses propos :

> « Ah mon Dieu que dites-vous là ? Cette proposition peut-
> elle estre avancée par une personne qui ait du revenu en sens
> commun ? Peut-on impunément, comme vous faites, rompre
> en visière à la raison ? Et dans le vray de la chose, est-il un
> esprit si affamé de plaisanterie qu'il puisse taster des fadaises
> dont cette comédie est assaisonnée, (...). » (31)

En dehors de ce faible pour les métaphores de pacotille, ce
personnage épisodique n'a sur la littérature aucune idée précise.
En 1663, si la « préciosité » peut passer pour une tare, elle n'a
encore rien d'une doctrine. Et ce d'autant moins qu'avec la merveilleuse inconscience qui caractérise ses semblables la précieuse
est la première à ignorer ses propres ridicules :

> « Hélas ! je parle sans affectation »

susurre Climène à qui veut l'entendre.

Le plus troublant est que lorsque l'on passe du Petit Bourbon
à l'Hôtel de Bourgogne, les perspectives changent du tout au tout.
Le *Portrait du Peintre* (fin septembre 1663) de Boursault, réplique
exacte de la *Critique de l'Ecole des Femmes*, présente sur la scène
à peu près la même galerie de personnages, y compris une jeune
personne ridicule et insupportable qui fait de la pièce de Molière
un éloge outré à grand renfort d'adverbes hyperboliques. Oriane,
présentée dans la liste des personnages comme une « marquise
qui fait la précieuse », reproche à son interlocuteur de n'avoir pas
parlé d'un « endroit effroyablement bon », reste béate d'admiration
en évoquant le « le », ce qui ne manque pas de surprendre de la
part d'une précieuse, et tout le reste à l'avenant (32). Les Précieuses
sont d'abord les amies de nos ennemis et Boursault, malgré les
Précieuses ridicules, n'hésite pas à imaginer que l'une d'elles,
pratiquant l'oubli des injures, prend fait et cause pour Molière
quatre ans à peine après la farce où ses consœurs n'étaient pas
épargnées. La Précieuse est devenue, promotion remarquable mais
éphémère, un personnage presque obligé de toute comédie mondaine, mais il n'y a point de place dans sa cervelle d'évaporée
pour des jugements littéraires stables : ses admirations et ses dé-
goûts sont plutôt le fait du hasard ou de la malice de celui qui

---

(31) *La Critique de l'Ecole des Femmes*, scène 3.
(32) Ed. BOURSAULT, *Le Portrait du Peintre* (1663), scène 8 et scène 4.

montre ces marionnettes. Il suffit de changer de camp pour inverser l'ordre des valeurs. Qu'une Précieuse trouve critiquable l'*Ecole des Femmes*, il n'y a rien là de scandaleux, mais que Molière soit accusé de ressuciter clandestinement le jargon précieux et de travailler à le remettre en honneur après l'avoir critiqué (et probablement inventé), le fait est au moins surprenant. Pourtant Robinet n'hésite pas à lancer cette insinuation dans son *Panégyrique de l'Ecole des Femmes* (1664) :

> « On avoit cru cet idiome précieux entièrement détruit, mais il est plus en règne que jamais. Vous voyez comment Zoïle [c'est Molière] l'a remis sur le théâtre dans sa Critique où ceux-mêmes qui font semblant de le condamner le parlent comme les autres. » (33)

L'accusation serait tout à fait invraisemblable, et partant inefficace, si l'affaire des Précieuses avait déjà permis de marquer dans la littérature un partage entre partisans et adversaires de la « préciosité », Molière figurant évidemment parmi ces derniers. Mais il n'en est rien encore. De même qu'une femme était exposée à devenir « précieuse » par un simple décret de la malveillance publique, tout écrivain encourt le risque d'être accusé de pactiser avec les Précieuses dès lorsque quiconque se croit fondé à lui faire des reproches sur la pureté de son style.

C'est donc le jeu des inimitiés personnelles qui décide en dernier ressort du sens de l'intervention des Précieuses. Appliqué à la littérature le qualificatif « précieux » n'a encore qu'une signification vaguement injurieuse et il sert à désigner des travers que l'on dénonce d'autant plus volontiers que l'on n'en est pas toujours soi-même exempt. Il n'existe dans la conscience critique du temps aucun clivage net entre ce qui est précieux et ce qui ne l'est pas, rien qui ressemble, de près ou de loin, à notre moderne notion de préciosité littéraire. C'est pourquoi on ne peut parler d'écrivains « précieux » et d'écrivains « antiprécieux » ; tous sont logés à la même enseigne et risquent de passer pour « précieux » ou amis des Précieuses pour peu qu'un malveillant ou un mauvais plaisant en décide ainsi. Il est par exemple piquant d'apprendre, surtout lorsque l'on sait la suite de l'histoire, qu'une Précieuse au moins a pu éprouver pour Boileau une admiration si inconditionnelle qu'elle est prête, pour l'amour de lui, à renier un auteur qui aurait dû avoir ses faveurs. C'est l'assez incroyable anecdote que Boursault, encore lui, propose en 1669 aux spectateurs de la *Satire*

---

(33) ROBINET, *Panégyrique de l'Ecole des Femmes*, Sercy, 1664.

des Satires. A la scène 4, une « jeune précieuse » qui répond au nom prédestiné d'Orthodoxe, commence par dire tout le plaisir qu'elle vient de prendre à une représentation de l'*Astrate,* mais elle ignore encore qui en est l'auteur. Jusqu'ici rien que de très normal et l'on ne saurait s'étonner qu'une précieuse admire spontanément l'*Astrate* avant d'en connaître l'auteur ; mais aussitôt qu'Orthodoxe apprend que la pièce est de Quinault, son enthousiasme tombe brusquement. « Le même Quinault que Despréaux déchire ? » demande-t-elle et elle prononce alors ce jugement péremptoire :

« Il ne doit rien valoir, car Despréaux le dit. » (34)

S'il ne s'agit pas, hypothèse toujours à envisager, d'une mystification, il faut admettre qu'en 1669 l'idée que Boileau compte parmi ses admiratrices au moins une précieuse n'avait rien d'absolument choquant. L'inconscience de la naïve Orthodoxe s'explique d'ailleurs facilement dans la mesure où, à cette date, comble d'ironie, partager les rudes opinions de Boileau étant sans doute une preuve plus évidente de « mauvais goût » que de pleurer au spectacle des souffrances bien disantes du mol Astrate. En l'absence d'orthodoxie, la préciosité ne pouvait encore être une hérésie littéraire. Les Précieuses ont un rôle à tenir dans l'histoire de la littérature, mais elles n'ont pas trouvé leur emploi ; elles restent pour le moment sur leur réputatoin de jargonneuses et d'admiratrices des beaux esprits de second ordre. Dans leurs jugements littéraires elles ont, comme à l'accoutumée, toujours tort ; ce n'est pas très glorieux, mais c'est une excellente position d'attente.

L'intervention des Précieuses dans la querelle de l'*Ecole des Femmes* marque une très timide tentative pour les mêler aux choses de la littérature. Mais peu après elles glissent dans l'oubli et ne font plus guère parler d'elles. Il faut attendre un assez grand nombre d'années pour que, peu avant la fin du siècle, ces belles au bois dormant se réveillent et reviennent au premier plan de l'actualité. Entre-temps la physionomie du royaume des Lettres a changé et il faut dire quelques mots de ce changement qui a eu sur la destinée ultérieure des Précieuses une influence déterminante. Dès 1670 apparaissent certains signes avant-coureurs qui préludent à une crise grave de la mentalité et de la littérature galantes. La galanterie amoureuse postule à la fois un culte du beau mensonge et une répudiation de tous les faux-semblants qui dénaturent la pureté des sentiments ; partagée entre un goût tou-

---

(34) *Théâtre de feu M. Boursault,* Le Breton, 1725, t. II, p. 26.

jours très vif pour les jeux de l'esprit et une aspiration nouvelle à la simplicité et à la sincérité, elle ne se maintient que grâce à une subtile équivoque : la plaisanterie et l'enjouement lui tiennent lieu de sincérité dans la mesure où un mensonge avoué n'est déjà plus qu'un demi-mensonge. Ce qui autrement serait imposture devient, grâce au badinage, une fiction plaisante. Mais ce fragile équilibre était par nature éphémère ; chancelant dès 1670 comme le montre l'affaire des *Lettres Portugaises,* sa ruine est à peu près consommée vers 1680-90. Or, par un accident singulier, cette circonstance vaudra aux Précieuses de tenir dans l'histoire littéraire le rôle le plus inattendu et le plus paradoxal. Les plaisanteries frivoles et les badinages spirituels vont être rejetés dans l'enfer du « mauvais goût » et la joyeuse troupe des auteurs galants aura la fâcheuse surprise de s'y retrouver en compagnie des Précieuses dont ils s'étaient si outrageusement moqué. Cette méprise détermine toute l'histoire future de la Préciosité.

En 1688, La Bruyère affirme solennellement dans le chapitre liminaire des *Caractères* « Des Ouvrages de l'Esprit » :

> « Il y a dans l'art un point de perfection, comme de bonté ou de maturité dans la nature. Celui qui le sent et qui l'aime a le goût parfait ; celui qui ne le sent pas, et qui aime en-deça ou au-delà, a le goût défectueux. Il y a donc un bon et un mauvais goût, et l'on dispute des goûts avec fondement. » (35)

Sous couleur d'énoncer un principe universel et intemporel, il prend acte d'une évolution somme toute récente dans les esprits. A peu près à la même époque, Chevreau notait :

> « Le plus faux et le commun des Proverbes est celui-ci, qu'il ne faut point disputer des goûts » (...). » (36)

Certes il y a toujours eu de mauvais ouvrages, mais leurs auteurs étaient censés pêcher par erreur ou par faiblesse ; le « mauvais goût » suppose chez les « mauvais » écrivains une perversion profonde et non plus une aberration accidentelle. D'autre part, s'il existe un bon et un mauvais goût, il y a aussi par voie de conséquence une bonne et une mauvaise littérature et cette maxime s'applique aussi bien aux contemporains de La Bruyère (pour lui la démonstration de la corruption du goût chez les Modernes n'est plus à faire) qu'aux écrivains précédents dont il

---

(35) LA BRUYÈRE, *Les Caractères,* I « Des ouvrages de l'Esprit », § 10.
(36) *Chevroena,* 1697-1700, t. I, p. 192.

apprécie d'ailleurs diversement les mérites dans ce même chapitre des *Caractères*. Le plus important n'est pas dans l'affirmation qu'il est possible de raisonner sur les problèmes de goût ; ce qui est assez neuf à l'époque, c'est l'idée de cette solidarité qui s'établit entre bons ou mauvais écrivains par l'intermédiaire du concept de goût. Il est maintenant admis que ces qualités et ces défauts ne relèvent pas exclusivement du hasard : ils procèdent d'une cause plus générale. Le goût pour la mauvaise littérature s'explique par une aberration collective qui peut être le fait d'un groupe ou même d'une époque tout entière. Il y a dans cette position de principe l'amorce d'une vision manichéenne de la création littéraire qui trouvera à propos des œuvres galantes une magnifique occasion de s'employer. S'agit-il en effet de donner des exemples de ce mauvais goût sans lequel le bon serait dépourvu de mérite ; c'est alors que certaines œuvres du passé qui ne correspondent plus à la sensibilité présente pourront illustrer les erreurs que le respect des bons préceptes aurait permis d'éviter. Toute une nouvelle manière de concevoir et de dramatiser l'histoire de la littérature découle de ce postulat : les œuvres sont jugées en fonction d'un critère unique, approuvées si elles s'y conforment, blâmées dans la mesure où elles s'en écartent. Enfin, détail qui aura la plus grande importance, seule une influence maligne pourra expliquer que l'on ait par le passé admiré une littérature qui se révèle à l'examen de médiocre qualité.

Or, à partir de 1670, le prestige de la littérature galante et des jeux d'esprit où elle se complaisait ne cesse de décroître. Les premiers signes de cette désaffection se manifestent en dehors de la société mondaine proprement dite. A l'occasion de cette revue de la littérature de son temps qu'il entreprend dans la *Promenade de Saint-Cloud* (1669), G. Guéret n'hésite pas à s'en prendre à Le Pays dont le succès est pourtant fort grand et il malmène assez rudement ce spécialiste des fleurettes et des déclarations badines. Selon lui Le Pays est tout juste bon à « servir d'entretiens dans les provinces » et il laisse « au campagnard de Despréaux le plaisir de l'admirer ». Montreuil n'est guère mieux traité puisque ses *Lettres* sont mises juste au-dessus des *Amitiez, Amours et Amourettes* de Le Pays, c'est-à-dire immédiatement au-dessus du pire. Enfin Guéret voue à la « friperie littéraire » toutes les œuvres légères à quelque époque qu'elles appartiennent (37). Seuls trouvent grâce à ses yeux les deux grands noms de la littérature galante : Voiture et Sarasin. Cependant Guéret n'est pas un mondain. Ses critiques malveillantes peuvent encore être inter-

(37) G. GUÉRET, *La Promenade de Saint-Cloud*, Librairie des Bibliophiles, 1888, p. 5-6 et p. 43-44.

prétées comme la mauvaise humeur d'un pédant attardé et sans humour.

Mais bientôt les doutes naissent jusque parmi les gens du monde et les attaques n'épargnent même plus la gloire encore incontestée de Voiture. Méré, l'oracle des honnêtes gens, entreprend une critique serrée de ses *Lettres* dans son *Discours de la Justesse* (1671). Il raconte lui-même comment il avait conçu cet opuscule afin de démontrer à Mme de Sablé combien l'admiration qu'elle vouait à l'esprit et au talent de Voiture était excessive et mal fondée (38). La démonstration de Méré se compose d'une longue suite de remarques assez vétilleuses sur cette correspondance alors unanimement admirée et en particulier sur la série des « Lettres amoureuses ». Méré condamne au nom de la « justesse », c'est-à-dire d'un bon sens parfois assez prosaïque, un certain nombre de jeux d'esprit ou de bons mots, de pointes galantes ou de badinages innocents. Que Voiture se soit amusé dans une lettre à Mme de Montausier, alors Mlle de Rambouillet, à équivoquer sur le nombre de ses « galants » (rubans) comparé à la foule de ses « galants » (soupirants), paraît une atteinte insupportable à la raison (39). Déjà on trouvait dans la quatrième de ses *Conversations* (1668-1669) une attaque de grand style contre cette galanterie enjouée à laquelle est attaché le nom de Voiture :

> « Et n'admirez-vous point, que cet homme que nous avons connu, et qui avoit tant d'esprit, nous ait laissé de si mauvaises lettres d'amour, luy qui hors de là en écrivait de si bonnes (...) Lorsqu'il est question de toucher le cœur, il s'amuse à subtiliser, et à dire des gentillesses. Il écrit à une Dame, dont il estoit violemment amoureux, que son âme est si foible qu'elle n'a pas la force de la quitter, et que cela luy conserve un peu de vie. Il écrit aussi à quelque autre, que ce qui l'empesche de mourir, c'est qu'il y auroit du plaisir, et qu'il ne veut pas en recevoir en son absence.
>
> Il avoit pris ces inventions des Espagnols, et je ne doute point que ce ne soient de bons modèles. Mais il en usoit à contre-temps (...). » (40)

Ici apparaît, pour la première fois peut-être, une idée qui fera son chemin ; pour Méré en effet le mauvais goût de Voiture n'est peut-être que la corruption de modes d'expression qui en eux-mêmes étaient bons et qui l'ont été aussi longtemps qu'ils restaient

---

(38) Méré, *Lettres*, Thierry et Barbin, 1682, t. I, p. 276-279.
(39) Méré, *Discours de la Justesse* (1671), in *Œuvres complètes*, Les Belles Lettres, 1930, t. I, p. 95 et sq.
(40) Méré, *Œuvres complètes*, t. I, p. 57-58.

vrais. Ceci veut dire en termes clairs qu'à tout prendre les sympathies de Méré iraient plutôt vers l'ancien romanesque « tendre » et que la galanterie qui le tourne en dérision lui semble marquer un recul par rapport à l'inimitable naïveté des premiers âges. Il considère l'enjouement galant comme une fâcheuse parenthèse imputable à la légèreté d'une génération définitivement imperméable au sérieux de l'existence, celle de 1650 ; en revanche il est très sensible à l'authenticité de la métaphysique amoureuse de l'*Astrée* :

> « Cette aventure d'Astrée et de son Amant qui se jette dans le Lignon, est simple et naturelle : ils ne disent point des choses si recherchées. Mais leur affection ne paroist pas que dans leurs paroles, tout ce qu'on observe en eux, la découvre, et jamais on n'a rien vû de plus touchant. » (41)

Plus tard Méré s'essaiera lui-même à renouer avec la grande tradition romanesque en composant un petit roman de sa façon sur le thème des aventures de Renaud et d'Armide (42). Mme de Sablé (1598-1678) et sa cadette Mme de Longueville (1619-1679), c'est Méré qui nous l'apprend dans cette même lettre à Saint-Pavin, se seraient facilement rendues aux raisons du chevalier et auraient souscrit à sa condamnation de Voiture. Il n'y a rien dans cette victoire de bien surprenant : ces grandes dames qui avaient connu le règne de Louis XIII ne pouvaient être que favorables à ce retour du moins apparent à l'ancienne galanterie, noble et sans humour, qu'elles avaient connue au temps de leur lointaine jeunesse. Elles avaient vécu assez longtemps pour assister à l'épanouissement vers 1650 de la galanterie enjouée et à sa décadence quelque vingt ans plus tard. Pour elles l'histoire de la sensibilité pouvait presque sembler un éternel retour.

A travers la personne de Voiture, c'est en réalité le procès de la galanterie tout entière que l'on est en train d'instruire. Au-delà des querelles de détail sur la justesse de telle ou telle expression, Méré remet en cause toute une philosophie de l'existence, presque une civilisation ; avec lui triomphe la raison sous son aspect le plus austère. Ce reniement ne va pas de sa part sans quelques hésitations ; il est difficile de se détacher brutalement d'un idéal qui a servi de modèle à toute une génération. Dans ses *Œuvres posthumes* (1700) Méré continue à affirmer que l' « excellente raillerie » est l'une des qualités qui peut le plus servir à se faire aimer et à briller dans le monde ; mais il précise aussitôt qu'il n'entend pas prendre exemple sur

---

(41) MÉRÉ, *ibidem*, p. 58.
(42) *Les Aventures de Renaud et d'Armide par M.L.C.D.M.*, Cl. Barbin, 1678.

« ces Plaisans du commun, comme étoient Bois-robert, Marigny ou Sarasin » (43).

A force d'exigence et de délicatesse, Méré en arrive à vider le concept de galanterie de son contenu et à ne plus professer à son endroit qu'un respect de façade. Il est, à l'en croire, toujours souhaitable d'être galant, malheureusement c'est à peu près impossible sans sortir des limites du bon ton :

> « J'en connois (...) qui ne veulent plaire que par la galan-
> terie, et ceux-là n'entreprennent pas une affaire bien aisée.
> Car outre que la galanterie est fort sujette à estre fausse, et
> que la cour de France s'y connoist mieux que les autres Cours,
> il faut tant d'esprit et tant d'invention pour atteindre à celle
> qui plaist aux personnes de bon goût, qu'on ne trouve rien
> de plus mal-aisé. » (44)

Le carcan tyrannique de la délicatesse et de l'honnêteté répudie la facilité galante ; sans oser dire en face qu'elle est périmée, Méré laisse entendre à ceux qui s'y risqueraient qu'autant vaudrait tenter l'impossible.

L'enjeu du débat est clair : il faut trouver un compromis entre l'esprit et la raison et éviter à tout prix que l'esprit ne s'arroge le droit de sortir des limites étroites du raisonnable. Pour une civilisation tout entière vouée au culte de l'esprit, le drame est que la fantaisie créatrice tende toujours à s'écarter du bon sens et qu'à vouloir jouer avec les mots, on perde souvent le contact avec les choses. Entre ces deux postulations contradictoires la société louisquatorzienne est à la recherche d'un équilibre impossible. C'est déjà au nom de la raison que l'abbé Cotin critiquait l'usage abusif que les Précieuses faisaient de l'adverbe « furieusement » :

> « Elles disoient dernièrement en leur langage de la belle
> Cour, qu'une femme estoit furieusement agréable. J'eus beau
> réclamer, au contraire, et protester que c'estoit confondre les
> furies avec les grâces, il n'en fut autre chose, Madame, et je
> passay pour un homme de mon pays. » (45)

Lorsqu'il prétend créer, « j'aime furieusement » à l'imitation de « je hais furieusement », l'esprit outrepasse ses droits. Mais

---

(43) MÉRÉ, Œuvres complètes, édition Boudhors, t. III, p. 169.
(44) MÉRÉ, Discours des Agrémens (1676), in Œuvres complètes, t. II. p. 42.
(45) Abbé COTIN, Œuvres galantes, p. 256-257, « Du langage des Prétieuses ».

dans cette lutte inégale l'esprit perd sans cesse du terrain ; en 1660 on ne lui reproche encore que ses excès les plus patents : les pointes, les turlupinades, les bons mots. Plus tard, sans que jamais ne soit mise en question l'admiration qu'on lui voue, il se trouve réduit à la portion congrue. Au cours d'un échange de vue sur le bel esprit (*Entretiens d'Eugène et d'Ariste,* 1671) le P. Bouhours fait dire à Ariste :

> « Le vrai bel esprit (...) est inséparable du bon sens, et c'est se méprendre que de le confondre avec je ne sais quelle vivacité qui n'a rien de solide. » (46)

Méré dans le *Discours des Agrémens* (1676) faisait le même grief à la galanterie :

> « Le plus fâcheux inconvénient que je remarque dans la galanterie, c'est que pour l'ordinaire elle est fausse. » (47)

Cette rigueur ne pouvait qu'être fatale à l'esprit galant dont le péché mignon est de jouer sur les mots : toute la galanterie amoureuse n'est qu'un jeu verbal qui n'a d'autre justification que le plaisir de la trouvaille et qui vit de fictions amusantes. Mais cette possibilité de jouer avec les réalités et de prendre des libertés avec la vérité est de moins en moins admise par l'orthodoxie classique. La Bruyère écrit au chapitre « De la société et de la conversation » :

> « Il ne faut pas qu'il y ait trop d'imagination dans nos conversations ni dans nos écrits ; elle ne produit souvent que des idées vaines et puériles, qui ne servent point à perfectionner le goût et à nous rendre meilleurs : nos pensées doivent être prises dans le bon sens et la droite raison, et doivent être un effet de notre jugement. » (48)

Il va de soi que tous les gens du monde ne souscrivent pas immédiatement à cette vision chagrine des choses. Voiture trouve chez eux encore quelques chaleureux défenseurs ; le 4 Février 1675 Bussy-Rabutin écrit à Mlle Dupré :

> « J'ai vu un petit *Traité de la Justesse* du chevalier de Méré qui me plaît assez ; mais il se moque de Voiture mal à propos ;

---

(46) P. D. Bouhours, *Les Entretiens d'Ariste et d'Eugène,* Amsterdam, 1671, p. 263.
(47) Méré, *Œuvres complètes,* t. II, p. 43.
(48) La Bruyère, *Les Caractères,* « De la société et de la conversation », § 17.

s'il n'est pas toujours juste, sa négligence plaît mieux que la justesse de la plupart des autres, et le secret est de plaire » (49).

Quelques années plus tard, en 1679, Mme de Sévigné se réjouit que son cher Corbinelli soit revenu de sa première erreur et cesse d'approuver Méré :

> « Corbinelli abandonne Méré et son chien de style, et la ridicule critique qu'il fait, en collet monté, d'un esprit libre, badin et charmant comme Voiture ; tant pis pour ceux qui ne l'entendent pas. » (50)

En 1686 les deux cousins seront de nouveau solidaires pour protester contre les attaques que Furetière lance alors contre Benserade. Dans une réponse aux factums de Furetière Bussy prend hautement la défense de l'accusé :

> « M. de Benserade est un homme de naissance, dont les chansonnettes, les madrigaux et les vers de ballet, d'un tour fin et délicat, et seulement entendu des honnêtes gens, ont diverti le plus honnête homme et le plus grand roi du monde. Ne dites donc plus, s'il vous plaît, que M. de Benserade s'étoit acquis quelque réputation pendant le règne du mauvais goût ; car, outre que cette proposition est fausse, elle seroit encore criminelle. Pour les proverbes et les équivoques que vous lui reprochez, il n'en a jamais dit que pour s'en moquer. Enfin, c'est un génie singulier, qui a plus employé d'esprit dans les badineries qu'il a faites qu'il n'y en a dans les poèmes les plus achevés. » (51)

Le plaidoyer est adroit et pertinent : il est indéniable que dénigrer la galanterie en lui reprochant son manque de sérieux est un contre-sens flagrant et que l'humour reste la meilleure justification de Benserade. Mme de Sévigné vole au secours de son cousin et prend, spirituellement, la défense des gens d'esprit ; Furetière reçoit une volée de bois vert pour crime de lèse-galanterie :

> « Je trouve que l'auteur fait voir clairement qu'il n'est ni du monde ni de la cour, et que son goût est d'une pédanterie qu'on ne peut pas même espérer de corriger. Il y a de certaines choses qu'on n'entend jamais, quand on ne les entend pas d'abord : on ne fait point entrer certains esprits durs et

---

(49) BUSSY-RABUTIN, *Correspondance...*, t. II, p. 216.
(50) Mme DE SÉVIGNÉ, *Lettres*, t. II, p. 513.
(51) BUSSY-RABUTIN, *Correspondance...*, t. V, p. 537.

436 AMOUR PRÉCIEUX, AMOUR GALANT

farouches dans le charme et la facilité des ballets de Benserade et des fables de La Fontaine : cette porte leur est fermée, et la mienne aussi. » (52)

Cependant Mme de Sévigné et Bussy-Rabutin défendent une cause perdue. Tout le monde sera bientôt persuadé que, selon l'expression que Bussy n'aime guère, le « mauvais goût » régnait en maître au temps de leur jeunesse. Vers 1690 les poètes coquets, les œuvres badines et même les chefs-d'œuvre galants ont passé de mode ; dans les *Caractères,* précisément au chapitre « De la mode », La Bruyère, sans violence et sans haine, peut-être même avec une nuance de regret, prononce l'oraison funèbre de la littérature galante et de ses deux représentants les plus éminents, Voiture et Sarasin :

> « Voiture et Sarrazin étoient nés pour leur siècle, et ils ont paru dans un temps où il semble qu'ils étoient attendus. S'ils s'étoient moins pressés de venir, ils arrivoient trop tard ; et j'ose douter qu'ils fussent tels aujourd'hui qu'ils ont été alors. Les conversations légères, les cercles, la fine plaisanterie, les lettres enjouées et familières, les petites parties où l'on étoit admis seulement avec de l'esprit, tout a disparu. Et qu'on ne me dise point qu'ils les feroient revivre : ce que je puis faire en faveur de leur esprit est de convenir que peut-être ils excelleraient dans un autre genre (...). » (53)

Ainsi la littérature galante est condamnée par les autorités du Parnasse et l'époque de sa gloire stigmatisée pour avoir marqué l'apogée de ce déplorable « mauvais goût ». Sans trop s'embarrasser de nuances ces juges impitoyables réunissent dans un même auto-dafé tout ce qui leur semble démodé, le « tendre » et le « galant », les « coquets » et les « doucereux ». Qu'elle soit larmoyante ou spirituelle, la subtilité n'est plus de saison ; toutes les frivolités que l'on goûtait naguère sont rejetées avec mépris. C'est encore La Bruyère qui écrit :

> « Il a régné pendant quelque temps une sorte de conversation fade et puérile, qui roulait toute sur des questions frivoles qui avoient relation au cœur et à ce qu'on appelle passion ou tendresse. La lecture de quelques romans les avoit introduites parmi les plus honnêtes gens de la ville et de la cour ;

---

(52) Mme DE SÉVIGNÉ, *Lettres,* t. III, p. 125-126.
(53) LA BRUYÈRE, *Les Caractères,* « De la mode », § 10.

ils s'en sont défaits et la bourgeoisie les a reçues avec les pointes et les équivoques. » (54)

Les questions d'amour, les rêveries romanesques, les pointes et les équivoques sont pêle-mêle les symptômes d'un mal dont la société mondaine s'est maintenant guérie et qui peut-être sévit encore parmi les bourgeois et les provinciaux. En effet par l'une de ces injustices dont l'histoire est prodigue, les auteurs galants sont désormais confondus avec les « doucereux », les contempteurs des mièvreries « tendres » avec les survivants attardés de l'idéalisme romanesque. Boileau fait monter ensemble sur la charrette des condamnés Quinault et Le Pays, Bonnecorse et Perrault, la tradition « tendre » et l'enjouement galant. Tous ces ennemis de la simplicité et du bon goût sont accablés du même reproche, celui de « fadeur », grief au demeurant assez légitime lorsqu'il s'adresse aux doucereux, beaucoup moins justifié à propos d'auteurs qui cherchent à faire de l'esprit, y échouent peut-être, mais avaient à coup sûr l'intention d'échapper à cette platitude dont on les blâme. Le cheminement critique de Boileau est de ce point de vue exemplaire et témoigne fort bien de l'évolution des esprits. A ses débuts il s'en prend, comme dans la *Satire IX* (1668), à l'insipide répétition d'un langage amoureux vidé de sa substance :

« Faudra-t-il de sens froid, et sans être amoureux,
Pour quelque Iris en l'air faire le langoureux,
Lui prodiguer les noms de Soleil et d'Aurore,
Et, toujours bien mangeant, mourir par métaphore ?
Je laisse aux doucereux ce langage affété,
Où s'endort un esprit de mollesse hébété. » (55)

Nul galant homme ne pouvait trouver à redire à cette lassitude alors que lui-même cherchait à s'arracher à cette mollesse par l'ironie. Puis, et c'est l'événement décisif, le faux bel esprit rejoint la mièvrerie, sans que l'admiration que Boileau voue à Voiture, symbole du véritable esprit galant, ne se démente encore. C'est une étape intermédiaire : Boileau condamne le « faux » bel esprit sans toucher à l'esprit lui-même. Mais si l'esprit peut parfois être faux, il devient probable que la « fausseté » est dans la nature même de l'esprit ; à la fin de sa vie Boileau aurait sans doute approuvé ce syllogisme. Sa carrière s'achève avec la *Satire XII* « Sur l'Equivoque » (1705) ; il rend ce monstre allégorique respon-

(54) *Ibidem*, « De la société et de la conversation », p. 172.
(55) BOILEAU, *Satire IX* (1668), v. 261-266.

sable de toutes les erreurs commises autrefois lorsque l'esprit était l'objet d'un culte excessif :

« Mais ce n'est plus le temps : le public détrompé
D'un pareil enjouement ne se sent plus frappé ;
Tes bons mots, autrefois délices des ruelles,
Approuvés chez les grands, applaudis chez les belles,
Hors de mode aujourd'hui chez nos plus froids badins,
Sont des collets-montés et des vertugadins.
Le lecteur ne sait plus admirer dans Voiture
De ton froid jeu de mots l'insipide figure :
C'est à regret qu'on voit cet auteur si charmant, (...)
Chez toi toujours cherchant quelque finesse aigüe (...). » (56)

Alors sonne le glas de la littérature galante qui n'est plus que la manifestation d'un mauvais goût heureusement révolu. A l'origine même de la galanterie se trouvait le dédoublement ironique de la représentation de l'amour et l'opposition entre le « tendre » et le « galant » ; cette distance est dès lors abolie, et avec elle tous les jeux qu'elle permettait. L'espace galant est réduit à néant ; l'humour anéanti et méconnu, il ne subsiste plus que le sérieux « précieux ».

Ce triomphe du bon goût n'est peut-être pas aussi général que le proclament Boileau et La Bruyère qui parfois imaginent un peu légèrement que la réalité littéraire se soumet toujours à leurs jugements et à leurs préceptes. C'est alors que l'on voit surgir un spectre à peu près oublié, celui de la Précieuse. Boileau, toujours misogyne, est peut-être le premier qui ait songé à lui confier un rôle dans cette conception manichéenne de la littérature, et il est facile de deviner de quel rôle il s'agit. Dès l'origine vouée à embrasser les mauvaises causes et de surcroît connue pour cultiver le jargon et le bel esprit, la Précieuse ne pouvait qu'être embrigadée dans le parti du mauvais goût. La voici telle que Boileau l'aperçoit en 1692, renaissant de ses cendres pour exercer son influence maligne et corruptrice ; juste derrière la « savante », se profile cette ombre exécrable :

« Mais qui vient sur ses pas ? c'est une précieuse.
Reste de ces esprits jadis si renommés
Que d'un coup de son art Molière a diffamés.
De tous leurs sentiments cette noble héritière
Maintient encore ici leur secte façonnière :
C'est chez elle toujours que les fades auteurs

---

(56) BOILEAU, *Satire XII* (1705), v. 35 et sq.

S'en vont se consoler du mépris des lecteurs (...).
Là du faux bel esprit se tiennent les bureaux ;
Là tous les vers sont bons pourvu qu'ils soient nouveaux.
Au mauvais goût public la belle y fait la guerre ;
Plaint Pradon opprimé des sifflets du parterre ;
Rit des vains amateurs de grec et de latin ;
Dans la balance met Aristote et Cotin (...). » (57)

Entre le passé et le présent Boileau tisse une trame subtile ; les précieuses du jour ont partie liée avec Pradon et les plates afféteries des Modernes, mais elles continuent à admirer Cotin (qui pourtant ne fut pas toujours tendre pour leurs aînées). Pour le moment subsistent encore toutes sortes d'interférences entre l'actuelle querelle des Anciens et des Modernes et l'affaire des Précieuses de 1660. De fait, dans son *Parallèle des Anciens et des Modernes* (1688-97) Perrault prend la défense des petits genres et de la littérature badine :

> « Ceux de nostre temps, qui ont sceu que ce genre d'écrire n'estoit qu'un jeu d'esprit ne s'en sont servis qu'en des matières agréables, et n'y ont aussi employé que peu de discours. La carte du tendre, l'isle d'amour, le louis d'or, le miroir d'Orante et quelques autres pièces de cette nature ne sont que des allégories, qui par leur manière enjouée et leur agréable brièveté ont atteint à la véritable idée de leur caractère. » (58)

La collusion ne fait pas de doute.

Mais si la Précieuse a été ainsi exhumée c'est surtout pour incarner l'ensemble des fautes de goût d'une époque révolue, sa prétendue fadeur et son incurable légèreté. Par un paradoxe dont découle toute l'histoire future de la Préciosité, la mal aimée des années 1660 est en passe de devenir le vivant symbole de la société qui l'a persécutée et haïe. L'assimilation des bagatelles galantes aux mièvreries « précieuses » est un abus exorbitant et irréversible : prenant la partie pour le tout, les Précieuses pour les représentantes authentiques de la civilisation galante, la critique de la fin du XVIIᵉ siècle fausse, sciemment ou non, toutes les perspectives. Voici donc les Précieuses installés durablement dans un emploi qui n'est pas nouveau pour elles, celui de championnes du mauvais goût. Elles y font d'ailleurs une figure beaucoup plus honorable que par le passé puisqu'elles s'y retrouvent en compa-

---

(57) BOILEAU, *Satire X* (1692), v. 438 et sq.
(58) PERRAULT, *Parallèle des Anciens et des Modernes en ce qui regarde les arts et les sciences*, J.B. Coignard, 1688-1697, t. II, p. 140-141.

gnie de la fine fleur de la littérature moderne et galante. Si elles sont ainsi mises en cause, c'est très probablement la conséquence d'un raisonnement fort simple dans son implacable rigueur. Les défauts des Modernes sont la mièvrerie et la mollesse ; or qui peut induire la littérature dans ces voies de l'affadissement sinon les femmes en général et les Précieuses en particulier qui ont toujours exagéré tous les travers propres à leur sexe. Le vieux fonds misogyne de la tradition humaniste et « bourgeoise » ressurgit alors et découvre dans une excessive complaisance envers le sexe « faible » l'explication de certains aspects « efféminés » de la civilisation et de la littérature mondaines des premières années du règne.

Sur ce terrain favorable commence à se développer une légende des Précieuses dont un récit fameux du *Menagiana* (1693) donne une version déjà très élaborée. Sur ses vieux jours Ménage regrette ses erreurs, et peut-être ses œuvres, de jeunesse et semble vouloir avec le zèle excessif des nouveaux convertis donner des gages à l'orthodoxie alors régnante. Tout le monde connaît son édifiant compte rendu de la première des *Précieuses ridicules* :

> « La pièce fut jouée avec un applaudissement général, et j'en fus si satisfait en mon particulier que je vis dès lors l'effet qu'elle alloit produire (...) Cela arriva comme je l'avois prédit. et dès cette première Représentation, l'on revint du galimatias et du style forcé. »

Molière, prestigieux redresseur de torts, aurait donc joué les Saint Michel et terrassé ce jour-là le dragon « précieux » ; Ménage bat sa coulpe, et avec lui toute la bonne société de son temps qui se convertit solennellement à l'austère raison. Ne reculant pas devant un flagrant anachronisme, Ménage transpose en 1659 le goût des années 1690 et se donne à peu de frais le mérite de prévoir l'avenir. Au sortir de cette représentation il aurait confié à Chapelain :

> « Monsieur, nous approuvions vous et moi toutes les sottises qui viennent d'être critiquées si finement, et avec tant de bon sens, mais croyez-moi, pour me servir de ce que S. Rémi dit à Clovis, il nous faudra brûler ce que nous avons adoré, et adorer ce que nous avons brûlé. » (59)

Ce récit, de toute évidence arrangé, illustre bien le sens donné à la fable des Précieuses vers la fin du xviiᵉ siècle. On devine

_____

(59) *Menagiana* (1693), Delaulne, 1729, t. II, p. 65.

aisément comment ces jargonneuses sont devenues les responsables
involontaires des excès du bel esprit galant. Quant à expliquer
que toute une époque ait pu être imprégnée de principes aussi
désastreux, seule pouvait le faire une aberration collective et pourtant provoquée par une minorité de femmes perverties. C'est, en
quelque sorte, une nouvelle version de la Génèse, les Précieuses
faisant mordre leurs contemporains à la pomme du mauvais goût.

Par le biais de cette image d'Epinal est mis en place tout un
système d'explication qui rend compte globalement de l'histoire
de la littérature durant la première moitié du siècle. Au début
étaient les véritables Précieuses ainsi que l'enseigne Furetière dans
l'article de son *Dictionnaire* (1690) qu'il leur consacre :

> « Précieuse est aussi une épithète qu'on a donnée ci-devant
> à des filles de grand mérite et de grande vertu, qui sçavoient
> bien le monde, et la langue : mais parce que d'autres ont
> affecté, et outré leurs manières, cela a décrié le nom (...). » (60)

De cette première préciosité on ne sait rien sinon qu'elle a
précédé l'autre et qu'elle offrait l'exacte antithèse des défauts de
la préciosité ridicule. Quant à cette dernière, non contente de
fleurir en province et dans la bourgeoisie, elle gagne tout ce que
la société des années 1660 compte de plus considérable. Contre
toute vraisemblance le cercle de Mme de Rambouillet est mis en
cause. Faisant fi de la chronologie, le *Carpentariana* imagine que
Molière a joué dans les *Femmes savantes* l'hôtel de Rambouillet
« qui était le rendez-vous de tous les beaux esprits » (61). Ainsi
s'élabore à partir de l'œuvre de Molière toujours prise comme point
de référence une vision simple et antithétique de l'évolution de la
littérature aux alentours de 1660, témoin cet extrait des *Mémoires
sur la vie et les ouvrages de Molière* (1734) :

> « Une critique fine et délicate des mœurs et des ridicules.
> qui étoient particuliers à son siècle, lui parut être l'objet
> essentiel de la bonne Comédie. La passion du bel esprit, ou
> plutôt l'abus qu'on en fait, espèce de maladie contagieuse, étoit
> alors à la mode. Il règnoit dans la plupart des conversations
> un mélange de galanterie guindée, de sentimens romanesques
> et d'expressions bizarres qui composoient un nouveau jargon,
> inintelligible, et admiré ; les Précieuses, qui outrent toujours
> les modes, avoient encore enchéri sur ce ridicule ; les femmes
> qui se picquoient de cette espèce de bel esprit, s'appeloient

---

(60) Furetière, *Dictionnaire universel...* (1690), La Haye et Rotterdam, 1691.
(61) *Carpentariana*, Le Breton, 1724, p. 55.

Précieuses ; ce nom, si décrié depuis par la pièce de Molière,
étoit alors honorable, et Molière même dit dans sa Préface que
« les véritables Prétieuses auroient tort de se piquer, lorsqu'on
joue les ridicules qui les imitent mal. » (62)

C'est dans cet esprit que certains critiques de la fin du XVII°
siecle commencèrent à écrire l'histoire de la Préciosité. Avec le
recul du temps leur mauvaise foi semble évidente, mais l'on
comprend à peu près par quel cheminement ils en sont venus
à cette vision partielle et partisane des choses. Dans l'économie de
la civilisation galante les Précieuses occupaient une fonction
ingrate ; elles cristallisaient, outre les défauts éternels de la
femme, certaines déviations trop voyantes du bel esprit. Elles
assumaient donc certains des travers auxquels la galanterie était
naturellement portée. De ce fait la malfaisance était déjà inscrite
dans leur nature et le mérite de Molière qui dénonce leurs erreurs
est finalement assez mince ; personne d'ailleurs n'a protesté contre
sa caricature pas plus que l'on n'a reproché à l'abbé Cotin, à Mlle
de Montpensier ou à Somaize de dire du mal des Précieuses. Cette
condamnation une fois acquise, il suffisait de laisser croire que
la plupart de leurs contemporains étaient en fait leurs complices
pour changer du tout au tout la portée de l'affaire. C'est ainsi qu'un
phénomène éphémère et qui n'avait de signification qu'à l'intérieur
de la société où il avait pris naissance a pu acquérir un sens
durable et devenir dans l'histoire littéraire un événement de
première grandeur. L'opposition première entre « précieux » et
« galant », la seule qui corresponde à la mentalité de 1660, s'est
transformée en une antinomie entre « précieux » et « classique »
où s'affrontent non plus une société et la caricature qu'elle se
donne d'elle-même, mais une époque et l'époque immédiatement
précédente dont les goûts et les aspirations paraissent maintenant
dépassés et ridicules. De ce transfert va naître le moderne concept
de préciosité. La raison d'être première du phénomène était surtout sociologique et sa logique restait horizontale. Désormais la
notion de préciosité prend une signification principalement littéraire et simultanément se change en un principe d'explication
diachronique inscrit dans la verticalité de l'histoire. La voie était
libre pour toutes les spéculations futures qui auront pour thème
l'opposition entre préciosité et classicisme. Mais il n'était plus
possible de douter de l'existence historique des Précieuses, élément
nécessaire à l'équilibre du système, à moins d'admettre que les
premiers défenseurs du bon goût, dont Molière, n'avaient combattu

(62) « Mémoires sur la vie et les ouvrages de Molière » par J.L. de la Serre, en tête
du tome I de l'édition des *Œuvres de Molière*, Cie des Libraires, 1734.

que contre des moulins à vent. Sans doute serait-il exagéré de croire que, dès la fin du xvii⁰ siècle, cette interprétation avait définitivement pris place parmi les dogmes de l'histoire littéraire. Sauf à propos de Molière à qui l'on attribue l'honneur d'avoir terrassé l'hydre précieuse, les allusions sont rares. L'épisode « précieux » est même, semble-t-il, tout à fait méconnu par la critique érudite. On ne trouve aucune mention de l'affaire dans les *Mémoires concernant les Vies et les Ouvrages de plusieurs Modernes célèbres* (1709) de Charles Ancillon, ni dans les *Mémoires de Littérature* d'Albert Henri de Sallengre (1715), non plus que dans les volumineux recueils du milieu du xviii⁰ siècle, *Réflexions sur les Ouvrages de littérature* de l'abbé F. Granet (1742-1760) et *Bibliothèque française ou Histoire de la Littérature française...* de l'abbé Goujet (1740-1746). Il faut attendre le grand essor de l'histoire littéraire après 1850 pour que l'épisode des Précieuses occupe la place que nous lui connaissons dans l'histoire de la littérature du xvii⁰ siècle. Néanmoins les grandes lignes de ce schéma d'interprétation sont en place vers 1690 ; la Préciosité est déjà, au moins en puissance, un grand mythe littéraire.

IV — *Préciosité et littérature galante.*

Tout au long du xix⁰ siècle, on n'a cessé d'invoquer l'existence d'une « Ecole précieuse » dont l'influence expliquerait tout ce qui dans le siècle de Louis XIV paraissait en contradiction avec la pureté classique. Préciosité et classicisme étaient devenus l'Ahriman et l'Ormuzd de la vulgate critique. Dans son *Histoire de la clarté française* D. Mornet reproduit le sujet qui avait été proposé en 1859 à la sagacité des candidats au Concours général ; il fallait imaginer la lettre que Boileau aurait pu écrire en 1666 à l'un de ses amis :

> « (...) il expose l'état des lettres à ce moment, la confusion entre le bon et le mauvais, entre le médiocre et l'excellent ; le faux genre *précieux* qui, malgré Molière, persiste encore ; le détestable genre *burlesque* qui survit à Scarron ; le *bel esprit* qui du roman a passé dans la tragédie, et menace par Quinault d'infecter le théâtre. Il atteste Molière présent ; il prédit les succès croissants et les progrès merveilleux de Racine. Il insiste sur ce point qu'à un jeune et glorieux règne il faut une littéra-

ture jeune et neuve et qui réponde à l'esprit si juste, si élevé dont le monarque a déjà donné tant de preuves (...). » (63)

Ainsi se trouvent réunis et proposés à une globale exécration le précieux, le burlesque et le bel esprit ; de la cristallisation de ces composants hétérogènes résultait le concept de préciosité qui permettait de donner des débuts de la littérature classique une vision à la fois simple et morale.

A lire la thèse de F.L. Marcou sur Pellisson, publiée en cette même année 1859, l'histoire des lettres françaises entre 1650 et 1660 se résume en un affrontement inégal entre quelques solides esprits défenseurs de la bonne doctrine et la majeure partie des auteurs et du public mondains alors gagnés par l'hérésie précieuse. D'un côté un petit nombre, mais aussi la raison et le bon droit, de l'autre la masse frivole des gens du monde ; au terme d'un combat longtemps douteux le David classique l'emporte sur le Goliath précieux. Marcou raconte les péripéties de cette victoire :

> « C'était en 1656, l'année la plus animée de cette lutte entre le bon sens et le faux goût ; le public recevait à la fois les *Provinciales*, la *Pucelle*, l'*Avis à Ménage*, un volume de *Cyrus*, un volume de *Clélie*, la *Précieuse* de l'abbé de Pure, le *Discours sur les Œuvres de Sarasin*. Pellisson seul relevait son parti par son *Discours*, dont Chapelle et Bachaumont s'entretenaient jusque dans Montpellier. Mais l'année était mauvaise pour les précieux (...). » (64)

Patru et d'Ablancourt, puis Tallemant, Maucroix, G. Boileau, Linières et La Fontaine militent dans le bon parti. Il n'est pas nécessaire d'insister sur le caractère artificiel de cette dichotomie : ranger Mme de Villedieu, comme le fait Marcou, parmi les égéries du classicisme naissant est bien étonnant car nulle n'a plus volontiers sacrifié à la mode des petits genres et des bagatelles, non sans talent d'ailleurs. Mais elle avait, aux côtés de Molière, pris parti contre les Précieuses et c'est un gage d'orthodoxie qui fait oublier la *Revue des troupes d'Amour* (1667). La légende des Précieuses interfère en effet avec un problème bien réel et fort complexe ; il n'est pas question de nier l'évolution d'où se dégagent d'abord la doctrine et plus lentement le goût classiques. Mais la dramatisation artificielle que provoque cette interprétation abusive du phénomène précieux favorise une simplification des faits qui confine sans cesse à l'erreur.

---

(63) D. MORNET, *Histoire de la Clarté française...*, Payot, 1929, p. 116.
(64) F.L. MARCOU, *Etude sur la vie et les œuvres de Pellisson*, Didier, 1858-1859, p. 145.

Tous les historiens de la Préciosité vont buter sur une insoluble difficulté : comment expliquer que les adversaires des Précieuses fassent si souvent preuve de penchants qu'il est difficile de nommer autrement que « précieux ». Déjà Marcou remarquait que ni Tallemant, ni même Patru n'avaient renoncé à des divertissements pourtant indignes d'eux :

> « eux aussi chantaient les Amaranthes et écrivaient des lettres aux Olinde, mais en se riant de leur comédie » (65).

L'excuse est sans doute valable, mais alors l'ironie, caractère dominant de toute la littérature galante, est assimilée à une peu glorieuse hypocrisie. C'est le défaut le plus flagrant du système : il oblige à rendre compte en termes péjoratifs et négatifs des vertus majeures de beaucoup d'œuvres marquantes publiées entre 1650 et 1670. De la *Pompe funèbre de Voiture* aux *Amours de Psyché et de Cupidon* une bonne part du patrimoine littéraire de la civilisation louisquatorzienne risque de tomber sous le coup de l'anathème. Cependant, et le fait ne pouvait longtemps passer inaperçu, superposer l'affaire des Précieuses à cette querelle entre le bon et le mauvais goût aboutissait à une inextricable confusion dès que l'on cherchait à dénombrer les adversaires en présence ; les plus acharnés détracteurs des Précieuses prennent un malin plaisir à donner des gages aux modes qu'ils auraient dû réprouver. Plus les recherches sur cette période se précisent, plus se dessine ce paradoxe : ce sont les adversaires des Précieuses qui mériteraient le plus souvent de recevoir l'étiquette de « précieux ». Ch. L. Livet s'étonne qu'il ait à faire figurer dans son anthologie des *Précieux et Précieuses* (1859) presque tous les ennemis déclarés de ces dernières :

> « C'est une remarque curieuse à faire que les précieuses ont été tournées en ridicule de leur temps par nombre d'écrivains, dont nous regardons maintenant les œuvres comme le type de la « préciosité ». Croirait-on que l'abbé Cotin, que l'abbé de Pure font fi des précieuses ? que Le Pays lui-même a écrit une lettre contre un précieux ? » (66)

En 1905 U.V. Chatelain ne comprend pas davantage que Fouquet, protecteur de Pellisson et de Mlle de Scudéry, cherche à

(65) F.L. MARCOU, *op. cit.*, p. 142.
(66) Ch. L. LIVET, *Précieux et Précieuses* (1859), Didier, 1870, p. 301-302.

attirer Molière à Vaux (67). La contradiction paraît encore plus
scandaleuse quand elle affecte la carrière d'un même écrivain ;
que penser d'un auteur grave et sérieux comme Ch. Sorel qui
s'amuse à composer une *Loterie* ou à disserter pour et contre
l'amitié tendre ? E. Roy qui écrivit une étude sur *La vie et les
œuvres de Charles Sorel* (1891) qui fait encore autorité, avoue sa
perplexité :

> « Voilà donc un Sorel nouveau, précieux et secrétaire des
> précieux, mais qui n'a rien perdu ni de son esprit narquois,
> ni de ses qualités d'observateur. » (68)

Il y a là un mystère que jamais l'influence des Précieuses n'a
pu élucider.

Le plus souvent les commentateurs n'ont d'autre ressource que
de supposer que, malgré les assauts dont elle est l'objet, la Préciosité ne désarme pas et continue à imprégner les meilleurs esprits qui ne parviennent jamais à s'affranchir de son influence
même après l'avoir solennellement reniée. C'est la conclusion
désabusée à laquelle s'arrête E. Roy :

> « Même les écrivains les plus sobres, comme La Rochefou-
> cauld et Mme de Lafayette, ceux qui se flattent le mieux
> « d'avoir renoncé aux fleurettes », dès qu'ils plaisantent, dès
> qu'ils sourient, sont désarmés contre la métaphore et retombent
> dans leur ancien défaut. » (69)

La préciosité serait donc partout et nulle part, toujours vaincue
mais perpétuellement renaissante, frappée d'impuissance et d'indignité et cependant capable, à doses homéopathiques, d'une influence bénéfique qui se reconnaît jusque dans les chefs-d'œuvre
incontestés du temps. C'est le bilan que dresse dans sa conclusion
l'un de ses derniers historiens, R. Lathuillère :

> « (...) il a fallu invoquer à son sujet Honoré d'Urfé, Guez
> de Balzac, Corneille et Voiture. Nulle part on n'a vu qu'elle ait
> dénaturé leur héritage, même si elle ne l'a pas recueilli tout
> entier. Après elle, elle a laissé des traces profondes chez Mo-
> lière, quelques critiques qu'il en ait faites, La Fontaine et
> Racine. Elle nourrit les réflexions du chevalier de Méré, les
> remarques grammaticales du P. Bouhours, elle pénètre l'atmos-

---

(67) U.V. CHATELAIN, *Le Surintendant Nicolas Foucquet, protecteur des lettres, des arts
et des sciences*, Paris, 1905, p. 478.
(68) E. ROY, *op. cit.*, chapitre IX « Sorel écrivain précieux », p. 239.
(69) *Ibidem*, p. 306-307.

phère romanesque et la psychologie amoureuse de la *Princesse
de Clèves*, elle marque de son empreinte les *Maximes* de La
Rochefoucauld (...) ; elle n'est pas étrangère à la naissance
et au succès d'un genre nouveau comme l'opéra. » (70)

Il est difficile de sauvegarder la cohérence d'une notion irrémédiablement contradictoire. Tout l'édifice repose sur une confusion
à deux degrés. La première erreur est d'imputer aux Précieuses un
rôle et une influence qu'elles n'ont jamais eus pour la bonne et
simple raison que tout en elles est problématique, y compris leur
existence historique. La seconde, qui découle de la première, consiste à accabler l'ironie galante sous le poids des ridicules conjugués du féminisme « précieux » et de la sentimentalité « tendre ».
Au bout du compte les écrivains galants se retrouvent victimes de
leur propre invention et connaissent la banale mésaventure de l'ap-
prenti sorcier. L'injustice est écrasante : ceux-là même qui ten-
taient, et en particulier dans le domaine de l'expression de l'amour,
de se libérer de l'emprise d'une tradition moribonde sont soup-
çonnés d'avoir voulu prolonger ce que précisément ils travaillaient
à détruire. C'est l'esprit même de la galanterie qui est alors méconnu.

Ceci dit, les incertitudes qui ont fait naître l'idée d'une « crise
précieuse » aux alentours de 1660 sont très réelles ; c'est l'interprétation qui est en cause et non la matérialité des faits. Les
excès, le plus souvent humoristiques, de certaines facéties galantes
ont été à tort compris comme relevant de l'inconscience ridicule
des « précieux ». Mais le style enjoué peut être critiqué ou cari-
caturé sans que l'enjouement lui-même soit condamné ; relever
quelques mauvaises plaisanteries et rire de leurs auteurs ne signifie
pas que toute plaisanterie doive être proscrite. Dans une littérature
où l'esprit est l'unique critère de jugement, aucune loi ne permet
de décider à tout coup de ce qui est bon et de ce qui est mauvais.
Il n'y a pas deux manières de concevoir la littérature, mais seulement une pratique qui n'est pas toujours conforme à certains
principes, de bons et de mauvais amuseurs entre lesquels il est
souvent délicat de faire la différence, car rien ne se ressemble plus
qu'une facétie ridicule et une bagatelle agréable. Le débat est intérieur à la littérature galante et la distinction entre le bon et le
mauvais goût reste une affaire de circonstances et de nuances
souvent infinitésimales.

Si la « préciosité » est bien pour la société mondaine une
maladie endémique, ce n'est pas un virus susceptible d'être isolé.

(70) R. Lathuillère, *op. cit.*, p. 677.

La pratique du style « précieux », qu'il vaudrait mieux nommer
« enjoué » selon le terme de l'époque, comme la critique des
outrances du bel esprit font indissociablement partie de la civilisation galante. L'esprit galant sait prendre un certain recul par
rapport aux faiblesses de ses propres productions. Mais pas plus
que se moquer d'un mauvais madrigal n'engage à ne plus écrire
de madrigaux, pas davantage aimer les madrigaux, fussent-ils
mauvais, n'interdit de rire au spectacle d'un madrigalier ridicule.

C'est pourquoi la comédie moliéresque montre si souvent à des
spectateurs qui peuvent rire de bon cœur, des auteurs grotesques
et pourtant assez semblables à ceux dont ils apprécient les œuvres.
Molière convie son public à un jeu subtil qui consiste à distinguer,
dans le domaine infiniment délicat des jeux de l'esprit, le vrai du
faux, l'authentique de l'inauthentique. Mais en ces matières le
pire est souvent proche du meilleur et l'hésitation est souvent
permise tant est incertaine et mouvante la frontière qui sépare
l'esprit de la sottise. Grimarest rapporte qu'à la première représentation du *Misanthrope* (1666) les courtisans faillirent commettre
sur le sonnet d'Oronte une impardonnable erreur :

> « Je pourrois rappeler qu'ils [les courtisans] avoient été
> auparavant surpris par le sonnet du *Misanthrope* : à la première
> lecture ils en furent saisis ; ils le trouvèrent admirable ; ce ne
> furent qu'exclamations. Et peu s'en fallut qu'ils ne trouvassent
> fort mauvais que le Misanthrope fit voir que ce sonnet étoit
> détestable. » (71)

La bévue était excusable dans la mesure où la fatuité d'Oronte
est encore beaucoup plus risible que son sonnet. Si Molière fait
pencher la balance en faveur des critiques mausades d'Alceste, il
n'est pas nécessaire d'imaginer qu'il ait eu contre le bel esprit une
haine particulière ; en amusant ses contemporains de la platitude
du sonnet il ne fait que son office d'auteur comique qui est de
leur présenter la caricature plaisante de leur propre mode de
vie. Mais il le fait sans arrière-pensée et sans vouloir la disparition
de la poésie légère, ce qui serait une vision tout juste digne d'un
misanthrope. L'esprit peut, sans se renier, se moquer de lui-même
car le véritable esprit est aussi inaccessible à la satire que l'étaient
les véritables précieuses dont parle la préface des *Précieuses
ridicules*.

Loin d'être une réalité vivante, la « préciosité » n'est qu'un
accident et une œuvre ne mérite le qualificatif de « précieuse » que

---

(71) GRIMAREST, *La Vie de M. de Molière* (1705), p. p. G. Mongrédien, M. Brient, 1955,
p. 114-115.

du jour où elle est désavouée par ceux-là mêmes qui l'avaient jusqu'alors admirée. La seule définition possible de la notion est négative : elle désigne les laissés-pour-compte de la littérature galante. L'affaire des deux poèmes de l'abbé Cotin reproduits à la scène 2 de l'acte III des *Femmes savantes* (1672) illustre assez bien le processus de dégradation qui est à l'origine du prétendu mauvais goût précieux. L'abbé Cotin, auteur à succès et esprit au demeurant estimable en dépit de la piètre qualité de certains de ses jeux de mots, avait publié dans ses *Œuvres galantes* (1663) l'épigramme et le sonnet que récite Trissotin (72). Sur la qualité de l'épigramme et de sa pointe finale

> « Ne dis plus qu'il est amarante,
>   Dis plutôt qu'il est de ma rente »,

l'auteur éprouvait déjà certains doutes puisqu'il écrit dans « l'avis au lecteur » :

> « En faveur des Grecs et des Latins, et de quelques-uns de nos Français qui affectent ces rencontres de mots quoyque froides, j'ay fait grâce à cette épigramme. »

Molière, qui avait sans doute contre l'abbé des griefs personnels, transforme ces pièces médiocres en faux chefs-d'œuvre. C'est assez pour cela de supposer qu'elles sont dites par un cuistre et accueillies par Philaminte comme des merveilles poétiques ; le plus comique de l'affaire est en effet la diction emphatique de Trissotin et l'enthousiasme délirant des femmes savantes qui se pâment après chaque hémistiche, car c'est toujours le sérieux intempestif qui fait le ridicule. Sans doute l'animosité de Molière contre l'abbé Cotin n'explique pas tout ; il y a eu, entre 1655, date probable de la composition des deux poèmes, et 1672, une évolution du goût que l'auteur lui-même semble avoir pressentie. Mais si l'abbé Cotin est ainsi devenu pour la postérité un écrivain « précieux », c'est à son corps défendant. On pourrait donc parler d'œuvres « précieuses » lorsqu'elles sont rejetées par le public auquel elles étaient destinées, mais non d'écrivains « précieux », sauf à propos de ceux qui auraient été la risée de leurs lecteurs, mais ce ne fut pas le cas, de leur vivant, pour les auteurs à succès qui figurent aujourd'hui dans toutes les anthologies de la Préciosité. En tout, seul l'excès est précieux et à chaque qualité potentielle correspond un défaut imputable à la « préciosité » ainsi que le constate l'abbé

---

(72) Abbé COTIN, *Œuvres galantes*, p. 386-387 et 443-444.

Cotin lui-même dans une lettre qu'il adresse, comble d'ironie involontaire, « A une fausse Prétieuse ». Rien ne saurait trouver grâce aux yeux de cette exigeante créature :

> « Vous estes si délicate, que l'on ne sçait comment vous écrire. Si le style est magnifique et pompeux, vous le traittez de galimatias ; s'il est sçavant, de pédanterie ; s'il est bas, il est au-dessous de votre grandeur ; s'il est enjoüé, sa trop grande familiarité vous offense (...). » (73)

Cette fausse précieuse définit fort justement la préciosité par l'échec : serait « précieux » un style qui ne parvient pas à éviter les défauts caractéristiques du registre d'expression auquel il appartient. Il peut donc exister une « préciosité » de fait, mais non d'intention, à moins de supposer une volonté délibérée de heurter les lecteurs qui n'est guère dans la mentalité des gens de lettres du temps, toujours si attentifs à plaire ; être « précieux » ne peut jamais être une attitude consciente, tout au plus le résultat d'une erreur involontaire ou le plus souvent l'effet de l'usure du temps et d'un renouvellement des modes.

C'est pourquoi l'on serait bien en peine de nommer des théoriciens de la Préciosité ; ceux que l'on considère d'habitude comme les écrivains les plus typiquement « précieux » ont sur la littérature des opinions que Boileau lui-même ne pourrait blâmer. Tous condamnent avec une belle unanimité les pointes, le galimatias et prônent avec une apparente inconscience la simplicité et le naturel. On a déjà souvent remarqué que les idées de Mlle de Scudéry en ce domaine étaient parfaitement orthodoxes bien qu'elle ait été longtemps considérée comme le modèle même de la Précieuse. Mais ceux qui auraient le plus à se faire pardonner font preuve d'un zèle encore plus étonnant. Montreuil, qui débite si joliment les fleurettes les plus alambiquées, reproche à une dame de sa connaissance de s'exprimer de manière à ne plus être entendue et lui prodigue des conseils d'une sagesse exemplaire (74). Le plus piquant est bien sûr de lire les mêmes conseils sous la plume de Le Pays ; car le galant contrôleur des gabelles est aussi un défenseur patenté du bon goût. Il trace dans ses *Amitiez, Amours et Amourettes* le portrait d'un « précieux » qui ressemble à s'y méprendre à l'image que nous nous faisons aujourd'hui de l'auteur lui-même au travers du prisme déformant de la notion de Préciosité :

---

(73) Abbé Cotin, *Œuvres galantes*, p. 157.
(74) Montreuil, *Œuvres*, de Luyne, 1666, p. 115-116.

« Lorsqu'il dit quelque chose, il seroit bien mary de la dire selon l'usage commun. Comme il est plus habile que le vulgaire, il affecte de ne point le suivre dans son langage. Il recherche les grands mots et les expressions extraordinaires ; il use toujours de métaphores : jamais il n'appelle rien par son nom et jamais on ne l'a entendu parler comme les autres. Cependant, Madame, il n'est rien qui chosque tant l'esprit des honnêtes gens que cette singularité. Un homme qui ne parle pas comme les autres, paroist aussi ridicule qu'un homme qui n'est pas vestu à la mode. A la ville on porte présentement des habits tout unis et l'on ne voist paroistre la broderie que sur le théâtre. Si vostre parent vouloit aussi parler uni parmi nous, s'il vouloit enfin estre un peu moins précieux, il seroit plus généralement estimé. » (75)

Le Pays, galant homme s'il en fut, ne se voit pas « précieux » et se croit au contraire fondé à parler au nom de la simplicité et de l'honnêteté. Plus tard, dans ses *Nouvelles œuvres* (1672), il adresse à un jeune confrère auteur de deux sonnets sur le mariage du comte du Bouchage des reproches véhéments, toujours au nom de la raison. Voici en quels termes il commente ce vers malheureux « Et ces fleurs et ces feux formeront leur couronne » :

« Sans mentir, vous este un rare faiseur de couronnes ! En lisant les poètes, j'ay veu des couronnes de toutes sortes de matières sans y avoir veu celle que vous avez employée. J'en ay veu de laurier sur la teste des empereurs, de chesne sur celle des citoyens romains, d'olivier sur la teste d'Aristophane, et de pampre sur celle de Bacchus et des Ménades ; j'en ay veu d'or sur la teste d'Apollon, d'argent sur celle de sa sœur, et de pierreries sur celle de beaucoup de princes : mais vous este le premier chez qui j'ay veu des couronnes de feu. Croyez-vous en bonne foy, que vos deux mariez vous sachent bon gré de vostre couronne ? Hé quoy ! du feu sur la perruque de l'amant ! du feu sur le front de l'amante ! Passe encore pour la perruque (...). » (76)

C'est à peu près la scène du sonnet d'Oronte, mais le rôle d'Alceste est tenu par un auteur qui a toujours passé pour le parangon du bel esprit « précieux ».

La préciosité littéraire ne correspond à aucune vérité historique qu'il soit possible de définir ; c'est une notion fluctuante qui ne peut guère que servir à fonder des jugements de valeur toujours

(75) Le Pays, *Amitiez, Amours et Amourettes*, Sercy, 1664, livre III, lettre 29.
(76) Le Pays, *Nouvelles œuvres* (1672), Amsterdam, 1677, p. 167 et sq.

révocables. Vulgarisée à partir du milieu du XIXᵉ siècle, au moment
où l'histoire littéraire commence à supplanter la critique norma-
tive, elle procède à la fois de ces deux modes de pensée. Il est
même à craindre qu'elle ait eu pour première raison d'être de
faire avaliser une norme par l'histoire. L'interprétation la plus
générale et la plus objective que l'on puisse tenter de donner du
concept de Préciosité est de le considérer comme le support d'un
sentiment d'étrangeté : le « précieux », c'est encore et toujours
l'autre, celui qui se distingue fâcheusement et cultive une originalité de mauvais aloi. D. Mornet avait émis sur le problème
une hypothèse ingénieuse, probablement inexacte mais cependant
pleine d'intérêt ; il analyse le phénomène précieux en 1660 comme
un décalage chronologique qui permet à une génération de se
moquer de ce qui plaisait à la précédente (77). Ainsi la préciosité
ridicule selon Molière ou Somaize serait en réalité la préciosité
authentique des débuts du siècle et il suffirait pour caricaturer le
langage « précieux » de reproduire ce que l'on pouvait lire chez
Nervèze ou des Escuteaux. D. Mornet distingue donc une ancienne
préciosité, ridicule et outrée, et une nouvelle préciosité par certains côtés déjà raisonnable et qui pêche surtout par un trop
grand souci de plaire. Sans ouvrir une discussion sur les rapports
entre préciosité et baroque, il suffit de noter ce que l'intuition de
D. Mornet a de juste lorsqu'il explique la Préciosité par le recul
du temps et la relativité des goûts. En ce sens tout ce qui est démodé est en passe de devenir « précieux » et lorsque l'on cherche
à définir la « préciosité », on est tout naturellement porté à en
chercher des exemples dans la littérature antérieure. Cette tendance est aussi vieille que la Préciosité elle-même. Lorsque Somaize décide de ne plus donner dans son second *Dictionnaire*
aucun échantillon du langage précieux sans indiquer l'auteur de
la phrase incriminée, il puise un bon nombre de ses références
parmi les auteurs de la génération précédente ; au tableau d'honneur de son florilège figurent Balzac, Le Vert, le P. Lemoyne, La
Mesnardière, Chapelain, à côté, il est vrai, d'écrivains alors à l'apogée de leur gloire comme Mlle de Scudéry ou Pierre et Thomas
Corneille (78). De même Furetière dans sa *Nouvelle allégorique*
(1658) pour former les troupes qui vont affronter l'armée de la
princesse Rhétorique, reine du royaume d'Eloquence, est obligé
de recourir à la vieille garde et d'enrôler précisément Nervèze et

---

(77) D. MORNET, *Histoire de la littérature française classique*, 3ᵉ éd., A. Colin, 1947, p. 24-45,
« Particulièrement de la Préciosité ».
(78) Voici le palmarès des auteurs « précieux » d'après le second *Dictionnaire* de
Somaize : Balzac est cité 9 fois, Le Vert 8 fois, P. Corneille 8 fois, Mlle de Scudéry 8 fois,
Chapelain 4 fois, le P. Lemoyne, 4 fois, de La Mesnardière 4 fois, Robinet, Brébeuf, Th.
Corneille et La Calprenède 3 fois chacun, etc...

des Escuteaux sous la bannière de Galimatias (79). Les « diseurs de phébus » semblent toujours d'un autre âge ainsi que le dit Montreuil dans l'une de ses chansons :

> « Sous Clovis ce beau langage
> Peut-estre auroit réüssi,
> Mais il n'est plus en usage
> Dans ce pauvre siècle-cy.
> Hélas ! que c'est grand dommage
> Qu'on ne parle plus ainsi. » (80)

Encore faut-il être Montreuil « le fou » pour regretter ainsi le galimatias.

C'est une distorsion chronologique de cet ordre qui, dès les dernières années du XVIIᵉ siècle, rejettera toute la littérature galante, Voiture y compris, dans les limbes du mauvais goût « précieux ». Comme le suggère très bien le passage déjà cité du *Menagiana,* les survivants des brillants débuts du règne découvrent avec étonnement et quelque mauvaise humeur une évolution irréversible qui condamne ce qu'ils avaient autrefois, comme tout le monde, admiré. Pour se justifier et aussi pour donner de leur temps une image plus favorable ils ont récrit l'histoire à leur manière et détourné de son sens primitif la fable des Précieuses. On ne peut s'empêcher de penser qu'à partir du XIXᵉ siècle beaucoup d'historiens de la Préciosité ont cédé à des sentiments analogues ; désolés de constater que tout dans la littérature louis-quatorzienne ne correspondait pas au modèle idéal qu'ils se faisaient du classicisme, ils ont cherché à rendre compte de ces imperfections en les imputant à une influence étrangère et pernicieuse, celle de la Préciosité. Faute de comprendre à quel point ce siècle en certains de ses aspects nous est devenu étranger, ils ont adopté cette explication séduisante ; des trésors d'ingéniosité ont été dépensés pour justifier historiquement cette interprétation, tâche évidemment impossible puisqu'il s'agissait d'accorder avec les faits ce qui n'avait jamais été qu'un mythe. C'est alors que l'on comprend mieux ce que les Précieuses peuvent avoir malgré tout de commun avec la Préciosité. Elles avaient symbolisé pour leur temps un certain nombre d'erreurs, outrances féministes, sentimentalité platonique, raffinement de langage poussé jusqu'au jargon, et elles incarnaient à peu près tout ce que pouvait haïr

---

(79) FURETIÈRE, *Nouvelle allégorique...* (1658), p. p. E. van Genneken, Minard et Droz (T.L.F), 1967.
(80) MONTREUIL, *Œuvres,* de Luyne, 1666, p. 477.

la génération galante. L'ironie de l'histoire a ensuite métamorphosé les ennemis des Précieuses en « précieux » ; mais, en dépit de ce singulier chassé-croisé, l'épithète avait conservé une signification analogue. Après avoir été le purgatoire des femmes, la Préciosité est devenue l'enfer des mauvais écrivains.

LE CREPUSCULE DE LA GALANTERIE : 1675-1700

I — *La mise en place d'un nouveau décor.*

En son sens étroit, la galanterie est un mode de représentation de l'amour caractérisé par une attitude ironique envers les dogmes de la courtoisie romanesque ; plus généralement, c'est l'art de vivre qui, pendant quelque vingt ans, entre 1650 et 1670, semble avoir prévalu dans la société aristocratique et mondaine. Si l'on cherche à situer ce moment d'histoire de la sensibilité dans une perspective historique plus large, il apparaît comme l'héritier abusif d'une tradition qu'il prolonge tout en la contestant. Le galant homme est à la fois le contempteur et le successeur des bergers de l'*Astrée*. L'incertitude de ses fondements doctrinaux et les tensions internes qu'explique assez sa nature ambiguë font que l'équilibre galant est, par définition, instable. Le même public qui se délectait des calembredaines de Le Pays, fit aux *Lettres portugaises* (1669) l'accueil que l'on sait. Le contraste est surprenant bien qu'il soit dans la logique de l'esprit galant d'applaudir aux jeux les plus artificieux et de s'extasier devant la sincérité, vraie ou feinte. En ce sens, la galanterie avait déjà largement contribué à ébranler les fondements du système qu'elle continuait à utiliser et ne cessait du même coup de travailler à sa propre ruine. Dès lors il semblerait, en toute rigueur, que la parenthèse galante ne puisse s'achever que de deux manières, soit par le retour au sérieux de la tradition romanesque, soit par un naufrage général où disparaîtraient en même temps le « tendre » et le « galant » ainsi que leurs communes présuppositions sur la nature de l'amour et le sens de l'existence. A la lumière des faits et des textes, ces deux hypothèses en apparence contradictoires apparaîtront successivement comme vraies ; le sérieux romanesque semble d'abord prendre une tardive revanche sur l'enjouement galant, mais assez vite il se révèle que c'est l'ensemble du système qui est en crise et que de cette crise vont résulter des changements importants et quelques abandons définitifs.

Vouloir assigner à chacune de ces phases un commencement et une fin nettement marqués dans le temps est une entreprise arbitraire ; il est impossible, sans aller à l'encontre de l'implacable continuité des faits de civilisation, de décider que la galanterie amoureuse est apparue, puis a disparu, momentanément ou définitivement, à tel moment précis de l'histoire. On ne peut cependant nier l'évidence du changement : entre les années 1660 et les années 1680, le climat de la vie mondaine s'est profondément modifié, mais pour apercevoir cette évolution, il faut prendre un certain recul. L'homme du monde qui, à l'exemple du Rip van Winkle de la légende américaine, se serait endormi en 1665 pour ne s'éveiller que vingt ans plus tard, aurait eu la surprise de rouvrir les yeux sur une société assez différente et d'y jouer un curieux personnage tant ce qui était auparavant de bon ton est devenu étrange et archaïque. C'est à peu près la mésaventure que vécut le marquis de Vardes, l'un des brillants représentants de la génération galante (1), lorsqu'après un exil de 18 ans à Montpellier, le Roi le rappela inopinément à la cour le 26 Mars 1683. Ce revenant fait à Versailles une rentrée remarquée dont Mme de Sévigné a laissé un plaisant compte rendu :

> « Enfin il arriva samedi matin avec une tête unique en son espèce, et un vieux justaucorps à brevet comme on le portoit en 1663. Le Roi fit appeler Monsieur le Dauphin, et le présenta comme un jeune courtisan ; M. de Vardes le reconnut et le salua ; le Roi lui dit en riant : « Vardes, voilà une sottise, vous savez bien qu'on ne salue personne devant moi. « M. de Vardes du même ton : « Sire, je ne sais plus rien, j'ai tout oublié, il faut que Votre Majesté me pardonne jusqu'à trente sottises. — Eh bien ! je le veux, dit le Roi, reste à vingt-neuf. « Ensuite le Roi se moqua de son justaucorps. M. de Vardes lui dit : « Sire, quand on est assez misérable pour être éloigné de vous, non-seulement on est malheureux, mais on est ridicule. » (2)

Sans doute Vardes est-il assez intelligent pour comprendre

---

(1) François René du Bec-Crespin, marquis de Vardes (1621-1688).
(2) Mme DE SÉVIGNÉ, *Lettres*, t. II, p. 938-939.

le parti qu'il peut tirer de la situation et pour faire sa cour en feignant d'être plus dépaysé qu'il n'est en réalité. Néanmoins tout en lui est d'un autre âge : sa personne, ses manières et son accoutrement. Le ridicule du justaucorps à brevet est le signe révélateur de différences plus subtiles mais plus importantes.

Vingt ans ont donc suffi pour que s'accomplisse, du moins à la cour, un changement d'atmosphère qui rend la société mondaine de 1660 comme étrangère à celle de 1680. Primi Visconti qui découvre dès 1673 une France aristocratique certainement très différente de celle dont l'image s'était répandue en Italie, consigne dans ses *Mémoires* pour l'année 1680 cette remarque significative :

> « Tous ceux qui viennent en France à présent et qui y ont été il y a vingt ans, restent stupéfaits ; il semble que ce ne soit plus la même nation. Alors c'était partout bals, festins, banquets, concerts (...) A présent chacun vit retiré, aucune dépense, aucun argent, peu de paroles, peu de gens s'amusent. et encore il y faut de la circonspection, particulièrement à la cour. Les débauches, les mauvais lieux, l'ivrognerie, les costumes indécents, les vices et jusqu'aux paroles obscènes perdent un homme auprès du Roi. » (3)

L'aristocratie de la cour a perdu le joyeux dynamisme qu'elle arborait naguère, pour sombrer dans la morosité. Les uns s'en félicitent, comme Mme de Maintenon qui applaudit à cette revanche tardive d'une vertu bien négligée au début du règne et croit pouvoir attribuer cette métamorphose à l'intercession de feue la Reine :

> « Je crois que la reine a demandé à Dieu la conversion de toute la cour ; celle du roi est admirable, et les dames qui en paroissoient les plus éloignées ne partent plus des églises (...). Les simples dimanches sont comme autrefois les jours de Pâques. »

écrit-elle à Mme de Brinon le 28 Septembre 1683 (4).

Quelle que soit par ailleurs la sincérité des mobiles, l'ordre moral des années 1680 n'en suscite pas moins à la cour un style de vie assez nouveau et tout à fait incompatible avec l'éthique galante. L'étiquette y est de plus en plus guindée et solennelle ; le temps n'est plus des grandes fê:tes du début du règne et le Roi lui-même prendra bientôt l'habitude de se réfugier à Marly pour échapper à l'ennui auquel il s'est lui-même condamné.

---

(3) PRIMI VISCONTI, *Mémoires sur la cour de Louis XIV*, Calmann-Lévy, 1909, p. 300-301.
(4) Mme DE MAINTENON, *Correspondance générale*, Charpentier, 1865, t. II, p. 325-326.

Certaines manières d'être, jusqu'alors « naturelles », sont devenues inconvenantes ; c'est ainsi qu'il est incongru de manifester trop ouvertement sa joie de vivre. Incidemment, Mme de Sévigné note en 1676 à propos de la jeune duchesse de Sault :

> « Elle est fort aise d'être contente et cela répand une joie un peu excessive sur toutes ses actions, et qui n'est plus de mode à la cour, où chacun a ses tribulations, et où l'on ne rit plus depuis plusieurs années. » (5)

Or il en est de l'amour, et notamment de l'amour inconstant, comme de la joie de vivre : en des temps où la gravité est plus que jamais de rigueur, sa joyeuse insouciance a cessé de plaire. Le galant homme avec ses multiples conquêtes glisse doucement vers le ridicule et ne tarde pas à devenir, en 1686, sous la dénomination d' « homme à bonnes fortunes », un personnage de comédie (6). Quant à ceux qui, comme le duc de Lesdiguières, voudraient en 1677 jouer encore les Don Juan, personne ne les prend au sérieux :

> « (...) à vrai dire Lesdiguières était un grand héros pour les femmes, il les courtisait toutes et, comme c'était un grand seigneur, presque toutes consentaient à l'accepter pour amant, mais il ne poussait jamais ses fortunes jusqu'au bout. Pourtant, il mettait tout en œuvre pour se faire prendre pour un grand coureur d'aventures, se faisant porter des lettres par des hommes habillés en gris ; je le surpris ainsi un jour en train de lire attentivement une lettre dans la cour de Saint-Germain et je m'aperçus que cette lettre était de sa femme (...). » (7)

Les canons du comportement masculin ont évolué. Certes il subsiste encore des vestiges des habitudes anciennes ; certains personnages ont conservé les manières de leur jeunesse, mais ils paraissent maintenant étranges lorsqu'ils continuent à témoigner de ce que fut autrefois le parfait galant homme. Pour Primi Visconti, le duc de Saint-Aignan est l'un de ces fossiles vivants que l'on peut encore observer à la cour :

> « Malgré son âge, il a gardé des façons de jeune homme ; il

---

(5) Mme DE SÉVIGNÉ, *Lettres*, t. II, p. 125.
(6) Sous le titre *L'homme à bonnes fortunes*, Baron fait représenter le 31 janvier 1686 une comédie dont le héros joue un assez piètre personnage. Dans le même esprit, DANCOURT donne en 1687 *Le Chevalier à la mode* et REGNARD, en 1690, *Arlequin, homme à bonnes fortunes*.
(7) PRIMI VISCONTI, *Mémoires*, année 1677, p. 183-184.

ressemble à un chevalier errant, alerte, galant, poète, bretteur
(...). Il y a, en France, quantité de ces vieillards bizarres
(...). » (8)

Pourtant ce curieux vieillard était dix ans plus tôt le grand
organisateur des plaisirs royaux. Un peu plus tard, Saint-Simon
notera également comme une curiosité les manières qu'avait conservées Lauzun et, en particulier, sa façon à la fois hardie et
respectueuse d'en user avec les femmes :

> « impudent au dernier point avec les femmes jusqu'à la
> dernière vieillesse, et cela sous le voile d'une politesse de
> l'ancienne cour, et de ces politesses discernées et distinguées
> qu'on ne connaît plus. » (9)

A chaque fois, c'est bien la galanterie qui est en cause ; sans
qu'il soit possible de faire toujours la part des faits et des
impressions, il est évident qu'à partir de 1675 environ, l'aristocratie de cour a modifié ses comportements dans un sens qui ne lui
est guère favorable. Le brio et les airs conquérants ne sont plus de
mise ; le changement se traduit jusque dans le vêtement qui
devient plus sobre. Dans une lettre de 1676 à la duchesse de
Mazarin, Saint-Evremond raconte une anecdote significative ; au
cours de son exil en Hollande, c'est-à-dire entre 1665 et 1670, le
comte de Guiche, autre représentant de la génération galante, s'est
trouvé engagé, contre son frère cadet le comte de Louvigny, dans
une singulière compétition vestimentaire. Désireux de plaire aux
dames, ils s'y efforcèrent chacun à sa manière :

> « Le comte de Guiche se distingua par beaucoup de sin-
> gularités. Il portoit une aigrette à son chapeau, et une boucle
> de diamant qu'il eût souhaité plus gros, pour cette occasion,
> tenoit le chapeau retroussé. Il avoit au col du point de Venise,
> qui n'étoit ni cravate ni collet ; c'étoit une espèce de petite
> fraise qui pouvoit contenter l'inclination qu'il avoit prise pour
> la golille à Madrid (...). Du chapeau jusqu'à la veste, la bizarria
> de l'Amirante avoit tout réglé (...).
>
> M. de Louvigny arriva. Il avoit un habit noir tout simple,
> et de beau linge faisoit sa parure : mais on lui voyait la plus
> belle tête du monde, le plus agréable visage et le meilleur air.
> Sa modestie insinuait le mérite de ses qualités : les femmes
> étoient touchées ; il plaisoit aux hommes. » (10)

---

(8) Primi Visconti, *Mémoires*, année 1674, p. 80.
(9) Saint-Simon, *Mémoires*, t. XLI, p. 239 et sq.
(10) Saint-Evremond, *Œuvres mêlées*, t. III, p. 167-169.

La Bruyère le dira quelques années plus tard dans son style définitif et lapidaire :

« Le courtisan autrefois avait ses cheveux, était en chausses en pourpoint, portait de larges canons, et il était libertin. Cela ne sied plus : il porte perruque, l'habit serré, le bas uni, et il est dévot : tout se règle par la mode. » (11)

A la cour tout au moins, un nouveau décor a remplacé les fastes un peu désordonnés de l'âge galant.

II — *Le retour à l'héroïque.*

Dans un premier temps, la décadence de la galanterie ironique rend quelque lustre à l'ancienne idéologie « tendre » et s'accompagne d'un net retour à l'héroïque. Tout se passe comme si trop d'enjouement avait fini par lasser au point que l'on aspire à revenir aux sources de la courtoisie sérieuse et romanesque. Mais ce renouveau superficiel dissimule en fait une crise beaucoup plus grave du système de représentation de l'amour qui rend éphémère cette tentation de retrouver le modèle primitif. Toujours est-il qu'à partir de 1680 la tradition romanesque connaît un regain de faveur qui se manifeste par une série de signes convergents. Il est déjà symptomatique que l'on s'intéresse beaucoup aux usages et aux cérémonies de l'antique courtoisie. Le 7 Août 1676, a lieu la première représentation d'une pièce à grand spectacle de Th. Corneille, *Le Triomphe des dames* ; la pièce, qui comporte la reconstitution d'un tournoi à pied selon la plus pure tradition courtoise, fut très goûtée du public. A la date de Juin 1685, le marquis de Sourches donne dans ses *Mémoires* le compte rendu détaillé d'un grand carrousel qui, deux jours durant, retint l'attention des courtisans. Sur un thème emprunté aux *Guerres civiles de Grenade* de Perez de Hita, les Abencérages conduits par Mgr le Dauphin affrontèrent íes Zégris menés par le duc de Bourgogne ; il y eut des courses de têtes, des combats fictifs, mais aussi des devises et de multiples attentions pour les dames conformément à l'esprit de ces divertissements où le sport et la courtoisie amoureuse se mêlent dans une même fête aristocratique (12).

---

(11) LA BRUYÈRE, *Les Caractères*, « de la Mode », § 16.
(12) SOURCHES, *Mémoires*, Paris, 1882-1893, t. I, p. 227 et sq. (Juin 1685).

Mme de Lafayette sacrifie également à cette mode en introduisant dans *La Princesse de Clèves* (1678) un épisode de ce genre.

Ce revirement est tout aussi sensible dans le domaine de la littérature. Présentant dans le *Mercure Galant* (Septembre 1687) une nouvelle de Catherine Bernard, Fontenelle prophétise un retour de la mode des romans et constate, non sans quelque surprise ironique, ce revirement inattendu de la mentalité mondaine :

> « Que donneriez-vous, Madame, à un homme qui vous apprendroit que selon les apparences le goût des romans va se rétablir ? (...) Nous nous imaginons que le siècle avoit perdu ce goût-là (...). » (13)

D'autre part, confirmation plaisante et prosaïque, une note des Manuscrits Tralage nous apprend que les *Amadis de Gaule*, après avoir encombré les boutiques des libraires, sont devenus brusquement introuvables vers 1685 :

> « Autrefois les Amadis de Gaule étoient très communs ; présentement on a toutes les peines d'en trouver des corps complets, surtout que le goût des anciens romans est devenu à la mode, et que les dames de la cour ont voulu lire ces sortes d'ouvrages, et que l'on a fait les opéras d'Amadis et de Roland (...). » (14)

On se croirait ramené trente ou quarante ans auparavant, aux plus beaux moments des ferveurs romanesques, et même largement au-delà car il y a fort longtemps que les lecteurs aristocratiques dédaignaient les romans de chevalerie. Pour confirmer ce sentiment de retour en arrière, il suffit de relire le livret de l'*Amadis* (1684) de Quinault, le premier des trois opéras « courtois » selon la dernière manière de l'auteur. A la toute dernière scène de l'opéra, on assiste au triomphe des amoureux constants qui réussissent à pénétrer dans la Chambre défendue où l'enchanteur Apollidon retenait prisonniers nombre de héros et d'héroïnes jusqu'à ce qu'ils soient enfin délivrés par les plus fidèles des amants ; c'est en somme une nouvelle version du dénouement triomphal de l'*Astrée* que d'Urfé n'avait point écrit faute de temps ou de conviction. Les mêmes réflexions pourraient s'appliquer au petit roman intitulé *Avanture de Renaud et d'Armide* que Méré fait paraître en 1678.

---

(13) *Œuvres de M. de Fontenelle*, Les libraires associés, 1766, t. XI, p. 227-228 (texte cité par A. NIDERST, *R.H.L.F.*, 1968, p. 153).
(14) Manuscrits Tralage, Bibl. de l'Arsenal, ms 6541, f° 232-233.

Une semblable atmosphère romanesque s'insinue également dans le théâtre tragique de l'époque ; la *Statira* (1680) de Pradon fait songer aux tragédies de Quinault ou plus encore à l'*Alexandre* de Racine aussi bien par le choix du sujet que par le registre sentimental. Ainsi qu'il avait déjà été possible de le constater à propos du problème particulier de la Préciosité et des Précieuses, dès 1680 tout concourt à créer l'illusion que la parenthèse galante est définitivement fermée et que la galanterie n'a été tout compte fait, qu'une maladie accidentelle de la sensibilité, une déviation superficielle et éphémère.

Cependant il ne faudrait pas imaginer que le renouveau de la sensibilité « tendre » signifie un retour pur et simple à l'âge d'or romanesque. L'apparent renouveau des valeurs romanesques pourrait bien n'être que le signe avant-coureur d'une décadence définitive ; c'est toujours, plus ou moins consciemment, le refus du présent qui motive ces efforts pour rendre quelque vie au passé. Dans une célèbre ballade, composée aux environs de 1685, Mme Deshoulières évoque le temps où l'Amour apportait à ses fidèles les calmes béatitudes d'une passion sans histoire ; mais c'est pour constater aussitôt que cette manière d'aimer a pratiquement disparu et sans espoir de retour. La ballade s'achève sur une invitation pressante adressée à l'Amour ; s'il ne remet pas un peu d'ordre dans ses affaires, la civilisation et la « politesse » dont il est le garant, sont en grand péril :

> « ENVOI.
>
> Fils de Vénus, songe à tes intérêts,
> Je voi changer l'encens en camouflets :
> Tout est perdu si ce train continuë.
> Ramène-nous le siècle d'Amadis.
> Il t'est honteux qu'en cour d'attraits pourvuë,
> Où politesse au comble est parvenuë,
> On n'aime plus comme on aimoit jadis. » (15)

Mais les admonestations et les regrets harmonieux sont impuissants à ressusciter le grand rêve aristocratique et mondain de l'union sur la terre de l'amour et du bonheur, utopie que la « révolution » galante avait déjà sérieusement mise à mal.

Ces comparaisons entre le présent et le passé et cet attendrissement rétrospectif marquent la prise de conscience d'une mutation sans doute définitive : la société mondaine, durant la décennie

---

(15) *Poésies de Mme Deshoulières*, Bruxelles, F. Foppens, 1745, t. I, p. 47-48.

1680-1690, constate, non sans désarroi, la déchéance de l'idéal amoureux qui, à travers diverses vicissitudes, avait tout au long du siècle alimenté les rêves des belles âmes. Jusque-là on n'avait pas cessé de croire que l'amour était capable, par-delà des souffrances passagères, de conduire à la félicité ceux et celles que leur naissance et leurs qualités naturelles rendaient capables de surmonter ces épreuves. La galanterie sceptique avait fortement ébranlé l'édifice en refusant de souffrir pour conquérir un bonheur jugé utopique et en substituant à l'efficace des vertus de fidélité et de soumission l'apologie du changement et du plaisir immédiat. C'était la première faille dans l'économie du système : l'Amour commençait à rompre, à ses risques et périls, le pacte qu'il avait autrefois conclu avec la Vertu. Dès lors c'en était fini, du moins dans sa pureté primitive, du vieil idéal aristocratique et du règne de l'Amour glorieux et serein ; poussée jusque dans ses dernières conséquences, l'inconstance galante mène au libertinage et à l'immoralisme et le « mirage galant », en dépit d'indéniables séductions, dissimule à grand peine ses contradictions internes. Mais on ne renonce pas de gaieté de cœur à la flatteuse illusion de concilier l'amour, le bonheur et la vertu, et longtemps encore se perpétue le souvenir nostalgique de l'amour tel qu'on le concevait jadis, aux temps bénis de l'*Astrée*. Ainsi s'explique que l'on ait d'abord cru, ou feint de croire, que l'abandon de la duplicité galante suffisait à garantir le retour d'un âge d'or amoureux, alors que, plus profondément, la décadence de la galanterie mettait en évidence un vide que sa gaieté ironique avait, vaille que vaille et pour un temps, masqué.

III — *Les désordres de l'amour.*

A une date qui se situe autour de 1670, une grande nouveauté tend à s'imposer à la mentalité mondaine avec la découverte de la malignité de l'amour ; après de longues années de confiance aveugle, les gens du monde s'interrogent sur le crédit qu'il convient d'accorder à celui dont ils avaient fait un dieu. Certes jamais les moralistes ou les hommes d'église n'avaient été pleinement convaincus par l'optimisme mondain et ils avaient toujours, à des degrés divers, dénoncé les périls encourus par qui s'abandonne à cette passion. Mais il ne semble pas que l'aristocratie mondaine ait auparavant prêté à leurs remontrances une oreille très attentive ; elle fit aux romans de Mlle de Scudéry un accueil triomphal alors même que les dévots boudaient la très morale doctrine de la « tendre amitié ». Au même titre que la guerre, la chasse ou la danse, la pratique galante de l'amour faisait partie des activités propres à l'existence noble ; elle était devenue inséparable d'un certain mode de vie et pour médire de l'amour vertueux et honnête, il fallait toute la mesquinerie roturière de quelques bigots confits en dévotion. Or si, durant les premières années du règne, les dévots n'avaient pas toujours la partie belle à la cour, ils y tiennent maintenant le haut du pavé ; les historiens de la seconde moitié du règne ont trop parlé de ce retour à l'ordre moral pour qu'il soit utile d'y revenir. Sans qu'il y ait entre ces deux phénomènes concomitants de strict lien de cause à effet, il est à remarquer que ce retour à une religiosité plus austère coïncide avec un changement profond de la conception de l'amour. Il ne s'agit de rien moins que d'imputer à ce dieu jusque-là réputé bienfaisant la responsabilité des plus grands malheurs qui peuvent s'abattre sur l'individu. C'est, pour la société mondaine, une rupture totale avec tous les dogmes reçus, un scandaleux reniement qui a pour seule excuse la brutale évidence enfin reconnue : l'Amour, à qui certains naguère confiaient le soin de régir le monde, ne serait en réalité qu'un redoutable fauteur de troubles. Lorsque Mme de Villedieu fait paraître en 1685 un roman qu'elle intitule *Les Désordres de l'Amour,* elle se croit tenue de s'expliquer des nouveautés que contient cet ouvrage, « leçon fameuse des soins qu'on doit prendre pour combattre les premières impressions de l'amour » selon ses propres termes. Après avoir fait si longtemps l'éloge de l'amour, elle ne pouvait, sans justifications, se livrer à une telle palinodie :

> « Je ne doute point qu'en cet endroit plus d'un lecteur ne dise d'un ton ironique que je n'ai pas toujours parlé de cette sorte, mais c'est sur cela même que je me fonde pour en dire tant de mal, et c'est pour en avoir fait une parfaite expérience que je me trouve autorisée à le peindre avec de si noires couleurs. » (17)

L'expérience de l'erreur permet de la mieux dénoncer ; on ne saurait dénier à Mme de Villedieu le passé de grande pécheresse dont elle se réclame. Mais, par-delà ses expériences personnelles, la « conversion » de Mme de Villedieu signifie que la croyance en la malignité de l'amour est en train de faire dans le public mondain de notables progrès ; l'œuvre de cette romancière à succès donne un reflet assez exact des convictions moyennes de son temps.

(16) Mme DE VILLEDIEU, *Les Désordres de l'Amour,* p. p. M. Cuénin, Droz (T.L.F.) 1970, p. 66.
(17) *Les Désordres de l'Amour,* édition M. Cuénin, p. 118.

Après avoir été, et particulièrement pour les femmes, une puissance tutélaire et bénéfique, l'amour devient un ennemi redoutable et la plus dangereuse cause de perdition. Cette condamnation n'est au demeurant pas exempte de quelque ambiguïté : en un sens, l'attrait qu'exerce la passion risque d'être plutôt renforcé par cet interdit nouveau qui frappe l'amour.

Cette découverte qui semble s'imposer assez brutalement à la conscience collective est, bien évidemment, le résultat d'un lent travail. A l'optimisme romanesque du début du siècle, succède dès 1650, même chez ceux qui comme Mlle de Scudéry semblent encore très attachés à cette orthodoxie amoureuse, une conception plus réticente qui distingue avec soin l'amour de l'amitié pour n'accorder pleine confiance qu'à la seconde ; c'est une première fêlure qui apparaît dans un dogme jusqu'alors intangible, celui de la moralité de la passion amoureuse. Si la nature de l'amitié est conçue comme différente de celle de l'amour, il devient tentant de justifier l'excellence de l'amitié par une condamnation, au moins implicite, de l'amour. Mais lorsque le doute s'est introduit dans un système, il est difficile de s'arrêter en chemin et la doctrine de l'amitié amoureuse ne semblera bientôt plus elle-même qu'un compromis précaire et contestable. Tel est à peu près l'itinéraire spirituel d'une grande dame comme Mme de Sablé qui, au cours de sa longue existence, a parcouru tout le chemin qui mène du platonisme moralisant au « jansénisme » puritain, c'est-à-dire de la foi en l'amour vertueux à la vertueuse dénonciation des désordres de la passion (18). Dans l'entourage de Mme de Sablé, on semblait d'ailleurs tout à fait conscient de cette évolution ; le traité de J. Esprit sur la *Fausseté des vertus humaines* (1677-1678) montre avec clarté les étapes de ce processus de destruction qui sera fatal à la galanterie sous toutes ses formes. En premier lieu, l'auteur proteste avec véhémence contre toute confusion entre l'amour et l'amitié :

> « Peut-on trouver assez étrange un aveuglement qui confond l'amitié avec l'amour et qui attribue à une inclination vertueuse les injustices et les emportemens des passions les plus violentes ; car il n'appartient qu'à l'amour de dévouer entièrement l'homme à la personne qu'il aime, et de lui faire oublier ce qu'il doit à Dieu, à son Roy, à ses parents et à ses amis. »

Cette équivoque une fois levée, la condamnation de la passion amoureuse va pour ainsi dire de soi :

---

(18) Voir N. IVANOFF, *La Marquise de Sablé et son salon*, Les Presses modernes, 1927.

30

> « Cet amour, quelque retenu qu'on le suppose, est une
> passion insensée, violente et emportée, qui par conséquent ne
> peut être honneste. » (19)

Il est évident qu'aucun lecteur de l'*Astrée* n'aurait pu souscrire
à cette déclaration, ni même Mlle de Scudéry, pourtant prévenue
contre la violence de l'amour, mais qui proclamera jusqu'à la fin
de sa vie que « la mesure du mérite se tire de l'étendue du cœur
et de la capacité qu'on a d'aimer ».

Sans doute est-il possible de parvenir aux mêmes conclusions
par d'autres voies et de faire l'économie d'un détour par l'amitié
tendre. Mais ces cheminements divers aboutissent, surtout à partir
de 1670-1680, à une même conclusion qui remet en cause l'éthique
mondaine : l'amour est une passion que sa toute-puissance rend
infiniment dangereuse et qui conduit fatalement à des excès contraires à la raison. Or, entre la raison et l'amour, le choix, bien
que difficile, ne laisse pas d'être clair : la confiance « tendre »
en un amour raisonnable aussi bien d'ailleurs que le projet galant
de rendre la raison amoureuse sont définitivement compromis.
C'est dans ce climat d'incertitude que paraît *La Princesse de Clèves*
(1678) qui est sans aucun doute le plus terrible réquisitoire jamais
prononcé contre la galanterie sous toutes ses formes. Méfiante
envers toute idéalisation de la passion, persuadée qu'aucune expérience amoureuse ne peut échapper à la fatalité de l'inconstance
et néanmoins incapable d'imaginer l'amour autrement que selon
les normes romanesques, Mme de Lafayette confine son héroïne
dans l'attitude la plus négative qui soit : la Princesse de Clèves
est bien revenue de l'optimisme « tendre », elle condamne l'insouciance galante qui ne donne pas aux femmes le beau rôle, et après
ce double refus, elle se trouve logiquement réduite à un troisième,
le refus de vivre. Dans ce roman si souvent lu, on peut découvrir
en filigrane l'histoire de la représentation de l'amour durant les
cinquante années qui ont précédé sa publication. Mais, et cela
surtout importe, cette histoire, vers 1680, s'arrête sur un constat
d'échec.

Cette faillite de la galanterie (le mot étant pris cette fois dans
son sens le plus large englobant toutes les formes de la courtoisie
amoureuse aussi bien « tendres » que proprement « galantes »)
intervient du jour où la société mondaine cesse d'adhérer au vieux
rêve aristocratique qui prétendait, grâce à l'amour, assurer con-
jointement le bonheur des individus et une vie sociale harmonieuse.

---

(19) J. ESPRIT, *La Fausseté des vertus humaines*, Cologne, P. Marteau, 1678, t. I, p. 126
et t. II, p. 89.

D'Urfé avait prudemment situé hors du monde la réalisation de son idéal ; ses successeurs ne firent pas preuve de la même sagesse. De l'utopie platonisante la littérature romanesque avait donné aux alentours de 1650 une nouvelle version qui impliquait la possibilité plus ou moins nettement affirmée de vivre dans le monde l'expérience du parfait amour : dans la mesure où l'amour contribuait à l'épanouissement moral de l'individu, il lui inspirait des sentiments et des actes utiles à la collectivité. Parfois surgissent des difficultés ; certains amants, à l'exemple du Rodrigue de Corneille (1636), éprouvent déjà la tentation de faire passer les intérêts immédiats de leur amour avant leurs devoirs sociaux. Mais, malgré quelques défaillances passagères, les amoureux « tendres » restaient de bons soldats et de loyaux sujets. Parallèlement à cette tradition qui s'affaiblit, la galanterie ironique et enjouée limitait ses ambitons à une recherche égoïste du plaisir et hypothéquait fortement l'équilibre du système en provilégiant les satisfactions individuelles au détriment des intérêts de la communauté. Sauf à tomber dans un libertinage anti-social de type don juanesque, il ne restait d'autre philosophie possible qu'un panérotisme assez vague qui confiait à l'Amour la lourde tâche d'assumer à lui seul l'ordre du monde. C'est l'ambition suprême et le point faible de la galanterie : faute de pouvoir ployer l'Amour aux contraintes du monde, il ne reste plus qu'à soumettre le monde aux volontés de l'Amour. Mais dès 1670, entre la passion amoureuse et le rang qu'il importe de tenir dans la société apparaît une incompatibilité tragique. L'une des significations majeures d'une pièce comme la *Bérénice* (1670) de Racine est d'affirmer l'impossibilité pour Titus de satisfaire en même temps à ses aspirations personnelles au bonheur et à ses devoirs d'état. Il lui faut choisir d'être empereur ou amoureux, à défaut de pouvoir être l'un et l'autre comme les héros de la tradition romanesque ; la « tristesse majestueuse » de la tragédie s'explique pour une bonne part par la découverte de cette limite. Mais ce sont les fondements mêmes de toute entreprise galante qui se dérobent à l'occasion de cette remise en cause du rôle social de l'amour. Le système de représentation de l'amour sur lequel avait jusqu'alors vécu la société aristocratique et mondaine traverse une crise grave.

IV — *La fin de la galanterie amoureuse.*

Cette crise n'échappe pas à la perspicacité des moralistes du temps et de tous ceux qui font de l'observation des mœurs un passe-temps ou un devoir de leur état. Unanimement, ils constatent, le plus souvent pour la déplorer, la disparition de la galanterie amoureuse. Ceux qui appartiennent à la génération précédente mettent volontiers cette décadence au compte de la corruption d'une jeunesse qui confond l'amour avec la débauche et préfère le jeu ou le vin au commerce des dames. Le 18 Mars 1673, Mme de Scudéry écrit à Bussy-Rabutin à propos de la cour :

> « un pays où il n'y a plus de galanterie, rien que de la débauche » (20).

Dans les *Mémoires du comte D.* on lit, pour l'année 1675, cette appréciation désabusée sur la conduite des jeunes gens :

> « Il n'y avait presque plus parmi eux ni politesse ni civilité ; le vin et la débauche étaient devenus leur passion dominante, et, s'ils faisaient quelquefois l'amour, c'était avec des manières si brutales que les femmes les moins délicates avaient de la peine à s'en accommoder. » (21)

Une fois de plus il est bien difficile d'affirmer que ces notations correspondent à une évolution réelle des mœurs, mais il est à peu près certain qu'elles traduisent un vide idéologique : la galanterie disparue, il n'y a plus rien à objecter à cette propension de la jeunesse pour la débauche puisqu'aussi bien il n'existe plus d' « amusements honnêtes » qui permettraient de concilier un appétit naturel de divertissement avec le respect de la mesure et du bon goût. Les observateurs étrangers sont spécialement sensibles aux changements de cet ordre ; ils sont déçus de constater que la cour de France qu'ils imaginaient comme le modèle accompli de la civilisation galante, n'offre pas le spectacle qu'ils en attendaient. Primi Visconti est choqué par un mélange d'hypocrisie et de grossièreté :

> « La mode veut maintenant qu'un courtisan amoureux soit considéré comme ridicule ; les dames autrefois étaient l'objet de soumissions et de révérences, aujourd'hui on marche sur leurs jupes, les pieds pleins de boue ; il est honteux de leur donner la main et rarement on les salue. Ainsi, peu à peu, par la politique du Roi, la Cour devient un couvent de religieux et de religieuses. Je parle de ce que l'on voit à l'extérieur ;

---

(20) Bussy-Rabutin, *Correspondance*, t. II, p. 233.
(21) *Mémoires du Comte D. avant sa retraite*, livre VIII, texte cité par M. Lange, *La Bruyère critique des institutions sociales*, Hachette, 1909, p. 50.

quant au reste Dieu seul le sait et quelque peu seulement les confesseurs. Pour ce qui est du respect envers les dames, il est si faible que j'ai vu beaucoup de gens, et entre autres un certain Langlée, maréchal des logis et à peine gentilhomme, se moucher, se peigner (...) devant des personnes de qualité (...). » (22)

E. Spanheim, tout en se félicitant des progrès accomplis par l'ordre moral, regrette qu'il faille les payer d'un recul de la galanterie :

> « Il n'y a même pas jusques à la galanterie pour les dames, ou à celle des dames mêmes, qui n'y est plus en vogue et en crédit comme elle l'a été de tout temps en la cour de France, et laquelle en servoit même comme de modèle et d'instruction au reste du royaume et aux cours étrangères. » (23)

Tout se passe comme si les courtisans étaient désorientés par la disparition de cet idéal modérateur et s'il ne leur restait plus que le choix entre une austérité plus ou moins hypocrite et le libertinage. Tout le monde se plaît à noter le contraste entre la politesse des mœurs d'autrefois et la muflerie des jeunes gens de la fin du siècle. Comme le dit La Bruyère dans son chapitre « De la Cour » :

> « L'on parle d'une région où les vieillards sont galants, polis et civils ; les jeunes gens au contraire, durs, féroces, sans mœurs ni politesse : ils se trouvent affranchis de la passion des femmes dans un âge où l'on commence ailleurs à la sentir ; ils leur préfèrent des repas, des viandes et des amours ridicules (...). » (24)

Le lieu commun sur la corruption d'une jeunesse abandonnée au jeu, à l'alcool et à l'homosexualité prend à cette époque une signification particulière : il sert à constater la disparition de cette civilisation de l'amour sur laquelle était fondée la vie mondaine. A ce sujet, la marquise de Lambert fera un peu plus tard des réflexions analogues :

> « Il faut pourtant convenir que les manières ont changé. La galanterie est bannie, et personne n'y a gagné. Les Hommes

---

(22) PRIMI VISCONTI, *Mémoires*, année 1678, p. 219-220.
(23) E. SPANHEIM, *Relation*, p. 288.
(24) LA BRUYÈRE, *Les Caractères*, « De la cour », § 74.

sont séparés des Femmes, et ont perdu la politesse, la douceur, et cette fine délicatesse qui ne s'acquiert que dans leur commerce. Les Femmes aussi, ayant moins de commerce avec les Hommes, ont perdu l'envie de plaire par des manières douces et modestes ; et c'étoit pourtant la véritable source de leurs agrémens. Quoique la Nation françoise soit déchue de l'ancienne Galanterie, il faut pourtant convenir qu'aucune autre Nation ne l'avoit plus poussée, ni plus épurée. » (25)

Très attachée à cette civilisation « à la française » qu'elle estime menacée, Mme de Lambert persiste à croire que l'amour est un élément essentiel d'une vie sociale harmonieuse. C'est à l'extrême fin du XVIIe siècle, une attitude assez répandue parmi les gens du monde qui ne se résignent pas à l'effacement du modèle idéal de leur jeunesse et qui en viennent à considérer les premières années du règne comme un âge d'or à jamais disparu. Ce sentiment nostalgique leur permet de conserver l'espoir que l'amour n'a pas encore définitivement perdu la partie. Sans doute ont-ils, en partie, raison, en ce sens que la décadence de la courtoisie ne met pas un terme à la longue histoire des rapports entre la passion amoureuse, la société et la morale ; dès la première moitié du XVIIIe siècle, celle-ci connaîtra de nouveaux rebondissements, qui ne tendent d'ailleurs nullement à une restauration de l'alliance ancienne. Cependant, il était bien difficile de pressentir en 1690 ou en 1700, que l'abandon à la passion pourrait, par un cheminement encore inconnu, mener plus sûrement à la pureté morale que la pratique austère de la vertu. Si Mme de Lambert, morte en 1733, a eu la chance de lire l'*Histoire du Chevalier des Grieux et de Manon Lescaut* (1731), elle a peut-être puisé dans cette lecture un tardif réconfort, encore qu'il soit bien difficile de reconnaître dans la folle passion des deux jeunes gens l'amour raisonnable et tempéré dont rêvait la sage Marquise.

Mais, alors qu'une vague de puritanisme déferle sur la société française, rien ne permettait de présager cette future réhabilitation de la passion ; dès 1680 au contraire, l'amour sans qui on ne pouvait concevoir certaines formes majeures de la sociabilité, se trouve soudainement presque mis hors la loi. Sous l'influence d'un état d'esprit que l'on peut qualifier de « janséniste » (car bien que ce zèle moralisateur soit souvent assez étranger aux préoccupations religieuses du mouvement, jansénistes et surtout jansénisants y ont leur part), la Cour et, à un moindre degré, la Ville deviennent des lieux où l'amour n'a plus droit de cité (26). On

(25) Mme DE LAMBERT, *Œuvres*, Lausanne, 1747, p. 193-194.
(26) R. MANDROU (*Louis XIV en son temps*, P.U.F., 1973, p. 331 et sq.) note qu'à la fin

connaît déjà l'opinion de J. Esprit qui, tout comme Antoine Arnauld, considère que toutes les formes d'amour humain, si épuré soit-il, font scandaleusement concurrence au seul véritable amour, c'est-à-dire à l'amour de Dieu. Mais le jésuite Bourdaloue n'est pas en reste et pense lui aussi que l'amour humain est la cause essentielle du péché et de la damnation ; il n'a aucune peine à le démontrer grâce à l'habile rapprochement de textes qu'il propose aux auditeurs du sermon « Sur l'Impureté » (1682) :

> « Mais si cela est, il s'ensuit donc que le monde est plein de réprouvés, puisqu'il est plein de voluptueux et d'impudiques ? A cela, mon cher auditeur, je n'ai pour toute réponse que deux paroles à vous dire, mais qui sont d'une autorité si vénérable, et au même temps d'une décision si expresse, qu'elles ne souffrent nulle réplique : la première de Saint Paul, que les impudiques ne seront jamais du royaume de Dieu : Neque fornicarii, neque adulteri, neque molles ... regnum Dei possidebunt (I Cor., 6) ; la seconde de Jésus Christ même, que nous sommes tous appelés au royaume de Dieu, mais qu'il y en a peu d'élus : Multi vocati, pauci electi (Matth., 22). Or, comparant entre elles ces deux grandes vérités, quelque indépendantes qu'elles semblent d'abord l'une de l'autre, j'y découvre un enchaînement admirable (...). » (27)

Sans doute n'y a-t-il, dans les éléments de la doctrine, aucune nouveauté, mais la manière de présenter les choses est caractéristique d'une époque : le puritanisme se situe précisément au point de recontre entre ces deux vérités que la religion révèle mais qu'elle n'oblige pas à associer. De là à affirmer que l'amour est le plus sûr allié du diable et que le monde est fatalement un lieu de perdition, il y a assez peu de distance. Il s'était toujours trouvé des rigoristes pour le penser, mais il ne semble pas qu'ils aient jusqu'alors sérieusement songé à faire admettre cette vérité aux gens du monde ; la mentalité aristocratique répugne à ce genre de censures. Cette réserve semble prendre fin vers cette époque et l'on voit, par exemple, un savant docteur en Sorbonne comme l'abbé Jacques Boileau écrire en français, c'est-à-dire à l'intention d'un assez vaste public, un traité *De l'abus des nuditez de gorge* (1674) qui peut passer pour un petit chef-d'œuvre de puritanisme dévot. En guise d'entrée en matière, l'auteur pose en principe que tout ce qui se fait dans le monde est mauvais et que l'on en peut déduire, a contrario, les maximes d'une saine morale :

---

du siècle une manière de divorce tend à s'instaurer entre une Cour puritaine et repliée sur elle-même et la Ville où se réfugie la vie mondaine.

(27) BOURDALOUE, *Œuvres*, édition P. Bretonneau, Firmin Didot, 1865, t. III.

« Il suffit que le monde souffre et approuve une chose pour pouvoir conclure qu'un Chrétien doit l'éviter et la condamner, car qui ne sçait que le monde est l'ennemi irréconciliable de Jésus-Christ, et que ses sentimens sont si opposez à ses maximes, qu'il est impossible d'observer les loix de l'un sans violer celles de l'autre (...). » (28)

Pour ce théologien, le monde c'est le « siècle » et le « siècle » est l'antichambre de l'Enfer. Dans ces conditions, il n'y a plus de vie mondaine possible, du moins telle qu'on la concevait entre 1650 et 1670, sans rébellion contre l'ordre moral.

Ce n'est pas un fait de hasard si, dans le même temps, se développe une offensive concertée contre les principaux modes d'expression de cette société ; le roman, le théâtre en général et l'opéra sont l'objet d'attaques sévères et chaque fois vilipendés sous prétexte qu'ils servent à véhiculer des peintures de la passion amoureuse réputées dangereuses pour les âmes. C'est donc bien le règne de l'amour qui est en cause, ainsi que les formes culturelles qui s'y rattachent. Ici encore les termes du débat ne sont pas nouveaux ; la querelle des « imaginaires » de 1666 opposait déjà Racine, alors mondain, à ses anciens maîtres de Port-Royal qui, dans un de ces excès de zèle dont ils étaient coutumiers, avaient traité d' « empoisonneurs publics » les auteurs de romans et de comédies ; et il y avait eu d'autres escarmouches de cet ordre. Mais à partir de 1680, le rapport des forces s'infléchit de plus en plus en faveur des rigoristes et Racine lui-même, reconcilié sur ce point avec Port-Royal, ne prendrait certainement plus la défense de la littérature profane avec autant d'énergie. En une vingtaine d'années les détracteurs de la civilisation mondaine ont vu leur audience s'accroître de manière considérable. Que les romans soient des instruments de perdition, J. Esprit l'affirmait déjà avec vigueur en 1678 ; il n'en exceptait même pas les romans qui comportent une condamnation de l'amour. Selon lui, la résistance de la Princesse de Clèves, à qui il songe probablement en écrivant ces lignes, n'est elle-même qu'un périlleux exemple :

« La violence que se font les femmes qui aiment tendrement quand elles sont sévères, paroist digne d'admiration aux Auteurs des Romans, parce qu'ils la prennent pour une force extraordinairement vertueuse (...) Il est impossible d'en chercher tant soit peu la cause sans voir clairement que ce n'est pas l'amour de leur bonheur qui fait qu'elles en sont si jalouses, mais l'envie d'être longtemps aimées ; car elles voient

(28) Jacques BOILEAU, De l'abus des nuditez de gorge, Bruxelles, 1675.

qu'elles ne le peuvent être qu'autant de temps qu'elles seront estimées, et que leur complaisance pour les désirs de leurs Amans, quand ils vont trop loin, est la décadence de leur empire. » (29)

Il n'y a donc pas de « bons » romans ; tous, quel que soit leur contenu, sont dangereux. En 1692 la Satire X de Boileau provoqua une polémique qui montre bien que la littérature romanesque et le culte de l'amour d'une part, la civilisation mondaine d'autre part, ne sont pour les deux parties en présence qu'une seule et même chose. Depuis Bruxelles le grand Arnauld prend la défense de Boileau et le justifie d'avoir mal parlé de la *Clélie* :

> « Que ce soit, si vous voulez, le plus beau de tous les Romans ; mais enfin c'est un Roman : c'est tout dire. Le caractère de ces pièces et de rouler sur l'Amour et d'en donner des leçons d'une manière ingénieuse, et qui soit d'autant mieux reçue, qu'on en écarte le plus en apparence tout ce qui pourroit paroître de trop grossièrement contraire à la pureté. C'est par là qu'on va jusqu'au bord du précipice, s'imaginant qu'on n'y tombera pas, quoiqu'on y soit déjà à demi tombé, par le plaisir qu'on a pris à se remplir le cœur et l'esprit de la douceureuse morale qui s'enseigne au pays de Tendre. » (30)

Si Mlle de Scudéry est taxée d'immoralisme, il est évident que rien de la galanterie ne peut trouver grâce auprès de ces nouveaux censeurs.

Les vicissitudes de l'opéra offrent un autre exemple de ce recul général d'une civilisation mondaine fondée sur l'exaltation de l'amour. Ce genre, qui, en France, avait eu dès l'origine vocation de chanter les vertus de cette éthique facile et souriante, est temporairement frappé de discrédit bien qu'il soit devenu l'un des éléments essentiels du rituel mondain. En 1686, Quinault se retire et le roi ne cherche pas à retenir ce grand pourvoyeur de ses divertissements (31). Sur les raisons de ce discrédit, Mme de Sévigné confirme les soupçons que l'on pouvait avoir :

> « Il y a de l'amour et l'on n'en veut plus. » (32)

---

(29) J. ESPRIT, *La Fausseté des vertus humaines*, t II, p. 96-97.
(30) *Œuvres de messire Antoine Arnauld, docteur de la maison et société de Sorbonne...*, Paris et Lausanne, S. d'Arnay, 1775-1783, t. IX, p. 16.
(31) Voir Et. GROS, *Philippe Quinault*, sa vie, son œuvre, p. 167.
(32) Mme DE SÉVIGNÉ, *Lettres*, t. III, p. 336.

Enfin Boileau ne cache pas son sentiment sur les effets pernicieux que ce genre de spectacle peut avoir sur les esprits faibles et en particulier sur les femmes :

« Par toi-même bientôt conduite à l'Opéra,
De quel air penses-tu que ta sainte verra
D'un spectacle enchanteur la pompe harmonieuse,
Ces danses, ces héros à la voix luxurieuse ;
Entendra ces discours sur l'amour seul roulants,
Ces doucereux Renauds, ces insensés Rolands ;
Saura d'eux qu'à l'amour, comme au seul Dieu suprême,
On doit immoler tout, jusqu'à la vertu même ;
Qu'on ne saurait trop tôt se laisser enflammer ;
Qu'on n'a reçu du ciel un cœur que pour aimer ;
Et tous ces lieux communs de morale lubrique
Que Lulli réchauffa des sons de sa musique ? » (33)

Cette campagne de dénigrement a peut-être eu pour effet de jeter momentanément un certain discrédit sur l'opéra et les spectacles de théâtre. Toujours est-il que Callières écrit, en 1692 également :

« L'opéra et la comédie sont devenus des divertissements bourgeois et on ne les voit presque plus à la cour. » (34)

C'est bien le signe d'un divorce entre une société et sa culture ; l'opéra est laissé aux bourgeois comme Le Pays était réservé à l'amusement des provinces. Sous sa forme première la civilisation galante est en déclin : ceux-là mêmes qui devraient prendre sa défense vouent ces fastes aux gémonies, c'est-à-dire indifféremment à la bourgeoisie ou à la province. Sans doute cette propagande n'alla-t-elle jamais jusqu'à nuire vraiment à la prospérité de l'Académie Royale de Musique ; mais la désapprobation plus ou moins marquée du Roi et des Courtisans enlevait à la civilisation galante de l'amour ce caractère de culture officielle dont elle jouissait au début du règne. C'est l'un des changements les plus considérables qui soit intervenu dans la mentalité mondaine entre 1650 et 1690.

---

(33) BOILEAU, *Satire X*, (1692), v. 131-142.
(34) Fr. DE CALLIÈRES, *Les Mots à la mode* (texte cité par A. ADAM, *Histoire de la littérature française au* XVII⁰ *siècle*, t. V, p. 255)

V — *Survivances de l'esprit galant.*

Même en ces temps puritains et moroses, la galanterie mondaine conserve des partisans et des défenseurs. Antoine Arnauld ne se trompait pas d'interlocuteur lorsqu'il adressait sa Lettre du 5 mai 1694 à Charles Perrault, auteur d'une *Apologie des Femmes* (1694) qui répond à la Satire X de Boileau. Il existe en effet, et particulièrement parmi ceux que l'on nomme les « Modernes », d'ardents zélateurs de la mondanité en péril ; en dehors de toute considération proprement littéraire, le combat des « Modernes » contre les « Anciens » est souvent une tentative pour défendre les traditions et les acquis de la civilisation mondaine. C'est probablement l'une des significations de cette fameuse Querelle. Dans son *Parallèle des Anciens et des Modernes...* (1688-1697), Ch. Perrault n'hésite pas à suggérer que la galanterie porte en elle l'héritage de la culture universelle qui, depuis l'Antiquité, a passé de mains en mains (des mains au demeurant fort aristocratiques) pour trouver le dernier en date de ses lieux d'élection dans la France louisquatorzienne ; de la galanterie l'abbé du *Parallèle* donne cette définition :

> « en un mot c'est ce qui distingue particulièrement le beau monde et les honnestes gens d'avec le menu peuple ; ce que l'Elégance Grecque, et l'Urbanité Romaine ont commencé, et que la politesse des derniers temps a porté à un plus haut degré de perfection » (35).

L'enjeu du débat est clair : les Modernes ont le sentiment de combattre pour la défense de la civilisation aristocratique mise en péril par l'obscurantisme « bourgeois » et moralisant de Boileau et de ses alliés. Mais ce mode de vie est trop profondément ancré dans les habitudes de l'aristocratie pour disparaître du jour au lendemain. La littérature galante et plus encore l'esprit galant sont devenus inséparables d'une forme de rapports sociaux qui subsistera pendant longtemps encore bien qu'elle se trouve, tout au moins à la cour, provisoirement mise à l'index. C'est pourquoi, encore que le monopole du bon goût leur soit maintenant contesté, il y a encore des auteurs et des œuvres galantes, souvent assez peu différentes dans leur esprit et dans leur forme des productions de

---

(35) Ch. PERRAULT, *Parallèle des Anciens et des Modernes en ce qui regarde les arts et les sciences*, J.B. Coignard, 1688, t. III, p. 286.

1660. Les *Lettres diverses de M. le Chevalier d'Her°°°* (1683-1687)
que Fontenelle intitulera plus tard, et très à propos, *Lettres galantes du Chevalier d'Her°°°*, le *Mercure galant* dont le même
Fontenelle est l'un des principaux collaborateurs, les *Histoires ou
contes du temps passé* (1697) de Perrault, le *Recueil de chansons
choisies* (1694) de Ph. E. de Coulanges, les *Poésies* de l'abbé de
Chaulieu et du marquis de La Fare, les *Mémoires du chevalier
de Grammont* (1713), etc..., continuent dans des registres divers
la tradition galante. Certains de ces écrivains se réclament encore
de Voiture et de Sarasin, comme c'est le cas de Perrault ; d'autres
perpétuent dans des sociétés marginales comme le cercle des Ven-
dômes une mentalité et des mœurs littéraires très proches de celles
qui régnaient durant la grande époque louisquatorzienne. Grâce à
eux, l'esprit galant survit à la galanterie, encore que, au-delà
de 1680, l'amour cesse d'être la grande préoccupation mondaine.

Mais si la galanterie se définit comme l'expression d'une attitude ironique et désinvolte envers toutes les choses réputées sérieuses dans l'existence, attitude caractéristique d'un certain état
d'esprit aristocratique et mondain, on ne serait pas en peine de
trouver dans la littérature et la civilisation du xviiiᵉ siècle de
nombreux traits « galants ». La nature des préoccupations a sans
doute beaucoup changé, mais il subsiste, au moins jusqu'à la fin
de l'Ancien Régime, un style commun qui conserve la faveur des
gens du monde. Il y a une continuité évidente entre la galanterie
de 1660 et une « nouvelle galanterie », celle de Fontenelle ou plus
tard celle de Marivaux qui, pour être déjà « philosophes », n'en
restent pas moins galants hommes avec tout ce que cela comporte
d'humour et d'esprit. Fontenelle continue la tradition « précieuse »
et mondaine, lorsqu'il compose ses galants *Entretiens sur la plu-
ralité des Mondes* qui mettent le système de Copernic à la portée
des dames. Cette pérennité s'explique très vraisemblablement par
la persistance des mêmes formes sociales, celles que, dans un
passé déjà lointain en 1650, l'aristocratie de cour avait inventées
lorsqu'à sa traditionnelle vocation militaire et foncière elle avait
ajouté l'ambition mondaine, c'est-à-dire le rêve de construire ici-
bas et à son propre usage une société harmonieuse et agréable.
Cependant, et c'est sans doute l'aspect durable de cette crise qu'elle
connaît durant la seconde moitié du xviiᵉ siècle, cette civilisation
restera pour toujours exposée au reproche de frivolité que ne
cessent de lui adresser les gens sérieux et qui peut se formuler
grâce à la notion naissante de Préciosité. Jamais plus la mondanité,
toujours à la merci du soupçon de vanité ou de snobisme, ne
connaîtrait la merveilleuse innocence de l'*Astrée*.

BIBLIOGRAPHIE

Classement des ouvrages cités

Section I

Textes des xvie, xviie et xviiie siècles

A — *Ouvrages antérieurs à 1650*

B — *Ouvrages publiés ou composés entre 1650 & 1675*

    I — Genres traditionnels :
      a) Romans et nouvelles
      b) Théâtre

    II — Littérature galante :
      a) Recueils collectifs
      b) Chroniques et fictions galantes
      c) Traités de galanterie : dialogues, « discours »,
         maximes et questions d'Amour
      d) Recueils de lettres et de poésies

    III — Témoignages et documents :
      a) Mémoires et correspondances authentiques
      b) Critique littéraire et œuvres savantes

C — *Ouvrages postérieurs à 1675*

Section II

Etudes critiques récentes

A — *Ouvrages généraux* : tradition courtoise, préciosité, condition féminine, environnement historique et littéraire

B — *Etudes particulières* : personnages, auteurs, œuvres majeures

N. B. — Pour les ouvrages des xvɪᵉ, xvɪɪᵉ et xvɪɪɪᵉ siècles (section I), il a paru opportun, en raison de la diversité des textes utilisés, de recourir à un double classement, chronologique et logique. Les œuvres citées ont d'abord été groupées sous trois rubriques selon qu'elles appartenaient ou non à la période étudiée (1650-1675) ; le critère d'appartenance retenu est la date de la première édition sauf pour certaines œuvres tardivement réunies en recueils après publications partielles. Afin de mettre en évidence le caractère spécifique de la production galante, on a délimité, entre 1650 et 1675, trois domaines différents :

la littérature de fiction traditionnelle,

la littérature galante proprement dite, par définition multiforme et à mi-chemin entre réalité et fiction,

les témoignages et documents qui se distinguent par leur authenticité ou leur origine savante et non plus mondaine.

Il va de soi qu'un classement de cette nature n'évite pas toujours l'arbitraire et que quelques œuvres pourraient trouver place sous deux rubriques ; peut-être un peu plus de clarté pourra faire oublier quelques décisions contestables.

Lorsqu'il ne nous a pas été possible de consulter l'édition originale, nous indiquons entre parenthèses la référence du texte utilisé. Le lieu d'édition, s'il n'est pas autrement précisé, est Paris.

Section I

Textes des XVIᵉ, XVIIᵉ et XVIIIᵉ siècles

A — *Ouvrages antérieurs à 1650* :

ANONYME. — *Bref Discours pour la réformation des mariages*, A. du Breuil, 1614 (Abbé E. FOURNIER, *Variétés historiques et littéraires*, Jannet, 1855-63, t. IV).

BARDIN (Pierre). — *Le Lycée du sieur Bardin, où en plusieurs promenades il est traité des connoissances, des actions et des plaisirs d'un honnête homme*, J. Camusat, 1632-34, 2 vol.

BEMBO (Pietro). — *Les Azolains de Monseigneur Bembo...*, traduictz de l'italien en françoys par Jehan Martin, M. de Vascozan et G. Corrozet, 1545.

BARO (Balthazar). — *La conclusion et dernière partie d'Astrée...* Paris, 1627.

BOISROBERT (François le Métel, seigneur de). — *L'Histoire indienne d'Anaxandre et d'Orasie...*, Fr. Pomeray, 1629.

CHAPELAIN (Jean). — *De la lecture des vieux romans* (1646) (in *Opuscules critiques*, p.p. C. Hunter, Droz, 1936).

DUBOSC (P. Jacques, cordelier). — *L'honneste femme*, P. Billaine, 1632 (1ʳᵉ partie), A. Soubron, 1634 (2ᵉ partie), A. Courbé, 1636 (3ᵉ partie).

EQUICOLA D'ALVETO (Mario). — *Les six livres de Mario Equicole d'Alveto, de la nature de l'amour...*, mis en françoys par Gabriel Chappuys Tourangeau, J. Houzé, 1584.

FARET (Nicolas). — *L'Honneste homme ou l'Art de plaire à la Court*, T. du Bray, 1630 (p.p. M. Magendie, Alcan, 1925).

GERZAN (François du Soucy, sieur de). — *Le Triomphe des Dames*, Paris, 1646 (?)

GOMBERVILLE (Marin Le Roy, sieur de). — *Polexandre*, Paris 1637-38, 5 vol. (A. Courbé, 1645, 5 vol.).
— *La Doctrine des Mœurs tirée de la philosophie des Stoïques*, Sevestre, 1646.

GOURNAY (Marie de Jars, demoiselle de). — *De l'égalité des hommes et femmes* (1622) — *Le Grief des Dames* (1626) (in M. Schiff, *La Fille d'alliance de Montaigne*, Champion, 1910).

GRENAILLE (Fr. de G., sieur de Chatounières). — *L'honneste fille,* J. Paslé, 1639-40, 3 vol.

— *L'honneste mariage,* T. Quinet, 1640.

HÉBREU (Judah Léo Abarbanel, dit Léon l'). — *Philosophie d'amour,* traduicte en francoys par le seigneur du Par, Champenois, Lyon, 1551.

LA CALPRENÈDE (Gautier de Coste, sieur de). — *Cassandre,* A. de Sommaville et A. Courbé, 1642-45, 10 vol. (Paris, Montalaut, 1731, 10 vol.).

— *Cléopâtre,* G. de Luynes, 1647-56, 12 vol. (Leyde, J. Sambix. 1648-63, 12 vol.).

LE MOYNE (P. Pierre, s.j.). —— *Les Peintures morales où les passions sont représentées par tableaux, par charactères et par questions nouvelles et curieuses,* Paris, 1640 (1re partie) et 1643 (2e partie) (Fr. Mauger, 1669).

— *La Gallerie des Femmes fortes,* Paris, 1647 (Lyon, les libraires de la Compagnie, 1667).

MARTIAL D'AUVERGNE. — *Les Arrêts d'Amour,* p.p. J. Rychner, A. Picard, Société des anciens textes français, 1950.

MÉNAGE (Gilles). — *Requeste présentée par les Dictionnaires à Messieurs de l'Académie pour la réformation de la langue françoise,* s.l.n.d. (1646 ?).

SAINT-EVREMOND (Ch. de Saint-Denis, seigneur de). — *La Comédie des Académistes pour la Réformation de la langue françoise...,* s.l., Imprimé l'an de la Réforme (1646 ?).

SCUDÉRY (Georges de). — *Les Femmes Illustres et les Harangues Héroïques de Monsieur de Scudéry...,* A. de Sommaville, 1642.

SENAULT (P. Jean-François, oratorien). — *De l'usage des Passions,* Paris, 1641, (P. Le Petit, 1664).

SOREL (Charles). — *Le berger extravagant, où parmy des fantaisies amoureuses on voit les impertinences des romans et de la poésie,* Paris, 1627-28, 3 vol.

— *Rôle des présentations faites aux grands jours de l'Eloquence françoise. Première assise le 13 Mars 1634,* s.l.n.d. (1634 ?) (p.p. Ch. L. Livet, in Pellisson, *Histoire de l'Académie française,* Paris, 1858, t. I, p. 455-467).

URFÉ (Honoré d'). — *Epistres morales du seigneur d'Urfé,* Lyon et Paris, 1598-1608 (Paris, 1619).

— *Les douze livres d'Astrée (...) où par plusieurs histoires et sous personnes de Bergers, et d'autres, sont déduitz les divers effets de l'honneste Amitié,* Paris, 1607-1627 (p.p. H. Vaganay, Lyon, P. Masson, 1925-28, 5 vol.).

VAUGELAS (Claude Favre de). — *Remarques sur la langue française,* A. Courbé, 1647 (p.p. J. Streicher, Droz, 1934).

B — *Ouvrages publiés ou composés entre 1650 & 1675* ·

I — *Genres traditionnels*

a) *Romans et nouvelles*

DONNEAU DE VISÉ (Jean). — *Les Nouvelles nouvelles*, P. Bienfaict, 1663, 3 vol.
— *Les Diversitez galantes*, J. Ribou, 1664, 2 vol.
— *Les Nouvelles galantes, comiques et tragiques*, T. Quinet, 1669, 3 vol.
— *L'Amour eschappé ou Les diverses manières d'aymer contenües en quarante histoires avec le Parlement d'Amour*, Th. Jolly, 1669, 3 vol. (ouvrage attribué parfois à Angélique Petit d'après le Dictionnaire de Somaize, éd. Livet, t. I, p. 192).
FURETIÈRE (Antoine). — *Le Roman bourgeois*, ouvrage comique, Th. Jolly, 1666 (p.p. A. Adam, *Romanciers du* XVII⁰ *siècle*, Gallimard, Bibl. de la Pléiade, 1958).
LA CALPRENÈDE & VAUMORIÈRE. — *Faramond ou l'Histoire de France*, A. de Sommaville, 1661-70, 12 vol.
LAFAYETTE (M.M. Pioche de la Vergne, Comtesse de). — *La Princesse de Montpensier*, Th. Jolly, 1662, — *Zayde*, histoire espagnole par M. de Segrais, Cl. Barbin, 1670-71, 2 vol. — *La Princesse de Clèves*, Cl. Barbin, 1678 (*Romans et Nouvelles*, p.p. E. Magne, Garnier, 1948).
— *Isabelle ou le journal amoureux d'Espagne*, Barbin, 1675 (p.p. M. Chadourne, J.J. Pauvert, 1961, qui attribue ce roman, probablement à tort, à Mme de Lafayette).
PURE (Abbé Michel de). — *La Prétieuse*, Paris, 1656-1658 (cf. II).
SAINT-RÉAL (César Vichard, abbé de). — *Dom Carlos*, Nouvelle historique, Amsterdam, 1672 (in *Œuvres*, Amsterdam, P. Mortier, 1730, 5 vol., t. III).
SCARRON (Paul). — *Le Roman comique*, Paris, 1651-57 (p.p. A. Adam, *Romanciers du* XVII⁰ *siècle*, 1958).

— *Les Nouvelles œuvres tragi-comiques...*, Amsterdam, A. Wolfganck, 1668.

Scudéry (Madeleine de). — *Artamène ou le grand Cyrus*, A. Courbé, 1649-53, 10 vol.

— *Clélie, Histoire Romaine*, A. Courbé, 1654-60, 10 vol.

Segrais (Jean Regnault, sieur de). — *Les Nouvelles françoises ou les Divertissements de la princesse Aurélie*, A. de Sommaville, 1656-57, 2 vol.

Subligny (A. Th. Perdoux de). — *La Fausse Clélie*, Histoire françoise galante et comique, Amsterdam, J. Wagenaar, 1671.

Villedieu (Marie-Catherine Desjardins, dame de). — *Alcidamie*, Cl. Barbin, 1661, 2 vol.

— *Le Journal amoureux*, Cl. Barbin, 1669-71, 6 vol.

— *Annales galantes*, Cl. Barbin, 1670, 2 vol.

— *Les Mémoires de la vie d'Henriette-Sylvie de Molière*, Cl. Barbin, 1672-74, 6 vol.

— *Les Désordres de l'Amour*, Cl. Barbin, 1676, (p.p. M. Cuénin, Droz, T.L.F., 1970).

— *Les Œuvres de Mme de Villedieu*, Cie des Libraires, 1720-21; 12 vol.

b) *Théâtre*

Anonyme. — *Le Balet de la Déroute des Précieuses*, A. Lesselin, s.l.n.d. (1659) (p.p. V. Fournel, *Les Contemporains de Molière*, Didot, 1863-66, t. II, p. 498-508).

Benserade (Isaac de). — Ballets, In *Œuvres*, p.p. l'abbé P. Tallemant, Ch. de Sercy, 1697, 2 vol., t. II.

Boursault (Edme). — *Théâtre de feu M. Boursault*, Le Breton, 1725, 3 vol.

Boyer (Abbé Claude). — *Œuvres de M. L'abbé Boyer*, Paris, 1685.

Bussy-Rabutin (R. de Rabutin comte de Bussy). — *Comédie galante de monsieur D.B.*, Cologne, P. Marteau, s.d. (1667 ?)

Chappuzeau (Samuel). — *L'académie des femmes*, A. Courbé, 1661 (p.p. V. Fournel, op. cit., t. III, p. 207-247).

Corneille (Pierre). — *Œuvres de Pierre Corneille*, p.p. Ch. Marty-Laveaux, Hachette, G.E.F., 1862-68, 12 vol. et un album.

Corneille (Thomas). — *Théâtre complet*, p.p. Edouard Thierry, Laplace, Sanchez et Cie, 1881.

— *Timocrate*, tragédie, de Luynes, 1656 (p.p. Y. Giraud, Droz, T.L.F., 1970).

DONNEAU DE VISÉ (Jean). — *La Mère coquette*, Th. Girard, 1666
— *La Veufve à la mode*, J. Ribou, 1668 (p.p. P. Mélèse, *Trois comédies de D. de Visé*, Droz, T.L.F., 1940).

DORIMOND (Nicolas Drouin, dit). — *Le Festin de Pierre ou le fils criminel*, Lyon, 1659 (p.p. Gendarme de Bévotte, Paris, 1907).
— *L'Escole des Cocus ou la Précaution inutile*, J. Ribou, 1661.
— *L'Amant de sa femme*, G. Quinet, 1661.

GILBERT (Gabriel). — *Les intrigues amoureuses*, T. Quinet, 1667 (p.p. V. Fournel, op. cit., t. II, p. 3-56).

LA FORGE (Jean de). — *La Joueuse dupée ou l'intrigue des Académies*. A. de Sommaville, 1664 (p.p. V. Fournel, *op. cit.*, t. III, p. 283-312).

MOLIÈRE (J. B. Poquelin dit). — *Œuvres complètes*, p.p. G. Couton, Gallimard, Bibl. de la Pléiade, 1971, 2 vol.
— *Les Précieuses ridicules*, p.p. M. Cuénin, Droz, T.L.F., 1973.

MONTFLEURY (Zacharie Jacob dit). — *Théâtre de Mess. Montfleury père et fils*, Vve Duchesne, 1775, 4 vol.

POISSON (Raymond). — *Les Œuvres de Mr Poisson*, Cie des Libraires associés, 1743, 2 vol.

PURE (abbé Michel de). — *Ostorius*, tragédie G. de Luynes, 1659.

QUINAULT (Philippe). — *Le théâtre de M. Quinault*, Ribou, 1715, 5 vol.

RACINE (Jean). — *Œuvres complètes*, t. I, Théâtre poésies, p.p. R. Picard, Gallimard, Bibl. de la Pléiade, 1964.

ROBINET (Charles). — *Panégyrique de l'Ecole des Femmes ou conversation comique sur les œuvres de Monsieur de Molière*, Ch. de Sercy, 1664 (p.p. P. Lacroix, Jouaust, Nouv. coll. moliéresque, t. XI, 1883).

SCARRON (Paul). — *Théâtre complet*, Laplace et Sanchez, 1879.

SOMAIZE (Ant. Baudeau de). — *Les Véritables Prétieuses*, J. Ribou, 1660 — *Le Procez des prétieuses*, Et. Loyson, 1660 (p.p. Ch. L. Livet, *Le Dictionnaire des Prétieuses*, Jannet, 1856, t. II).

SUBLIGNY (A. Th. Perdoux de). — *La Folle Querelle ou la critique d'Andromaque*, Paris, 1668 (p.p. V. Fournel, *op. cit.*, t. III, p. 483-544).

VILLEDIEU (M.C. Desjardins, dame de). — *Théâtre de Madame de Villedieu*, Paris, 1720, 2 tomes en 1 vol.

VILLIERS (Cl. Deschamp, dit de). — *Les costeaux ou les marquis frians*, comédie, Paris, 1665 (p.p. V. Fournel, *op. cit.*, t. I, p. 329-54).

II — *Littérature galante*

a) *Recueils collectifs*

— *Airs et vaudevilles de cour*, Ch. de Sercy, 1665-66, 2 vol.
— *Délices de la poésie galante*, des plus célèbres Autheurs de ce temps, J. Ribou, 1663 (1ᵉ partie), 1664 (2ᵉ partie), 1667 (3ᵉ partie).
— *Les Muses illustres de Messieurs Malherbe, Théophile, l'Estoile, Tristan, Baudoin, Colletet le père, Ogier, Marcassus, La Ménardière, Carneau, L'Affemas, Boisleau, Linières, Maynard le fils, Colletet le fils.* Et plusieurs autres autheurs de ce temps, L. Chamhoudry, 1658.
— *Le Nouveau Cabinet des Muses*, Vve Pépingué, 1658.
— *Nouveau Cabinet des Muses, ou l'eslite des plus belles pièces de ce temps*, Thierry le Chasseur, 1658.
— *Nouveau meslange de pièces curieuses tant en prose qu'en vers*, A. de Sommaville, 1664.
— *Nouveau recueil de plusieurs et diverses pièces galantes de ce temps*, A la Sphère, 1665.
— *Pièces choisies de Messieurs Corneille, Benserade, de Scudéry, Boisrobert, Sarasin, Desmarets, Bertaud, Saint-Laurent, Colletet, La Mesnardière, de Montreuil, Viguier, Chevreau, Malleville, Tristan, Testu Mauroy, de Prade, Girard, de l'Agé.* Et de plusieurs autres Ch. de Sercy, 1653 (1ᵉ partie), 1653 (2ᵉ partie), 1656 (3ᵉ partie), 1658 (4ᵉ partie), 1660 (5ᵉ partie ; c'est le *Recueil de Sercy* (vers).
— *Recueil de diverses poésies choisies des sieurs La Ménardière, Brébeuf, Segrets, Du Ryer, Rotrou, Benserade, Scarron, Cottin, Chevreau, Rampale*, A. de Sommaville, 1660.
— *Recueil des Histoires galantes*, Cologne, J. Le Blanc, s. d.
— *Recueil de pièces en prose les plus agréables de ce temps. Composées par divers auteurs*, Ch. de Sercy, 1658 (1ᵉ partie), 1662 (2ᵉ partie), 1660 (3ᵉ partie), 1661 (5ᵉ partie), 1663 (5ᵉ partie) ; c'est le *Recueil de Sercy* (prose).
— *Recueil de pièces galantes en prose et en vers de Madame la comtesse de la Suze et de Monsieur Pellisson*, G. Quinet,

1664, réédité et augmenté jusqu'en 1684 (Lyon Cl. Rey, 1695, 4 vol.) ; c'est le *Recueil La Suze-Pellisson.*

— *Recueil des plus beaux vers qui ont esté mis en chant,* avec les autheurs tant des airs que des paroles, Ch. de Sercy, 1661.

— *Recueil de poésies diverses (Recueil de Brienne),* P. Le Petit, 1671.

— *Recueil de quelques pièces nouvelles et galantes, tant en Prose qu'en Vers,* Cologne, P. du Marteau, 1663 (1re partie), 1667 (2e partie).

b) *Chroniques et fictions galantes*

ANONYMES. — *Les Agrémens de la jeunesse de Louis XIV ou son amour pour Mlle de Mancini,* Arsenal, ms. 39 17 — *Histoire de l'amour feint du Roy pour Madame,* Arsenal, ms. 39 17 — *Histoire des amours du Palais-Royal,* s. l. 1667 ? — *Les Amours de S.A.R. Mademoiselle avec M. le Comte de Lauzun,* Cologne 1673 — *Histoire de Madame de Bagneux,* s. l., 1675 (p.p. P. Boiteau & Ch. L. Livet, BUSSY-RABUTIN, *Histoire amoureuse des Gaules...,* suivie des romans historico-satiriques du XVIIe siècle, P. Jannet, bibl. elzévirienne, 4 vol.).

— *La Grande Description de l'Estat Incarnadin,* nouvellement découvert par le Lieutenant-général du Royaume de Galanterie, *Recueil de Sercy,* (prose), IVe partie, p. 137-233 — *Lettre de M. D sur la carte du royaume de Tendre,* écrite à l'illustre M.S, *ibidem,* IIe partie, p. 259-62.

— *Le Grand Almanach d'Amour où sont contenues des prédictions générales d'Amitié...,* Ch. de Sercy, 1657 ; contient également le *Voyage de la Province d'Amour* et, de Mme de la Calprenède, le *Décret d'un cœur infidelle...*

— *Discours géographique pour l'utilité de ceux qui veulent apprendre la carte pour aller de Particulier à Tendre,* Recueil Conrart, Arsenal, ms. 54 20, t. XI, f° 435-40.

— *La Boussole des amans,* Ch. de Sercy, 1668.

— *Lettre galante des vers à soye,* Montpellier, D. Pech, 1675.

AUBIGNAC (Fr. Hédelin, abbé d'). — *Histoire du temps ou relation du royaume de Coqueterie.* Extraits du dernier voyage des Hollandais aux Indes du Levant, Ch. de Sercy, 1655 (in Garnier, *Voyages imaginaires, romanesques...,* Amsterdam & Paris, t. 26, p. 308-35).

— *Macarise ou la Reyne des Isles Fortunées.* Histoire allégorique contenant la Philosophie Morale des Stoïques sous le voile de plusieurs aventures agréables en forme de Roman, J. du Breuil, 1664 (J. B. Loyson, 1667, 2 vol.).

— *Roman des Lettres,* par M.L.D.S.A.D.M., J. B. Loyson, 1667.

BONNECORSE (Balthazar de). — *La Montre par M. de Bonnecorse,* Barbin, 1665. — *La Montre,* seconde partie contenant la Boëte et le Miroir par M. de Bonnecorse, Barbin, 1671.

BOURSAULT (Edme). — *Lettres de respect, d'obligation et d'amour,* J. Guignard, 1669 (*Nouvelles Lettres de M. Boursault,* N. Le Breton, 1738, 3 vol.).

BREMOND (Gabriel). — *Le Cercle ou les conversations galantes,* Amsterdam, 1673 (Cologne, 1676).

BUSENS (Guillaume de). — *Histoire du royaume des Amans...,* Toulouse, B. Bosc, 1666.

BUSSIÈRES (Chevalier de). — *La Médaille curieuse où sont gravez les deux principaux écueils de tous les jeunes cœurs,* nouvelle manière de Roman par L.C.D.V., Paris, 1672.

BUSSY-RABUTIN (Roger de R. Comte de B.). — *Carte géographique de la Cour et autres galanteries,* Cologne, P. Marteau, 1668.

— *Histoire amoureuse des Gaules,* Liège, 1665 (p.p. A. Adam, Garnier-Flammarion, 1967).

— *La France galante ou les amours de Mme de Montespan,* Cologne 1688 (Amsterdam, P. Marteau, 1709).

CHAPELLE (Cl. E. Luillier) & BACHAUMONT (Fr. Le Coigneux, sieur de Bois-Chaumont, dit). — *Voyage curieux, historique et galant...,* Cologne, 1663 (in *Œuvres de Chapelle et Bachaumont,* p.p. Tenant-Delacour, P. Jannet, 1854).

DONNEAU DE VISÉ (Jean). — *Le Mercure galant,* Paris, 1672-74, 6 vol.

FURETIÈRE (Antoine). — *Le Voyage de Mercure,* satyre, Paris, 1653.

— *Nouvelle allégorique ou Histoire des derniers troubles arrivez au royaume d'Eloquence,* P. Lamy, 1658, (p.p. E. van Genneken, Droz, T.L.F., 1967).

GUÉRET (Gabriel). — *La Carte de la Cour,* P. Trabouillet, 1663.

GUILLERAGUES (Joseph de Lavergne, sieur de). — *Lettres portugaises traduites en françois,* Cl. Barbin, 1669 (p.p. F. Deloffre & J. Rougeot, Garnier, 1962).

— Suites et réponses anonymes : *Lettres portugaises, seconde partie,* Cl. Barbin, 1669 — *Réponses aux Lettres portugaises,* J. B. Loyson, 1669 — *Réponses aux Lettres portugaises,* Grenoble, R. Philippes, 1669.

ISARN (Isaac). — *La Pistole parlante, ou la Métamorphose du Louis d'or,* Ch. de Sercy, 1660.

LA FONTAINE (Jean de). — *Lettres à sa femme ou Relation d'un voyage de Paris en Limousin* (1663), p.p. l'abbé Caudal, C. D.U., 1966.

— *Les Amours de Psyché et Cupidon*, Paris, 1669.

LA FORGE (Jean de). — *Le Cercle des femmes sçavantes*, P. Trabouillet, 1663.

LE PAYS (René). — *Zélotyde*, histoire galante, Ch. de Sercy, 1666.

MAULÉVRIER (Cosme Savary, marquis de). — *Carte du Royaume des Précieuses*, Recueil de Sercy (prose), 1re partie, p. 322-23.

MONTPENSIER (A. Marie Louise d'Orléans, duchesse de). — *Relation de l'Isle imaginaire et Histoire de la princesse de Paphlagonie*, Paris, 1659 (A. Renouard, 1805).

— *Recueil des portraits et éloges en vers et en prose*, 1659 (p.p. Ed. de Barthélémy, *La galerie des portraits de Mlle de Montpensier*, Didier, 1860).

MORERI (Louis). — *Le Pays d'amour, nouvelle allégorique*, Lyon, La Rivière 1665.

PELLISSON (Paul) et SCUDÉRY (Mad., de). — *La Chronique du Samedi* (1652-57), ms. perdu, extraits p.p. L. Belmont, *R.H.L.F.*, 1902, p. 646-73.

— *La Journée des Madrigaux* (1653) — *Gazette des Nouvelles de l'Isle de Delphes* (p.p. E. Colombey, Aubry, Trésor des pièces inédites ou rares, t. VIII, 1856).

PURE (Abbé Michel de). — *La Prétieuse ou le Mystère des Ruelles*, 1656-58, p.p. E. Magne, Droz, T.L.F., 1938, 2 vol.

— *Epigone, histoire du siècle futur*, P. Lamy, 1659.

SARASIN (J. François). — *La Pompe funèbre de Voiture* avec la clef, s. l., 1649.

SOMAIZE (Ant. Baudeau, sieur de). — *Le Grand Dictionnaire des Prétieuses ou la Clef de la langue des ruelles*, J. Ribou, 1660.

— *Le grand dictionnaire des Prétieuses, historique, poétique, cosmographique, cronologique et armoirique*, J. Ribou, 1661 (p.p. Ch. L. Livet, Jannet, 1856, 2 vol.).

— *La politique des Coquettes*, J. Ribou, 1660.

— *Dialogue de deux précieuses sur les affaires de leur communauté*, Et. Loyson, 1660, à la suite de la 2e édition des *Véritables Précieuses*.

— *Voyage fortuné dans les Indes du Couchant, ou l'Amant heureux, contenant la découverte des terres inconnues audelà des trois villes de Tendre*, par A.D.S. ; Recueil de Sercy (prose), 2e partie, p. 1-27.

SOREL (Charles). — *Les Loix de la galanterie*, Recueil de Sercy,

1644 & 1658 (p.p. L. Lalanne, Aubry, Trésor des pièces inédites ou rares, t. III, 1855).
— *La description de l'isle de Portraiture et de la ville des Portraits,* Ch. de Sercy, 1659.
— *Relation de ce qui s'est passé dans la Nouvelle Découverte du royaume de Frisquemore,* Ch. de Sercy, 1661.
TALLEMANT (Abbé Paul). — *Voyage de l'Isle d'Amour,* Ch. de Sercy, 1663.
— *Second voyage de l'Isle d'Amour,* Ch. de Sercy, 1664.
— *Le retour de l'Isle d'Amour,* Leyde, J. Elzevier, 1666.
— *Le Divorce de l'Amour et de l'Hyménée,* inédit au XVIIe siècle (in *Œuvres de Chapelle et Bachaumont,* Jannet, 1854, p. 268).
TORCHE (Abbé Antoine). — *La cassette des bijoux,* G. Quinet, 1668.
— *La Toilette galante de l'Amour,* Et. Loyson, 1670.
VILLEDIEU (M.C. Desjardins, dame de). — *La revue des troupes d'Amour,* Cologne, P. Michel, 1667.
— *La chambre de Justice de l'Amour,* Fribourg, 1668.

c) *Traités de galanterie : dialogues, « discours », maximes et questions d'amour...*

ANONYMES. — *Dialogue de la coquette et de la prude,* Recueil de Sercy (prose), 4e partie, p. 91-135.
— *Dialogue de la mode et de la nature,* s.l., 1662.
— *Discours sur les Passions de l'Amour,* B. N., ms. fr. 19903 & ms. n. acq. fr 4015 (p.p. G. Brunet, éd. de Minuit, 1959).
— *Le Mariage de l'Amour et de l'Amitié,* Ch. de Sercy, 1656.
— *Le procez de la Jalousie,* N. Pépingué, 1661.
AUBIGNAC (Fr. Hédelin, abbé d'). — *Lettre d'Ariste à Cléonte, contenant l'apologie de l'histoire du temps ou la défense du royaume de Coqueterie,* Paris, 1659.
— *Les conseils d'Ariste à Célimène sur les moyens de conserver sa réputation,* N. Pépingué, 1666 (2e édition, 1667).
BARY (René). — *L'esprit de cour ou les Conversations galantes,* Ch. de Sercy, 1662.
— *Journal de conversation...,* J. Couterot, 1673.
— *Nouveau Journal de conversation...,* J. Couterot, 1675.
BONNECORSE (Balthazar de). — *L'amant raisonnable,* L. Billaine, 1671.

BREGY (Ch. Saumaise de Chazan, ctse de). — *Cinq questions d'amour proposées par Madame de Brégy avec la réponse en vers par M. Quinault par l'ordre du Roy* (in *Lettres et poésies de Mme la Comtesse de B.*, Leyde, 1666, p. 102 et sq.).

BUSSY-RABUTIN (Roger de R., comte de B.). — *Maximes d'amour* (1664) (in *Mémoires*, édition Lalanne, t. II, p. 160-202).

CALLIÈRES (François de). — *La logique des Amans ou l'Amour logicien*, Th. Jolly, 1668.

COURTIN (Antoine de). — *Nouveau traité de la civilité qui se pratique en France parmi les honnestes gens*, H. Josset, 1671.
— *Traité de la Jalousie ou moyens d'entretenir la paix dans le ménage*, Paris, 1674.

GILBERT (Gabriel). — *Panégyrique des dames*, A. Courbé, 1650.
— *L'art de plaire*, de Luynes, 1655.

GUILLERAGUES. — *Valentins, questions d'amour et autres pièces galantes*, Cl. Barbin, 1669 (in *Lettres portugaises*, édition Deloffre-Rougeot, Garnier, 1692).

JOYEUX (F.). — *Traité des combats que l'amour a eus contre la raison et la jalousie...*, fait en l'année 1666 par F. Joyeux, Paris, 1667.

JUVENEL (Félix de). — *Le portrait de la coquette*, Ch. de Sercy, 1659.

LA ROCHEFOUCAULD (François VI, duc de). — *Réflexions ou sentences et maximes morales*, Cl. Barbin, 1664-78 (p.p. J. Truchet, Garnier, 1967).
— *La justification de l'Amour* (texte attribué à La Rochefoucauld et publié par J.D. Hubert, Nizet, 1971).

LENCLOS (Anne, dit Ninon de). — *La Coquette vengée*, Ch. de Sercy, 1659.

LINAGE (Marie). — *Questions d'amour*, B.N. ms., f. fr. 19132.

MÉRÉ (Ant. Gombaud, chevalier de). — *Conversations* (1668-69) — *Discours* (1671-77) (*Œuvres complètes*, p.p. Ch. H. Boudhors, Les Belles Lettres, 1930, 3 vol.).

PERRAULT (Charles). — *Dialogue de l'Amour et de l'Amitié*, Et. Loyson, 1660 (in *Contes*, p.p. G. Rouger, Garnier, 1967, p. 201-33).

SAINT-EVREMOND (Ch. de Marquetel de Saint-Denis, sieur de). — *Œuvres en prose*, p.p. R. Ternois, Didier, 1962-66, 4 vol.

SAINT-GABRIEL. — *Le Mérite des dames*, Le Gras, 1655 (3ᵉ édition, Le Gras, 1660).

SOURDIS (Marquis de). — *Questions sur l'Amour* (1664 ou 1667), B.N. ms., f. fr. 17056, fᵒ 196 (in N. Ivanoff, *La Marquise de Sablé et son salon*, Paris, 1927, p. 138).

TORCHE (Abbé Antoine). — *Le Desmélé de l'Esprit et du Cœur*, Paris, 1668, (in. Rec. La Suze, Lyon, 1695, t. IV, p. 1 et sq.).

d) *Recueils de lettres et de poésie, œuvres mêlées :*

BEAUCHASTEAU (F. de). — *La Lyre du jeune Apollon, ou la Muse naissante du Petit de Beauchasteau*, Ch. de Sercy, 1657.

BENECH (Jean, sieur de Cantenac). — *Poésies nouvelles et lettres choisies de M. de C.*, Paris, 1664.

BENSERADE (Isaac de). — *Les Œuvres de M. de Benserade*, Ch. de Sercy, 1697, 2 vol.

BRÉBEUF (Georges de). — *Poésies diverses*, Paris, 1658 (A. de Sommaville, 1662).

— *Œuvres de M. de Brébeuf*, Loyson et Ribou, 1664, 2 vol.

BRÉGY (Ch. Saumaise de Chazan, comtesse de). — *Lettres et poésies de Mme la comtesse de Brégy*, Leyde, 1666.

CAILLY (Jacques de). — *Diverses poésies du chevalier d'Aceilly*, Paris, 1667.

CERTAIN (Marie-Françoise). *Nouvelles poésies ou diverses pièces choisies...*, Paris, 1665.

CHARLEVAL (J.-L. Faucon de Ris). — *Poésies de Saint-Pavin et de Charleval*, p.p. Lefebvre de Saint-Marc, Amsterdam et Paris, 1759.

CHEVREAU (Urbain). — *Poésies de M. Chevreau*, A. de Sommaville, 1656.

COLLETET (François). — *La Muse coquette ou les Délices de l'honneste amour et de la belle galanterie*, Paris, 1659 (J.-B. Loyson, 1665, 2ᵉ éd., 3 vol.).

COSTAR (Pierre). — *Lettres de Monsieur Costar*, A. Courbé, 1658-59, 2 vol.

COTIN (Abbé Charles). — *Recueil des Enigmes de ce temps*, précédé d'un discours sur les empires et d'une lettre à Damis, A. de Sommaville, 1646.

— *Nouveau recueil de divers rondeaux*, A. Courbé, 1650.

— *Œuvres mêlées de Mr Cotin...*, A. de Sommaville, 1659.

— *Œuvres galantes en prose et en vers*, J.-B. Loyson, 1663.

CYRANO DE BERGERAC. — *Les Œuvres diverses et les Nouvelles œuvres de M. Cyrano de Bergerac*, Ch. de Sercy, 1681.

DESHOULIÈRES (Ant. du Ligier de la Garde, dame). — *Poésies de*

Mme Deshoulières, Paris, 1688 (Bruxelles, Foppens, 1745, 2 vol.).

FAURE. — *La fine Galanterie du temps,* J. Ribou, 1661.

FURETIÈRE (Antoine). — *Poésies diverses du sieur Furetière,* G. de Luyne, 1659 (p.p. I. Bronck, Baltimore, 1908).

HENAULT (Jean de). — *Œuvres diverses* en prose et en vers, Cl. Barbin, 1670 (*Les œuvres de Jean Dehénault, parisien (1611?-1682),* p.p. F. Lachèvre, Paris, 1922).

LA FONTAINE (Jean de). — *Œuvres complètes,* p.p. J. Marmier, Au Seuil, l'Intégrale, 1965.

LALANE (Pierre de). — *Poésies de Lalane et du marquis de Montplaisir,* p.p. Lefebvre de Saint-Marc, Amsterdam et Paris, 1759, 2 vol.

LA SABLIÈRE (Antoine Rambouillet, sieur de). — *Madrigaux de M.D.L.S.,* Cl. Barbin, 1680.

LA SUZE (Henriette de Coligny, comtesse de). — *Poésies de Madame la comtesse de La Suze,* Sercy, 1666.

LAUVERGNE (N. Le Roux, dame de). — *Recueil de poésie,* Cl. Barbin, 1680.

LE PAYS (René). — *Amitiez, Amour et Amourettes,* Sercy, 1664 (Sercy, 1672).

— *Les nouvelles œuvres de M. Le Pays,* Barbin, 1672, 2 vol. (Amsterdam ; A. Wolfgank, 1677).

MARIGNY (Jacques Carpentier de). — *Lettres de M. de Marigny,* La Haye, A. La Faille, 1655.

— *Les œuvres en vers et en prose de M. de Marigny,* Paris, 1674.

MAUCROIX (François de). — *Œuvres diverses,* p.p. L. Paris, Reims et Paris, 1854, 2 vol.

— *Lettres de Maucroix,* p.p. R. Kohn, P.U.F., 1962.

MÉNAGE (Gilles). — *Poemata,* 3ᵉ édition, Courbé, 1668.

MONTPLAISIR (René de Bruc, marqui de). — *Poésies de Lalane et du marquis de Montplaisir,* p.p. Lefebvre de Saint-Marc, Amsterdam & Paris, 1759, vol. II.

MONTREUIL (Abbé Mathieu de). — *Les œuvres de Mr de Montreuil,* de Luyne, 1666.

PAVILLON (Etienne). — *Œuvres de M. Pavillon de l'Académie française,* Amsterdam, 1715 (Amsterdam, du Sauzet, 1720).

PELLISSON (Paul). — *Œuvres diverses de Monsieur Pellisson de l'Académie française,* Didot, 1735, 3 vol.

PINCHESNE (Etienne Martin, sieur de). — *Poésies mêlées du sieur de Pinchesne,* Cramoisy, 1672.

RÉGNIER-DESMARAIS (François Séraphin). — *Poésies françoises*, La Haye, 1716, 2 vol.

SAINT-EVREMOND. — *Les Œuvres de Mr Saint-Evremond*, Londres, Tonson, 1725, 7 vol.

— *Œuvres mêlées*, p.p. Ch. Giraud, Techner, 1865, 3 vol.

— *Œuvres en prose*, p.p. R. Ternois, Didier, 1962, 66, 4 vol.

SAINT-PAVIN. — *Recueil complet des poésies de Saint-Pavin*, p.p. Paulin, Paris, 1861.

SARASIN (Jean-François). — *Les Œuvres de M. Sarasin*, Courbé, 1656 (Billaine, 1663).

— *Poésies de François Sarasin*, p.p. O. Uzanne, Librairie des Bibliophiles, 1877.

— *Œuvres*, p.p. P. Festuguière, Champion, 1926, 2 vol.

SCARRON (Paul). — *Les Œuvres de Mr Scarron*, de Luyne, 1659.

— *Les Dernières Œuvres de Monsieur Scarron...*, Paris, 1668.

— *Les œuvres de M. Scarron*, Amsterdam, Mortier, 1695, 8 vol.

— *Poésies diverses*, p.p. M. Cauchie, Didier, S.T.F.M., 1947, 2 vol.

SEGRAIS (Jean Regnault de). — *Diverses poésies...*, Sommaville, 1658 (Sommaville, 1659).

— *Œuvres diverses de M. Segrais*, Amsterdam, Changion, 1723, 2 vol.

— *Poésies de Segrais*, Caen, Chalopin fils, 1823.

SOREL (Charles). — *Œuvres diverses ou discours meslez*, Paris, 1663.

VILLEDIEU (M.C. Des Jardins, dame de). — *Recueil de quelques Lettres ou Relations galantes*, par Mademoiselle Desjardins, Barbin, 1668.

— *Nouveau recueil de quelques pièces galantes* faites par Mme de Villedieu, autrefois Mlle Desjardins, J. Ribou, 1669.

— *Œuvres mêlées de Mme de Villedieu*, Baritel l'aîné, 1681, 2 vol.

— *Nouvelles œuvres meslées*, Lyon Th. Amaulry, 1691.

VOITURE (Vincent). — *Les Œuvres de M. de Voiture*, A. Courbé, 1650.

— *Lettres et poésies*, p.p. M. A. Ubicini, Paris, 1855, 2 vol.

— *Poésies*, p.p. H. Lafay, Didier, S.T.F.M., 1971, 2 vol.

III — *Témoignages et documents*

a) *Mémoires et correspondances authentiques :*

ARNAUD (abbé Antoine). — *Mémoires contenant quelques anecdotes de la cour de France,* Amsterdam, 1756, 3 vol. (Collection Michaud & Poujoulat, 2ᵉ série, t. IX ; p. 475-562.)

BRIENNE (H.L. de Loménie, comte de). — *Mémoires contenant plusieurs particularités importantes et curieuses...,* Amsterdam, 1720, 2 vol. (p.p. P. Bonnefon, Paris, 1916-19, 3 vol.).

BUSSY-RABUTIN (R. de R., cte de B.). — *Mémoires secrets de M. le comte de Bussy-Rabutin...,* Anisson, 1696, 3 vol. (p.p. L. Lalanne, Marpou, 1857 & 1882, 2 vol.).

— *Correspondance de Roger de Rabutin comte de Bussy avec sa famille et ses amis. 1666-1693,* p.p. L. Lalanne, Charpentier, 1858-59, 6 vol.

CHAPELAIN (Jean). — *Lettres,* p.p. Tamizey de Larroque, Paris, 1880-83, 2 vol.

CHAULIEU (Guillaume Amfrye, abbé de). — *Lettres inédites,* p.p. le marquis de Bérenger, Paris, 1850.

CHOISY (François Timoléon, abbé de). — *Mémoires pour servir à l'histoire du règne de Louis XIV,* Utrecht, 1727.

CONDÉ (Louis II de Bourbon, prince de). — « Lettres à Marie de Gonzague reine de Pologne » (1664-67), in E. Magne, *Le grand Condé et le duc d'Enghien,* Emile Paul, 1920.

CONRART (Valentin). — *Mémoires,* collection Michaud & Poujoulat, 3ᵉ série, t. IV.

CONTI (A. Marie Martinozzi, princesse de). — « Lettres », in Ed. de Barthélémy, *Une nièce de Mazarin, la princesse de Conti,* Didot, 1875.

COSNAC (Daniel de). — *Mémoires,* p.p. le comte J. de Cosnac, Renouard, 1852, 2 vol.

COURCELLES (Sidonia de Lenoncourt, marquise de). — *Mémoires et correspondance de la marquise de Courcelles,* p.p. P. Pougin, Paris, 1855.

FLÉCHIER (Valentin Esprit). — *Mémoires sur les Grands-Jours d'Auvergne. 1665,* p.p. A. Chéruel, Hachette, 1856.

— « Correspondance avec Mlle de la Vigne », p.p. J. Tasche-reau, *Revue rétrospective*, 1833, I p. 131 & p. 244.

— *Correspondance de Fléchier avec Mme Deshoulières et sa fille*, p.p. l'abbé A. Favre, Didier, 1871.

GOURVILLE (Jean Hénault, sieur de). — *Mémoires*, p.p. L. Lecestre, H. Laurens, 1894-95, 2 vol.

GRAMONT (Antoine III, duc de). — *Mémoires*, collection Michaud & Poujoulat, 3ᵉ série, t. VII.

GRAMONT (Antoine Charles, fils du précédent). — « Relation de mon voyage en Pologne » (1663-64), *Revue de Paris*, 15 Avril 1922, p. 698-737.

HUET (Daniel). — *Commentarius de rebus ad eum pertinentibus*, Amsterdam, du Sauzet, 1718 (trad. fr. par Ch. Nisard, Paris, 1853).

LA FARE (Charles Auguste, marquis de). — *Mémoires et réflexions sur les principaux événements du règne de Louis XIV...*, Rotterdam, 1716.

LAFAYETTE (M. M. Pioche de La Vergne, comtesse de). — *Vie de la princesse d'Angleterre* (autre titre : *Histoire de Madame*), p.p. M. Th. Hipp, Droz, 1967.

— *Correspondance*, p.p. G. Roth, Gallimard, 1942, 2 vol.

LA GRANGE (Charles Varlet de). — *Registre*, J. Claye, 1876.

LA GUETTE (Catherine de Meurdrac, dame de). — *Mémoires escrits par elle-même*, La Haye, 1681 (p.p. C. Moreau, Paris, 1856).

LA PORTE (Pierre de). — *Mémoires contenant plusieurs particula-rités des règnes de Louis XIII et de Louis XIV*, (1624-1666), collection Michaud & Poujoulat, 3ᵉ série, t. VIII.

LEFÈVRE D'ORMESSON (Olivier III). — *Journal d'Olivier d'Ormesson*, p.p. A. Chéruel, Imprimerie impériale, 1860-61, 2 vol.

LE PETIT (Claude). — *La Chronique scandaleuse ou Paris ridicule*, p.p. P. Lacroix, *Paris ridicule et burlesque au dix-septième siècle*, Paris 1859.

LOCATELLI (Sébastien). — *Voyage de France*, (1664-1665), p.p. A. Vautier, Picard, 1905.

LORET (Jean). — *La Muze historique ou recueil de lettres en vers...*, (1650-1655), p.p. V. de la Pelouze et Ch. L. Livet, Jannet Daffis, 1857-78, 4 vol. et une table.

— *Les continuateurs de Loret. Lettres en vers de La Gravette de Mayolas, Robinet, Boursault...* (1665-1689), p.p. J. de Rotschild, Morgan et Fatout, 1881-99, 3 vol.

LOUIS XIV. — *Mémoires de Louis XIV pour les années 1661 et 1666...*, p.p. J. Longnon, Paris, 1927.

MAINTENON (Françoise d'Aubigné, mise de). — *Correspondance générale*, p.p. Th. Lavallée, Charpentier, 1865, 4 vol.

MANCINI (Hortense, duchesse de Mazarin). — *Mémoires D.M.L.D.M.*, Cologne, 1675 (p.p. P. Camo, *Mémoires d'Hortense et de Marie Mancini*, Paris, 1929).

MANCINI (Marie, connétable Colonna). — *Mémoires de M.L.P.M.M. Colonne...*, Cologne, 1676 — *La vérité dans son jour ou les véritables mémoires de Marie Mancini, connétable Colonne*, s.l.n.d. (1677) — *Apologie ou les véritables mémoires de Mme Mancini...*, Leyde, 1678 (p.p. P. Camo, *op. cit.*, Paris, 1929).

MAROLLES (Michel de). — *Mémoires de Michel de Marolles, abbé de Villeloin*, p.p. Cl. P. Goujet, Amsterdam, 1755, 3 vol.

MÉRÉ (Antoine Gombauld, chev. de). — *Lettres de Monsieur le Chevalier de Méré*, Thierry & Barbin, 1672, 2 vol.

MONTPENSIER (A.M.L. d'Orléans, duchesse de). — *Mémoires*, p.p. A. Chéruel, Charpentier, 1856-60, 4 vol. (2ᵉ édition, 1891).

— *Lettres de Mademoiselle de Montpensier, de Mesdames de Motteville et de Montmorency, de Mademoiselle du Pré et de Madame la Marquise de Lambert*, L. Collin, 1806.

MOTTEVILLE (Françoise Bertaut, dame de). — *Mémoires sur Anne d'Autriche et sa cour*, collection Michaud et Poujoulat, 2ᵉ série, t. X.

ORLÉANS (Henriette d'Angleterre, duchesse d'). — « Correspondance avec son frère Charles II », p.p. le comte de Baillon, in *Henriette d'Angleterre*, Paris, 1886.

ORLÉANS (Charlotte Elisabeth de Bavière, duchesse d'). — *Correspondance de Madame, duchesse d'Orléans*, p.p. E. Jaeglé, Quantin, 1880-1890, 3 vol.

PRIMI VISCONTI (J.-Baptiste). — *Mémoires sur la cour de Louis XIV*, trad. par J. Lemoine, Calmann-Lévy, 1909.

RENAUDOT (Théophraste). — *Recueil général des questions traictées es Conférences du Bureau d'adresses...*, Chamhoudry, 2ᵉ édition, 1655-56, 4 vol.

RETZ (J. Fr. P. de Gondi, cardinal de). — *Mémoires*, p.p. M. Allem, Gallimard, Bibl. de la Pléiade, 1956.

ROU (Jean). — *Mémoires inédits et opuscules*, p.p. F. Waddington, Paris, 1857, 2 vol.

SAINT-MAURICE (Th. Fr. Chabod, marquis de). — *Lettres sur la cour de Louis XIV*, (1667-1673), p.p. J. Lemoine, Calmann-Lévy, 1910.

SAUVAL (Henri). — *Histoire et recherches des Antiquités de la ville de Paris*, C. Moette, 1724, 3 vol.

SCUDÉRY (Madeleine de). — Correspondance, in Rathery & Bou-
    tron, *Mlle de Scudéry, sa vie et sa correspondance*, Paris,
    1873.
SÉVIGNÉ (Marie de Rabutin Chantal, marquise de). — *Lettres*, p.p.
    R. Duchêne, Gallimard, Bibl. de la Pléiade, 1972-74, 3 vol.
SÉVIGNÉ (Renaud, chev. de). — *Correspondance du chevalier de
    Sévigné et de Christine de France, duchesse de Savoie*,
    p.p. J. Lemoine & Fr. Saulnier, Renouard, 1911.
TALLEMANT DES RÉAUX (Gédéon T., sieur des R.). — *Les Histo-
    riettes*, p.p. A. Adam, Gallimard, Bibl. de la Pléiade, 1960,
    2 vol.
VILLERS (Philippe et François). — *Journal du voyage de deux
    jeunes hollandais à Paris, 1656-1658*, p.p. L. Marillier, Cham-
    pion, 1899.

b) *Critique littéraire et ouvrages savants :*

ARNAULD (A.) & NICOLE (P.). — *La Logique ou l'art de penser...*,
    (1659), p.p. P. Clair & Fr. Girbal, P.U.F., 1965.
ARNAULD (A.) & LANCELOT (Cl.). — *Grammaire générale et rai-
    sonnée*, 1660, (Paris, Perlet, 1803).
BARBIER D'AUCOUR. — *Sentiments de Cléante sur les Entretiens
    d'Ariste et d'Eugène*, Le Monnier, 1671 (4ᵉ édition, Vve
    Delaulne, 1730).
BARY (René). — *La Rhétorique françoise...*, Le Petit, 1653 (Lyon,
    Th. Amaulry, 1676).
BOILEAU (Nicolas, sieur Despréaux). — *Œuvres complètes*, p.p.
    A. Adam, Gallimard, Bibl. de la Pléiade, 1966.
BOUHOURS (Père Dominique, s.j.). — *Les Entretiens d'Ariste et
    d'Eugène*, Mabre Cramoisy, 1671 (Amsterdam, J. Le Jeune,
    1671).
COSTAR (abbé Pierre). — *Défense des ouvrages de M. de Voiture*,
    A. Courbé, 1653.
    — *Les entretiens de M. de Voiture et de M. Costar*, Courbé,
    1654.
    — *Suite de la défense des œuvres de M. de Voiture*, à M. Mé-
    nage, Courbé, 1655.
CUREAU DE LA CHAMBRE. — *Les Charactères des Passions*, Paris,
    1640-62 (Amsterdam, 1658-63, 4 vol.).

— *L'art de connoistre les hommes...*, Paris, 1659-66 (Amsterdam, 1669, 3 vol.).

GIRAC (Paul Thomas, sieur de). — *Response du sieur de Girac à la défense des œuvres de M. de Voiture faite par M. Costar...*, Paris, 1655.

— *Réplique de M. de Girac à M. Costar où sont examinées les bévues et les invectives du livre intitulé « Suite de la défense de M. de Voiture »*, Leyde, 1660.

GUÉRET (Gabriel). — *La promenade de Saint-Cloud* (1669), p.p. G. Monval, Librairie des Bibliophiles, 1888.

— *Le Parnasse Réformé*, 2ᵉ édition, Th. Jolly, 1669.

— *La guerre des Auteurs anciens et modernes*, Girard, 1671.

HUET (Pierre Daniel). — *Lettre à M. de Segrais de l'origine des romans* (1670) p.p. F. Gégou, Nizet, 1969.

LAMY (Père Bernard, oratorien). — *La Rhétorique ou l'art de parler*, Paris, 1670 (Pralard, 1676).

MÉNAGE (Gilles). — *Les Origines de la langue françoise*, Paris, 1650 (Briasson, 1750).

— *Observations de M. Ménage sur la langue françoise*, Barbin, 1672.

PELLISSON (Paul). — « Préface » à l'édition des *Œuvres de M. Sarasin*, Courbé, 1656 (Billaine, 1663).

— *Relation contenant l'histoire de l'Académie françoise...*, Le Petit, 1672.

PELLISSON & D'OLIVET. — *Histoire de l'Académie française*, p.p. Ch. L. Livet, Didier, 1858, 2 vol.

POMEY (Père François, s.j.). — *Candidatus rhetoricae, seu Aphtonii progymnasmata in meliorem formam usumque redacta*, Lyon, 1659.

POULLAIN DE LA BARRE (François). — *De l'égalité des deux sexes*, Discours physique et moral où l'on voit l'importance de se défaire des préjugez, Du Puis, 1673.

— *De l'éducation des dames pour la conduite de l'esprit dans les sciences et dans les mœurs*, Du Puis, 1674.

— *De l'excellence des hommes*, contre l'Egalité des sexes, Du Puis, 1675.

QUILLET (Claude). — *Calvidii Leti Callipaedia, seu de Pulchrae prolis habendae ratione poema didacticon...*, Th. Jolly, 1655.

RAPIN (Père René, s.j.). — *Réflexions sur la poétique d'Aristote et sur les ouvrages des poètes anciens et modernes*, Muguet, 1674 (p.p. E.T. Dubois, Droz, T.L.F., 1972).

SOREL (Charles). — *La Bibliothèque françoise de M.C. Sorel, ou le choix et l'examen des livres françois,* Paris, 1664 (2ᵉ édition, Cie des libraires du Palais, 1667).

— *De la connoissance des bons livres, ou examen de plusieurs auteurs,* Pralard, 1671, (Amsterdam, 1673).

VILLARS (N. Montfaucon, abbé de). — *De la Délicatesse,* Dialogue, Barbin, 1671.

c) *Ouvrages postérieurs à 1675 :*

AMELOT DE LA HOUSSAYE. — *Mémoires historiques, politiques, critiques et littéraires,* Amsterdam, Z. Chatelain, 1742, 3 vol.

ANCILLON (Charles). — *Mémoires concernant les Vies et les Ouvrages de plusieurs Modernes célèbres,* Amsterdam, 1709.

ANCILLON (David). — *Mélange critique de littérature recueilli par M,* Amsterdam, Brunel, 1701.

ARCKENHOLTZ (J.). — *Mémoires concernant Christine, reine de Suède, pour servir d'éclaircissement à l'histoire de son règne et principalement de sa vie privée,* Amsterdam et Leipzig ; 1751-60, 4 vol.

ARNAULD (Antoine). — « Lettre de M. Antoine Arnaud, docteur en Sorbonne, à M. P..., au sujet de la Satyre sur les femmes, par M. Despréaux », in *Œuvres de messire Antoine Arnauld...,* Paris et Lausanne, S. d'Arnay, 1775-83, 38 vol., t. 4, p. 6-24.

BAILLET (Adrien). — *Jugemens des Savans sur les principaux ouvrages des Auteurs,* Paris, 1685-86 (édition revue, corrigée et augmentée par M. de la Monnoye, Moette, Le Clerc..., 1722, 8 vol.).

BARON (Michel Boyron, dit). — *L'homme à bonnes fortunes,* Th. Guillain, 1686 (p.p. J. Bonnassies, Picard, 1870).

BELLEGARDE (J.-B. Morvan, abbé de). — *Réflexions sur ce qui peut plaire ou déplaire dans le commerce du monde,* Paris, 1688 (Guignard, 1701).

— *Modèles de conversations pour les personnes polies,* Guignard, 1697 (3ᵉ édition, 1701).

BOUHOURS (Père Dominique, s.j.). — *La Manière de bien penser dans les ouvrages de l'esprit,* 2ᵉ édition, Amsterdam, Wolfgang, 1692.

CAILLIÈRES (François de). — *Des bons mots et des bons contes, de leur usage, de la raillerie des anciens, de la raillerie et des railleurs de notre temps*, Paris, 1692.

— *Des mots à la mode et des nouvelles façons de parler, avec des observations sur diverses manières d'agir et de s'exprimer...*, Paris, 1692.

— *Du bon et du mauvais usage dans les manières de s'exprimer. Des façons de parler bourgeoises. Et en quoi elles sont différentes de celles de la cour*, Barbin, 1693.

— *Du bel esprit, où sont examinés les sentiments qu'on a dans le monde*, Anisson, 1695.

CHARPENTIER (François). — *Carpentariana ou Remarques d'histoire, de morale, de critique et d'érudition et de bons mots de M. Charpentier de l'Académie française*, Le Breton, 1724.

CHAULIEU (Guillaume Amfrye, abbé de). — *Poésies de M. l'abbé de Chaulieu et de M. le Marquis de La Fare*, Amsterdam, 1724.

— *Recueil de poésies galantes du chevalier de... et de quelques pièces fugitives de l'abbé de Chaulieu, et autres*, Au Parnasse, chez les Héritiers d'Apollon, 1744.

CHEVREAU (Urbain). — *Œuvres meslées de Monsieur Chevreau*, La Haye, Moetjens, 1697 (La Haye, H. Scheurleer, 1717, 2 vol.).

— *Chevroena ou Mélanges d'érudition et de critique de M. Chevreau*, Delaulne, 1697-1700, 2 vol.

COTOLENDI (Charles). — *Arlequiniana ou les bons mots, les histoires plaisantes et agréables recueillies des conversations d'Arlequin*, Florentin & Delaulne, 1694.

COULANGES (Philippe Emmanuel de). — *Recueil de chansons choisies*, S. Bénard, 1694 (2ᵉ édition, 1698).

DANCOURT (Florent Carton, sieur). — *Les Œuvres de M. Dancourt*, 4ᵉ édition, Pierre de Batz, 1738, 8 vol.

DANGEAU (Philippe de Courcillon, marquis de). — *Le journal du marquis de Dangeau, publié en entier pour la première fois avec les additions inédites du duc de Saint-Simon*, Didot, 1854-60, 19 vol.

DU PERRIER (J.) & TRICAUD (Abbé A. de). — *Pièces fugitives d'histoire et de littérature anciennes et modernes...*, J. Cot, 1705.

DU PLAISIR. — *Sentimens sur les Lettres, et sur l'histoire, avec des scrupules sur le stile*, Lyon, Amaulry, 1683.

ESPRIT (Jacques). — *La Fausseté des vertus humaines*, Cologne, P. Marteau, 1678, 2 vol.

FONTENELLE (Bernard le Bovyer de). — *Lettres diverses de M. le Chevalier d'Her...,* Blageart, 1683-87 (p.p. D. Delafarge, Annales de l'Université de Lyon, Les Belles Lettres, 1961).

FURETIÈRE (Antoine). — *Dictionnaire universel, contenant généralement les mots français tant vieux que modernes...,* La Haye et Rotterdam ; A. & R. Leers, 1690.

GOUJET (Abbé Claude Pierre). — *Bibliothèque française ou Histoire de la littérature française...,* Guérin, Delatour & Mercier, 1740-46, 18 vol.

GRANET (Abbé François). — *Recueil de pièces d'histoire et de littérature,* Chaubert, 1731-1741, 2 vol.

— *Réflexions sur les Ouvrages de littérature,* Briasson, 1742-60, 12 vol.

GRIMAREST (J.-L. Le Gallois, sieur de). — *La Vie de M. de Molière,* Le Febvre, 1705 (p.p. G. Mongrédien, M. Brient, 1955).

LA BRUYÈRE (Jean de). — *Les Caractères ou les Mœurs de ce siècle,* Michallet, 1688 (p.p. R. Garapon, Garnier, 1962).

LA FAYETTE (comtesse de). — *Mémoires de la cour de France pour les années 1688 et 1689,* p.p. E. Asse, Librairie des Bibliophiles, 1890.

LAMBERT (A. Th. de Marguenat de Courcelles, marquise de). — *Œuvres de Madame la Marquise de Lambert...,* Lausanne, M.M. Bousquet, 1747.

LE CLERC (Jean). — *Mélange critique de littérature...,* Amsterdam, P. Brunel, 1706.

LE DUCHAT (Jacob). — *Ducatiana, ou Remarques de feu M. Le Duchat sur divers sujets d'Histoire, et de Littérature,* Amsterdam, P. Humbert, 1738, 2 vol.

LHÉRITIER (Marie-Jeanne, Demoiselle). — *Le Triomphe de Madame Des Houlières, reccue dixième Muse du Parnasse,* Cl. Mazuel, 1694.

— *L'Apothéose de Mademoiselle de Scudéry,* Moreau, 1702.

LONGUERUE (Louis du Four de). — *Longueruana ou Recueil de Pensées, de Discours, de Conversations...,* Berlin (Paris), 1754.

MÉRÉ (Antoine Gombauld, chev. de). — *Les Avantures de Renaud et d'Armide par M.L.C.D.M.,* Barbin, 1678.

MARANA (Gian Paolo). — *L'Espion du Grand Seigneur,* Cologne, Hinskins, 1696, 5 vol.

MÉNAGE (Gilles). — *Menagiana...,* Paris, 1693 (Florentin et Delaulne, 1729, 4 vol.).

PERRAULT (Charles). — *Parallèle des Anciens et des Modernes en ce qui regarde les arts et les sciences*, Coignard, 1688-97, 4 vol. (fac-simile de l'édition originale, Munich, 1964).

— *Apologie des Femmes*, Paris, 1694.

PRADON (Nicolas). — *Les Œuvres de M. Pradon*, Libraires associés, 1744, 2 vol.

RICHELET (Pierre). — *Dictionnaire françois, contenant les mots et les choses...*, Genève, J. H. Widerhold, 1680.

— *Les plus belles lettres des meilleurs auteurs...*, Amsterdam, 1690 (Amsterdam, Wetstein, 1721, 2 vol.).

SAINT-SIMON (Louis de Rouvroy, duc de). — *Mémoires de Saint-Simon*, p.p. A. de Boislile, Hachette, G.E.F., 1879-1930, 43 vol.

SALIEZ (Antoinette de Salvan, dame de). — *Lettres de Mesdames de Scudéry, de Salvan et Saliez et de Mlle Descartes*, L. Collin, 1806.

SALENGRE (Albert Henri de). — *Mémoires de Littérature*, La Haye, 1715, 2 vol.

SCUDÉRY (Madeleine de). — *Les conversations sur divers sujets par mademoiselle de Scudéry*, Barbin, 1680, 2 vol. (5ᵉ édition, Amsterdam, D. du Fresne, 1686).

— *La Morale du Monde ou Conversations de M. de S.D.R.*, Paris, 1686, 2 vol.

— *Nouvelles conversations morales*, S. Cramoisy, 1688, 2 vol.

SEGRAIS (Jean Regnault de). — *Segraisiana...*, Prault, 1722.

SOURCHES (Louis François du Bouchet, marquis de). — *Mémoires*, (1681-1712), p.p. MM. de Cosnac, Bertrand et Pontal, Paris, 1882-93, 13 vol.

SPANHEIM (Ezéchiel). — *Relation de la cour de France en 1690*, p.p. E. Bourgeois, Picard, 1900.

VALINCOUR (J.-B. du Trousset de). — *Lettres à Madame la Marquise sur le sujet de la Princesse de Clèves*, Mabre-Cramoisy, 1678 (Publication du groupe d'étude du XVIIᵉ siècle de l'Université Fr. Rabelais, Tours, Editions de l'Université, 1972).

VAUMORIÈRE (Pierre Ortigue de). — *L'art de plaire dans la Conversation*, Guignard, 1688 (Guignard, 1698).

VIGNEUL-MARVILLE (Dom Bonaventure d'Argonne). — *Mélanges d'histoire et de littérature*, Rouen, 1699 (4ᵉ édition, G. Prudhomme, 1725, 3 vol.).

Section II

Etudes critiques récentes

a) *Ouvrages généraux :*

Tradition courtoise, préciosité, condition féminine, environne-ment historique et littéraire.

ADAM (A.). — « La théorie mystique de l'amour dans l'*Astrée* et ses sources italiennes », *Revue d'histoire de la Philosophie*, 1936, p. 193-206.
— « La genèse des *Précieuses ridicules* », *Revue d'histoire de la Philosophie*, 1939, p. 14-46.
— « L'Ecole de 1660. Histoire ou légende », *Revue d'histoire de la Philosophie*, 1939, p. 215-250.
— *Histoire de la Littérature française au* XVIIᵉ *siècle*, Domat, 1949-1956, 5 vol.
— « Baroque et Préciosité », *Revue des Sciences humaines*, 1949, p. 208-224.
— « La Préciosité », *C.A.I.E.F.*, n° 1, 1951, p. 35-47.
— « Autour de Nicolas Foucquet : poésie précieuse ou coquette ou galante ? », *C.A.I.E.F.*, n° 22, 1970, p. 277-284.
ARIES (Ph.). — *L'enfant et la vie familiale sous l'Ancien Régime*, Plon, 1960.
AUBA (J.). — « Préciosité et libertinage », *Annales publiées par la Faculté des Lettres de Toulouse*, Littératures V, 1957.
BAR (Fr.). — *Le genre Burlesque en France au* XVIIᵉ *siècle. Etude de Style*, d'Artrey, 1960.
BAUMAL (F.). — *Le féminisme au temps de Molière*, Renaissance du livre, (1925).

BELMONT (L.). — « Documents inédits sur la société et la littérature précieuses : extraits de la Chronique du Samedi », *R.H.L.F.*, n° 9, 1902, p. 646-673.

BERTIN (E.). — *Les Mariages dans l'ancienne société française*, Hachette, 1879.

BEZZOLA (R.B.). — *Les origines et la formation de la littérature courtoise en occident (500-1200)*, Champion, Bibl. des Hautes Etudes, 1944-1963, 5 vol.

BRAY (Bernard). — *L'art de la lettre amoureuse. Des manuels aux romans (1550-1700)*, La Haye & Paris, Mouton, 1967.

BRAY (René). — *La Préciosité et les précieux de Thibaut de Champagne à Giraudoux*, A. Michel, 1948.

— « La Préciosité », *C.A.I.E.F.*, n° 1, 1951, p. 49-55.

BRUNETIÈRE (F.). — « La Société précieuse au XVIIe siècle », *Revue des deux Mondes*, 15 Avril 1882, p. 933-944.

BRUNOT (F.). — *Histoire de la langue française des origines à 1900*, A. Colin, 1933 et sq., 13 vol.

CIORANESCU (Al.). — *Bibliographie de la littérature française du XVIIe siècle*, éd. du C.N.R.S., 1965-1967, 3 vol.

— « Précieuse », *Baroque IV*, Montauban, déc. 1969, p. 77-82.

COLOMBEY (E.). — *La journée des Madrigaux suivie de la Gazette de Tendre et du Carnaval des Prétieuses*, Aubry, Trésor des pièces inédites ou rares, t. VIII, 1856.

COUSIN (V.). — *La Société française au XVIIe siècle d'après le Grand Cyrus de Mlle de Scudéry*, Didier, 1858, 2 vol.

DALLAS (D.F.). — *Le roman français de 1660 à 1680*, librairie universitaire J. Gamber, 1932.

DAMIENS (S.). — *Amour et Intellect chez Léon l'Hébreu*, Toulouse, Privat, 1971.

DEBU-BRIDEL (J.). — « La préciosité, conception héroïque de la vie », *Revue de France*, 15 Septembre 1938, p. 195-216.

DELOFFRE (F.). — *Marivaux et le marivaudage, une préciosité nouvelle*, A. Colin, 3e édition, 1972.

— *La nouvelle en France à l'âge classique*, Didier, 1968.

DESNOIRESTERRES (G.). — *Les cours galantes*, Dentu, 1865, 4 vol.

DEVILLE (Et.). — *Index du Mercure de France (1672-1832)*, Paris, 1910.

DUMONCEAUX (P.). — *Essais sur quelques-unes des termes-clés du vocabulaire affectif et leur évolution sémantique au XVIIe siècle (1600-1715)*, Service de reproduction des thèses (Lille III), 1971.

FAGUET (E.). — *Histoire de la poésie française de la Renaissance au Romantisme*, t. III, « Précieux et burlesques », Boivin, 1927.

FEBVRE (L.). — « La sensibilité dans l'histoire : les « courants » collectifs de pensée et d'action », *Dixième semaine internationale de synthèse*, P.U.F., 1938, p. 77-100.

— *Autour de l'Heptaméron : Amour sacré, amour profane*, Gallimard, 3ᵉ édition, 1944.

FESTUGIÈRE (J.). — *La Philosophie de l'amour de Marsile Ficin et son influence sur la littérature du* xviᵉ *siècle*, Vrin, 1941.

FIDAO-JUSTINIANI (J.E.). — *L'esprit classique et la préciosité au* xviiᵉ *siècle*, Picard, 1914.

FOURNEL (V.). — *Les contemporains de Molière*, Didot, 1863-1866, 3 vol.

FROMILHAGUE (R.). — « Quelques aspects de la poésie précieuse », *Annales publiées par la Faculté des Lettres de Toulouse*, 1945.

FUKUI (Y.). — *Le raffinement précieux dans la poésie française du* xviiᵉ *siècle*, Nizet, 1964.

GAIFFE (F.). — *L'envers du grand siècle, étude historique et anecdotique*, A. Michel, 1924.

GILLOT (H.). — *La Querelle des Anciens et des Modernes. De la Défense et illustration de la langue française au Parallèle des anciens et des modernes*, Champion, 1914.

GOUBERT (P.). — *Louis XIV et vingt millions de Français*, Fayard, (1966).

— *L'Ancien Régime*, A. Colin, Coll. U, 1969-72, 2 vol.

HENRY (A.). — *Métonymie et métaphore*, Klincksieck, 1971.

LABATUT (J.-P.). — *Les Ducs et Pairs de France au* xviiᵉ *siècle*, P.U.F., Travaux du centre de recherches sur la civilisation de l'Europe moderne, fasc. 13, 1972.

LACHÈVRE (F.). — *Bibliographie des recueils collectifs de poésies publiés de 1597 à 1700*, H. Leclerc, 1901-1922, 5 vol.

LANCASTER (H.C.). — *A History of French Dramatic Literature in the Seventeenth Century*, Les Belles Lettres, 1936, 2 vol.

LATHUILLÈRE (R.). — *La Préciosité. Etude historique et linguistique*, t. I, Position du problème. Les Origines, Genève, Droz, 1966.

LAZAR (M.). — *Amour courtois et Fine Amors dans la littérature du* xiiᵉ *siècle*, Klincksieck, 1964.

LEBÈGUE (R.). — « La sensibilité dans les lettres d'amour au xviiᵉ siècle », *C.A.I.E.F.*, n° 11, 1959, p. 77-85.

LEFEBVRE (Ch.). — *Cours de doctorat sur l'histoire du droit matri-monial français. Le lien du mariage*, Librairie de la société du recueil Sirey, 1913-1923.

LE GUERN (M.). — *Sémantique de la Métaphore et de la Métonymie*, Larousse, coll. « Langue et langage », 1972.

LIVET (Ch. L.). — *Précieux et Précieuses*, Didier, 2ᵉ édition, 1870.

MC GILLIVRAY (R. G.). — « La préciosité : essai de mise au point », *Revue des Sciences humaines*, fasc. 105, 1962, p. 15-30.

MAGENDIE (M.). — *La politesse mondaine et les théories de l'honnê-teté en France au* XVIIᵉ *siècle*, de 1600 à 1660, Alcan, 1925, 2 vol.

— *Le roman français au* XVIIᵉ *siècle, de l'Astrée au Grand Cyrus*, Droz, 1932.

MANDROU (R.). — « Pour une histoire de la sensibilité », *Annales E.S.C.*, Juil.-Sept. 1959, p. 581-588.

— *Introduction à la France moderne ; 1500-1640*, A. Michel, « Evolution de l'Humanité », 1961.

— *Louis XIV en son temps*, P.U.F., « Peuples et civilisations », 1973.

MEYER (J.). — *Noblesses et pouvoirs dans l'Europe d'Ancien Ré-gime*, Hachette-Littérature, 1973.

MICHAUD & POUJOULAT. — *Collection nouvelle de Mémoires pour servir à l'histoire de France*, Paris, 1836-1881, 28 vol.

MOLHO (R.). — *L'ordre et les Ténèbres ou la naissance d'un mythe du* XVIIᵉ *siècle chez Sainte-Beuve*, A. Colin, 1972.

MONGREDIEN (G.). — *Le* XVIIᵉ *siècle galant. Libertins et amoureuses*, Librairie académique Perrin, 1929.

— *Les Précieux et les Précieuses*, Mercure de France, 1939.

— « La Préciosité », *Cahiers du Sud*, « Le Préclassicisme fran-çais », 1952, p. 162-174.

MORNET (D.). — *Histoire de la clarté française*, Payot, 1929.

— « La signification et l'évolution de l'idée de préciosité en France au XVIIᵉ siècle », *Journal of the history of ideas*, 1940, t. I, p. 225-231.

— *Histoire de la littérature française classique*, A. Colin, 1940.

MOUSNIER (R.). — « Monarchie contre aristocratie dans la France du XVIIᵉ siècle, *Dix-septième Siècle*, n° 31, 1956, p. 377-381.

— *Les institutions de la France sous la monarchie absolue. 1598-1789*, tome I, P.U.F., 1974.

MOURGUES (O. de). — *Metaphysical, Baroque and Precious poetry*, Oxford, Clarendon Press, 1953.

NELLI (R.). — *L'érotique des Troubadours*, Toulouse, Privat, 1963.

OLIVIER-MARTIN (Fr.). — *Histoire du droit français, des origines à la Révolution*, Domat-Montchrestien, 1951.

PAYEN (J. Ch.). — *Les origines de la courtoisie dans la littérature médiévale française*, C.D.U., 1966.

PINTARD (R.). — « Une affaire de libertinage au XVIIᵉ siècle. Les aventures et les procès du chevalier de Roquelaure », *Revue d'histoire générale de la civilisation*, 1937, p. 1-24.

— *Le libertinage érudit dans la première moitié du XVIIᵉ siècle*, Boivin, 1943, 2 vol.

— « La poésie », *Dix-septième Siècle*, n° 20, 1953, p. 268 & sq.

— « Pour le tricentenaire des Précieuses ridicules. Préciosité et classicisme », *Dix-septième Siècle*, n° 50-51, p. 8-20.

REYNIER (G.). — *Le roman sentimental avant l'Astrée*, A. Colin, 1908.

— *La femme au XVIIᵉ siècle, ses ennemis et ses défenseurs*, J. Tallandier, Bibliothèque Historia, 1929.

RIGAULT (H.). — *Histoire de la querelle des Anciens et des Modernes*, Hachette, 1856.

ROGER (J.). — *Les sciences de la vie dans la pensée française du XVIIIᵉ siècle. La génération des animaux de Descartes à l'Encyclopédie*, A. Colin, 2ᵉ édition, 1971.

ROUBEN (C.). — « Histoire et géographie galante au Grand Siècle », *XVIIᵉ Siècle*, n° 93, 1971, p. 55-73.

— « Un jeu de société au Grand Siècle : les Questions et les Maximes d'amour », *XVIIᵉ Siècle*, n° 97, 1972, p. 85-104.

ROUSSET (J.). — *La littérature de l'âge baroque en France. Circé et le paon*, J. Corti, 5ᵉ édition, 1965.

— « L'Ile enchantée — Fête et théâtre au XVIIᵉ siècle », *Mélanges Mieczylaw Brakma*, p. 435-41, Varsovie, 1967.

SAGNAC (Ph.). — *La formation de la société française moderne*, P.U.F., 1945, 2 vol.

SCHIFF (M.). — *La Fille d'alliance de Montaigne. Marie de Gournay*. Essai suivi de « l'égalité des hommes et des femmes » et du « Grief des dames », Champion, 1910.

ZUMTHOR (P.). — « Le sens de l'amour et du mariage dans la conception classique de l'homme », *Archiv*, Bd 181, 1942, p. 97-109.

— « La carte de Tendre et les précieux », *Trivium*, VI, 1948, p. 263-273.

b) *Etudes particulières* :

Personnages, auteurs, œuvres majeures...

ALLORGE (H.). — « Trois poètes galants du XVIIe siècle : l'abbé de Torches, J. Alluis, la comtesse de la Suze. », *Revue bleue,* n° 2, 1934, p. 676-680.

ARNAUD (Ch.). — *Etude sur la vie et les œuvres de l'abbé d'Aubignac et sur les théories dramatiques au XVIIe siècle,* A. Picard, 1887.

ASHTON (H.). — *Ménage et ses élèves* — in *Proceedings and Transactions of The Royal Society of Canada,* 3e série, vol. XIII, Ottawa, Mai 1919.

— *Mme de La Fayette, sa vie et ses œuvres,* Cambridge, University Press, 1922.

BAILLON (Cte Ch. de). — *Henriette Anne d'Angleterre, duchesse d'Orléans. Sa vie et sa correspondance avec son frère Charles II,* Perrin, 2e édition, 1887.

BALDENSPERGER (F.). — « A propos de l'aveu de la Princesse de Clèves », *Revue de Philologie française,* 1901, p. 26 et sq.

— « Racine et la tradition romanesque », *Revue de littérature comparée,* 1939, t. 39, p. 649 et sq.

BARNWELL (H.T.). — *Les Idées morales et critiques de Saint-Evremond,* P.U.F., 1957.

BARTHÉLÉMY (Ed. de). — *Mme la comtesse de Maure, sa vie, sa correspondance, suivies des Maximes de Mme de Sablé et d'une étude sur la vie de Mlle de Vandy,* J. Gay, 1863.

— *Les amis de la Marquise de Sablé...,* E. Dentu, 1865.

— *Une nièce de Mazarin. La princesse de Conti d'après sa correspondance inédite,* F. Didot, 1875.

— *Sapho. Le Mage de Sidon, Zénocrate. Etude sur la société précieuse, d'après les lettres de Mlle de Scudéry, de Godeau et de d'Isarn,* Didier, 1880.

— *La Marquise d'Huxelles et ses amis,* Paris, 1881.

BARTHES (R.). — *Sur Racine,* Seuil, 1963.

BAUMAL (Fr.). — *Molière auteur précieux,* Renaissance du Livre, (1927).

BEAUNIER (A.). — *La jeunesse de Mme de La Fayette*, Flammarion, 1921.

— *L'amie de La Rochefoucauld*, Flammarion, 1927.

BELIN (F.). — *La société française au XVIIᵉ siècle d'après les sermons de Bourdaloue*, Paris, 1875.

BERTRAND (L.). — *La vie amoureuse de Louis XIV. Essai de psychologie historique*, Fayard. (1924).

BIARD (J. D.). — *The Style of La Fontaine's Fables*, Oxford, B. Blackwell, Language and Style Series, III, 1966.

BOCHET (H.). — *L'Astrée, ses origines, son importance dans la formation de la littérature classique*, Genève, Imp. de Jent, 1923.

BONNEFON (P.). — « Charles Perrault. Essai sur sa vie et ses ouvrages », *R.H.L.F.*, 1904, p. 365-420.

— « Charles Perrault, littérateur et académicien : l'opposition à Boileau », *R.H.L.F.*, 1905, p. 549-609.

BOUDHORS (Ch. H.). — « Observations et recherches sur le *Discours sur les Passions de l'Amour* », *R.H.L.F.*, 1933, p. 1-16 et 355-83.

BOURGOIN (A.). — *Un bourgeois de Paris lettré au XVIIᵉ siècle : Valentin Conrart, premier secrétaire perpétuel de l'Académie française, et son temps, sa vie, ses écrits, son rôle dans la première partie du XVIIᵉ siècle*, Hachette, 1883.

BOURIQUET (G.). — *L'abbé de Chaulieu et le libertinage au Grand Siècle*, Nizet, 1972.

BRAY (B.). — « Quelques aspects du système épistolaire de Mme de Sévigné », *R.H.L.F.*, 1969, p. 491-505.

BRAY (R.). — « La Dissertation sur Joconde », *R.H.L.F.*, 1938, p. 497-517.

— *Molière, homme de théâtre*, Mercure de France, 1954.

BRÉDIF (M.). — *Segrais, sa vie et ses œuvres*, Aug. Durand, 1863.

BRODY (Cl. C.). — *The works of Claude Boyer*, New-York, King's Crown Press, 1947.

BRODY (J.). — *Boileau and Longinus*, Genève, Droz, 1958.

— « La Princesse de Clèves and the Myth of courtly love », *University of Toronto quarterly*, n° 38, Janv. 1969, p. 107-135.

BRUNET (G.). — *Un prétendu traité de Pascal, le Discours sur les passions de l'amour*, Editions de Minuit, 1959.

BUIJTENDORP (J.B.A.). — *Philippe Quinault, sa vie, ses tragédies et ses tragi-comédies*, Amsterdam, 1928.

BUTLER (Ph.). — *Classicisme et baroque dans l'œuvre de Racine*, Nizet, 1959.

CAGNON (M.). — « Zélotyde : un roman négligé du XVIIᵉ siècle », *XVIIᵉ Siècle*, n° 79, 1968, p. 43-56.

CARRÉ (Lt.-Cl. H.). — *Madame de Montespan, grandeur et décadence d'une favorite. 1640-1707*, Hachette, 1938.

CHATELAIN (U. V.). — *Le Surintendant Nicolas Foucquet, protecteur des lettres, des arts et des sciences*, Paris, 1905.

CHÉROT (H.). — *Etude sur la vie et les œuvres de P. Lemoyne* (1602-1671), Picard, 1887.

CHUPEAU (J.). — « (Jean de) Vanel et l'énigme des Lettres Portugaises, *R.H.L.F.*, 1968, p. 221-228.

— « Remarques sur la genèse des Lettres Portugaises », *R.H.L.F.*, 1969, p. 506-514.

— « Le remaniement des Lettres Portugaises dans le Recueil des plus belles Lettres françaises de Pierre Richelet. Etude de style », *Le Français moderne*, Janv. 1970, p. 44-58.

CIORANESCU (Al.). — « La « Religieuse portugaise » et « Tout le reste est littérature » », *Revue des Sciences humaines*, fasc. III, 1963, p. 317-327.

COLLINET (J. P.). — *Le monde littéraire de La Fontaine*, P.U.F., 1970.

— *Lectures de Molière*, A. Colin, coll. U2, 1974.

COLLINS (D.A.). — *Thomas Corneille protean dramatist*, La Haye, Mouton & Co, 1966.

COLOMBEY (E.). — *Ninon de Lenclos et sa cour*, A. Delahaye, 1858.

COTTEZ (H.). — « Molière et Mlle de Scudéry », *Revue d'histoire de la Philosophie*, 1943, p. 340-359.

COUSIN (V.). — *Mlle de Vertus. Lettres inédites à Mme de Sablé.* Bibliothèque de l'Ecole des Chartes, t. 13, 1852, p. 297-347.

— *La Marquise de Sablé*, Didier, 2ᵉ édition, 1854.

COUTON (G.). — *La vieillesse de Corneille*, Deshayes, 1949.

— *Poétique de La Fontaine*, P.U.F., 1957.

— « Le mariage d'Hippolyte et d'Aricie ou Racine entre Pausanias et le droit canon », *Revue des Sciences humaines*, Fasc. 111, 1963, p. 305-315.

CRÉTIN (R.). — *Les images dans l'Œuvre de Corneille*, Caen, A. Olivier, 1927.

CUENIN (M.). — Ed. des *Précieuses ridicules*, Droz, T.L.F., 1973.

DEBEZ-SARLET (Cl.). — « Les jaloux et la jalousie dans l'œuvre romanesque de Mme de Lafayette », *Revue des Sciences humaines*, 1964, p. 279-309.

DELOFFRE (F.). — « A propos des Lettres portugaises », *Romanische forschungen*, n° 77 3/4, 1965, p. 351-352.

— « L'énigme des Lettres portugaises. Preuves et documents nouveaux », *Bulletin des Etudes portugaises*, n° 27, 1966, p. 11-27.

— « *Guilleragues, rien qu'un gascon.* Remarques sur quelques particularités de la langue de Guilleragues et des Lettres portugaises », *Revue de linguistique romane*, 1966, p. 267-278.

DELOFFRE (F.) & ROUGEOT (J.). — « Le thème de l'abandon dans les Lettres portugaises et la sensibilité de Guilleragues », *Saggi e ricerche di letteratura francese*, vol. VII, 1966, p. 69-98.

— « Etat présent des études sur Guilleragues et les Lettres portugaises », *L'Information littéraire*, n° 19, 1967, p. 143-155.

— « Les Lettres portugaises, miracle d'amour ou miracle de culture », *C.A.I.E.F.*, n° 20, 1968, p. 19-37.

DOOLITTLE (J.). — « A royal diversion : Mademoiselle et Lauzun », *L'Esprit créateur*, Minneapolis, summer 1971.

DOUBROVSKY (S.). — *Corneille ou la dialectique du héros*, Gallimard, Bibl. des Idées, 1964.

DRONKE (E.P.M.). — « Héloïse et Marianne : some reconsiderations », *Romanische forschungen*, vol. 72, 1960, p. 223-256.

DUBOIS (El.). — *René Rapin. L'homme et l'œuvre*, Université de Lille III, Service de reproduction des thèses, 1972.

DUCHÊNE (R.). — *Réalité vécue et art épistolaire. I. Mme de Sévigné et la lettre d'amour*, Bordas 1970.

DULONG (G.). — *L'abbé de Saint-Réal. — Etude sur les rapports de l'histoire et du roman au* XVIIe *siècle*, Champion, 1921, 2 vol.

EHRMANN (J.). — *Un paradis désespéré. L'amour et l'illusion dans l'Astrée*, P.U.F., 1963.

FABRE (abbé A.). — *De la correspondance de Fléchier avec Mme Des Houlières et sa fille*, Didier, 1871.

— *La jeunesse de Fléchier*, Didier, 1882, 2 vol.

FABRE (J.). — « L'art de l'analyse dans la *Princesse de Clèves* », *Publications de la Faculté de Strasbourg. Etudes littéraires*, fasc. 105, 1945, p. 261-306.

— « Bienséance et sentiment chez Mme de La Fayette », *C.A.I.E.F.*, n° 11, 1959, p. 33-66.

FEUGÈRE (A.). — *Bourdaloue, sa prédication et son temps*, Didier, 1874.

FRANCE (P.). — *Racine's Rhetoric*, Oxford, Clarendon Press, 1965.

GARAUD (Ch.). — « Qu'est-ce que le rabutinage ? », *XVIIe Siècle*, n° 93, 1971, p. 27-53.

GÉRARD-GAILLY. — *Bussy-Rabutin*, Paris, 1909.

— *Les sept fiancées de Charles de Sévigné*, Paris, 1935.

— *La Marquise de Courcelles*, une Manon Lescaut du XVII° siècle, A. Michel, 1943.

GIRBAL (Fr.). — *Bernard Lamy (1640-1715). Etude biographique et bibliographique*, P.U.F., 1964.

GONÇALVES RODRIGUES (A.). — *Mariana Alcoforado, historia e critica de una fraude literaria*, Coïmbra, 1944.

GRAPPIN (H.). — « Notes sur un féministe oublié. Le cartésien Poullain de la Barre », *R.H.L.F.*, n° 20, 1913, p. 852-867.

GREEN (F.C.). — « Who was the author of the *Lettres portugaises* », *Modern language review*, t. XXI, 1926, p. 159-167.

GRIEDER (J.). — « Le rôle de la religion dans la société de l'Astrée », *XVII° siècle*, n° 93, 1971, p. 3-12.

GRISELLE (E.). — *Histoire critique de la prédication de Bourdaloue*, Paris, 1901.

GROS (Et.). — *Philippe Quinault, sa vie, son œuvre*, Champion, 1926.

GRUBBS (H.A.). — *Damien Mitton (1618-1690), bourgeois honnête homme*, P.U.F., 1932.

— « The originality of La Rochefoucauld's Maxims », *R.H.L.F.*, 1929, p. 18-59.

— « La genèse des Maximes de La Rochefoucauld », *R.H.L.F.*, 1932, p. 481-499 & 1933, p. 17-37.

GUICHARNAUD (J.). — *Molière, une aventure théâtrale. Tartuffe, Dom-Juan, Le Misanthrope*, Gallimard, Bibl. des Idées, 1963.

HARMAND (R.). — *Essai sur la vie et les œuvres de Georges de Brébeuf (1617 ?-1661)*, Paris, 1897.

HIPP (M. Th.). — « Le mythe de Tristan et Iseut et la Princesse de Clèves », *R.H.L.F.*, 1965, p. 398-414.

HOFFMANN (P.). — « Préciosité et féminisme dans le roman de Michel de Pure », *Travaux de linguistique et de littérature*, t. V/2, Strasbourg, 1967, p. 23-24.

— « Féminisme de Descartes », *Travaux de linguistique et de littérature*, t. VII/2, Strasbourg, 1969, p. 83-105.

HOURCADE (Ph.). — « Du Plaisir et les problèmes du roman », *XVII° siècle*, n° 96, 1972, p. 55-71.

— « Du Plaisir et l'apostrophe initiale de la première « Lettre portugaise » », *R.H.L.F.*, 1973, p. 1043-1045.

HUBERT (J.D.). — *Essai d'exégèse racinienne. Les secrets témoins*, Nizet, 1956.

IVANOFF (N.). — *La marquise de Sablé et son salon*, Les Presses modernes, 1927.

JASINSKI (R.). — *Molière et le Misanthrope*, A. Colin, 1951.

KERVILER (R.) & BARTHÉLÉMY (Ed. de). — *Valentin Conrart, premier secrétaire de l'Académie française. Etude biographique suivie de lettres et mémoires inédits*, Didier, 1881.

KEVORKIAN (S.). — *Le thème de l'amour dans l'œuvre romanesque de Gomberville*, Klincksiek, 1972.

KOHN (R.). — *Le Goût de La Fontaine*, P.U.F., 1962.

LACHÈVRE (F.). — *Les derniers libertins. François Payot de Lignières, Mme Deshoulières, Chaulieu, La Fare*, Champion, 1924.

LAFOND (J.). — « La beauté et la grâce. L'esthétique « platonicienne » des *Amours de Psyché* », *R.H.L.F.*, 1969, p. 475-490.

LA FORCE (Duc de). — *La vie de la Grande Mademoiselle*, Flammarion, 1927, 2 vol.

— *Lauzun. Un courtisan du grand roi*, Hachette, 1947.

LAFUMA (L.). — *L'auteur présumé du Discours sur les passions de l'amour*, Delmas, 1950.

— « Le véritable auteur des *Questions d'Amour* des portefeuilles Vallant », *R.H.L.F.*, 1962, p. 353-362.

LAIR (J.). — *Louise de La Vallière et la jeunesse de Louis XIV*, Plon, 1881.

LANGE (M.). — *La Bruyère critique des institutions sociales*, Hachette, 1909.

LANGLOIS (abbé M.). — « Souvenirs d'une Précieuse : *les anecdotes et réflexions de Bélise*, d'après un manuscrit inédit », *R.H.L.F.*, 1925, p. 497-538.

— *Louis XIV et la Cour d'après trois témoins nouveaux : Bélise (Anne de Bellinzani), Beauvillier, Chamillart*, A. Michel, 1926.

LAPP (J.-C.). — *The Esthetics of negligence : La Fontaine's Contes*, Cambridge, University Press ; 1971.

— « Corneille's Psyché and the metamorphoses of love », *French Studies*, October 1972, p. 396-403.

LARAT (P. & J.). — « Les *Lettres portugaises* et la sensibilité française », *Revue de littérature comparée*, 1928, p. 619-639.

LARROUMET (G.). — « Un historien de la société précieuse. Baudeau de Somaize », *Revue des Deux Mondes*, 72ᵉ année, t. III, 1892, p. 124-155.

LEBLANC (P.). — « Le bonheur conjugal d'après la Princesse de Clèves », *Mélanges R. Lebègue*, Nizet, 1969, p. 293-303.

LEINER (W.). — « Les *Lettres portugaises* démystifiées », *Zeitschrift für Französische Sprache und Literatur*, LXXII, 1962, p. 129-135.

— « Vers une nouvelle interprétation des Lettres portugaises. Marianne entre son amour et son amant », *Romanische forschungen*, 77 1/2, 1965, p. 64-74.

— « De nouvelles considérations sur l'apostrophe initiale des Lettres portugaises », *Romanische forschungen*, 78/4, 1966, p. 548-566.

LEMAITRE (H.). — *Le Mythe de Psyché dans la littérature française. Des origines à 1890*, Droz, 1945.

LIVET (Ch. L.). — Ed. des *Femmes Savantes*, avec des notes historiques et grammaticales et un lexique, P. Dupont & F. Juven, 1893.

MAGENDIE (M.). — *L'Astrée d'Honoré d'Urfé*, Malfère 1929.

MAGNÉ (B.). — *Le féminisme de Poullain de la Barre : origine et signification*, thèse de 3ᵉ cycle (dactylographiée), Toulouse, 1964.

MAGNE (E.). — *Femmes galantes du six-septième siècle — Madame de Villedieu*, Mercure de France, 1907.

— *Madame de la Suze et la société précieuse*, Mercure de France, 1908.

— *Voiture et l'Hôtel de Rambouillet*, Mercure de France, 1912.

— *Ninon de Lenclos*, Nilsson, 1912.

— *Le grand Condé et le duc d'Enghien*, Emile-Paul, 1920.

— *Le Cœur et l'Esprit de Madame de Lafayette. Portraits et documents inédits*, Emile-Paul, 1927.

MARCOU (F.L.). — *Etude sur la vie et les œuvres de Pellisson*, Didier, 1858-59.

MARMIER (J.). — *Horace en France au dix-septième siècle*, P.U.F., 1962.

MAUREL (M.). — « Esquisse d'un Anteros baroque », *XVIIᵉ siècle*, n° 84-85, 1969, p. 3-20.

MAURENS (J.). — *La Tragédie sans tragique. Le néo-stoïcisme dans l'œuvre de Pierre Corneille*, A. Colin, 1966.

MAY (G.). — *D'Ovide à Racine*, P.U.F., 1949.

MÉLÈSE (P.). — *Un homme de lettres au temps du grand Roi, Donneau de Visé, fondateur du Mercure Galant*, Droz, 1936.

MIRANDOLA (G.). — « Ancora sulle *Lettres portugaises* e sul problema della loro genesi », *Studi francesi*, n° 25, 1965, p. 94-96.

MONGRÉDIEN (G.). — « Une précieuse : la comtesse de Brégy », *Revue de France*, 1929.

— « Un épigrammatiste du XVII° siècle, J. de Cailly », *Revue de France*, 1931, p. 300-333.

— « Bibliographie des œuvres de G. & M. de Scudéry », *R.H.L.F.*, 1933, p. 224-36, 412-25, 538-65 ; 1935, p. 547-48.

— *La vie privée de Louis XIV*, Hachette, 1938.

— *Mlle de Scudéry et son salon*, Taillandier, 1946.

— « Le meilleur ami de Molière. Chapelle », *Mercure de France*, n° 329, 1957, p. 86-109 et 242-259.

— Ed. de *La Querelle de L'Ecole des Femmes. Comédies de Jean Donneau de Visé. Edme Boursault, Charles Robinet, A.J. Montfleury, Jean Chevalier, Philippe de La Croix*, Didier, S.T.F.M., 1971, 2 vol.

— « Mme de Villedieu, une *précieuse* passionnée », *Revue générale*, n° 6, 1971.

MOORE (W.G.). — « La Rochefoucauld, une nouvelle anthropologie », *Revue des Sciences humaines*, oct.-déc. 1953, p. 301-310.

— *La Rochefoucauld, his mind and art*, Oxford, Clarendon Press, 1969.

MOREAU (H.). — « Nature féminine et culture dans le théâtre de Molière », *Le XVII° siècle et l'éducation*, supplément au n° 88 de la revue *Marseille*, Marseille, 1972, p. 161-168.

MORRISSETTE (B.A.). — *The life and works fo M.C. Desjardins*, Saint-Louis, Washington University Studies, New series, Language and Litterature, n° 17, 1947.

MOURGUES (O. de). — *O Muse, fuyante proie...*, J. Corti, 1962.

— « Tragedy and moral order in Racine », *French Studies*, vol. XX/2, 1966, p. 123-133.

— *Autonomie de Racine*, J. Corti, 1967.

NADAL (O.). — *Le sentiment de l'amour dans l'œuvre de P. Corneille*, Gallimard, Bibl. des Idées, 1948.

O'REGAN (M.J.). — « Perrault and the *précieux* style », *Modern language Review*, n° 58/3, 1963, p. 343-349.

ORIEUX (J.). — *Bussy-Rabutin, le libertin galant-homme* (1618-1693), Flammarion, 1958.

PELLET (E.J.). — *A forgotten French dramatist, Gabriel Gilbert 1620 ?-1680 ?*, Baltimore, John Hopkins Press, 1930.

PICARD (R.). — *La carrière de Jean Racine d'après les documents contemporains*, Gallimard, Bibl. des Idées, 1956.

PINTARD (R.). — « Un ami de Molière : Jean de Hénault », *R.H.L.F.*, 1972, p. 954-975.

PITOU (Sp.). — *La Calprenède's Pharamond. A Study of the source and reputation of the novel*, Baltimore, 1938.

PIZZORUSSO (A.). — « Fr. de Caillières e una critica del *bel esprit* », *Studi francese*, n° 8, 1959, p. 177-198.

— « Boursault et le roman par lettres », *R.H.L.F.*, 1969, p. 525-539.

QUÉMADA (B.). — *Le commerce amoureux dans les romans mondains*, 1640-1700. Thèse de l'Université de Paris (dactylographiée), 1949.

RATHERY & BOUTRON. — *Mlle de Scudéry, sa vie et sa correspondance*, Techner, 1873.

REED (G.E.). — *Claude Barbin, libraire de Paris, sous le règne de Louis XIV*, Droz, 1974.

RÉMY (G.). — *Un précieux de province au XVIIᵉ siècle. René Le Pays*, Paris, 1925.

REYNIER (G.). — *Thomas Corneille, sa vie et son théâtre*, Hachette, 1892.

ROUBINE (J.-J.). — *Lectures de Racine*, A. Colin, coll. U2, 1971.

ROUGEOT (J.). — « Un ouvrage inconnu de l'auteur des *Lettres portugaises* », *Revue des Sciences humaines*, fasc. 101, 1961, p. 23-36.

ROY (E.). — *La Vie et les œuvres de Charles Sorel, sieur de Souvigny, (1602-1674)*, Hachette, 1891.

SAGE (P.). — « Ch. Cotin ou les lettres galantes de l'ermite sans reproche », *Mélanges Joannes Saunier*, Lyon, 1944, p. 197-208.

SAMFIRESCO (El.). — *Ménage, polémiste, philologue, poète*, l'Emancipatrice, 1902.

SPITZER (L.). — « Les Lettres portugaises », *Romanische forschungen*, t. LXV, 1954, p. 94-135.

STAROBINSKI (J.). — « La Rochefoucauld et les morales substitutives », *N.R.F.*, Juillet et Août 1966.

STEGMANN (A.). — *L'héroïsme cornélien. L'Europe intellectuelle et le théâtre*, A. Colin, 1968.

STEINER (A.). — « Les idées esthétiques de Mlle de Scudéry », *Romanic review*, XVI, 1925, p. 175-184.

SUTCLIFFE (F.E.). — *Le réalisme de Charles Sorel. Problèmes humains du XVIIᵉ siècle*, Nizet, 1965.

TIPPING (W.M.). — *Jean Regnaud de Segrais. L'homme et son œuvre*, Paris, 1933.

TRUCHET (J.). — *La prédication de Bossuet, étude des thèmes*, Editions du Cerf, 1960, 2 vol.

— « A propos de *l'Amphitryon* de Molière : Alcmène et La Vallière », *Mélanges Lebègue*, Nizet, 1969.

— « Le succès des *Maximes* de La Rochefoucauld au xvii*
siècle, *C.A.I.E.F.*, n° 18, 1966, p. 125-137.

Wadworth (Ph. A.). — « La Fontaine and his views on marriage »,
Rice University Studies, 51/3, Houston, été 1965, p. 81-96.

Waldberg (M. von). — *Der Empfindsame Roman in Frankreich*,
Strasbourg et Berlin, 1906.

INDEX

TABLE DES MATIERES

PREMIERE PARTIE

Du côté de Tendre

DEUXIEME PARTIE

La représentation galante de l'Amour

TROISIEME PARTIE

Préciosité et galanterie

BIBLIOTHEQUE FRANÇAISE ET ROMANE

Série C : ETUDES LITTERAIRES

Suite de la page 4 :

43. — *Histoire d'une amitié : Pierre Leroux et George Sand, d'après une correspondance inédite (104 lettres de 1836 à 1866)*, texte établi, présenté et commenté par Jean-Pierre LACASSAGNE, 1974, 368 p.

44. — *La fantaisie de Victor Hugo*, tome I (1802-1851), par Jean-Bertrand BARRÈRE, 1974, 447 p.

45. — *La fantaisie de Victor Hugo*, tome III (Thèmes et motifs), par Jean-Bertrand BARRÈRE, 1974, 298 p.

46. — *Henri Bosco et la poétique du sacré* par Jean-Pierre CAUVIN, 1974, 293 p.

47. — *Littérature française et pensée hindoue des origines à 1950*, par Jean BIES, 1974, 683 p.

48. — *Approches des Lumières, mélanges offerts à Jean Fabre*, 1974, 604 p.

49. — *La crise de conscience catholique dans la littérature et la pensée françaises à la fin du XIXᵉ siècle*, par Robert BESSÈDE, 1975, 639 p.

50. — *Paul Claudel en Italie, avec la correspondance Paul Claudel-Piero Jahier*, publiée par Henri GIORDAN, 1975, 168 p.

51. — *Le Théâtre national en France de 1800 à 1830*, par Michel JONES, 1975, 169 p.

52. — *Grimoires de Saint-Simon*, nouveaux inédits établis, présentés et annotés par Yves COIRAULT, 1975, 320 p.

53. — *Mythes et réalités : enquête sur le roman et les mémoires (1660-1700)*, par Marie-Thérèse HIPP, 1976, 587 p.

54. — *Une lecture de Camus : la valeur des éléments descriptifs dans l'œuvre romanesque*, par Paul A. FORTIER, 1976, 262 p.

55. — *Les thèmes amoureux dans la poésie française, (1570-1600)*, par Gisèle MATHIEU-CASTELLANI, 1975, 524 p.

56. — *« Adolphe » et Constant, une étude psychocritique*, par Han VERHOEFF, 1976, 136 p.

57. — *Mythes, merveilleux et Légendes dans la poésie française de 1840 à 1860*, par Anny DETALLE, 1976, 350 p.

58. — *L'Expression métaphorique dans la « Comédie Humaine »*, par Lucienne FRAPPIER-MAZUR, 1976, 380 p.

59. — *L'univers poétique de Max Jacob*, par René PLANTIER, 1976, 432 p.

60. — *L'histoire de l'esprit humain dans la pensée française, de Fontenelle à Condorcet*, par Jean DAGEN, 1977, 720 p.

61. — *La Rochefoucauld, Augustinisme et littérature*, par Jean LAFOND, 1977, 280 p. (épuisé).

62. — *Henri IV dans ses oraisons funèbres ou la naissance d'une légende*, par Jacques HENNEQUIN, 1977, 356 p.

63. — *L'inspiration biblique dans la poésie religieuse d'Agrippa d'Aubigné*, par Marguerite SOULIÉ, 1977, 548 p.

64. — *Religion et inspiration religieuse : leurs formes et leurs rapports dans l'œuvre d'Ernest RENAN*, par Landyce RÉTAT, 1977, 544 p.

65. — *Écriture et pulsion dans le roman Stendhalien*, par Robert ANDRÉ, 1977, 192 p.

66. — *Le cardinal de Retz mémorialiste*, par André BERTIÈRE, 1978, 682 p.

67. — *L'idée de nature en France dans la deuxième moitié du XVIIᵉ siècle*, par Bernard TOCANNE, 1978, 506 p.

LE PRÉSENT OUVRAGE A ÉTÉ TIRÉ PAR
L'IMPRIMERIE LES PRESSES BRETONNES
A PLOUFRAGAN, FRANCE ET ACHEVÉ
EN JUIN 1980

N° d'impression : 1 724   Dépôt légal : 2ᵉ trimestre 1980